일본어 의뢰표현

-부정의 의뢰표현의 제상-

이 저서는 2012년 정부(교육부)의 재원으로 한국연구재단의 지원을 받아 수행된 연구임(NRF-2012S1A6A4016681)

일본어 의뢰표현
– 부정의 의뢰표현의 제상 –

Japanese Expressions of Request: A Negative Aspect

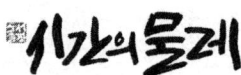

머리말

　현대일본어의 의뢰표현은 [긍정의 의뢰표현]과 [부정의 의뢰표현]으로 대별할 수 있다.
　[긍정의 의뢰표현]에는 수수표현에서 전용된 〈てくれる〉 계열·〈てくださる〉 계열·〈お/ご~くださる〉 계열·〈お/ご~になってくださる〉 계열·〈てもらえる〉 계열·〈ていただける〉 계열·〈お/ご~いただける〉 계열이 직접적 형태로 참여하고 있고, 희망표현의 〈てもらいたい〉 계열·〈てほしい〉 계열·〈ていただきたい〉 계열과, 가능형식의 〈お/ご~願う·お/ご~願える〉 계열, 그리고 명령과 의뢰의 중간적 위치에 있는 〈て〉 계열, 〈てちょうだい〉가 부수적으로 관여하고 있다.
　한편 [부정의 의뢰표현]은 기본적으로는 부정의 조동사 〈ない〉의 접속형인 〈ないで〉에 수수동사 〈くれる·くださる〉 계열과 〈もらう·いただく〉 계열의 여러 변이형(変異形)이 결합한 문법형식으로 실현된다. 즉 부정의 의뢰표현에는 〈ないでくれる〉 계열·〈ないでくださる〉 계열·〈ないでもらえる〉 계열·〈ないでいただける〉 계열이 직접적인 형태로 참여하고 있고, 희망표현인 〈ないでもらいたい〉 계열·〈ないでほしい〉 계열·〈ないでいただきたい〉 계열, 명령과 의뢰의 중간적 위치에 있는 〈ないで〉 계열, 〈ないでちょうだい〉가 부수적으로 관여하고 있다.
　(이상은 李成圭(2007c : 16-17) 참조) 이와 같이 현대일본어에서 부정의 의뢰표현을 담당하는 형식은 언어적으로 정연하게 분화되어 있어 각 계열의(여러 유형의) 각각의 형식의 사용 실태나 사용 가능성(성립 가능성, 허용도, 용인도)에는 차이가 있고 그 표현가치도 다기에 걸쳐 있다. 한·일 양 언어는 어순, 문법구조, 어휘의 복합과 파생, 후치사, 경어 사용 등에 있어서 상당한 유사성이 지적되지만, 의뢰표현을 담당하는 형식에 있어서는 적지 않은 상이점이 인정된다. 다종다양하게 분화되어 있는 일본어의 의뢰표현 형식에 관해서는 일본어학뿐만 아니라 일본어교육 현장에서도 체계적이고 통일적인 연구가 요구되는데, 현재 일부 형식에 관한 논고는 제출되어 있지만, 전체적으로 보면 그 연구 성과와 수준은 아직은 미미하다고 판단된다.

본 연구에서는 부정의 의뢰표현을 담당하는 형식 중에서 〈ないでくれる〉 계열・〈ないでもらえる〉 계열・〈ないでくださる〉 계열・〈ないでいただける〉 계열을 대상으로 하여 여러 유형의 각각의 형식의 사용 실태나 사용 가능성(성립 가능성, 허용도, 용인도) 및 그 실현하는(나타내는, 표출하는) 표현가치를 검토한다. 그리고 각 계열은 기본적으로 ①보통체, ②명령체, ③정중체, ④완곡한 질문과 같이 네 가지 유형으로 구분하고, 각 유형의 각각의 형식에 관해 언어자료에 등장하는 실례(実例)에 대한 검토 및 분석을 행한다. 또한 실제 실례가 확인되지 않는 경우에는 일본어 모어 화자의 직관과 내성에 기초하여 작례(作例)를 작성하여 이를 검토대상으로 삼는다.
　이를 위해 〈ないでもらえる〉 계열의 일부와 〈ないでくださる〉 계열 및 〈ないでいただける〉 계열의 각 유형의 각각의 형식의 사용 가능성 및 표현가치를 검토하는 데에 있어서는 설명의 일관성을 유지하기 위해 40개로 되어 있는 언어적・장면적・상황적 조건에서의 예문의 모델화를 시도했다. 즉 〈ないでもらえる〉 계열에 있어서는 〈ないでもらえる?〉로 종지되는 형태를 기본문으로, 〈ないでくださる〉 계열의 의뢰표현에 관해서는 〈ないでくださる?〉로 종지되는 형태를 기본문으로, 〈ないでいただける〉 계열의 의뢰표현에 대해서는 〈ないでいただける?〉로 종지되는 형태를 기본문으로 각각 상정하여 검토를 진행했다. 만일 각 형식마다 해당 조건을 만족하는 예를 별도로 마련할 경우, 자칫하면 당해 용례에 국한된 의미만을 고려하게 되어 표현가치의 일반화를 도출하기 어렵고, 또한 이러한 입장을 취하면 해당 조건에 만족하는 무한수의 일본어의 예를 검토 대상으로 삼아야 하는데 그것이 현실적으로 무리라는 문제가 제기된다. 예문의 모델화에 기초한 기술 방식을 선택함으로써 문말 형태의 차이에 따라 해당 형식의 성립 가능성의 가부가 결정되고 그에 상응하는 표현가치가 정해진다는 일차적인 목적은 달성할 수 있지만, 다른 한편으로 예문 설명에 있어 동어 반복이 계속되고 사용 가능성과 표현가치에 관해서도 유사한 표현이 되풀이된다고 하는 문제점은 여전히 남는다.
　의뢰표현에 직간접으로 관여하는 요인으로는 [화자와 청자의 성별], 화자와 청자의 대우표현상의 인간관계인 [경어적 상하관계], 화자와 청자의 심리적인 인간관계인 [친소관계]가 상정된다. 본 연구에서는 화자와 청자를 〈남성/여성〉으로 구분하고, 대우표현상의 인간관계라는 관점에서 양자의 경어적 상하관계를 〈상위자(上位者)/동위자(同位者)이거나 상위자/동위자/동위자이거나 하위자(下位者)/하위자〉와 같이 5그룹으로 차등화하고, 화자의 청자에 대한 친소관계에 관해서는 〈친한 사이〉〈소원한 사이〉와 같이 두 가지로 유형화하는 연구방법을 채택했다.
　그리고 본 연구에서 ①사용 가능성(성립 가능성, 허용도, 용인도), ②표현가치, ③내적 관계와 외적 관계, ④경의도, ⑤격식도와 같은 종래의 일본어문법론이나 일본어 경어에서 다소 낯선 용어를 도입하여 상술한 내용을 검토했다.

본 연구는 서장과 종장 그리고 본문 4부로 구성되어 있다.

서장에서는 1. 연구 목표, 2. 연구 방법, 3. 본 연구에서 사용하는 용어와 개념 규정, 4. 선행연구, 5. 본 연구의 구성에 관해 기술한다.

제Ⅰ부 〈ないでくれる〉 계열의 의뢰표현에서는 제1장 남성 화자가 남성 청자에게 사용하는 〈ないでくれる〉 계열 의뢰표현, 제2장 남성 화자가 여성 청자에게 사용하는 〈ないでくれる〉 계열 의뢰표현, 제3장 여성 화자가 남성 청자에게 사용하는 〈ないでくれる〉 계열 의뢰표현, 제4장 여성 화자가 여성 청자에게 사용하는 〈ないでくれる〉 계열 순으로 그 사용가능성 및 표현가치를 검토하고 제5장에 검토 결과를 간단히 표로 제시한다.

제Ⅱ부 〈ないでもらえる〉 계열의 의뢰표현에서는 제1장 남성 화자가 남성 청자에게 사용하는 〈ないでもらえる〉 계열 의뢰표현, 제2장 남성 화자가 여성 청자에게 사용하는 〈ないでもらえる〉 계열 의뢰표현, 제3장 여성 화자가 남성 청자에게 사용하는 〈ないでもらえる〉 계열 의뢰표현, 제4장 여성 화자가 여성 청자에게 사용하는 〈ないでもらえる〉 계열 순으로 그 사용가능성 및 표현가치를 검토하고 제5장에 검토 결과를 간단히 표로 제시한다.

제Ⅲ부 〈ないでくださる〉 계열의 의뢰표현에서는 제1장 남성 화자가 남성 청자에게 사용하는 〈ないでくださる〉 계열 의뢰표현, 제2장 남성 화자가 여성 청자에게 사용하는 〈ないでくださる〉 계열 의뢰표현, 제3장 여성 화자가 남성 청자에게 사용하는 〈ないでくださる〉 계열 의뢰표현, 제4장 여성 화자가 여성 청자에게 사용하는 〈ないでくださる〉 계열 순으로 그 사용가능성 및 표현가치를 검토하고 제5장에 검토 결과를 간단히 표로 제시한다.

제Ⅳ부 〈ないでいただける〉 계열의 의뢰표현에서는 제1장 남성 화자가 남성 청자에게 사용하는 〈ないでいただける〉 계열 의뢰표현, 제2장 남성 화자가 여성 청자에게 사용하는 〈ないでいただける〉 계열 의뢰표현, 제3장 여성 화자가 남성 청자에게 사용하는 〈ないでいただける〉 계열 의뢰표현, 제4장 여성 화자가 여성 청자에게 사용하는 〈ないでいただける〉 계열 순으로 그 사용가능성 및 표현가치를 검토하고 제5장에 검토 결과를 간단히 표로 제시한다.

마지막 종장에서는 본 연구의 연구 목적과 연구 방법, 그리고 총 4부에 걸친 검토 과정의 개요에 관해서 간단히 정리한다.

연구에서는 부정의 의뢰표현을 담당하는 형식 중에는 동일 형식임에도 불구하고 화자와 청자의 친소 여부에 따라 그 성립 가능성에 차이를 보이고 있다는 것을 고려하여 〈친소관계〉라는 개념을 도입했다. 화자와 청자의 〈성별〉과 화자와 청자의 대우표현상의 인간관계인 〈경어적 상하관계〉 여하, 그리고 화자와 청자의 심리적 인간관계인 〈친소관계〉 여부와 상관없이 모두 성립하는 형식도 존재한다. 그러나 한편으로 화자의 청자의 〈성별〉〈경어적 상하관계〉〈친소관계〉에 따라 성립하는 예도 있지만 성립하지 않거나 혹은 성립하더라도 다소 부자연스럽거나 또는 허용도가 낮은 예도 있다.

그리고 긍정이나 부정의 의뢰를 담당하는 형식이 실현하는 의미를 [의뢰]로 한정할 경우, 형식과 의미에 관한 더 이상의 논의는 무의미하다는 점, 형식은 의뢰이지만 실질적인 문법적 의미는 지시나 명령을 나타내는 경우도 있다는 점, 그리고 친소관계 여부에 따라 특정 형식의 성부가 달라진다는 점 등을 고려하여 〈표현가치〉라는 용어를 채택했다. 일본어 모어 화자에 의한 표현가치는 다기에 걸쳐 있어 이를 일반화하여 객관적 근거로서 제시하는 것은 용이하지 않다. 해당 형식에 관한 원어민 화자의 다양한 이미지를 〈표현가치〉라는 개념으로 정리하고자 시도한 것인데 현재로서는 미완이라고 판단되며, 향후 지속적인 검토 과정을 통해 객관성과 일반성을 확보해 나갈 예정이다.

2016년 7월
저자 이성규

序章 _ 13

제 I 부 〈ないでくれる〉 계열의 의뢰표현

1. 남성 화자가 남성 청자에게 사용하는 〈ないでくれる〉 계열 의뢰표현 / 29
    1.1. 청자(남)가 화자(남)에 비해 경어적 상위자인 경우 ················· 29
    1.2. 청자(남)가 화자(남)와 경어적 동위자이거나 상위자인 경우 ········ 36
    1.3. 청자(남)와 화자(남)가 경어적 동위자인 경우 ····················· 42
    1.4. 청자(남)가 화자(남)와 경어적 동위자이거나 하위자인 경우 ········ 61
    1.5. 청자(남)가 화자(남)에 비해 경어적 하위자인 경우 ················· 70

2. 남성 화자가 여성 청자에게 사용하는 〈ないでくれる〉 계열 의뢰표현 / 84
    2.1. 청자(여)가 화자(남)에 비해 경어적 상위자인 경우 ················· 84
    2.2. 청자(여)가 화자(남)와 경어적 동위자이거나 상위자인 경우 ········ 92
    2.3. 청자(여)와 화자(남)가 경어적 동위자인 경우 ····················· 97
    2.4. 청자(여)가 화자(남)와 경어적 동위자이거나 하위자인 경우 ········ 113
    2.5. 청자(여)가 화자(남)에 비해 경어적 하위자인 경우 ················· 129

3. 여성 화자가 남성 청자에게 사용하는 〈ないでくれる〉 계열 의뢰표현 / 142
    3.1. 청자(남)가 화자(여)에 비해 경어적 상위자인 경우 ················· 142
    3.2. 청자(남)가 화자(여)와 경어적 동위자이거나 상위자인 경우 ········ 146
    3.3. 청자(남)와 화자(여)가 경어적 동위자인 경우 ····················· 152
    3.4. 청자(남)가 화자(여)와 경어적 동위자이거나 하위자인 경우 ········ 161
    3.5. 청자(남)가 화자(여)에 비해 경어적 하위자인 경우 ················· 168

4. 여성 화자가 여성 청자에게 사용하는 〈ないでくれる〉 계열 의뢰표현 / 176
    4.1. 청자(여)가 화자(여)에 비해 경어적 상위자인 경우 ················· 176
    4.2. 청자(여)가 화자(여)와 경어적 동위자이거나 상위자인 경우 ········ 180
    4.3. 청자(여)와 화자(여)가 경어적 동위자인 경우 ····················· 185
    4.4. 청자(여)가 화자(여)와 경어적 동위자이거나 하위자인 경우 ········ 194
    4.5. 청자(여)가 화자(여)에 비해 경어적 하위자인 경우 ················· 201

5. 〈ないでくれる〉 계열 의뢰표현의 사용가능성 및 표현가치 / 210

제Ⅱ부 〈ないでもらえる〉 계열의 의뢰표현

1. 남성 화자가 남성 청자에게 사용하는 〈ないでもらえる〉 계열 의뢰표현 / 222
    1.1. 청자(남)가 화자(남)에 비해 경어적 상위자인 경우 ·· 221
    1.2. 청자(남)가 화자(남)와 경어적 동위자이거나 상위자인 경우 ······················· 225
    1.3. 청자(남)와 화자(남)가 경어적 동위자인 경우 ·· 228
    1.4. 청자(남)가 화자(남)와 경어적 동위자이거나 하위자인 경우 ······················· 235
    1.5. 청자(남)가 화자(남)에 비해 경어적 하위자인 경우 ·· 241

2. 남성 화자가 여성 청자에게 사용하는 〈ないでもらえる〉 계열 의뢰표현 / 246
    2.1. 청자(여)가 화자(남)에 비해 경어적 상위자인 경우 ·· 246
    2.2. 청자(여)가 화자(남)와 경어적 동위자이거나 상위자인 경우 ······················· 250
    2.3. 청자(여)와 화자(남)가 경어적 동위자인 경우 ·· 253
    2.4. 청자(여)가 화자(남)와 경어적 동위자이거나 하위자인 경우 ······················· 260
    2.5. 청자(여)가 화자(남)에 비해 경어적 하위자인 경우 ·· 268

3. 여성 화자가 남성 청자에게 사용하는 〈ないでもらえる〉 계열 의뢰표현 / 274
    3.1. 청자(남)가 화자(여)에 비해 경어적 상위자인 경우 ·· 274
    3.2. 청자(남)가 화자(여)와 경어적 동위자이거나 상위자인 경우 ······················· 277
    3.3. 청자(남)와 화자(여)가 경어적 동위자인 경우 ·· 282
    3.4. 청자(남)가 화자(여)와 경어적 동위자이거나 하위자인 경우 ······················· 287
    3.5. 청자(남)가 화자(여)에 비해 경어적 하위자인 경우 ·· 292

4. 여성 화자가 여성 청자에게 사용하는 〈ないでもらえる〉 계열 의뢰표현 / 297
    4.1. 청자(여)가 화자(여)에 비해 경어적 상위자인 경우 ·· 297
    4.2. 청자(여)가 화자(여)와 경어적 동위자이거나 상위자인 경우 ······················· 300
    4.3. 청자(여)와 화자(여)가 경어적 동위자인 경우 ·· 304
    4.4. 청자(여)가 화자(여)와 경어적 동위자이거나 하위자인 경우 ······················· 313
    4.5. 청자(여)가 화자(여)에 비해 경어적 하위자인 경우 ·· 319

5. 〈ないでもらえる〉 계열 의뢰표현의 사용가능성 및 표현가치 / 324

제Ⅲ부 〈ないでくださる〉 계열의 의뢰표현

1. **남성 화자가 남성 청자에게 사용하는 〈ないでくださる〉 계열 의뢰표현 / 332**
   1.1. 청자(남)가 화자(남)에 비해 경어적 상위자인 경우 ···································· 332
   1.2. 청자(남)가 화자(남)와 경어적 동위자이거나 상위자인 경우 ················· 337
   1.3. 청자(남)와 화자(남)가 경어적 동위자인 경우 ·· 341
   1.4. 청자(남)가 화자(남)와 경어적 동위자이거나 하위자인 경우 ················· 345
   1.5. 청자(남)가 화자(남)에 비해 경어적 하위자인 경우 ································ 350

2. **남성 화자가 여성 청자에게 사용하는 〈ないでくださる〉 계열 의뢰표현 / 355**
   2.1. 청자(여)가 화자(남)에 비해 경어적 상위자인 경우 ································ 355
   2.2. 청자(여)가 화자(남)와 경어적 동위자이거나 상위자인 경우 ················· 360
   2.3. 청자(여)와 화자(남)가 경어적 동위자인 경우 ·· 364
   2.4. 청자(여)가 화자(남)와 경어적 동위자이거나 하위자인 경우 ················· 368
   2.5. 청자(여)가 화자(남)에 비해 경어적 하위자인 경우 ································ 372

3. **여성 화자가 남성 청자에게 사용하는 〈ないでくださる〉 계열 의뢰표현 / 377**
   3.1. 청자(남)가 화자(여)에 비해 경어적 상위자인 경우 ································ 377
   3.2. 청자(남)가 화자(여)와 경어적 동위자이거나 상위자인 경우 ················· 381
   3.3. 청자(남)와 화자(여)가 경어적 동위자인 경우 ·· 385
   3.4. 청자(남)가 화자(여)와 경어적 동위자이거나 하위자인 경우 ················· 389
   3.5. 청자(남)가 화자(여)에 비해 경어적 하위자인 경우 ································ 394

4. **여성 화자가 여성 청자에게 사용하는 〈ないでくださる〉 계열 / 400**
   4.1. 청자(여)가 화자(여)에 비해 경어적 상위자인 경우 ································ 400
   4.2. 청자(여)가 화자(여)와 경어적 동위자이거나 상위자인 경우 ················· 404
   4.3. 청자(여)와 화자(여)가 경어적 동위자인 경우 ·· 409
   4.4. 청자(여)가 화자(여)와 경어적 동위자이거나 하위자인 경우 ················· 413
   4.5. 청자(여)가 화자(여)에 비해 경어적 하위자인 경우 ································ 417

5. **〈ないでくださる〉 계열 의뢰표현의 사용가능성 및 표현가치 / 422**

제IV부 〈ないでいただける〉 계열의 의뢰표현

1. 남성 화자가 남성 청자에게 사용하는 〈ないでいただける〉 계열 의뢰표현 / 431
   1.1. 청자(남)가 화자(남)에 비해 경어적 상위자인 경우 ········· 431
   1.2. 청자(남)가 화자(남)와 경어적 동위자이거나 상위자인 경우 ········· 436
   1.3. 청자(남)와 화자(남)가 경어적 동위자인 경우 ········· 440
   1.4. 청자(남)가 화자(남)와 경어적 동위자이거나 하위자인 경우 ········· 445
   1.5. 청자(남)가 화자(남)에 비해 경어적 하위자인 경우 ········· 450

2. 남성 화자가 여성 청자에게 사용하는 〈ないでいただける〉 계열 의뢰표현 / 455
   2.1. 청자(여)가 화자(남)에 비해 경어적 상위자인 경우 ········· 455
   2.2. 청자(여)가 화자(남)와 경어적 동위자이거나 상위자인 경우 ········· 460
   2.3. 청자(여)와 화자(남)가 경어적 동위자인 경우 ········· 465
   2.4. 청자(여)가 화자(남)와 경어적 동위자이거나 하위자인 경우 ········· 469
   2.5. 청자(여)가 화자(남)에 비해 경어적 하위자인 경우 ········· 474

3. 여성 화자가 남성 청자에게 사용하는 〈ないでいただける〉 계열 의뢰표현 / 479
   3.1. 청자(남)가 화자(여)에 비해 경어적 상위자인 경우 ········· 479
   3.2. 청자(남)가 화자(여)와 경어적 동위자이거나 상위자인 경우 ········· 483
   3.3. 청자(남)와 화자(여)가 경어적 동위자인 경우 ········· 487
   3.4. 청자(남)가 화자(여)와 경어적 동위자이거나 하위자인 경우 ········· 492
   3.5. 청자(남)가 화자(여)에 비해 경어적 하위자인 경우 ········· 496

4. 여성 화자가 여성 청자에게 사용하는 〈ないでいただける〉 계열 의뢰표현 / 501
   4.1. 청자(여)가 화자(여)에 비해 경어적 상위자인 경우 ········· 501
   4.2. 청자(여)가 화자(여)와 경어적 동위자이거나 상위자인 경우 ········· 505
   4.3. 청자(여)와 화자(여)가 경어적 동위자인 경우 ········· 510
   4.4. 청자(여)가 화자(여)와 경어적 동위자이거나 하위자인 경우 ········· 515
   4.5. 청자(여)가 화자(여)에 비해 경어적 하위자인 경우 ········· 520

5. 〈ないでいただける〉 계열 의뢰표현의 사용가능성 및 표현가치 / 525

   終章 / 531

   ■ 참고문헌 / 535   ■ 예문 출전일람 / 539   ■ 용어 색인 / 548

序 章

1. 연구 목표
2. 연구 방법
3. 본 연구에서 사용하는 용어와 개념 규정
4. 선행연구의 검토
5. 본 연구의 기술방식 및 구성

1. 연구 목표

현대일본어의 의뢰표현은 [긍정의 의뢰표현]과 [부정의 의뢰표현]으로 대별할 수 있다.

[긍정의 의뢰표현]에는 수수표현에서 전용된 〈てくれる〉 계열·〈てくださる〉 계열·〈お/ご~くださる〉 계열·〈お/ご~になってくださる〉 계열·〈てもらえる〉 계열·〈ていただける〉 계열·〈お/ご~いただける〉 계열이 직접적 형태로 참여하고 있고, 희망표현의 〈てもらいたい〉 계열·〈てほしい〉 계열·〈ていただきたい〉 계열과, 가능형식의 〈お/ご~願う·お/ご~願える〉 계열, 그리고 명령과 의뢰의 중간적 위치에 있는 〈て〉 계열, 〈てちょうだい〉가 부수적으로 관여하고 있다.

한편 [부정의 의뢰표현]은 기본적으로는 부정의 조동사 〈ない〉의 접속형인 〈ないで〉에 수수동사 〈くれる·くださる〉 계열과 〈もらう·いただく〉 계열의 여러 변이형(變異形)이 결합한 문법형식으로 실현된다. 즉 부정의 의뢰표현에는 〈ないでくれる〉 계열·〈ないでくださる〉 계열·〈ないでもらえる〉 계열·〈ないでいただける〉 계열이 직접적인 형태로 참여하고 있고, 희망표현인 〈ないでもらいたい〉 계열·〈ないでほしい〉 계열·〈ないでいただきたい〉 계열, 명령과 의뢰의 중간적 위치에 있는 〈ないで〉 계열, 〈ないでちょうだい〉가 부수적으로 관여하고 있다.

각 계열 내부의 서열화는 대략 문말이 1)명령형인가 종지형인가, 2)보통체인가 정중체인가 혹은 완곡한 질문인가, 3)긍정 형태인가 부정 형태인가, 4)단정인가 질문인가 하는 문법적 특징이 단선적 구조가 아닌 복선적 구조의 형태로 상호 밀접한 관련을 맺으면서 결정되고, 그에 따라 각 형식의 성부(成否)와 표현가치(표현내용)가 달라진다.(이상은 李成圭(2007c : 16-17) 참조)

이와 같이 현대일본어에서 부정의 의뢰표현을 담당하는 형식은 언어적으로 정연하게 분화되어 있어 각 계열의 (여러 유형의) 각각의 형식의 사용 실태 및 사용 가능성(성립 가능성)에는 차이가 있고 그 표현가치도 다기에 걸쳐 있다. 한·일 양 언어는 어순, 문법구조, 어휘의 복합과 파생, 후치사, 경어 사용 등에 있어서 상당한 유사성이 지적되지만, 의뢰표현을 담당하는 형식에 있어서는 적지 않은 상이점이 인정된다. 다종다양하게 분화되어 있는 일본어의 의뢰표현 형식에 관해서는 일본어학뿐만 아니라 일본어교육 현장에서도 체계적이고 통일적인 연구가 요구되는데, 현재 일부 형식에 관한 논고는 제출되어 있지만, 전체적으로 보면 그 연구 성과와 수준은 아직은 미미하다고 판단된다.

(긍정을 포함한) 부정의 의뢰표현에 관한 연구가 부진한 이유에는 1)먼저 일본어의 의뢰표현은 수수표현이나 희망표현을 담당하는 형식이 일정한 조건하에서 전용되거나, 혹은 일부 형식이 간접적으로 참여함으로써 실현되고 있다는 점에서 현대일본어의 의뢰표현을 담당하는 전용 형

식이 결락되어 있다는 점, 2)경어와 밀접한 연관을 맺고 있는 의뢰표현의 속성상, 성차·연령차·지역차가 존재하고, 개인어 역시 존재하고 있기 때문에 의뢰표현을 나타내는 형식을 하나의 독립된 문법범주로서 인정하기가 용이하지 않는 점, 등을 들 수 있다.

의뢰표현은 그 특성상 대우표현과 밀접한 관련을 맺고 있다는 점에서 그 연구의 결과를 경어 연구에 활용할 경우, 지금까지의 규범의식 및 원칙(허용)에 근거한 연구에서 탈피하여, 경제성과 여잉성(余剩性, 비경제성)이 공존하는 인간 언어의 특성을 적확하게 파악하고 기술하는 논의가 활성화될 것으로 기대된다. 그리고 이러한 연구 방법의 타당성이 인정되고 그 성과의 유효성이 입증될 경우, 일본어라는 개별언어학에 국한되지 않고, 일반언어학적 관점에서 재조명할 수 있는 이론적 근거를 마련하고 나아가 일부 제한된 형식과 문형만을 제시하고 있는 현행 일본어교육의 문제를 해결하고 새로운 방안을 모색할 수 있는 계기를 제공할 것으로 사려된다.

본 연구에서는 부정의 의뢰표현을 담당하는 형식 중에서 〈ないでくれる〉 계열·〈ないでもらえる〉 계열·〈ないでくださる〉 계열·〈ないでいただける〉 계열을 대상으로 종래의 일본어학 연구 분야에서는 다소 생소한 개념을 도입하여 각 유형의 각각의 형식의 사용 실태(사용 가능성 ; 성립가능성, 허용도, 용인도) 및 그 표현가치에 관해 검토한다.

2. 연구 방법

현대일본어의 부정의 의뢰표현에는 〈ないでくれる〉 계열·〈ないでくださる〉 계열·〈ないでもらえる〉 계열·〈ないでいただける〉 계열 등과 같이 다수의 계열이 참여하고 있고, 각 계열의 여러 유형의 각각의 형식이 어떤 문말 형태를 취할 것인가에 따라 화자의 성별과 경의도(敬意度)·정중도·격식도가 달라지고 또한 사용 가능성 및 표현가치에도 영향을 미친다.

본 연구에서는 각 계열의 의뢰표현을 기본적으로 ①보통체, ②명령체, ③정중체, ④완곡한 질문, 이렇게 네 가지 유형으로 구분하여, 언어자료[1])에 등장하는 실례(實例)에 대한 검토 및

---

1) 본 연구에서 검토 대상으로 삼고 있는 주요 언어자료는 다음과 같다. 본문 중에 해당 자료를 인용할 경우 기본적으로 아래 번호로 제시하며, 구체적인 출전은 본문 뒤에 별첨한다. 또한 이러한 번호를 제시하지 않은 경우는 작례(作例)임을 밝혀둔다.
   ❶ [青空文庫.txt](http://www.aozora.gr.jp/)
   ❷ 현대 일본어의 문장체 언어자료인 [少納言]([KOTONOHA「現代日本語書き言葉均衡コーパス_少納言])
      (http://www.kotonoha.gr.jp/shonagon/)
   ❸ 林史典·霧岡昭夫【編】, 『15万例文·成句 現代国語用例辞典』, 教育社, 1992.
   ❹ 생생한 구두어를 반영하고 있는 일본어 오리지널 각본 배부 공개 사이트인 [はりこの虎の穴 (http://haritora.net/)
   ❺ 기타 [인터넷상의 게시글]

분석을 수행하고자 한다. 또한 각 유형의 각각의 형식에 있어서 실례가 확인되지 않는 경우에는 일본어 모어 화자의 직관과 내성에 기초하여 작례(作例)를 작성하여 이를 검토대상으로 삼는다[2]).

언어 연구의 시작은 구체적인 언어자료에 근거하여 논증하는 것이다. 그런데 부정의 의뢰표현의 경우, 실례에 한계가 있다. 예를 들어, 실제 언어자료를 대상으로 하여 〈ないでくださいませんか〉가 사용된 예를 조사하면 극히 제한된 형식의 예만 추출되고 상당 부분은 출현하지 않는다. 이는 당해 언어자료가 일본어 동태(動態)의 한정된 단면만을 반영하고 있다는 것으로 이해된다. 따라서 우연의 결락으로 실례가 발견되지 않을 경우에는, 그 공백을 일본어 모어 화자의 직관과 내성에 기초한 작례로 보완하여 해당 형식이 일본어에서 어떻게 운용되고 있는지를 확인할 필요가 있다.

의뢰표현에 직간접으로 관여하는 요인으로는 [화자와 청자의 성별], 화자와 청자의 대우표현상의 인간관계인 [경어적 상하관계], 화자와 청자의 심리적인 인간관계인 [친소관계]가 상정된다.

본 연구에서는 화자와 청자를 〈남성 / 여성〉으로 구분하고, 대우표현상의 인간관계라는 관점에서 양자의 경어적 상하관계를 〈상위자(上位者) / 동위자(同位者)이거나 상위자 / 동위자 / 동위자이거나 하위자(下位者) / 하위자〉와 같이 5그룹으로 차등화하고, 화자의 청자에 대한 친소관계에 관해서는 〈친한 사이〉〈소원한 사이〉와 같이 두 가지로 유형화하는 연구방법을 채택한다.

당초 화자와 청자의 성별에 관해서는 〈남성〉, 〈여성〉 이외에 〈성별 불명〉과 같이 3가지로 구분하였다.

기실 ❸의 사전류나 ❺의 인터넷 게시글을 대상으로 하여 추출한 예 중에는 자료의 성격상 화자나 청자의 성별을 특정하기 어려운 내용의 예문도 존재한다. 그리고 ❶의 [青空文庫.txt]과 ❷의 [少納言]은 상당히 포괄적인 자료를 제공해 주지만, 검색 기능에 의해 예를 찾는 방식이기 때문에 전후 문맥이 단절된 경우가 왕왕 있다. (화자와 청자의) 성별을 확인하기 위해 해당 예의 앞뒤 문장을 추가적으로 보충해도 이를 결정하기가 수월치 않다. 또한 이론적으로는 화자나

---

[2]) 본 연구에서 검토하고 있는 용례(실례와 작례) 및 화자·청자의 특정화, 화자와 청자 사이의 대우표현상의 인간관계인 상하관계, 화자와 청자 사이의 심리적 인간관계인 친소관계 그리고 각 유형의 각각의 형식의 사용 가능성 및 표현가치에 관해서는, 和田康二氏(인하대학교 대학원 박사과정(장안대학 교수), 남성, 55세)와 上田浩子氏(인하대학교 대학원 박사과정), 여성, 33세)로부터 귀중한 조언을 얻었다. 그리고 본 연구에서 다루고 있는 예문의 성부(成否) 판단 및 의미 해석 그리고 논지의 최종적인 책임은 필자에 있다는 점을 명기한다. 또한 실제 각 예문의 성부 및 표현가치에 있어서는 양씨(両氏) 사이에 연령차·개인차·성차(性差)로 이해되는 이동(異同)이 관찰된다. 이것은 의뢰표현이 경제성과 비경제성(여잉성)이라는 소위 인간의 역동성이 극명하게 전개되고 있는 경어와 밀접한 연관을 맺고 있다는 것을 잘 보여주는 사례라고 해석되며, 또한 일본어 모어 화자 중에는 각 예문의 허용도에 관해 양씨와 다른 판단을 하는 언어 집단도 물론 존재할 것으로 상정된다.

청자의 성별이 불명인 경우도 구축되지만, 현실세계에서는 어느 한쪽으로 결정된다고 하는 점을 감안하여 금번 연구에서는 〈화자 불명〉〈청자 불명〉이라는 조건은 배제하기로 하였다. 이것은 변형생성문법에서 이중적인 의미의 어구나 문의 존재에 관한 논의가 가능하겠지만 실제 언어생활에서는 어느 일방의 의미로 결정된다는 점과 같은 맥락인 셈이다.

화자와 청자의 경어적 상하관계를 5단계로 나누는 입장에 대해 〈동위자이거나 상위자〉는 〈상위자〉와 〈동위자〉와의 구별이 모호하다는 점, 그리고 〈동위자이거나 하위자〉도 〈동위자〉와 〈하위자〉와의 구분을 특정하기 어렵다는 점을 들어 〈상위자(上位者)〉〈동위자(同位者)〉〈하위자(下位者)〉와 같은 3분법이 유효하다는 견해도 있다. 그러나 경어와 밀접한 관련을 맺고 있다는 점에서 인간 언어의 역동성이 가감 없이 전개되는 의뢰표현에서는 화자와 청자의 경어적 상하관계를 상중하로 인위적으로 재단하기 보다는 연속성을 인정하는 쪽이 언어 현상을 설명하는 데에 무리가 없다고 판단하여 5가지의 구분 방식을 유지한다.

한편 화자와 청자의 친소관계에 있어서도 당초에는 〈친한 사이〉〈소원한 사이〉〈친소관계 불명〉과 같이 3개로 나누고, 실례를 검토하거나 작례를 의뢰할 때 반영했다. 담화에서는 화자가 청자에 대해 친소 개념을 배제하고 사무적이거나 일종의 투명한 감정으로 발화하는 예도 가능할 것이다. 그러나 대부분의 인간의 언어생활에서는 설사 〈친소관계 불명〉으로 여겨지는 예일지라도 실제 문맥이나 상황에서 사용될 경우에는 〈친한 사이〉나 혹은 〈소원한 사이〉로 경사된다는 점을 수용하여 이번 연구에서는 〈친소관계 불명〉에 속하는 예도 논의에서 제외한다.

그 결과, 당초 형식논리에 함몰하여 162개의 언어적·문맥적·상황적 조건을 구비하고 있는 용례를 검토대상으로 했지만, 본서에서는 화자와 청자의 성별(4)·화자와 청자의 경어적 상하관계 여하(5)·화자와 청자의 친소관계 여부(2)에 따라 40개로 대폭 수정하여 검토한다.

그리고 〈ないでもらえる〉 계열의 일부와 〈ないでくださる〉 계열 및 〈ないでいただける〉 계열의 각 유형의 각각의 형식의 사용 가능성 및 표현가치를 검토하는 데에 있어서는 설명의 일관성을 유지하기 위해 40개로 되어 있는 언어적·장면적·상황적 조건에서의 예문의 모델화를 시도했다. 즉 〈ないでもらえる〉 계열에 있어서는 〈ないでもらえる?〉로 종지되는 형태를 기본문으로, 〈ないでくださる〉 계열의 의뢰표현에 관해서는 〈ないでくださる?〉로 종지되는 형태를 기본문으로, 〈ないでいただける〉 계열의 의뢰표현에 대해서는 〈ないでいただける?〉로 종지되는 형태를 기본문으로 각각 상정하여 검토를 진행했다. 만일 각 형식마다 해당 조건을 만족하는 예를 별도로 마련할 경우, 자칫하면 당해 용례에 국한된 의미만을 고려하게 되어 표현가치의 일반화를 도출하기 어렵고, 또한 이러한 입장을 취하면 해당 조건에 만족하는 무한수의 일본어의 예를 검토 대상으로 삼아야 하는데 그것이 현실적으로 무리라는 문제가 제기된다. 예문의 모델화에 기초한 기술 방식을 선택함으로써 문말 형태의 차이에 따라 해당 형식의 성립 가능

성의 가부가 결정되고 그에 상응하는 표현가치가 정해진다는 일차적인 목적은 달성할 수 있지만, 다른 한편으로 예문 설명에 있어 동어 반복이 계속되고 사용 가능성과 표현가치에 관해서도 유사한 표현이 되풀이된다고 하는 문제점은 여전히 남는다.

본 연구에서는 부정의 의뢰표현을 담당하는 형식 중에는 동일 형식임에도 불구하고 화자와 청자의 친소 여부에 따라 그 사용 가능성에 차이를 보이고 있다는 것을 고려하여 〈친소관계〉라는 개념을 도입했다. 화자와 청자의 성별과 화자와 청자의 대우표현상의 인간관계인 경어적 상하관계 여하, 그리고 화자와 청자의 심리적 인간관계인 친소관계 여부와 상관없이 모두 성립하는 것은 〈ないでくださる〉 계열의 〈ないでくださいますか〉〈ないでくださいませんか〉와 〈ないでいただける〉 계열의 〈ないでいただけますか〉에 국한되고 여타의 형식은 화자의 청자의 〈성별〉〈상하관계〉〈친소관계〉에 따라 성립하는 예도 있지만 성립하지 않거나 혹은 성립하더라도 다소 부자연스럽거나 허용도가 낮은 것도 존재한다. 이러한 문제를 해결하기 위한 방안으로 〈사용 가능성〉과 〈표현가치〉라는 다소 낯설고 생경스러운 용어를 도입하게 되어 결과적으로 기술 방식을 몇 차례 대폭으로 수정하게 되었다.

의뢰표현에서와 같이 동일한 의미 분야에 속하는 다양한 형식이 한편으로는 공존하면서 다른 한편으로는 경합을 벌이는 것은 어떤 의미에서는 잉여적인 부분이 많다는 점을 의미한다. 그러나 발화자 입장에서 보면 사용 주체의 성별과 경의도와 정중도에 따라 이들 형식을 적의 구별하여 사용할 수 있다고 하는 선택성이 부여된다는 점에서 순기능 측면도 인정된다. 실제의 언어생활에서 발화주체가 과연 어느 형식을 선택할 것인가에 있어서는 개인차가 존재하며, 그러한 개인어가 해당 형식의 성부에 간접적으로 관여하고 있다고 해석된다.

3. 본 연구에서 사용하는 용어와 개념 규정

① 사용 가능성(성립 가능성, 허용도, 용인도)

부정의 의뢰표현을 담당하는 각 계열의 여러 유형의 개별 형식은 화자의 성별과 화자와 청자의 경어적 상하관계 여하 및 친소관계 여부에 따라 실제 사용에 있어서 차이를 보인다. 본 연구에서는 〈사용 가능성〉이라는 용어를 해당 용례가 일본어 현실세계에서 과연 사용 가능한 것인지에 관한 의미로 사용하는데 이를 달리 〈성립 가능성〉〈허용도〉〈용인도〉라는 용어로 표현하는 경우도 있다[3]. 그리고 당해 형식의 〈사용 가능성(성립 가능성, 허용도, 용인도)〉에는 연령

---
3) 〈ないでくれる〉 계열과 같이 실례를 검토 대상으로 할 경우에는 실제 존재하는 예라는 점에서 〈사용 가능성〉보다는 〈사용 실태〉가 적절하지만, 전체적인 통일성을 기하기 위해 이 경우에도 〈사용 가능성〉이라는 용어를 사용한다.

차·개인차·성차(性差)로 대표되는 언어집단에 따라 이동(異同)이 관찰된다. 또한 본 연구에서는 복수의 언어 형식이 공존과 경합을 하는 의뢰표현에서 각 언어 주체 개개인이 실제 언어생활에서는 어떤 형식을 선택하여 사용할 것인가 하는 문제는 검토 대상에서 제외한다.

② 표현가치

본 연구에서는 종래의 〈어휘적 의미〉나 〈문법적 의미〉와는 다른 〈표현가치〉라는 개념을 도입하여 이를 당해 의뢰표현 형식이 주어진 언어적·문맥적·상황적 조건하에서 실현하는(나타내는) 경어적 가치를 가리키는 용어로 사용한다. 긍정이나 부정의 의뢰를 담당하는 형식이 실현하는 의미를 [의뢰]로 한정할 경우, 형식과 의미에 관한 더 이상의 논의는 무의미하다는 점, 형식은 의뢰이지만 실질적인 문법적 의미는 지시나 명령을 나타내는 경우도 있다는 점, 그리고 친소관계 여부에 따라 특정 형식의 성부가 달라진다는 점 등을 고려하여 〈표현가치〉라는 용어를 채택한다. 친소관계가 〈친한 사이〉에서는 일반적으로 플러스 측면의 표현가치를, 〈소원한 사이〉에서는 마이너스 측면의 표현가치를 실현하는 것으로 가정된다. 본 연구에서는 각 용례에 대해 일본어 모어 화자가 어떤 유형의 이미지(인상)를 가지고 있는지를 조사하여 그 결과를 다음과 같은 용어로 개념화하였다. 이를 구체적으로 살펴보면, 먼저 {플러스 방면의 표현가치}로는 [지시]·[부탁]·[당부]·[염려]·[배려]·[친밀]·[타이름]·[달램]·[부드러움]·[원망(願望)]·[간원(懇願)] 등이 관여한다. 다음으로 {마이너스 방면의 표현가치}로는 [귀찮음]·[성가심]·[불만]·[항의]·[불쾌감]·[분노]·[혐오감]·[질책]·[책망]·[힐문] 등이 나타난다[4]. 이와 같이 일본어 원어민의 직관에 기초한 표현가치는 다기에 걸쳐 있고 다종다양하게 전개되고 있어 이를 일반화하여 객관적 근거로서 제시하는 것은 용이하지 않다. 해당 형식에 관한 모어 화자의 다양한 이미지를 금번 연구에서는 〈표현가치〉라는 개념으로 정리하고자 시도한 것이다. 종래의 일본어학이나 일본어 경어 관련 분야에서 구체적으로 논의된 바 없는, 표현가치라는 본 연구의 새로운 시도는 현재로서는 미완이라고 판단되며, 향후 지속적인 검토 과정을 통해 객관성과 일반성을 확보해 나갈 예정이다.

③ 내적 관계와 외적 관계

연구 초기에는 (화자와 청자의) 경어적 상하관계와 친소관계만을 고려하여 논의를 진행했다. 그런데 경어적 하위자가 경어적 상위자에게 보통체 표현을, 역으로 경어적 상위자가 동위자이거나 하위자에게 정중한 표현을 사용할 수 있다는 사실에서 가족·친족과 같이 스스럼없거나 격의 없는 사이를 의미하는 〈내적 관계〉와 스승과 제자 그리고 선후배와 같이 격식을 요구되

---

[4] 본 연구의 검토 대상에서 제외한 〈친소관계 불명〉에서는 [지시]·[부탁]·[당부]·[친밀감]·[상냥함]·[정중함]·[품위 유지]·[주의]·[의뢰]·[경의] 등으로 설명되는 소위 {중립적인 표현가치}가 상정된다.

거나 혹은 청자와의 거리감을 의도적으로 두고자 하는 〈외적 관계〉의 차이가 당해 형식의 성부에 중요한 역할을 하고 있다는 것을 인식하여 용례 검토에 있어서 이를 추가로 도입한다.

④ 경의도

본 연구에서는 형식 간에 보이는 경어적 가치의 차이를 〈경어도〉라는 개념으로 파악하여 [경의도가 높다] 또는 [경의도가 낮다]와 같은 표현으로 나타낸다.

⑤ 격식도

〈격식도〉는 일본어의 [改まり度]에 대응하는 개념으로 사용한다. 따라서 스스럼없는 표현을 담당하는 형식에 관해서는 [격식도가 낮다]와 같이, 격식을 차리는 표현을 담당하는 형식에 대해서는 [격식도가 높다] 혹은 [격식도가 인정된다]와 같은 기술 방식을 취한다.

4. 선행연구의 검토

본 연구에서는 현대일본어의 의뢰표현을 크게 [긍정의 의뢰표현]과 [부정의 의뢰표현]으로 구분하는 입장을 취하고 있는데, 여기에서 [부정의 의뢰표현]에 관해 지금까지 어떤 유형의 연구가 진행되어 왔는지, 선행연구의 대강을 개관하고자 한다. 그런데 [긍정의 의뢰표현]과 [부정의 의뢰표현]을 하나의 독립된 장으로서 체계적으로 다룬 연구는 그리 많지 않고 또한 양자를 고찰 대상으로 삼고 있는 연구에서도 [부정의 의뢰표현]에 관한 비중이 상대적으로 매우 낮다는 점이 우선 지적된다. 이하 필자가 확인한 범위 내에서의 선행연구의 개요를 소개하면 다음과 같다.

工藤真由美(1979 : 46-63)에서는 현재는 다음과 같이 다양한 의뢰표현을 나타내는 형식이 이 사용되고 있는데,

ある行為をするよう依頼する	ある行為をしないよう依頼する
(1) してくれ(ください)	(2) しないでくれ(ください)
(3) してちょうだい	(4) しないでちょうだい
(5) して	(6) しないで
(7) してもらいたい	(8) しないでもらいたい
(9) していただきたい	(10) しないでいただきたい
(11) してほしい	(12) しないでほしい

일본어 근세 말기의 江戸語 문헌에는 (1)의 〈てくれ〉와 (7)의 〈てもらいたい〉 이외에는 거의 출현되지 않고, 그 밖의 형식은 東京語로서의 특색을 나타내고 있다고 기술하고 있다. 그리고 이들 형식들의 성립 시기와 자주 쓰이게 된 시기를 문헌을 통해 예증(例證)하여, 그 시기를 다음과 같이 구분하고 있다.

제1기 明治 전기 〔형성기〕 : 明治 初年부터 明治 10年대 후반까지
제2기 明治 후기 〔확립기〕 : 明治 20年대 초기부터 明治 말년까지
제3기 大正期 〔완성기〕 : 大正 初年부터 大正 12年 9月까지
제4기 昭和 전기 〔제1전성기〕 : 大正 12年의 震災후부터 昭和 20年 8月의 終戦까지
제5기 昭和 후기 〔제2전성기〕 : 終戦에서 현재까지

江戸語에서 [부정의 의뢰표현]을 담당하던 형식에는 〈てくれるな〉〈てくださるな〉가 있는데, 이들 형식은 제2기까지 가끔 사용되었으나 제3기에 들어서는 문헌에서 거의 찾아볼 수 없게 되고 그 대신 〈ないでくれ(ください)〉가 사용되고 있다는 점, 그리고 〈ないでくれ(ください)〉는 江戸語에서 유행어로 한시적으로 사용되지만 제3기에 와서야 비로소 널리 쓰이게 되었다는 점을 지적하고 있다. 〈てくれるな(くださるな)〉가 소멸되고 〈ないでくれ(ください)〉가 발달하게 된 배경에는 「〈てくれるな〉는 형태(상호 승접 순위) 측면에서 검토할 경우, 그 의미 내용이 [화자의 이익이 되는 동작을 하는 것을 금지하는 것으로 파악된다. 그러나 이와 같은 요구를 하는 것은 실제 있을 수 없기 때문에 江戸語의 〈てくれるな〉의 용례를 검토하면, 그 의미 내용은 [화자의 이익이 되도록 어떤 행위를 하지 않는 것을 요구(의뢰)하는 것이라고 인식할 수밖에 없다. 이와 같이 〈てくれるな〉는 형태와 의미 내용이 상호 모순되는 형식이었기 때문에 사용되지 않게 되고, 이를 대신하여 의뢰하는 사항에 속하는 부정 형식을 전접(前接)하여 의뢰형식(상대에게 요구하는 부분)을 후접(後接)시킨 〈ないでくれ〉가 발달한 것일 것이다(pp.58-59)」와 같은 요인이 작용했을 것이라고 설명하고 있다. 그 결과, 〈てくれ〉와 〈てくれるな〉의 대응 관계를 대신하여 〈てくれ〉와 〈ないでくれ〉의 대응관계가 성립되었고, 아울러 〈てちょうだい〉〈て〉〈てもらいたい〉〈ていただきたい〉〈てほしい〉에 대응하는 부정의 의뢰표현형식 〈ないでちょうだい〉〈ないで〉〈ないでもらいたい〉〈ないでいただきたい〉〈ないでほしい〉도 거의 동일한 시기(제4, 5기)에 성립되었다고 설명하고 있다. 또한 〈てほしい〉〈てもらいたい〉〈ていただきたい〉는 희망표현을 나타내는 형식으로 사용되기도 하지만, 〈ないでもらいたい〉〈ないでいただきたい〉〈ないでほしい〉는 전적으로 의뢰표현을 나타내는 형식으로만 사용되고 있다는 점을 - 단,「君には来ないでほしかった」라고 말할 수 있는 점 등의 문제가 여전히 남아 있지만 - 들어 형식 간의 용법의 분화가 현저히 진행되고 있다고 주장하고 있다. 이상과 같이 工藤真由美(1979)는 (긍정, 부정의) 의뢰표현에 참

여하는 제 형식(諸形式)의 성립 시기와 그 변천 과정을 통시적(근세 말기에서 근대까지) 관점에서 다루고 있다는 점에서 그 의의는 인정된다. 그런데 工藤眞由美(1979)에서 다루고 있는 형식은 - 아마도 부정의 의뢰표현 중에서 가장 대표적인 형식에 초점을 맞춘 것으로 이해되지만 -, 본 연구에서 고찰 대상으로 삼고 있는 형식에 비해 소수라는 점을 들 수 있다. 그리고 工藤眞由美(1979)는 어떤 특정 형식의 성립 시기와 발달과정에 주된 연구 목적이 있기 때문에, 당연한 귀결이지만, 본 연구와 같이 특정 의뢰표현 형식이 성별·상하관계·친소관계 등에 따라 어떠한 용법상의 차이를 보이고 어떤 종류의 소위 표현가치를 실현하는지 등에 관해서는 구체적으로 언급하고 있지 않다.

다음으로 坂田幸子·倉持保男(1980 : 147-149)에서는 〈てくれ／てください〉가 상대에게 어떤 행위를 의뢰 또는 요구하는 뜻을 나타내는 데에 사용되는 데에 반해, 〈ないでくれ／*なくてくれ〉는 어떤 행위를 하지 않을 것을 요구할 때 사용되며, 친소·상하 관계에 따라 〈くれ／ください〉를 생략하거나 〈ないか／ませんか〉, 〈てもらえないか／ていただけませんか〉, 〈せ(させ)てください〉〈せ(させ)ていただけませんか〉 등의 형식을 이용하여 다양한 상황적 표현이 가능하다는 점을 제시하고 있다(이상 久野暲(1983 : 95-108), 吉川武時(1989 : 143-144) 등도 참조).

仁田義雄(1991 : 232-236)에서는 부정사태(否定事態)의 명령·의뢰를 나타내는 다양한 형식을 [否定のはたらきかけ]라는 범주에 포함시키고 있다. 먼저 부정명령, 이른바 〈금지〉를 나타내는 표현형식을 소개한 후 〈ヤリナサイ〉에 대응하는 형식으로 〈ヤリ ｛ナサルナ／ナサンナ｝ 〉〈オヤリ ｛ナサルナ／ナサンナ｝ 〉〈オヤリナサイマスナ〉와 〈ヤリタマエ〉 유형을 들고 있다. 그리고 소위 〈부정 의뢰표현〉에는 '상대의 부정사태를 유발시키고자 하는 의지·호의의 발동(發動)을 의뢰하는 것'을 나타내는 〈ヤラナイデクレ〉〈ヤラナイデオクレ〉〈ヤラナイデクレタマエ〉와, '상대의 부정사태를 유발시키는 의지·호의의 비발동(非發動)을 의뢰하는 것'을 나타내는 〈ヤッテクレルナ〉〈ヤッテクレ ｛タマウナ／タモウナ｝ 〉등의 형식이 있다는 점을 지적하고 있다. 또한, 〈クレル〉의 경어 형태인 〈クダサル〉를 포함하는 〈ヤッテクダサイ〉에 대응하는 부정 의뢰표현 형식에도 〈ヤラナイデクダサイ〉〈オヤリニナラナイデクダサイ〉〈オヤリニナラナイデクダサイ ｛マセ／マシ｝ 〉와 〈ヤッテクダサルナ〉〈オヤリクダサルナ〉〈オヤリクダサイマスナ〉의 두 유형의 형식이 있고, 〈ヤッテチョウダイ〉에 대응하는 형식인 〈ヤラナイデチョウダイ〉도 존재하고 있다는 점을 지적하고 있다.

이밖에도 宮地裕(1995 : 4-11)에서는 여러 유형의 문 구조 내에서의 〈의뢰표현의 위치〉에 대해 설명하고 있다. 李成圭(2007c : 16-55)에서는 坂田幸子·倉持保男(1980)·庭三郎(2004)를 대상으로 한 선행연구의 검토가 이루어졌다.

이상 부정의 의뢰표현과 관련된 선행연구의 개요를 간단히 살펴보았다. 특히 工藤眞由美(1979)

를 통해 본 연구에서 다루고 있는 〈부정의 의뢰표현〉에 관여하는 일부 형식의 성립 및 발달 과정을 확인했다. 상기의 검토 내용을 십분 고려하면서 이하 본 연구에서는 각 계열의 여러 유형의 개별적인 형식이 화자와 청자의 성별·상하관계·친소관계에 따라 실제 어떻게 사용되고 있는지, 그리고 해당 형식이 성립할 경우 과연 어떤 표현가치(표현내용)을 표출하는지에 관해 구체적으로 검토하고자 한다.

5. 본 연구 기술방식 및 구성

본 연구의 기술 방식의 개요를 밝히면 다음과 같다.

> 고찰 대상을 〈ないでくれる〉 계열·〈ないでもらえる〉 계열·〈ないでくださる〉 계열·〈ないでいただける〉 계열로 대별하되, 각 계열에 관해서는

> 〈ないでくれる〉 계열은
>
> 제1장 남성 화자가 남성 청자에게 사용하는 〈ないでくれる〉 계열 의뢰표현·
> 제2장 남성 화자가 여성 청자에게 사용하는 〈ないでくれる〉 계열 의뢰표현·
> 제3장 여성 화자가 남성 청자에게 사용하는 〈ないでくれる〉 계열 의뢰표현·
> 제4장 여성 화자가 여성 청자에게 사용하는 〈ないでくれる〉 계열 의뢰표현
>
> 과 같이 〈화자와 청자의 성별〉에 따라 분류하는데, 〈화자 불명〉〈청자 불명〉과 같이 불명으로 판단되는 예는 연구범위에서 제외한다.
>
> 〈ないでもらえる〉 계열은
>
> 제1장 남성 화자가 남성 청자에게 사용하는 〈ないでもらえる〉 계열 의뢰표현·
> 제2장 남성 화자가 여성 청자에게 사용하는 〈ないでもらえる〉 계열 의뢰표현·
> 제3장 여성 화자가 남성 청자에게 사용하는 〈ないでもらえる〉 계열 의뢰표현·
> 제4장 여성 화자가 여성 청자에게 사용하는 〈ないでもらえる〉 계열 의뢰표현
>
> 과 같이 〈화자와 청자의 성별〉에 따라 분류하는데, 〈화자 불명〉〈청자 불명〉과 같이 불명으로 판단되는 예는 연구범위에서 제외한다.
>
> 〈ないでくださる〉 계열은
> 제1장 남성 화자가 남성 청자에게 사용하는 〈ないでくださる〉 계열 의뢰표현·
> 제2장 남성 화자가 여성 청자에게 사용하는 〈ないでくださる〉 계열 의뢰표현·

> 제3장 여성 화자가 남성 청자에게 사용하는 〈ないでくださる〉 계열 의뢰표현·
> 제4장 여성 화자가 여성 청자에게 사용하는 〈ないでくださる〉 계열 의뢰표현
>
> 과 같이 〈화자와 청자의 성별〉에 따라 분류하는데, 〈화자 불명〉〈청자 불명〉과 같이 불명으로 판단되는 예는 연구범위에서 제외한다.

> 〈ないでいただける〉 계열은
>
> 제1장 남성 화자가 남성 청자에게 사용하는 〈ないでいただける〉 계열 의뢰표현·
> 제2장 남성 화자가 여성 청자에게 사용하는 〈ないでいただける〉 계열 의뢰표현·
> 제3장 여성 화자가 남성 청자에게 사용하는 〈ないでいただける〉 계열 의뢰표현·
> 제4장 여성 화자가 여성 청자에게 사용하는 〈ないでいただける〉 계열 의뢰표현
>
> 과 같이 〈화자와 청자의 성별〉에 따라 분류하는데, 〈화자 불명〉〈청자 불명〉과 같이 불명으로 판단되는 예는 연구범위에서 제외한다.

⇩

> 그리고 각 장은 다시 〈화자와 청자의 성별〉과 〈화자와 청자의 경어적 상하관계〉에 따라
>
> [1] 남성 화자가 남성 청자에게 사용하는 〈 〉 계열 의뢰표현
> 1. 청자(남)가 화자(남)에 비해 경어적 상위자인 경우
> 2. 청자(남)가 화자(남)와 경어적 동위자이거나 상위자인 경우
> 3. 청자(남)가 화자(남)가 경어적 동위자인 경우
> 4. 청자(남)가 화자(남)와 경어적 동위자이거나 하위자인 경우
> 5. 청자(남)가 화자(남)에 비해 경어적 하위자인 경우
>
> [2] 남성 화자가 여성 청자에게 사용하는 〈 〉 계열 의뢰표현
> 1. 청자(여)가 화자(남)에 비해 경어적 상위자인 경우
> 2. 청자(여)가 화자(남)와 경어적 동위자이거나 상위자인 경우
> 3. 청자(여)가 화자(남)가 경어적 동위자인 경우
> 4. 청자(여)가 화자(남)와 경어적 동위자이거나 하위자인 경우
> 5. 청자(여)가 화자(남)에 비해 경어적 하위자인 경우
>
> [3] 여성 화자가 남성 청자에게 사용하는 〈 〉 계열 의뢰표현
> 1. 청자(남)가 화자(여)에 비해 경어적 상위자인 경우
> 2. 청자(남)가 화자(여)와 경어적 동위자이거나 상위자인 경우
> 3. 청자(남)가 화자(여)가 경어적 동위자인 경우
> 4. 청자(남)가 화자(여)와 경어적 동위자이거나 하위자인 경우

> 5. 청자(남)가 화자(여)에 비해 경어적 하위자인 경우
>
> [4] 여성 화자가 여성 청자에게 사용하는 계열 의뢰표현
> 1. 청자(여)가 화자(여)에 비해 경어적 상위자인 경우
> 2. 청자(여)가 화자(여)와 경어적 동위자이거나 상위자인 경우
> 3. 청자(여)가 화자(여)가 경어적 동위자인 경우
> 4. 청자(여)가 화자(여)와 경어적 동위자이거나 하위자인 경우
> 5. 청자(여)가 화자(여)에 비해 경어적 하위자인 경우
>
> 와 같이 하위분류하되, 〈친소관계〉에 있어서도 〈친소 불명〉의 예는 고찰 대상에서 배제한다. 상기의 조건에 맞는 각 계열의 여러 유형의 각각의 형식의 사용 가능성 및 표현가치를 검토함으로써 각 형식의 문말 형태에 기인하는 경의도·정중도·격식도 등의 차이를 관찰한다.

본 연구는 서장과 종장 그리고 본문 4부로 구성되어 있다.

서장에서는 1. 연구 목표, 2. 연구 방법, 3. 본 연구에서 사용하는 용어와 개념 규정, 4. 선행연구, 5. 본 연구의 구성에 관해 기술한다.

제Ⅰ부 〈ないでくれる〉 계열의 의뢰표현에서는 제1장 남성 화자가 남성 청자에게 사용하는 〈ないでくれる〉 계열 의뢰표현, 제2장 남성 화자가 여성 청자에게 사용하는 〈ないでくれる〉 계열 의뢰표현, 제3장 여성 화자가 남성 청자에게 사용하는 〈ないでくれる〉 계열 의뢰표현, 제4장 여성 화자가 여성 청자에게 사용하는 〈ないでくれる〉 계열 순으로 그 사용가능성 및 표현가치를 검토하고 제5장에 검토 결과를 간단히 표로 제시한다.

제Ⅱ부 〈ないでもらえる〉 계열의 의뢰표현에서는 제1장 남성 화자가 남성 청자에게 사용하는 〈ないでもらえる〉 계열 의뢰표현, 제2장 남성 화자가 여성 청자에게 사용하는 〈ないでもらえる〉 계열 의뢰표현, 제3장 여성 화자가 남성 청자에게 사용하는 〈ないでもらえる〉 계열 의뢰표현, 제4장 여성 화자가 여성 청자에게 사용하는 〈ないでもらえる〉 계열 순으로 그 사용가능성 및 표현가치를 검토하고 제5장에 검토 결과를 간단히 표로 제시한다.

제Ⅲ부 〈ないでくださる〉 계열의 의뢰표현에서는 제1장 남성 화자가 남성 청자에게 사용하는 〈ないでくださる〉 계열 의뢰표현, 제2장 남성 화자가 여성 청자에게 사용하는 〈ないでくださる〉 계열 의뢰표현, 제3장 여성 화자가 남성 청자에게 사용하는 〈ないでくださる〉 계열 의뢰표현, 제4장 여성 화자가 여성 청자에게 사용하는 〈ないでくださる〉 계열 순으로 그 사용가능성 및 표현가치를 검토하고 제5장에 검토 결과를 간단히 표로 제시한다.

제Ⅳ부 〈ないでいただける〉 계열의 의뢰표현에서는 제1장 남성 화자가 남성 청자에게 사용

하는 〈ないでいただける〉 계열 의뢰표현, 제2장 남성 화자가 여성 청자에게 사용하는 〈ないでいただける〉 계열 의뢰표현, 제3장 여성 화자가 남성 청자에게 사용하는 〈ないでいただける〉 계열 의뢰표현, 제4장 여성 화자가 여성 청자에게 사용하는 〈ないでいただける〉 계열 순으로 그 사용가능성 및 표현가치를 검토하고 제5장에 검토 결과를 간단히 표로 제시한다.

마지막 종장에서는 본 연구의 연구 목적과 연구 방법, 그리고 총 4부에 걸친 검토 과정의 개요에 관해서 간단히 정리한다.

제Ⅰ부

<ないでくれる> 계열의 의뢰표현

1. 남성 화자가 남성 청자에게 사용하는 <ないでくれる> 계열 의뢰표현
2. 남성 화자가 여성 청자에게 사용하는 <ないでくれる> 계열 의뢰표현
3. 여성 화자가 남성 청자에게 사용하는 <ないでくれる> 계열 의뢰표현
4. 여성 화자가 여성 청자에게 사용하는 <ないでくれる> 계열 의뢰표현
5. <ないでくれる> 계열 의뢰표현의 사용가능성 및 표현가치

본 연구에서는 〈ないでくれる〉계열의 의뢰표현을 ①명령형〈ないでくれ·ないでくれよ·ないでおくれ·ないでおくれよ·ないでくれたまえ·ないでくれたまえよ〉, ②보통체〈ないでくれる?·ないでくれるか·ないでくれない?·ないでくれないか〉, ③정중체〈ないでくれますか·ないでくれます?·ないでくれませんか·ないでくれません?〉과 같이 크게 3그룹으로 구분한다[1].

그런데 〈ないでくれる〉계열의 ①②③유형의 각각의 형식을 언어자료에서 조사하면 연구 목적을 수행하기에 충분한 실례가 존재하는 형식과 다소 적게 나타나는 형식이 혼재되어 있어 그 사용 실태는 반드시 동질적이지는 않다. ①명령형 표현과 ②보통체 표현은 문말 형식의 특성상 화자와 청자가 스스럼없는 사이의 친밀한 관계가 아닌 경우에는 통상 경어적 하위자가 경어적 동위자나 상위자에게 사용하는 것이 제한적이다. 이러한 점을 고려할 경우, ①②유형에 속하는 형식의 사용 가능성 및 표현가치에 관해서는 실례를 중심으로 논의를 진행해도 큰 무리가 없다고 판단된다. 한편 ③정중체 표현인 〈ないでくれますか〉는 언어자료 ❷와 ❹, 그리고 ❺ 즉 [인터넷상의 게시글]에서 실례가 등장하고, 〈ないでくれます?〉와 〈ないでくれませんか〉는 ❹와 ❺에서 그 존재가 확인되며, 〈ないでくれません?〉은 ❺에서만 추출되는 등 사용실태에 있어서 차이를 보인다. 또한 ③정중체 표현의 말씨는 화자와 청자의 경어적 상하관계에 있어 비교적 자유스럽다는 점에서 검토 대상의 용례를 확대할 필요가 있다. 이에 ③유형에 속하는 형식에 관해서는 실례를 중심으로 각 형식의 사용 가능성 및 표현가치를 논의하되 실례가 발견되지 않는 경우에는 일본어 모어 화자의 내성 및 직관에 기초한 작례(作例)로 그 공백을 보완한다.

이하 각 형식의 사용 실태(사용 가능성 ; 성립가능성, 허용도, 용인도) 및 표현가치에 관해 검토하는데, 화자와 청자의 성별 및 위상차에 초점을 맞추고, 구체적인 용례에 대한 고찰은 다음 순서로 진행해나가도록 하겠다[2]. [1]〈ないでくれ〉, [2]〈ないでくれよ〉, [3]〈ないでおくれ〉[3], [4]〈ないでおくれよ〉, [5]〈ないでくれたまえ〉, [6]〈ないでくれたまえよ〉, [7]〈ないでくれる?〉, [8]〈ないでくれるか〉, [9]〈ないでくれない?〉, [10]〈ないでくれないか〉, [11]〈ないでくれますか〉, [12]〈ないでくれます?〉, [13]〈ないでくれませんか〉, [14]〈ないでくれません?〉.

---

1) 이밖에도 이론적으로는 ④완곡한 질문을 나타내는 〈でしょうか〉가 하접(下接)하는 〈ないでくれるでしょうか·ないでくれないでしょうか·ないでくれますでしょうか·ないでくれませんでしょうか〉도 검토 대상이 되나, 이들 형식은 본 연구에서 사용하는 언어자료에서는 등장하지 않는다. 그리고 〈ないでくれる〉계열이 보통체 말씨이기 때문에 정중도를 높이는 기능을 하는 〈でしょうか〉와 조응(照応)하기 어렵다는 점, 또한 〈ないでくれるでしょうか〉〈ないでくれないでしょうか〉에서는 완곡한 질문보다는 추측의 의미로 해석되는 예가 많다는 점에서 이번 연구에서는 제외한다.

2) 〈ないでくれる〉계열의 의뢰표현 전반에 관해서는 [韓美卿편저(2013)「〈ないでくれる〉계열의 의뢰표현(이성규 집필)」, 『일본어학/일본어교육』1(문법)에 수록, 제이앤시 pp.241-261.]에서 사용한 예문(1~48)과 서술 내용을 반영하고 있지만, 일부 예문과 기술 내용에 있어서는 그 후 가필 수정한 부분이 있다는 점을 밝혀둔다.

3) 〈ないでおくれ〉의 사용 실태 및 표현가치에 관한 논문에는 [李成圭(2016a)「〈ないでおくれ〉의 사용 실태 및 표현가치」『日本言語文化』제34집 한국일본언어문화학회 pp.227-254.]가 있다. 본서에서는 李成圭(2016a)의 예문(1-15) 및 기술 내용을 재인용했다.

1. 남성 화자가 남성 청자에게 사용하는 〈ないでくれる〉 계열 의뢰표현

1.1. 청자(남)가 화자(남)에 비해 경어적 상위자인 경우

[1] 〈ないでくれ〉 {청자(남)가 화자(남)에 비해 경어적 상위자인 경우}

(1) そんなことを頼むなんて…恵の立場も考えず、自分のことだけしか考えていない…そんなところも、一子らしい…とも、思うのだけれど。と、そこへ一番が入ってきた。ひどく疲れた様子で、血走った目をして…入るなり、一番は眠っている一子に言った。「あんたを刺したノブは死んだよ」ガラス越しでは聞こえないし、聞こえたとしても一子が答えるはずもない。「何をしているんですか。許可なくここへ入ってはいけません」後を追ってきた高石婦長は言ったけれど、一番は無視して一子に話し続ける。「死なないでくれ、院長」続いて財前が、そして道子と高野も入ってきた。「もう誰も死んで欲しくない。誰の死も見たくない」「院長は死なない」財前の声は、彼の必死の願いを伝えていた。そうだよな。これだけ手厚い看護を受けているんだから。❷

(1)에서 화자 「一番」는 「死んだよ」의 「んだよ」와 같은 남성 전용 표현을 쓰고 있어 남성으로, 청자도 「一子」라는 이름과 「院長」라는 호칭 그리고 발화내용을 통해 남성으로 추정된다. 청자는 「院長」라는 지위에 있다는 점에서 화자에 비해 경어적 상위자로 간주되고, 화자가 청자를 「あんた」라는 인칭대명사로 부르고 있다는 점에서 양자는 친한 사이로 해석된다. 따라서 (1)은 정중함이나 격식이 요구되는 문맥이나 장면에서의 사용 제한과 경어적 동위자이거나 상위자 혹은 경어적 상위자인 청자에게 사용 제한이라는 일반 원칙에 저촉되지 않는다. 그리고 「死なないでくれ」의 〈ないでくれ〉는 [간원]의 표현가치를 나타낸다.

(2) 「あー。時葉ってば、照れてるぅ」
「なっ！！」ててて、照れてなんかねー！！」
「わかるよぅ。だって、もう公認だもんね。聡明様ったら、時葉しか見えていないみたいだし」
「や、やめろっ！」恥ずかしいからもう、言わないでくれー！
「なんじゃ？ 時葉にはねんごろな相手がおるのか？」
「うん。藤原聡明様って言ってね。都中の憧れの的なんだよ？」
「ほーう。この男も隅に置けんのぅ」❷

(2)에서 화자 「時葉」는 「照れてなんかねー！！」의 「ねー」라는 표현과 「や、やめろっ！」와 같이 동사의 명령형을 쓰고 있고 청자가 화자에 대해 「この男も隅に置けんのぅ」라는 표현을 사용하고 있다는 점에서 남성으로, 청자도 「なんじゃ？」「おるのか？」라는 표현에서 남성으로 추정된다. 청자가 화자를 이름으로 부르고 있고 「なんじゃ？」나 「おるのか？」와 같은 연배의 남성

들이 사용하는 표현을 쓰고 있기 때문에 청자는 화자에 비해 상위자로 판단된다. 화자와 청자 사이에 스스럼없는 표현이 쓰이고 있다는 점에서 양자는 친한 사이로 간주된다. 이에 (2)는 정중함이나 격식이 요구되는 문맥이나 장면에서의 사용 제한과 경어적 동위자이거나 상위자 혹은 경어적 상위자인 청자에게 사용 제한이라는 일반 원칙에 저촉되지 않는다. 그리고 「言わないでくれ」의 〈ないでくれ〉는 [간원]의 표현가치를 나타낸다. 그리고 [남성 화자/남성 청자/청자가 화자에 비해 경어적 상위자/소원한 사이]에서는 〈ないでくれ〉의 예가 확인되지 않는다.

[2] 〈ないでくれよ〉 {청자(남)가 화자(남)에 비해 경어적 상위자인 경우}

> (3) 夜、初めて笑顔を見せた。「もしかしたら交渉の席に、おまえを呼ぶこともあるかもしれない。…うちで一番の売れっ子としてな」
> 「俺一人じゃ頼りないかもしれないけど、頑張って営業するよ。任せて」恵一は冗談めかすが、瑞樹は真面目な顔になる。
> 「よろしく頼む。だが、おまえのためを思うと、淳と一緒に移籍したほうが…」
> 「そんなこと言わないでくれよ、瑞樹さん。俺は最後まで、あなたと一緒に頑張りたいって思ってるから」 これは恋愛感情ではない。けれども、恵一なりに瑞樹のことを大切に思っているのだ。❷

(3)에서 화자 「恵一」는 자신을 「俺」라고 지칭하고 있어 남성으로, 청자 「瑞樹」도 「よろしく頼む」와 같은 남성어적 표현을 쓰고 있다는 점에서 남성으로 여겨진다. 화자가 청자에 대해 「あなた」라는 인칭대명사를, 그리고 청자가 화자에 대해 「おまえ」라는 인칭대명사를 쓰고 있다는 점을 고려하면 청자는 화자에 비해 경어적으로 상위자로 간주되고 경영자인 청자가 화자에게 이적을 권유하고 있다는 대화 내용에서 양자는 친한 사이로 해석된다. 따라서 「言わないでくれよ」의 〈ないでくれよ〉는 [간원]의 표현가치를 나타낸다.

> (4) 「ごめん、爺ちゃん、オレのせいだ。オレのせいで…オレなんかを助けるために…」
> 「違うぞ、新汰。それは大きな誤りだ…儂は偉大な可能性を守っただけだ…枯葉が次の葉のために落ちるだけのこと…」
> 「オレなんか…オレなんか助けないでくれよ！爺ちゃんのほうが…爺ちゃんのほうがオレなんかよりずっと…！」叫ぶ新汰を見て、蓮は静かに首を振った。新汰は天に向かって絶叫したくなった。❷

(4)에서 화자 「新汰」는 자신을 「オレ」라고 지칭하고 있어 남성으로, 청자인 「爺ちゃん」도 「違うぞ」의 「ぞ」와 같은 남성 전용의 종조사를 쓰고 있어 남성으로 판단된다. 화자가 청자에 대해 「爺ちゃん」이라는 인칭대명사를 쓰고 있기 때문에 청자는 화자에 비해 경어적으로 상위자로 인정되고, 화자가 청자에게 자기 같은 사람은 구하지 말라고 애원하고 있다는 점에서 양

자는 친한 사이로 간주된다. 이에「助けないでくれよ」의 〈ないでくれよ〉는 [간원]의 표현가치를 나타낸다.

(5)『…兄貴…?』
『警察に行くぞ。ついていってやる』これが最後の情だ。本郷の中で、長倉への情は急速に消えつつあった。 おそらく、その感情は顔に出ていたのだろう。
長倉が口を歪ませ、一重の目に涙を滲ませた。『兄貴…そんな目で見ないでくれよ』長倉は泣いていた。『兄貴…』哀れだとは思うが、もうこれが潮時だと、本郷は区切りをつけるつもりだった。本郷の生活は変わった。元に戻るつもりはない。長倉も変わってくれなければ、これ以上そばに置くことはできないのだ。❷

(5)에서 화자「長倉」는 청자를「兄貴」라고 부르고 있어 남성으로, 청자「本郷」도「警察に行くぞ」의「ぞ」와 같은 남성 전용의 종조사를 쓰고 있어 남성으로 간주된다. 화자가 청자에 대해「兄貴」라는 인칭대명사를 쓰고 있다는 점에서 청자는 화자에 비해 경어적으로 상위자로 인정되고, 화자가 청자에게 그런 눈으로 보지 말라고 애원하고 있다는 점에서 양자는 친한 사이로 판단된다. 따라서「そんな目で見ないでくれよ」의 〈見ないでくれよ〉는 [간원]의 표현가치를 나타낸다.

(6)「なんだよ、父さん、これ見てよ、なまくらな斧をくれたもんだなあ。こんなに曲がっちまったよ」
それを見て、父さんはびっくりぎょうてんした。「やれやれ、なんてことしてくれた！斧を弁償しなけりゃならねえじゃねえか。そんな金、まるであてがねえよ。おまえの働きのおかげで、おれはとんだもうけだよ」「まあ、そう怒らないでくれよ。斧ならおれが、ちゃんと弁償するよ」
「このばか者が、どうやって金はらう気だ?おまえなんぞ、おれのすねかじってる、素寒貧でねえか。おまえの頭につまってるのは学生のへりくつだ。木を伐る技なんぞ、なんにもわかっちゃいねえんだ」❷

(6)에서 화자인 아들은 자신을「おれ」라고 지칭하고 있어 남성으로, 청자인「父さん」도 자신을「おれ」라고 표현하고 있어 남성으로 판단된다. 화자가 청자를「父さん」이라고 부르고 있고, 청자는 화자에게「おまえ」라는 인칭대명사를 쓰고 있기 때문에 청자는 화자에 비해 경어적으로 상위자로 인정된다. 화자가 청자에게 그렇게 화를 내지 말라고 애원하고 있다는 점에서 양자는 친한 사이로 간주된다. 이에「怒らないでくれよ」의 〈ないでくれよ〉는 [간원]의 표현가치를 나타낸다.

(7) そこで男は大きな肩を揺すった。「アメリカてな民主主義だろ。国民の意志を代行するのがに弱気でいられるかって。ちょっぴりでも慈悲を施せば大統領の座を滑り落ちる。だからあいつは、ヒロシマに原爆を落としたんだ」
「やめてよ！」カン高い声が響いたので、勇悟は驚いて中腰になった。男と窓の間に小さな男の子が座っていた。そういえば三人掛け励行のはずである。男の子があまりおとなしかったの

で、それまで目につかなかったのだ。彼は猫のようによく光る目で、座席のみんなを睨みつけた。
「姉ちゃんの前で、ヒロシマの話なんかしないでくれよ！」姉ちゃんというのが、少年の前の席にいる洋装の女だろう。❷

(7)에서 화자는 「小さな男の子」로 묘사되어 있어 남성으로, 청자인 「勇悟」도 「男」로 설정되어 있고 「ヒロシマに原爆を落としたんだ」의 「んだ」와 같은 남성 전용의 문말 형식을 쓰고 있어 남성으로 간주된다. 대화 내용에서 청자는 화자에 비해 경어적으로 상위자로 인정되는데 화자가 청자에게 「姉ちゃん」 앞에서 히로시마 이야기를 하지 말라고 강한 불쾌감을 표출하고 있다는 점에서 양자는 소원한 사이로 해석된다. 따라서 「しないでくれよ」의 〈ないでくれよ〉는 [불쾌감][항의]의 표현가치를 나타낸다.

(8)「…」「教えてくれ、智也くん。君が、ほんとうに卓美と別れて別の女の子と付き合いたいというなら、その気持ちを、俺は責めたりはしない。ただし、それならそれで、卓美を見つけたときに、その方向で説得しなければならないんだ。もう二度とトモくんとは付き合うことは出来ないんだ、とね。…それが、君の本音かい？ ほんとうにそうしたいのかい？」智也の、膝の上で握り締めた拳が震えた。「…何なんだよ！」不意に、智也は声を荒らげた。「あんた、一体何なんだよ！ 何さまのつもりだよ！ 警察の尋問みたいに、俺を追い詰めて－俺はもう、卓美は妹だって決めたんだ！ 今さら、揺さぶらないでくれよっ！ もうたくさんなんだよ！ 学校や近所に好奇の目で見られるのも、ひそひそ噂されるのも！」
「…意見を表に出せなかったという点では、君も、卓美と同じだったってわけだ」章の言葉に、智也ははっと我に返った。
章が、厳しい眼をして、智也を見つめた。「弱虫だな、君は」「！」ガタン、と音を立てて智也は立ち上がった。章は、冷静に眼を伏せてささやいた。「もしも卓美が見つかったら、君が言った通りに伝えるよ。そして、こう言うだろう。親や世間体ばかり気にして自分の女を守ることさえ出来ない男に執着するな－とね」ガタッ！ と音がして、智也が章の胸倉をつかんだ。次の瞬間、智也は、あっという間に、章に腕をねじられて、床の上にうつ伏せに倒されていた。❷

(8)에서 화자 「智也」는 자신을 「俺」라고 지칭하고 있고 「…何なんだよ！」의 「んだよ」와 같은 남성 전용의 문말 형식을 쓰고 있어 남성으로, 청자인 「章」도 「俺」라는 인칭대명사로 자신을 표현하고 있고 「卓美と同じだったってわけだ」의 「だ」와 같은 남성 전용의 문말 형식을 쓰고 있기 때문에 남성으로 간주된다. 청자는 화자를 「智也くん」과 「君」라고 부르고 있는 점을 고려하면 청자는 화자에 비해 경어적으로 상위자로 인정된다. 화자가 청자에게 「卓美」를 여동생이라고 마음을 정했으니까 지금 와서 자기를 흔들지 말라고 강한 불쾌감을 표현하고 있다는 점에서 양자는 소원한 사이로 해석된다. 이 때문에 「揺さぶらないでくれよっ！」의 〈ないでくれよっ〉는 [불쾌감][항의]의 표현가치를 나타낸다.

[3]〈ないでおくれ〉・[4]〈ないでおくれよ〉・[5]〈ないでくれたまえ〉・[6]〈ないでくれたまえよ〉・[7]〈ないでくれる?〉・[8]〈ないでくれるか〉・[9]〈ないでくれない?〉・[10]〈ないでくれないか〉

[남성 화자/남성 청자/청자가 화자에 비해 경어적 상위자/친한 사이·소원한 사이]에서는 상기 형식이 사용된 예가 확인되지 않는다.

[11] 〈ないでくれますか〉 {청자(남)가 화자(남)에 비해 경어적 상위자인 경우}

(9) ?? お父さん、僕は大丈夫ですから、そんなに気を遣わ<u>ないでくれますか</u>。

(9)에서 화자는 「僕」라는 인칭대명사에서 남성으로, 청자도 「お父さん」이라는 호칭을 통해 남성으로 간주되며 이러한 가족관계에서 청자는 화자에 비해 경어적 상위자(上位者)임을 알 수 있다. 화자가 청자에게 자신을 걱정하지 말라고 부탁하는 내용의 발화라는 점에서 청자에 대한 화자의 심리적 인간관계인 친소관계는 친한 사이로 묘사되어 있다. 〈ないでくれますか〉는 〈ないでくれる〉 계열의 다른 정중체와 마찬가지로 최저한도(最低限度)의 정중도를 나타내기 때문에 청자와의 일정한 거리를 확보하면서 화자의 품위를 유지하는 역할을 한다. 경어적 규범의식을 판단의 기준으로 삼을 경우, 〈ないでくれますか〉를 경어적 하위자가 경어적 상위자에게 사용하는 것은 자연스러운 발화로서의 용인도(容認度, acceptability)가 낮다. 그러나 친한 사이에서 「気を遣わないでくれますか」와 같이 화자가 가족관계에서 상대와의 거리를 두지 않고 친근감을 높이고자 하는 표현 의도가 발동되면, 사용 가능성이 다소 높아지고 [염려][배려]의 표현가치를 실현한다.

(10) 野田 :「死んだら、地雷が、危ない、隊長の、馬鹿、そういう、爆発、全員が、どうして、意味のない」
　　 橋場 :「危ない、危ない、あぶな、あぶ、あぶあぶあぶあぶ」
　　 野田 :「そういう悪ふざけをし<u>ないでくれますか</u>」
　　 橋場 :「ちょっと、オレのこと殺す気?」
　　 小野 :「こっちの台詞だ大馬鹿者ー！」
　　 橋場 :「ごめんごめん」
　　 小川 :「本当に分かっているのかな」❹

(10)에서 화자 「野田」는 [二等兵/通信担当]로 설정되어 있어 남성으로, 청자 「橋場」도 [一等兵/衛生担当]으로 나와 있어 남성으로 상정되며, 계급에서 청자는 화자에 비해 경어적 상위자로 규정된다. 그리고 화자가 「悪ふざけをする」를 하는 청자에 대해 불쾌감을 표출하고 있다는 점에서 양자의 친소관계는 소원한 사이로 이해된다. 그리고 〈ないでくれますか〉를 경어적 하위자가 경어적 상위자에게 사용하는 것은 자연스러운 발화로서의 용인도가 낮다. 그러나 실제 연극 대사에서는 (10)의 「悪ふざけをしないでくれますか」와 같이 소원한 사이의 경어적 상위자인

청자에게 사용된 예도 확인되며 [불쾌감][항의]의 표현가치를 나타낸다.

[12] 〈ないでくれます?〉 {청자(남)가 화자(남)에 비해 경어적 상위자인 경우}

   (11) ??お父さん、僕は大丈夫ですから、そんなに気を遣わ<u>ないでくれます?</u>
   (12) ??お父さん、彼女とのデートを二度と邪魔し<u>ないでくれます?</u>

  (11)에서 화자는 「僕」라는 인칭대명사에서 남성으로, 청자도 「お父さん」이라는 호칭을 통해 남성으로 간주되며 이러한 가족관계에서 청자는 화자에 비해 경어적 상위자(上位者)임을 알 수 있다. 화자가 청자에게 자신을 걱정하지 말라고 부탁하는 내용의 발화라는 점에서 청자에 대한 화자의 심리적 인간관계인 친소관계는 친한 사이로 묘사되어 있다. 〈ないでくれます?〉는 〈か〉가 현재화되지 않은 형식이라는 점에서 경의도에 있어서는 〈ないでくれますか〉보다 약간 낮은데 〈ないでくれる〉 계열의 다른 정중체와 마찬가지로 최저한도의 정중도를 나타내기 때문에 청자와의 일정한 거리를 확보하면서 화자의 품위를 유지하는 역할을 한다. 경어적 규범의식을 판단의 기준으로 삼을 경우, 〈ないでくれます?〉를 경어적 하위자가 경어적 상위자에게 사용하는 것은 자연스러운 발화로서의 용인도가 낮다. 그러나 친한 사이에서 「気を遣わないでくれます?」와 같이 가족관계에서 상대와의 거리를 두지 않고 친근감을 높이고자 하는 표현 의도가 발동되면, 사용 가능성이 다소 높아지고 이때의 〈ないでくれます?〉는 [염려][배려]의 표현가치를 실현한다.

  (12)에서 화자는 「彼女とのデート」라는 표현에서 남성으로 청자도 「お父さん」이라고 지칭되고 있어 남성으로 판명되고, 이러한 가족 호칭에서 청자는 화자에 비해 경어적 상위자로 상정된다. 화자가 이전부터 데이트를 방해받은 것에 대해 청자에게 불쾌감을 표출하고 있다는 점에서 청자에 대한 화자의 친소관계는 소원한 사이로 설정되어 있다. 그리고 〈ないでくれます?〉를 경어적 하위자가 경어적 상위자에게 사용하는 것은 자연스러운 발화로서의 용인도가 낮다. 그러나 소원한 사이에서 「邪魔しないでくれます?」와 같이 어떤 표현 의도의 실현을 위해 화자가 경어적 상위자인 청자와의 거리감을 의식적으로 이용하고자 할 경우에는 사용 가능성이 다소 높아지고 이때는 [불쾌감][항의]의 표현가치를 나타낸다.

[13] 〈ないでくれませんか〉 {청자(남)가 화자(남)에 비해 경어적 상위자인 경우}

   (13) ??お父さん、僕は大丈夫ですから、そんなに気を遣わ<u>ないでくれませんか</u>。
   (14) お父さん、彼女とのデートを二度と邪魔し<u>ないでくれませんか</u>。

  (13)에서 화자는 「僕」라는 인칭대명사에서 남성으로, 청자도 「お父さん」이라는 호칭을 통해 남성으로 간주되며 이러한 가족관계에서 청자는 화자에 비해 경어적 상위자(上位者)임을 알 수

있다. 화자가 청자에게 자신을 걱정하지 말라고 부탁하는 내용의 발화이라는 점에서 청자에 대한 화자의 심리적 인간관계인 친소관계는 친한 사이로 묘사되어 있다. 〈ないでくれる〉 계열의 부정 정중체인 〈ないでくれませんか〉는 경의도에 있어서 〈か〉가 현재화되지 않은 〈ないでくれません?〉에 비해 약간 높은데 〈ないでくれる〉 계열의 다른 정중체와 마찬가지로 최저한도의 정중도를 나타내기 때문에 친한 사이에서 〈ないでくれませんか〉를 경어적 하위자가 경어적 상위자에게 사용하는 것은 자연스러운 발화로서의 용인도가 낮다. 그러나 「気を遣わないでくれませんか」와 같이 가족관계에서 상대와의 거리를 두지 않고 친근감을 높이고자 하는 표현 의도가 발동되면 사용 가능성이 다소 높아지고 [염려][배려]의 표현가치를 실현한다.

(14)에서 화자는 「彼女とのデート」라는 표현에서 남성으로 청자도 「お父さん」이라고 지칭되고 있어 남성으로 판명되고, 이러한 가족 호칭에서 청자는 화자에 비해 경어적 상위자로 상정된다. 화자가 이전부터 데이트를 방해받은 것에 대해 청자에게 불쾌감을 표출하고 있다는 점에서 청자에 대한 화자의 친소관계는 소원한 사이로 설정되어 있다. 그리고 소원한 사이에서도 〈ないでくれませんか〉를 경어적 하위자가 경어적 상위자에게 사용하는 것은 자연스러운 발화로서의 용인도가 낮다. 그러나 「邪魔しないでくれませんか」와 같이 가족 사이에서 화자가 경어적 상위자에게 의도적으로 소원함을 강조하여 표현하고자 할 때는 사용이 가능하며 [불쾌감][분노][항의]의 표현가치를 나타낸다.

[14] 〈ないでくれません?〉 {청자(남)가 화자(남)에 비해 경어적 상위자인 경우}

(15) ?? お父さん、僕は大丈夫ですから、そんなに気を遣わないでくれません?
(16) ?? お父さん、彼女とのデートを二度と邪魔しないでくれません?

(15)에서 화자는 「僕」라는 인칭대명사에서 남성으로, 청자도 「お父さん」이라는 호칭을 통해 남성으로 간주되며 이러한 가족관계에서 청자는 화자에 비해 경어적 상위자(上位者)임을 알 수 있다. 화자가 청자에게 자신을 걱정하지 말라고 부탁하는 내용의 발화이라는 점에서 청자에 대한 화자의 심리적 인간관계인 친소관계는 친한 사이로 묘사되어 있다. 〈ないでくれません?〉은 〈ないでくれる〉 계열의 다른 정중체와 마찬가지로 경도(軽度)의 정중도를 나타내기 때문에 청자와의 일정한 거리를 확보하면서 화자의 품위를 유지하는 역할을 한다. 그래서 〈ないでくれません?〉을 경어적 하위자가 경어적 상위자에게 사용하는 것은 자연스러운 발화로서의 용인도가 낮다. 그러나 「気を遣わないでくれません?」과 같이 가족관계에서 거리감을 좁히고 친밀도를 높이고자 하는 표현 의도가 발동되면 사용 가능성이 다소 높아지고 [염려][배려]의 표현가치를 실현한다.

(16)에서 화자는 「彼女とのデート」라는 표현에서 남성으로 청자도 「お父さん」이라고 지칭되

고 있어 남성으로 판명되고, 이러한 가족 호칭에서 청자는 화자에 비해 경어적 상위자로 상정된다. 화자가 이전부터 데이트를 방해받은 것에 대해 청자에게 불쾌감을 표출하고 있다는 점에서 청자에 대한 화자의 친소관계는 소원한 사이로 설정되어 있다. 그리고 소원한 사이에서도 〈ないでくれません?〉을 경어적 하위자가 경어적 상위자에게 사용하는 것은 자연스러운 발화로서의 용인도가 낮다. 그러나 「邪魔しないでくれません?」과 같이 어떤 표현 의도의 실현을 위해 화자가 경어적 상위자와의 거리감을 의도적으로 이용하고자 할 경우에는 사용 가능성이 다소 높아지며 [불쾌감][항의]의 표현가치를 나타낸다.

1.2. 청자(남)가 화자(남)와 경어적 동위자이거나 상위자인 경우

[1] 〈ないでくれ〉 {청자(남)가 화자(남)와 경어적 동위자이거나 상위자인 경우}

(17) だからジムは、いつかの動物が、自分に話しかけてきてくれて、どうしたら自由になれるかを、教えてくれることを夢見てたんだ。ある日、ジムがいつものように池のそばにすわっていたら、水のはじっこのところに、でっかい泥ガメが一ぴきいるのを見つけた。ジムは小石を拾いあげて、カメめがけて投げつけた。すると小石は、カメの甲羅に命中した。カメは少し横のほうに身をよけて、頭をつっ立てていった、「もう二度と、こんなことし<u>ないでくれ</u>。それより仲よしになろうじゃないか。おれのヴァイオリン、聴きたくないかい?」カメが自分に話しかけたことだけで、ジムはもうショックを受けていた。だからカメが、石の下からちっぽけなヴァイオリンを取り出して弾きはじめたのを見たときは、びっくりぎょうてん、もうちょっとのところで、池のなかに落っこちてしまうところだった。ジムはそこにすわったまま、カメの演奏を聴いてたけれど、そうしながら、ひょっとしたら自分は夢を見てるんじゃないかと思ってた。うっとり音楽に聴きほれていたジムが、われに返ってみると、カメはもうそこにいなかった。❷

(17)에서 화자「カメ」는 「おれ」라는 인칭대명사와 「仲よしになろうじゃないか」의 「うじゃないか」와 같은 남성 전용 표현에서 남성으로 묘사되고 있고, 청자「ジム」도「夢見てたんだ」의 「んだ」와 같은 남성 전용 표현에서 남성으로 간주된다. 화자와 청자 사이의 대화 내용을 청자는 화자와 동위자이거나 상위자로 판단되는데, 화자가 자신의 등딱지에 돌을 던지는 청자에게 「それより仲よしになろうじゃないか。おれのヴァイオリン、聴きたくないかい?」와 같은 친근감을 표시하며 달래고 있다는 점에서 양자의 친소관계는 친한 사이로 해석된다. 그리고 (17)은 정중함이나 격식이 요구되는 문맥이나 장면에서의 사용 제한과 경어적 동위자이거나 상위자 혹은 경어적 상위자인 청자에게 사용 제한이라는 일반 원칙에 저촉되지 않는다. 이때의 「しないでくれ」의 〈ないでくれ〉는 [간원]의 표현가치를 나타낸다.

(18) 何かを抱えている後輩。
　　　　対峙する先輩。
　先輩：な、何を言ってるんだ！　そんな事ないさ！
　後輩：動揺してるじゃないか！
　先輩：違う！　お前はオレを信じてくれないのか！
　後輩：そういう問題じゃないんだ！　話を摩り替え<u>ないでくれ</u>！
　先輩：じゃあそれをこっちによこすんだ！
　後輩：ダメだ！　そうだ。この前だって自分の取り分を多くしやがって！❹

(18)에서 후배로 등장하는 화자는「動揺してるじゃないか」의「じゃないか」「じゃないんだ！」와 같은 남성 전용의 문말 형식을 쓰고 있어 남성으로, 선배로 등장하는 청자도「オレ」라는 인칭대명사를 쓰고 있어 남성으로 간주된다. 선후배 사이의 대화라는 점에서 청자는 화자와 동위자이거나 상위자로 판단되는데 화자와 청자 사이에 거친 말씨가 사용되고 있고 화자가 청자에게 이야기를 바꿔치지 말라고 불쾌감을 표출하고 있다는 점에서 양자는 소원한 사이로 해석된다. 그리고 (18)은 정중함이나 격식이 요구되는 문맥이나 장면에서의 사용 제한과 경어적 동위자이거나 상위자 혹은 경어적 상위자인 청자에게 사용 제한이라는 일반 원칙에 저촉되지 않는다. 이때의「摩り替えないでくれ」의〈ないでくれ〉는 [불쾌감][항의]의 표현가치를 나타낸다.

(19) 私はその必要を痛感している。所謂有能な青年女子を、荒い破壊思想に追いやるのは、民主革命に無関心なおまえたち先輩の頑固さである。
若いものの言い分も聞いてくれ！　そうして、考えてくれ！　私が、こんな如是我聞《にょぜがもん》などという拙文をしたためるのは、気が狂っているからでもなく、思いあがっているからでもなく、人におだてられたからでもなく、況《いわ》んや人気とりなどではないのである。本気なのである。昔、誰それも、あんなことをしたね、つまり、あんなものさ、などと軽くかたづけ<u>ないでくれ</u>。昔あったから、いまもそれと同じような運命をたどるものがあるというような、いい気な独断はよしてくれ。
いのちがけで事を行うのは罪なりや。そうして、手を抜いてごまかして、安楽な家庭生活を目ざしている仕事をするのは、善なりや。おまえたちは、私たちの苦悩について、少しでも考えてみてくれたことがあるだろうか。❶

(19)에서 화자「私」는「おまえたち」라는 인칭대명사와「あるだろうか」의「だろうか」와 같은 문말 표현을 쓰고 있어 남성으로, 청자도「民主革命に無関心なおまえたち先輩」라는 표현에서 남성으로 추정된다. 화자가 청자를「おまえたち先輩」로 지칭하고 있기 때문에 청자는 화자와 동위자이거나 상위자로 간주되고 화자가 청자에게 일을 가볍게 처리하지 말라고 불쾌감을 표출하고 있다는 점에서 양자는 소원한 사이로 해석된다. 그리고 (19)는 정중함이나 격식이 요구되는 문맥이나 장면에서의 사용 제한과 경어적 동위자이거나 상위자 혹은 경어적 상위자인 청자에게 사용 제한이라는 일반 원칙에 저촉되지 않는다. 따라서「かたづけないでくれ」는 [불쾌

감[항의]의 표현가치를 나타낸다.

[2] 〈ないでくれよ〉 {청자(남)가 화자(남)와 경어적 동위자이거나 상위자인 경우}

(20)「ねえ、明日どっか行こうよ」司が金曜の夕方そんなふうに言ってきた。
「司…仕事中なんだよ」
「またそんな冷たいことを。俺退屈で死にそうだよ。あんたあれきり全然きてくれないじゃない」
山岸の接待の後に司のマンションへ行き、真生はそこでずいぶん乱れてしまった。思い出すと今でも顔が赤くなる。あんな声は兄が指手でも出さないのに。
「俺はあんたの愛人なんだよ、あんたは俺に責任があるんだ。俺を放っておかないでくれよ」司にしてはずいぶん弱気な声を出す。
真生はちょっと彼をからかってみたくなった。「君は自由なんだ。街へ行って女の子にでも声をかければいいだろう?」
「嫌だよ、だって俺は今あんたが好きなんだもの」
「…」
「俺はね、確かにヒモだし、愛人だよ。でもヒモはヒモなりの操ってのを持ってんだよ」真生はちょっと笑った。その波動が電話線を伝って分かったらしい、司がむっとした口調で言った。
「なんだよ、何がおかしいんだよ」❷

(20)에서 화자「司」는 자신을「俺」라고 지칭하고 있고,「あんたの愛人なんだよ」의「んだよ」와 같은 남성 전용의 문말 형식을 사용하고 있어 남성으로, 청자「真生」도 화자를「君」라는 인칭대명사로 부르고 있고,「声をかければいいだろう?」의「だろう」와 같은 남성 전용의 문말 형식을 쓰고 있다는 점에서 남성으로 상정된다. 화자가 청자에 대해「君」라는 인칭대명사를, 그리고 청자가 화자에 대해「あんた」라는 인칭대명사를 쓰고 있다는 점을 고려하면 청자는 화자에 비해 경어적으로 동위자이거나 상위자로 간주된다. 화자와 청자가 동성애자라는 점을 감안하면 양자는 친한 사이로 판단되고 화자가 청자에게 자신을 내버려 두지 말라고 간절히 부탁하고 있다는 점에서「放っておかないでくれよ」의 〈ないでくれよ〉는 [간원]의 표현가치를 나타낸다. 그리고 [남성 화자/남성 청자/청자가 화자와 경어적 동위자이거나 상위자/소원한 사이]에서는 〈ないでくれよ〉로 사용된 예가 확인되지 않는다.

[3] 〈ないでおくれ〉·[4] 〈ないでおくれよ〉·[6] 〈ないでくれたまえよ〉·[7] 〈ないでくれる?〉·[8] 〈ないでくれるか〉·[9] 〈ないでくれない?〉·[10] 〈ないでくれないか〉

[남성 화자/남성 청자/청자가 화자와 경어적 동위자이거나 상위자/친한 사이·소원한 사이]에서는 상기 형식이 사용된 예가 확인되지 않는다.

[5] 〈ないでくれたまえ〉 {청자(남)가 화자(남)와 경어적 동위자이거나 상위자인 경우}

(21)「ぜったいに通じない、というんだね?」
「ええ、ぜったいに通じません。カピタン、ほら、牛は牛連れ、馬は馬連れと、むかしからいうじゃありませんか。ーあなたは、自分のできることだけで満足しなくっちゃいけません。それに、もう一つ、つけくわえれば、あなたがおくりたがっている服は、歌手かなんかがステージで使うようなしろもので、小学生にきられるようなもんじゃないですよ。」
「よく、わかった。」と、ファイヤーは、はずかしさをかみころしていいました。
「が、このことは、だれにもいわ<u>ないでくれたまえ</u>。だれにも、ね。」自分にできることだけで満足しなければいけない、とカラスにいわれたことは、ファイヤーのむねの底までしみとおりました。❷

(21)에서 화자「カラス」는「が」와 같은 남성어적 접속사를 쓰고 있어 남성으로, 청자「ファイヤー」도「よく、わかった。」와 같은 표현을 쓰고 있어 남성으로 상정된다. 청자는 화자에게「ぜったいに通じない、というんだね?」와 같은 보통체 말씨를, 화자는 청자에게「ぜったいに通じません」와 같은 정중체 말씨를 사용하고 있기 때문에 청자는 화자와 경어적으로 동위자이거나 상위자로 여겨지며 화자가 청자에게 누구에게도 말하지 말라고 신신당부하고 있다는 점에서 양자는 친한 사이로 추정된다. 이에「いわないでくれたまえ」의〈ないでくれたまえ〉는 [간원]의 표현가치를 나타낸다. 그리고 [남성 화자/남성 청자/청자가 화자와 경어적 동위자이거나 상위자/소원한 사이]에서는〈ないでくれたまえ〉로 사용된 예가 확인되지 않는다.

[11] 〈ないでくれますか〉 {청자(남)가 화자(남)와 경어적 동위자이거나 상위자인 경우}

(22) ? 兄さんも忙しいし、僕は大丈夫だから、心配し<u>ないでくれますか</u>。
(23) ? 兄さん、僕の部屋に勝手に入ら<u>ないでくれますか</u>。

(22)는 남성 화자인「僕」가 남성 청자인「兄さん」에게 자신을 걱정하지 말라고 부탁하는 발화로서 청자는 화자와 경어적 동위자(同位者)이거나 상위자(上位者)로 설정되어 있다. 화자가 자신에 대한 청자의 배려를 사양하고 있다는 점에서 청자에 대한 화자의 친소관계는 친한 사이로 규정된다. 〈ないでくれますか〉는〈ないでくれる〉계열의 다른 정중체와 마찬가지로 최저한도(最低限度)의 정중도를 나타내기 때문에 청자와의 일정한 거리를 확보하면서 화자의 품위를 유지하는 역할을 한다. 경어적 규범의식을 판단의 기준으로 삼을 경우, 〈ないでくれますか〉를 경어적 하위자가 경어적 동위자나 상위자에게 사용하는 것은 자연스러운 발화로서의 용인도가 떨어진다. 그러나 친한 사이에서「心配しないでくれますか」와 같이 형제와 같은 가족관계에서 거리를 두지 않고 친밀도를 높이고자 하는 표현 의도가 발동되면, 허용도가 높아지고 [염려][배려]의 표현가치를 실현한다.

(23)도 (22)와 마찬가지로 남성 화자「僕」와 남성 청자「兄さん」사이의 발화인데, 화자가 청자의 행동에 대해 불쾌감을 표현하고 있다는 점에서 청자에 대한 화자의 친소관계는 소원한 사이로 이해된다. 그리고 〈ないでくれますか〉를 경어적 하위자가 경어적 동위자나 상위자에게 사용하는 것은 자연스러운 발화로서의 용인도가 떨어진다. 그러나 소원한 사이에서「入らないでくれますか」와 같이 어떤 표현 의도의 실현을 위해 화자가 경어적 동위자나 상위자와의 거리감을 의식적으로 이용하고자 할 경우에는 허용도가 높아지고 [불쾌감][항의]의 표현가치를 나타낸다.

[12] 〈ないでくれます?〉 {청자(남)가 화자(남)와 경어적 동위자이거나 상위자인 경우}

(24) ? 兄さんも忙しいし、僕は大丈夫だから、心配しないでくれます?
(25) ? 兄さん、僕の部屋に勝手に入らないでくれます?

(24)는 남성 화자인「僕」가 남성 청자인「兄さん」에게 자신을 걱정하지 말라고 부탁하는 발화로서 청자는 화자와 경어적 동위자(同位者)이거나 상위자(上位者)로 설정되어 있다. 화자가 자신에 대한 청자의 배려를 사양하고 있다는 점에서 청자에 대한 화자의 친소관계는 친한 사이로 규정된다. 〈ないでくれます?〉는 〈か〉가 현재화되지 않은 형식이라는 점에서 경의도에 있어서는 〈ないでくれますか〉보다 약간 낮은데 〈ないでくれる〉계열의 다른 정중체와 마찬가지로 최저한도의 정중도를 나타내기 때문에 청자와의 일정한 거리를 확보하면서 화자의 품위를 유지하는 역할을 한다. 경어적 규범의식을 판단의 기준으로 삼을 경우, 〈ないでくれます?〉를 경어적 하위자가 경어적 동위자이거나 상위자에게 사용하는 것은 자연스러운 발화로서의 용인도가 떨어진다. 그러나 친한 사이에서「心配しないでくれます?」와 같이 가족관계에서 거리감을 좁히고 친밀도를 높이고자 하는 표현 의도가 발동되면, 허용도가 높아지고 이때의 〈ないでくれます?〉는 [염례][배려]의 표현가치를 실현한다.

(25)도 (24)와 마찬가지로 남성 화자「僕」와 남성 청자「兄さん」사이의 발화인데, 화자가 청자의 행동에 대해 불쾌감을 표현하고 있다는 점에서 청자에 대한 화자의 친소관계는 소원한 사이로 상정된다. 그리고 〈ないでくれます?〉를 경어적 하위자가 경어적 동위자이거나 상위자에게 사용하는 것은 자연스러운 발화로서의 용인도가 떨어진다. 그러나 소원한 사이에서「入らないでくれます?」와 같이 어떤 표현 의도의 실현을 위해 화자가 경어적 동위자이거나 상위자인 청자와의 거리감을 의식적으로 이용하고자 할 경우에는 허용도가 높아지고 [불쾌감][항의]의 표현가치를 나타낸다.

[13] 〈ないでくれませんか〉 {청자(남)가 화자(남)와 경어적 동위자이거나 상위자인 경우}

(26) ?兄さんも忙しいし、僕は大丈夫だから、心配し<u>ないでくれませんか</u>。
(27) 兄さん、僕の部屋に勝手に入ら<u>ないでくれませんか</u>。

(26)은 남성 화자인 「僕」가 남성 청자인 「兄さん」에게 자신을 걱정하지 말라고 부탁하는 발화로서 청자는 화자와 경어적 동위자(同位者)이거나 상위자(上位者)로 설정되어 있다. 화자가 자신에 대한 청자의 배려를 사양하고 있다는 점에서 청자에 대한 화자의 친소관계는 친한 사이로 규정된다. 〈ないでくれる〉 계열의 부정 정중체인 〈ないでくれませんか〉는 경의도에 있어서 〈か〉가 현재화되지 않은 〈ないでくれません?〉에 비해 약간 높은데 〈ないでくれる〉 계열의 다른 정중체와 마찬가지로 최저한도의 정중도를 나타내기 때문에 친한 사이에서 〈ないでくれませんか〉를 경어적 하위자가 경어적 동위자나 상위자에게 사용하는 것은 자연스러운 발화로서의 용인도가 떨어진다. 그러나 (26)의 「心配しないでくれませんか」와 같이 형제 사이에서 상대와의 거리를 두지 않고 친근감을 높이고자 하는 표현 의도가 발동되면 허용도가 높아지고 [염려][배려]의 표현가치를 실현한다.

(27)도 (26)과 마찬가지로 남성 화자 「僕」와 남성 청자 「兄さん」 사이의 발화인데, 화자가 청자의 행동에 대해 불쾌감을 표현하고 있다는 점에서 청자에 대한 화자의 친소관계는 소원한 사이로 간주된다. 그리고 소원한 사이에서도 〈ないでくれませんか〉를 경어적 하위자가 경어적 동위자나 상위자에게 사용하는 것은 자연스러운 발화로서의 용인도가 떨어진다. 그러나 (27)의 「入らないでくれませんか」와 같이 가족 사이에서 화자가 경어적 동위자나 상위자에게 의도적으로 소원함을 강조하여 표현하고자 할 때는 사용이 가능하며 [불쾌감][항의]의 표현가치를 나타낸다.

[14] 〈ないでくれません?〉 {청자(남)가 화자(남)와 경어적 동위자이거나 상위자인 경우}

(28) ?兄さんも忙しいし、僕は大丈夫だから、心配し<u>ないでくれません</u>?
(29) ?兄さん、僕の部屋に勝手に入ら<u>ないでくれません</u>?

(28)은 남성 화자인 「僕」가 남성 청자인 「兄さん」에게 자신을 걱정하지 말라고 부탁하는 발화로서 청자는 화자와 경어적 동위자(同位者)이거나 상위자(上位者)로 설정되어 있다. 화자가 자신에 대한 청자의 배려를 사양하고 있다는 점에서 청자에 대한 화자의 친소관계는 친한 사이로 규정된다. 〈ないでくれません?〉은 〈ないでくれる〉 계열의 다른 정중체와 마찬가지로 경도(軽度)의 정중도를 나타내기 때문에 청자와의 일정한 거리를 확보하면서 화자의 품위를 유지하는 역할을 한다. 이 때문에 〈ないでくれません?〉을 경어적 하위자가 동위자나 경어적 상위자에게 사용하는 것은 자연스러운 발화로서의 용인도가 떨어진다. 그러나 (28)의 「心配しないでくれま

せん?」과 가족 관계에서 거리감을 좁히고 친밀도를 높이고자 하는 표현 의도가 발동되면 허용도가 높아지고 [염려][배려]의 표현가치를 실현한다.

(29)도 (28)과 마찬가지로 남성 화자 「僕」와 남성 청자 「兄さん」 사이의 발화인데, 화자가 청자의 행동에 대해 불쾌감을 표현하고 있다는 점에서 청자에 대한 화자의 친소관계는 소원한 사이로 상정된다. 그리고 소원한 사이에서도 〈ないでくれません?〉을 경어적 하위자가 경어적 동위자나 상위자에게 사용하는 것은 자연스러운 발화로서의 용인도가 떨어진다. 그러나 (29)의 「入らないでくれません?」과 같이 어떤 표현 의도의 실현을 위해 화자가 경어적 동위자나 상위자와의 거리감을 의도적으로 이용하고자 할 경우에는 허용도가 높아지며 [불쾌감][항의]의 표현가치를 나타낸다.

1.3. 청자(남)와 화자(남)가 경어적 동위자인 경우

[1] 〈ないでくれ〉 {청자(남)와 화자(남)가 경어적 동위자인 경우}

(30) 船室からバルがかけあがってきて、ロッカにいった。
「ブラウニアの軍船があらわれたのか。」
「おう。わたしが合図するまで、敵船に兵たちを乗りこませないでくれ。すれちがいざまに、敵船にとびうつったりさせないでくれよ。わかってるな。」
ふだんおだやかなロッカの言葉がいつもよりあらあらしくなっている。❷

(30)에서 화자 「ロッカ」는 「おう」라는 감동사와 「わかってるな」의 「な」라는 남성어적 표현에서 남성으로, 청자 「バル」도 「あらわれたのか」의 「のか」와 같은 남성 전용의 문말 표현을 쓰고 있어 남성으로 간주된다. 화자와 청자 사이에 스스럼없는 말씨가 사용되고 있다는 점에서 화자와 청자는 경어적으로 동위자로 여겨지고, 화자가 청자에게 자기가 신호하기 전까지 적선에 병사들이 올라타지 않도록 해 달라고 당부하고 있기 때문에 양자는 친한 사이로 해석된다. 따라서 「乗りこませないでくれ」의 〈ないでくれ〉는 [부탁][당부]의 표현가치를 나타낸다.

(31) 南 : ウー、クックックッ、笑うと痛いッ。
いしかわ : どうしちゃったの南さん?
南 : ロッカン神経痛なんだよね、ツツ。とにかく笑うと痛い。
鏡 : おれさ、昔、胃センコーってあるじゃない、胃に穴があいちゃうやつ、その手術した友だち見舞いに行ったんだよね。そしたら、そいつがね、「頼む、おれを笑わせないでくれ。傷口がまた開くから笑うなって、医者に止められてる」って言うんだよね。❷

(31)에서 화자는 자신을 「おれ」라는 인칭대명사로 지칭하고 있어 남성으로, 청자도 자신을 「おれ」로 지칭하고 있기 때문에 남성으로 간주된다. 화자와 청자가 친구 사이라는 점에서 청

자와 화자는 경어적 동위자로 판단되며, 화자가 청자에게 웃기지 말라고 부탁하고 있는 점을 고려하면 양자의 친소관계는 친한 사이로 해석된다. 이에「笑わせないでくれ」의 〈ないでくれ〉는 [부탁][당부]의 표현가치를 나타낸다.

(32)「よかった。四時ごろ伺おうと思うが、いいか?」
「待ってるよ」
「ホープには、おれが行くことは言わないでくれ。このあいだ、あの子が泊まりに来たときにジャケットを忘れていった。それを届けるために立ち寄ったということにして、そこから話を始める」
「了解。君の言いたいことはわかる」
「こっちには、かわいい子どもの行方を案じる二組の両親がいる。ホープが手助けしてくれる可能性があるなら、見過ごすことはできないんだ」❷

(32)에서 화자는 자신을「おれ」로 지칭하고 있어 남성으로, 청자도 화자에게「君」라는 인칭대명사를 사용하고 있기 때문에 남성으로 간주된다. 화자와 청자 사이에 스스럼없는 보통체 말씨가 사용되고 있어 청자와 화자는 경어적으로 동위자로 여겨지며 발화내용과 화자가 청자에게 자기가 가는 것을 말하지 말라고 당부하는 점을 종합하면 양자는 친한 사이로 해석된다. 이 때문에「言わないでくれ」의 〈ないでくれ〉는 [부탁][당부]의 표현가치를 나타낸다.

(33) 何でまたコンピュータ研と俺たちがそんなもんで対戦しなくてはならないんだ? 遊び相手に不自由しているんなら、もっと別の部室に行ったほうがいいと老婆心ながら申し添えたいところだ。「遊びじゃない」部長氏は徹底抗戦するつもりのようで、「これは勝負だ。賭けるものだってちゃんとあるぞ」ならば古泉を差し出そう。コンピュータ研の部室で心ゆくまで勝負してくれたらいい。「そうじゃなくて、キミたちと勝負したいんだよ!」頼むから、そう勝負勝負と言わないでくれ。ハルヒの地獄耳がどこで聞いているか解らない。万一、あの根拠不明の自信家がその単語を聞きつけたらー、「うりゃあっ!」「げふをっ」奇怪なセリフを吐きつつ、部長の　姿が誰かに蹴飛ばされたように真横にすっ飛んで視界から消えた。❷

(33)에서 화자는 자신을「俺たち」라고 지칭하고 있어 남성으로, 청자「部長」도 화자를「キミたち」로 부르고 있기 때문에 남성으로 간주된다. 화자와 청자 사이에 승부를 둘러싼 대화 내용을 통해 화자와 청자는 경어적 동위자로 판단되며, 화자와 승부를 내고 싶어 하는 청자에 대해 화자가 그렇게 승부, 승부라는 말을 하지 말라고 불쾌감을 표현하고 있다는 점에서 양자의 친소관계는 소원한 사이로 추정된다. 이때의「言わないでくれ」의 〈ないでくれ〉는 [불쾌감]의 표현가치를 나타낸다.

(34) 電信柱が寒い風にあたってピーピーと泣いておりました。
　黒い雲が来て、
「何を泣いているのだえ」
「寒いからさ。お前のような雲が来るから寒いのだ。こちらへ来ないでくれ」❶

(34)에서 화자「電信柱」와 청자「黒い雲」는 무생물이지만, 화자는「お前」라는 인칭대명사와 「寒いのだ」의「のだ」와 같은 남성 전용의 문말 표현을 쓰고 있고, 청자도「何を泣いているのだえ」의「のだえ」와 같은 남성 전용의 문말 표현을 쓰고 있다는 점에서 남성으로 묘사되고 있다. 대화 화자와 청자가 서로 보통체 말씨를 쓰고 있기 때문에 청자는 화자와 경어적 동위자로 간주되고, 화자가 청자 때문에 추우니까 가까이 오지 말라고 불쾌감을 토로하고 있어 양자는 소원한 사이로 판단된다. 이때의「来ないでくれ」의〈ないでくれ〉는 [불쾌감]의 표현가치를 나타낸다.

(35) おまわりさんのひとりが、けいぼうで、クロをなぐりつけようとした。「やめてくれ！おとなしくするから、犬をなぐら<u>ないでくれ</u>！」思わずさけんで、小まどからとびおりた。トラ吉は、あっという間に、おまわりさんにたいほされてしまった。❷

(35)에서 화자「トラ吉」는 이름에서 남성으로, 청자「おまわりさんのひとり」도「なぐりつけようどした」라는 표현에서 남성으로 추정된다. 문면 상 화자와 청자는 경어적 동위자로 판단되며, 화자가 청자에게 얌전하게 있을 테니까 개를 때리지 말라고 불쾌감을 표현하고 있다는 점에서 양자는 소원한 사이로 해석된다. 이때의「なぐらないでくれ」의〈ないでくれ〉는 [불쾌감] [항의]의 표현가치를 나타낸다.

[2]〈ないでくれよ〉{청자(남)와 화자(남)가 경어적 동위자인 경우}

(36) それから起きることをどこかで予測していたのかも知れません。どうにも落ち着かず、ぼくはKに、「天候も怪しいし、もう帰ろう」と促しました。Kも同じことを考えていたようです。二人で車に乗り込んだその時でした。空が急に暗くなり、まもなく大粒の雨が降りだしたのです。大雨どころではありません。数メートル先の視界も不明なほどの豪雨でした。Kの運転も、いつになく慎重でした。ヘッドライトを上向きにし、雨の山道を進むのですが、不安な気持ちはますます強くなってゆきます。
「あのな」と、先程からなにか話したがっている様子のKが、ついに口を開きました。
「頼むからよそ見をし<u>ないでくれよ</u>。男同士で崖下に転落だなんてぞっとしない」
「そうじゃなくて、この車のことなんだが」
「ん？」
「事故車なんだ。だからひどく安くて、俺にも買えたんだが」
「なんだよ、縁起の悪いことをいうなよ」❷

(36)에서 화자는「ぼく」라는 인칭대명사를 사용하고 있어 남성으로, 청자「K」도「俺」라는 인칭대명사로 지칭하고 있고,「あのな」의「な」와 같은 남성어적 조사,「事故車なんだ」의「んだ」와 같은 남성 전용의 문말 형식을 쓰고 있다는 점에서 남성으로 간주된다. 화자와 청자가 서로 대등한 입장에서 보통체 말씨를 쓰고 있어 양자는 경어적으로 동위자로 규정된다. 화자

가 청자에게 한눈을 팔지 말라고 부탁하고 있다는 점을 고려하면 양자의 친소관계는 친한 사이로 해석된다. 그리고「よそ見をしないでくれよ」의 〈ないでくれよ〉는 [부탁][당부]의 표현가치를 나타낸다.

(37) すなわち、焦点のユスターシュ・ドゥ・カヴォワと旧知の間柄だという…。
　　足音が近づいていた。扉が開くや、シラノは先の言葉を急いだ。悪いな、ラグノオ。仕こみが忙しい時間に。文学狂の菓子屋は臆病な目と、それを隠そうとする愛嬌で、再び書斎に歩を進めた。なに、兄弟、そんなことは気にしないでくれよ。
　　「それで私に用事というのは」
　　「ああ、この冊子なんだが、しばらく借りられないだろうか」
　　「いいけど、預かり物だから、きっと返してくれないと困るよ、シラノ」❷

(37)에서 화자「ラグノオ」는 청자를「兄弟」라고 부르고 있고「借りられないだろうか」의「だろうか」와 같은 남성 전용의 문말 표현을 쓰고 있어 남성으로, 청자「シラノ」도「悪いな」의「な」와 같은 남성 전용의 종조사를 쓰고 있어 남성으로 간주된다. 화자와 청자가 서로 대등한 입장에서 보통체 말씨를 쓰고 있고 청자가 화자를 이름으로 부르고 있기 때문에 경어적으로 동위자로 판단된다. 화자가 청자에게 그런 것을 신경을 쓰지 말라고 부탁하고 있다는 점에서 양자의 친소관계는 친한 사이로 해석된다. 이에「気にしないでくれよ」의 〈ないでくれよ〉는 [부탁][당부]의 표현가치를 나타낸다.

(38) 御手洗は椅子から飛び降り、その上に腰を降ろして、私に解説する。
　　「だけど、そのメロディを知ってどうするんだ? どこにでもある学校用のチャイムかもしれないぜ」
　　私は言う。「そうかもしれない。だけど死んだ卓氏が言ってたんだろう? にわとりと音楽って。その両方がここにあったんだ。君も僕の友人なら、調べるななんて言わないでくれよな」
　　三幸が、赤い工具箱を重そうに両手で提げて、部屋に戻ってきた。御手洗がはじかれたように立ちあがり、急いでとんでいってこれを受け取り、蓋を開けて中の工具を確かめていたが、「うん、これで充分だ。それから三幸ちゃん、この家にはピアノはありませんか?」と訊く。「隣りの、レオナさんが使ってた部屋に、古いアップライトのピアノがあります。もう音狂ってると思うけど。長いこと、誰も弾いてませんから」❷

(38)에서 화자「私」는 자신을「僕」라고 지칭하고 있고「言ってたんだろう?」의「んだろう」와 같은 남성 전용 문말 형식을 쓰고 있어 남성으로, 청자「御手洗」도「どうするんだ?」의「んだ」와 같은 남성 전용 문말 형식 그리고「チャイムかもしれないぜ」의「ぜ」와 같은 남성 전용의 종조사를 쓰고 있어 남성으로 간주된다. 화자가 청자에게「君も僕の友人なら」와 같은 표현을 사용하고 있기 때문에 경어적으로 동위자로 판단된다. 화자가 청자에게 조사하지 말라는 그런 말을 하지 말라고 부탁하고 있다는 점에서 양자의 친소관계도 친한 사이로 해석된다. 따라서「言わないでくれよな」의 〈ないでくれよ〉는 [부탁][당부]의 표현가치를 나타낸다.

(39) 「そんな必要ないよ。俺ひとりでなんとかするよ。よっちゃんの手を煩わせる気はないから…」
ふたりの言い分に、俺は大きく溜め息をついてみせた。「…薬を抜くのってそれほど簡単なことじゃないはずだ。俺も本で読んだりテレビで見たくらいのことしか知らないけど、それでも素人がひとりでやれることじゃないと思う。まずは医者の助言を聞いて、入院した方がいいってことならすぐにそうした方がいい」
「ちょっと待って。よっちゃん、勝手に決め<u>ないでくれよ</u>」 譲の眉がちょっと寄った。まだ決心がついていないのだ。俺はそんな譲をじっと見た。顔色は悪いし肌も荒れている。綺麗な目は濁ってるように見えた。こんな譲は譲じゃない。「譲、そうやって躊躇していたら、いつまでもそこから抜け出せないんだよ。とにかくまず、医者に行くんだ。タカヤがいい医者を紹介してくれる。俺も付き添うから」❷

(39)에서 화자 「譲」는 자신을 「俺」라고 지칭하고 있어 남성으로, 화자가 「よっちゃん」이라고 부르는 청자도 「俺」라는 인칭대명사를 사용하고 있어 남성으로 간주된다. 화자와 청자가 서로 대등한 입장에서 보통체 말씨를 쓰고 있기 때문에 경어적으로 동위자로 규정된다. 화자가 청자에게 마음대로 정하지 말라고 부탁하고 있다는 점에서 양자의 친소관계도 친한 사이로 해석된다. 이에 「決めないでくれよ」의 〈ないでくれよ〉는 [부탁][당부]의 표현가치를 나타낸다.

(40) 秀哉：いらっしゃい。あ、浩一！
浩一：よう。一人身貴族！
秀哉：毎回変な名前つけ<u>ないでくれよ</u>。
浩一：悪い悪い。仕事柄癖でね。気をつけるよ。
秀哉：何度その言葉を聞いたと思う？
浩一：俺も何回目かな、数えてない。
秀哉：お前らしいよ。❹

(40)에서 화자 「(石井)秀哉」는 청자를 이름과 「お前」라는 인칭대명사로 부르고 있어 남성으로, 청자 「(石井)浩一」도 「俺」라는 인칭대명사를 사용하고 있어 남성으로 간주된다. 화자와 청자가 서로 대등한 입장에서 보통체 말씨를 쓰고 있기 때문에 경어적으로 동위자로 판단된다. 화자가 청자에게 매번 이상한 이름을 붙이지 말라고 부탁하고 있다는 점에서 양자의 친소관계는 친한 사이로 해석된다. 따라서 「つけないでくれよ」의 〈ないでくれよ〉는 [부탁][당부]의 표현가치를 나타낸다.

(41) お母さんとおばあちゃんが喧嘩をしているときも、これぐらい威厳のある顔で二人を叱ってくれたら
いいのにと、場違いなことさえちらりと考えたほどだ。
「やっぱり、警察呼ばないと」信子はもぞもぞと言った。
「そうだな、石田さん、警察呼ぶけど、あたしらを恨ま<u>ないでくれよな</u>」義文はやっとそう言った。
「あんた、間違いなく石田直澄なんだよな？本当のことを言ってくれよ。あんた、あの人たちを

殺して逃げてるんだろ? そしたら、仕方ないよな、捕まってもな?」
「お父さんてば、もうよしなよ。ぐずぐずすることないじゃんか」信子は腹が立ってきた。ここまで来て、お父さんはまだ人違いを恐れているのだと判ったからだ。❷

(41)에서 화자「義文」는「あたしら」라는 인칭대명사를 사용하고 있지만,「そうだな」의「だな」와「逃げてるんだろ?」의「んだろ」와 같은 남성 전용의 문말 형식을 사용하고 있어 남성으로, 살인 용의자로 되어 있는 청자「石田直澄」도 이름에서 남성으로 추측된다. 화자가 청자를「あんた」와 같은 인칭대명사로 부르고 있고 보통체 말씨를 쓰고 있어 경어적으로 동위자로 간주되고, 화자가 청자에게 경찰을 불러도 자신들을 원망하지 말라고 부탁하고 있다는 점에서 양자는 친한 사이로 판단된다. 이에「恨まないでくれよな」의 ⟨ないでくれよ⟩는 [부탁][당부]의 표현가치를 나타낸다.

(42)「すると公演の時にサングラスをしていたのも?」「ふむふむ。それは、受付に座ることを見越しての用心でしょう。客の中に自分の顔を知っている者がいるかもしれませんからね。ティッシュは?」「使ってなかった…。ああそうだ! その代わり、公演直前から髭を伸ばしはじめた。君のように鼻の下だけじゃなく、顎にも頬にも。昔のポール・マッカートニーのような感じに」
「ふーん。花粉症の季節が終わったら髭か。敵さんもやるな」
「感心ばかりしないでくれよ! 僕らのお金はどこへ消えたんだ!? やつはどこに住んでるんだ!?」風間はたまらず身を乗り出した。
「さて、どこでしょう。やつのアジトまで推測できませんよ。あとで警察に届けなさい。彼らは人海戦術が得意ですから」信濃はひらひらと掌を振る。
「冷たいじゃないか。だいたいね、元といえば君がいけないんだよ。保険証を落としたりするから、ウチにまでとばっちりがかかったんだ」風間は信濃の腕を掴んで揺さぶった。
信濃はそれを軽く振りほどき、「俺が保険証を落とそうが落とすまいが、おたくは詐欺に遭う運命だったと思いますがね。計画の途中で、たまたま俺の保険証を拾ったから、俺の名前を使っただけでしょう」
「いいや。君の保険証を拾ったから、制作の詐欺を思いついたんだ」「風間さん、冷静になりなさい。芝居の制作に関して、やつは素人じゃなかったんでしょう? 確かあなたはそういいましたよね。……❷

(42)에서 화자「風間」는「僕ら」라는 인칭대명사를 사용하고 있고, 청자를「君」라고 부르고 있기 때문에 남성으로, 청자「信濃」도 자신을「俺」로 지칭하고 청자를「おたく」라고 부르고 있기 때문에 남성으로 간주된다. 화자와 청자가 보통체 말씨를 쓰고 있다는 점에서 경어적으로 동위자로 이해된다. 탐문조사를 하고 있는데 증언에 감탄만 하고 있는 청자에 대해 화자가 불쾌감을 드러내고 있어 양자는 소원한 사이로 해석된다. 따라서「感心ばかりしないでくれよ」의 ⟨ないでくれよ⟩는 [불쾌감]의 표현가치를 나타낸다.

[3] 〈ないでおくれ〉 {청자(남)와 화자(남)가 경어적 동위자인 경우}

(43) 作者の言葉

　この小説は、「健康道場」と称する或(あ)る療養所で病いと闘っている二十歳の男の子から、その親友に宛(あ)てた手紙の形式になっている。手紙の形式の小説は、これまでの新聞小説には前例が少なかったのではなかろうかと思われる。

　ただ、君への手紙を書く時間が少くて、これには弱っている。たいてい食事後に、いそいで便箋《びんせん》を出して書いているが、書きたい事はたくさんあるのだし、この手紙も二日がかりで書いたのだ。でも、だんだん道場の生活に慣れるに随《したが》って、短い時間を利用する事も上手になって来るだろう。僕はもう何事につけても、ひどく楽天居士《こじ》になっているようでもある。心配の種なんか、一つも無い。みんな忘れてしまった。ついでに、もうひとつ御紹介すると、僕のこの当道場に於《お》ける綽名は、「ひばり」というのだ。実に、つまらない名前だ。
　小柴利助《こしばりすけ》という僕の姓名が、小雲雀《こひばり》という具合にも聞えるので、そんな綽名をもらう事になったものらしい。あまり名誉な事ではない。はじめは、どうにもいやらしく、てれくさくて、かなわなかったが、でもこのごろの僕は、何事に対しても寛大になっているので、ひばりと人に呼ばれても気軽に返事を与える事にしているのだ。わかったかい？
　僕はもう昔の小柴じゃないんだよ。いまはもう、この健康道場に於ける一羽の雲雀なんだ。ピイチクピイチクやかましく囀《さえず》って騒いでいるのさ。だから、君もどうかそのつもりで、これからの僕の手紙を読んでおくれ。何という軽薄な奴《やつ》だ、なんて顔をしかめたりなんかしないでおくれ。❶

　(43)의 모두(冒頭) 표현, 〈이 소설은 「健康道場」이라고 칭하는 어떤 요양소에서 병마와 싸우고 있는 20세의 남자로부터 그 친우에게 보낸 편지의 형식으로 되어 있다〉고 하는 것에서 화자와 청자가 모두 남성임을 짐작할 수 있다. 실제로 화자는 자신을 「僕」라는 인칭대명사로 표현하고 있고, 청자에 대해서도 「君」와 같은 인칭대명사를 사용하고 있다. 이러한 사실에서 화자와 청자는 경어적 동위자이고, 양자의 친소관계는 친한 사이로 간주된다. 화자가 청자에 대해 얼굴을 찡그리거나 하지 말라 달라고 부탁하고 있기 때문에「しないでおくれ」의 〈ないでおくれ〉는 [부탁][당부]의 표현가치를 나타낸다고 해석된다. 그리고 [남성 화자/남성 청자/청자와 화자가 경어적 동위자/소원한 사이]에서는 〈ないでおくれ〉로 사용된 예가 확인되지 않는다.

[4] 〈ないでおくれよ〉 {청자(남)와 화자(남)가 경어적 동위자인 경우}

(44)「そうはいってもねえ」とジョージ。「わたしは計画をたてたっていったけどーあんたはそれに賛成してくれないと思うんだーそれに、その気がなくても、結局、あんたたちは家に帰らなくてはならない羽目になると思う」

「そんな謎めいたいいかたをしないでおくれよ、ジョージ」ジュリアンがいらいらしていう。
「その不思議なプランて何なんだい。ぼくたちが賛成しないとしても、教えてくれといたほうがいいよ。ぼくたちが信用できないかい」
「もちろん信用しているよ。でも、やめさせようとするかもしれないじゃないか」ジョージが不服そうに答える。❷

(44)에서 화자「ジュリアン」은「賛成してくれないと思うんだ」의「んだ」와 같은 남성 전용의 문말 표현을 쓰고 있어 남성으로, 청자「ジョージ」도「何なんだい」의「んだい」와 같은 문말 형식이나「ぼくたち」와 같은 인칭대명사를 사용하고 있어 남성으로 간주되고 화자와 청자 사이에 스스럼없는 말씨가 사용되고 있기 때문에 청자는 화자와 경어적 동위자로 판단된다. 화자가 청자에게 수수께끼와 같은 말을 하지 말라고 부탁하고 있다는 점에서 양자는 친한 사이로 해석되며「しないでおくれよ」의〈ないでおくれよ〉는 [부탁][당부]의 표현가치를 나타낸다.

(45) ボクは、大きくため息をついて、うれしくその言葉を記憶した。そして、彼女を笑わせるために、その笑顔を見るために、このままのかなりわがままな好奇心をもった自分でいようと決めた。
「あんたの好奇心がもっと爆発するように、春休みは、あんたの生まれた国に行くよ」
『イタリア！ ヴェネツィアに？』
「そうさ。クフレイナニと行くのさ。夫婦の旅行だからね。じゃましないでおくれよ」
リリノエはそう言って、ボクにウインクした。 その笑顔は、とても幸せそうだった。❺

(45)에서 화자「リリノエ」는「そうさ」의「さ」와 같은 종조사나「クフレイナニと行くのさ」의「のさ」와 같은 문말 표현 그리고「夫婦の旅行」와 같은 표현에서 남성으로, 청자는 자신을「ボク」라는 인칭대명사로 지칭하고 있어 남성으로 상정되고 화자와 청자는 경어적 동위자로 간주된다. 화자와 청자 사이에 격의 없는 말씨가 사용되고 있고 부부 여행이니 방해하지 말라고 부탁하고 있다는 점에서 양자는 친한 사이로 해석된다.「しないでおくれよ」의〈ないでおくれよ〉는 [부탁][당부]의 표현가치를 나타낸다.

(46) 哀しみはいつでも
僕らの味方
負けないでおくれよ
いつでも
一人じゃないから
淋しくないから〈歌詞〉❺

(46)은 노래 가사인데 화자와 청자는「僕ら」라는 표현에서 남성으로 상정되고 화자와 청자는 경어적 동위자로 간주된다. 그리고「いつでも、一人じゃないから、淋しくないから」와 같은 표현에서 양자는 친한 사이로 묘사되고 있고,「負けないでおくれよ」의〈ないでおくれよ〉는 [부

택[당부]의 표현가치를 나타낸다. 그리고 [남성 화자/남성 청자/청자와 화자가 경어적 동위자/소원한 사이]에서는 〈ないでおくれよ〉로 사용된 예가 확인되지 않는다.

[5] 〈ないでくれたまえ〉 {청자(남)와 화자(남)가 경어적 동위자인 경우}

(47) 一町ばかり行って、私はふと振り返った。Ｓ君の阿母さんが、家の垣のはずれに立って、私達を見送っている。
「オイ、阿母さんが立って見送ってるよ。」と、私が言うと、Ｓ君は振り返りもせずに、
「そんなこと、見ないでくれたまえ。」と、強く首を振った。私はＳ君の気がやるせないように苛立っているのに驚いた。チラと顔を見ると、曇った顔が、涙ぐんでいた。二人とも黙って道を急いだ。❶

(47)에서 화자「私」는「オイ」와 같은 남성 전용의 감동사를 쓰고 있어 남성으로, 청자「Ｓ君」도「君」라는 호칭 접사에서 남성임을 알 수 있고, 양자는 친구 사이로 간주되기 때문에 화자와 청자는 동위자로 판단된다. 화자가 청자에게 그런 것을 보지 말라고 부탁하고 있다는 점에서 양자는 친한 사이로 해석되고「見ないでくれたまえ」의〈ないでくれたまえ〉는 [부탁][당부]의 표현가치를 나타낸다.

(48)「ぼくは一座の親方だよ」とわたしは高慢らしく言った。
それは真実ではあったが、その真実はずっとそのほうに近かった。わたしの一座はたったカピ一人だけだった。
「おお、きみはそんなら……」とマチアが言った。
「なんだい」
「きみの一座にぼくを入れてくれないか」
かれをあざむくにしのびないので、わたしはにっこりしてカピを指さした。
「でも一座はこれだけだよ」とわたしは言った。
「ああ、なんでもかまうものか。ぼくがもう一人の仲間《なかま》になろう。まあどうかぼくを捨《す》てないでくれたまえ。ぼくは腹《はら》が減《へ》って死んでしまう」❶

(48)에서 화자「マチア」는 자신을「ぼく」라는 인칭대명사로 지칭하고 있어 남성으로, 청자도「ぼく」라는 인칭대명사와「おお」와 같은 감동사를 쓰고 있어 남성임을 짐작할 수 있다. 화자와 청자 사이에「入れてくれないか」나「これだけだよ」와 같은 스스럼없는 말씨가 쓰이고 있기 때문에 화자와 청자는 동위자로 간주된다. 화자가 청자에게 자기를 버리지 말라고 부탁하고 있다는 점에서 양자는 친한 사이로 판단되고「捨てないでくれたまえ」의〈ないでくれたまえ〉는 [부탁][당부]의 표현가치를 나타낸다.

(49)「それはおめでとうございます。」
「いえ。」と吉左衛門は頭をかいて、「苗字帯刀もこう安売りの時世になって来ては、それほどあ

りがたくもありません。」
「でも、悪い気持ちはしないでしょう。」と金兵衛は言った。「二本さして、青山吉左衛門で通る。どこへ出ても、大威張(おおば)りだ。」
「まあ、そう言わないでくれたまえ。それよりか、盃《さかずき》でもいただこうじゃありませんか。」吉左衛門も酒はいける口であり、それに勧め上手(じょうず)なお玉のお酌(しゃく)で、金兵衛とさしむかいに盃を重ねた。その二階は、かつて翁塚(おきなづか)の供養のあったおりに、落合の宗匠崇佐坊(すさぼう)まで集まって、金兵衛が先代の記念のために俳席を開いたところだ。そう言えば、吉左衛門や金兵衛の旧(むかし)なじみでもはやこの世にいない人も多い。馬籠の生まれで水墨の山水や花果などを得意にした画家の蘭渓(らんけい)もその一人(ひとり)だ。あの蘭渓も、黒船騒ぎなぞは知らずに亡(な)くなった。❶

(49)에서 화자「吉左衛門」은 무사 출신이라는 데에서 남성으로, 청자「金兵衛」도 이름에서 남성임을 짐작할 수 있다. 화자와 청자 사이에 정중체 표현이 쓰이고 있지만 격의 없는 대화가 전개되고 있어 화자와 청자는 동위자로 간주되고 양자는 친한 사이로 해석된다. 화자가 청자에게 그렇게 말하지 말라는「言わないでくれたまえ」의〈ないでくれたまえ〉는 [부탁][당부]의 표현가치를 나타낸다.

(50)「オンタリオからずっと狩りをしてきたから、しばらく身だしなみなんて気にしていられなくてね」といって、カーライルの上品な姿をしげしげと観察する。
「この近辺では狩りをしないでもらえないだろうか。悪く思わないでくれたまえ。われわれは目立つわけにはいかないんだ」カーライルがいった。
「もちろんさ」ローランはうなずいた。「あんたたちのなわばりを荒らすつもりはない。シアトルを出たところで"食事"はすませたばかりだしな」といって声をあげて笑う。❷

(50)에서 화자「カーライル」는「狩りをしないでもらえないだろうか」의「ないでもらえないだろうか」나「目立つわけにはいかないんだ」의「んだ」와 같이 남성 전용의 말씨를 사용하고 있어 남성으로, 청자「ローラン」도「もちろんさ」의「さ」와「すませたばかりだしな」의「な」와 같이 남성 전용의 종조사를 쓰고 있어 남성으로 판명된다. 화자와 청자 사이에 스스럼없는 보통체 말씨가 사용되고 있기 때문에 화자와 청자는 동위자로 간주되며, 양자의 친소관계도 친한 사이로 판단된다. 이에「悪く思わないでくれたまえ」의〈ないでくれたまえ〉는 [부탁][당부]의 표현가치를 나타낸다.

(51) 高:「伊集院…」
レ:「はーっはっはっは！そうだ！高木君！チョコを１つも貰えなかった時は遠慮なく僕に言いたまえ！すこしばかりめぐんでやろうではないか！！はーっはっはっはっ！！」
高:「伊集院！！」
彼が大声をあげると伊集院君はビクンっ！と体をふるわせた。しかし少しすると勢いを取り戻したみたい。

レ:「そ、そんなに悔しいからといっていきなり大声をあげ<u>ないでくれたまえ</u>！驚いてしまったではないか！」❺

(51)에서 화자「伊集院」은「めぐんでやろうではないか」의「てやろうではないか」와 같이 남성 전용의 말씨를 사용하고 있어 남성으로, 청자「高木」도「君」이라는 호칭으로 불리고 있어 남성으로 판명된다. 화자가 청자를「高木君！」으로, 청자가 화자를「伊集院」과 같이 이름으로 부르고 있고, 양자 사이에 스스럼없는 표현이 쓰이고 있다는 점에서 화자와 청자는 동위자로 간주되며, 양자의 친소관계도 친한 사이로 해석된다. 이때의「大声をあげないでくれたまえ！」의〈ないでくれたまえ〉는 [부탁][당부]의 표현가치를 나타낸다.

(52) やあ。
　　ああ、そんなに驚か<u>ないでくれたまえ</u>。君の緊張をほぐそうと思って気軽に話しかけたんだ。
「俺はシュミレーションゲームを探しに来たんであって、アンタに会いにきたわけじゃない」そりゃあそうだろう。
　だが、ここに来てしまう君にも原因はあるんだよ。なぜなら、このページにたどり着いてしまう人はうっかり者かごく一部の軍事オタぐらいのもんだからね。
　何を言っているかわからない？　そりゃあ無理もない。俺だってあの時が来るまでは気付かなかったものさ。そして今でも気づかない人たちはたくさんいるさ、真実に。
　では単刀直入に言おう。この世にシュミレーションなんて単語はないんだよ。…わけがわからないって？　ではこれを見てくれたまえ。❺

(52)는 인터넷 블로그에 게시된 기사에서 추출한 예인데, 화자는「俺」라는 인칭대명사와「話しかけたんだ」의「んだ」나「そりゃあそうだろう」의「だろう」와 같은 남성 전용의 문말 형식을 사용하고 있어 남성으로, 청자는「君」라는 호칭으로 불리고 있고「うっかり者かごく一部の軍事オタ」라는 표현을 통해 남성으로 간주된다. 기사에 스스럼없는 표현이 쓰이고 있다는 점에서 화자와 청자는 동위자로 간주되며, 양자의 친소관계도 친한 사이로 해석된다. 그리고 이때의「驚かないでくれたまえ」의〈ないでくれたまえ〉는 [부탁][당부]의 표현가치를 나타낸다.

(53) ベートーヴェンよりヨハン·アンドレアス·シュトライヒャーに [1810-05-06]
　…しかし、僕が君に頼みたいのは、楽器がそんなに早く疲労してしまわないように保証して欲しいということだ。僕が持っていた君の楽器を見て、君もそれがひどく疲労してしまったことを認めないわけには行くまい。僕は、他の人からも同じような意見をしばしば耳にするのだ。君も知ってのとおり、僕の唯一の目的は良い楽器の生産を促進することにあるのだ。それだけだ。言い換えれば、僕は完全に公平だ。だから、君は事実を告げられたことを不愉快に思わ<u>ないでくれたまえ</u>。❺

(53)은「ベートーヴェン(베토벤)」이「ヨハン·アンドレアス·シュトライヒャー(요한 안드레아스 슈타인 : Johann Andreas Stein)」에게 보낸 서신 내용인데, 화자「ベートーヴェン」은 「僕」라는 인칭대

명사를 쓰고 있어 남성, 청자 「ヨハン・アンドレアス・シュトライヒャー」도 「君」라는 인칭대명사로 지칭되고 있어 남성임을 알 수 있다. 화자가 청자에게 격의 없이 스스럼없는 표현을 사용하고 있다는 점에서 양자는 경어적으로 동위자로 여겨지며, 양자의 친소관계도 친한 사이로 간주된다. 따라서 「思わないでくれたまえ」의 〈ないでくれたまえ〉는 [부탁][당부]의 표현가치를 나타낸다.

(54) 石丸:「なにもめでたいことがあるわけないだろう……ああ、本当に憂鬱だ……僕はなんてことをしでかしてしまったんだ……死んでしまいたい……」
大和田:「ああもうっ！！こちとら羨ましさでブン殴りてぇくれぇなんだからウジウジすんなっての！！相手は誰かって聞いてんだよ！！」
石丸:「うおっ！?そっ、そんなに詰め寄らないでくれたまえっ！！……あ、相手だと? 流石にそれを公表するのは彼女に申し訳が立たないというか……！！」
大和田:「ああんっ！?どこまで律儀なんだてめーはっ！！バターにすんぞオラァっ！！」
石丸:「バ、バター！?君は何を言っているんだね！！」❺

(54)에서 화자 「石丸」는 「僕」라는 인칭대명사와 「しでかしてしまったんだ」의 「んだ」와 같은 남성 전용의 문말 형식을 쓰고 있어 남성으로, 청자 「大和田」도 「誰かって聞いてんだよ！！」의 「んだよ」와 같은 문말 표현에서 남성으로 간주된다. 화자와 청자 사이에 스스럼없는 보통체 말씨가 사용되고 있기 때문에 양자는 동위자로 여겨지고, 양자는 친한 사이로 판단된다. 이에 「詰め寄らないでくれたまえっ」의 〈ないでくれたまえ〉는 [부탁][당부]의 표현가치를 나타낸다.

(55) 「わ、わかった。しかし、学校を経営するには資金も必要で…」理事長がへし折れたプライドを持ちなおそうとするが、話はさえぎられる。
「来週、臨時の総会を開くように手配するので、それまでは学園に来ないでくれたまえ」学園長は、冷たく言った。こそこそと去っていく理事長と教頭を見て、矢口は胸がスカッとした。「ところでミニモニ。くんたち」学園長は、矢口たちに向きなおった。「結城くんの話では、きみたちの歌が無気力になった生徒たちにきくそうだな。❷

(55)에서 화자 「学園長」는 「きみたち」와 같은 표현과 「無気力になった生徒たちにきくそうだな」의 「だな」와 같은 남성 전용의 문말 형식을 사용하고 있어 남성으로, 청자 「理事長」도 「わ、わかった」와 같은 표현에서 남성으로 간주된다. 화자와 청자의 대화 내용을 통해 양자는 경어적 동위자로 판단되고, 화자가 청자에 대해 불쾌감을 드러내고 있다는 점에서 양자는 소원한 사이로 해석된다. 이에 「来ないでくれたまえ」의 〈ないでくれたまえ〉는 [불쾌감]의 표현가치를 나타낸다.

[6] 〈ないでくれたまえよ〉 {청자(남)와 화자(남)가 경어적 동위자인 경우}

(56) 石丸：「そこまで言うなら教えるが……た、頼むから誰にも公表しないでくれたまえよ？」
　　大和田：「おお、勿論だぜ。男の約束だ」
　　大和田：（こいつもこんな台詞言うようになったんだな……入学当初からは考えらんねぇ）
　　石丸：「……ば君だ」
　　大和田：「……ん？ 気こえなかった。もっぺん言ってくれ」❺

(56)에서 화자「石丸」는「君」라는 인칭대명사와「頼むから」와 같은 표현을 쓰고 있어 남성으로, 청자「大和田」는「勿論だぜ」의「ぜ」와 같은 남성 전용의 종조사와「男の約束だ」와 같은 표현에서 남성임을 알 수 있다. 화자와 청자가 서로 격의 없는 보통체 말씨를 사용하고 있기 때문에 청자는 화자와 동위자로 간주된다. 그리고 화자가 청자에게 아무에게도 공표하지 말라고 부탁하고 있다는 점에서 양자는 친한 사이로 해석되며「公表しないでくれたまえよ」의〈ないでくれたまえよ〉는 [부탁][당부]의 표현가치를 나타낸다.

(57) 彼らはマギカ·マフィアと呼ばれる集団をつくって自衛を試み、その勢力抗争と表世界からの可能な限りの隠匿を目指している。魔法という存在は知っているが、それがどんな原理によって働いているのかは分からない。脅威は感じるが対策を講じることができない状況に、表社会の人間を追い込むことに力を費やしている。
　　もともと、魔法使いでもなんでもなかった私が、彼らの扱う魔法を理解させてもらえるわけはない。ただ、私と彼らの利害が一致したときに限り、彼らの魔法を都合良く貸してもらえるだけの関係だ。
　　「無茶はしないでくれたまえよ。それと、ターゲット以外は殺さないように。いいかね？」
　　「心がけておく」
　　うわの空で返事をして、紙面に目を落とす。隠し撮りらしき顔写真とプロフィール。何の変哲もない権力抗争の相手と、裏側に近づこうと四苦八苦している一般人。その二名だった。❺

(57)에서 화자는「彼ら」라는 인칭대명사와「いいかね？」의「かね」와 같은 남성어적 종조사를 쓰고 있어 남성으로, 청자「私」는「心がけておく」와 같은 남성어적 표현을 쓰고 있어 역시 남성으로 상정된다. 화자와 청자는 서로 보통체 말씨를 사용하고 있기 때문에 청자는 화자와 동위자로 간주되고,「彼らの魔法を都合良く貸してもらえるだけの関係だ」와 같은 설명과 화자가 청자에게 타깃 이외에는 죽이지 말라고 당부하고 있다는 점에서 양자는 일단 친한 사이로 판단된다. 그리고 이때의「無茶はしないでくれたまえよ」의〈ないでくれたまえよ〉는 [부탁][당부]의 표현가치를 나타낸다. 그리고 [남성 화자/남성 청자/청자와 화자가 경어적 동위자/소원한 사이]에서는〈ないでくれたまえよ〉로 사용된 예가 확인되지 않는다.

[7] 〈ないでくれる?〉 {청자(남)와 화자(남)가 경어적 동위자인 경우}

(58) 旬：やばい、このままじゃ合格できない…。
影沼：それにしてもフラワーさんすごいですね。どうやったらあんなに覚えられるのですか?
フラワー：よくわからないけど集中してたらできちゃった。
旬：お前、カンニングしたろ?
影沼：失礼なこと言わないでくれる? だいたいみんなに見られた状態でどーやってカンニングなんかできるのよ?
旬：…、確かに…。
影沼：では、私はお先に失礼します。❹

(58)에서 화자「影沼」는「リストラされたばかりのサラリーマン」로 설정되어 있어 남성으로, 청자「旬」도「お前」라는 인칭대명사와「カンニングしたろ?」의「たろ?」와 같은 남성 전용의 표현을 쓰고 있어 남성으로 상정된다. 화자와 청자의 대화 내용에서 양자는 경어적 동위자로 간주되고, 청자인「旬」이「フラワー」에게 커닝했다고 추궁하는 것에 대해 화자인「影沼」가 불쾌감을 표출하고 있다는 점을 고려하면 양자는 소원한 사이로 여겨진다. 이에「言わないでくれる?」의 〈ないでくれる?〉는 [불쾌감][항의]의 표현가치를 나타낸다.

(59) イエロー：元気だしなよ、ひっきー
レッド：イヤなあだ名で呼ばないでくれる?
（携帯がなる）
レッド：ん? あ、ブルーからだ。もしも～し、ブルー? そう、レッド。緊急召集かかってるぞ。早く来いよ。今どこ? え? 行けない?
イエロー：なんで? ❹

(59)에서 화자「レッド」는「かかってるぞ」의「ぞ」와 같은 표현과「早く来いよ」와 같은 동사의 명령형을 쓰고 있어 남성으로, 청자「イエロー」는「元気だしなよ」의「なよ」와 같은 명령 표현을 쓰고 있어 남성으로 상정된다. 화자와 청자 사이에 스스럼없는 말씨가 사용되고 있다는 점에서 양자는 경어적 동위자로 간주되는데, 화자는 자기를 이상한 별명으로 부르는 청자에 대해 불쾌감을 표시하고 있기 때문에 양자는 소원한 사이로 여겨진다. 따라서「呼ばないでくれる?」의 〈ないでくれる?〉는 [불쾌감][항의]의 표현가치를 나타낸다.

(60) 哲流：訳したっていうの? それ。ほぼ、そのままじゃないか。
壮馬：そ、そうか?
哲流：なに、「さやけい」って。そこだけ微妙に現代語に直さないでくれる?
気持ち悪いから。
壮馬：そこまで言うことないだろうよ。❹

(60)에서 화자는「哲流(サトル)」라는 이름과「そのままじゃないか」의「じゃないか」와 같은 남성어적 표현을 쓰고 있어 남성으로, 청자도「壮馬(ソウマ)」라는 이름과「そうか」와 같은 남성어적 표현을 쓰고 있어 남성으로 상정된다. 화자와 청자 사이에「気持ち悪いから」나「そこまで言うことないだろうよ」와 같은 스스럼없는 말씨가 사용되고 있다는 점을 고려하면 양자는 경어적 동위자로 간주되는데, 화자는 청자가「そこだけ微妙に現代語に直した」부분에 대해 불쾌감을 표시하고 있다는 점에서 양자는 소원한 사이로 판단된다. 이에「直さないでくれる?」의 〈ないでくれる?〉는 [불쾌감][항의]의 표현가치를 나타낸다. 그리고 [남성 화자/남성 청자/청자와 화자가 경어적 동위자/친한 사이]에서는 〈ないでくれる?〉로 사용된 예가 확인되지 않는다.

[8] 〈ないでくれるか〉 {청자(남)와 화자(남)가 경어적 동위자인 경우}

(61) 純一:「勝手に決めないでくれるかな。」
    直樹:「純一、お前! 遅かったじゃないか!」
    純一:「事故で電車が遅れたんだ。仕方ないだろう。」
    直樹:「じゃあ、次の公演に参加してくれるのか?」❹

(61)에서 화자「純一」는 [小沢 純一(おざわ じゅんいち)/大学 4年]으로 설정되어 있어 남성으로, 청자「直樹」도 [德田 直樹(とくだ なおき)/大学 4年]으로 나와 있어 남성으로 상정되고 화자와 청자 사이에「遅かったじゃないか!」나「仕方ないだろう」와 같은 스스럼없는 보통체 말씨가 사용되고 있기 때문에 화자와 청자는 경어적으로 동위자로 규정된다. 청자가 화자를 이름과「お前!」로 부르고 있다는 점에서 양자의 친소관계는 친한 사이로 해석되고「決めないでくれるかな」의 〈ないでくれるか〉는 [부탁][당부]의 표현가치를 나타낸다. 그리고 〈ないでくれるかな〉는 〈ないでくれるか〉에 독백조의「な」가 접속된 것으로 〈ないでくれるか〉가 지닌 딱딱한 어감을 완화하는 역할을 한다.

(62) トオヤ:何言ってんだよ、ショウ。
    ショウ:サクラちゃんと別れたのを見計らったかのように出てきたんだろ? 「トオヤが好き」って!何も覚えてない、記憶喪失の女の子…しかも見てくれだけはサクラちゃんにそっくりな女の子が。
    トオヤ:それくらいで、ユキの存在を否定しないでくれるか? バ…
    ショウ:バカじゃないぞ!❹

(62)에서 화자「トオヤ」는「何言ってんだよ」의「んだよ」와 같은 남성 전용의 문말 표현을 쓰고 있어 남성으로, 청자「ショウ」도「出てきたんだろ?」와 같은 남성 전용의 문말 표현을 쓰고 있어 남성으로 상정된다. 화자가 청자에게「バカ」라는 표현을, 청자가 화자를 이름으로 부르고 있기 때문에 양자는 경어적 동위자로 간주되는데, 화자의「否定しないでくれるか?」라는

발언과 뒤에 오는 「バ…」라는 표현이 청자에 대한 불쾌감을 나타내고 있다는 점에서 양자의 친소관계도 소원한 사이로 여겨진다. 이에 「否定しないでくれるか?」의 〈ないでくれるか〉는 [불쾌감][분노]의 표현가치를 나타낸다.

(63) 「はぁ? 頭沸いてんのか? 人の嫁の裸姿見てなにも無いわけないだろが」
「ふざけるな、それを言うならお前だってアリアとかの着替え覗いてただろ!」
「なんですかー? 神崎はお前の嫁ですかー? なら告れよ、告ってこいよー根暗くーん。あれー? できないなら言わ<u>ないでくれるかな</u>ー?」
「てめぇ……!」❺

(63)에서 화자는 청자를 「お前」로 호칭하고 있고 「告れよ」나 「告ってこいよ」와 같은 동사의 명령형을 쓰고 있어 남성으로, 청자도 화자에 대해 「お前」라고 부르고 있어 남성으로 상정되며 양자는 경어적으로 동위자로 간주된다. 화자와 청자가 「人の嫁(=神崎)の裸姿」를 둘러싸고 언쟁을 하며, 화자가 청자에게 「根暗くーん」이라고 부르고 있는 데에 대해 청자는 화자에게 「てめぇ……!」라는 표현을 사용하고 있다는 점에서 양자의 친소관계는 소원한 사이로 해석되며 「言わないでくれるかなー」의 〈ないでくれるかな〉는 [불쾌감][분노]의 표현가치를 나타낸다. 〈ないでくれるかな〉는 〈ないでくれるか〉에 독백조의 「な」가 접속된 것으로 〈ないでくれるか〉가 지닌 딱딱한 어감을 완화하는 역할을 한다.

[9] 〈ないでくれない?〉 {청자(남)와 화자(남)가 경어적 동위자인 경우}

(64) A : 「悪ぃ…新しい相棒が派手好きでさ。昨夜も銃声聞かねえと眠れないって、身悶えするもんだから」
B : 「ふざけてるね」
A : 「そう怖い顔<u>しないでくれない</u>、二爺。あんた相手にふざけるもふざけないも ねえだろ。それより、こんどは頼むぜ…ちょっとくらいヘマやっても、支払いが消えないていどの仕事をまわしてよ」❷

(64)에서 화자는 「頼むぜ」의 「ぜ」와 같은 남성 전용의 종조사를 쓰고 있어 남성으로, 청자는 「二爺」라고 불리고 있고 「ふざけてるね」와 같은 표현을 쓰고 있어 남성으로 상정된다. 화자가 청자에게 「あんた」라는 인칭대명사와 「ねえだろ」와 같은 스스럼없는 표현을 사용하고 있다는 점에서 화자와 청자는 경어적으로 동위자로 간주되고 「ふざけてるね」라고 화를 내는 청자에게 화자가 그렇게 무서운 얼굴을 하지 말라고 기분을 맞추면서 달래고 있기 때문에 양자는 친한 사이로 이해되며 「そう怖い顔しないでくれない」의 〈ないでくれない?〉는 [부탁][당부]의 표현가치를 나타낸다. 그리고 [남성 화자/남성 청자/청자와 화자가 경어적 동위자/소원한 사이]에서는 〈ないでくれない?〉로 사용된 예가 확인되지 않는다.

[10] 〈ないでくれないか〉 {청자(남)와 화자(남)가 경어적 동위자인 경우}

(65) トーコは詩郎が隆志の似顔絵を描いている間、じっと近くのベンチに座ったまま噴水の青白く透き通った放物線を見つめていた。何でもいい小説の題材が浮かびそうだとかでしばらく話しかけ<u>ないでくれないか</u>というようなことを、隆志と詩郎に言った後で。勝手にすればいい、と隆志は言った。❷

(65)에서 화자「トーコ」는 문면상 청자인「隆志」와「詩郎」의 친구로 여겨지기 때문에 남성으로, 청자「隆志」와「詩郎」는 이름에서 남성으로 추정된다. 화자와 청자는 친구 관계라는 점에서 경어적 동위자로 간주되며 친소관계도 친한 사이로 규정된다.「話しかけないでくれないか」는 인용문 형식으로 쓰여 실제 발화와 차이가 있을 수 있겠지만, 이때의 〈ないでくれないか〉는 [부탁][당부]의 표현가치를 나타낸다고 해석된다.

(66) 二人の発声練習が続く。
蝉2：あーうるさい、うるさい、うるさい！そんな練習しなくても大丈夫だろ？無駄に騒が<u>ないでくれないか</u>。
蝉1：おいおい。練習を無駄とか言ってると後悔するぜ。お前も一緒にどうだ？
蝉2：どうせ練習するならもっとエレガントな練習にしてくれよ。
蝉1：エレガント？
蝉2：そう。エレガント。優雅に、気品高く。❹

(66)에서 화자「蝉2」는「大丈夫だろ?」의「だろ?」와 같은 남성 전용의 문말 표현을 쓰고 있어 남성으로, 청자「蝉1」도「おいおい」와 같은 감동사와「後悔するぜ」의「ぜ」와 같은 남성 전용의 종조사를 쓰고 있어 남성으로 상정된다. 화자와 청자 사이에 스스럼없는 보통체 말씨가 사용되고 있기 때문에 양자는 경어적 동위자로 간주된다. 화자가 청자에게「あーうるさい、うるさい、うるさい！」와 같이 불쾌감을 표현하고 있다는 점에서 양자는 소원한 사이로 해석되며「騒がないでくれないか」의 〈ないでくれないか〉는 [불쾌감][분노]의 표현가치를 나타낸다.

[11] 〈ないでくれますか〉 {청자(남)와 화자(남)가 경어적 동위자인 경우}

(67) 君と僕の仲なんだから、そんな水臭い言い方はし<u>ないでくれますか</u>。

(67)에서 남성 화자「僕」와 남성 청자「君」의 대우표현상의 인간관계는 대등한 관계로 설정되어 있고, 화자가 청자를 돕고 싶다고 하는 발화내용에서 화자와 청자의 친소관계는 친한 사이로 간주된다. 〈ないでくれますか〉는 〈ないでくれる〉계열의 다른 정중체와 마찬가지로 최저한도의 정중도를 나타내기 때문에 청자와의 일정한 거리를 확보하면서 화자의 품위를 유지하는 역할을 한다. 따라서 친한 사이에서「水臭い言い方はしないでくれますか」와 같이 화자가 경

어적 동위자에게 사용하면 [염려][배려]의 표현가치를 실현한다.

(68) 紀月 : 役者は5人全員いるよね。音響さーん、いますかー?
音響 : 仕事中だから声かけないでくれますか(怒)
役者全員 : (円陣を組んで小声でやばいとかどうしようとか)
紀月 : 整列！！！(役者整列する)すいませんでしたー！！！！！
役者全員 : すいませんでしたー！！！！！(頭を下げる)
音響 : …許す。❹

(68)에서 화자「音響」는 「整列！！！」「…許す」라는 표현에서 남성으로, 청자「紀月」는 [紀月 司 (きのつき つかさ)]로 설정되어 있어 남성으로 상정되며, 화자와 청자는 둘 다 연극에 관여하고 있다는 점과 발화내용에서 경어적 동위자로 판단된다. 그리고 일을 하고 있던 화자가 청자에 대해 분노를 표출하고 있기 때문에 양자의 친소관계는 소원한 사이로 이해된다. 그리고 〈ないでくれますか〉를 소원한 사이에서 (68)의「声かけないでくれますか」와 같이 화자가 경어적 동위자에게 사용하면 [불쾌감][항의]의 표현가치를 나타낸다.

[12] 〈ないでくれます?〉 {청자(남)와 화자(남)가 경어적 동위자인 경우}

(69) 君と僕の仲なんだから、そんな水臭い言い方はしないでくれます?
(70) ほんと目障りなんだよ。授業中に女の子とイチャイチャしないでくれます?

(69)에서 남성 화자「僕」와 남성 청자「君」의 대우표현상의 인간관계는 대등한 관계로 설정되어 있고, 화자가 청자를 돕고 싶다고 하는 발화내용에서 화자와 청자의 친소관계는 친한 사이로 이해된다. 〈ないでくれます?〉는 〈か〉가 현재화되지 않은 형식이라는 점에서 경의도에 있어서는 〈ないでくれますか〉보다 약간 낮은데 〈ないでくれる〉 계열의 다른 정중체와 마찬가지로 최저한도의 정중도를 나타내기 때문에 청자와의 일정한 거리를 확보하면서 화자의 품위를 유지하는 역할을 한다. 그리고 친한 사이에서「水臭い言い方はしないでくれます?」와 같이 화자가 경어적 동위자에게 사용하면 [염려][배려]의 표현가치를 실현한다.

(70)에서 화자는「んだよ」와 같은 남성 전용의 문말표현을 사용하고 있어 남성으로, 청자도「女の子とイチャイチャする」와 같은 표현에서 알 수 있듯이 남성으로 상정되며, 해당 발화는 수업 중의 남학생끼리 사용된 것으로 추정된다. 화자가 청자의 행동에 대해 불쾌감을 표출하고 있다는 점에서 화자의 청자에 대한 친소관계는 소원한 사이로 해석된다. 그리고 〈ないでくれます?〉는 소원한 사이에서「イチャイチャしないでくれます?」와 같이 화자가 경어적 동위자에게 사용하면 [불쾌감][항의]의 표현가치를 나타낸다.

[13] 〈ないでくれませんか〉 {청자(남)와 화자(남)가 경어적 동위자인 경우}

(71) 君と僕の仲なんだから、そんな水臭い言い方はしないでくれませんか。

(71)에서 남성 화자「僕」와 남성 청자「君」의 대우표현상의 인간관계는 대등한 관계로 설정되어 있고, 화자가 청자를 돕고 싶다고 하는 발화내용에서 화자와 청자의 친소관계는 친한 사이로 해석된다. 〈ないでくれる〉계열의 부정 정중체인〈ないでくれませんか〉는 경의도에 있어서〈か〉가 현재화되지 않은〈ないでくれません?〉에 비해 약간 높은데〈ないでくれる〉계열의 다른 정중체와 마찬가지로 최저한도의 정중도를 나타내기 때문에 친한 사이에서「水臭い言い方はしないでくれませんか」와 같이 화자가 경어적 동위자에게 사용하면 [염려][배려]의 표현가치를 실현한다.

(72) T210 :「だから愚かだって言うんですよ。あの頃から既に、僕とその考えに賛同してくれる人たちの行動は始まっていたというのに。」
潤 :「その時は知らなかったんだから仕方ないだろ！」
T210 :「知らなかった？ 知ろうとしなかった、の間違いですよね。」
潤 :「それは…。」
T210 :「何も知らずに安穏と暮らしていればいい。それがあの時のあなたでしょう。今になって、取って付けたような嘘臭い正義感を振りかざさないでくれませんか。」
レン :「ふざけんなよ！」❹

(72)에서 화자「T210」은「僕」라는 인칭대명사를 쓰고 있어 남성으로, 청자「潤」은 [潤(ジュン)]이라는 이름과「仕方ないだろ！」와 같은 남성어적 표현을 쓰고 있어 남성으로 상정된다. 화자와 청자가 보통체 말씨를 사용하고 있는 점을 고려하면 경어적 동위자로 규정되며, 화자가 청자에게 불쾌감을 표출하고 있다는 점에서 양자의 친소관계는 소원한 사이로 이해된다. 그리고 소원한 사이에서「正義感を振りかざさないでくれませんか」와 같이 화자가 경어적 동위자에게 사용하면 [불쾌감][항의]의 표현가치를 나타낸다.

[14] 〈ないでくれません?〉 {청자(남)와 화자(남)가 경어적 동위자인 경우}

(73) 君と僕の仲なんだから、そんな水臭い言い方はしないでくれません?
(74) ほんと目障りなんだよ。授業中に女の子とイチャイチャしないでくれません?

(73)에서 남성 화자「僕」와 남성 청자「君」의 대우표현상의 인간관계는 대등한 관계로 설정되어 있고, 화자가 청자를 돕고 싶다고 하는 발화내용에서 화자와 청자의 친소관계는 친한 사이로 여겨진다.〈ないでくれません?〉은〈ないでくれる〉계열의 다른 정중체와 마찬가지로 경도(軽度)의 정중도를 나타내기 때문에 청자와의 일정한 거리를 확보하면서 화자의 품위를 유지하

는 역할을 한다. 그리고 친한 사이에서 「水臭い言い方はしないでくれません?」과 같이 화자가 경어적 동위자에게 사용하면 [염려][배려]의 표현가치를 실현하는데 〈ないでくれません?〉은 〈ないでくれます?〉에 비해 불쾌감을 함의하고 있어 친소관계가 소원한 사이로 다소 경사된다.

(74)에서 화자는 「~んだよ」와 같은 남성 전용의 문말표현을 사용하고 있어 남성으로, 청자도 「女の子とイチャイチャする」와 같은 표현에서 알 수 있듯이 남성으로 간주되며, 해당 발화는 수업 중의 남학생끼리 사용된 것으로 추정된다. 화자가 청자의 행동에 대해 불쾌감을 표출하고 있다는 점에서 화자의 청자에 대한 친소관계는 소원한 사이로 해석된다. 그리고 소원한 사이에서 「イチャイチャしないでくれません?」과 같이 화자가 경어적 동위자에게 사용하면 [불쾌감][항의]의 표현가치를 나타내는데 〈ないでくれません?〉은 〈ないでくれませんか〉보다 경의도가 낮기 때문에 소원함이 다소 강하게 분출된다.

1.4. 청자(남)가 화자(남)와 경어적 동위자이거나 하위자인 경우

[1] 〈ないでくれ〉 {청자(남)가 화자(남)와 경어적 동위자이거나 하위자인 경우}

(75) 「社長、塚崎さんのメモは河村さんにも送りますか」山口が指示を仰ぐ。
「止めといたほうがいいな、平仮名のままのほうが難は少ないだろう。溝呂木も何か言えよ」
「私も塚崎さんが言う、手に余る状況になると思いますが。政治家を交ぜたらさらに厄介になります、政治家はいけません」
「よし、本日はここまでということで休会にしよう。日野さん、明日は大切な日だ。その恰好では何だから、ここで食事をして帰って下さい」日野と安脇は遅い昼食の後、鈴木が運転する雑賀の車に乗り込んだ。二人を見送った直後、雑賀に電話が入った。
「渡りに船とはこのことだ。俺は戻らない。ポケベルは鳴らさ<u>ないでくれ</u>、俺から連絡する」これだけ言って外出した。塚崎は手紙の文案を練った。クロードとビリーに報告するためである。❷

(75)에서 화자는 「俺」라는 인칭대명사를 사용하고 있어 남성으로 간주되며, 대화 내용에서 청자「雑賀」도 화자와 동일한 회사의 남성 사원으로 추정된다. 화자가 청자에게 자기 쪽에서 연락할 테니까 「ポケベル」를 울리지 말라고 지시하는 내용에서 청자는 화자와 동위자이거나 하위자로 이해되고, 전화로 화자가 청자에게 짤막하게 지시를 하기 때문에 양자는 친한 사이로 해석된다. 이에 「鳴らさないでくれ」는 [부탁][당부]의 표현가치를 나타낸다.

(76) 「では丁度いい。君の包帯が取れたら、うちでちょっとした集りをやる。敗戦とヴェンツェルの帰還を祝しての、内輪の乱痴気騒ぎだ。今ウィーンにいる一番気の利いた連中を呼ぶ。その時に君を、わたしの秘書として紹介する」
「まだ承知してはいない」
「わたしたちは賭をしているんだよ。忘れたのかね。君が負けたらダルマチア行も副官の地位も

お仕舞だ。君はウィーンに残る」
　　「勝負は付いていない」と私は答えた。
　　「別に白旗を上げてウィーンに戻って来た訳ではないからな」「勝算は」ある、と私は答えた。
　　公爵は立ち上がった。「では期待するとしよう。兎も角、来週の木曜の晩は空けておいてくれ
　　たまえ」私は、前触れもなく訪問した詫びを言って辞去した。夜食に来るのを忘れ<u>ないでくれ</u>、
　　と公爵は念を押した。❷

(76)에서 화자「公爵」는「わたしたちは賭をしているんだよ」의「んだよ」와 같은 문말 표현과
「忘れたのかね」의「のかね」와 같은 문말 종조사를 쓰고 있어 남성으로 간주되고, 청자「私」
는「君」「副官」라고 지칭되어 있어 남성으로 상정된다. 화자「公爵」가 청자에 대해「君」라는
호칭과「空けておいてくれたまえ」의「てくれたまえ」와 같은 명령 표현을 쓰고 있기 때문에 청
자는 화자와 동위자이거나 하위자로 판단되고, 화자가 청자에게 야식을 먹으러 오는 것을 잊지
말라고 당부하고 있다는 점에서 양자는 친한 사이로 해석된다. 그래서「忘れないでくれ」의〈な
いでくれ〉는 [부탁][당부]의 표현가치를 나타낸다.

　(77) 蔡乃煌は金を贈る気だと大っぴらに言うのはまずいから、こんな言い方をしたのだ。易順鼎は
　　　正に貧にあえいでいるところで、人に功徳を施してもらうのは大歓迎である。しばらく考えて
　　　から言った。
　　　蔡乃煌「よし引き受けた。宿で私からの吉報を待っていてくれ」
　　「実甫、君の錦嚢(詩稿を入れる錦の袋)にどんな妙計が入っているのか、そんなに自身たっぷ
　　　りなのかね?」
　　「天機は洩らすべからずさ」と易順鼎。
　　　蔡乃煌「しかし、いつまでも君を呼びに行かなかったら、君はついていなかったのだと思って
　　　私を恨ま<u>ないでくれ</u>」
　　　易順鼎は彼のひょうたんにどんな薬を詰めて売るのか知らないが、ただ命令されたとおりに毎日
　　　西河沿いの旅館で、つきあいを断って一意待機していた。❷

(77)에서 화자「蔡乃煌」는 청자를「君」라고 부르고 있어 남성으로, 청자「易順鼎」도「天機は
洩らすべからずさ」」의「すべからずさ」라는 문말 표현에서 남성으로 간주된다. 화자와 청자의
대화를 통해 청자는 화자와 동위자이거나 하위자로 여겨지고, 화자가 청자를 부르러 가지 않으
면 운이 없는 것이라고 생각하고 화자를 원망하지 말라고 당부하고 있기 때문에 양자는 친한
사이로 해석된다. 따라서「恨まないでくれ」의〈ないでくれ〉는 [부탁][당부]의 표현가치를 나타
낸다.

　(78) 荷物を持って意気揚々と引きあげるフェリックス。残されたオスカーは、集ったポーカー仲間
　　　たちに言う。「ここは俺の家だ。床にタバコを捨て<u>ないでくれ</u>!」どうやらフェリックスの清潔
　　　ぶりが移ったようだ。彼との和解も遠い日ではあるまい。(Gooなど)続編も製作された。❺

(78)에서 화자「オスカー」는 자신을「俺」라고 지칭하고 있어 남성이고, 청자는「ポーカー仲

間たち」라는 표현에서 복수의 남성으로 추정된다. 화자가 청자들에게 자기 집 바닥에 담배를 버리지 말라고 주의를 주고 있기 때문에 청자는 화자와 동위자이거나 하위자로 간주되고, 양자는 소원한 사이로 해석된다. 그래서 이때의 「捨てないでくれ」의 〈ないでくれ〉는 [불쾌감]의 표현가치를 나타낸다.

(79) これはぼくの大切な宝物なのだから、泥まみれの汚らわしい手で触ら<u>ないでくれ</u>。❸

(79)에서 화자는 자신을 「僕」라고 지칭하고 있어 남성으로, 청자는 「泥まみれの汚らわしい手」라는 표현에서 남성으로 판단된다. 화자가 청자에게 진흙투성이의 더러운 손으로 만지지 말라는 문의 내용에서 청자는 화자와 동위자이거나 하위자로 간주되고 양자의 친소관계는 소원한 사이로 이해된다. 이때의 「触らないでくれ」의 〈ないでくれ〉는 [불쾌감]의 표현가치를 나타낸다.

[2] 〈ないでくれよ〉 {청자(남)가 화자(남)와 경어적 동위자이거나 하위자인 경우}

(80) 甲板の銀のタカの兵士たちがいろめきたった。ほかのジルバニア船もつぎつぎに帆をおろしていく。船室からバルがかけあがってきて、ロッカにいった。「ブラウニアの軍船があらわれたのか。」「おう。わたしが合図するまで、敵船に兵たちを乗りこませ<u>ないでくれ</u>。すれちがいざまに、敵船にとびうつったりさせ<u>ないでくれよ</u>。わかってるな。」ふだんおだやかなロッカの言葉がいつもよりあらあらしくなっている。❷

(80)에서 화자 「ロッカ」는 「おう」와 같은 감동사와 「わかってるな」의 「な」와 같은 남성 전용의 종조사를 사용하고 있어 남성으로, 청자 「バル」는 「あらわれたのか」의 「のか」와 같이 남성 전용의 종조사를 쓰고 있어 역시 남성으로 간주된다. 화자가 청자에게 적선이 나타난 것에 대해 주의를 환기시키고 있다는 점에서 청자는 화자와 동위자이거나 하위자로 판명된다. 화자가 청자에게 자기가 신호할 때까지 적선에 옮겨 타지 말라고 당부하고 있기 때문에 양자는 친한 사이로 여겨진다. 이에 「とびうつったりさせないでくれよ」의 〈ないでくれよ〉는 [부탁][당부]의 표현가치를 나타낸다.

(81) 勝敗は時の運だが、ただ母校の名誉を汚す卑きょうなまねだけはし<u>ないでくれよ</u>。❸

(81)에서 화자와 청자는 문중에 명시적으로 나타나 있지 않지만, 「勝敗は時の運だが」라는 표현에서 화자는 남성으로, 화자가 청자에 대해 「名誉を汚す卑きょうなまね」와 같은 표현을 사용하고 있기 때문에 청자도 남성으로 간주된다. 화자와 청자는 같은 학교 출신으로 여겨지고 화자가 청자에게 당부를 하고 있는 것을 고려하면 청자는 화자와 동위자이거나 하위자로 판단된다. 화자가 청자에게 학교의 명예를 더럽히는 그런 짓만은 하지 말라고 당부하고 있다는 점에

서 양자는 친한 사이로 해석된다. 이에「しないでくれよ」의〈ないでくれよ〉는 [부탁][당부]의 표현가치를 나타낸다. 그리고 [남성 화자/남성 청자/청자가 화자와 경어적 동위자이거나 하위자/소원한 사이]에서는〈ないでくれよ〉로 사용된 예가 확인되지 않는다.

[3]〈ないでおくれ〉·[7]〈ないでくれる?〉·[9]〈ないでくれない?〉

 [남성 화자/남성 청자/청자가 화자와 경어적 동위자이거나 하위자/친한 사이·소원한 사이]에서는 상기 형식이 사용된 예가 확인되지 않는다.

[4]〈ないでおくれよ〉{청자(남)가 화자(남)와 경어적 동위자이거나 하위자인 경우}

 (82) そんな土方に伊庭は思わず苦笑を浮かべた。
 「大丈夫だよ土方さん。俺は土方さんには何にも酷いことはしないよ? だからそんなに怖がらないでおくれよ」
 「べ、別に怖がってなんか…!て、てめぇがいきなり手ェ掴みやがるから……」❺

(82)에서 화자「伊庭」는「大丈夫だよ」의「だよ」와 같은 남성 전용의 문말 형식과「俺」와 같은 인칭대명사를 쓰고 있어 남성으로, 청자는 화자에 대해「てめぇ」와 같은 호칭을 사용하고 있어 남성으로 상정된다. 화자가 청자를「土方さん」이라고 부르고 있기 때문에 청자는 화자와 경어적 동위자이거나 하위자로 간주된다. 청자가 화자에게「掴みやがる」의「やがる」와 같은 격한 말씨를 사용하고 있지만, 화자가 청자에게 그렇게 무서워하지 말라고 당부하고 있다는 점에서 양자는 친한 사이로 해석된다. 따라서「怖がらないでおくれよ」의〈ないでおくれよ〉는 [부탁][당부]의 표현가치를 나타낸다. 그리고 [남성 화자/남성 청자/청자가 화자와 경어적 동위자이거나 하위자/소원한 사이]에서는〈ないでおくれよ〉로 사용된 예가 확인되지 않는다.

[5]〈ないでくれたまえ〉{청자(남)가 화자(남)와 경어적 동위자이거나 하위자인 경우}

 [남성 화자/남성 청자/청자가 화자와 경어적 동위자이거나 하위자/친한 사이·소원한 사이]에서는 상기 형태로 사용된 예가 확인되지 않는다.

[6]〈ないでくれたまえよ〉{청자(남)가 화자(남)와 경어적 동위자이거나 하위자인 경우}

 (83)「ああホームズさん」
 ホームズが這入って行くと彼は云った。
 「あなたがいらしって下すったのは、大変有難いです」
 「お早う、レーナー君」
 ホームズは答えた。
 「余計な奴が闖入して来たと思わないでくれたまえよ。――君はこの事件を引き起こした原因になるべきいろいろな出来事について、きいたかね?」❶

(83)에서 화자「ホームズ」는「君」라는 인칭대명사와「きいたかね?」의「かね」와 같은 남성 전용의 표현을 쓰고 있어 남성으로, 청자「レーナー」는「彼」라는 지문의 설명에서 남성으로 상정된다. 청자가 화자에게「ホームズさん」과 같은 호칭과 존경어를 사용하고 있고, 화자는 청자에게「レーナー君」과 같은 호칭과 보통체 말씨를 사용하고 있기 때문에 청자는 화자와 동위자이거나 하위자임을 알 수 있고, 대화 내용을 통해 양자는 친한 사이로 간주된다. 이에「思わないでくれたまえよ」의 〈ないでくれたまえよ〉는 [부탁][당부]의 표현가치를 나타낸다. 그리고 [남성 화자/남성 청자/청자가 화자와 경어적 동위자이거나 하위자/소원한 사이]에서는 〈ないでくれたまえよ〉로 사용된 예가 확인되지 않는다.

[8] **〈ないでくれるか〉** {청자(남)가 화자(남)와 경어적 동위자이거나 하위자인 경우}

(84) 一樹：乙姫さんはどこにいるんですか？ お願いします。教えてください。
　　　亀太郎：一樹くん、悪いんだがもうウチには来ないでくれるか。
　　　一樹：え！どうしてですか？
　　　亀太郎：どうしてもだ。君のことをこれ以上嫌いにはなりたくないんだ。
　　　一樹：なにかあったんですか？ 教えてください。
　　　亀太郎：最近、やけにマスコミのやつらがうちに来るんだよ。乙姫が初めて自分の足で君の家に行ってからだ。最初はただの偶然だと思っていた。だが、マスコミは増えるばかりだ。誰かが情報を流してるとしか思えないんだよ！ 乙姫もこのことを知ってな、精神的に参ってるんだよ。
　　　一樹：違います！ 僕じゃありません！
　　　亀太郎：なぜ言いきれる?
　　　一樹：乙姫さんを傷つけるようなこと、僕は絶対にしません！
　　　亀太郎：口ではなんとでも言える。とにかく、もう乙姫と会わせる気はない！帰ってくれ！
　　　一樹：そんな…。❹

(84)에서 화자「亀太郎」는 [竜宮 亀太郎(たつみや かめたろう)]로 설정되어 있고「君」라는 인칭대명사를 쓰고 있어 남성으로, 청자「一樹」도 [浦島 一樹(うらしま かずき)]로 나와 있고「僕」라는 인칭대명사를 쓰고 있어 남성으로 상정된다. 화자가 청자를「一樹くん」이라고 부르고 있고 청자가 화자에게 정중체 말씨를 사용하고 있기 때문에 청자는 화자와 동위자이거나 하위자로 해석된다. 그리고 화자가 청자에 대해「悪いんだが」「君のことをこれ以上嫌いにはなりたくないんだ」와 같은 표현을 사용하고 있다는 점을 고려하면 양자의 친소관계는 친한 사이로 간주된다. 따라서「来ないでくれるか」의 〈ないでくれるか〉는 [부탁][당부]의 표현가치를 나타낸다.

(85) 神山：一人じゃねぇだろ！！浩彦はどうなる? 母親に会っても……自分のことを覚えてない。そんな思いをさせていいと思うのか！！おい！！
　　　奈々絵：…………。
　　　隆二：奈々絵さん……。

冬木：あのさ神山君。僕の邪魔しないでくれるかな。
　　神山：知るか！！ 誰が貴様の勝手なんて通させるか！！
　　冬木：そう。でも僕は何が何でも通すよ。こうしてヴァンパイアになって生きているのは全てそれを成し遂げる為なんだから。❹

　(85)에서 화자「海斗」는 [冬木 景太(ふゆき けいた·♂·49歳·インストール統括責任者)]로 설정되어 있어 남성으로, 청자「神山」도 [神山 健治郎(かみやま けんじろう·♂·25歳·インストールドメンバー、磁力操作の力を持つ)]로 나와 있어 남성으로 상정되는데, 화자가 청자를「神山君」이라고 부르고 있는 것에 대해 청자가 화자에 대해「貴様」와 같은 인칭대명사를 쓰고 있기 때문에 청자는 화자와 경어적으로 동위자이거나 하위자로 간주된다. 대화 내용을 보면, 분노를 폭발하는 청자를 화자가「あのさ神山君」「邪魔しなないでくれるかな?」와 같은 표현을 사용하며 달래고 있다는 점에서 양자의 친소관계는 친한 사이로 해석되며「邪魔しないでくれるかな」의〈ないでくれるかな〉는 [부탁][당부]의 표현가치를 나타낸다.〈ないでくれるかな〉는〈ないでくれるか〉에 독백조의「な」가 접속된 것으로〈ないでくれるか〉가 지닌 딱딱한 어감을 완화하는 역할을 한다. 그리고 [남성 화자/남성 청자/청자가 화자와 경어적 동위자이거나 하위자/소원한 사이]에서는〈ないでくれるか〉로 사용된 예가 확인되지 않는다.

[10]〈ないでくれないか〉{청자(남)가 화자(남)와 경어적 동위자이거나 하위자인 경우}

　(86) 錬三郎：だからその秋月君に頼まれて塩田先生を連れてきてほしいって
　　　宣助：秋月君が塩田先生を?
　　　錬三郎：あぁぁぁぁぁ！しまった―内緒じゃったのに。忘れてくれ。じゃ！
　　　宣助：一体何を考えているんだ。
　　　錬三郎：そ、そんな真剣な目でわしを見ないでくれないかの、おしっこいきたくなっちゃうでしょ。というわけで失礼。❹

　(86)에서 화자「錬三郎」는 [平岩 錬三郎(ひらいわ れんざぶろう/65歳/♂/あやの祖父)]로 설정되어 있고 남성으로, 청자「宣助」도 [浅田 宣助(あさだ せんすけ/35歳/♂/新聞記者)]라고 되어 있어 남성으로 상정된다. 화자는 자신을「わし」라고 지칭하고 있고 청자보다 나이는 많지만 청자가 화자에게「何を考えているんだ」와 같은 보통체 말씨를 사용하고 있기 때문에, 청자는 화자와 동위자이거나 하위자로 규정된다. 화자가 청자에게 자기를 그렇게 진지한 눈으로 보지 말라는 대화 내용에서 양자는 친한 사이로 간주되며「見ないでくれないかの」의〈ないでくれないかの〉는 [부탁][당부]의 표현가치를 나타낸다. 그리고〈ないでくれないかの〉는〈ないでくれないか〉에 연배의 남성들이 많이 쓰는 종조사「の」가 첨가된 것으로 문체가 부드러워짐과 동시에 청자에 대한 대우를 마이너스에서 플러스로 전환시키는 역할을 한다.

(87) 1：このリンゴの味……?
　　 2：おいおいNo.1。勝手に触ら<u>ないでくれないか</u>。
　　 1：あ……そうだね。すみません。
　　 2：まったくだ。キミの手あかのついたリンゴなんて、私はごめんだね。
　　 1：う……うん。すみません。
　　 2：なんなんだ、キミは。謝ってばかりでへどが出るね。❹

　(87)에서 화자「2」는 [No.2：べらべら喋る厚かましい性格]라고만 설정되어 있는데「おいおい」라는 감동사와「キミ」라는 인칭대명사를 쓰고 있어 남성으로,「1」도 [No.1：おどおどしている。]로 묘사되어 있는데「あ……そうだね」라는 표현을 쓰고 있어 남성으로 상정된다. 화자가「ごめんだね」와 같은 보통체 표현을 사용하고 있는 데에 대해 청자는 화자에게「すみません」이라는 정중체 표현을 사용하고 있다는 점에서 청자와 화자는 경어적으로 동위자이거나 하위자로 간주된다. 화자가 부들부들 떨고 있는 청자를 혼내고 있는 발화내용에서 양자의 친소관계는 소원한 사이로 해석되며「触らないでくれないか」의〈ないでくれないか〉는 [불쾌감]의 표현가치를 실현한다.

[11]〈ないでくれますか〉{청자(남)가 화자(남)와 경어적 동위자이거나 하위자인 경우}

　(88) ねえ、裕君、お兄ちゃんがあやまるから、もうすね<u>ないでくれますか</u>。
　(89) おい、裕、俺の顔に泥をぬるようなことだけは、し<u>ないでくれますか</u>。

　(88)에서 남성 청자「裕君」은 남성 화자「お兄ちゃん」에 대해 경어적으로 동위자이거나 하위자로 설정되어 있고, 화자가 청자에 대해「ねえ」와 같은 감동사와「ちゃん」과 같은 호칭 접사를 사용하고 있다는 점과 화자가 청자를 달래고 있다는 발화내용에서 양자의 친소관계는 친한 사이로 여겨진다.〈ないでくれますか〉는〈ないでくれる〉계열의 다른 정중체와 마찬가지로 최저한도의 정중도를 나타내기 때문에 청자와의 일정한 거리를 확보하면서 화자의 품위를 유지하는 역할을 한다. 그런데 친한 사이에서「すねないでくれますか」와 같이 화자가 친한 사이의 경어적 동위자이거나 하위자에게 사용하면 상대방을 달래거나 기분을 맞추기 위해 쓰인 것으로 해석된다.

　(89)에서 화자는「俺」라는 인칭대명사를 쓰고 있어 남성으로, 청자도「裕」라는 이름에서 남성으로 상정되고, 청자는 화자와 경어적으로 동위자이거나 하위자로 간주된다. 문중에「おい」라는 감동사가 사용되고 있고 화자가 청자의 행동에 대해「俺の顔に泥をぬるな」와 같이 불쾌감을 강하게 표출하고 있다는 점에서 화자의 청자에 대한 친소관계는 소원한 사이로 이해된다. 그리고〈ないでくれますか〉를 소원한 사이에서「しないでくれますか」와 같이 화자가 경어적 동위자이거나 하위자에게 사용하면 [불쾌감][분노][질책]의 표현가치를 나타낸다.

[12] 〈ないでくれます?〉 {청자(남)가 화자(남)와 경어적 동위자이거나 하위자인 경우}

(90) ねえ、裕君、お兄ちゃんがあやまるから、もうすねないでくれます?
(91) おい、裕、俺の顔に泥をぬるようなことだけは、しないでくれます?

(90)에서 남성 청자「裕君」은 남성 화자「お兄ちゃん」에 대해 경어적으로 동위자이거나 하위자로 설정되어 있고, 화자가 청자에 대해「ねえ」와 같은 감동사와「ちゃん」과 같은 호칭 접사를 사용하고 있다는 점과 화자가 청자를 달래고 있다는 발화내용에서 양자의 친소관계는 친한 사이로 여겨진다. 〈ないでくれます?〉는 〈か〉가 현재화되지 않은 형식이라는 점에서 경의도에 있어서는 〈ないでくれますか〉보다 약간 낮은데 〈ないでくれる〉 계열의 다른 정중체와 마찬가지로 최저한도의 정중도를 나타내기 때문에 청자와의 일정한 거리를 확보하면서 화자의 품위를 유지하는 역할을 한다. 따라서 친한 사이에서「すねないでくれます?」와 같이 화자가 경어적 동위자이거나 하위자에게 사용하면 상대방을 달래거나 기분을 맞추기 위해 쓰인 것으로 해석된다.

(91)에서 화자는「俺」라는 인칭대명사를 쓰고 있어 남성으로, 청자도「裕」라는 이름에서 남성으로 상정되고, 청자는 화자와 경어적으로 동위자이거나 하위자로 판단된다. 문중에「おい」라는 감동사가 사용되고 있고 화자가 청자의 행동에 대해「俺の顔に泥をぬるな」와 같이 불쾌감을 강하게 표출하고 있다는 점에서 화자의 청자에 대한 친소관계는 소원한 사이로 이해된다. 그리고 〈ないでくれます?〉는 소원한 사이에서「しないでくれます?」와 같이 화자가 경어적 동위자이거나 하위자에게 사용하면 [불쾌감][분노][질책]의 표현가치를 나타낸다.

[13] 〈ないでくれませんか〉 {청자(남)가 화자(남)와 경어적 동위자이거나 하위자인 경우}

(92) ねえ、裕君、お兄ちゃんがあやまるから、もうすねないでくれませんか。
(93) おい、裕、俺の顔に泥をぬるようなことだけは、しないでくれませんか。

(92)에서 남성 청자「裕君」은 남성 화자「お兄ちゃん」에 대해 경어적으로 동위자이거나 하위자로 설정되어 있고, 화자가 청자에 대해「ねえ」와 같은 감동사와「ちゃん」과 같은 호칭 접사를 사용하고 있다는 점과 화자가 청자를 달래고 있다는 발화내용에서 양자의 친소관계는 친한 사이로 간주된다. 〈ないでくれる〉 계열의 부정 정중체인 〈ないでくれませんか〉는 경의도에 있어서 〈か〉가 현재화되지 않은 〈ないでくれません?〉에 비해 약간 높은데 〈ないでくれる〉 계열의 다른 정중체와 마찬가지로 최저한도의 정중도를 나타내기 때문에 친한 사이에서「すねないでくれませんか」와 같이 화자가 경어적 동위자이거나 하위자에게 사용하면 상대방을 달래거나 기분을 맞추기 위해 쓰인 것으로 해석된다.

(93)에서 화자는「俺」라는 인칭대명사를 쓰고 있어 남성으로, 청자도「裕」라는 이름에서 남

성으로 상정되고, 청자는 화자와 경어적으로 동위자이거나 하위자로 간주된다. 문중에 「おい」라는 감동사가 사용되고 있고 화자가 청자의 행동에 대해 「俺の顔に泥をぬるな」와 같이 불쾌감을 강하게 표출하고 있다는 점에서 화자의 청자에 대한 친소관계는 소원한 사이로 이해된다. 그리고 소원한 사이에서 「しないでくれませんか」와 같이 화자가 소원한 사이의 경어적 동위자이거나 하위자에게 사용하면 [불쾌감][분노][질책]의 표현가치를 나타낸다.

[14] 〈ないでくれません?〉 {청자(남)가 화자(남)와 경어적 동위자이거나 하위자인 경우}

(94) ねえ、裕君、お兄ちゃんがあやまるから、もうすねないでくれません?
(95) おい、裕、俺の顔に泥をぬるようなことだけは、しないでくれません?

(94)에서 남성 청자 「裕君」은 남성 화자 「お兄ちゃん」에 대해 경어적으로 동위자이거나 하위자로 설정되어 있고, 화자가 청자에 대해 「ねえ」와 같은 감동사와 「ちゃん」과 같은 호칭 접사를 사용하고 있다는 점과 화자가 청자를 달래고 있다는 발화내용에서 양자의 친소관계는 친한 사이로 판단된다. 〈ないでくれません?〉은 〈ないでくれる〉 계열의 다른 정중체와 마찬가지로 경도(軽度)의 정중도를 나타내기 때문에 청자와의 일정한 거리를 확보하면서 화자의 품위를 유지하는 역할을 한다. 그래서 친한 사이에서 「すねないでくれません?」과 같이 화자가 경어적 동위자이거나 하위자에게 사용하면 상대방을 달래거나 기분을 맞추기 위해 쓰인 것으로 해석된다.

(95)에서 화자는 「俺」라는 인칭대명사를 쓰고 있어 남성으로, 청자도 「裕」라는 이름에서 남성으로 상정되고, 청자는 화자와 경어적으로 동위자이거나 하위자로 판단된다. 문중에 「おい」라는 감동사가 사용되고 있고 화자가 청자의 행동에 대해 「俺の顔に泥をぬるな」와 같이 불쾌감을 강하게 표출하고 있기 때문에 화자의 청자에 대한 친소관계는 소원한 사이로 이해된다. 그리고 소원한 사이에서 「しないでくれません?」과 같이 화자가 경어적 동위자이거나 하위자에게 사용하면 [불쾌감][분노][질책]의 표현가치를 나타내는데 〈ないでくれません?〉은 〈ないでくれませんか〉보다 경의도가 낮기 때문에 소원함이 다소 강하게 분출된다.

1.5. 청자(남)가 화자(남)에 비해 경어적 하위자인 경우

[1] 〈ないでくれ〉 {청자(남)가 화자(남)에 비해 경어적 하위자인 경우}

(96) だが、待て、早まるな。自刃してはならぬ。おまえはすでに、わたしの兵士だ。わたしの許しなしに、死んではならぬ」王子、わたしは…！「死な<u>ないでくれ</u>。おまえがわたしのものならば、死な<u>ないでくれ</u>。わたしは失いたくないのだ。愛する者を、わたしのために失いたくないのだ。出雲建のように。弟橘姫のように」　声にならない七掬脛の嗚咽が、風を震わせる。❷

(96)에서 화자는 왕자라는 점에서 남성이고, 청자도 화자의 병사로 등장하기 때문에 역시 남성으로 간주된다. 화자가 청자를 「おまえ」라는 호칭으로 부르고 있고 「おまえがわたしのものならば」라는 표현에서 청자는 화자에 비해 경어적 하위자로 판단되고 화자가 청자에게 죽지 말라고 당부하고 있기에 양자는 친한 사이로 해석되며 「死なないでくれ」의 〈ないでくれ〉는 [부탁][당부]의 표현가치를 나타낸다.

(97)「秘書室長に、面会の約束がなければ取り次げないなんて、さんざ脅されちゃいましたよ。副社長というのは大変なんですね」やっと通された、それでもかなり広い副社長室で、安部はソファーに坐りピースを咥えて火をつけながら言った。「津久間のやつそんなことを言ったのか」
「そう。秘書室長津久間清彦って名刺に書いてありました」
「まあ気を悪くし<u>ないでくれ</u>。埋め合わせに昼めしをご馳走するよ。時間はいいんだろう」
「まさか。そんなつもりはありません」
「いいじゃねえか。ちょうどいい機会だから新しい社長を紹介するよ。会ってみてやってくれないか」
「ぼくは谷川さんの顔を見ればいいんです。余合さんは全然知らないし…」❷

(97)에서 화자는 부사장인「安部」인데「昼めしをご馳走するよ」「いいんだろう」라는 표현에서 남성으로, 청자는 자신을「僕」라고 지칭하고 있다는 점에서 남성으로 간주되고 청자는 화자에 비해 하위자로 되어 있다. 청자가 비서실장의 태도를 불쾌하게 받아들여 화자에게 일러바치고 이에 대해 화자가 청자에게 사과하고 있어 양자는 친한 사이로 해석되며「気を悪くしないでくれ」의 〈ないでくれ〉는 [부탁][당부]의 표현가치를 나타낸다.

(98)「課長、私も…」先手を打たれた佐川は、半分泣きそうな顔をして、言った。
「いや、佐川君、きみだけでも一緒に行ってくれよ」泣きそうな顔は富井も同様だった。
「頼むよきみ、私一人にし<u>ないでくれ</u>」
「課長、堪忍してくださいよ。お願いしますよ」
「そう言わないでさ、お願いだから一緒に行ってくれ。ほかならぬきみたちのためじゃないか」❷

(98)에서 화자인 과장은「頼むよ」와「きみ」라는 표현에서 남성으로, 청자도「佐川君」이라고 호칭되고 있고「堪忍してくださいよ」라는 표현을 통해 남성으로 간주되며 상사인 화자가 부하

인 청자 사이의 발화라는 점에서 청자는 화자에 비해 하위자로 여겨진다. 화자가 청자에게 제발 부탁이니 함께 가 달라고 부탁하고 있기 때문에 양자는 친한 사이로 해석되며,「私一人にしないでくれ」의 〈ないでくれ〉는 [부탁][당부]의 표현가치를 나타낸다.

(99) 男は眼球のうしなわれた空虚な目を、カラスと呼ばれる少年からいっときもそらせることなく、笑いのあいまにむせかえりながら言った。
「おいおい、だから言ったじゃないか。そんなに笑わせないでくれ。どのような力をもってしても、君には私を傷つけることなんてできないんだ。君にはその資格はないんだからな。君はただの薄っぺらな幻影にすぎないんだ。安もののこだまみたいなものにすぎないんだ。なにをやったところで無駄だ。❷

(99)에서 화자「男」는「おいおい」라는 감동사와 청자에 대해「君」라는 인칭대명사를 사용하고 있어 남성으로, 청자는「カラスと呼ばれる少年」라고 불리고 있어 남성으로 간주된다. 성인 남성과 소년 사이의 발화라는 점에서 청자는 화자에 비해 하위자로 여겨지고 화자가 자신에게 상처를 입히려고 하는 청자에 대해 하찮다고 하는 함의를 내포하며 웃기지 말라고 불쾌감을 드러내고 있기 때문에 양자는 소원한 사이로 해석된다. 따라서「笑わせないでくれ」의 〈ないでくれ〉는 [불쾌감]의 표현가치를 나타낸다.

(100)「ブン屋ならとっとと…」
「違いますよ、こちらはお客さまです」 理沙がぴしゃりと言ったので、さすがに伊ヶ崎も、それ以上は文句をつけられなくなったようだ。
「客か…それじゃあ仕方がない。へっへ、毎度ありがとう」どう見ても、まっとうな旅館の経営者ではない。人のいい大関も、苦虫を噛みつぶしたような顔になっている。
「博打の常連で、しばしば検挙されておいででしたな…今度は、とんだ事件に舞台を提供なすった」「舞台だけだよ」と、伊ヶ崎はうそぶいた。「間違っても心中に関係があるなんて、思わないでくれ」
「その死んだおふたりのことですが…」話しかけて大関は、あたりを見た。「立ち話もなんです、どこか部屋をお借りしたいのだが」❷

(100)에서 화자「伊ヶ崎」는 여관의 경영자로「舞台だけだよ」의「だよ」와 같은 문말표현을 쓰고 있어 남성으로, 청자「大関」는 사건을 추적하고 있는 인물로 통상 남성으로 추정된다. 사건이 발생한 여관의 경영자인 화자는 보통체 말씨를 쓰고 있고 이에 대해 사건을 쫓고 있는 청자가 정중체 말씨를 쓰고 있기 때문에 청자는 화자에 비해 하위자로 간주된다. 화자가 청자에게 자신은 사건과 관계가 없으니 오해하지 말라고 불쾌감을 드러내고 있다는 점에서 양자는 소원한 사이로 해석되며「思わないでくれ」의 〈ないでくれ〉는 [불쾌감]의 표현가치를 나타낸다.

[2] 〈ないでくれよ〉 {청자(남)가 화자(남)에 비해 경어적 하위자인 경우}

(101)「わたしは映画や小説に出てくるようなタフガイ・ヒーローではありません。フィリピン・マフィアどもをぶちのめして、ミゲル・ブブアンを引っさらおうと思ってるわけじゃないんです」
「それじゃ、どうやってブブアンを人質にとるつもりなんだね?」
「具体的な方法は、まだ思い浮かびません。しかし、どんな荒くれ者でも、わたしと同じ人間です。どこかに必ず弱点や隙はあるはずです」
「なるほど、そこを衝く気なんだな?」
「そうです」
「わかった。きみに任せよう。ただ、決して無茶はし<u>ないでくれよ</u>」 椎名が言って、パイプ煙草に火を点けた。
「アイドルたちの所属プロダクションが局に何か言ってきてます?」❷

(101)에서 화자「椎名」는「人質にとるつもりなんだね」의「なんだね」와 같은 문말 형식과 청자에 대해「きみ」라는 인칭대명사를 사용하고 있어 남성으로, 청자는 자신은「タフガイ・ヒーロー」가 아니라고 말하고 있어 남성으로 간주된다. 그리고 화자가 청자에게 보통체 말씨를, 청자는 화자에게 정중체 말씨를 쓰고 있기 때문에 청자는 화자에 비해 하위자로 여겨진다. 화자가 청자에게 무리하게 일을 벌이지 말라고 당부하고 있다는 점에서 양자는 친한 사이로 판단되며「無茶はしないでくれよ」의〈ないでくれよ〉는 [부탁][당부]의 표현가치를 나타낸다.

(102) 藤巻というのは半分やくざで半分堅気のような男だ。バンコクに遊びに来て色気を出し、岡部に一千万近くの金を騙し取られていた。
「藤巻さん?」
「とぼけないでくださいよ。三年ぐらい前に、あの人に土地を紹介するっていって、金を騙し取ったでしょう?」
「ひ、人聞きの悪いこといわ<u>ないでくれよ</u>、十河ちゃん。あれはおれだって騙されたんだ。おれも被害者なんだよ。そりゃ、藤巻さんには悪い事したと思うけどー」
「そんなのはおれの知ったことじゃない」おれは岡部の言葉を遮った。❷

(102)에서 화자「岡部」는「おれ」라는 인칭대명사와「騙されたんだ」의「んだ」와 같이 남성 전용의 문말 형식을 쓰고 있어 남성으로, 청자「藤巻」도 지문의「半分堅気のような男」에서 알 수 있듯이 남성으로 간주된다. 청자가 화자에 대해 정중체 말씨를 사용하고 있기 때문에 청자는 화자에 비해 하위자로 판단된다. 화자가 청자를「十河ちゃん」와 같이 부르며 남이 듣기에 거북한 말을 하지 말라고 부탁하고 있다는 점에서 양자는 친한 사이로 해석되며「いわないでくれよ」의〈ないでくれよ〉는 [부탁][당부]의 표현가치를 나타낸다.

(103) すると、一体どうなるだろうか? 彼は出張から疲れて帰ってきてからデスクに座り、いつものようにメールボックスを開ける。そこには爆発したメーリングリストからの大量のメールが

待っている。サーバからメールを取り込むにも時間がかかる。そのメールの合間に、仕事のメールも混じっている。分類するのも手間がかかる。とても全部に目を通す元気はない。そのうちに腹がたってくる。
「オレが出張して疲れている間にコイツらは、何しとるんや」もちろん、彼の場合、メールソフトの振り分け処理を設定すれば、かなり環境はよくなる。しかし、ふだん1日に数通程度のやり取りしかしないユーザーの場合、振り分けもせずに済ませる人が多いものだ。そんなことを何度か経験したのだろう。
彼の上司から筆者に電話がかかってきた。
「君は仕事と遊びがごっちゃになってないかい?
うちのモンを変な遊びに巻き込ま<u>ないでくれよ</u>。迷惑千万だ!」このような人に向かって、「いらないメールは捨てればいいでしょう」などと言っても通じるわけがない。❷

(103)에서 화자는「彼の上司」라는 지문의 설명과 청자에 대해「君」라는 인칭대명사를 사용하고 있어 남성으로, 청자는 필자인데「柳原秀基」라는 이름에서 남성으로 추정된다. 화자가 청자에게 보통체 말씨를 쓰고 있기 때문에 청자는 화자에 비해 하위자로 간주된다. 화자가 청자를 책망하고 있고 일을 이상한 것에 연루시키지 말라고 불쾌감을 표출하고 있다는 점에서 양자는 소원한 사이로 해석되며「巻き込まないでくれよ」의〈ないでくれよ〉는 [불쾌감]의 표현가치를 나타낸다.

[3]〈ないでおくれ〉{청자(남)가 화자(남)에 비해 경어적 하위자인 경우}

(104)「ジェルトリュードにはまだ分別がないのだから、私たちが代りに分別を持ってやらなければいけない。これは良心の問題だよ」ジャックは非常にいいところがあって、彼を制するには、ただ「お前の良心に訴える」と言うだけで十分だった。彼が子供だったころ、私はよくこの手を使ったものである。そんなふうに話しながら、しげしげと彼をながめていると、もしジェルトリュードに目が見えるとしたなら、そのすらりとよく伸びたしなやかな姿や、皺ひとつない美しい額、あっさりしたまなざし、まだ子供っぽいけれど急に重みを帯びてきたような顔つきなどを、平気で見すごすことはあるまいと思われた。帽子はかぶっていなかった。そのころ彼がかなり長く伸ばしていた灰色の髪が、こめかみのところで軽く渦を巻いて、半ば耳をかくしていた。
「それからまだ頼みがあるのだが」と、二人の腰かけていたベンチから立ちあがりながら私は言った、「お前はあさって発つつもりだと言っていたっけね。この出発の日どりを延ばさ<u>ないでおくれ</u>。それから、まるひと月、家を明けるはずだったね。この旅程を一日も縮めないようにしておくれ。わかったね」
「よくわかりました。おっしゃるとおりにしましょう」彼はひどく真っ青になって、唇の色まで変ったうに見えた。
だが私は、こんなにすぐ承知するようでは、彼の恋もさほど根強いものではあるまいと考え、ほっと安堵の胸をなでおろした。❷

(104)에서 화자「私」는 청자를「お前」라는 인칭대명사로 부르고 있고「それからまだ頼みがあるのだが」의「のだが」와 같은 남성 전용의 문말 형식을 쓰고 있어 남성으로, 청자는 「彼」로 묘사되어 있어 남성으로 판단된다. 화자가 청자에게 보통체 말씨를, 청자는 화자에게 경어를 사용하고 있기 때문에 청자는 화자에 비해 하위자임을 알 수 있고 화자가 청자에게 출발 일정을 늦추지 말라고 당부하고 있다는 점에서 양자는 친한 사이로 간주된다. 따라서「延ばさないでおくれ」의〈ないでおくれ〉는 [부탁][당부]의 표현가치를 나타낸다.

(105)「ちょっとお待ちよ。」と、王さまはいって、ヨハンネスに手をおだしになるために、珠を小わきにおかかえになりました。ところが、結婚申込に来た客だとわかると、王さまはさっそく泣きだして、しゃくも珠も、ゆかの上にころがしたなり、朝着のそでで、涙をおふきになるしまつでした。おきのどくな老王さま。
「ほらね、このとおりだ。」お年よりの王さまは、おっしゃいました。「いずれおまえも、ここにならんでいる人たちとそっくりおなじ身の上になるのだから、これだけはどうかやめておくれ。わたしになさけないおもいをさせないでおくれ。わしは心ぐるしくてならないのだからな。」❶

(105)에서 화자「王さま」는 남성이고 청자「ヨハンネス」도「おまえ」라는 인칭대명사로 불리고 있어 남성으로 간주되고 청자는 화자에 비해 하위자로 여겨지고 양자는 친한 사이로 이해된다. 화자가 청자에게 마음이 괴로우니 비참한 생각을 하게 하지 말라고 부탁하고 있다는 점에서 양자는 친한 사이로 해석되며 이때의「なさけないおもいをさせないでおくれ」의〈ないでおくれ〉는 [부탁][당부]의 표현가치를 나타낸다.

(106) 私の可愛い子供よ。私の名前はトレヴォではないのだ。私は若い頃には、ジェームス・アーミテージ [#「アーミテージ」は底本では「アノミテージ」] と云ったのだ。こう云えばお前は三四週間前、お前の学校友達が、私のこの秘密を嗅ぎつけたようなことを云った時、私がひどく呼吸《いき》づまらせられた理由が分かるだろう。私はアーミテージと云う名でロンドンの銀行に這入っている時、国法を犯して罪せられ、流刑を云い渡されたことがあるのだ。可愛いいお前よ、私を余りひどい奴だと思わないでおくれ。それはいわゆる、私が支払わなければならない信用借金の問題だったのだ。私は私自身のものでないお金を使ったのだけれど、私は確かにそれを見つかる前に返しておけるはずだったから、それがなくなったなどと怪まれるようなことはないつもりだったのだ。ところが、実に恐ろしい不幸が私を見舞ったのだ。私の使ったお金は回収出来なかった。そして会計検査の結果、私の使い込んだ不足額は暴露されてしまった。がしかし事件は寛大に討議されたのだったけれど、今から三十年前の法律は、今日より遥かに惨刻《ざんこく》なもので、私は廿三《にじゅうさん》才の誕生日の日、重罪犯人として捕縛され、他の三十七人の罪人と一しょにグロリア・スコット号にのせられてオーストラリア [#「オーストラリア」は底本では「オーストリア」] に送られることになったのだ。❶

(106)에서 화자「私」는 청자를「可愛いいお前よ」로 부르고 있고 자신을「ひどい奴」로 표현

하고 있어 남성이고 청자도 「お前」라는 인칭대명사로 불리고 있어 남성으로 간주된다. 지문 내용에서 화자와 청자는 아버지와 아들로 여겨지기 때문에 청자는 화자에 비해 하위자임을 알 수 있고 양자는 친한 사이로 해석되며 화자가 청자에게 자신을 나쁜 놈이라고 생각하지 말라는 「思わないでおくれ」의 〈ないでおくれ〉는 [부탁][당부]의 표현가치를 나타낸다.

(107) 少年よ 君は 君を甘やかさ<u>ないでおくれ</u>
　　　露骨な怒りなら むきだしで どうか噛みついておくれ
　　　悔しさに明け暮れ 夜通し泣き続けたら
　　　少年よ 君は今より 確実に 強くなる
　　　私の真実に 黙って触れないで
　　　あの人の涙を あわれんだりしないで
　　　本物の勇気を ひがんだりしないで
　　　けたたましい息吹に 命を感じるのだ
　　　心のままに 吹く風に乗り
　　　気まぐれな空へ 飄々と舞い上がれ
　　　私はさまよえる 季節の流れ者
　　　砂嵐の荒野 獣の瞳になりたい
　　　少年よ 君は 決して流れに のみこまれ<u>ないでおくれ</u>
　　　血まみれで生まれ来た意味を 決して あなど<u>らないでおくれ</u>
　　　育った街を切り捨てて 海をこえ 自由を掴んだら
　　　少年よ 君は今より 確実に 強くなる
　　　少年よ 君は 決して流れに のみこまれ<u>ないでおくれ</u>
　　　血まみれで生まれ来た意味を 決して あなど<u>らないでおくれ</u>
　　　育った街を切り捨てて 海をこえ 自由を掴んだら
　　　少年よ 君は今より 確実に 強くなる〈歌詞〉❺

(107)은 노래 가사인데, 화자는 청자에 대해 「君」라는 인칭대명사를 쓰고 있어 남성으로, 청자는 화자가 「少年よ」라는 표현을 사용하고 있어 남성으로 간주되며, 청자는 화자에 비해 하위자임을 알 수 있다. 또한 가사 내용에서 양자는 친한 사이로 묘사되고 있다. 이 가사에 쓰인 「甘やかさないでおくれ」「のみこまれないでおくれ」「あなどらないでおくれ」의 〈ないでおくれ〉는 [부탁][당부]의 표현가치를 나타낸다고 해석된다. 그리고 [남성 화자/남성 청자/청자가 화자에 비해 경어적 하위자/소원한 사이]에서는 〈ないでおくれ〉로 사용된 예가 확인되지 않는다.

[4] 〈ないでおくれよ〉 {청자(남)가 화자(남)에 비해 경어적 하위자인 경우}

(108) ミューズ君、そんなに鳴か<u>ないでおくれよ</u>〈題名〉
　　　ミューズはミューズなりにストレスを感じているのかもしれません。
　　　嫌だ嫌だと言ってるのかもしれません。

部屋に山積みになった段ボールを見て、ミューズは何を思うのでしょう。
　　　不安でいっぱいなのかもしれない。
　　　そんな彼に、私は何ができるのだろう。
　　　声をかけても、あまり聞いてくれている感じもしないし。❺

(108)은 인터넷 블로그의 기사 제목인데, 화자는 「ミューズ君」이라는 호칭을 쓰고 있어 남성으로 상정되지만, 청자는 고양이인데 「そんな彼」라는 표현과 같이 남성으로 비유되어 있다. 주인과 애완 고양이 사이라는 점에서 청자는 화자에 비해 하위자로 간주되고 청자에게 그렇게 울지 말라고 당부하고 있기 때문에 양자는 친한 사이로 해석된다. 이에 「鳴かないでおくれよ」의 〈ないでおくれよ〉는 [부탁][당부]의 표현가치를 나타낸다. 그리고 [남성 화자/남성 청자/청자가 화자에 비해 경어적 하위자/소원한 사이]에서는 〈ないでおくれよ〉로 사용된 예가 확인되지 않는다.

[5] 〈ないでくれたまえ〉 {청자(남)가 화자(남)에 비해 경어적 하위자인 경우}

(109) ソローキンがモイセーエフとトカチェンコを交互に見た。セミョーノフがあわてて二人を紹介した。「組織犯罪部のミハイル・イワノビッチ・モイセーエフ部長と、アレキサンドル・ステパノビッチ・トカチェンコ中佐です」と言ってから二人に向かって、「こちらゴルバチョフ大統領の筆頭秘書官であられるドミトリ・イワノビッチ・ソローキン氏だ」セミョーノフの額は汗で濡れていた。モイセーエフにはおかしくてならなかった。やはり権力志向のセミョーノフだ。権力にはめっぽう弱いところがある。
　　　「お茶にしますかそれともコーヒーに」
　　　「いや、かまわないでくれたまえ。緊急の話があって来たんだから」
　　　モイセーエフがセミョーノフに、「じゃあわれわれはこれで失礼するよ」
　　　「ちょっと待ってくれ」ソローキンが言った。「君が組織犯罪部の責任者なら、この話は君の部署にも関係してることなのだ」❷

(109)에서 화자 「ソローキン」는 대통령 비서관으로 묘사되어 있고 「来たんだから」의 「んだから」와 같은 남성 전용의 문말 형식을 쓰고 있어 남성으로, 청자 「セミョーノフ」는 「ソローキン氏だ」의 「だ」와 같은 남성 전용의 문말 표현을 쓰고 있어 남성으로 간주된다. 화자가 청자에게 보통체 말씨를 사용하고 있는 데에 대해 청자는 화자에게 정중체 말씨를 쓰고 있기 때문에 청자는 화자에 비해 하위자로 판단되고, 화자와 청자는 서로 알고 있는 사이라는 점에서 양자는 친한 사이로 해석된다. 따라서 「かまわないでくれたまえ」의 〈ないでくれたまえ〉는 [부탁][당부]의 표현가치를 나타낸다.

(110) 「いや、いや、望遠鏡を持ってはいなかったろうか」と、彼はつぶやいた。「そんなはずがない。わしに彼女をみせたのは望遠鏡だ。それから愛の眼……あの愛の眼を見せたのだ。ねえ、ドクトル、給仕《スチュワード》を内部へ入れないでくれたまえ。あいつはわしが気が狂ったと思うだろうから。その戸に鍵《かぎ》をかけてくれたまえ。ねえ、君！」

私は起(た)って、彼の言う通りにした。
　彼は瞑想に呑み込まれたかのように、しばらくの間じっと横になっていたが、やがてまた肘を突いて起き上がって、ブランディをもっとくれと言った。
「君は、思ってはいないのだね、僕が気が狂っているとは……」
　私がブランディの壜(びん)を裏戸棚にしまっていると、彼がこう訊いた。
「さあ、男同士だ。きっぱりと言ってくれ。君はわしが気が狂っていると思うかね」❶

(110)에서 화자「彼」는「わし」라는 인칭대명사를 쓰고 있어 연배의 남성으로, 청자「ドクトル」는「君」라는 인칭대명사로 불리고 있고「男同士」라는 표현에서 남성으로 간주된다. 화자가 청자를 이름으로 부르고 있기 때문에 청자는 화자에 비해 하위자로 여겨지며, 화자가 청자에게「ねえ」와「さあ」같은 감동사를 쓰고 있고 친근하게 묻고 있다는 점에서 양자는 친한 사이로 해석된다.「給仕《スチュワード》」를 내부에 들어오게 하지 말라는「入れないでくれたまえ」의 〈ないでくれたまえ〉는 [부탁][당부]의 표현가치를 나타낸다.

(111)「そのいずれも、ぼくには関係がありません」
「では、なんだというのかね? さあ、明榮、それをきみからいやでも吐かせるように、わたしに仕向けさせないでくれたまえ。きみは、すこぶる優秀な職員だ。やたらその才能を無駄づかいしないでほしいのだよ。わたしを見なさい」明榮は、見た。❷

(111)에서 화자는「なんだというのかね」의「のかね」와 같은 남성 전용의 종조사를 쓰고 있어 남성으로, 청자는「ぼく」라는 인칭대명사를 쓰고 있어 남성으로 간주된다. 화자가 청자를 이름으로 부르고 있고「きみ」와 같은 인칭대명사를 사용하고 있기 때문에 청자는 화자에 비해 하위자로 판단되고 양자는 친한 사이로 해석된다. 이에「仕向けさせないでくれたまえ」의 〈ないでくれたまえ〉는 [부탁][당부]의 표현가치를 나타낸다. 그리고 [남성 화자/남성 청자/청자가 화자에 비해 경어적 하위자/소원한 사이]에서는 〈ないでくれたまえ〉로 사용된 예가 확인되지 않는다.

[6] 〈ないでくれたまえよ〉 {청자(남)가 화자(남)에 비해 경어적 하위자인 경우}

(112)「そんなら、お師匠さま、あなたはお父(とっ)さんのためにお祷(いの)りなさるがいいし、わたしはお師匠さまのために祷りましょう。」
「弱った。そういうことなら、君の自由に任せる。まあ、眠りたいと思う時はこの禰宜《ねぎ》さまの家へ帰って寝てくれたまえ。ここにはお山の法則があって、なかなか里の方で思ったようなものじゃない。いいかい、君、無理をしないでくれたまえよ。」
　勝重はうなずいた。❶

(112)에서 화자「お師匠さま」는「君」라는 인칭대명사와「弱った」나「いいかい」와 같은 표현을 쓰고 있어 남성으로, 청자「勝重」도 이름과「君」라는 호칭에서 남성으로 간주된다. 화자와

청자가 스승과 제자 관계이기 때문에 청자는 화자에 비해 하위자임을 알 수 있고, 화자와 청자 사이에 친근한 말씨가 쓰이고 있다는 점에서 양자는 친한 사이로 해석된다. 이때의「無理をしないでくれたまえよ」의 〈ないでくれたまえよ〉는 [부탁][당부]의 표현가치를 나타낸다.

(113) 高木:「成程……。余り、一人で抱え込まないでくれたまえよ? 四条君」
貴音:「はい……ずっと、騙していたような形になってしまい、申し訳ありません」
高木:「あ、あぁあ! そういうのは良いから! 私はむしろ、君がそう決心してくれたことが嬉しいんだ」
高木:「自分を偽らず伝えるということは、考えているよりも難しい。それが出来る君は立派だ」❺

(113)은 인터넷 블로그에 게시된 기사에서 추출한 예인데, 화자「高木」는「君」라는 인칭대명사와「嬉しいんだ」의「んだ」와 같은 표현을 쓰고 있어 남성으로, 청자「貴音」도「四条君」라는 호칭에서 남성으로 상정된다. 화자가 청자에게 보통체 말씨를, 그리고 청자가 화자에게「申し訳ありません」와 같은 정중체 말씨를 쓰고 있기 때문에 청자는 화자에 비해 하위자임을 알 수 있고, 청자가 화자에게 사과하고 화자가 청자를 격려하고 있다는 점에서 양자는 친한 사이로 간주되며,「抱え込まないでくれたまえよ」의 〈ないでくれたまえよ〉는 [부탁][당부]의 표현가치를 나타낸다.

(114) アズール:ねぇ父さん、今度僕と勝負しようよ。僕がどれだけ強くなったか、見せてあげる…!
  -- 2013-11-29 (金) 15:31:33
ソール:いいよ! 楽しみだな。ご飯いっぱい食べて、勝負に備えておくよ。
  -- 2013-11-29 (金) 15:32:38
ヴィオール:構わないよ。麗しい我が子の頼みだからね。私が負けても言いふらさないでくれたまえよ? -- 2013-12-02 (月) 00:41:25 ❺

(114)도 인터넷 블로그에 게시된 내용에서 추출한 예인데, 화자「ヴィオール」는「麗しい我が子」라는 표현에서 남성으로, 청자는 화자의 아들로 상정되기 때문에 남성으로 간주된다. 아버지와 아들 사이의 대화라는 점에서 청자는 화자에 비해 하위자임을 알 수 있고, 양자의 친소관계는 친한 사이로 해석된다. 따라서 이때의「言いふらさないでくれたまえよ」의 〈ないでくれたまえよ〉는 [부탁][당부]의 표현가치를 나타낸다. 그리고 [남성 화자/남성 청자/청자가 화자에 비해 경어적 하위자/소원한 사이]에서는 〈ないでくれたまえよ〉로 사용된 예가 확인되지 않는다.

[7] 〈ないでくれる?〉・[9] 〈ないでくれない?〉
  [남성 화자/남성 청자/청자가 화자에 비해 경어적 하위자/친한 사이・소원한 사이]에서는 상기 형식이 사용된 예가 확인되지 않는다.

[8] 〈ないでくれるか〉 {청자(남)가 화자(남)에 비해 경어적 하위자인 경우}

　(115) クズ：すごいね。魔法使いの資格もとってるの?
　　　　父たん：やめなさい (口パク)
　　　　クズ：なんで、父たん?
　　　　星：ちょいと、口ははさま<u>ないでくれるかい</u>
　　　　父たん：(うなづく) ❹

(115)에서 화자「星」는 [♂/星の王子로 설정되어 있어 남성으로, 청자「父たん」도 [♂/父たん」으로 나와 있어 남성으로 상정되며 화자의 신분을 고려할 경우, 청자는 화자에 비해 경어적 하위자로 여겨진다. 그리고 청자가 자기 딸의 발화에 대해 그만두라고 말한 것에 대해 화자가「ちょっと」와 같은 부사를 사용하며 불쾌감을 보이고 있다는 점에서 양자의 친소관계는 소원한 사이로 해석되며「口ははさまないでくれるかい」의 〈ないでくれるかい〉는 [불쾌감]의 표현가치를 나타낸다. 〈ないでくれるかい〉는 〈ないでくれるか〉에 종조사「い」가 첨가되어 장음화한 것인데, 종조사「い」는 어조를 부드럽게 하고 여운을 남김으로써 청자에 대한 최소한의 배려를 나타내는 기능을 한다. 그리고 [남성 화자/남성 청자/청자가 화자에 비해 경어적 하위자/친한 사이]에서는 〈ないでくれるか〉로 사용된 예가 확인되지 않는다.

[10] 〈ないでくれないか〉 {청자(남)가 화자(남)에 비해 경어적 하위자인 경우}

　(116)「ホタルのためになることなら、どんなことでもさせて貰いたいが…円くん、ひとつだけ約束してくれないか？ ホタルを傷つけることだけは決してしないと。ホタルは死の願望にとり憑かれている…だいぶ前からそうなんだ。だれにも手のつけようがない。重いヒポコンデリア…憂鬱症なんだ。手に負えない非行少女とみなされてるが、本当は黄金の心を持った少女だ。もし、円くんがホタルの助けになってくれるなら、僕はとても感謝する。だから、彼女を傷つけないでやってくれ。もしホタルがきみに心を許しているのなら、きみはホタルにとって生殺与奪の力を握っているということを、忘れ<u>ないでくれないか</u>…」
　　　「僕は、ホタルのためならなんでもします。だって、そのためにこの町にきた、そんな気持ちがするくらいです」❷

(116)에서 화자는 자신을「僕」라는 인칭대명사로 지칭하고 있어 남성으로, 청자「円くん」도「僕」라는 인칭대명사로 쓰고 있어 남성으로 상정된다. 화자가 청자를「きみ」라고 부르고 있는 데에 대해, 청자는 화자에게 정중체 말씨를 사용하고 있기 때문에 경어적 하위자로 판단된다. 화자가 청자에게「ホタル」의 생사여탈권을 쥐고 있다는 것을 잊지 말라고 절실히 간원하고 있다는 점에서 화자와 청자는 친한 사이로 간주되며「忘れないでくれないか」의 〈ないでくれないか〉는 [부탁][당부]의 표현가치를 나타낸다.

(117) 明日香：お婆ちゃんかぁ。そういえばさっきそれっぽいの見つけたんだよね。そろそろご飯だ
       し、丁度いいかも。
     友哉：それっぽいもの?
     明日香：見てのお楽しみ。（下手奥へ向かう）
     父：あ、ちょっと。今の、母さんには絶対に言わないでくれないかい。友哉も。
     友哉：婆ちゃんのこと?
     明日香：何で?
     父：母さんとお婆ちゃんは仲が悪くてね。❹

(117)에서 화자「父」는 [父(鈴木宏)]라고 설정되어 있어 남성으로, 청자는 아들인「友哉」로 되어 있어(딸인「明日香」도 청자의 범위에 포함되지만) 남성으로 상정되고 청자는 화자에 비해 경어적 하위자로 간주된다. 화자인 아버지가 부인의 기분을 손상시키지 않기 위해 청자들에게 간절히 부탁하고 있다는 점에서 양자는 친한 사이로 해석되며「言わないでくれないかい」의 〈ないでくれないかい〉는 [부탁][당부]의 표현가치를 나타낸다. 그리고 〈ないでくれないかい〉는 〈ないでくれないか〉에 종조사「い」가 접속되어「か」가 장음화한 것인데「い」는 어조를 부드럽게 하며 결정권을 청자에게 맡기는 기능을 하기 때문에 화자의 청자에 대한 최소한의 배려가 나타난다.

(118) アンダルシアの犬：しかし正しさは星の数ほど存在します。
     セビリヤの理髪師：星なんて、太陽が出ていなければ姿を消してしまう。
     アンダルシアの犬：ならば、正義の篝火で夜空を照らしだせばいい。
     セビリヤの理髪師：もうその舌に棘を生やすな。彼女がどれほどの思いでひとつひとつの嘘を
       ついているか分からないなら、もう関わらないでくれないか。
     アンダルシアの犬：嘘を正当化する理由なんてありません。まやかしの言葉で太陽を偽造する
       なら、その炎で焼かれてしまえばいい。❹

(118)에서 화자「セビリヤの理髪師(세빌랴의 이발사)」는「棘を生やすな」의「な」와 같은 남성 전용의 금지 표현을 쓰고 있어 남성으로, 청자「アンダルシアの犬(안달루시아의 개)」는「ならば」와 같은 남성어적 접속사를 쓰고 있어 남성으로 상정되고, 청자가 화자에 대해 정중체 말씨를 사용하고 있기 때문에 청자는 화자에 비해 경어적 하위자로 간주된다. 화자가 청자에게 더 이상 관여하지 말라고 불쾌감을 표현하고 있다는 점에서 양자는 소원한 사이로 해석되며「関わらないでくれないか」의 〈ないでくれないか〉는 [불쾌감]의 표현가치를 나타낸다.

[11] 〈ないでくれますか〉 {청자(남)가 화자(남)에 비해 경어적 하위자인 경우}

(119) 裕君、パパがあやまるから、もうすねないでくれますか。
(120) おい、裕、お前のすることにお父さんは口出ししないつもりだけど、
      お父さんの顔に泥をぬるようなことだけは、しないでくれますか。

(119)에서 화자는 자신을 「パパ」라고 지칭하고 있어 남성으로, 청자는 「裕」라는 이름에서 남성으로 상정되며 아버지와 아들이라는 가족관계와 화자가 아들인 청자에 대해 호칭 접사 「君」을 사용하고 있다는 점에서 청자에 대한 화자의 친소관계는 친한 사이로 설명된다. 〈ないでくれますか〉는 〈ないでくれる〉 계열의 다른 정중체와 마찬가지로 최저한도의 정중도를 나타내기 때문에 청자와의 일정한 거리를 확보하면서 화자의 품위를 유지하는 역할을 한다. 친한 사이에서 「すねないでくれますか」와 같이 화자가 경어적 하위자에게 사용하면 상대를 달래거나 기분을 맞추기 위해 쓰인 것으로 해석된다.

(120)은 (119)와 마찬가지로 화자와 청자가 아버지와 아들이라는 점에서 화자와 청자 모두 남성으로 상정되며 청자 「裕」는 화자 「お父さん」에 대해 경어적 하위자로 설정되고 있다. 청자에 대해 「おい」와 같은 감동사와 「お前」라는 인칭대명사가 쓰이고 있고, 「お父さんの顔に泥をぬるな」에 상당하는 표현이 사용되고 있다는 점에서 화자의 청자에 대한 분노가 표출되어 있다고 판단되며 화자의 청자에 대한 친소관계는 소원한 사이로 이해된다. 그리고 〈ないでくれますか〉를 소원한 사이에서 「しないでくれますか」와 같이 화자가 경어적 하위자에게 사용하면 [불쾌감][분노][질책]의 표현가치를 나타낸다.

[12] 〈ないでくれます?〉 {청자(남)가 화자(남)에 비해 경어적 하위자인 경우}

(121) 裕君、パパがあやまるから、もうすねないでくれます?
(122) おい、裕、お前のすることにお父さんは口出ししないつもりだけど、
お父さんの顔に泥をぬるようなことだけは、しないでくれます?

(121)에서 화자는 자신을 「パパ」라고 지칭하고 있어 남성으로, 청자는 「裕」라는 이름에서 남성으로 상정되며 아버지와 아들이라는 가족관계와 화자가 아들인 청자에 대해 호칭 접사 「君」을 사용하고 있다는 점에서 청자에 대한 화자의 친소관계는 친한 사이로 설명된다. ないでくれます?〉는 〈か〉가 현재화되지 않은 형식이라는 점에서 경의도에 있어서는 〈ないでくれますか〉보다 약간 낮은데 〈ないでくれる〉 계열의 다른 정중체와 마찬가지로 최저한도의 정중도를 나타내기 때문에 청자와의 일정한 거리를 확보하면서 화자의 품위를 유지하는 역할을 한다. 친한 사이에서 「すねないでくれます?」와 같이 화자가 경어적 하위자에게 사용하면 상대를 달래거나 기분을 맞추기 위해 쓰인 것으로 해석된다.

(122)는 (121)과 마찬가지로 화자와 청자가 아버지와 아들이라는 점에서 화자와 청자 모두 남성으로 간주되며 청자 「裕」는 화자 「お父さん」에 대해 경어적 하위자로 설정되고 있다. 청자에 대해 「おい」와 같은 감동사와 「お前」라는 인칭대명사가 쓰이고 있고, 「お父さんの顔に泥をぬるな」에 상당하는 표현이 사용되고 있다는 점에서 화자의 청자에 대한 분노가 표출되어

있다고 판단되며 화자의 청자에 대한 친소관계는 소원한 사이로 이해된다. 그리고 〈ないでくれます?〉는 소원한 사이에서 「しないでくれます?」와 같이 화자가 경어적 하위자에게 사용하면 [불쾌감][분노][질책]의 표현가치를 나타낸다.

[13] 〈ないでくれませんか〉 {청자(남)가 화자(남)에 비해 경어적 하위자인 경우}

(123) 裕君、パパがあやまるから、もうすねないでくれませんか。
(124) おい、裕、お前のすることにお父さんは口出ししないつもりだけど、
    お父さんの顔に泥をぬるようなことだけは、しないでくれませんか。

(123)에서 화자는 자신을 「パパ」라고 지칭하고 있어 남성으로, 청자는 「裕」라는 이름에서 남성으로 상정되며 아버지와 아들이라는 가족관계와 화자가 아들인 청자에 대해 호칭 접사 「君」을 사용하고 있다는 점에서 청자에 대한 화자의 친소관계는 친한 사이로 여겨진다. 〈ないでくれる〉 계열의 부정 정중체인 〈ないでくれませんか〉는 경의도에 있어서 〈か〉가 현재화되지 않은 〈ないでくれません?〉에 비해 약간 높은데 〈ないでくれる〉 계열의 다른 정중체와 마찬가지로 최저한도의 정중도를 나타내기 때문에 친한 사이에서 「すねないでくれますか」와 같이 화자가 경어적 하위자에게 사용하면 상대를 달래거나 기분을 맞추기 위해 쓰인 것으로 해석된다.

(124)는 (123)과 마찬가지로 화자와 청자가 아버지와 아들이라는 점에서 화자와 청자 모두 남성으로 간주되며 청자 「裕」는 화자 「お父さん」에 대해 경어적 하위자로 설정되고 있다. 청자에 대해 「おい」와 같은 감동사와 「お前」라는 인칭대명사가 쓰이고 있고, 「お父さんの顔に泥をぬるな」에 상당하는 표현이 사용되고 있다는 점에서 화자의 청자에 대한 분노가 표출되어 있다고 판단되며 화자의 청자에 대한 친소관계는 소원한 사이로 이해된다. 그리고 소원한 사이에서 「しないでくれませんか」와 같이 화자가 경어적 하위자에게 사용하면 [불쾌감][분노][질책]의 표현가치를 나타낸다.

[14] 〈ないでくれません?〉 {청자(남)가 화자(남)에 비해 경어적 하위자인 경우}

(125) 裕君、パパがあやまるから、もうすねないでくれません?
(126) おい、裕、お前のすることにお父さんは口出ししないつもりだけど、
    お父さんの顔に泥をぬるようなことだけは、しないでくれません?

(125)에서 화자는 자신을 「パパ」라고 지칭하고 있어 남성으로, 청자는 「裕」라는 이름에서 남성으로 상정되며 아버지와 아들이라는 가족관계와 화자가 아들인 청자에 대해 호칭 접사 「君」을 사용하고 있다는 점에서 청자에 대한 화자의 친소관계는 친한 사이로 설명된다. 〈ないでくれません?〉은 〈ないでくれる〉 계열의 다른 정중체와 마찬가지로 경도(軽度)의 정중도를 나타내기 때문에 청자와의 일정한 거리를 확보하면서 화자의 품위를 유지하는 역할을 한다. 친

한 사이에서 「すねないでくれません?」과 같이 화자가 경어적 하위자에게 사용하면 상대를 달래거나 기분을 맞추기 위해 쓰인 것으로 해석된다.

(126)은 (125)와 마찬가지로 화자와 청자가 아버지와 아들이라는 점에서 화자와 청자 모두 남성으로 간주되며 청자「裕」는 화자「お父さん」에 대해 경어적 하위자로 설정되고 있다. 청자에 대해 「おい」와 같은 감동사와 「お前」라는 인칭대명사가 쓰이고 있고, 「お父さんの顔に泥をぬるな」에 상당하는 표현이 사용되고 있다는 점에서 화자의 청자에 대한 분노가 표출되어 있다고 판단되며 화자의 청자에 대한 친소관계는 소원한 사이로 이해된다. 그리고 소원한 사이에서 「しないでくれません?」과 같이 화자가 경어적 하위자에게 사용하면 [불쾌감][분노][질책]의 표현가치를 나타내는데 〈ないでくれません?〉은 〈ないでくれませんか〉보다 경의도가 낮기 때문에 소원함이 다소 강하게 분출된다.

2. 남성 화자가 여성 청자에게 사용하는 〈ないでくれる〉 계열 의뢰표현

2.1. 청자(여)가 화자(남)에 비해 경어적 상위자인 경우

[1] 〈ないでくれ〉 {청자(여)가 화자(남)에 비해 경어적 상위자인 경우}

(1) わしを死んだ猫か腐った犬みたいにぶら下げてドブに放りこみ、もうちょっとであんたの息子を殺すところだったのじゃぞ。あれが目に入らなかったのか？ お母ァよ。まこと霊験があるのなら、わしにこの苦海から飛び出す道を教えてくれ。霊験など無いのなら、いっそ黙って、この息子がチンポコを上に向けて死のうが、なにも構わ<u>ないでくれ</u>。ところがおまえの祖母さまの言うことに耳を貸そうとはせず、年老いた声が頭のうしろでくり返し響くのじゃ。「息子よ。見に行くがいい。あれがおまえの叔父さんじゃぞ…」わしは狂うたように処刑隊を追いかけて、走った。❷

(1)에서 화자는「わし」라고 지칭하고 있어 남성으로, 청자는「お母ァ」라고 호칭되고 있어 여성으로 간주되고 자식인 화자가 어머니인 청자를 대상으로 하여 발화되고 있기 때문에 청자는 화자보다 경어적 상위자로 판단된다. 화자와 청자 사이에 격의 없는 표현이 쓰이고 있고 화자가 청자에게 상관하지 말라고 부탁하고 있다는 점에서「構わないでくれ」의 〈ないでくれ〉는 [간원]의 표현가치를 나타낸다. 따라서 (1)은 정중함이나 격식이 요구되는 문맥이나 장면에서의 사용 제한과 경어적 동위자이거나 상위자 혹은 경어적 상위자인 청자에게 사용 제한이라는 일반 원칙에 저촉되지 않는다.

(2) 舞台明るくなる。何かを一心不乱に書いている洋。
着信音が鳴り響く。いらいらとしたようにとる洋。
洋：「はい、もしもし！…なんだ母さんか。何?忙しいんだけど。…え…
香織が、来てる？…部屋には絶対入れ<u>ないでくれ</u>。」
電話を切る。また机に向かうが筆が止まる洋。
足音がし、香織が現れる。どうやら部屋の扉の前らしい。❹

(2)에서 화자는 등장인물 소개에서 [川本 洋(かわもと ひろし)/男]로 설정되어 있어 남성으로, 화자가 청자에게「母さん」이라는 호칭을 사용하고 있기 때문에 여성으로 간주되고 청자는 화자보다 상위자로 판명된다. 화자와 청자 사이에 격의 없는 표현이 쓰이고 있고 화자가 청자에게「香織」를 절대 방에 들여보내지 말라고 당부하고 있다는 점에서 양자는 친한 사이로 해석된다. 이에 (2)도 정중함이나 격식이 요구되는 문맥이나 장면에서의 사용 제한과 경어적 동위자이거나 상위자 혹은 경어적 상위자인 청자에게 사용 제한이라는 일반 원칙에 저촉되지 않는

다. 그리고「入れないでくれ」의〈ないでくれ〉는 [간원]의 표현가치를 나타낸다.

(3) 母：「やっぱりそうなのね……」
由：「おいおいちょっと待て。誰がフィアンセだ？ 飛躍しすぎじゃない？ つーかお母さんも納得するな」
母：「あんた……よくもあたしの娘をたぶらかせてくれたわね」
昴：「愛だ。たとえ実の母であろうともそこに介入することはできない。俺たちの邪魔はしないでくれ」
母：「いや、邪魔させてもらうわ。由希は大切な娘。あんたのような何処の馬の骨ともわからぬ輩に娘は渡さないっ。もしも、それでも由希との結婚を望むなら、あたしを倒してからにしなさい！」
由：「しない、しない、結婚しない」
昴：「のぞむ、ところだ……」
由：「のぞむな」
母：「ふ……俺たちの親子の絆を断ち切ることは誰にもできない！」
昴：「言ってろよ。愛の深さを思い知れ！そしてその身に刻め！」
由：「もう好きにして」❹

(3)에서 화자「昴」는「俺たち」라는 표현에서 남성으로, 청자는「由希」의 어머니인「母」라는 점에서 여성으로 간주되며, 청자는 화자보다 경어적으로 상위자로 인정된다. 청자는 화자에게 자신의 딸을 홀린 것에 대해 강한 분노를 표현하고 있고, 화자는 청자에게 자기들의 사랑을 방해하지 말라고 불쾌감을 표출하고 있기 때문에 양자는 소원한 사이로 해석된다. 이에 (3)도 정중함이나 격식이 요구되는 문맥이나 장면에서의 사용 제한과 경어적 동위자이거나 상위자 혹은 경어적 상위자인 청자에게 사용 제한이라는 일반 원칙에 저촉되지 않는다. 이때의「しないでくれ」의〈ないでくれ〉는 [불쾌감][항의]의 표현가치를 나타낸다.

[2]〈ないでくれよ〉{청자(여)가 화자(남)에 비해 경어적 상위자인 경우}

(4) 河野が着替えから戻ってくる。
河野：お袋、コイツに変な事吹き込まないでくれよ？
中原：コウちゃんって…
河野：さっきから２人してコウちゃん、コウちゃんって…お袋はともかく、お前に何か言われたくないんだよ！
中原：照れないの！
河野：誰が照れるか！ちょっと近所に顔出してくる。
母：いってらっしゃい。ねぇ、一緒に行かなくていいの？
中原：待ってよ！私も一緒に行く！❹

(4)에서 화자「河野」는「お前」라는 인칭대명사와「言われたくないんだよ」의「んだよ」와 같

은 남성 전용의 문말 형식을 쓰고 있어 남성으로, 청자는 화자가 「お袋」라고 부르고 있어 여성이며 청자는 화자에 비해 경어적 상위자로 여겨진다. 어머니와 자식 사이에 스스럼없는 말씨가 쓰여 화자와 청자는 친한 사이로 간주되고 화자가 청자에게 이상한 것을 불어 넣지 말라는 발화내용에서 「吹き込まないでくれよ」의 〈ないでくれよ〉는 [간원]의 표현가치를 나타낸다.

(5) マサルは慌ててズボンをはくが、
目覚ましを見てギクリとする。
「ちょっと母さん！
母さんがベラベラしゃべってるから、遅くなったじゃないか。
7時半のJRに間に合わないから、朝めしはもういいよ。
え？…
朝ご飯を食べないのは泥棒の始まりだって？
それを言うならうそつきだろ。
え？…
４５分ので行けばいいだろうって？
いや、だから、早く行った方がいろいろと…
う、うわあ！
わあった！
わあったから、首締めないでくれよ！」❹

(5)에서 화자는 「マサル」로 고등학교 2학년으로 소개되고 있고, 「うそつきだろ」의 「だろ」와 같은 남성 전용의 문말 형식을 쓰고 있어 남성으로, 청자는 화자가 「母さん」이라고 부르고 있어 여성이며 청자는 화자에 비해 경어적 상위자로 인정된다. 어머니와 자식 사이에 스스럼없는 말씨가 쓰이고 있다는 점에서 화자와 청자는 친한 사이로 간주되며 「首締めないでくれよ！」의 〈ないでくれよ〉는 [간원]의 표현가치를 나타낸다.

(6) 戸の隙間から気遣わしげに顔を出した母親は、玄関に向かう正平に語りかけた。
「雨だからといって止めるわけにはいかないんだよ」
「風邪でもひいたら大変じゃあないか」と気を使いながら、親の威厳を見せつけるように細く剣のある声を吐いた。
「このくらいの雨で風邪なんかひくもんか、小さい頃の僕ではないんだから心配しないでくれよ」と突っぱねるように言った後で、ちょっぴり後悔した。
母を突き離したような気がして申し訳ないと思ったが、根が強情なだけに詫びるのもてれくさく、無言のうちに帽子のついたビニールのコートを着込んで(行って来るよ)と先ほどの無礼を詫びるようにちらりと母を振り返り、雨降る戸外へ飛び出した。❷

(6)에서 화자 「正平」는 자신을 「僕」라는 인칭대명사로 지칭하고 있어 남성으로, 청자는 「母親」로 되어 있어 여성으로 간주된다. 화자와 청자가 서로 보통체 말씨를 사용하고 있지만, 청

자가 화자의 모친이라는 점을 고려하면 청자는 화자에 비해 경어적 상위자로 인정된다. 비가 오는데 외출하려고 하는 아들을 염려하고 있는 어머니에게 화자가 불쾌감을 드러내고 있다는 점에서 발화시점에서는 양자는 소원한 사이로 해석되고 「心配しないでくれよ」의 〈ないでくれよ〉는 [불쾌감][항의]의 표현가치를 나타낸다.

(7) 生徒H：「付き合いきれないところがあるからな」
　生徒A：（ジョバンニ）「ちがうよ。みんなはただぼくがひとりで弱いからいじめているだけなんだ」
　竹原先生：「ジョバンニくん、やっと、みんなの前でいじめられてるって認めたわね。……よかった。とりあえず、ここから出発ね」
　生徒A：（ジョバンニ）「やけくそで言っただけだよ。それを、先生みたいに、そんなふうに言わないでくれよ。そんな言い方は、またみんなの神経に触ってしまうんだ。そして、またオレがいじめられる。そんなことも分からないのかよ」
　竹原先生：「いいえ、違います。……あなたは、みんなにボールを投げたのよ。……、さあ、みなさん、ボールはあなたたちの手にあるの。どういうふうに返していくの?」❹

(7)에서 화자 「生徒A(ジョバンニ)」는 자신을 「ぼく」 「オレ」라는 인칭대명사와 「みんなの神経に触ってしまうんだ」의 「んだ」와 같은 남성 전용의 문말 형식을 쓰고 있어 남성으로, 청자인 「竹原先生」는 「ジョバンニ」의 담임으로 여성으로 설정되어 있다. 화자는 학생이고 청자는 학생의 담임선생이라는 점에서 청자는 화자에 비해 경어적 상위자로 인정된다. 화자가 청자에게 선생님처럼 그런 식을 말하지 말라고 강한 불쾌감을 표출하고 있기 때문에 양자는 소원한 사이로 해석되며, 「言わないでくれよ」의 〈ないでくれよ〉는 [불쾌감][항의]의 표현가치를 나타낸다.

(8) 狩野：あれ課長?
　黒田：狩野君。丁度いい所に来たわ。これ持ってて。
　　　黒田、どっさりの荷物を全て狩野に渡して去る。
　狩野：んな～～。こんなに沢山の荷物。いきなり渡さないでくれよ!!
　　　ちなみが現れる。❹

(8)에서 화자 「狩野」는 [♂/28歳/ネゴシエーター]로 설정되어 있어 남성으로, 청자 「黒田」는 [♀/31歳/ネゴシエーター]로 묘사되어 있어 여성으로 간주되고, 화자가 청자를 「課長」라고 부르고 있기 때문에 청자는 화자에 비해 경어적 상위자로 인정된다. 부하인 화자가 상사인 청자에게 한꺼번에 많은 짐을 건네지 말라고 불만을 토로하고 있다는 점에서 양자는 소원한 사이로 해석되며 「渡さないでくれよ!!」의 〈ないでくれよ〉는 [불쾌감][항의]의 표현가치를 나타낸다.

(9) 広瀬がやってくる。鍵が開いていることに驚き中に飛び入る。
　広瀬：な………何者だお前!!
　神部：ひゃ！びっくりさせないでくれよ。

広瀬：な、何なんだ人のアトリエに勝手に上がりこんで！！お前誰だ！！❹

(9)에서 화자「神部」는 [♂/25歳/新進陶芸家/荻原の教え子]로 설정되어 있어 남성으로, 청자「広瀬」는 [♀/70歳/古道具屋]로 묘사되어 있어 여성으로 간주되고, 청자가 화자에게「お前」라는 인칭대명사를 쓰고 있기 때문에 청자는 화자에 비해 경어적 상위자로 인정되지만 화자가 청자에게 사람을 놀라게 하지 말라고 불쾌감을 표출하고 있다는 점에서「びっくりさせないでくれよ」의 〈ないでくれよ〉는 [불쾌감][항의]의 표현가치를 나타낸다.

[3] 〈ないでおくれ〉・[4] 〈ないでおくれよ〉・[5] 〈ないでくれたまえ〉・[6] 〈ないでくれたまえよ〉・[8] 〈ないでくれるか〉・[9] 〈ないでくれない?〉・[10] 〈ないでくれないか〉

[남성 화자/여성 청자/청자가 화자에 비해 경어적 상위자/친한 사이・소원한 사이]에서는 상기 형태로 사용된 예가 확인되지 않는다.

[7] 〈ないでくれる?〉 {청자(여)가 화자(남)에 비해 경어적 상위자인 경우}

(10) エイト：あぁいうコンビニは、未だに「防犯カメラ作動中」って張り紙だけで、ホントは何にもないんだよ。知ってた？
イヴ：知らない。
エイト：だから、そういうことも知らないのにさ、勝手にヒトのシマ荒らさないでくれる?
イヴ：うん。ごめん。もうしない……シマ?
エイト：うん。❹

(10)에서 화자「エイト」는 [中学1年生。自称、地域を少年犯罪グループのリーダー。]로 설정되어 있고「ヒトのシマ」와 같은 표현을 쓰고 있어 남성으로, 청자「イヴ」는 [新卒の教員。入学式早々登校拒否の生徒に頭を悩ませている。]로 되어 있고「ないんだよ」의「んだよ」와 같은 남성 전용의 표현을 쓰고 있어 남성으로 상정된다. 화자가 학생이고 청자가 교원이라는 것을 고려하면 청자는 화자에 비해 경어적 상위자로 간주되는데, 화자가 청자에게 남의 영역을 침범하지 말라는 발화내용에서 양자는 소원한 사이로 해석된다. 이에「荒らさないでくれる?」의 〈ないでくれる?〉는 [불쾌감][항의]의 표현가치를 나타낸다. 그리고 [남성 화자/여성 청자/청자가 화자에 비해 경어적 상위자/친한 사이]에서는 〈ないでくれる?〉로 사용된 예가 확인되지 않는다.

[11] 〈ないでくれますか〉 {청자(여)가 화자(남)에 비해 경어적 상위자인 경우}

(11) ??叔母さん、どうか僕を見捨てないでくれますか。
(12) ??母さん、僕になりすました振り込め詐欺なんかに騙されないでくれますか。
(13) ??母さん、もう嫁いびりしないでくれますか。

(11)에서 화자는「僕」라는 인칭대명사에서 남성으로, 청자는「叔母さん」이라는 호칭에서 여

성으로 상정되며, 청자가 화자에 비해 경어적 상위자로 설정되어 있다. 화자가 청자에게 자신을 내버려둔 채 방치하지 말라고 간원하는 내용의 발화라는 점에서 청자에 대한 화자의 친소관계는 친한 사이로 묘사되고 있다. 〈ないでくれますか〉는 〈ないでくれる〉 계열의 다른 정중체와 마찬가지로 최저한도의 정중도를 나타내기 때문에 청자와의 일정한 거리를 확보하면서 화자의 품위를 유지하는 역할을 한다. 경어적 규범의식을 판단의 기준으로 삼을 경우, 〈ないでくれますか〉를 경어적 하위자가 경어적 상위자에게 사용하는 것은 자연스러운 발화로서의 용인도가 낮다. 그러나 친한 사이에서「見捨てないでくれますか」와 같이 친족 간에서 상대와의 거리를 두지 않고 친근감을 높이고자 하는 표현 의도가 발동되면, 사용 가능성이 다소 높아지고 [간원][원망(願望)]의 표현가치를 실현한다.

(12)는 경어적 하위자인 남성 화자「僕」가 경어적 상위자인 여성 청자「母さん」에게 보이스피싱 사기에 속지 말 것을 염려하는 발화내용에서 청자에 대한 화자의 친소관계는 친한 사이로 해석된다. 이에「騙されないでくれますか」와 같이 가족 관계에서 상대와의 거리를 두지 않고 친근감을 높이고자 하는 표현 의도가 발동되면, 사용 가능성이 다소 높아지고 [염려][배려]의 표현가치를 실현한다.

(13)에서 화자는 문중에 구체적으로 명시되지 않았지만「嫁いびり」라는 표현을 통해 남성으로 추정되며, 화자가 경어적 상위자인 청자「母さん」에게 며느리를 구박하지 말라는 내용의 발화로서 화자의 청자에 대한 불만이 여실히 드러나 있다. 따라서 청자에 대한 화자의 친소관계는 소원한 사이로 규정된다. 〈ないでくれますか〉를 경어적 하위자가 경어적 상위자에게 사용하는 것은 자연스러운 발화로서의 용인도가 낮다. 그러나 소원한 사이에서「嫁いびりしないでくれますか」와 같이 어떤 표현 의도의 실현을 위해 화자가 경어적 상위자인 청자와의 거리감을 의식적으로 이용하고자 할 경우에는 사용 가능성이 다소 높아지고 [불쾌감][분노][항의]의 표현가치를 나타낸다.

[12] 〈ないでくれます?〉 {청자(여)가 화자(남)에 비해 경어적 상위자인 경우}

(14) ?? 叔母さん、どうか僕を見捨てないでくれます?
(15) ?? 母さん、僕になりすました振り込め詐欺なんかに騙されないでくれます?
(16) ?? 母さん、もう嫁いびりしないでくれます?

(14)에서 화자는「僕」라는 인칭대명사에서 남성으로, 청자는「叔母さん」이라는 호칭에서 여성으로 간주되며, 청자가 화자에 비해 경어적 상위자로 설정되어 있다. 화자가 청자에게 자신을 내버려둔 채 방치하지 말라고 간원하는 내용의 발화라는 점에서 청자에 대한 화자의 친소관계는 친한 사이로 묘사되고 있다. 〈ないでくれます?〉는 〈か〉가 현재화되지 않은 형식이라는 점에서 경의도에 있어서는 〈ないでくれますか〉보다 약간 낮은데 〈ないでくれる〉 계열의 다른

정중체와 마찬가지로 최저한도의 정중도를 나타내기 때문에 청자와의 일정한 거리를 확보하면서 화자의 품위를 유지하는 역할을 한다. 경어적 규범의식을 판단의 기준으로 삼을 경우, 〈ないでくれます?〉를 경어적 하위자가 경어적 상위자에게 사용하는 것은 자연스러운 발화로서의 용인도가 낮다. 그러나 친한 사이에서「見捨てないでくれます?」와 같이 친족 간에서 거리감을 좁히고 친밀도를 높이고자 하는 표현 의도가 발동되면, 사용 가능성이 다소 높아지고 이때의 〈ないでくれます?〉는 [간원][원망]의 표현가치를 실현한다.

(15)는 경어적 하위자인 남성 화자「僕」가 경어적 상위자인 여성 청자「母さん」에게 보이스피싱 사기에 속지 말 것을 염려하는 발화내용에서 청자에 대한 화자의 친소관계는 친한 사이로 간주된다. 경어적 규범의식을 판단의 기준으로 삼을 경우, 〈ないでくれます?〉를 경어적 하위자가 경어적 상위자에게 사용하는 것은 자연스러운 발화로서의 용인도가 낮다. 그러나 친한 사이에서「騙されないでくれます?」와 같이 가족 관계에서 거리감을 좁히고 친밀도를 높이고자 하는 표현 의도가 발동되면, 사용 가능성이 다소 높아지고 이때의 〈ないでくれます?〉는 [염려][배려]의 표현가치를 실현한다.

(16)에서 화자는 문중에 구체적으로 명시되지 않았지만「嫁いびり」라는 표현을 통해 남성으로 추정되며, 화자가 경어적 상위자인 청자「母さん」에게 며느리를 구박하지 말라는 내용의 발화로서 화자의 청자에 대한 불만이 여실히 드러나 있기 때문에 청자에 대한 화자의 친소관계는 소원한 사이로 규정된다. 〈ないでくれます?〉를 경어적 하위자가 경어적 상위자에게 사용하는 것은 자연스러운 발화로서의 용인도가 낮다. 그러나 소원한 사이에서「嫁いびりしないでくれます?」와 같이 어떤 표현 의도의 실현을 위해 화자가 경어적 상위자인 청자와의 거리감을 의식적으로 이용하고자 할 경우에는 사용 가능성이 다소 높아지고 [불쾌감][항의]의 표현가치를 나타낸다.

[13] 〈ないでくれませんか〉 {청자(여)가 화자(남)에 비해 경어적 상위자인 경우}

(17) ?? 叔母さん、どうか僕を見捨てないでくれませんか。
(18) ?? 母さん、僕になりすました振り込め詐欺なんかに騙されないでくれませんか。
(19) 母さん、もう嫁いびりしないでくれませんか。

(17)에서 화자는「僕」라는 인칭대명사에서 남성으로, 청자는「叔母さん」이라는 호칭에서 여성으로 간주되며, 청자가 화자에 비해 경어적 상위자로 설정되어 있다. 화자가 청자에게 자신을 내버려둔 채 방치하지 말라고 간원하는 내용의 발화라는 점에서 청자에 대한 화자의 친소관계는 친한 사이로 묘사되고 있다. 〈ないでくれる〉 계열의 부정 정중체인 〈ないでくれませんか〉는 경의도에 있어서 〈か〉가 현재화되지 않은 〈ないでくれません?〉에 비해 약간 높은데 〈ないでくれる〉 계열의 다른 정중체와 마찬가지로 최저한도의 정중도를 나타내기 때문에 친한 사

이에서 〈ないでくれませんか〉를 경어적 하위자가 경어적 상위자에게 사용하는 것은 자연스러운 발화로서의 용인도가 낮다. 그러나「見捨てないでくれませんか」와 같이 친족 간에서 상대와의 거리를 두지 않고 친근감을 높이고자 하는 표현 의도가 발동되면 사용 가능성이 다소 높아지고 [간원][원망]의 표현가치를 실현한다.

(18)은 경어적 하위자인 남성 화자「僕」가 경어적 상위자인 여성 청자「母さん」에게 보이스 피싱 사기에 속지 말 것을 염려하는 발화내용에서 청자에 대한 화자의 친소관계는 친한 사이로 여겨진다. 〈ないでくれる〉 계열의 부정 정중체인 〈ないでくれませんか〉는 경의도에 있어서 〈か〉가 현재화되지 않은 〈ないでくれません?〉에 비해 약간 높은데 〈ないでくれる〉 계열의 다른 정중체와 마찬가지로 최저한도의 정중도를 나타내기 때문에 친한 사이에서 〈ないでくれませんか〉를 경어적 하위자가 경어적 상위자에게 사용하는 것은 자연스러운 발화로서의 용인도가 낮다. 그러나「騙されないでくれませんか」와 같이 가족 관계에서 상대와의 거리를 두지 않고 친근감을 높이고자 하는 표현 의도가 발동되면 사용 가능성이 다소 높아지고 [염려][배려]의 표현가치를 실현한다.

(19)에서 화자는 문중에 구체적으로 명시되지 않았지만「嫁いびり」라는 표현을 통해 남성으로 추정되며, 화자가 경어적 상위자인 청자「母さん」에게 며느리를 구박하지 말라는 내용의 발화로서 화자의 청자에 대한 불만이 여실히 드러나 있다는 점에서 청자에 대한 화자의 친소관계는 소원한 사이로 규정된다. 그리고 소원한 사이에서도 〈ないでくれませんか〉를 경어적 하위자가 경어적 상위자에게 사용하는 것은 자연스러운 발화로서의 용인도가 낮다. 그러나「嫁いびりしないでくれませんか」와 같이 가족 사이에서 화자가 경어적 상위자에게 의도적으로 소원함을 강조하여 표현하고자 할 때는 사용이 가능하며 [불쾌감][분노][항의]의 표현가치를 나타낸다.

[14] 〈ないでくれません?〉 {청자(여)가 화자(남)에 비해 경어적 상위자인 경우}

  (20) ?? 叔母さん、どうか僕を見捨て<u>ないでくれません</u>?
  (21) ?? 母さん、僕になりすました振り込め詐欺なんかに騙さ<u>れないでくれません</u>?
  (22) ?? 母さん、もう嫁いびりし<u>ないでくれません</u>?

(20)에서 화자는「僕」라는 인칭대명사에서 남성으로, 청자는「叔母さん」이라는 호칭에서 여성으로 상정되며, 청자가 화자에 비해 경어적 상위자로 설정되어 있다. 화자가 청자에게 자신을 내버려둔 채 방치하지 말라고 간원하는 내용의 발화라는 점에서 청자에 대한 화자의 친소관계는 친한 사이로 묘사되고 있다. 〈ないでくれません?〉은 〈ないでくれる〉 계열의 다른 정중체와 마찬가지로 경도(軽度)의 정중도를 나타내기 때문에 청자와의 일정한 거리를 확보하면서 화자의 품위를 유지하는 역할을 한다. 이러한 점에서 〈ないでくれません?〉을 경어적 하위자가 경어적 상위자에게 사용하는 것은 자연스러운 발화로서의 용인도가 낮다. 그러나「見捨てない

でくれません?」과 같이 친족 간에서 거리감을 좁히고 친밀도를 높이고자 하는 표현 의도가 발동되면 사용 가능성이 다소 높아지고 [간원][원망]의 표현가치를 실현한다.

(21)은 경어적 하위자인 남성 화자 「僕」가 경어적 상위자인 여성 청자 「母さん」에게 보이스피싱 사기에 속지 말 것을 염려하는 발화내용에서 청자에 대한 화자의 친소관계는 친한 사이로 간주된다. 그런데 「騙されないでくれません?」과 같이 가족 관계에서 거리감을 좁히고 친밀도를 높이고자 하는 표현 의도가 발동되면 사용 가능성이 다소 높아지고 [염려][배려]의 표현가치를 실현한다.

(22)에서 화자는 문중에 구체적으로 명시되지 않았지만 「嫁いびり」라는 표현을 통해 남성으로 추정되며, 화자가 경어적 상위자인 청자 「母さん」에게 며느리를 구박하지 말라는 내용의 발화로서 화자의 청자에 대한 불만이 여실히 드러나 있다. 고로 청자에 대한 화자의 친소관계는 소원한 사이로 해석된다. 소원한 사이에서도 〈ないでくれません?〉을 경어적 하위자가 경어적 상위자에게 사용하는 것은 자연스러운 발화로서의 용인도가 낮다. 그러나 「嫁いびりしないでくれません?」과 같이 어떤 표현 의도의 실현을 위해 화자가 경어적 상위자와의 거리감을 의도적으로 이용하고자 할 경우에는 사용 가능성이 다소 높아지며 [불쾌감][항의]의 표현가치를 나타낸다.

2.2. 청자(여)가 화자(남)와 경어적 동위자이거나 상위자인 경우

[1] 〈ないでくれ〉 {청자(여)가 화자(남)와 경어적 동위자이거나 상위자인 경우}

(23) なつめ : だから……新川さんのところに?
知佳 : 姉貴の気持ちも考えないでよりにもよってあの人の所に行ったのはすまないと思ってる。でも俺にはそれしかなかったんだ。
なつめ : でも……。
知佳 : これだけ話せば充分だろ。お願いだ、もうこれ以上俺をみじめにしないでくれ。❹

(23)의 등장인물 소개에서 화자는 [大野 智佳(おおの ともよし・♂・26歳・なつめの弟、イラストレーター)]와 같이 남성으로, 청자는 [大野 なつめ(おおの なつめ・♀・29歳・漫画家)]와 같이 여성으로 설정되어 있고 화자가 청자에 대해 「姉貴」라는 호칭을 사용하고 있기 때문에 청자는 화자와 동의자이거나 상위자로 간주된다. 화자가 청자에게 부탁하니 더 이상 자신을 비참하게 만들지 말라고 부탁하고 있다는 점에서 「みじめにしないでくれ」의 〈ないでくれ〉는 [간원]의 표현가치를 나타낸다. 그리고 (23)은 정중함이나 격식이 요구되는 문맥이나 장면에서의 사용 제한과 경어적 동위자이거나 상위자 혹은 경어적 상위자인 청자에게 사용 제한이라는 일반 원칙에 저촉되지 않는다.

(24) 自分のことぐらい自分でするから、余計なおせっかいはしないでくれ。❸

(24)에서 화자는 문면에 명시되어 있지 않지만, 「自分のことぐらい自分でする」와 같은 표현에서 남성으로 추정되고 청자는 「おせっかいをする」와 같은 표현에서 화자의 연인이나 처 혹은 어머니로 여겨지기 때문에 청자는 화자와 동위자이거나 상위자라고 간주된다. 화자가 청자에게 쓸데없는 참견을 하지 말라고 불쾌감을 표현하고 있다는 점에서 양자는 소원한 사이로 해석된다. (24)도 정중함이나 격식이 요구되는 문맥이나 장면에서의 사용 제한과 경어적 동위자이거나 상위자 혹은 경어적 상위자인 청자에게 사용 제한이라는 일반 원칙에 저촉되지 않는다. 이에 「しないでくれ」의 〈ないでくれ〉는 [불쾌감][항의]의 표현가치를 나타낸다.

[2] 〈ないでくれよ〉 {청자(여)가 화자(남)와 경어적 동위자이거나 상위자인 경우}

(25) リナ : リード、待って、待ってったら。
リード : まだ何かあるの、姉さん。
リナ : それをあの人に言うのをもう少し待って。
リード : 馬鹿言わないでくれよ。今まではただの小競り合い程度だったのがやけに組織化してきたと思ったら、主犯は枢機卿の娘だぞ。議会の半分以上はそちらについて離職した。こんな一大事、一刻も早く知らせないと。
リナ : だけど、エルザはあの人の大切な友人よ。
リード : 大切な友人がこんな真似するものか。あの人はな、将来この国の統治者となる人なんだ。みんなそう思ってる。
リナ : やめてリード！
リード : どくんだ姉さん。❹

(25)에서 화자 「リード」는 [カイの右腕, 優秀な男, リナの弟,]로 묘사되고 있고, 「主犯は枢機卿の娘だぞ」의 「だぞ」와 같은 남성 전용의 문말 형식을 쓰고 있어 남성으로, 청자 「リナ」는 「あの人の大切な友人よ」의 「友人よ」와 같은 여성어적 표현에서 여성으로 짐작된다. 화자와 청자가 서로 보통체 말씨를 사용하고 있지만, 청자는 화자의 누나로 등장하고 있기 때문에 화자와 경어적 동위자이거나 상위자로 간주된다. 화자가 청자의 만류에도 불구하고 바보 같은 소리를 하지 말라고 불쾌감을 드러내고 있다는 점에서 양자는 소원한 사이로 해석되며 「馬鹿言わないでくれよ」의 〈ないでくれよ〉는 [불쾌감][항의]의 표현가치를 나타낸다. 그리고 [남성 화자/여성 청자/청자가 화자와 경어적 동위자이거나 상위자/친한 사이]에서는 〈ないでくれよ〉로 사용된 예가 확인되지 않는다.

[3] 〈ないでおくれ〉・[4] 〈ないでおくれよ〉・[5] 〈ないでくれたまえ〉・[6] 〈ないでくれたまえよ〉・[7] 〈ないでくれる?〉・[9] 〈ないでくれない?〉・[10] 〈ないでくれないか〉

[남성 화자/여성 청자/청자가 화자와 경어적 동위자이거나 상위자/친한 사이·소원한 사이]에서는 상기 형태로 사용된 예가 확인되지 않는다.

[8] 〈ないでくれるか〉 {청자(여)가 화자(남)와 경어적 동위자이거나 상위자인 경우}

(26) 亜希：あー、腹立つ!!
陽介：…うるさいなぁ。帰ってくるなり何なんだよ?
亜希：陽介には関係ないでしょ! 弟のくせに、口出ししないで!!
陽介：はぁ…。何があったか知らないけど、俺に八つ当たりしないでくれるか?
亜希：放っておいてよ! 今、あたしは凄く機嫌が悪いの!
陽介：そんなの、見てれば分かるよ。
亜希：なっ!? ❹

(26)에서 화자「陽介」는 [亜希の弟。ちょっと生意気。]와 같이 설정되어 있고「俺」라는 인칭대명사를 쓰고 있어 남성으로, 청자「亜希」는 [気が強い。努力家。陽介の姉で舞の友達。]와 같이 되어 있고「あたし」라는 인칭대명사를 쓰고 있어 여성으로 상정되고, 누나인 청자는 남동생인 화자와 경어적으로 동위자이거나 상위자로 설명된다. 화자와 청자는 형제 사이이지만 남동생인 화자가 화를 내고 있는 청자인 누나에게 자기에게 화풀이하지 말라고 짜증을 내다는 점에서 양자는 소원한 사이로 간주되며「八つ当たりしないでくれるか?」의〈ないでくれるか〉는 [불쾌감의 표현가치를 나타낸다. 그리고 [남성 화자/여성 청자/청자가 화자와 경어적 동위자이거나 상위자/친한 사이]에서는〈ないでくれるか〉로 사용된 예가 확인되지 않는다.

[11] 〈ないでくれますか〉 {청자(여)가 화자(남)와 경어적 동위자이거나 상위자인 경우}

(27)？姉さん、僕が作った味噌汁、美味しくなくてもがっかりしないでくれますか。
(28)？姉さん、勝手に僕のものをもう使わないでくれますか。

(27)에서 화자는「僕」라는 인칭대명사를 쓰고 있어 남성으로, 청자는「姉さん」이라고 지칭되고 있어 여성으로 상정되며, 청자는 화자보다 경어적 동위자이거나 상위자로 설정되어 있다. 화자가 청자에게 자신이 만든「味噌汁」의 맛이 없어도 놀라지 말라고 부탁하는 발화를 통해 청자에 대한 화자의 친소관계는 친한 사이로 묘사되어 있다.〈ないでくれますか〉는〈ないでくれる〉계열의 다른 정중체와 마찬가지로 최저한도의 정중도를 나타내기 때문에 청자와의 일정한 거리를 확보하면서 화자의 품위를 유지하는 역할을 한다. 경어적 규범의식을 판단의 기준으로 삼을 경우,〈ないでくれますか〉를 경어적 하위자가 경어적 동위자나 상위자에게 사용하는 것은 자연스러운 발화로서의 용인도가 떨어진다. 그러나 친한 사이에서「がっかりしないでくれますか」와 같이 형제와 같은 가족관계에서 거리를 두지 않고 친밀도를 높이고자 하는 표현

의도가 발동되면, 허용도가 높아지고 [염례][배려]의 표현가치를 실현한다.

(28)은 (27)과 마찬가지로 남성 화자「僕」와 여성 청자「姉さん」사이의 발화인데, 화자의 소유물을 멋대로 사용하는 청자에 대한 화자의 불쾌감이 표출되어 있다는 점에서 화자와 청자의 친소관계는 소원한 사이로 해석된다. 〈ないでくれますか〉를 경어적 하위자가 경어적 동위자나 상위자에게 사용하는 것은 자연스러운 발화로서의 용인도가 떨어진다. 그러나 소원한 사이에서「使わないでくれますか」와 같이 어떤 표현 의도의 실현을 위해 화자가 경어적 동위자나 상위자인 청자와의 거리감을 의식적으로 이용하고자 할 경우에는 허용도가 높아지고 [불쾌감][항의]의 표현가치를 나타낸다.

[12] 〈ないでくれます?〉 {청자(여)가 화자(남)와 경어적 동위자이거나 상위자인 경우}

(29) ?姉さん、僕が作った味噌汁、美味しくなくてもがっかりし<u>ないでくれます</u>?
(30) ?姉さん、勝手に僕のものをもう使わ<u>ないでくれます</u>?

(29)에서 화자는「僕」라는 인칭대명사를 쓰고 있어 남성으로, 청자는「姉さん」이라고 지칭되고 있어 여성으로 상정되며, 청자는 화자보다 경어적 동위자이거나 상위자로 설정되어 있다. 화자가 청자에게 자신이 만든「味噌汁」의 맛이 없어도 놀라지 말라고 부탁하는 발화를 통해 청자에 대한 화자의 친소관계는 친한 사이로 묘사되어 있다. 〈ないでくれます?〉는 〈か〉가 현재화되지 않은 형식이라는 점에서 경의도에 있어서는 〈ないでくれますか〉보다 약간 낮은데 〈ないでくれる〉 계열의 다른 정중체와 마찬가지로 최저한도의 정중도를 나타내기 때문에 청자와의 일정한 거리를 확보하면서 화자의 품위를 유지하는 역할을 한다. 경어적 규범의식을 판단의 기준으로 삼을 경우, 〈ないでくれます?〉를 경어적 하위자가 경어적 동위자이거나 상위자에게 사용하는 것은 자연스러운 발화로서의 용인도가 떨어진다. 그러나 친한 사이에서「がっかりしないでくれます?」와 같이 가족 관계에서 상대와의 거리를 두지 않고 친근감을 높이고자 하는 표현 의도가 발동되면, 허용도가 높아지고 이때의 〈ないでくれます?〉는 [염례][배려]의 표현가치를 실현한다.

(30)은 (29)와 마찬가지로 남성 화자「僕」와 여성 청자「姉さん」사이의 발화인데, 화자의 소유물을 멋대로 사용하는 청자에 대한 화자의 불쾌감이 표출되어 있다는 점에서 화자와 청자의 친소관계는 소원한 사이로 해석된다. 그런데 〈ないでくれます?〉를 경어적 하위자가 경어적 동위자이거나 상위자에게 사용하는 것은 자연스러운 발화로서의 용인도가 떨어진다. 그러나 소원한 사이에서「使わないでくれます?」와 같이 어떤 표현 의도의 실현을 위해 화자가 경어적 동위자이거나 상위자인 청자와의 거리감을 의식적으로 이용하고자 할 경우에는 허용도가 높아지고 [불쾌감][항의]의 표현가치를 나타낸다.

[13] 〈ないでくれませんか〉 {청자(여)가 화자(남)와 경어적 동위자이거나 상위자인 경우}

(31) ?姉さん、僕が作った味噌汁、美味しくなくてもがっかりしないでくれませんか。

(31)에서 화자는「僕」라는 인칭대명사를 쓰고 있어 남성으로, 청자는「姉さん」이라고 지칭되고 있어 여성으로 상정되며, 청자는 화자보다 경어적 동위자이거나 상위자로 설정되어 있다. 화자가 청자에게 자신이 만든「味噌汁」의 맛이 없어도 놀라지 말라고 부탁하는 발화를 통해 청자에 대한 화자의 친소관계는 친한 사이로 묘사되어 있다. 〈ないでくれる〉 계열의 부정 정중체인 〈ないでくれませんか〉는 경의도에 있어서 〈か〉가 현재화되지 않은 〈ないでくれません?〉에 비해 약간 높은데 〈ないでくれる〉 계열의 다른 정중체와 마찬가지로 최저한도의 정중도를 나타내기 때문에 친한 사이에서 〈ないでくれませんか〉를 경어적 하위자가 경어적 동위자나 상위자에게 사용하는 것은 자연스러운 발화로서의 용인도가 떨어진다. 그러나「がっかりしないでくれませんか」와 같이 형제 사이에서 상대와의 거리를 두지 않고 친근감을 높이고자 하는 표현 의도가 발동되면 허용도가 높아지고 [염려][배려]의 표현가치를 실현한다.

(32) JFA (ジャファ) 207便機内。
霞沢龍之介が席に座って原稿を書いている。
青空あおいが乗客を席に誘導している。
田中真吾とメイファが乗り込んでくる。
名越、カメラをあおいに向けている。
玲子:あんたねー! 離陸のときぐらい撮るの止めなさいよ!
名越:この瞬間が一番、あおいさんが素の表情を見せるんです。
邪魔しないでくれませんか? はーい、あおいさん、こっち向いてくださーい!
玲子:こ、この、ませガキィ!
題名:GOOD LUCKと言わないで ❹

(32)에서 화자「名越」는 [名越 翼(なごし つばさ)/大学生]로 설정되어 있어 남성으로, 청자「玲子」는 [桜庭 玲子(さくらば れいこ)/テレビプロデューサー]라고 등장하고 있어 여성으로 상정되며, 청자가 화자를「ませガキィ!」라고 표현하고 있는 점을 고려하면 청자가 화자보다 경어적 동위자이거나 상위자임을 알 수 있다. 화자가 청자에게 방해하지 말라는 발화내용에서 청자에 대한 화자의 친소관계는 소원한 사이로 이해된다. 그런데 소원한 사이에서도 〈ないでくれませんか〉를 경어적 하위자가 경어적 동위자나 상위자에게 사용하는 것은 자연스러운 발화로서의 용인도가 떨어진다. 그러나 연극 대사에서는 (32)의「邪魔しないでくれませんか」와 같이 화자가 경어적 동위자나 상위자인 청자에게 소원함을 강조하여 의도적으로 〈ないでくれませんか〉를 사용한 예도 확인되며 이때의 〈ないでくれませんか〉는 [불쾌감][항의]의 표현가치를 나타낸다.

[14] 〈ないでくれません?〉 {청자(여)가 화자(남)와 경어적 동위자이거나 상위자인 경우}

(33) ?姉さん、僕が作った味噌汁、美味しくなくてもがっかりしないでくれません?
(34) ?姉さん、勝手に僕のものをもう使わないでくれません?

(33)에서 화자는「僕」라는 인칭대명사를 쓰고 있어 남성으로, 청자는「姉さん」이라고 지칭되고 있어 여성으로 상정되며, 청자는 화자보다 경어적 동위자이거나 상위자로 설정되어 있다. 화자가 청자에게 자신이 만든「味噌汁」의 맛이 없어도 놀라지 말라고 부탁하는 발화를 통해 청자에 대한 화자의 친소관계는 친한 사이로 묘사되어 있다. 〈ないでくれません?〉은 〈ないでくれる〉계열의 다른 정중체와 마찬가지로 경도(軽度)의 정중도를 나타내기 때문에 청자와의 일정한 거리를 확보하면서 화자의 품위를 유지하는 역할을 한다. 〈ないでくれません?〉을 경어적 하위자가 경어적 동위자나 상위자에게 사용하는 것은 자연스러운 발화로서의 용인도가 떨어진다. 그러나「がっかりしないでくれません?」과 같이 가족관계에서 거리감을 좁히고 친밀도를 높이고자 하는 표현 의도가 발동되면 허용도가 높아지고 [염려][배려]의 표현가치를 실현한다.

(34)는 (33)과 마찬가지로 남성 화자「僕」와 여성 청자「姉さん」사이의 발화인데, 화자의 소유물을 멋대로 사용하는 청자에 대한 화자의 불쾌감이 표출되어 있다는 점에서 화자와 청자의 친소관계는 소원한 사이로 해석된다. 소원한 사이에서도 〈ないでくれません?〉을 경어적 하위자가 경어적 동위자나 상위자에게 사용하는 것은 자연스러운 발화로서의 용인도가 떨어진다. 그러나「使わないでくれません?」과 같이 어떤 표현 의도의 실현을 위해 화자가 경어적 동위자나 상위자와의 거리감을 의도적으로 이용하고자 할 경우에는 허용도가 높아지며 [불쾌감][항의]의 표현가치를 나타낸다.

2.3. 청자(여)와 화자(남)가 경어적 동위자인 경우

[1] 〈ないでくれ〉 {청자(여)와 화자(남)가 경어적 동위자인 경우}

(35) かぐや姫：若様、地上での最後の思い出をありがとう。あなたが人を信じられるようになる日が来ることを祈っています。さようなら。(走り去る)あ、わらじを忘れたわ。
魔男：もう戻っている時間はありません。
かぐや姫：でもわらじが。
魔男：いいのです。放っておきましょう。
若様：待って、行かないでくれ！
魔男：下がれ下郎！ 地上の虫けらが気安く声をかけるな！
爺や：誰が下郎じゃと！(また関係ないものを手に持ってる)
若様：爺、刀だ。いや、弓と矢を持って来い。(爺や走り去る) ❹

(35)에서「若様」로 등장하고 있는 화자는「かぐや姫」의 상대 남자라는 점에서 남성으로, 청자인「かぐや姫」는 여성으로 간주된다. 화자와 청자는 지문의 설명을 통해 서로 사랑하는 사이라는 점에서 경어적 동위자로 상정되며, 화자가 청자인「かぐや姫」에게 가지 말라고 부탁하고 있기 때문에 양자의 친소관계도 친한 사이로 해석되며「行かないでくれ！」의〈ないでくれ！〉는 [부탁][당부]의 표현가치를 나타낸다.

(36)「きみは防犯の教えに従わなかったんだ」カサンドラの身に起こったかもしれないことを考え、彼は身の毛がよだった。「わたしの体を気づかってるの、ディエゴ?」
「そう驚くことかな?」 カサンドラの中で小さな望みが生まれた。彼女は軽く肩をすくめようとしたが、体が言うことをきかなかった。
「銀行家だとか宝石商だとか宝石細工職人なんて、強盗にとってはリスクの高い相手よ」本当にそうなのだ。けれど従業員はむやみに相手に刃向かわず、あくまでも受け身でいるように教えこまれている。
「本当に肝を冷やしたよ」ディエゴは彼女の唇の輪郭をそっとなぞった。
「今度こういうことがあっても、相手を取り押さえようなんて思わ<u>ないでくれ</u>」
カサンドラは答えなかった。二度とあんな事件があってたまるものですか。
「同じ状況になったら、あなたならどうするかしら?」
ディエゴはかすかに顔をしかめた。彼は十代のころにスラム街の通りを知りつくした。❷

(36)에서 화자「ディエゴ」는「彼」라는 인칭대명사로 지칭되고 있고「彼女の唇の輪郭をそっとなぞった」와 같은 표현에서 남성으로, 청자「カサンドラ」는「あなたならどうするかしら」의「かしら」라는 여성 전용의 종조사를 사용하고 있기 때문에 여성으로 간주되고, 화자가 청자에게「きみ」와 같은 인칭대명사를 사용하고 있고, 청자도 화자에게 스스럼없는 표현을 사용하고 있어 화자와 청자는 동위자로 판단된다. 그리고 화자가 강도에게 대항하려고 한 청자를 걱정하여 그런 생각을 하지 말라고 당부하고 있다는 점에서 양자는 친한 사이로 해석되며「思わないでくれ」의〈ないでくれ〉는 [부탁][당부]의 표현가치를 나타낸다.

(37)「敬さん！わたしの本当の気持ちを分かってちょうだい。わたし……わたし……わたしと敬さんとのことは、わたしたち二人だけで固く信じ合っていればいいのだわ。わたしの本当に愛しているのは敬さんだけよ」
「それなら、これからは正勝の奴からどんなことを言ってきても、正勝の言うことだけは聞か<u>ないでくれ</u>。ぼくはあなたの愛を信じたいのだ。正勝の言うことを聞か<u>ないでくれ</u>」❶

(37)에서 화자는「ぼく」라는 인칭대명사를 사용하고 있어 남성으로, 청자는「わたしの本当の気持ちを分かってちょうだい」의「てちょうだい」와 같은 표현과「信じ合っていればいいのだわ」의「のだわ」와 같은 표현을 사용하고 있기 때문에 여성으로 간주된다. 화자는 청자에게「あなた」와 같은 인칭대명사를 사용하고 있고, 청자도 화자에게「敬さん」과 같이 친밀한 호

칭을 사용하고 있어 화자와 청자는 동위자라고 판단된다. 그리고 화자가 청자의 사랑을 믿고 싶으니「正勝」가 하는 말을 듣지 말라고 당부하고 있다는 점에서 양자는 친한 사이로 해석된다. 따라서「聞かないでくれ」의 〈ないでくれ〉는 [부탁][당부]의 표현가치를 나타낸다.

(38) 私は光子の部屋へとんでいった。光子は青い顔をして、部屋の中を歩きまわっていた。
「戦いのほうはどうなったの?」
「いまのところは勝ち戦だ。敵の航空母艦のほうは、夜が明ける前、飛行機が飛びたつ前に、ほとんど全部やっつけた。いまのところは戦艦同士の砲撃戦だが、これも六隻のうち四隻まではたたけたようだ。艦隊がレイテ湾の突入に成功することは、ここまで来れば、万に一つも間違いあるまい。」
「あなたもさぞかしご満足でしょうね。連合艦隊最後の一戦、悔いなき戦いを指導できたんだから、思いのこすことはないでしょう?」
「変な皮肉はいわ<u>ないでくれ</u>…ところで用事というのは何だ?」
「せっかくここまで戦いがうまく進んだとなると、あとはもう一つすることがあるんじゃない?」
「というと」
「小沢艦隊とハルゼーの第三艦隊との戦いもいまはじまったところでしょう?」
「たしかに、戦史どおりに進めば、そうなっているはずだがね。」
「そっちに助太刀はできないかしら? 小沢艦隊が囮だとしても、みすみすやられるのが能じゃないわね。」❷

(38)에서 화자「私」는「ところで用事というのは何だ?」의「何だ?」와 같은 표현에서 남성으로, 청자「光子」는 화자에게「あなたもさぞかしご満足でしょうね」와 같은 표현과「そっちに助太刀はできないかしら?」의「かしら」와 같은 여성 전용의 종조사를 사용하고 있기 때문에 여성으로 여겨진다. 남성 화자는 여성 청자에게 보통체 말씨를 사용하고 있고, 청자는 화자에게 여성어 특유의 정중표현을 사용하고 있기 때문에 화자와 청자는 동위자로 간주된다. 그리고 화자가 청자에게 이상한 비아냥거림은 그만두라고 부탁하고 있다는 점에서 양자는 친한 사이로 해석되며「いわないでくれ」의 〈ないでくれ〉는 [부탁][당부]의 표현가치를 나타낸다.

(39) モーリーンは腕時計で現在時刻を確認してから、フリンに話しかけた。
「あっちにもどるわ」
「ああ…いや…行か<u>ないでくれ</u>」その声は一段と弱々しくなっていた。
モーリーンは男のひたいを手でぬぐった。「ごめんなさい…でも、ここにはいられないフリンはうなずいた。❷

(39)에서 화자「フリン」는 지문의「男」라는 표현에서 남성으로, 청자「モーリーン」는「あっちにもどるわ」의「わ」와 같은 여성 전용의 종조사를 사용하고 있기 때문에 여성으로 간주되고, 화자와 청자 사이에 스스럼없는 말씨가 쓰이고 있는 점을 고려하면 화자와 청자는 경어적으로 동위자라고 판단된다. 그리고 청자가 화자에게「ごめんなさい」와「ここにはいられないの」와

같은 표현을 사용하고 있다는 점에서 양자는 친한 사이로 묘사되어 있다. 따라서 이때의「行かないでくれ」의 〈ないでくれ〉는 [부탁][당부]의 표현가치를 나타낸다.

> (40) 直哉の顔をまともに見ずに、出口に向かった。「ちょっと」直哉が呼び止める声が聞こえたが、無視して、梨沙は店を飛び出した。
> 「あ、俺。あいつに仕事頼んだのはさ、梨沙に東京にいてほしいからなんだ。田舎に、帰ら<u>ないでくれ</u>。俺のそばにいてくれ」携帯の留守番電話に入っていた直哉からのメッセージを聞き、梨沙は大きなため息をついた。❷

(40)에서 화자「直哉」는「俺」라는 인칭대명사와「東京にいてほしいからなんだ」의「なんだ」와 같은 표현에서 남성으로, 청자「梨沙」는 이름과 지문의 설명을 통해 여성으로 상정된다. 화자가 청자에게 스스럼없는 말씨를 사용하고 있다는 점에서 화자와 청자는 경어적으로 동위자라고 간주되고, 화자가 청자에게 시골에 돌아가지 말고 자기 곁에 있어 달라고 당부하고 있기 때문에 양자는 친한 사이로 해석된다. 이에「帰らないでくれ」의 〈ないでくれ〉는 [부탁][당부]의 표현가치를 나타낸다.

> (41) 神崎を名前で呼ぶのは、学生時代でも特に親しかった者だけだった。
> 「良樹!?」 神崎は驚きの声をあげた。目の前に立っていたのは、かつての同級生であり、初恋相手でもあった藤原良樹だった。八年ぶりの再会である。
> 「もう、俺に話しかけ<u>ないでくれ</u>」そう言って二度と口をきいてくれなくなり、卒業式、壇上で卒業証書を受け取る姿を遠くから見たのが最後だった。ふられた時の胸の痛みをかすかに思い出す。❷

(41)에서 화자「藤原良樹」는「俺」라는 인칭대명사에서 남성으로, 청자「神崎」는「初恋相手」라는 표현에서 여성으로 추정된다. 화자와 청자는 동급생이라는 지문의 설명에서 양자는 경어적으로 동위자라고 간주된다. 그리고「二度と口をきいてくれなくなり」와「ふられた時の胸の痛み」와 같은 표현에서 양자는 소원한 사이로 묘사되어 있다. 화자가 청자에게 더 이상 말을 걸지 말라고 불쾌감을 나타내고 있다는 점에서「話しかけないでくれ」의 〈ないでくれ〉는 [불쾌감]의 표현가치를 나타낸다.

> (42) ブレットは彼女の行く手に地雷を仕かけている。
> 「きみのおなかのなかの子は、ぼくの子供でもあるんだぞ。そのことを忘れ<u>ないでくれ</u>」
> ブレットが親権を欲しがったら、ローレルに勝ち目はない。それでも彼女は徹底的に戦うつもりだった。だてに独立記念日に生まれたわけではない。❷

(42)에서 화자「ブレット」는「ぼく」라는 인칭대명사와「あるんだぞ」의「んだぞ」와 같은 남성 전용의 문말 표현을 사용하고 있기 때문에 남성으로, 청자「ローレル」는 지문의「彼女」라는 표현에서 여성으로 추정된다. 대화와 지문 설명에서 화자와 청자는 경어적으로 동위자라고

간주되지만, 화자가 청자에게 뱃속의 아이는 내 아이이기도 하다는 점을 잊지 말라고 불쾌감을 표출하고 있기 때문에 양자는 소원한 사이로 해석된다. 이에 「忘れないでくれ」의 〈ないでくれ〉는 [불쾌감]의 표현가치를 나타낸다.

(43)「わたしが長官でいる間は、彼はアプヴェアに手を出さないだろう」
「そうでしょうか。かつては提督の部下だったにせよ、彼も今は飛ぶ鳥も落とすＲＳＨＡの長官ですからね。個人的な付き合いがどうであれ、彼には自分の職務を忠実に遂行するだけの、冷徹な神経があります。油断しない方がいいでしょう」
「もしハイドリヒに、ユダヤ人の血がはいっていたら、どうするね」唐突に質問されて、尾形は面食らった。「それは、どういう意味ですか」
「言葉どおりの意味です。もううんざりなんだ。あんたの亭主にも、あんたの泣き言にも。あんたは私に浜尾をどうにかして欲しいのかもしれない。けど、一月に二度も女を押し倒す阿呆をどうしろって言うんです？こっちだって忙しいんだ。もう二度とかけてこないでくれ」
答を待たずに受話器を叩きつける。 金沢がひどく驚いた顔でこちらを見ていた。❷

(43)에서 화자「私」는「うんざりなんだ」의「んだ」와「忙しいんだ」의「んだ」와 같은 남성 전용의 문말 형식을 사용하고 있어 남성으로, 청자「尾形」는 화자의「あんたの亭主」라는 표현을 통해 여성으로 간주된다. 화자와 청자의 대화에서 양자는 경어적 동위자로 추정되는데, 화자가 청자에게 두 번 다시 전화를 하지 말라고 불쾌감을 드러내고 있다는 점에서 양자는 소원한 사이로 해석되며「かけてこないでくれ」의 〈ないでくれ〉는 [불쾌감]의 표현가치를 나타낸다.

[2] 〈**ないでくれよ**〉 {청자(여)와 화자(남)가 경어적 동위자인 경우}

(44) ハリーはうんざりした顔でカレンを見た。
「おい、おい、亭主の仕事先まで来て、そんな下らないことでいちいち僕を煩わせないでくれよ」
夫にあっさり逃げられると、カレンはむっとし、採用されて間もない美人秘書に向き直った。「ミアって言ったわね、お嬢さん、いい？ミア、女の先輩として忠告してあげる。結婚なんかしちゃだめよ。女房なんかになっちゃったら、自分のキャリアを諦め、容姿は衰え、人生と愛のすべてを親不孝な問題児に浪費させられる羽目になっちゃうんだから。特に扱いにくい息子なんて持ったら、もう最悪。じゃ、お会いできてよかったわ、ミア」そしてカレンはまたハリーに向き直ると、「絞られてくるわね」と夫にキスをし、大慌てで画廊を出ていった。❷

(44)에서 화자「ハリー」는 남편이고, 청자「カレン」은 아내라는 점에서 양자는 경어적으로 동위자로 간주된다. 청자가 화자의 직장에까지 들이닥쳐 쓸데없는 일로 잔소리를 늘어놓자 남편인 화자가 청자에게「おい、おい」와 같은 감동사를 사용하며, 제발 괴롭히지 말라고 부탁하고 있기 때문에 양자는 친한 사이로 해석된다. 이때의「煩わせないでくれよ」의 〈ないでくれよ〉는 [부탁][당부]의 표현가치를 나타낸다.

(45)「とにかく、とびきりすてきよ」ステイシーはホリーを見ながら言った。
「彼女があたしとおなじクラスだと、どうして驚くの?」
「さあ。きみのほうがずっと年上にみえるよ。ある意味で」
「彼女、あなたのタイプにはみえないけど」巧妙に無関心をよそおって、ステイシーはいった。
「知りたいもんだな、きみが考えているわたしのタイプを」
「あたしじゃないわね、そういわせたいなら」
「そんなに興奮<u>しないでくれよ</u>、シャープ」と、わたしはいった。
「そんなつもりはないんだから」
「まあ、あなたにとって、きっと重要なことなんでしょうね」彼女はいたずらっぽくいった。
「彼女はあなたに気があるのよ」「どんなものをくれるのかな?」なぜか、新人の娘がわたしにプレゼントをくれるのかと思って、わたしはきいた。❷

(45)에서 화자「シャープ」는 청자에 대해「きみ」라는 인칭대명사를 쓰고 있고「知りたいもんだな」의「もんだな」와 같은 남성 전용의 문말 형식을 사용하고 있어 남성으로, 청자「シャープ」는 지문에서「彼女」로 표현되고 있고「あたしじゃないわね」와 같은 표현에서 여성으로 간주된다. 화자와 청자가 보통체 말씨의 스스럼없는 표현을 쓰고 있는 점을 고려하면 양자는 경어적 동위자로 여겨지고 화자가 청자에게 그렇게 흥분하지 말라고 당부하고 있기 때문에 양자는 친한 사이로 해석된다. 따라서「興奮しないでくれよ」의 〈ないでくれよ〉는 [부탁][당부]의 표현가치를 나타낸다.

(46) もし彼女がこの契約をビジネス以上のものだと考えたら、彼は提案を取り下げざるを得ないからだ。
「ぼくたちは互いにある程度引かれている。きみも気づいているだろう?」ホールデンはきいた。
「あなたが…わたしに引かれているですって?」ホールデンの顔にかすかな笑みが浮かんだ。
「知らなかったなんて言わ<u>ないでくれよ</u>。ぼくはきみに引かれているんだ。かなり強くね」
「まあ」ホールデンはルシンダをふたたび抱き寄せると、ダンスを再開させた。「ぼくの気持を知って、この契約に応じるのが難しくなったかな?」「そんなことない…と思うわ」❷

(46)에서 화자「ホールデン」는 자신을「ぼく」라는 인칭대명사로 지칭하고 있고「きみも気づいているだろう?」의「だろう?」와 같은 남성 전용의 문말 형식을 사용하고 있어 남성으로, 청자「ルシンダ」는 지문에서「彼女」로 표현되어 있고「そんなことない…と思うわ」와 같은 표현에서 여성으로 여겨진다. 화자와 청자가 격의 없는 표현을 나누고 있기 때문에 경어적 동위자로 판단되며 화자의 마음을 의심하는 청자에 대해 그런 식으로 말하지 말라고 부탁하고 있다는 점에서 양자는 친한 사이로 간주되며「言わないでくれよ」의 〈ないでくれよ〉는 [부탁][당부]의 표현가치를 나타낸다.

(47) 男:「ちょっと待てよ!そんなのないよ!食ってもいい!食ってもいいから夢だけは消さ<u>ないでくれよ</u>!」

女:「そんなの無理よ。夢は食べたら無くなるもの。残念ね。」
　　男:「ふざけんなよ！そんなのないよ！」
　　女:「勝手なこと言わないでよ！私だって生きるためには食べなきゃいけないのよ！」❹

　(47)에서 화자는 「男」로 설정되어 있고, 「食ってもいい」의 「食う」와 같은 어휘와 「ふざけんなよ」의 「なよ」와 같은 남성 전용의 표현을 쓰고 있어 남성으로, 청자는 「女」로 지정되어 있고 「そんなの無理よ」의 「無理よ」와 같은 여성어적인 표현을 사용하고 있어 여성으로 간주해도 무방하다. 화자와 청자가 서로 보통체 말씨를 쓰고 있다는 점에서 화자와 청자는 경어적 동위자로 인정된다. 양자가 서로 지지 않고 말싸움을 벌이고 있지만 대화 내용에서 친한 사이로 해석되기 때문에 「消さないでくれよ」의 〈ないでくれよ〉는 [부탁][당부]의 표현가치를 나타낸다. 그리고 [남성 화자/여성 청자/청자와 화자가 경어적 동위자/소원한 사이]에서는 〈ないでくれよ〉로 사용된 예가 확인되지 않는다.

[3] 〈ないでおくれ〉 {청자(여)와 화자(남)가 경어적 동위자인 경우}

　(48)「あそこにブラウニーがいると思う?」ジェンナは後ろからついてくるニコにささやきかけた。
　　泥の表面にぷくぷくと気泡が顔を出し、ぬかるみにはまった長靴を引き抜く時のような湿ったズポッという音が響いた。一面に気泡の浮かぶぬかるみを見て、ジェンナは驚いて飛びのいた。
　　「おいらのほうに用事がなきゃぁ、やつらは出てこないよぉ」泥の中からボガートののっぺりした茶色い顔が現れた。ボガートは黒く丸い目を瞬いて泥を落とすと、眠そうに三人を見つめた。「おはよう」ボガートはのろのろと言った。
　　「おはようございます、ボガートさん」ジェンナは言った。「ただのボガートでいいよぉ」
　　「ここに住んでるの? 起こしちゃったのかな?」ジェンナは礼儀正しく言った。
　　「そうだねぇ、起こされちゃったかなぁ。昼間はここで寝てるんだよぉ」ボガートはもう一度まばたきをして、泥の中に沈み始めた。「気にしなくていいよぉ。でも、ブラウニーって言わないでおくれぇ。その名前を聞くとぉ、ぱっと目が覚めちゃうからぁ」
　　「ごめんなさい」ジェンナは言った。
　　「すぐ向こうに行くから、また寝てね」「はいよぉ」ボガートはうなずいて泥の中にもぐり込んだ。ジェンナ、ニコ、少年兵四一二号は忍び足で小道にもどった。❷

　(48)에서 화자 「ボガート」는 「おいら」라는 인칭대명사와 「ただのボガートでいいよぉ」라는 표현에서 인간은 아니지만 남성으로 묘사되고 있고, 청자 「ジェンナ」는 「おはようございます、ボガートさん」「ごめんなさい」와 같은 표현에서 여성으로 간주된다. 화자와 청자 사이에 거리감이 있기 때문에 청자는 화자와 경어적 동위자이고 양자는 소원한 사이로 해석된다. 낮잠을 방해받은 화자가 청자에게 불만을 드러내고 있다는 점에서 「言わないでおくれぇ」의 〈ないでおくれぇ〉는 [불쾌감]의 표현가치를 나타낸다. 그리고 [남성 화자/여성 청자/청자와 화자가 경어적 동위자/친한 사이]에서는 〈ないでおくれ〉로 사용된 예가 확인되지 않는다.

[4] 〈ないでおくれよ〉 {청자(여)와 화자(남)가 경어적 동위자인 경우}

(49) パンドーラがエピミーシウスの住んでいる小さな家へはいって来た時、第一に目についたのは、一つの大きな箱でした。そして、彼女が閾（しきい）をまたいでから、ほとんど最初に彼に尋ねたことは、こうでした。
『エピミーシウス、あの箱には何がはいっているの?』
『僕の大好きな小さなパンドーラ』とエピミーシウスは答えました、『それは秘密なんだ。後生だから、あの箱のことはなんにも訊か<u>ないでおくれよ</u>。あの箱は大切に取っておくようにと言って、ここに置いて行かれたんで、僕も何がはいっているか知らないんだ。』❶

(49)에서 화자「エピミーシウス」는「僕」라는 인칭대명사와「それは秘密なんだ」의「んだ」와 같은 남성 전용의 문말 형식을 쓰고 있어 남성으로,청자「パンドーラ」는「彼女」라는 지문의 설명에서 여성임을 알 수 있고,화자가 청자에게「大好きな小さなパンドーラ」와 같은 표현을 사용하고 있기 때문에 청자는 화자와 동위자로 간주된다. 화자와 청자 사이에 서로 상대방의 이름을 부르는 등 친밀한 표현이 쓰이고 있다는 점에서 양자는 친한 사이로 해석되며「訊かないでおくれよ」의〈ないでおくれよ〉는 [부탁][당부]의 표현가치를 나타낸다.

(50) 嘘だ…ッ、こんなの、嘘だよ……
君を殺すなんて…そんな、そんなつもりは無かったんだ!!
嫌だ!!嫌だよ…!! 目を開けておくれよ!
…お願いだから……僕の側に居ておくれよ…ッ
あ、あの場所にもう一度行こうよ…ね?
そしてさ、二人で駆けまわって、疲れたら寝そべって…あの頃みたいに…
眠るまで…夢を……語ろうよ…ッ、ねえ! ねえってば…!
ッ、なんでこんな事に…なっちゃったんだろう…!!
嫌だ、嫌だ、嫌だ!! 頼むよ…何でもするから! 死な<u>ないでおくれよぉぉ</u>!!! ❺

(50)은 인터넷 블로그에 게시된 대사에서 추출한 예인데 화자는「僕」라는 인칭대명사와「無かったんだ!!」의「んだ」와 같은 남성 전용의 문말 형식을 쓰고 있어 남성으로, 청자는「君」라고 호칭되고 있고「僕の側に居ておくれよ…ッ」와 같은 표현에서 여성으로 추정되고 화자와 청자는 동위자로 간주된다. 화자가 청자에게「お願いだから」와「疲れたら寝そべって」와 같은 친근한 표현을 사용하기 때문에 양자는 친한 사이로 여겨지며, 무엇이든지 할 테니 죽지 말라는 발화내용에서「死なないでおくれよぉぉ!!!」의〈ないでおくれよぉぉ〉는 [부탁][당부]의 표현가치를 나타낸다.

(51) アルミン「エレンらしくないなー。君はそんな弱かったの? 泣いてたら何も始まらないよ? エレン!」
エレン「アル…ミン…」

アルミン「君のミカサを思う気持ちが強ければ、必ず見つかるから！ね？エレン！泣かないでおくれよ。」❺

(51)에서 화자「アルミン」은「エレンらしくないなー」의「なー」와 같은 남성어적 종조사와「君」라는 인칭대명사를 쓰고 있어 남성으로, 청자「エレン」은 이름과「君」라는 호칭으로 불리고 있어 여성으로 추정된다. 화자와 청자가 서로 이름으로 부르고 있기 때문에 청자는 화자와 동위자로 간주된다. 화자가 청자에게「ね?」와 같은 감동사를 사용하고 있고 울지 말라고 당부하고 있다는 점에서 양자는 친한 사이로 해석되며「泣かないでおくれよ」의〈ないでおくれよ〉는 [부탁][당부]의 표현가치를 나타낸다.

(52) さみしがりな恋心小さな君の笑顔は僕にとってチカラになるもう行かないでおくれよずっと抱きしめてるから小さな君の笑顔はまさに僕のシアワセなんです〈歌詞〉❺

(52)는 노래 가사에서 추출한 예인데, 화자는「僕」라는 인칭대명사에서 남성으로, 청자는「君」라고 호칭되고 있어 여성으로 여겨지고 화자와 청자는 동위자로 이해된다. 화자가 청자에게「ずっと抱きしめてるから」와 같은 친근한 표현을 사용하고 있고 이제 가지 말라고 부탁하고 있다는 점에서 양자는 친한 사이로 간주되며「行かないでおくれよ」의〈ないでおくれよ〉는 [부탁][당부]의 표현가치를 나타낸다.

(53) 泣き出しそうな空の下で僕は途方に暮れる
　　 涙をためた君の前で僕は
　　 君の瞼をこじ開けて瞳を覗けたなら
　　 でも鍵を握ってるのは君だけさ
　　 がっかりさせないでおくれよ　落ち込ませないでおくれよ
　　 何も言わなくていいのさ　何かが壊れそう〈歌詞〉❺

(53)은 노래 가사에서 추출한 예인데, 화자는「僕」라는 인칭대명사에서 남성으로, 청자는「君」라고 호칭되고 있고「涙をためた君」와 같은 표현에서 여성으로 추정되고 화자와 청자는 동위자로 간주된다. 화자가 청자에게「君の瞼をこじ開けて瞳を覗けた」와 같은 친근한 표현을 사용하고 있고 자신을 실망시키거나 좌절하게 만들지 말라고 부탁하고 있기 때문에 양자는 친한 사이로 해석되며「がっかりさせないでおくれよ」와「落ち込ませないでおくれよ」의〈ないでおくれよ〉는 [부탁][당부]의 표현가치를 나타낸다.

(54) 始まりはいつも　こんな調子で
　　 降り出した雨のせいにして
　　 だからってそんな　泣かないでおくれよ
　　 買ったはずの傘が見当たらないんだ

　　　　一体どこまで僕ら　歩いてゆけるかな
　　　　急に吹く風がいつもより強く頬を刺す
　　　　きっと　ずっと
　　　　裏切りも全部　表側にあって
　　　　だって　ずっと　君といるんだよ
　　　　この先も　その先も　大丈夫だよ〈歌詞〉❺

(54)는 노래 가사인데, 화자는「ぼくら」라는 인칭대명사와「見当たらないんだ」의「んだ」와 같은 남성 전용의 문말 형식을 쓰고 있어 남성으로, 청자는「君」라는 인칭대명사로 호칭되고 있고, 화자가「ずっと君といるんだよ」「その先も大丈夫だよ」와 같은 표현을 사용하고 있기 때문에 여성으로 상정된다. 가사 내용에서 청자는 화자와 동위자로 간주되고 양자의 친소관계도 친한 사이로 해석되며「泣かないでおくれよ」의〈ないでおくれよ〉는 [부탁][당부]의 표현가치를 나타낸다. 그리고 [남성 화자/여성 청자/청자와 화자가 경어적 동위자/소원한 사이]에서는〈ないでおくれよ〉로 사용된 예가 확인되지 않는다.

[5]〈ないでくれたまえ〉{청자(여)와 화자(남)가 경어적 동위자인 경우}

(55)「今夜の日比谷の講演は、それをやりなさいよ。」と久慈は途中で東野に云った。
　　「いや、まだ考えちゃいない。それより、僕は君に賞めてもらいたいことがあるんだよ。僕は君から預って来たものを、破損もせずちゃんと日本まで持って帰って来たんだからね。君はそんなもの、もう忘れたというかもしれないが、それは僕の知ったことじゃないさ。しかし、君との約束を重んじたことだけは、忘れ<u>ないでくれたまえ</u>、それでいいだろう。人生で必要なものはそれだけだ。」❶

(55)에서 화자「東野」는「僕」라는 인칭대명사, 그리고「あるんだよ」의「んだよ」와 같은 남성 전용의 문말 형식과「僕の知ったことじゃないさ」의「さ」와 같은 남성어적 종조사를 쓰고 있어 남성으로, 청자는「久慈」라는 이름과「君」라는 호칭에서 여성으로 상정된다. 화자가 청자에게「君」라는 인칭대명사와 보통체 말씨를 사용하고 있고, 청자는 화자에게「やりなさいよ」의「なさいよ」와 같이 명령형을 사용하고 있기 때문에 양자는 경어적 동위자로 판단되고, 친밀한 대화 내용을 통해 양자의 친소관계는 친한 사이로 여겨진다. 따라서「忘れないでくれたまえ」의〈ないでくれたまえ〉는 [부탁][당부]의 표현가치를 나타낸다.

(56) 春次は、わざわざ一つ二つ春よしの抱えの噂(うわさ)などをしてから、そんなことを言って、席をはずしたので、銀子は伊沢と二人きりになり、座敷にぎごちなさを感じたが、伊沢も同様であった。
　　「どうしたの一体。」
　　銀子が銚子(ちょうし)をもつと、

「さあ、どうしたというんだか、己(おれ)の方からも訊きたいくらいだよ。」
そう言って笑いながら注(つ)いで呑んだ。
「だけどね晴さん、率直に言っておくけれど、気を悪くしないでくれたまえ。」❶

(56)에서 화자「伊沢」는「ぼく」라는 인칭대명사와,「まだやることがあるのだ」의「のだ」와 같은 남성 전용의 문말 형식을 쓰고 있어 남성으로, 청자는「彼女」라는 지문의 설명과「きみ」라는 인칭대명사로 불리고 있어 여성임을 알 수 있다. 화자가 청자를 사랑하고 있고, 청자에게 보통체 말씨의 친근한 표현을 사용하고 있기 때문에 청자는 화자와 동위자로 간주되고, 화자가 청자에게 자기에 대해 나쁘게 생각하지 말라고 당부하고 있다는 점에서 양자는 친한 사이로 해석된다. 이때의「思わないでくれたまえ」의 〈ないでくれたまえ〉는 [부탁][당부]의 표현가치를 나타낸다.

(57) ジェシカとキリーが、いつのまにか口喧嘩を止めていた。ナッシュのその様子を見て、どことなく楽しんでいるようでもある。
「よし、それじゃあたしがミアを呼んできてあげようか?」
「いや、余計なことはしないでくれたまえ。ミアには、ボクが自分で会いに行くから……」
「そうだぜジェシカ。それはヤボってもんだろ?……それに、どうやら呼ぶ必要はないみたいだぜ……」❺

(57)에서 화자는「ボク」라는 인칭대명사에서 남성으로, 청자는「あたし」라는 인칭대명사로 지칭하고 있어 여성임을 알 수 있다. 청자가 화자에게「呼んできてあげようか」라는 표현을, 화자가 청자에게「自分で会いに行くから」와 같은 보통체 말씨의 친근한 표현을 사용하고 있기 때문에 청자는 화자와 동위자로 판명되고, 화자가 청자에게 쓸데없는 짓을 하지 말라고 부탁하고 있다는 점에서 양자는 친한 사이로 간주된다. 이에「しないでくれたまえ」의 〈ないでくれたまえ〉는 [부탁][당부]의 표현가치를 나타낸다.

(58)「少し独りにしてくれないかね。
「フッ…、私は育ちがいいものでね。
「余り話しかけないでくれたまえ。❺

(58)에서 화자와 청자에 관해서는 구체적으로 표현되고 있지 않지만, 화자는「独りにしてくれないかね」의「てくれないかね」와 같은 문말 표현에서 남성으로, 청자는「私は育ちがいいものでね」와 같은 여성적인 표현에서 여성으로 상정된다. 화자와 청자 사이에 보통체 말씨가 사용되고 있기 때문에 청자는 화자와 동위자로 판명되는데, 화자가 청자에게 말을 걸지 말라고 불쾌감을 표출하고 있다는 점에서 양자는 소원한 사이로 해석된다. 이에「話しかけないでくれたまえ」의 〈ないでくれたまえ〉는 [불쾌감]의 표현가치를 나타낸다.

[6] 〈ないでくれたまえよ〉・[9] 〈ないでくれない?〉

[남성 화자/여성 청자/청자와 화자가 경어적 동위자/친한 사이·소원한 사이]에서는 상기 형태로 사용된 예가 확인되지 않는다.

[7] 〈ないでくれる?〉 {청자(여)와 화자(남)가 경어적 동위자인 경우}

(59) 渡部：レポートやってたんだよ。しょーがねーだろ。
羽鳥：渡部先輩、さっきまで舞台裏でありとあらゆる青年誌のグラビアペーか見てましたよ。
永作：渡部アンタそんなに殺されたいの。ええ?（渡部の首に鞭を巻きつける）
渡部：とりあえず、首に鞭巻か<u>ないでくれる</u>? ❹

(59)에서 화자「渡部」는 [↑/渡部コウタ/高校 2年/演劇部副部長/役者/お調子者]로 설정되어 있고「レポートやってたんだよ」의「んだよ」와 같은 표현 등에서 남성으로, 청자「永作」는 [우/永作マナミ/高校 2年/演劇部員/役者/ドS]와 같이 여성으로 되어 있다. 화자가 청자에게「しょーがねーだろ」와 같은 표현을 사용하고 있고, 청자가 화자에게「渡部アンタ」와 같이 부르고 있기 때문에 양자는 경어적 동위자로 상정되고, 양자는 친한 사이로 여겨진다. 이때의「巻かないでくれる?」의 〈ないでくれる?〉는 [부탁][당부]의 표현가치를 나타낸다. 그리고 [남성 화자/여성 청자/청자와 화자가 경어적 동위자/소원한 사이]에서는 〈ないでくれる?〉로 사용된 예가 확인되지 않는다.

[8] 〈ないでくれるか〉 {청자(여)와 화자(남)가 경어적 동위자인 경우}

(60) 隼斗：そういえば、さっき話してた男って誰かな?
ゆうき：…友達。
隼斗：友達か…。でも、これからはあまり話さ<u>ないでくれるかな</u>?
ゆうき：えっ、なんで?
隼斗：心配なんだ。君の周りに男がウロチョロしてると。それが例え友達でもね。
ゆうき：…。❹

(60)에서 화자「隼斗」는「誰かな?」의「かな」와 같은 남성 전용의 종조사와「心配なんだ」의「んだ」와 같은 남성 전용의 문말 표현을 쓰고 있어 남성으로, 청자「ゆうき」는 이름과「君の 주위에 男がウロチョロしてる」와 같은 표현에서 여성으로 간주된다. 화자가 청자를「君」라고 부르고 있기 때문에 청자는 화자와 동위자로 판단되는데, 청자인「みゆき」가「友達」로 표현되는 인물과 이야기한 것에 대해 화자가 가능하면 이야기하지 말라고 당부하고 있다는 점에서 양자는 친한 사이로 해석된다.「話さないでくれるかな?」의 〈ないでくれるかな?〉는 [부탁][당부]의 표현가치를 나타낸다. 〈ないでくれるかな〉는 〈ないでくれるか〉에 독백조의「な」가 접속된

것으로 〈ないでくれるか〉가 지닌 딱딱한 어조를 완화하는 역할을 한다.

(61) 持杉:「僕みたいな、クラスの人気者で成績優秀、スポーツ万能、顔もかなりのイケメンの持杉実が、どうして、君のような平凡で地味で暗い、クラスで浮いている君とデートなんかしなくちゃならないんだ。身の程をわきまえろよ」
神崎:「は? 何言ってんの? 意味わかんないんだけど。あんた、あたしのことあんなに好きだとかなんだとか言っていたじゃない」
持杉:「は? 誰が誰のことを好きだって? 妄想もたいがいにしとけよ、勘違い女。お前、この僕に話しかける前に鏡を見た方がいいんじゃないのか?」
神崎:「え、なに、それ…」
持杉:「神崎さん、君みたいな何の取り柄もない人間は、そこの同類の山田くんとつるんでいるのがお似合いだよ」
神崎:「な、なんなのよ…」
持杉:「あまり僕に話しかけないでくれるかい? 誰かに誤解されたら困るだろ?」❹

(61)에서 화자「持杉」는 [もてすぎ。モテる男。クラスの人気者で、成績優秀。運動万能。顔はそこそこイケメン。という設定]와 같이 설정되어 있고「僕」라는 인칭대명사를 쓰고 있어 남성으로, 청자「神崎」는 [こうざき。この物語の主人公。ものすごい美少女で、めちゃくちゃモテる。女王様、最近気になる人がいる…? という設定]와 같이 되어 있고「あたし」라는 인칭대명사를 쓰고 있어 여성으로 상정되고 양자는 경어적 동위자로 자리매김된다. 화자가 청자에게「妄想もたいがいにしとけよ」「勘違い女」「お前」와 같이 경멸조의 표현을 쓰고 있고, 이에 대해 청자는 화자에게「あたしのことあんなに好きだとかなんだとか言っていたじゃない」와 같은 표현으로 반론을 제기하고 있다는 점에서 양자의 친소관계는 소원한 사이로 묘사되고 있다. 이에「話しかけないでくれるかい?」의〈ないでくれるかい?〉는 [불쾌감의 표현가치를 나타낸다.〈ないでくれるかい〉는 종조사「い」가 접속되어「か」가 장음화한 것으로 어조를 부드럽게 하고 여운을 남김으로써 청자에 대한 최소한의 배려를 나타낸다.

[10]〈ないでくれないか〉{청자(여)와 화자(남)가 경어적 동위자인 경우}

(62) 黒木:「それで野球部をどうするつもりなんだ」
相楽:「今回のことに何人の部員がかかわっていたの。6万円はどうしたの」
黒木:「一軍のメンバーたちが、カラオケと駅前の居酒屋での飲み食いに使ったらしい」
相楽:「飲み食い……」
黒木:「そいつらはネコババした6万円は弁償すると言ってる。だから生徒会もこれ以上、このことを問題にしないでくれないか」
相楽:「そんなこと言われても」
黒木:「お前、生徒会長だろう。お前の考え次第でどうにかなるんじゃないのか。俺の立場も考えてくれよ」❹

(62)에서 화자「黒木」는 [黒木 和哉(クロキ・カズヤ 野球部員 3年)]로 설정되어 있고「俺」라는 인칭대명사와「どうするつもりなんだ」의「なんだ」와 같이 남성 전용의 문말 표현을 쓰고 있어 남성으로, 청자「相楽」는 [相楽 涼子(サガラ・リョウコ 生徒会長 3年)]로 묘사되어 있어 여성임을 알 수 있다. 화자가 청자에 대해「お前」라고 부르고 있고 같은 학년이라는 점에서 청자는 화자와 동위자로 이해되고, 변상 문제를 둘러싸고 화자가 청자에게 부탁을 하고 있기 때문에 양자의 친소관계는 친한 사이로 간주된다. 이때의「問題にしないでくれないか」의〈ないでくれないか〉는 [부탁][당부]의 표현가치를 나타낸다.

(63) 男、懐から小さな拳銃を取り出し、響に向ける。
　　男：「さあ、立てよ」
　　由：「やめて！」
　　　　飛び出した由希が響を庇うように抱きしめる。
　　男：「どいてくれよ。これは僕と彼との問題なんだ。部外者は
　　　　邪魔をしないでくれないかい?」
　　由：「関係なくなんかない！どうして響を殺さなきゃいけないのよ！」
　　男：「君、人の話を聞いてないねえ。まるであんたのお兄さんみたいだ」
　　　　「言っただろ? 僕はその犬に喰われたんだ。だから復讐をしに来たのさ」
　　由：「ねえやめてよ。何も殺さなくてもいいじゃない。殺すなんて」❹

(63)에서 화자「男」는 남성으로 설정되어 있고「僕」라는 인칭대명사와「僕と彼との問題なんだ」의「なんだ」와 같이 남성 전용의 문말 표현을 쓰고 있어 남성으로, 청자「由」는「殺さなきゃいけないのよ！」의「のよ」와 같이 여성어적 표현을 쓰고 있어 여성으로 상정된다. 화자가 청자에 대해「君」「あんた」라고 부르고 있기 때문에 청자는 화자와 동위자로 이해되고, 화자를 물은 개의 처리를 둘러싸고 화자와 청자가 다투고 있다는 점에서 양자의 친소관계는 소원한 사이로 간주된다.「しないでくれないかい?」의〈ないでくれないかい〉는 [불쾌감]의 표현가치를 나타낸다. 그리고〈ないでくれないかい〉는〈ないでくれないか〉에 종조사「い」가 첨가되어「か」가 장음화된 것인데「い」는 어조를 부드럽게 하며 결정권을 청자에게 맡기는 기능을 하기 때문에 화자의 청자에 대한 최소한의 배려가 나타난다.

[11]〈ないでくれますか〉{청자(여)와 화자(남)가 경어적 동위자인 경우}

(64) 浩子ちゃん、もし僕が遅れたら待たないでくれますか。
(65) みどり先生、そんな所に車停めたら僕の車が出られないから、そこには停めないでくれますか。

(64)에서 화자는「僕」라는 인칭대명사에서 남성으로, 청자는「浩子」라는 호칭에서 여성으로 상정된다. 화자가 청자에 대해「ちゃん」이라는 호칭 접사를 사용하고 있다는 점에서 양자는

경어적 동위자로 묘사되어 있고 화자가 청자를 배려하고 있다는 발화내용에서 화자와 청자의 친소관계는 친한 사이로 간주된다. 〈ないでくれますか〉는 〈ないでくれる〉 계열의 다른 정중체와 마찬가지로 최저한도의 정중도를 나타내기 때문에 청자와의 일정한 거리를 확보하면서 화자의 품위를 유지하는 역할을 한다. 친한 사이에서「待たないでくれますか」와 같이 화자가 경어적 동위자에게 사용하면 [염려][배려]의 표현가치를 실현한다.

(65)에서 화자는「僕」라는 인칭대명사에서 남성으로, 청자는「みどり」라는 이름에서 여성으로 상정되며 화자와 청자는 경어적으로 동위자로 판단된다. 화자가 청자의 행동에 대해 불쾌감을 표출하고 있다는 점에서 화자의 청자에 대한 친소관계는 소원한 사이로 이해된다. 그리고 〈ないでくれますか〉를 소원한 사이에서「停めないでくれますか」와 같이 화자가 경어적 동위자에게 사용하면 [불쾌감][항의]의 표현가치를 나타낸다.

[12] 〈ないでくれます?〉 {청자(여)와 화자(남)가 경어적 동위자인 경우}

(66) 浩子ちゃん、もし僕が遅れたら待たないでくれます?

(66)에서 화자는「僕」라는 인칭대명사에서 남성으로, 청자는「浩子」라는 호칭에서 여성으로 간주된다. 화자가 청자에 대해「ちゃん」이라는 호칭 접사를 사용하고 있다는 점에서 양자는 경어적 동위자로 묘사되어 있고 화자가 청자를 배려하고 있다는 발화내용에서 화자와 청자의 친소관계는 친한 사이로 해석된다. 〈ないでくれます?〉는 〈か〉가 현재화되지 않은 형식이라는 점에서 경의도에 있어서는 〈ないでくれますか〉보다 약간 낮은데 〈ないでくれる〉 계열의 다른 정중체와 마찬가지로 최저한도의 정중도를 나타내기 때문에 청자와의 일정한 거리를 확보하면서 화자의 품위를 유지하는 역할을 한다. 친한 사이에서「待たないでくれます?」와 같이 화자가 경어적 동위자에게 사용하면 [염려][배려]의 표현가치를 실현한다.

(67) 女:「はいはい。わかったわよ。それより不思議だわ…」
　　 男:「何が?」
　　 女:「今まで私に関わる人は、皆死んでいったのに…あなたはまだ生きてる…」
　　 男:「だからさ、話し聞いてないじゃん…なんで俺がお前の都合で死ぬのよ?
　　　　 縁起悪いこと言わないでくれます?」
　　 女:「…そうよね…」
　　 男:「そうだよお前…幸せ絶頂期なんだからさ!」❹

(67)에서 화자는 남성이고 청자는 여성이며, 등장인물 소개에서 화자는 청자의 연인으로 묘사되어 있다는 점에서 양자는 경어적 동위자로 여겨진다. 남성 화자가 청자의 발화에 불쾌감을 표출하고 있기 때문에 양자는 소원한 사이로 해석된다. 그리고 〈ないでくれます?〉는 소원한

사이에서「言わないでくれます?」와 같이 화자가 경어적 동위자에게 사용하면 [불쾌감][항의]의 표현가치를 나타낸다.

[13] 〈ないでくれませんか〉 {청자(여)와 화자(남)가 경어적 동위자인 경우}

(68) 浩子ちゃん、もし僕が遅れたら待たないでくれませんか。
(69) みどり先生、そんな所に車停めたら僕の車が出られないから、そこには停めないでくれませんか。

(68)에서 화자는「僕」라는 인칭대명사에서 남성으로, 청자는「浩子」라는 호칭에서 여성으로 간주된다. 화자가 청자에 대해「ちゃん」이라는 호칭 접사를 사용하고 있다는 점에서 양자는 경어적 동위자로 묘사되어 있고 화자가 청자를 배려하고 있다는 발화내용에서 화자와 청자의 친소관계는 친한 사이로 해석된다. 〈ないでくれる〉계열의 부정 정중체인 〈ないでくれませんか〉는 경의도에 있어서 〈か〉가 현재화되지 않은 〈ないでくれません?〉에 비해 약간 높은데 〈ないでくれる〉계열의 다른 정중체와 마찬가지로 최저한도의 정중도를 나타내기 때문에 친한 사이에서「待たないでくれませんか」와 같이 화자가 경어적 동위자에게 사용하면 [염려][배려]의 표현가치를 실현한다.

(69)에서 화자는「僕」라는 인칭대명사에서 남성으로, 청자는「みどり」라는 이름에서 여성으로 상정되며 화자와 청자는 경어적으로 동위자로 여겨진다. 화자가 청자에게 주차하지 말라고 항의하고 있다는 점에서 화자의 청자에 대한 친소관계는 소원한 사이로 이해된다. 그리고 소원한 사이에서「停めないでくれませんか」와 같이 화자가 경어적 동위자에게 사용하면 [불쾌감][항의]의 표현가치를 나타낸다.

[14] 〈ないでくれません?〉 {청자(여)와 화자(남)가 경어적 동위자인 경우}

(70) 浩子ちゃん、もし僕が遅れたら待たないでくれません?
(71) みどり先生、そんな所に車停めたら僕の車が出られないから、そこには停めないでくれません?

(70)에서 화자는「僕」라는 인칭대명사에서 남성으로, 청자는「浩子」라는 호칭에서 여성으로 여겨진다. 화자가 청자에 대해「ちゃん」이라는 호칭 접사를 사용하고 있다는 점에서 양자는 경어적 동위자로 묘사되어 있고 화자가 청자를 배려하고 있다는 발화내용에서 화자와 청자의 친소관계는 친한 사이로 간주된다. 〈ないでくれません?〉은 〈ないでくれる〉계열의 다른 정중체와 마찬가지로 경도(軽度)의 정중도를 나타내기 때문에 청자와의 일정한 거리를 확보하면서 화자의 품위를 유지하는 역할을 한다. 친한 사이에서「待たないでくれません?」과 같이 화자가 경어적 동위자에게 사용하면 [염려][배려]의 표현가치를 실현하는데 〈ないでくれません?〉은 〈ないでくれます?〉에 비해 불쾌감을 함의하고 있어 친소관계가 소원한 사이로 다소 경사된다.

(71)에서 화자는 「僕」라는 인칭대명사에서 남성으로, 청자는 「みどり」라는 이름에서 여성으로 상정되며 화자와 청자는 경어적으로 동위자로 이해된다. 화자가 그런 곳에 주차하지 말라고 청자에게 항의하고 있다는 점에서 화자의 청자에 대한 친소관계는 소원한 사이로 간주된다. 소원한 사이에서 (71)의 「停めないでくれません?」과 같이 화자가 경어적 동위자에게 사용하면 [불쾌감][항의]의 표현가치를 나타내는데 〈ないでくれません?〉은 〈ないでくれませんか〉보다 경의도가 낮기 때문에 소원함이 다소 강하게 분출된다.

2.4. 청자(여)가 화자(남)와 경어적 동위자이거나 하위자인 경우

[1] 〈ないでくれ〉 {청자(여)가 화자(남)와 경어적 동위자이거나 하위자인 경우}

(72) 唇を突き出して文句を言おうとするリムジーン・バスのアルバイトらしい若者に、「見張っててくれてありがとう。すぐ出るからね。邪魔はしないよ」先手を打たれた若者が何も言わないのをいいことに、重いデイ・パックを狭い後部座席に放りこむと、さっさとドライヴァーズ・シートに座り、穣に急げと手で命じた。全高百七十センチほどだから、穣には少しきついが、小柄な芳乃にはぴったりの４ＷＤの本格車だ。成田空港内の混雑を抜け出ると、芳乃はそれまで気になって仕方のなかった質問を口にする。「穣さん、急に日本に帰るなんて何かあったの? ブラジルでの仕事はこれからなんだろう」シート・ベルトを窮屈そうに掛けるなり目を閉じて、ともすれば眠りに引きずりこまれる穣に、たまりかねた様子だ。
「眠い。頼む、都内まで話しかけないでくれ」後は返事を待たない軽い寝息だった。❷

(72)에서 화자 「穣」는 「頼む」와 같은 표현에서 남성으로, 청자 「芳乃」는 이름과 대화내용에서 여성으로 간주된다. 화자와 청자가 스스럼없는 말씨를 사용하고 있는데 대화 내용에서 청자는 화자와 동위자이거나 하위자로 판단된다. 화자가 청자에게 졸리니까 말을 걸지 말라고 부탁하고 있다는 점에서 양자는 친한 사이로 해석되며 「話しかけないでくれ」의 〈ないでくれ〉는 [부탁][당부]의 표현가치를 나타낸다.

(73) 冴子は努めて明るく口にした。「このまま逃げちゃ、良平さん、困る?」
「逃げるって…どこに」
「さあ…分かんない」
「なに言ってるんだ。もし医者の心配通りなら、手遅れになっちまうよ」
「…」
「頼む、そんなことは考えないでくれ、オレがついてるじゃないか。どんなことになってもオレが側に居る。安心してくれよ」津田は突然、涙を零した。
「冴子が逃げたらオレはどうなる?」❷

(73)에서 화자 「津田」는 「オレ」와 같은 인칭대명사와 「なに言ってるんだ」의 「んだ」와 같은 문말 형식을 사용하고 있어 남성으로, 청자 「冴子」는 이름과 대화내용에서 여성으로 간주되며,

청자가 화자에게「良平さん」과 같이 성이 아닌 이름에「さん」을 붙여 부르고 있다는 점에서 청자는 화자와 동위자이거나 하위자로 판단된다. 그리고 화자가 청자에게 부탁이니 그런 생각을 하지 말라고 당부하고 있기 때문에 양자는 친한 사이로 해석되며「考えないでくれ」의 〈ないでくれ〉는 [부탁][당부]의 표현가치를 나타낸다.

(74) 信子夫人は、滑らかな頬にさっと血の色を上せた。
「妙なことばかりおっしゃるのね、私は存じませんわそんなこと」
「怒らないでくれよ、信子、願うからーー」
そろそろと逃げて行きそうになる夫人の指先を、確りと握りながら、身を引寄せるようにして、正隆は哀願した。
「憤らないでくれ、然し、ほんとに、お前は知らないの、誰からも頼まれないの？ 信子、お願いだから、いっておくれ」❶

(74)에서 화자「正隆」는「お前」와 같은 인칭대명사와「お願いだから」와 같은 표현을 사용하고 있어 남성으로, 청자「信子」는 이름과「妙なことばかりおっしゃるのね」의「おっしゃるのね」와 같은 여성어적 경어와「私は存じませんわ」의「わ」와 같은 여성 전용의 종조사를 쓰고 있어 여성으로 간주되고, 화자가 청자에게「信子」와 같이 경칭을 사용하고 있지 않다는 점에서 청자는 화자와 동위자이거나 하위자로 판정된다. 그리고 화자의 애원하는 태도에 대해 청자가 차가운 말씨를 사용하고 있지만, 화자가 청자에게 화내지 말라고 부탁하고 있기 때문에 양자는 친한 사이로 해석된다. 이때의「憤らないでくれ」의 〈ないでくれ〉는 [부탁][당부]의 표현가치를 나타낸다. 그리고 [남성 화자/여성 청자/청자가 화자와 경어적 동위자이거나 하위자/소원한 사이]에서는 〈ないでくれ〉의 예가 확인되지 않는다.

[2] 〈ないでくれよ〉 {청자(여)가 화자(남)와 경어적 동위자이거나 하위자인 경우}

(75) 恋子は歩きながら受話器を受け取る。低く、よく通る笙造の声が聞こえてきた。
「レン。今日はスマン。帰るつもりだったのに、どうしても外せない用事が入って」
「忙しいんだから気にしないで。ドンコもいないし、今日は、帰らないんでしょ？」
「そうだな。帰るつもりはあるんだが、たぶん朝までは…」
「もう年なのに、だいじょうぶなの?? 帰国早々にはりきっちゃって」
「休める時に仮眠はとってる。俺も自分の体には気を遣ってるつもりなんだぞ、これでも。それより、今日のＭＥＮＵはなんなんだ？」
「それは秘密。…パパさんの大好物じゃない?」
「おいおい、あまり苛めないでくれよ。なんとか明日は帰るから。そうだ明日はウチで、俺が晩メシつくるよ。みんなにそう言っておいてくれ」
「ホントかなぁ…。パパさん、口ばっか達者だから」
「約束する。守れなかったら、しばらく俺は茹で卵を食わない」

「わかった、信用する。じゃ、明日を楽しみにしてる。お仕事、がんばってネ」
「ありがとう。レンは、ゆっくり休んでいてくれ。じゃあな」
　受話器を置くと、春人が「笙造クン、まだ仕事してるって?」と訊いてきた。
「うん。明日は、藤家の部屋でパパさんが晩ゴハンつくってくれるって」❷

(75)에서 화자는 「俺」라는 인칭대명사와 「おいおい」와 같은 감동사를 쓰고 있어 남성으로, 청자 「恋子」는 여성으로 간주된다. 화자가 청자에게 「レン」이라고, 청자는 화자에게 「パパさん」이라고 부르고 있기 때문에 양자는 부부임을 알 수 있다. 이에 청자는 화자와 동위자이거나 하위자로 규정되며, 화자가 청자에게 너무 괴롭히지 말라고 당부하고 있다는 점에서 양자의 친소관계도 친한 사이로 해석된다. 이에 「苛めないでくれよ」의 〈ないでくれよ〉는 [부탁][당부]의 표현가치를 나타낸다.

(76) アシェは吐き気をぐっとこらえた。「ロワン卿夫妻に会ったって? ああ、アリア、きみがそんなに具合が悪くて、ジョーのことで苦しんでいるとは知らなかった。ふつうロワン卿は、生死に関することでなければ、誰も受け入れないからね」
「わかっているわ」ラプソディは眼をそらした。
「でもジョーのこととか、自分の病気で行ったんじゃないの。別の理由があったのよ。話す前に聞くけれど、わたしの言うことを信じてくれる? つまり、嘘じゃないと信じてくれる?」
「もちろん」
「よかった」ラプソディはアシェに眼を戻した。「じゃ、信じてね。このことは解決したの。何もかもうまくいっているのよ」
　アシェは震えはじめた。「ラプソディ、おどかさないでくれよ。なんのことを言っているの? いますぐ話してくれ。わたしの心臓が止まらないうちに」
　ラプソディはアシェの手を取り、息をついてから話しはじめた。「新しい孫が十人できたの」ラプソディの眼が輝いた。❷

(76)에서 화자 「アシェ」는 청자에게 「きみ」라는 인칭대명사를 쓰고 있어 남성으로, 청자 「ラプソディ」는 「わかっているわ」의 「わ」나 「このことは解決したの」의 「の」와 같은 여성어적 종조사와 「何もかもうまくいっているのよ」의 「のよ」와 같은 여성 전용의 문말 형식을 사용하고 있어 여성으로 간주되며, 대화 내용에서 청자는 화자와 동위자이거나 하위자로 판단된다. 화자가 청자에게 사람을 놀라게 하지 말라고 부탁하고 있고 청자가 화자의 손을 잡고 새 손자가 10명 생겼다고 말하고 있기 때문에 양자는 친한 사이로 해석되며 「おどかさないでくれよ」의 〈ないでくれよ〉는 [부탁][당부]의 표현가치를 나타낸다.

(77) あたしもその後を追った。注文をすませるのを待って、怒りをぶちまける。「あたしに話してくれなかったなんて、信じられないわ! あたしの人生にも関わる問題じゃないの。まあ、あなたはそんなこと、考えてみもしなかったんでしょうけど」

「ケイティ、ケイティ…」ジョニーは身体をかがめ、ひそひそとささやいた。「そんなに大きな声を出さないでくれよ…これはちゃんとした計画ってよりゃ、おれの願望みたいなもんなんだ、わかるだろ？　まだ、実際にスチュワートと話をしたわけじゃないしな。おまえに話すのは、話がはっきりしてからにしたかったんだよ。がっかりさせたくなかったんだ」❷

(77)에서 화자「ジョニー」는「おれ」「おまえ」와 같은 인칭대명사를 쓰고 있어 남성으로, 청자「ケイティ」는「あたし」라는 인칭대명사와「信じられないわ！」의「わ」와 같은 여성 전용의 종조사를 사용하고 있어 여성으로 간주되고 대화 내용에서 청자는 화자와 동위자이거나 하위자로 판단된다. 분노를 폭발하고 있는 청자에 대해 화자가 그렇게 큰 소리를 내지 말라고 달래고 있다는 점에서 양자는 친한 사이로 해석되며「大きな声を出さないでくれよ」의 〈ないでくれよ〉는 [부탁][당부]의 표현가치를 나타낸다.

(78) 男1：あのさ、ブレーカーが落ちたくらいでオレのことを呼ばないでくれよ。
　　　女1：男1。
　　　男1：って、本当ひどい家だなぁ。いくら仕事が忙しいからって、女としてさ、もう少し、あるんじゃないの? ったく、
　　　女5：そう、男1さんです。言うまでもないでしょうが、
　　　女1：私の、旦那。
　　　女5：元の。❹

(78)에서 화자「男1」는「夫」라고 설정되어 있고「オレ」라는 인칭대명사를 사용하고 있어 남성으로, 청자「女1」는 화자의 처로 되어 있어 여성으로 간주된다. 화자와 청자가 부부 사이로 화자가 청자에게 보통체 말씨를 사용하고 있다는 점에서 청자는 화자와 동위자이거나 하위자로 판단되는데, 화자가 청자에게 집안이 엉망이라고 책망하고 있기 때문에 양자는 소원한 사이로 묘사되어 있다. 화자가 청자에게 전류 차단기가 떨어진 것을 가지고 자기를 부르지 말라고 불쾌감을 나타내고 있어「呼ばないでくれよ」의 〈ないでくれよ〉는 [불쾌감]의 표현가치를 나타낸다.

[3] 〈ないでおくれ〉 {청자(여)가 화자(남)와 경어적 동위자이거나 하위자인 경우}

(79) 今はもう遠く小さくなったあの男の肩をいからせて行く黒い姿が見えなくなったときに、夫が言った。それから急に、何かとてもおかしなことを思い出したらしく、けらけら笑い出した。そして言った。
「ともかく、とても大変なことさ。いいかい、今日、家に、僕に会いに来た男は、ありゃ無政府主義者なんだよ。いや一気を失わないでおくれ。さもないと後が話せないからね。ところで、僕はあの男を驚かせようと思ってね。まさか無政府主義者とは知らないもんだから、君にも話したあの新種のバクテリヤの培養した奴をとって、冗談にアジアのコレラ菌だと言っちまったのさ。❷

(79)에서 화자는「僕」라는 인칭대명사를 사용하고 있고「無政府主義者なんだよ」의「なんだよ」와 같은 문말 표현을 쓰고 있어 남성이고, 청자는 화자를「夫」라고 지칭하고 있어 여성이다. 화자가 청자에게「君」와 같은 표현을 사용하고 있고 부부라는 점에서 청자는 화자와 경어적 동위자이거나 하위자로 간주된다. 화자가 청자에게 정신을 잃지 말라고 당부하고 있기 때문에 양자는 친한 사이로 해석되며「気を失わないでおくれ」의〈ないでおくれ〉는 [부탁][당부]의 표현가치를 나타낸다.

(80)「お雪さん。」
ややあって男は改めて言って、この時はもう、声も常の優しい落着いた調子に復し、「お雪さん、泣いてるんですか。悪かった、悪かった。真《まこと》を言えばお前さんに心配を懸けるのが気の毒で、無暗《むやみ》と隠していたのを、つい見透かされたもんだから、罪なことをすると思って、一刻に訳も分らないで、悪いことをいった。知ってる、僕は自分極《ぎ》めかも知らないが、お前さんの心は知ってる意《つもり》だ。情無い、もう不具根性《かたわこんじょう》になったのか、僻《ひがみ》も出て、我儘《わがまま》か知らぬが、くさくさするので飛んだことをした、悪く思わないでおくれ。」❶

(80)에서 화자는「男」라는 지문의 설명과「僕」라는 인칭대명사를 쓰고 있어 남성이고, 청자는「お雪さん」이라고 불리고 있어 여성이다. 화자가 청자에게「お前さん」과 같은 표현을 사용하고 있기 때문에 청자는 화자와 경어적 동위자이거나 하위자로 간주되며, 화자가 청자에게 자신이 잘못했다고 사과하며 자기를 나쁘게 생각하지 말라고 부탁하고 있다는 점에서 양자는 친한 사이로 해석된다. 이에「悪く思わないでおくれ」의〈ないでおくれ〉는 [부탁][당부]의 표현가치를 나타낸다.

(81) オフ。「……あたしは、王妃さまのためには、いつ死んでもいいと思っています。王妃さまのようなおかたを、母上とお呼びして一生つつましく暮したいと、いつも空想して居《お》りました。ご身分の事などは、いちども考えたことがございません。不忠の娘でございます。やっぱり、あたしには母が無いので一そう、お慕いする気持が強いのかも知れません。本当に、あたしには、なんの野心もございません。なさけ無い事をおっしゃいます。あたしは、ハムレットさまのご身分をさえ忘れていました。ただ、王妃さまのお乳の匂いが、ハムレットさまのおからだのどこかに感ぜらになりました。……王妃さま、オフィリヤには、オフィリヤの誇りがございます。ポローニヤスの娘として、恥ずかしからぬ智慧《ちえ》も、きかぬ気もございます。
あたしは、なんでも存じて居ります。ハムレットさまに、ただわくわく夢中になって、あのおかたこそ、世界中で一ばん美しい、完璧《かんぺき》な勇士だ等とは、決して思って居りません。失礼ながら、お鼻が長過ぎます。お眼が小さく、眉《まゆ》も、太すぎます。お歯も、ひどく悪いようですし、ちっともお綺麗《きれい》なおかたではございません。脚だって、少し曲って居りますし、それに、お可哀そうなほどのひどい猫脊《ねこぜ》です。お性格だって、決して御派ではございいません。めめしいとでも申しましょうか、ひとの陰口ばかりを気にして、いつも、いらいらなまされ利用されてばかりいる、僕は可哀想な子なのだからお前だけでも僕を捨てないでおくれ、

と聞いていて浅間しくなるほど気弱い事をおっしゃって、両手で顔を覆《おお》い、泣く真似をなさいました。❶

(81)에서 화자는 「ハムレットさま」라는 지문의 설명과 「僕」라는 인칭대명사를 사용하고 있어 남성이고, 청자는 「あたし」라는 인칭대명사와 「不忠の娘」라는 표현에서 여성으로 간주된다. 화자가 청자에게 「お前だけでも」과 같은 표현을 사용하고 있다는 점에서 청자는 화자와 경어적 동위자이거나 하위자이고, 화자가 청자에게 자신을 버리지 말라고 부탁하고 있기 때문에 양자는 친한 사이로 해석된다. 이때의 「捨てないでおくれ」의 〈ないでおくれ〉는 [부탁][당부]의 표현가치를 나타낸다.

(82) 蓮香が帰りぎわに、李とは二度と会わないよう懇々と言うのに、桑は心にもなく承知して見せた。そして、扉を閉ざし、灯をつけるのももどかしく、履を取り出して一心に李のことを考えていると、待つほどもなく李が現れた。幾日も閉め出されていたもので、いかにも恨めしそうな顔をしているのを、「あれはあれで幾晩も看病してくれたのだから、恨んだりしないでおくれ。君のことは忘れはしなかったよ」と宥めた。さらに、寝物語に、「わたしは君を心から愛しているのだけど、君を幽鬼だという者がいるんだよ」とささやくと、李はぐっとつまってしまったが、ややあって、「あの牝狐があなたに吹き込んだのですね。あんな奴、縁を切ってくださらないなら、わたくしもう二度と来ませんから」と罵ると、しくしく泣きだし、桑にさんざん慰められて、ようやく泣きやんだ。❷

(82)에서 화자 「桑」는 청자를 「君」라는 인칭대명사로 표현하고 있고, 「君を幽鬼だという者がいるんだよ」의 「んだよ」와 같은 표현에서 남성으로, 청자 「李」는 자신을 「わたくし」로 지칭하고 있고 「君」라고 불리고 있다는 점에서 여성으로 간주된다. 이에 청자는 화자와 경어적 동위자이거나 하위자이고, 양자는 서로 사랑하고 있다는 사실에서 친한 사이로 판정된다. 화자가 청자에게 자기를 간병해 준 「蓮香」를 원망하거나 하지 말라고 당부하고 있기 때문에 「恨んだりしないでおくれ」의 〈ないでおくれ〉는 [부탁][당부]의 표현가치를 나타낸다고 해석된다.

(83) 良人にプシケーは寂しさを訴えました。「まるで牢獄のようですわ。せめてあなた様のお姿を見ることが出来たら記憶にとどめておけますものを。そろそろ姉たちにもお会いしたいわ。さぞかし心配をかけていることでしょう」そして甘えるように良人にしなだれかかり接吻をしました。
「わかった、わかった。しかし、二度と姿を見たいなどと言わないでおくれ。慎みのない好奇心は許されていないのです。姉君に心配をかけたくないというのはもっともだ。だがその姉君たちがなんでもおまえのことを調べに来るといきまいているそうだ。財宝だって好きなだけ土産にしてやるがいい」
やがて二人の姉はプシケーのところに訪ねてきました。もちろん表敬訪問をするふうにやってきました。❷

(83)에서 화자 「良人」는 청자를 「おまえ」라는 인칭대명사로 부르고 있고, 「わかった、わかった」와 같은 표현에서 남성으로, 청자 「プシケー」는 「牢獄のようですわ」의 「わ」와 같은 여성

전용의 종조사를 쓰고 있고 지문의 설명을 통해 여성으로 간주된다. 화자가 청자를 「おまえ」라고 부르고 있고, 청자가 화자를 「あなた様」라고 호칭하고 있는 점에서 청자는 화자와 경어적 동위자이거나 하위자이고, 화자가 청자에게 두 번 다시 모습을 보고 싶다는 말을 하지 말라고 당부하고 있기 때문에 양자는 친한 사이로 여겨진다. 따라서 「言わないでおくれ」의 〈ないでおくれ〉는 [부탁][당부]의 표현가치를 나타낸다.

(84) その手はないよ(Don't Be That Way)
泣かないで オー・ハニー その手を使わないでおくれ
空の雲だって 君のような手は使わないよ
雨は五月のスミレを運んでくるけど
涙は無駄だから ハニー そのようにしないで
僕達はその間見ていよう 君は僕を 僕は君を
恋人よ 明日は明日だよ〈歌詞〉❺

(84)는 노래 가사인데 화자는 「僕」라는 인칭대명사로 지칭하고 있어 남성으로, 청자는 화자가 「君」라고 부르고 있어 여성으로 간주된다. 화자가 청자를 「オー・ハニー」와 같이 친근하게 부르고 있기 때문에 청자는 화자와 경어적 동위자이거나 하위자이고, 양자는 친한 사이로 해석된다. 화자가 청자에게 그 손을 사용하지 말라는 가사에서 「使わないでおくれ」의 〈ないでおくれ〉는 [부탁][당부]의 표현가치를 나타낸다.

(85) 〈君といれば〉
だから離れないでおくれ いつも傍にいておくれ
君といれば消し飛んでしまうんだ このモヤモヤ全て
You got my heart 我がままな僕を許して〈歌詞〉❺

(85)도 노래 가사인데 화자는 「僕」라는 인칭대명사에서 남성으로, 청자는 화자가 「君」라고 표현하고 있어 여성으로 간주된다. 화자가 청자에게 「いつも傍にいておくれ」와 같은 표현을 사용하고 있기 때문에 청자는 화자와 경어적 동위자이거나 하위자이고 양자는 친한 사이로 여겨진다. 이때의 「離れないでおくれ」의 〈ないでおくれ〉는 [부탁][당부]의 표현가치를 나타낸다.

(86) おおスザンナ、泣かないでおくれ
俺はバンジョーを膝にアラバマからやって来た〈歌詞〉❺

(86)도 노래 가사인데 화자가 자신을 「俺」라는 인칭대명사로 지칭하고 있어 남성으로, 청자는 화자가 「おおスザンナ」라고 부르고 있어 여성으로 판단되고 화자가 청자를 친근하게 부르고 있기 때문에 청자는 화자와 경어적 동위자이거나 하위자로 설명된다. 화자가 청자에게 울지 말라고 부탁하고 있다는 가사에서 양자가 친한 사이로 해석되며 「泣かないでおくれ」의 〈な

いでおくれ〉는 [부탁][당부]의 표현가치를 나타낸다.

(87) もう、遠くに聞こえる、とても遠くに、
ポマールの鐘の音、
ああ！つらい、私のために、
もう鐘を鳴らさ<u>ないでおくれ</u>。〈歌詞〉
愛する人、さようなら…！
いつまでもさようなら…！
海岸から
泣きながら別れのことばをおまえに言う。
私を忘れ<u>ないでおくれ</u>、愛する人よ、
私は郷愁で死にそうだ…
海の中へ遠ざかる…
私の家！私の家族！〈歌詞〉❺

(87)도 노래 가사인데 화자는 청자에게「おまえ」라는 인칭대명사를 사용하고 있어 남성으로, 청자는 화자가「愛する人」라고 표현하고 있어 여성으로 간주된다. 화자가 청자를「愛する人よ」와 같이 친근하게 부르고 있다는 점에서 청자는 화자와 경어적 동위자이거나 하위자로 상정되며 양자는 친한 사이로 판단된다. 고로「鐘を鳴らさないでおくれ」와「忘れないでおくれ」의〈ないでおくれ〉는 [부탁][당부]의 표현가치를 나타낸다. 그리고 [남성 화자/여성 청자/청자가 화자와 경어적 동위자이거나 하위자/소원한 사이]에서는〈ないでおくれ〉로 사용된 예가 확인되지 않는다.

[4]〈ないでおくれよ〉{청자(여)가 화자(남)와 경어적 동위자이거나 하위자인 경우}

(88)〈俺から離れ<u>ないでおくれよ</u>、行か<u>ないでおくれ</u>。〉
頭を抱えて落ち込むデイダラを無視し、緋優はデイダラの芸術作品、通称"ダラちゃん"に乗ろうとした。
「んー！ちょ…高い！！」
「何やってるんだよ…うん。」
デイダラは鳥にうまく乗れない様子の緋優に呆れたように溜息をつき、後ろから緋優をお姫様抱っこした。
「えっ！なっ…デイダラ！？」❺

(88)은 인터넷 블로그에서 추출한 예인데, 화자는 제목에서「俺」라는 인칭대명사를 쓰고 있어 남성으로, 청자「緋優」는「お姫様抱っこ」와 같은 표현을 통해 여성으로 추정되고 화자가 청자에게「何やってるんだよ…うん。」과 같은 표현을 사용하고 있기 때문에 청자는 화자와 동위자이거나 하위자로 간주된다. 화자와 청자 사이에 스스럼없는 표현이 쓰이고 있고 화자가

청자에게 자기를 떠나지 말라고 부탁하고 있다는 점에서 양자는 친한 사이로 여겨지며 「離れないでおくれよ」의 〈ないでおくれよ〉는 [부탁][당부]의 표현가치를 나타낸다.

(89) 野菜を買いに行ったら、まずはどこで作られた野菜なのかをチェックすることが大切だよ。もちろん、新鮮でおいしい国産のものをえらぶことがポイントさ。容器やパッケージにつくられた場所が書いてあるから、確認するのを忘れないでおくれよ。野菜は種類によってえらぶポイントもさまざまだから、しっかり覚えておいてくれよ、ハニーたち。❺

(89)는 인터넷 블로그에 실린 기사 내용인데, 화자는 「大切だよ」의 「だよ」와 같은 문말 형식이나 「ポイントさ」의 「さ」와 같은 종조사를 쓰고 있어 남성으로, 청자는 「ハニーたち」로 불리고 있어 여성으로 상정되고 청자는 화자와 동위자이거나 하위자로 간주된다. 화자가 청자에게 스스럼없는 표현을 사용하고 있고 확인하는 것을 잊지 말라고 당부하고 있다는 점에서 양자는 친한 사이로 해석되며 「忘れないでおくれよ」의 〈ないでおくれよ〉는 [부탁][당부]의 표현가치를 나타낸다. 그리고 [남성 화자/여성 청자/청자가 화자와 경어적 동위자이거나 하위자/소원한 사이]에서는 〈ないでおくれよ〉로 사용된 예가 확인되지 않는다.

[5] 〈ないでくれたまえ〉 {청자(여)가 화자(남)와 경어적 동위자이거나 하위자인 경우}

(90) だが気を取りなおして、やさしく扉の方へと彼女を導いた。
このとき彼は、自分にはまだやることがあるのだ、中途半端な愛情でそれを台なしにしてはいけないと固く信じた。「きみはいかなくてはいけないよ」と彼は小声でいった。「でも、ぼくのことを悪く思わないでくれたまえ。いつまた会えるかはわからないが、……」❷

(90)에서 화자는 「ぼく」라는 인칭대명사와, 「まだやることがあるのだ」의 「のだ」와 같은 남성 전용의 문말 형식을 쓰고 있어 남성으로, 청자는 「彼女」라는 지문의 설명과 「きみ」라는 인칭대명사로 불리고 있어 여성임을 알 수 있다. 화자가 청자에게 「きみはいかなくてはいけないよ」와 같이 보통체 말씨의 친근한 표현을 사용하고 있기 때문에 청자는 화자와 동위자이거나 하위자로 간주되고, 화자가 청자에게 자기에 대해 나쁘게 생각하지 말라고 당부하고 있다는 점에서 양자는 친한 사이로 해석된다. 이에 「思わないでくれたまえ」의 〈ないでくれたまえ〉는 [부탁][당부]의 표현가치를 나타낸다.

(91) 「おや、いつ私がいいふらしたんですか」由紀としても、このあたりで防衛しておかないと、秀也の見幕におしまくられそうな気がしたのである。
「とぼけないでくれたまえ！ きみが一年生の女の子にいったそうじゃないか」
「一年生が？ へえ！ 一年生がなんといったんですか」多分、その一年生というのは、杉村朝江だろうと思いながら、由紀はちょっと、カマをかけた。❷

(91)에서 화자「秀也」는「いったそうじゃないか」의「そうじゃないか」와 같은 남성 전용의 문

말 형식을 쓰고 있어 남성으로, 청자는 「由紀」라는 이름에서 여성으로 여겨진다. 화자와 청자는 같은 학교의 학생으로, 화자가 청자를 「きみ」라는 인칭대명사로 부르고 있고, 보통체 말씨를 사용하고 있는데 반해 청자는 화자에게 정중체 말씨를 쓰고 있기 때문에 청자는 화자와 동위자이거나 하위자로 간주되고, 화자가 청자에게 시치미를 떼지 말라고 불쾌감을 드러내고 있다는 점에서 양자는 소원한 사이로 여겨지며 「とぼけないでくれたまえ！」의 〈ないでくれたまえ〉는 [불쾌감]의 표현가치를 나타낸다.

[6] 〈ないでくれたまえよ〉 {청자(여)가 화자(남)와 경어적 동위자이거나 하위자인 경우}

(92) では一つジョークでも言ってみようか。
「わたしの銃を抜かないでくれたまえよ、君」
銃?と彼女は聞くだろう。
「劇の中に銃が登場したら、銃は必ず火を吹かねばならない」
その頃には、彼女もきっと意味を理解し、おそらくクスッと笑うことだろう。
もちろん彼女もチェーホフを読んでいるはずだ。❺

(92)는 인터넷 블로그에 게시된 기사에서 추출한 예인데, 화자 「わたし」는 「言ってみようか」의 「てみようか」와 같은 남성 전용의 표현과 「君」라는 인칭대명사를 쓰고 있어 남성으로, 청자는 「彼女」로 설정되어 있어 여성으로 상정된다. 화자가 청자에 대해 보통체 말씨의 농담을 하고 있다는 점에서 청자는 화자와 동위자이거나 하위자로 간주되고, 양자의 친소관계는 친한 사이로 여겨진다. 이에 「抜かないでくれたまえよ」의 〈ないでくれたまえよ〉는 [부탁][당부]의 표현가치를 나타낸다.

(93) そのクスッとした笑いが、愛の導火線へと点火する種火となる。
まさに、マッチはすられるのだ。
「私のマッチに火をつけないでくれたまえよ、君」
いやこれはやめておこう。二度はくどいし、ユーモアというよりは悪ふざけになる。
調子に乗り過ぎてはいけない。❺

(93)에서 화자 「私」는 「これはやめておこう」의 「ておこう」와 같은 남성 전용의 표현과 「君」라는 인칭대명사를 쓰고 있어 남성으로, 청자는 「愛の導火線」라는 표현에서 여성으로 상정된다. 화자가 청자에 대해 「マッチはすられるのだ」와 같이 보통체 말씨의 농담을 하고 있다는 점에서 청자는 화자와 동위자이거나 하위자로 간주되고, 양자의 친소관계는 친한 사이로 여겨진다. 「火をつけないでくれたまえよ」의 〈ないでくれたまえよ〉는 [부탁][당부]의 표현가치를 나타낸다.

(94) やあやあ、来てくれたのかい? 嬉しいよ。…何? 帰る? そんなこと、言わないでくれたまえよ。❺

(94)에서 화자와 청자는 구체적으로 명시되어 있지 않지만, 화자는「来てくれたのかい?」의「のかい?」와 같은 남성 전용의 표현에서 남성으로, 청자는 화자가 청자에 대해「嬉しいよ」「帰る」와 같은 표현을 쓰고 있다는 점에서 여성으로 상정된다. 화자가 청자에 대해「やあやあ」와 같이 보통체 말씨를 쓰고 있기 때문에 청자는 화자와 동위자이거나 하위자로 간주되고,「てくれる」와 같은 표현을 통해 양자는 친한 사이로 여겨진다. 이에「言わないでくれたまえよ」의〈ないでくれたまえよ〉는 [부탁][당부]의 표현가치를 나타낸다. 그리고 [남성 화자/여성 청자/청자가 화자와 경어적 동위자이거나 하위자/소원한 사이]에서는〈ないでくれたまえよ〉로 사용된 예가 확인되지 않는다.

[7]〈ないでくれる?〉{청자(여)가 화자(남)와 경어적 동위자이거나 하위자인 경우}

(95) 4年前の私の転勤をきっかけに気持ちが離れてしまいました。今でも時々友達として、飲みに行ってよく相談に乗ってもらったりしています。昨日その彼に恋愛相談をしたところ、今までは黙って聞いていてくれてたのに、そんなこと知りたくないから、話さ<u>ないでくれる</u>?と言われました。彼には私と別れてからずっと彼女がいません。❺

(95)에서 화자는「その彼」라는 지문의 설명에서 남성으로, 청자는「私と別れてからずっと彼女がいません」와 같은 설명에서 여성으로 묘사되어 있고 지문 설명을 통해 청자는 화자와 경어적 동위자이거나 하위자로 간주된다. 화자와 청자는 연인 관계에서 친구 관계로 바뀌었지만 청자가 여전히 화자에게 친근감을 가지고 연애 상담을 하는 것에 대해 화자가 청자에게「そんなこと知りたくない」라고 응대하는 있다는 점에서 화자의 청자에 대한 친소관계는 소원한 사이로 여겨진다.「話さないでくれる?」의〈ないでくれる?〉는 [불쾌감][항의]의 표현가치를 나타낸다.

(96) 茂:うわ、なんで君が。ははーん、ご近所さんなのか、ま、そういう事もあるな
　　 茂:でも、ちょっと勝手に家に入ら<u>ないでくれる</u>、ココはオレと雪枝の愛の巣なんだから
　　 茂:ねぇ、ちょっと、話聞いてんの
　　 章子 茂を殴る
　　 溶暗
　　 終幕 ❹

(96)에서 화자는 등장인물 소개에서 [室宮茂]로 나와 있고「オレ」와 같은 인칭대명사를 쓰고 있어 남성으로, 청자「章子」는「室宮章子」로 되어 있어 여성으로 상정된다. 화자와 청자는 가족으로 추정되는데, 화자가 청자를「君」라는 인칭대명사로 지칭하면서도 장난조로「ご近所さん」라고 부르고 있기 때문에 청자는 화자와 동위자이거나 하위자로 여겨진다. 화자가 청자에게「オレと雪枝の愛の巣」이니까 집에 들어오지 말라는 대화에서 양자는 소원한 사이로 간주되며「入らないでくれる」의〈ないでくれる?〉는 [불쾌감][항의]의 표현가치를 나타낸다. 그리고 [남

성 화자/여성 청자/청자가 화자와 경어적 동위자이거나 하위자/친한 사이]에서는 〈ないでくれる?〉로 사용된 예가 확인되지 않는다.

[8] 〈ないでくれるか〉 {청자(여)가 화자(남)와 경어적 동위자이거나 하위자인 경우}

  (97) みゆき：淳平様、何してらっしゃるの?
     隊長：ああ、みゆきくん。悪いけど、人が走り出そうとした瞬間に足、引っ掛けないでくれるかな。
     みゆき：あら、ごめんなさい。
     隊長：こんなことをしている場合ではない。やつらを追っかけないと。❹

(97)에서 화자「隊長」는「やつら」와 같은 표현을 쓰고 있어 남성으로, 청자「みゆき」는 이름과「あら」와 같은 감동사를 쓰고 있어 여성으로 간주된다. 화자가 청자를「みゆきくん」이라고 부르고 있고, 청자는 화자에게「淳平様」라는 호칭과「てらっしゃる」와 같은 존경어를 사용하고 있기 때문에 청자는 화자에 비해 동위자이거나 경어적 하위자로 인식되며, 화자와 청자 사이에 친밀한 표현이 쓰이고 있다는 점에서 양자의 친소관계는 친한 사이로 인정되며「引っ掛けないでくれるかな」의 〈ないでくれるかな〉는 [부탁][당부]의 표현가치를 나타낸다. 〈ないでくれるかな〉는 〈ないでくれるか〉에 독백조의「な」가 접속된 것으로 〈ないでくれるか〉가 지닌 딱딱한 어감을 완화하는 역할을 한다.

  (98) 新野：え、え? 夢は叶ったんじゃないの?
     純弘：あぁ、つまり、やりたい仕事はできなかった。って事だよ
     新野：コンビニには着いたけど欲しいモノがなかった……って感じ?
     純弘：大体合ってるけどさぁ。俺の人生をコンビニに例えないでくれるかな!?
     新野：でも合ってるんでしょ?
     純弘：そんなお手軽じゃねぇよ! ❹

(98)에서 화자「純弘」는 [大塚 純弘/ホームレス。公園近辺に生息。先日取り壊されたアスレチックが寝床だった。]와 같이 설정되어 있고「俺」라는 인칭대명사를 쓰고 있어 남성으로, 청자「新野」는 [新野 兎女/大学生。コンビニに行った帰りに見つけた公園に立ち寄る]와 같이 되어 있어 여성으로 상정된다. 청자가 화자에게 반 장난조적인 질문 공세를 펴고 있고 이에 대해 종국에는 화자를 화를 내고 있다는 점을 고려하면 청자는 화자와 동위자이거나 하위자로 간주된다. 청자가 자기 인생을 편의점으로 비유하고 있는 것에 대해 화자가 불쾌감을 표현하고 있다는 점에서 양자의 친소관계는 소원한 사이로 해석된다. 이에「例えないでくれるかな!?」의 〈ないでくれるかな!?〉는 [불쾌감]의 표현가치를 나타낸다. 〈ないでくれるかな〉는 〈ないでくれるか〉에 독백조의「な」가 접속된 것으로 〈ないでくれるか〉가 지닌 딱딱한 어감을

완화하는 역할을 한다.

[9] 〈ないでくれない?〉
　[남성 화자/여성 청자/청자가 화자와 경어적 동위자이거나 하위자/친한 사이·소원한 사이]에서는 〈ないでくれない?〉로 사용된 예가 확인되지 않는다.

[10] 〈ないでくれないか〉 {청자(여)가 화자(남)와 경어적 동위자이거나 하위자인 경우}

(99) アヴェリーは小声で悪態をついた。「私、ついむきになっちゃって」マットは彼女の腕に手を置いた。「いいんだ。ただ…」彼は途中で言いやめた。
「ただ?」
「君のつらい思いはわかる。俺たちみんな理解している。でも、俺たちにまで背を向け<u>ないでくれないか</u>。俺たちは君を愛しているんだから」目頭が熱くなり、アヴェリーは息をのんだ。❷

(99)에서 화자「マット」는「俺たち」라는 인칭대명사와「いいんだ」의「んだ」와 같은 남성 전용의 문말 표현을 쓰고 있어 남성으로, 청자「アヴェリー」는「彼女」라고 지칭되고 있어 여성임을 알 수 있고 화자가 청자에 대해「君」라고 부르고 있기 때문에 청자는 화자와 동위자이거나 하위자로 여겨진다.「俺たちは君を愛している」라는 표현에서 화자와 청자는 친한 사이로 간주되며「背を向けないでくれないか」의 〈ないでくれないか〉는 [부탁][당부]의 표현가치를 나타낸다.

(100) それでも大介は何度も小さくかぶりを振った。
「俺はマドンナに対して、自分に都合のいい勝手なイメージをいだいているんだ。できることなら、それを壊さ<u>ないでくれないか</u>」
「そんなイメージ、本当の私じゃないわ」
「そうかもしれない。でも、君はショーのダンサーであると同時に、反戦運動とか市民運動のアイドル的な存在じゃないか。❷

(100)에서 화자「大介」는「俺」라는 인칭대명사와「イメージをいだいているんだ」의「んだ」와 같은 남성 전용의 문말 표현을 쓰고 있어 남성으로, 청자「マドンナ」는「本当の私じゃないわ」의「わ」와 같은 여성 전용의 문말 표현을 쓰고 있어 여성임을 알 수 있고 화자가 청자에 대해「君」라고 부르고 있기 때문에 청자는 화자와 동위자이거나 하위자로 이해된다. 화자가 청자에게 자기의 이미지를 깨지 말라고 당부하고 있다는 점에서 양자는 친한 사이로 해석되며「壊さないでくれないか」의 〈ないでくれないか〉는 [부탁][당부]의 표현가치를 나타낸다.

(101) そのとたん、ひとつの名前が目に飛び込んだ。「ジョージ・ハーヴィー? あの人も招待するんですか?」「ああ。問題はないだろう?」グレースはぞっとして、ミッチに向かってリストを振った。「もちろん、あります。あの人を招待するなんて、そんなむごいことはできないはずよ」ミッチが唖然とした表情で見つめた。「ジョージに祝ってもらうのが、なんでいけない?」「ど

うしてそんなに意地が悪いんです？ かわいそうなジョージに、あなたの成功を見せつける必要はないでしょう？この会社にずかずか乗り込んできて、あの人を追いだしただけでもひどいのに。せめて、そっとしておいてあげてください」
「グレース、そんなにど<u>ならないでくれないか</u>」いつのまにか声を張りあげていたことに気づいて、グレースは目をしばたたいた。❷

(101)에서 화자「ミッチ」는「問題はないだろう?」의「だろう」와 같은 남성 전용의 문말 표현을 쓰고 있어 남성으로, 청자「グレース」는「そんなむごいことはできないはずよ」의「はずよ」와 같은 여성어적 문말 표현과「そっとしておいてあげてください」의「てあげてください」와 같은 여성어적 수수 표현을 쓰고 있어 여성임을 알 수 있고, 화자가 청자에게 보통체 말씨를, 청자가 화자에게 정중체 말씨와「あなた」라는 인칭대명사를 쓰고 있기 때문에 청자는 화자와 동위자이거나 하위자로 이해된다. 화자가 흥분하는 청자를 달래고 있다는 점에서 양자는 친한 사이로 간주되며「どならないでくれないか」의 〈ないでくれないか〉는 [부탁][당부]의 표현가치를 나타낸다.

(102) 翌日、菜穂子は、風のために其処へたたきつけられた木の葉が一枚、窓硝子（まどガラス）の真ん中にぴったりとくっついた儘（まま）になっているのを不思議そうに見守っていた。そのうちに何か思い出し笑いのようなものをひとりでに浮べている自分自身に気がついて、彼女は思わずはっとした。
「後生だから、お前、そんな眼つきでおれを見る事だけはやめて貰えないかな。」帰りぎわに圭介は相変らず彼女から眼を外らせながら軽く抗議した。
「そんな眼つきでおれを<u>見ないでくれないか</u>。」そう彼がとうとう堪《たま》らなくなったように彼女に向って云った、あの豪雨にとじこめられた日の不安そうだった彼の様子が、急に彼の他のさまざまな姿に立ち代って、彼女の心の全部を占め出した。彼女はそのうちにひとりでに目をつぶり、その嵐の中でのように、少し無気味な思い出し笑いのようなものを何んとはなしに浮べていた。❶

(102)에서 화자「圭介」는「おれ」와「お前」라는 인칭대명사를 쓰고 있어 남성으로, 청자「菜穂子」는 이름과「彼女」로 지칭되고 있어 여성임을 알 수 있고 화자가 청자에 대해「お前」라고 부르고 있기 때문에 청자는 화자와 동위자이거나 하위자로 여겨진다. 화자가 청자에게 자기를 피하지 말라고 부탁하고 있다는 점에서 양자는 친한 사이로 해석되며「見ないでくれないか」의 〈ないでくれないか〉는 [부탁][당부]의 표현가치를 나타낸다. 그리고 [남성 화자/여성 청자/청자가 화자와 경어적 동위자이거나 하위자/소원한 사이]에서는 〈ないでくれないか〉로 사용된 예가 확인되지 않는다.

[11] 〈ないでくれますか〉 {청자(여)가 화자(남)와 경어적 동위자이거나 하위자인 경우}

(103) ねえ、みどりちゃん、お兄ちゃんがお菓子買ってきてあげるから、もう泣か<u>ないでくれますか</u>。
(104) おい、みどり、許可無く俺のものを勝手にさわら<u>ないでくれますか</u>。

(103)에서 여성 청자「みどりちゃん」는 남성 화자「お兄ちゃん」에 대해 경어적으로 동위자이거나 하위자로 설정되어 있고, 화자가 청자에 대해 감동사「ねえ」나 호칭 접사「ちゃん」을 사용하고 있다는 점 그리고 화자가 청자에 대해 울음을 그치도록 달래고 있는 발화내용에서 양자의 친소관계는 친한 사이로 이해된다. 〈ないでくれますか〉는 〈ないでくれる〉 계열의 다른 정중체와 마찬가지로 최저한도의 정중도를 나타내기 때문에 청자와의 일정한 거리를 확보하면서 화자의 품위를 유지하는 역할을 한다. 그런데 친한 사이에서「泣かないでくれますか」와 같이 화자가 친한 사이의 경어적 동위자이거나 하위자에게 사용하면 상대방을 달래거나 기분을 맞추기 위해 쓰인 것으로 해석된다.

(104)에서 청자「みどり」는 화자「俺」에 대해 경어적으로 동위자이거나 하위자로 묘사되어 있다. 화자가 청자를 부를 때「おい」라는 응답사를 사용하고 있고, 또한 발화내용이 청자에 대한 화자의 불쾌감이나 책망과 질책을 의미하고 있다는 점에서 화자의 청자에 대한 친소관계는 소원한 사이로 이해된다. 그리고 〈ないでくれますか〉를 소원한 사이에서「さわらないでくれますか」와 같이 화자가 경어적 동위자이거나 하위자에게 사용하면 [불쾌감][분노][질책]의 표현가치를 나타낸다.

[12] 〈ないでくれます?〉 {청자(여)가 화자(남)와 경어적 동위자이거나 하위자인 경우}

(105) ねえ、みどりちゃん、お兄ちゃんがお菓子買ってきてあげるから、もう泣か<u>ないでくれます</u>?
(106) おい、みどり、許可無く俺のものを勝手にさわら<u>ないでくれます</u>?

(105)에서 여성 청자「みどりちゃん」는 남성 화자「お兄ちゃん」에 대해 경어적으로 동위자이거나 하위자로 설정되어 있고, 화자가 청자에 대해 감동사「ねえ」나 호칭 접사「ちゃん」을 사용하고 있다는 점 그리고 화자가 청자에 대해 울음을 그치도록 달래고 있는 발화내용에서 양자의 친소관계는 친한 사이로 해석된다. 〈ないでくれます?〉는 〈か〉가 현재화되지 않은 형식이라는 점에서 경의도에 있어서는 〈ないでくれますか〉보다 약간 낮은데 〈ないでくれる〉 계열의 다른 정중체와 마찬가지로 최저한도의 정중도를 나타내기 때문에 청자와의 일정한 거리를 확보하면서 화자의 품위를 유지하는 역할을 한다. 친한 사이에서「泣かないでくれます?」와 같이 화자가 경어적 동위자이거나 하위자에게 사용하면 상대방을 달래거나 기분을 맞추기 위해 쓰인 것으로 해석된다.

(106)에서 청자「みどり」는 화자「俺」에 대해 경어적으로 동위자이거나 하위자로 묘사되어 있다. 화자가 청자를 부를 때「おい」라는 응답사를 사용하고 있고, 또한 발화내용이 청자에 대한 화자의 불쾌감이나 책망과 질책을 의미하고 있다는 점에서 화자의 청자에 대한 친소관계는 소원한 사이로 이해된다. 그리고〈ないでくれます?〉는 소원한 사이에서「さわらないでくれます?」와 같이 화자가 경어적 동위자이거나 하위자에게 사용하면 [불쾌감][분노][질책]의 표현가치를 나타낸다.

[13]〈ないでくれませんか〉 {청자(여)가 화자(남)와 경어적 동위자이거나 하위자인 경우}

(107) ねえ、みどりちゃん、お兄ちゃんがお菓子買ってきてあげるから、もう泣かないでくれませんか。
(108) おい、みどり、許可無く俺のものを勝手にさわらないでくれませんか。

(107)에서 여성 청자「みどりちゃん」은 남성 화자「お兄ちゃん」에 대해 경어적으로 동위자이거나 하위자로 설정되어 있고, 화자가 청자에 대해 감동사「ねえ」나 호칭 접사「ちゃん」을 사용하고 있다는 점 그리고 화자가 청자에 대해 울음을 그치도록 달래고 있는 발화내용에서 양자의 친소관계는 친한 사이로 이해된다.〈ないでくれる〉계열의 부정 정중체인〈ないでくれませんか〉는 경의도에 있어서〈か〉가 현재화되지 않은〈ないでくれません?〉에 비해 약간 높은데〈ないでくれる〉계열의 다른 정중체와 마찬가지로 최저한도의 정중도를 나타내기 때문에 친한 사이에서「泣かないでくれませんか」와 같이 화자가 경어적 동위자이거나 하위자에게 사용하면 상대방을 달래거나 기분을 맞추기 위해 쓰인 것으로 해석된다.

(108)에서 청자「みどり」는 화자「俺」에 대해 경어적으로 동위자이거나 하위자로 묘사되어 있다. 화자가 청자를 부를 때「おい」라는 응답사를 사용하고 있고, 또한 발화내용이 청자에 대한 화자의 불쾌감이나 책망과 질책을 의미하고 있다는 점에서 화자의 청자에 대한 친소관계는 소원한 사이로 간주된다. 그리고 소원한 사이에서「さわらないでくれませんか」와 같이 화자가 경어적 동위자이거나 하위자에게 사용하면 [불쾌감][분노][질책]의 표현가치를 나타낸다.

[14]〈ないでくれません?〉 {청자(여)가 화자(남)와 경어적 동위자이거나 하위자인 경우}

(109) ねえ、みどりちゃん、お兄ちゃんがお菓子買ってきてあげるから、もう泣かないでくれません?
(110) おい、みどり、許可無く俺のものを勝手にさわらないでくれません?

(109)에서 여성 청자「みどりちゃん」은 남성 화자「お兄ちゃん」에 대해 경어적으로 동위자이거나 하위자로 설정되어 있고, 화자가 청자에 대해 감동사「ねえ」나 호칭 접사「ちゃん」을 사용하고 있다는 점 그리고 화자가 청자에 대해 울음을 그치도록 달래고 있는 발화내용에서 양자의 친소관계는 친한 사이로 여겨진다.〈ないでくれません?〉은〈ないでくれる〉계열의 다른

정중체와 마찬가지로 경도(輕度)의 정중도를 나타내기 때문에 청자와의 일정한 거리를 확보하면서 화자의 품위를 유지하는 역할을 한다. 친한 사이에서「泣かないでくれません?」과 같이 화자가 경어적 동위자이거나 하위자에게 사용하면 상대방을 달래거나 기분을 맞추기 위해 쓰인 것으로 해석된다.

(110)에서 청자「みどり」는 화자「俺」에 대해 경어적으로 동위자이거나 하위자로 묘사되어 있다. 화자가 청자를 부를 때「おい」라는 응답사를 사용하고 있고, 또한 발화내용이 청자에 대한 화자의 불쾌감이나 책망과 질책을 의미하고 있다는 점에서 화자의 청자에 대한 친소관계는 소원한 사이로 판단된다. 소원한 사이에서「さわらないでくれません?」과 같이 화자가 경어적 동위자이거나 하위자에게 사용하면 [불쾌감][분노][질책]의 표현가치를 나타내는데 〈ないでくれません?〉은 〈ないでくれませんか〉보다 경의도가 낮기 때문에 소원함이 다소 강하게 분출된다.

2.5. 청자(여)가 화자(남)에 비해 경어적 하위자인 경우

[1] 〈ないでくれ〉 {청자(여)가 화자(남)에 비해 경어적 하위자인 경우}

　(111) 夕子 : 本当ですか?　姉に言ったらきっと喜びます。夏川の家からも何かお祝いをださないといけませんね。
　　　　下田 : あ、それはいい。あと静子さんには言わないでくれ。俺から言ってビックリさせてやりたいんだ。それより、横須賀行くんじゃないのか。急げ。❹

(111)에서 [남성/26세/陸軍少佐]로 설정되어 있는 화자「下田」는「俺」라는 인칭대명사에서 남성으로, [여성/17세/静子の姉]로 등장하는 청자「夕子」는 여성으로 간주된다. 화자가 청자에게 보통체 말씨를, 청자는 화자에게 정중한 말씨를 쓰고 있기 때문에 청자는 화자에 비해 경어적 하위자로 판단된다. 화자가 청자에게 청자의 언니에게 말하지 말라고 당부하고 있다는 점에서 양자의 친소관계는 친한 사이로 해석되며「言わないでくれ」의 〈ないでくれ〉는 [부탁][당부]의 표현가치를 나타낸다.

　(112)「でもね、今はこうして手習いに通える身分になったんです。毎日、覚える字が増えて、嬉しくて嬉しくて仕方がないんですよ」お春の声は弾んでいる。お春の眼は輝いていた。
　　　　十四郎はそんなお春の横顔をちらと見て、「それはそうとお春、聞きにくいことを聞くが、そういう苦労があって息子の一人を養子に出したのか」お春は十四郎の言葉に立ち止まると、驚いた顔を向けた。「悪く思わないでくれ。作造がお前さんに申し訳ないという意味でな、つまり息子さんがいるのにお店を譲ってもらった、そういうことでぽろっとな」
　　　　お春は後ろを振り返って、先程手を合わせた地蔵の赤い前垂れに目をやったまま言った。「確かに一人養子にやりました。生活が苦しくって食べていけない、この先どうなるか分からない、だったら、この子だけでも生き残って欲しいってね。でも養子にやった子はやった子で

す。もうあたしの子じゃありません。作造は気を遣い過ぎて…私のことだって本当のおっかさんのように思ってくれればいいのに…」❷

(112)에서 화자는「十四郎」라는 이름에서 남성으로, 청자는「お春」라는 이름에서 여성으로 간주되며 화자가 청자를「お春」와 같이 이름으로 부르고 있고,「養子に出したのか」의「のか」와 같은 문말 형식을 사용하고 있다는 점에서 청자는 화자에 비해 경어적 하위자로 여겨진다. 화자가 청자에게 나쁘게 생각하지 말라고 부탁하고 있다는 점에서 양자는 친한 사이로 해석되며「悪く思わないでくれ」의〈ないでくれ〉는 [부탁][당부]의 표현가치를 나타낸다.

(113) ルークが近づいてきて鍵束を取りあげた。「これが玄関の鍵で、これは勝手口の鍵、それにプールと車。それからこっちは君の部屋の鍵だ。必要なら使ってくれ」ルークはまだ広げられているジルのてのひらに鍵束を戻した。「質問は?」
「いえ、ありません」ジル
「よろしい」ルーク
ルークは肘掛け椅子のひとつに腰を下ろした。「アンの留守中に何か問題が生じたら、ジェンキーに相談したまえ。ダニーのことはよく知っているから、君を助けてくれるだろう」
またしても! アンにきけ、ジェンキーにきけ、僕をわずらわせ<u>ないでくれ</u>! でも、それも当然かもしれない。
もしルークがミスター・ギャレットだとしたら、彼はほとんどロンドン暮らしなのだから。ジルは飲まずにはいられない気分でシェリー酒のグラスを口に運んだ。そのとき、ルークが探るようにじっと自分を見ていることに気づいた。直接神経を撫でつけるような強いまなざしに見つめられ、彼女は落ち着きなく身をよじった。❷

(113)에서 화자「ルーク」는「僕」라는 인칭대명사, 그리고「ジェンキーに相談したまえ」의「たまえ」라는 명령표현을 쓰고 있어 남성으로, 청자「ジル」는 지문의「彼女」라는 표현에서 여성으로 간주된다. 화자가 청자에게 보통체 말씨를 쓰고 있는 데에 반해 청자가 정중체 말씨로 대응하고 있기 때문에 청자는 화자에 비해 하위자로 여겨진다. 그리고 화자가 청자에게 괴롭히지 말라고 부탁하고 있다는 점에서 양자는 친한 사이로 해석되며「わずらわせないでくれ」의〈ないでくれ〉는 [부탁][당부]의 표현가치를 나타낸다.

(114) 珈琲とパンが来ると、男は、
「やり給え」あっけにとられて豹一が珈琲を啜っていると、「不味いだろう? ここの女の顔もそうだがね」
そんな男の調子に圧倒されそうになったので、豹一はわざと図太い態度で、じろじろ女の顔を見廻し、なるほどねという顔をした。すると、いきなり、
「そうじろじろ見るなよ」男の声が来た。豹一ははっと根くなったが、実は豹一に言ったのではなかった。
「おい、美根ちゃん、そんなにおれの顔を見<u>ないでくれ</u>!」

「まあ、失礼！」
「監視せんでも良えぞ。勘定はこの人が払ってくれる。食逃げはせんからね。いつものようには……」
そして、豹一に、「君、勘定を払ってもらった上にはなはだ恐縮だが……」しかし、ちっとも恐縮しているような態度は見せず、にやにやと顎をなでていたが、いきなり、「金を貸してくれ」と、言った。
ずり落ちそうな眼鏡のうしろで、細い眼をしょぼつかせている外観から想像も出来ない、まるで斬り捨てるような言い方だったから、豹一はあっと駭いたが、しかし、さすがに直ぐに言葉をかえして、「いくら?」と、訊いた。
「五十銭で良えです」しかし豹一が財布をあけるのを見て、「一円にして貰おうかな」
結局三円とってしまうと、男は、❶

(114)에서 화자는「おれ」라는 인칭대명사를 사용하고 있어 남성으로, 청자는「まあ、失礼！」라는 표현에서 여성으로 상정되며 화자가 청자에게「おい」라는 감동사와「美根ちゃん」의「ちゃん」과 같은 호칭 접사를 사용하고 있기 때문에 청자는 화자에 비해 경어적 하위자로 여겨진다. 화자가 청자에게 자기 얼굴을 그렇게 보지 말라고 당부하고 있다는 점에서 양자는 친한 사이로 해석되며「見ないでくれ」의〈ないでくれ〉는 [부탁][당부]의 표현가치를 나타낸다. 그리고 [남성 화자/여성 청자/청자가 화자에 비해 경어적 하위자/소원한 사이]에서는〈ないでくれ〉의 예가 확인되지 않는다.

[2]〈ないでくれよ〉{청자(여)가 화자(남)에 비해 경어적 하위자인 경우}

(115)「あ…。すみません」誰?―首をかしげつつ、受話器を受けとると、「もしもし」
「やあ、さっきは」「桐原さん…。なにか忘れものですか?」
車からかけているのだろう、少し声は遠かった。
「君に言っときたいことがあってね」
「なんですか?」
「本当は、君のことが好きだったんだ」と、桐原は言った。
「でも、もちろん中学生の君とつきあうわけにもいかなかったしね。君がもう少し大人になったら…。それまで忘れないでくれよ」
「―はい」みゆきは、頬がポッと熱くなるのを感じた。電話をきると、みゆきはなんとなく校門の方へ目をやっていたが、「向うがこっちを忘れるわよ！」と、口に出して言うと、教室に向って小走りにかけ出していた。❷

(115)에서 화자「桐原」는 청자를「君」라는 인칭대명사로 부르고 있고「好きだったんだ」의「んだ」와 같은 남성 전용의 문말 형식을 쓰고 있어 남성으로, 그리고 청자「みゆき」는 이름에서 여성으로 여겨진다. 화자가 청자를 좋아하지만 중학생인 청자와 사귈 수가 없다는 대화에서 청자는 화자에 비해 하위자이고 양자는 친한 사이로 설명된다. 화자가 청자에게 어른이 될

때까지 잊지 말라고 당부하고 있다는 점에서「忘れないでくれよ」의〈ないでくれよ〉는 [부탁][당부]의 표현가치를 나타낸다.

> (116)【悠太】話って何?
> 　　　【南波】私、入学した時から、先輩の事が好きでした。{ 手を差し出す }
> 　　　【悠太】ごめんね、俺の右側は空いてないんだ… 気を悪くしないでくれよ。
> 　　　【南波】わかりました。で、相手は誰なんですか?
> 　　　【悠太】困るなあ、それは言えないよ
> 　　　【南波】話変わりますけど、誰と付き合ってるんですか?
> 　　　【悠太】それは言えないってさっきも言っただろ。それに話変わってねえし。❹

(116)에서 화자「悠太」는「俺」라는 인칭대명사와「空いてないんだ」의「んだ」와 같은 남성 전용의 문말 형식을 쓰고 있어 남성으로, 청자「南波」는 화자와의 대화에서 여성으로 추측된다. 등장인물에서 화자는 [中3]으로, 청자는 [中1]로 설정되어 있기 때문에 청자는 화자에 비해 하위자로 인정된다. 청자가 화자에게 사랑을 고백하고 있다는 점에서 양자는 친한 사이로 해석되며「気を悪くしないでくれよ」의〈ないでくれよ〉는 [부탁][당부]의 표현가치를 나타낸다.

> (117)「おじさんをバカといわないでくれよ。このうちにいるのはきみとパンジーだけなんだ」
> 　　　「ちがうわ、バカね」むこうにしてみれば、これはおもしろいゲームだろう。「バリーもときどききいるもの」「おじさんをバカといわないでくれよ。バリーはウサギだ」
> 　　　「ちがうわ、バカね。バリーは男の子」
> 　　　「バリーはベイビーヘッドです、ミスター・メトカーフ」セレスト・スタンハントが階段の途中から口をはさんだ。
> 　　　「サーシャ、二階へいきなさい。メトカーフさんはわたしとお話があるの。パンジーが待ってるわよ」「はーい」子猫は答えたものの、まだここで遊びたいようすだった。❷

(117)에서 화자「メトカーフ」는 자신을「おじさん」이라고 지칭하고 있고 청자에 대해「きみ」라는 인칭대명사를 쓰고 있어 남성으로, 청자「サーシャ」는 새끼고양이인데,「ちがうわ」의「わ」와 같이 여성 전용의 종조사를 사용하고 있어 성별은 여성으로 간주된다. 화자가 청자에게「きみ」라고 부르고 있어 청자는 화자에 비해 하위자로 상정되고, 화자가 자기를 여러 번「バカ」라고 부르고 있는 청자를 제지하고 불쾌감을 드러내고 있다는 점에서 양자는 소원한 사이로 해석되며「いわないでくれよ」의〈ないでくれよ〉는 [불쾌감]의 표현가치를 나타낸다.

[3]〈ないでおくれ〉{청자(여)가 화자(남)에 비해 경어적 하위자인 경우}

> (118) 闇を泡立たせながら少女の父親、ルドガーが腐り果て、変わり果てた姿を現わした。ひっ、と小さな悲鳴をあげ、後退る少女。「お願いだ、娘よ。怯えないでおくれ」頬から腐肉を滴らせ、裂かれた喉からおぞましい虫の顔を覗かせながらルドガーは哀願した。

「これはあの女の仕業だ。あの女は初めから私とお前を騙していたのだ。あの女は…」「やめてっ！」叫ぶように言って、ラァムは両手で顔を覆った。❷

(118)에서 화자「ルドガー」는 청자의 아버지이고「お願いだ」와 같은 표현에서 남성으로, 청자는「娘」라고 불리고 있어 여성으로 상정된다. 화자가 청자의 아버지라고 되어 있어 청자는 화자에 비해 경어적 하위자이고, 화자가 청자에게 부탁이니 겁을 먹지 말라고 부탁하고 있다는 점에서 양자는 친한 사이로 간주되며「怯えないでおくれ」의 〈ないでおくれ〉는 [부탁][당부]의 표현가치를 나타낸다.

(119) 今日明日と嫁さんは、とあるイベントに参加のため、朝から夕方まで外出。
だもんで、何だか朝から慌しい。
朝飯のあと、洗濯物を畳んで、床掃除をして、食器を洗ってから、嫁さんを見送る。
あとは夕方まで娘と2人っきり。
っしゃ！今日は遊ぶぞ！マイ・ドーター！
てことで、早速、自転車でブラブラと。
久しぶりの自転車での外出に、娘、大はしゃぎ。
しかし娘よ。さぁ、坂道を登るぞぉ～！というタイミングで勝手にギアを重くしないでおくれ。
おとーさん、太ももパンパンやないかーい！❺

(119)는 인터넷 블로그에 실린 기사인데 화자는「今日は遊ぶぞ！」라는 표현에서 남성이고, 청자는 화자가「娘よ」라고 부르고 있어 여성임을 알 수 있다. 화자와 청자는 부모와 자식이기 때문에 청자는 화자에 비해 경어적 하위자이고, 화자가 청자에게 기어를 무겁게 하지 말라고 당부하고 있다는 점에서 양자는 친한 사이로 간주된다. 이때의「重くしないでおくれ」의 〈ないでおくれ〉는 [부탁][당부]의 표현가치를 나타낸다.

(120)「娘よ、頑張りすぎないでおくれ 2012/11/15」〈題名〉
最近、勤務を終えて帰ってきた娘を見ると、疲れている様子がよく見られる。
「疲れているんじゃない?」、「うん、疲れたぁ～」。自分の能力以上に頑張ろうとする娘、指導員の方に尋ねてみると「とにかく頑張るんです、何をやっても一番、素晴らしいです」。❺

(120)은 인터넷 블로그에 남성이 작성한 기사라는 점에서 화자는 남성이고, 청자는 화자가「娘」라고 부르고 있어 여성임을 알 수 있다. 화자와 청자는 부모와 자식이기 때문에 청자는 화자에 비해 경어적 하위자이고, 화자가 청자에게 너무 지나치게 힘을 내지 말라는 제목에서 양자는 친한 사이로 해석되며「頑張りすぎないでおくれ」의 〈ないでおくれ〉는 [부탁][당부]의 표현가치를 나타낸다. 그리고 [남성 화자/여성 청자/청자가 화자에 비해 경어적 하위자/소원한 사이]에서는 〈ないでおくれ〉로 사용된 예가 확인되지 않는다.

[4] 〈ないでおくれよ〉 {청자(여)가 화자(남)에 비해 경어적 하위자인 경우}

(121) ねえちょっと摩耶ちゃんそんなにウザいウザい言わないでおくれよ　提督引用元: 【DMM/角川】艦隊これくしょん～艦これ～　1997隻目....(省略されました) ❺

(121)에서 화자는 자신을 「提督」라고 지칭하고 있어 남성으로, 청자는 「摩耶ちゃん」이라고 불리고 있어 여성으로 상정되고 화자가 청자에게 「ちゃん」과 같은 호칭 접사를 사용하고 있기 때문에 청자는 화자에 비해 경어적 하위자로 간주된다. 화자가 청자에게 「ねえ」와 같은 감동사를 쓰고 있고, 「ウザいウザい」와 같은 말을 하지 말라고 부탁하고 있다는 점에서 양자는 친한 사이로 해석된다. 이때의 「言わないでおくれよ」의 〈ないでおくれよ〉는 [부탁][당부]의 표현가치를 나타낸다. 그리고 [남성 화자/여성 청자/청자가 화자에 비해 경어적 하위자/소원한 사이]에서는 〈ないでおくれよ〉로 사용된 예가 확인되지 않는다.

[5] 〈ないでくれたまえ〉 {청자(여)가 화자(남)에 비해 경어적 하위자인 경우}

(122) 春日：パッケージより…もっと歳食った女性が…たぶんパッケージだけ修正しまくってんだろうね。動いてる彼女は…目じりに現れた年月のミルフィーユが涙を誘ったよ
　　まち：うわあ…色んな意味で私は春日さんを最も軽蔑します
　　春日：これも探偵の調査の一環だよ、誤解しないでくれたまえ
　　まち：で…ミルフィーユな彼女はアクロバティックだったんですか
　　春日：ああ、すごかった。例えるなら…遊園地で空中ブランコがあるだろう？あのハイジのオープニングから自然を取り払った、ただ上空で人間を振り回すだけのアトラクション ❷

(122)에서 화자 「春日」는 [男/名探偵]로 등장하고 있어 남성으로, 청자 「まち」는 [女/助手]로 소개되고 있어 여성임을 알 수 있다. 이러한 설정에서 청자는 화자에 비해 경어적 하위자로 여겨진다. 청자가 화자에게 가장 경멸한다는 표현을 쓰고 있지만, 사건에 관심을 보이고 계속해서 질문을 하고 있다는 점에서 양자는 친한 사이로 간주되며 「誤解しないでくれたまえ」의 〈ないでくれたまえ〉는 [부탁][당부]의 표현가치를 나타낸다.

(123) やがて東屋氏は、驚いているわたしを尻目(しりめ)にかけ、三田村技手へあらたまった調子で言った。わたしは思わず口を入れた。
　　「そんなものはなかったよ」
　　「だって、あなた自身」
　　「まあ待ちたまえ。話をぶちこわさないでくれたまえ……あの親爺《おやじ》さんは、大変厳格で正直で責任感が強く、ただでさえ白い眼で見ていた娘の、こんなにも大それた罪を許そうはずはない。けれども、それにもかかわらず、物音を聞いてここへかけ登って来た瞬間から、老人の気持はガラッと変って、生涯に一度の大嘘《おおうそ》をついて化け物を捏造《ねつぞう》し、娘の罪を隠し始めたのだった」 ❶

(123)에서 화자는「まあ待ちたまえ」의「まあ」와 같은 감동사와「娘の罪を隠し始めたのだった」의「のだった」와 같은 남성 전용의 문말 형식을 쓰고 있어 남성으로, 청자「わたし」는「だって」와 같은 접속사를 쓰고 있어 여성으로 추정된다. 화자는「東屋氏」와 같이 표현되고 있고 청자가 화자에게「あなた」와 같은 인칭대명사를 사용하고 있는 점을 고려하면 청자는 화자에 비해 하위자로 여겨지는데「あらたまった調子で言った」와 같은 표현을 통해 화자가 청자에게 거리감을 두고 있고 이야기를 망치지 말라고 불쾌감을 드러내고 있다는 점에서 양자는 소원한 사이로 해석된다. 따라서「話をぶちこわさないでくれたまえ」의 〈ないでくれたまえ〉는 [불쾌감]의 표현가치를 나타낸다.

(124) 地主 : うん? 君たちは。あぁ、あの自殺騒動の時の。
　　　客2(女) : あっ。はい、そうです。
　　　客1(男) : ご無沙汰してます。その節はご迷惑をおかけしました。
　　　女 : まだ誤解しているみたいですよ。私たちもあの芸術家の一味だって。
　　　地主 : そんなわけはないだろう!! 失礼だな。全く。あんな奴らと一緒にしないでくれたまえ。
　　　　(以下、文句を続ける) ❹

(124)에서 화자「地主」는「ないだろう！！」의「だろう！！」나「失礼だな」의「だな」와 같은 남성 전용의 문말 형식을 쓰고 있어 남성이고, 청자는「女」로 설정되어 있기 때문에 성별은 여성임을 알 수 있다. 화자가 청자에게 보통체 말씨를, 청자는 화자에게 정중체 말씨를 사용하고 있기 때문에 청자는 화자에 비해 하위자로 간주된다. 화자가 자기를 그런 놈들과는 같은 취급을 하지 말라고 청자에게 화를 내고 있다는 점에서 양자는 소원한 사이로 해석되며「一緒にしないでくれたまえ」의 〈ないでくれたまえ〉는 [불쾌감]의 표현가치를 나타낸다.

(125)「おっと、誤解しないでくれたまえ……私も本当はこんなことを言いたくはないんだ。今も胸が張り裂けそうな程悲しいのを我慢しているんだぞ」
　　　泰蔵が胸の辺りを掴みながら、悲しそうな表情を浮かべる。
　　　「さぁ君、副店長としての最後の仕事だ………早くしたまえ」
　　　そう言うと泰蔵は銀花の目をじっと見つめる。❺

(125)에서 화자「泰蔵」는「言いたくはないんだ」의「んだ」나「我慢しているんだぞ」의「んだぞ」와 같은 남성 전용의 문말 형식을 쓰고 있어 남성으로, 청자는「銀花」라는 이름에서 여성으로 추정된다. 화자가 청자를「君」라는 인칭대명사로 부르고 있고, 상사와 부하라는 관계에서 청자는 화자에 비해 하위자로 간주된다. 화자가 청자에게「おっと」와 같은 감동사를 사용하며 자기를 오해하고 있는 청자에 대해 불쾌감을 표출하고 있다는 점에서 양자는 소원한 사이로 묘사되어 있다는 점에서「誤解しないでくれたまえ……」의 〈ないでくれたまえ〉는 [불쾌감]의 표현가치를 나타낸다.

[6] 〈ないでくれたまえよ〉 {청자(여)가 화자(남)에 비해 경어적 하위자인 경우}

(126)「そら豆が出ている間は、毎日万里子にゆでてもらったもんだった。毎日でも飽きなかった」もう一度、息を吸いこむ。
「でも、思い出せない」え? わたしは叔父の顔を覗きこんだ。
「どんなふうにそら豆がおいしかったか、もう思い出せない」少し眉をしかめる。
「可哀相などと思わ<u>ないでくれたまえよ</u>」しかめた眉をゆっくりと開き、叔父はにやりとした。
「もともとそら豆がどんなふうにおいしいかなんてことは気にしたこともなかったんだから」叔父はソファーに横たわった。ときどき叔父の腕や足がソファーを突き抜ける。❷

(126)에서 화자는「叔父」라는 인칭대명사로 지칭되어 있어 남성이고, 청자「わたし」는「万里子」라는 이름에서 여성임을 알 수 있다. 작은 아버지와 조카딸이라는 관계에서 청자는 화자에 비해 하위자이며,「ゆでてもらったもんだった」와「毎日でも飽きなかった」와 같은 설명에서 양자는 친한 사이로 간주된다. 화자가 청자에게 자기를 불쌍하다고 생각하지 말라는「思わないでくれたまえよ」의 〈ないでくれたまえよ〉는 [부탁][당부]의 표현가치를 나타낸다. 그리고 [남성 화자/여성 청자/청자가 화자에 비해 경어적 하위자/소원한 사이]에서는 〈ないでくれたまえよ〉로 사용된 예가 확인되지 않는다.

[7] 〈ないでくれる?〉 {청자(여)가 화자(남)에 비해 경어적 하위자인 경우}

(127) ヨシミ:「笑わないで下さい。」
ダイチ:「アヤちゃん、そんなにじっと見つめ<u>ないでくれる?</u>」
ユリ:「このバカタレ。」
ヨシミ:「そういう状況なんですから。」
ダイチ:「わかった。今度は頑張るから。」
ヨシミ:「じゃ、も１回、アースマンの最後のセリフから。」
ダイチ:「…だったら、どうなんですか。」❹

(127)에서 화자「ダイチ」는 [♂/キタノ ダイチ/(ミナミ高校3年演劇部員)]으로 설정되어 있어 남성으로,「アヤちゃん」으로 불리고 있는 청자는 [♀/ハセガワ アヤ/(ミナミ高校2年演劇部員)]으로 되어 있어 여성으로 상정되고, 청자는 화자에 비해 경어적 하위자로 이해된다. 화자는 청자가 자신에게 호의를 보이기 위해 빤히 쳐다보고 있다고 착각하고 발화하고 있다는 점에서 양자는 친한 사이로 간주되며「見つめないでくれる?」의 〈ないでくれる?〉는 [부탁][당부]의 표현가치를 나타낸다.

(128) 黒石:「他にいるでしょ? 暇してるキャディ」
田中:「そうそう、暇しておっぱい大きいキャディ」
藤沢:「いやだからデリヘルじゃないんですよ」

黒石:「あそう…じゃあさ、君でいいから邪魔しないでくれる?
　　　キャディっぽいことはやんなくていいから、せめて邪魔はしないでくれる?
　　　キャンディとか食べてていいから」❹

(128)은 [黒石(40)、田中(34)、藤沢(24)がティーグラウンドにいる。藤沢がボールを置いて、素振りをしている。その様子を何か言いたげに見ている、田中と黒石。気合たっぷりの藤沢。ゆっくりと構える。]와 같은 장면에서의 대화인데 화자「黒石」는「じゃあさ」의「さ」나「君」라는 인칭대명사를 쓰고 있어 남성으로, 청자「藤沢」는「デリヘルじゃないんですよ」와 같은 표현과「田中」의「おっぱい大きいキャディ」와 같은 표현에서 여성으로 추정된다. 대화내용과 연령에서 청자는 화자에 비해 경어적 하위자로 판단된다. 화자가 청자에게 청자이면 충분하니 방해하지 말라고 부탁하고 있다는 점에서 양자는 친한 사이로 해석되며「邪魔しないでくれる?」의〈ないでくれる?〉는 [부탁][당부]의 표현가치를 나타낸다.

(129) かな:床が動いてる!
　　　 部長:気をつけな!権之介が今動かしてる。
　　　 かな:ええっ!課長さんが? あのステッキで?
　　　 部長:そうだ。1人ですべてを操作するにはどうしても手が届かない。結果、生まれたのがあ
　　　　　 のスティック操作だ。
　　　 かな:権之介…。
　　　 部長:本名で呼ばないでくれる!! ❹

(129)의 등장인물 소개에서 화자「部長」는 남성, 청자「かな」는 [新人/女]와 같이 여성으로 설정되어 있어 청자는 화자에 비해 경어적 하위자로 간주된다. 청자가 화자에게「気をつけな」라는 남성어적 명령표현을 사용하고 있고, 화자가 신입 사원인 청자가 상위자인 과장을 본명으로 부르고 있는 것에 대해 주의를 주고 있다는 점에서 양자의 친소관계는 소원한 사이로 해석된다. 이에「呼ばないでくれる!!」의〈ないでくれる?〉는 [불쾌감][항의]의 표현가치를 나타낸다.

[8]〈ないでくれるか〉

　[남성 화자/여성 청자/청자가 화자에 비해 경어적 하위자/친한 사이·소원한 사이]에서는〈ないでくれるか〉로 사용된 예가 확인되지 않는다.

[9]〈ないでくれない?〉{청자(여)가 화자(남)에 비해 경어적 하위자인 경우}

(130) 東:「俺言ってないでしょ。南湖が嫌いだなんて」
　　　 京子:「でも、南湖先生を好きな人が嫌いって……やだ!東先生いくら奥様亡くされて長いか

らって！」
東：「もしもーし。京子ちゃーん。そこで古巣の癖を出さ<u>ないでくれなーい?</u>」
京子：「ふっ古巣！? 何のことですか！?」
東：「入社当時、月刊BOYS-LOVEの編集だったんでしょ?」
京子：「それ絶対人に言わないでくださいよ！?」❹

　(130)에서 화자「東」는 자신에 대해「俺」라는 인칭대명사를 쓰고 있어 남성으로, 청자「京子」는 이름에서 여성으로 상정된다. 화자가 청자를「京子ちゃーん」이라는 호칭으로, 그리고 청자는 화자를「東先生」이라고 부르고 있기 때문에 청자는 화자에 비해 경어적 하위자로 간주되며, 화자가 청자에게「ちゃん」과 같은 호칭 접사를, 청자가 화자에게「……やだ！」와 같은 표현을 사용하고 있다는 점에서 양자는 친한 사이로 해석된다. 이때의「出さないでくれなーい?」의 〈ないでくれない?〉는 [부탁][당부]의 표현가치를 나타낸다. 그리고 [남성 화자/여성 청자/청자가 화자에 비해 경어적 하위자/소원한 사이]에서는 〈ないでくれない?〉로 사용된 예가 확인되지 않는다.

[10] 〈ないでくれないか〉 {청자(여)가 화자(남)에 비해 경어적 하위자인 경우}

(131)「ほら、兄さん、何んだか前へ動いて云ってた方があったじゃありませんか。モーニングだのにネクタイだけはぱッとハイカラな方よ。その方と御一緒の女のかた。」
　幸子は言外にも鋭い眼差で母を見詰めて云ったが、母は、ただ、「はア」と頼りなげな声を洩したのみだった。
「あの二人は火葬場まで行ってくれたんだよ。今度来たときはお礼を忘れ<u>ないでくれないか</u>。」
　仏前の蠟燭の明りが急に大きく揺れ出したので、芯を切りに立つついでに、矢代はそう云うと千鶴子の手紙のことも思い出し、自分の部屋へ入っていった。手紙の内容は別に取り立てたことではなく、侯爵邸の夜会で矢代と別れた後の模様が書いてある後で、今日は母が何んとなく自分に優しくしてくれるので嬉しくて、この手紙を書く気になったとだけあった。しかし、彼は「何んとなく今日は母が優しくしてくれるので」という簡単な文句が、温む水の霞んで来るような好い感じで読み終った。彼は記念のために、先夜読んだ藤原基経に関する史書の頁の部分へその手紙を挟んだ。❶

　(131)에서 화자「矢代」는 청자가「兄さん」으로 부르고 있고「行ってくれたんだよ」의「んだよ」와 같은 남성 전용의 문말 표현을 쓰고 있어 남성으로, 청자「幸子」는 여성으로 간주된다. 화자는 오빠, 청자는 여동생이기 때문에 청자는 화자에 비해 하위자로 상정되고 화자가 청자에게 화장하는 데까지 따라온 사람에게 인사하는 것을 잊지 말라고 당부하고 있다는 점에서 양자의 친소관계도 친한 사이로 여겨진다. 이에「忘れないでくれないか」의〈ないでくれないか〉는 [부탁][당부]의 표현가치를 나타낸다. 그리고 [남성 화자/여성 청자/청자가 화자에 비해 경어적 하위자/소원한 사이]에서는 〈ないでくれないか〉로 사용된 예가 확인되지 않는다.

[11] 〈ないでくれますか〉 {청자(여)가 화자(남)에 비해 경어적 하위자인 경우}

(132) みどりちゃん、パパがお菓子買ってきてあげるから、もう泣かないでくれますか。
(133) おい、みどり、お父さんの知らないところで、これ以上、馬鹿なことしないでくれますか。

(132)에서 화자는 자신을「パパ」로 지칭하고 있어 남성으로, 청자는「みどり」라는 이름에서 여성으로 상정되며 이러한 가족관계를 통해 청자는 화자에 비해 경어적 하위자로 자리매김된다. 화자가 청자에 대해「ちゃん」과 같은 호칭 접사를 사용하고 있다는 점과 화자가 청자를 달래고 있는 발화내용에서 청자에 대한 화자의 친소관계는 친한 사이로 여겨진다. 〈ないでくれますか〉는 〈ないでくれる〉 계열의 다른 정중체와 마찬가지로 최저한도의 정중도를 나타내기 때문에 청자와의 일정한 거리를 확보하면서 화자의 품위를 유지하는 역할을 한다. 친한 사이에서「泣かないでくれますか」와 같이 화자가 경어적 하위자에게 사용하면 상대를 달래거나 기분을 맞추기 위해 쓰인 것으로 해석된다.

(133)은 (132)와 마찬가지로 여성 청자「みどり」는 남성 화자「お父さん」에 비해 경어적 하위자로 묘사되고 있고, 화자가 청자에게「おい」라는 감동사를 사용하고 있고, 화자가 청자에 대해 불쾌감을 표출하고 있다는 발화내용에서 양자의 친소관계는 소원한 사이로 해석된다. 그리고 〈ないでくれますか〉를 소원한 사이에서「馬鹿なことしないでくれますか」와 같이 화자가 경어적 하위자에게 사용하면 [불쾌감][분노][질책]의 표현가치를 나타낸다.

[12] 〈ないでくれます?〉 {청자(여)가 화자(남)에 비해 경어적 하위자인 경우}

(134) みどりちゃん、パパがお菓子買ってきてあげるから、もう泣かないでくれます?
(135) おい、みどり、お父さんの知らないところで、これ以上、馬鹿なことしないでくれます?

(134)에서 화자는 자신을「パパ」로 지칭하고 있어 남성으로, 청자는「みどり」라는 이름에서 여성으로 간주되며 이러한 가족관계를 통해 청자는 화자에 비해 경어적 하위자로 자리매김된다. 화자가 청자에 대해「ちゃん」과 같은 호칭 접사를 사용하고 있다는 점과 화자가 청자를 달래고 있는 발화내용에서 청자에 대한 화자의 친소관계는 친한 사이로 이해된다. 〈ないでくれます?〉는 〈か〉가 현재화되지 않은 형식이라는 점에서 경의도에 있어서는 〈ないでくれますか〉보다 약간 낮은데 〈ないでくれる〉 계열의 다른 정중체와 마찬가지로 최저한도의 정중도를 나타내기 때문에 청자와의 일정한 거리를 확보하면서 화자의 품위를 유지하는 역할을 한다. 따라서 친한 사이에서「泣かないでくれます?」와 같이 화자가 경어적 하위자에게 사용하면 상대를 달래거나 기분을 맞추기 위해 쓰인 것으로 해석된다.

(135)는 (134)와 마찬가지로 여성 청자「みどり」는 남성 화자「お父さん」에 비해 경어적 하

위자로 묘사되고 있고, 화자가 청자에게 「おい」라는 감동사를 사용하고 있고, 화자가 청자에 대해 불쾌감을 표출하고 있다는 발화내용에서 양자의 친소관계는 소원한 사이로 해석된다. 그리고 〈ないでくれます?〉는 소원한 사이에서 「馬鹿なことしないでくれます?」와 같이 화자가 경어적 하위자에게 사용하면 [불쾌감][분노][질책]의 표현가치를 나타낸다.

[13] 〈ないでくれませんか〉 {청자(여)가 화자(남)에 비해 경어적 하위자인 경우}

 (136) シズオ：「アカネさん。」
   アカネ：「はい。」
   シズオ：「私に会ったこと、お父さんには絶対しゃべらないでくれませんか?」
   アカネ：「お父さんと話することありませんから。」❹

(136)에서 화자 「シズオ」는 [♂/サクライ シズオ(中年男)]로 소개되고 있어 남성으로, 청자 「アカネ」는 [우/ウエダ アカネ(ジョウナン高校2年1組)]로 등장하고 있어 여성으로 간주되며 청자는 화자에 비해 경어적 하위자로 묘사되어 있다. 화자가 자기와 청자가 만난 것을 청자의 아버지에게 말하지 말라고 부탁하고 있다는 점에서 청자에 대한 화자의 친소관계는 친한 사이로 설명된다. 〈ないでくれる〉 계열의 부정 정중체인 〈ないでくれませんか〉는 경의도에 있어서 〈か〉가 현재화되지 않은 〈ないでくれません?〉에 비해 약간 높은데 〈ないでくれる〉 계열의 다른 정중체와 마찬가지로 최저한도의 정중도를 나타내기 때문에 친한 사이에서 「しゃべらないでくれませんか」와 같이 화자가 경어적 하위자에게 사용하면 [간원][원망]의 표현가치를 실현한다.

 (137) おい、みどり、お父さんの知らないところで、これ以上、馬鹿なことしないでくれませんか。

(137)에서 여성 청자 「みどり」는 남성 화자 「お父さん」에 비해 경어적 하위자로 묘사되고 있고, 화자가 청자에게 「おい」라는 감동사를 사용하고 있고, 화자가 청자에 대해 불쾌감을 표출하고 있다는 발화내용에서 양자의 친소관계는 소원한 사이로 해석된다. 소원한 사이에서 「馬鹿なことしないでくれませんか」와 같이 화자가 경어적 하위자에게 사용하면 [불쾌감][분노][질책]의 표현가치를 나타낸다.

[14] 〈ないでくれません?〉 {청자(여)가 화자(남)에 비해 경어적 하위자인 경우}

 (138) みどりちゃん、パパがお菓子買ってきてあげるから、もう泣かないでくれません。
 (139) おい、みどり、お父さんの知らないところで、これ以上、馬鹿なことしないでくれません。

(138)에서 화자는 자신을 「パパ」로 지칭하고 있어 남성으로, 청자는 「みどり」라는 이름에서 여성으로 간주되며 이러한 가족관계를 통해 청자는 화자에 비해 경어적 하위자로 여겨진다.

화자가 청자에 대해「ちゃん」과 같은 호칭 접사를 사용하고 있다는 점과 화자가 청자를 달래고 있는 발화내용에서 청자에 대한 화자의 친소관계는 친한 사이로 판단된다. 〈ないでくれません?〉은 〈ないでくれる〉 계열의 다른 정중체와 마찬가지로 경도(軽度)의 정중도를 나타내기 때문에 청자와의 일정한 거리를 확보하면서 화자의 품위를 유지하는 역할을 한다. 친한 사이에서「泣かないでくれません?」과 같이 화자가 경어적 하위자에게 사용하면 상대를 달래거나 기분을 맞추기 위해 쓰인 것으로 해석된다.

(139)는 (138)과 마찬가지로 여성 청자「みどり」는 남성 화자「お父さん」에 비해 경어적 하위자로 묘사되고 있고, 화자가 청자에게「おい」라는 감동사를 사용하고 있고, 화자가 청자에 대해 불쾌감을 표출하고 있다는 발화내용에서 양자의 친소관계는 소원한 사이로 해석된다. 그리고 소원한 사이에서「馬鹿なことしないでくれません?」과 같이 화자가 경어적 하위자에게 사용하면 [불쾌감][분노][질책]의 표현가치를 나타내는데 〈ないでくれません?〉은 〈ないでくれませんか〉보다 경의도가 낮기 때문에 소원함이 다소 강하게 분출된다.

3. 여성 화자가 남성 청자에게 사용하는 〈ないでくれる〉 계열 의뢰표현

3.1. 청자(남)가 화자(여)에 비해 경어적 상위자인 경우

[1] 〈ないでくれ〉・[2] 〈ないでくれよ〉・[4] 〈ないでおくれよ〉・[5] 〈ないでくれたまえ〉・[6] 〈ないでくれたまえよ〉・[8] 〈ないでくれるか〉・[9] 〈ないでくれない?〉・[10] 〈ないでくれないか〉

  [여성 화자/남성 청자/청자가 화자에 비해 경어적 상위자/친한 사이·소원한 사이]에서는 상기 형태로 사용된 예가 확인되지 않는다.

[3] 〈ないでおくれ〉 {청자(남)가 화자(여)에 비해 경어적 상위자인 경우}

> (1) お袖お袖と力なき呼声は、覚束なくもこの寂寞を破りて、蒲団の内より漏れ出ぬ。お袖はハツと父の方を見遣れば、父はかなたを向きたるまま「オッ母《か》さんはどこかへ行つたかい」「ハイ先刻《さつき》差配のおばさんの許まで行つて来るといふて」「フムまた出歩行《であるき》か、ああ困つたもんだ、己れが床《ね》てゐることも、お前がそうして苦労するのも、気にならないのかネー、モーかれこれ九時にもなるだらふ、ちよつと行つて呼んでお出で」
> お袖はハイと応答《いらえ》しが、母が近所へ出歩行《である》くは、今日に始まりたる事にもあらず、昨日も隣へ行きたるまま、久しく帰り来さりしかば、父の吩咐《いいつけ》にて呼びに行きたるに、母はその時眼に角立てて「何か用かい、用でなければおッ母さんが帰るまで来なくツても宜しい。朝から晩まで病人の顔ばかり見てゐては、気がクサクサしておッ母さんまで病気が出そうだ、それにお父さんも、昨日や今日の病人ではなし、久しい間の事だから、そう後生大事に、二人が附添《つい》てるなくつても、ちつとは我慢をしたがよい。何だねこの子は、何をグヅグヅしてるんだ。サツサツと帰つてお父さんにさうおいひ。帰る時分が来たら、呼びによこさなくツても帰るッと」大変に叱られたれば、今日もまたその通り、呼びに行つたとて帰らるる事にてはなかるべし。
> なまじい呼びに行つてまた叱られ、帰つてから昨日のやうに、お父さんにあたられ [#「あたられ」に傍点] てはそれも苦労と、思ひ返して父に向ひ「ナニネお父さん、おッ母さんは今に帰つて来るだらふよ。何ぞ用ならその間、私《あたし》が」
> 「イヤ別に用事ではないが、お前は昼中働いて、労《つか》れてもゐる事だから、せめて夜だけでも、おッ母さんに代はらせやうと思つてよ」
> 「それなればなほの事、私はちつとも睡《ねむ》くはないから。お父さん気を揉まないでおくれ。それよりはおッ母さんの帰るまで、背など摩擦《さす》つて上げやう」と、小さき手にて身一ツに父の看護を引受けつ。別段辛い顔もせぬ、娘の心の優しさに、父の心も和らぎけむ、摩擦られながら、うとうとと寝《まどろ》みかかりぬ。❶

  (1)에서 화자는「娘」라는 지문의 설명에서 여성이고, 청자는「お父さん」이라고 불리고 있어

남성임을 알 수 있다. 또한 청자는 화자에 비해 경어적 상위자이고 아버지와 딸 사이의 대화라는 점을 감안하면 양자는 친한 사이로 판단된다. 화자가 청자에게 마음을 졸이지 말라는 발화내용에서「気を揉まないでおくれ」의 〈ないでおくれ〉는 [간원]의 표현가치를 나타낸다. 그리고 [여성 화자/남성 청자/청자가 화자에 비해 경어적 상위자/소원한 사이]에서는 〈ないでおくれ〉로 사용된 예가 확인되지 않는다.

[7] 〈ないでくれる?〉 {청자(남)가 화자(여)에 비해 경어적 상위자인 경우}

  (2) ナポレオン:「駄目な小娘だ。勉強も進まないようだし」
     ミツキ:「小娘呼ばわりしないでくれる? 自称ナポレオン」
     ナポレオン:「五月蝿い小娘だ。自称ではないと言っているだろう。失礼な小娘だな」
     ミツキ:「だから、小娘って呼ぶな。ナポレオンって自称つけずに呼ぶから」
     ナポレオン:「いい心がけだ。して、名は何と言う?」
     ミツキ:「ミツキ」
     ナポレオン:「そなたと離縁する」
     ジョゼフィーヌ:「は?」
     ナポレオン:「すまないジョゼフィーヌ理由は聞かないでくれ……」
     ジョゼフィーヌ:「(平手打ち。別に何でもいいから攻撃) 目が覚めまして?」❹

(2)에서 화자「ミツキ」는「小娘」라고 불리고 있어 여성으로, 청자「ナポレオン」는「言っているだろう」의「だろう」나「失礼な小娘だな」의「だな」와 같은 남성 전용의 문말 형식을 쓰고 있어 남성으로 간주된다. 화자가 자신을「小娘」라고 부르고 있는 청자에게 반발하여「小娘って呼ぶな」와 같은 스스럼없는 보통체 말씨를 사용하고 있지만, 발화내용을 통해 청자는 화자에 비해 경어적 상위자로 여겨지며 화자가 청자에게 그렇게 부르지 말라고 불쾌감을 표시하고 있는 점에서 양자의 친소관계는 소원한 사이로 해석된다. 이로 인해「呼ばわりしないでくれる?」의 〈ないでくれる?〉는 [불쾌감][항의]의 표현가치를 나타낸다. 그리고 [여성 화자/남성 청자/청자가 화자에 비해 경어적 상위자/친한 사이]에서는 〈ないでくれる?〉로 사용된 예가 확인되지 않는다.

[11] 〈ないでくれますか〉 {청자(남)가 화자(여)에 비해 경어적 상위자인 경우}

  (3) 波並:「話っていうほど大層なものじゃないんですが…。あ、その前に、一ついいですか?」
     先生:「何だい?」
     波並:「ここで私から聞いたこと、外で絶対話さないでくれますか?」
     先生:「それは当然だよ。プライバシーは必ず守る。それは約束するよ。❹

(3)에서 화자「波並」는 [波並(女)]로 설정되어 있어 여성으로, 청자「先生」는 [先生(男)]로 등장하고 있어 남성으로 상정되며, 청자는 화자에 비해 경어적 상위자로 판단된다. 그리고 화자가

「私から聞いたこと」를, 청자가 「それは当然だよ」와 같은 스스럼없는 표현을 사용하고 있는 점을 감안하면 양자의 친소관계는 친한 사이로 간주된다. 〈ないでくれますか〉는 〈ないでくれる〉계열의 다른 정중체와 마찬가지로 최저한도의 정중도를 나타내기 때문에 청자와의 일정한 거리를 확보하면서 화자의 품위를 유지하는 역할을 한다. 경어적 규범의식을 판단의 기준으로 삼을 경우, 〈ないでくれますか〉를 경어적 하위자가 경어적 상위자에게 사용하는 것은 자연스러운 발화로서의 용인도가 낮다. 그러나 실제 연극 대사에서는 (3)의 「話さないでくれますか?」와 같이 친한 사이의 경어적 상위자에게 사용된 예가 확인되며 [간원][원망]의 표현가치를 실현한다.

(4) ??おじさん、いくらあたしたちが幼いからって、あまりなれなれしくしないでくれますか。

(4)에서 화자는 「あたし」라는 인칭대명사를 사용하고 있어 여성이고, 청자는 「おじさん」이라는 호칭을 통해 남성임을 알 수 있고, 청자가 화자에 비해 경어적 상위자로 판단된다. 화자가 청자에 대해 불쾌감을 표출하고 있다는 점에서 청자에 대한 화자의 친소관계는 소원한 사이로 여겨진다. 〈ないでくれますか〉를 경어적 하위자가 경어적 상위자에게 사용하는 것은 자연스러운 발화로서의 용인도가 낮다. 그러나 소원한 사이에서 「なれなれしくしないでくれますか」와 같이 어떤 표현 의도의 실현을 위해 화자가 경어적 상위자인 청자와의 거리감을 의식적으로 이용하고자 할 경우에는 사용 가능성이 다소 높아지고 [불쾌감][항의]의 표현가치를 나타낸다.

[12] 〈ないでくれます?〉 {청자(남)가 화자(여)에 비해 경어적 상위자인 경우}

(5) ??お父さん、あたしは大丈夫ですから、心配しないでくれます?
(6) ??おじさん、いくらあたしたちが幼いからって、あまりなれなれしくしないでくれます?

(5)에서 화자는 「あたし」라는 인칭대명사를 쓰고 있어 여성으로, 청자는 「お父さん」이라는 호칭을 통해 남성으로 판단된다. 이러한 가족관계에서 청자는 화자에 비해 경어적 상위자임을 알 수 있고 양자의 친소관계는 친한 사이로 상정된다. 〈ないでくれます?〉는 〈か〉가 현재화되지 않은 형식이라는 점에서 경의도에 있어서는 〈ないでくれますか〉보다 약간 낮은데 〈ないでくれる〉계열의 다른 정중체와 마찬가지로 최저한도의 정중도를 나타내기 때문에 청자와의 일정한 거리를 확보하면서 화자의 품위를 유지하는 역할을 한다. 경어적 규범의식을 판단의 기준으로 삼을 경우, 〈ないでくれます?〉를 경어적 하위자가 경어적 상위자에게 사용하는 것은 자연스러운 발화로서의 용인도가 낮다. 그러나 친한 사이에서 「心配しないでくれます?」와 같이 가족관계에서 거리감을 좁히고 친밀도를 높이고자 하는 표현 의도가 발동되면, 사용 가능성이 다소 높아지고 이때의 〈ないでくれます?〉는 [염려][배려]의 표현가치를 실현한다.

(6)에서 화자는「あたし」라는 인칭대명사를 사용하고 있어 여성으로, 청자는「おじさん」이라는 호칭을 통해 남성으로 판정되며, 청자가 화자에 비해 경어적 상위자로 설명된다. 화자가 청자에 대해 불쾌감을 표출하고 있다는 점에서 청자에 대한 화자의 친소관계는 소원한 사이로 이해된다. 〈ないでくれます?〉를 경어적 하위자가 경어적 상위자에게 사용하는 것은 자연스러운 발화로서의 용인도가 낮다. 그러나 소원한 사이에서「なれなれしくしないでくれます?」와 같이 어떤 표현 의도의 실현을 위해 화자가 경어적 상위자인 청자와의 거리감을 의식적으로 이용하고자 할 경우에는 사용 가능성이 다소 높아지고 [불쾌감][분노][항의]의 표현가치를 나타낸다.

[13] 〈ないでくれませんか〉 {청자(남)가 화자(여)에 비해 경어적 상위자인 경우}

(7) ??お父さん、あたしは大丈夫ですから、心配し<u>ないでくれませんか</u>。
(8) おじさん、いくらあたしたちが幼いからって、あまりなれなれしくし<u>ないでくれませんか</u>。

(7)에서 화자는「あたし」라는 인칭대명사를 쓰고 있어 여성으로, 청자는「お父さん」이라는 호칭을 통해 여성으로 간주되며, 이러한 가족관계에서 청자는 화자에 비해 경어적 상위자임을 알 수 있고 양자의 친소관계는 친한 사이로 해석된다. 〈ないでくれる〉 계열의 부정 정중체인 〈ないでくれませんか〉는 경의도에 있어서 〈か〉가 현재화되지 않은 〈ないでくれません?〉에 비해 약간 높은데 〈ないでくれる〉 계열의 다른 정중체와 마찬가지로 최저한도의 정중도를 나타내기 때문에 친한 사이에서 〈ないでくれませんか〉를 경어적 하위자가 경어적 상위자에게 사용하는 것은 자연스러운 발화로서의 용인도가 낮다. 그러나 「心配しませんか」와 같이 가족관계에서 거리를 두지 않고 친밀도를 높이고자 하는 표현 의도가 발동되면 사용 가능성이 다소 높아지고 [염려][배려]의 표현가치를 실현한다.

(8)에서 화자는「あたし」라는 인칭대명사를 사용하고 있어 여성으로, 청자는「おじさん」이라는 호칭을 통해 남성으로 판정되며, 청자가 화자에 비해 경어적 상위자로 여겨진다. 화자가 청자에 대해 불쾌감을 표출하고 있다는 점에서 청자에 대한 화자의 친소관계는 소원한 사이로 이해된다. 소원한 사이에서도 〈ないでくれませんか〉를 경어적 하위자가 경어적 상위자에게 사용하는 것은 자연스러운 발화로서의 용인도가 낮다. 그러나 「なれなれしくしないでくれませんか」와 같이 가족 간에서는 화자가 소원한 사이로 여겨지는 경어적 상위자에게 의도적으로 소원함을 강조하여 표현하고자 할 때는 사용이 가능하며 [불쾌감][항의]의 표현가치를 나타낸다.

[14] 〈ないでくれません?〉 {청자(남)가 화자(여)에 비해 경어적 상위자인 경우}

(9) ??お父さん、あたしは大丈夫ですから、心配し<u>ないでくれません</u>?
(10) ??おじさん、いくらあたしたちが幼いからって、あまりなれなれしくし<u>ないでくれません</u>?

(9)에서 화자는 「あたし」라는 인칭대명사를 쓰고 있어 여성으로, 청자는 「お父さん」이라는 호칭을 통해 여성으로 상정되며, 이러한 가족관계에서 청자는 화자에 비해 경어적 상위자임을 알 수 있고 양자의 친소관계는 친한 사이로 이해된다. 〈ないでくれません?〉은 〈ないでくれる〉계열의 다른 정중체와 마찬가지로 경도(軽度)의 정중도를 나타내기 때문에 청자와의 일정한 거리를 확보하면서 화자의 품위를 유지하는 역할을 한다. 이에 〈ないでくれません?〉을 경어적 하위자가 경어적 상위자에게 사용하는 것은 자연스러운 발화로서의 용인도가 낮다. 그러나 「心配しないでくれません?」과 같이 가족관계에서 상대와의 거리를 두지 않고 친근감을 높이고자 하는 표현 의도가 발동되면 사용 가능성이 다소 높아지고 [염려][배려]의 표현가치를 실현한다.

(10)에서 화자는 「あたし」라는 인칭대명사를 사용하고 있어 여성으로, 청자는 「おじさん」이라는 호칭을 통해 남성으로 판정되며, 청자가 화자에 비해 경어적 상위자로 여겨진다. 화자가 청자에 대해 불쾌감을 표출하고 있다는 점에서 청자에 대한 화자의 친소관계는 소원한 사이로 간주된다. 그리고 소원한 사이에서도 〈ないでくれません?〉을 경어적 하위자가 경어적 상위자에게 사용하는 것은 자연스러운 발화로서의 용인도가 낮다. 그러나 「なれなれしくしないでくれません?」과 같이 어떤 표현 의도의 실현을 위해 화자가 경어적 상위자와의 거리감을 의도적으로 이용하고자 할 경우에는 사용 가능성이 다소 높아지며 [불쾌감][항의]의 표현가치를 나타낸다.

3.2. 청자(남)가 화자(여)와 경어적 동위자이거나 상위자인 경우

[1] 〈ないでくれ〉・[2] 〈ないでくれよ〉・[5] 〈ないでくれたまえ〉・[6] 〈ないでくれたまえよ〉・[8] 〈ないでくれるか〉・[9] 〈ないでくれない?〉・[10] 〈ないでくれないか〉

[여성 화자/남성 청자/청자가 화자와 경어적 동위자이거나 상위자/친한 사이・소원한 사이]에서는 상기 형태로 사용된 예가 확인되지 않는다.

[3] 〈ないでおくれ〉 {청자(남)가 화자(여)와 경어적 동위자이거나 상위자인 경우}

(11)「だってあんな小さな子を捨(す)てることはできないよ。自分の乳(ちち)で育ててかわいくなっているのだもの」
「あいつはてめえの子じゃあねえのだ」
「そうさ。わたしもおまえさんの言うとおりにしようと思ったのだけれど、ちょうどそのとき、あの子が加減(かげん)が悪くなったので」
「加減が悪く」
「ああ、だからどうにもあすこへ連(つ)れては行けなかったのだよ。死んだかもしれないからねえ」
「だがよくなってから、どうした」
「ええ、すぐにはよくならなかったしね、やっといいと思うと、また病気になったりしたものだから。かわいそうにそれはひどくせきをして、聞いていられないようだった。うちのニコラぼ

うもそんなふうにして死んだのだからねえ。わたしがこの子を孤児院(こじいん)に送ればやっぱり死んだかもしれないよ」
「だが……あとでは」
「ああ、だんだんそのうちに時がたって、延(の)び延びになってしまったのだよ」
「いったいいくつになったのだ」
「八つさ」
「うん、そうか。じゃあ、これからでもいいや。どうせもっと早く行くはずだったのだ。だが、いまじゃあ行くのもいやがるだろう」
「まあ、ジェローム、おまえさん、いけない……そんなことはし<u>ないでおくれ</u>」
「いけない、なにがいけないのだ。いつまでもああしてうちに置(お)けると思うか」
しばらく二人ともだまり返った。わたしは息もできなかった。のどの中にかたまりができたようであった。
しばらくして、バルブレンのおっかあが言った。❶

(11)에서 화자「わたし」는 지문의 설명에서 여성이고, 청자「ジェローム」는 남성으로 간주된다. 화자가 청자를「おまえさん」으로 부르고 있고, 청자는 화자를「てめえ」라고 부르고 있는 데에서 청자는 화자와 경어적 동위자이거나 상위자로 판단되고, 부부 사이이기 때문에 양자는 친한 사이로 해석된다. 화자가 청자에게 그런 일은 하지 말라는 발화내용에서「しないでおくれ」의〈ないでおくれ〉는 [간원]의 표현가치를 나타낸다. 그리고 [여성 화자/남성 청자/청자가 화자와 경어적 동위자이거나 상위자/소원한 사이]에서는〈ないでおくれ〉로 사용된 예가 확인되지 않는다.

[4]〈ないでおくれよ〉{청자(남)가 화자(여)와 경어적 동위자이거나 상위자인 경우}

(12) そして彼は前に出ようとして彼女を押しのけた。
「ねえモンパルナスさん、」とエポニーヌは言った、「お前さんはいい人だわね、どうかはいら<u>ないでおくれよ</u>。」「気をつけろったら、けがをするぞ。」とモンパルナスは答え返した。❶

(12)에서 화자「エポニーヌ」는「彼女」라는 인칭대명사로 지칭되고 있고,「いい人だわね」의「だわね」와 같은 여성 전용의 문말 형식을 쓰고 있어 여성으로, 청자「モンパルナス」는「彼」로 지칭되고 있고「けがをするぞ」의「ぞ」와 같은 남성 전용의 종조사를 쓰고 있어 남성으로 판정된다. 화자가 청자에게「ねえ」라는 감동사와「お前さん」과 같은 인칭대명사를 사용하고 있기 때문에 청자는 화자와 동위자이거나 상위자로 간주된다. 화자는 청자에게「どうか」와 같은 부사를 사용하여 친밀감을 표시하고 있다는 점에서 양자의 친소관계는 친한 사이로 해석되며「はいらないでおくれよ」의〈ないでおくれよ〉는 [간원]의 표현가치를 나타낸다. 그리고 [여성 화자/남성 청자/청자가 화자와 경어적 동위자이거나 상위자/소원한 사이]에서는〈ないでおくれよ〉로 사용된 예가 확인되지 않는다.

[7] 〈ないでくれる?〉 {청자(남)가 화자(여)와 경어적 동위자이거나 상위자인 경우}

 (13) 続けざまに塩を投げつける沙織。
  陸：痛てっ！痛てっ！痛てっ！ やめろ！ナメクジか俺は！
  沙織：乱暴しないでくれる?
  陸：わかった、わかったよ。おとなしくしてりゃいいんだろ。❹

 (13)에서 화자「沙織」는 [夜船 沙織(よふね さおり)/夜船家の末子。高校生]로 소개되어 있어 여성으로, 청자「陸」는 [夜船 陸(よふね りく)/夜船家の次男。半年前にバイク事故で死亡]로 나와 있고「俺」라는 인칭대명사를 쓰고 있어 남성으로 간주되며 화자는 청자의 여동생으로 설정되어 있기 때문에 청자는 화자와 동위자이거나 상위자로 판단된다. 화자가 청자에 대해 화를 내고 있다는 점에서 양자의 친소관계는 소원한 사이로 해석되며「乱暴しないでくれる?」의 〈ないでくれる?〉는 [불쾌감][분노]의 표현가치를 나타낸다.

 (14) 少女：はい、おじさん。
  松田：わ、幽霊！
  少女：ちょっと、人を化け物扱いしないでくれる。
  松田：だって、お前、今、汽車に飛び込んだろう。❹

 (14)에서 화자「少女」는 등장인물 설정에서 여성으로, 청자「松田」는 화자에 대해「お前」라는 인칭대명사를 쓰고 있고「おじさん」이라는 인칭대명사로 불리고 있어 남성임을 알 수 있다. 이에 청자는 화자와 동위자이거나 상위자로 간주되고, 청자가 자신을「化け物」취급을 하는 것에 대해 화자가 반발하고 있다는 점에서 양자의 친소관계는 소원한 사이로 해석되고「化け物扱いしないでくれる」의 〈ないでくれる?〉는 [불쾌감][분노]의 표현가치를 나타낸다. 그리고 [여성 화자/남성 청자/청자가 화자와 경어적 동위자이거나 상위자/친한 사이]에서는 〈ないでくれる?〉로 사용된 예가 확인되지 않는다.

[11] 〈ないでくれますか〉 {청자(남)가 화자(여)와 경어적 동위자이거나 상위자인 경우}

 (15) カグヤ：こんばんは
  上杉：こんばん…わああ！！月、月、月だ！正夢か、いやドッキリか
  先生：　まぁ、落ち着いて落ち着いて
  上杉：先生。じゃぁ学校。（カグヤを見る）うわあああ！！
  カグヤ：そんなに避けないでくれますか?
  阿部：よぉし、第二次大戦じゃあああ！！❹

 (15)에서 화자「カグヤ」는 [우/カグヤ]로 설정되어 있어 여성으로, 청자「上杉」는 [♂/上杉 タケル]로 등장하고 있어 남성으로 상정되며, 화자가 정중체 표현을 사용하고 있는 것에 대해 청

자는 보통체 표현을 쓰고 있다는 점을 고려하면 청자는 화자와 경어적 동위자이거나 상위자로 규정된다. 그리고 화자가 자기를 보고 피하려고 하는 청자에게 피하지 말라고 간원하고 있다는 점에서 양자의 친소관계는 친한 사이로 간주된다. 〈ないでくれますか〉는 〈ないでくれる〉 계열의 다른 정중체와 마찬가지로 최저한도의 정중도를 나타내기 때문에 청자와의 일정한 거리를 확보하면서 화자의 품위를 유지하는 역할을 한다. 경어적 규범의식을 판단의 기준으로 삼을 경우, 〈ないでくれますか〉를 경어적 하위자가 경어적 동위자나 상위자에게 사용하는 것은 자연스러운 발화로서의 용인도가 떨어진다. 그러나 실제 연극 대사에서는 (15)의「避けないでくれますか」와 같이 친한 사이의 경어적 동위자나 상위자인 청자에게 사용된 예도 확인되며 [간원][원망]의 표현가치를 실현한다.

(16) 青木：ハルちゃぁああんっ
　　　彼女：え?
　　　青木：ハルちゃんが大事故にあったって連絡がきて生きた心地がしなかったんだからぁ
　　　彼女：ちょっと待って
　　　青木：ずーっと寝られなかったしさ、ごはんも食べられなかったしー
　　　彼女：くっつか<u>ないでくれますか</u>?
　　　青木：寝ても冷めてもハルちゃん、ハルちゃん ❹

(16)에서 화자「ハルちゃん」은「彼女」로 되어 있어 여성으로, 청자 [青木]는 대화 내용을 통해 남성으로 설정되어 있고 화자가 정중체 표현을 사용하고 있는 것에 대해 청자는 보통체 표현을 쓰고 있다는 점을 고려하면 청자는 화자와 경어적 동위자이거나 상위자로 설명된다. 그리고 화자가 청자에게 달라붙지 말라고 불쾌감을 표출하고 있다는 점에서 양자의 친소관계는 소원한 사이로 이해된다. 〈ないでくれますか〉를 경어적 하위자가 경어적 동위자나 상위자에게 사용하는 것은 자연스러운 발화로서의 용인도가 떨어진다. 그러나 실제 연극 대사에서는 (16)의「くっつかないでくれますか」와 같이 화자가 소원한 사이의 경어적 동위자나 상위자인 청자에게 사용된 예도 확인되고 [불쾌감][항의]의 표현가치를 나타낸다.

[12] 〈ないでくれます?〉 {청자(남)가 화자(여)와 경어적 동위자이거나 상위자인 경우}

(17)？お兄さんも忙しいし、あたしももう子供じゃないから、心配し<u>ないでくれます</u>?

(17)에서 화자는「あたし」라는 인칭대명사를 사용하고 있어 여성으로, 청자는「お兄さん」이라는 호칭에서 남성으로 상정되고 청자는 화자와 경어적으로 대등하거나 상위자로 묘사되어 있다. 화자가 자신도 이제 어린아이가 아니니까 청자에게 걱정하지 말라는 발화내용에서 청자에 대한 화자의 친소관계는 친한 사이로 이해된다. 〈ないでくれます?〉는 〈か〉가 현재화되지 않은 형식이라는 점에서 경의도에 있어서는 〈ないでくれますか〉보다 약간 낮은데 〈ないでくれ

る〉계열의 다른 정중체와 마찬가지로 최저한도의 정중도를 나타내기 때문에 청자와의 일정한 거리를 확보하면서 화자의 품위를 유지하는 역할을 한다. 경어적 규범의식을 판단의 기준으로 삼을 경우, 〈ないでくれます?〉를 경어적 하위자가 경어적 동위자이거나 상위자에게 사용하는 것은 자연스러운 발화로서의 용인도가 떨어진다. 그러나 친한 사이에서「心配しないでくれます?」와 같이 가족관계에서 거리감을 좁히고 친밀도를 높이고자 하는 표현 의도가 발동되면, 허용도가 높아지고 이때의 〈ないでくれます?〉는 [염려][배려]의 표현가치를 실현한다.

> (18) 環:「それ全部はけるん?」
> 由紀奈:「ま、クーポン付きで無料ですから」
> 環:「タダより怖いもんはないで」
> 由紀奈:「人を悪徳業者みたいに言わ<u>ないでくれます?</u>」
> 環:「悪くはあっても徳はないよな」
> 由紀奈:「…先輩、ほんま学生ん時からちっっっっっっとも変わりませんね」
> 環:「いつまでも若々しいやろ?」❹

(18)에서 화자「由紀奈」는 [芹沢 由紀奈(せりざわ ゆきな/タウン誌「ゴーゴーマイタウン」/編集者 環の高校の後輩/二十六歳)]로 되어 있어 여성으로, 청자「環」는 [徳永 環木(とくなが たまき/クリーニング店TOKUNAGA 店長/二十八歳)]로 설정되어 있어 남성으로 간주된다. 화자가 정중체 표현을 사용하고 있는 것에 대해 청자는 보통체 표현을 쓰고 있다는 점을 고려하면 청자는 화자와 경어적 동위자이거나 상위자로 규정된다. 그리고 화자가 청자에게 악덕업자처럼 말하지 말라고 불쾌감을 노골적으로 드러내고 있다는 점에서 양자의 친소관계는 소원한 사이로 해석된다. 〈ないでくれます?〉를 경어적 하위자가 경어적 동위자이거나 상위자에게 사용하는 것은 자연스러운 발화로서의 용인도가 떨어진다. 그러나 실제 연극 대사에서는 소원한 사이에서 (18)의「言わないでくれます?」와 같이 화자가 경어적 동위자이거나 상위자인 청자에게 사용된 예도 확인되고 이때의 〈ないでくれます?〉는 [불쾌감][항의]의 표현가치를 나타낸다.

[13] 〈ないでくれませんか〉 {청자(남)가 화자(여)와 경어적 동위자이거나 상위자인 경우}

> (19) ?お兄さんも忙しいし、あたしももう子供じゃないから、心配し<u>ないでくれませんか</u>。

(19)에서 화자는「あたし」라는 인칭대명사를 사용하고 있어 여성으로, 청자는「お兄さん」이라는 호칭에서 남성으로 상정되고 청자는 화자와 경어적으로 대등하거나 상위자로 묘사되어 있다. 화자가 자신도 이제 어린아이가 아니니까 청자에게 걱정하지 말라는 발화내용에서 청자에 대한 화자의 친소관계는 친한 사이로 이해된다. 〈ないでくれる〉계열의 부정 정중체인 〈ないでくれませんか〉는 경의도에 있어서 〈か〉가 현재화되지 않은 〈ないでくれません?〉에 비해 약

간 높은데 〈ないでくれる〉 계열의 다른 정중체와 마찬가지로 최저한도의 정중도를 나타내기 때문에 친한 사이에서 〈ないでくれませんか〉를 경어적 하위자가 경어적 동위자나 상위자에게 사용하는 것은 자연스러운 발화로서의 용인도가 떨어진다. 그러나 「心配しないでくれませんか」와 같이 형제 사이에서 상대와의 거리를 두지 않고 친근감을 높이고자 하는 표현 의도가 발동되면 허용도가 높아지고 [염려][배려]의 표현가치를 실현한다.

(20) A：じろじろ見ないでくれませんか。
　　 B：ああ、失礼。君のレポートはざっと見ておきました。❷

(20)에서 화자 [A]는「じろじろ見ないでくれませんか」라는 표현에서 여성으로, 청자 [B]는「君」라는 인칭대명사를 쓰고 있어 남성으로 상정된다. 화자가 청자에게「君」라는 호칭을 사용하고 있는 점을 고려하면 청자는 화자와 경어적 동위자이거나 상위자로 설명된다. 그리고 화자가 청자에게 뚫어지게 보지 말라고 불쾌감을 표출하고 있다는 점에서 양자의 친소관계는 소원한 사이로 이해된다. 소원한 사이에서도 〈ないでくれませんか〉를 경어적 하위자가 경어적 동위자나 상위자에게 사용하는 것은 자연스러운 발화로서의 용인도가 떨어진다. 그리고 언어자료 중에는 (20)의「じろじろ見ないでくれませんか」와 같이 화자가 경어적 동위자나 상위자인 청자에게 소원함을 강조하여 의도적으로 〈ないでくれませんか〉를 사용한 예도 확인되며 이때의 〈ないでくれませんか〉는 [불쾌감][항의]의 표현가치를 나타낸다.

[14] 〈ないでくれません?〉 {청자(남)가 화자(여)와 경어적 동위자이거나 상위자인 경우}

(21) ? お兄さんも忙しいし、あたしももう子供じゃないから、心配しないでくれません?
(22) ? 裕さん、女子寮は男子禁制となっておりますので、許可無く入って来ないでくれません?

(21)에서 화자는「あたし」라는 인칭대명사를 사용하고 있어 여성으로, 청자는「お兄さん」이라는 호칭에서 남성으로 상정되고 청자는 화자와 경어적으로 대등하거나 상위자로 묘사되어 있다. 화자가 자신도 이제 어린아이가 아니니까 청자에게 걱정하지 말라는 발화내용에서 청자에 대한 화자의 친소관계는 친한 사이로 이해된다. 〈ないでくれません?〉은 〈ないでくれる〉 계열의 다른 정중체와 마찬가지로 경도(輕度)의 정중도를 나타내기 때문에 청자와의 일정한 거리를 확보하면서 화자의 품위를 유지하는 역할을 한다. 〈ないでくれません?〉을 경어적 하위자가 경어적 동위자나 상위자에게 사용하는 것은 자연스러운 발화로서의 용인도가 떨어진다. 그러나「心配しないでくれません?」과 같이 가족관계에서 거리감을 좁히고 친밀도를 높이고자 하는 표현 의도가 발동되면 허용도가 높아지고 [염려][배려]의 표현가치를 실현한다.

(22)에서 화자는「女子寮」라는 표현을 통해 여성으로, 청자는「裕」라는 이름에서 남성으로 상정되며 화자가 청자에 대해「~なっておりますので」와 같은 정중 표현을 사용하기 있기 때

문에 청자는 화자와 경어적으로 대등하거나 상위자로 설명된다. 그리고 여성 기숙사에 들어가려고 하는 청자에 대해 화자가 불쾌감을 나타내고 있기 때문에 화자와 청자는 소원한 사이로 여겨진다. 소원한 사이에서도 〈ないでくれません?〉을 경어적 하위자가 경어적 동위자나 상위자에게 사용하는 것은 자연스러운 발화로서의 용인도가 떨어지는데「入って来ないでくれません?」과 같이 어떤 표현 의도의 실현을 위해 화자가 경어적 동위자나 상위자와의 거리감을 의도적으로 이용하고자 할 경우에는 허용도가 높아지며 [불쾌감][항의]의 표현가치를 나타낸다.

3.3. 청자(남)와 화자(여)가 경어적 동위자인 경우

[1] 〈ないでくれ〉　{청자(남)와 화자(여)가 경어적 동위자인 경우}
(23) 福:「側にいるから。私がずっと側にいるから、だから泣かないでくれ。私は千を幸せにすることができなかった。だけど、これからは違う。ずっと、ずっと一緒にいて千を守るから。絶対に寂しい思いをさせないから。一人になんてさせないから。幸せにするから」
千:「ありがとう、僕も、福の幸せを祈っているよ。福の幸せなら、僕は幸せだよ」
福:「私はもう十分に幸せだよ。千がいる、それだけで十分だ」
千:「僕もだよ。福、君がいてくれるだけで、僕は十分に幸せなんだ」❹

(23)의 등장인물에서 화자「福」는 [福(女)]라고 설정되어 있어 여성으로, 청자「千」은 [千(男)]라고 소개되고 있고「僕」라는 인칭대명사를 사용하고 있기 때문에 남성으로 간주된다. 화자와 청자는 서로 보통체 말씨를 사용한다는 점에서 양자는 경어적으로 동위자로 판단된다. 화자가 청자에게 울지 말라고 달래고 있다는 점에서 양자는 친한 사이로 해석되며「泣かないでくれ」의 〈ないでくれ〉는 [부탁][당부]의 표현가치를 나타낸다.

(24) 由:「面倒くさい、学校嫌い、やる気ない」
昴:「よっ!ひきこもりの鑑!」
由:「やめれい」
昴:「苦労してるんだね、ユキさん」
由:「そう思うんだったら少しでもいいからあたしを労る気持ちを持ってくれ。そして問題を起こさないでくれ」❹

(24)에서 화자「由」는 자신을「あたし」라고 지칭하고 있어 여성으로, 청자「昴」는「苦労してるんだね」의「んだね」와 같은 남성 전용의 문말 표현을 쓰고 있어 남성으로 상정된다. 화자와 청자는 서로 보통체 말씨를 사용하고 있기 때문에 양자는 경어적으로 동위자로 판단되고 화자가 청자에게 문제를 일으키지 말라고 당부하고 있다는 점에서 양자는 친한 사이로 해석되며「起こさないでくれ」는 [부탁][당부]의 표현가치를 나타낸다. 그리고 [여성 화자/남성 청자/청자와 화자가 경어적 동위자/소원한 사이]에서는 〈ないでくれ〉의 예가 확인되지 않는다.

[2] 〈ないでくれよ〉・[5] 〈ないでくれたまえ〉・[6] 〈ないでくれたまえよ〉・[10] 〈ないでくれないか〉
[여성 화자/남성 청자/청자와 화자가 경어적 동위자/친한 사이·소원한 사이]에서는 상기 형태로 사용된 예가 확인되지 않는다.

[3] 〈ないでおくれ〉 {청자(남)와 화자(여)가 경어적 동위자인 경우}

(25) 虎二郎は二人の子供をつれて料理店を訪ね、会わないというお竹にまげて会ってもらって、「先日は手荒なことをして、まことにすまない。二人も子がある仲で子供をおいてお前にでてゆかれてはオレも死んでしまうほかに仕様がない。どうか戻ってくれ」

「人間の値打は働いて女房子供を安楽に養うことだよ。ミミズはサッサと戻んな。もう二度と来ない<u>でおくれ</u>」

お竹は席を蹴って立つ。障子の外で様子をうかがっていたお竹の仲間たちがたまりかねてドッと笑いだす。これ以上長居ができないから虎二郎は子供の手をひいて空しく戻った。❶

(25)에서 화자 「お竹」는 지문 설명에서 화자의 아내로 추정되기 때문에 여성으로, 청자 「虎二郎」는 「オレ」라는 인칭대명사를 사용하고 있어 남성으로 여겨진다. 청자가 화자에게 「お前にでてゆかれては」와 같은 표현을 쓰고 있다는 점에서 청자는 화자와 경어적 동위자이고 양자는 현재 소원한 사이로 묘사되고 있다. 화자가 청자에게 두 번 다시 오지 말라고 불쾌감을 드러내고 있기 때문에 「来ないでおくれ」의 〈ないでおくれ〉는 [불쾌감]의 표현가치를 나타낸다. 그리고 [여성 화자/남성 청자/청자와 화자가 경어적 동위자/친한 사이]에서는 〈ないでおくれ〉로 사용된 예가 확인되지 않는다.

[4] 〈ないでおくれよ〉 {청자(남)와 화자(여)가 경어적 동위자인 경우}

(26) 女性の方は、想像または経験を教えていただければ…と思います。実は、どんなにダンナが隠していたとしても、H系の品々を見つけてしまいます。つい最近では、(あ～どうかダンナよ、知恵袋の存在に気づか<u>ないでおくれよ</u>)インターネットでH系のサイトから、なにやらダウンロードして夜な夜な見ているみたい。❺

(26)은 아내가 남편에 관해 「知恵袋」에서 의논하고 있는데 그 사실을 남편이 알지 않았으면 좋겠다는 내용을 독백조 형식으로 기술한 것이다. 화자인 아내는 여성으로, 청자인 「ダンナ」는 남성으로 간주된다. 화자가 청자에게 「あ、どうか」와 같은 친밀한 표현을 쓰고 있기 때문에 청자는 화자와 동위자로 여겨지고 청자가 「知恵袋」의 존재를 눈치 채지 말라고 당부하고 있다는 점에서 양자는 친한 사이로 해석된다. 이에 「気づかないでおくれよ」의 〈ないでおくれよ〉는 [부탁][당부]의 표현가치를 나타낸다.

(27)「あたしを彼女の代わりにしようなんて思わないでおくれよ。」❺

(27)은 인터넷 블로그에 실린 기사에서 추출한 예인데, 화자는 「あたし」라는 인칭대명사를 쓰고 있어 여성으로, 청자는 「彼女の代わり」라는 표현에서 남성임을 짐작할 수 있다. 문의 내용이 격의 없다는 점에서 청자는 화자와 동위자로 간주되고 자기를 그녀 대신으로 삼으려는 생각 같은 것은 하지 말라고 불쾌감을 드러내고 있어 양자는 소원한 사이로 해석되고 「思わないでおくれよ」의 〈ないでおくれよ〉는 [불쾌감]의 표현가치를 나타낸다.

[7] 〈ないでくれる?〉 {청자(남)와 화자(여)가 경어적 동위자인 경우}

(28)「いや、別にその…まあ、ちょっとした知り合いだよ」 一が当惑して答えると、朱美は、「あのさあ、あたしは別にいいんだけど、優にいろいろきいたりしないでくれる? あの子、ちょっと事情あってさ。家、出てきてるんだよね。だから警察とかそういうの、ちょっと敏感になってるのよ」けだるい口調は、大沢を相手にしているときや剣持の事情聴取を受けているときとは、別人のようである。❷

(28)에서 화자 「朱美」는 「あたし」라는 인칭대명사와 「敏感になってるのよ」의 「のよ」와 같은 여성 전용의 문말 표현을 쓰고 있어 여성으로, 청자 「一」는 「まあ」와 같은 남성어적 감동사와 「ちょっとした知り合いだよ」의 「だよ」와 같은 남성 전용의 문말 표현에서 남성으로 상정된다. 화자와 청자가 스스럼없는 보통체 말씨로 대화를 나누고 있다는 점에서 경어적 동위자로 간주되고 양자의 친소관계는 친한 사이로 설명되며 「きいたりしないでくれる?」의 〈ないでくれる?〉는 [부탁][당부]의 표현가치를 나타낸다.

(29) 神山:クソアマが。裏切りやがったな。
　　まつり:違う違う。なんであたしがこんな気持ち悪い男に寝返らないといけないのよ。ほら、さっさと始末しちゃいましょう。で、有馬に力を使わせて電力で屋上までエレベータでスーイスイッってね。
　　有馬:なんと!我らをここに呼び出したのは罠だというのか!あなたまで悪に堕ちてしまうとは!見損ないましたよまつりさん!
　　まつり:あはははは、気持ち悪いから名前呼ばないでくれる!!❹

(29)에서 화자 「まつり」는 [樋口 まつり(ひぐち まつり/♀/25歳/インストールドメンバー、光学操作の力を持つ)]라고 설정되어 있어 여성으로, 청자 「有馬」는 [有馬 啓二(ありま けいじ/♂/25歳/インストールドメンバー、電力操作の力を持つ)]라고 되어 있고 남성임을 알 수 있고 화자와 청자는 경어적 동위자로 이해된다. 청자가 화자에게 「見損ないましたよまつりさん!」와 같이 이름을 부르고 있는 것에 대해 화자가 기분이 나쁘니 이름을 부르지 말라는 불쾌감을 표시하고 있다는 점에서

양자의 친소관계는 소원한 사이로 해석된다. 이에「呼ばないでくれる！！」의〈ないでくれる?〉는 [불쾌감]의 표현가치를 나타낸다.

(30) 高藤由紀子がどんなにきれいで、感じのいい、チャーミングな子か、ということについて淳一は大いに説明したいような気がした。だけど同時に、なんとなく遠慮するような気分もあった。
「こんな気分になったのなんて、おれ初めてなんだよ」
「ちょっとやだ、そんなにストレートにのろけないでくれる」
「のろけなんてもんじゃねえよ。変な気分だって言ってるだけだ」❷

(30)에서 화자「高藤由紀子」는 이름과「ちょっとやだ」와 같은 여성어적 표현에서 여성으로, 청자「淳一」는「おれ」라는 인칭대명사와「初めてなんだよ」의「んだよ」와 같은 남성 전용의 문말 표현에서 남성으로 상정된다. 화자와 청자가 격의 없는 보통체 말씨로 대화를 하고 있기 때문에 화자와 청자는 경어적 동위자로 간주된다. 그런데 청자가「高藤由紀子」에 대해 설명하자 화자는「ちょっとやだ」와 같이 불쾌감을 표시하고 있다는 점에서 양자는 소원한 사이로 해석되며「のろけないでくれる」의〈ないでくれる?〉는 [불쾌감]의 표현가치를 나타낸다.

(31) 男A：「うぐっ……」
    男B：「おい、誰かツッこめよ」
    女：「いやよ。私は忙しいのよ」
    男B：「何にだよ」
    女：「この２つ目の企画書『唐辛子入りあんぱん』の 最終チェックをしてるのよ。
        話しかけないでくれる?」
    男B：「…………」❹

(31)에서 [女：デザート担当]로 설정되어 있는 화자「女」는「いやよ」나「忙しいのよ」와 같은 여성 전용의 문말 표현을 쓰고 있어 여성으로, [男B：主食担当]로 나와 있는 청자「男B」는「おい」라는 감동사와「ツッこめよ」와 같은 동사의 명령형을 쓰고 있어 남성으로 상정된다. 같은 직장의 동료라는 설정에서 화자와 청자가 경어적 동위자로 간주되는데 화자가 청자에게 지금 바쁘니까 말을 걸지 말라는 점에서 양자는 소원한 사이로 이해된다. 이에「話しかけないでくれる?」의〈ないでくれる?〉는 [불쾌감]의 표현가치를 나타낸다.

(32) シオ：あぁあ、腹減った。今日の夕飯何?
    メギ：(ガックリと脱力して)…拍子抜け。ちょっと、どす黒い雰囲気に浸(ひた)っているんだから、突然間抜けた声で現われないでくれる?
    シオ：何してるの? うわ、趣味悪っ！最悪っ！！あ、林檎みっけ♪貰うよ。
    メギ：うるさいわね！用がないなら、その林檎持ってさっさと帰りなさいよ！❹

(32)에서 [魔族。オカマっぽい。]와 같이 설정되어 있는 화자「メギ」는「うるさいわね」의「わ

ね」와 같이 여성 전용의 종조사를 쓰고 있어 여성으로, [神族。男っぽい。]와 같이 묘사되어 있는 청자 「シオ」는 「腹減った」와 같은 남성어적 표현을 쓰고 있어 남성으로 간주된다. 「オカマっぽい」라는 설명에서 화자는 남성이고, 「男っぽい」라는 설명에서 청자는 여성이지만, 사용언어는 정반대인 셈이다. 청자가 화자에게 「今日の夕飯何?」라는 표현을, 화자가 청자에게 「林檎みっけ♪貰うよ」와 같은 표현을 사용하고 있다는 점에서 양자는 경어적으로 동위자로 여겨진다. 그리고 청자가 갑자기 김빠진 소리를 내며 나타난 것에 대해 화자가 불쾌감을 느끼고 있다는 점에서 양자는 소원한 사이로 해석되며「現われないでくれる?」의 〈ないでくれる?〉는 [불쾌감]의 표현가치를 실현한다.

(33) 夏海:「私ね、あなたが思ってる程、軽い女じゃないんだよ」
　　　秋彦:「な、なっちゃん?」
　　　夏海:「そうやって言い寄ってくるお客さんって多いんだ。職業柄かな。
　　　　　　でも、思ってもないことは言わない方がいいよ」
　　　秋彦:「そ、そんなことは……」
　　　夏海:「どうせ、本気じゃないんでしょ? 上っ面だけで、
　　　　　　私を手に入れようと<u>しないでくれる?</u>」
　　　秋彦:「……」
　　　夏海:「……指名料は私が払うから、何か飲んで、帰ってくれるかな」❹

(33)에서 화자 「夏海」는 [西村 夏海(ニシムラ ナツミ)……23歳。キャバクラ「HEAVENS GATE」のキャバ嬢。職場では天真爛漫なキャラクターを演じている。実際は、落ち着いている]로 설정되어 있어 여성으로, 청자 「秋彦」는 [伊藤 秋彦(イトウ アキヒコ)……27歳。中小電気メーカーに務める営業マン。穏やかでマイペース。自分に自信がない]로 되어 있어 남성임을 알 수 있다. 화자와 청자는 여종업원과 손님이라는 관계로 묘사되어 있는데, 양자가 보통체 말씨를 사용하고 있기 때문에 경어적으로는 동위자로 판정된다. 화자가 청자에게 「本気じゃないんでしょ?」나 「何か飲んで、帰ってくれるかな」와 같은 표현을 사용하고 있다는 점에서 청자의 화자에 대한 친소관계는 소원한 사이로 해석되며「手に入れようとしないでくれる?」의 〈ないでくれる?〉는 [불쾌감][항의]의 표현가치를 나타낸다.

(34) 勝:「いっ、いやな……正次と冴子もまとまることだし、この際オレ達もまとまんねえかなと
　　　　　思って」
　　　秋:「何よそれ、ちょっとあんた勝手にまとめ<u>ないでくれる?</u>」
　　　勝:「ダメかなあーオレとお前でいいと思うんだけどもなあー」
　　　秋:「……マーちゃんそれ本気で言ってんの?」❹

(34)에서 화자 「秋」는 [梨明秋(29)/高等学校教員。]으로 설정되어 있고 「何よそれ」와 같은 표

현에서 여성으로, 청자 「勝」는 [霧河勝(29)/警察官(私服刑事)]로 되어 있고 「オレ」「お前」와 같은 인칭대명사를 쓰고 있어 남성으로 간주된다. 화자가 청자에게 「あんた」「マーちゃん」이라고 호칭하고 있고 청자는 화자에게 「お前」라고 부르고 있기 때문에 양자는 경어적 동위자로 상정되는데, 화자가 청자의 결혼을 암시하는 것과 같은 발언에 대해 멋대로 정리하지 말라고 불쾌감을 나타내고 있다는 점에서 양자는 소원한 사이로 해석된다. 따라서 「まとめないでくれる?」의 〈ないでくれる?〉는 [불쾌감][항의]의 표현가치를 나타낸다.

(35) 鍵山 : え、ちょっと待ってよ。なんで? なんでわたしが飛び降りるの?
     するわけないじゃない。バカじゃない、そんなの。
   鈴木 : 心配だってことだよ。
   鍵山 : いやいや。ちょっとそれはあれじゃない? 見くびらないでくれる? わたしだって少しずつ
     前に進んでるつもりなんだけど。
   鈴木 : …すまん。❹

(35)에서 화자 「鍵山」는 「わたしが飛び降りるの?」「バカじゃない、そんなの」와 같이 여성어적 표현을 쓰고 있어 여성으로, 청자 「鈴木」는 「すまん」이라는 표현에서 남성으로 추정된다. 화자와 청자 사이에 스스럼없는 보통체 말씨가 사용되고 있기 때문에 양자는 경어적 동위자로 간주되고, 화자가 청자에게 얕보지 말라고 화를 내고 있다는 점에서 양자는 소원한 사이로 해석된다. 이에 「見くびらないでくれる?」의 〈ないでくれる?〉는 [불쾌감][항의]의 표현가치를 나타낸다.

(36) 千佳 : 「お前はわかってないんだよ! 時給970円のバイトが
     1日5時間で4850円。週に6日あるから29100円。
     1ヶ月を4週間として116400円。こっから借金返済に10万使って
     残りが16400円! これだけあれば雪乃と良治にもう少し
     いいもの食べさせてやれるんだ!」
   大輔 : 「え? 今の暗算? 計算早いわね。
     …でも私の姿でそんなみみっちい計算しないでくれる?」
   千佳 : 「悪かったな! このみみっちい計算が俺達家族を支えてるんだよ!」
   大輔 : 「だって、まるで私がたかが970円に固執してるみたいなんだもの」
   千佳 : 「そのたかが970円が頼みの綱だったんだ!」
   大輔 : 「しょうがないでしょ! 知らなかったのよ。…ああもう!」❹

(36)의 등장인물 소개에서 화자 「大輔」는 [19才。貧乏。両親が借金を残して蒸発したため、一人で弟と妹を養っている。特技は暗算。]과 같이 남성으로, 청자 「千佳」는 [19才。金持ち。日本有数の大富豪、伊勢守グループ会長伊勢守重蔵の孫娘。]와 같이 여성으로 되어 있다. 그런데 화자인 「大輔」는 남성이면서도 「計算早いわね」의 「わね」와 같이 여성 전용의 종조사와 「固執し

てるみたいなんだもの」의「だもの」와 같은 여성 전용의 문말 형식을 쓰고 있고 한편 청자인「千佳」는 여성이면서도「お前」「俺達」와 같은 남성 전용의 인칭대명사와「食べさせてやれるんだ！」의「んだ」와 같은 남성 전용의 문말 표현을 쓰고 있다는 점이 특징적이다. 대화 내용에서 경어적 동위자로 간주되는데, 화자와 청자가 서로 지지 않고 상대에게 비난조의 표현을 사용하고 있다는 점에서 양자는 소원한 사이로 해석되고「計算しないでくれる?」의 〈ないでくれる?〉는 [불쾌감][항의]의 표현가치를 나타낸다.

[8] 〈ないでくれるか〉 {청자(남)와 화자(여)가 경어적 동위자인 경우}

> (37) 電話のＳＥ
> 桜庭 : だれー？(携帯を見る)うわっ、菊川くん…
> 　　　 はい、もしもしー
> 　　　 あのー、せっかくの休日を取ら<u>ないでくれる</u>かなー。あー、はいはい。
> 　　　 じゃあ、いつものところで待ってるから。ミスしたの持ってきてね！
> 　　 電話を切る。
> 桜庭 : せっかくの休日なのに、あの野郎…まあ、しょうがないか。
> 　　　 よし出かける準備ー
> 　　　　 暗転、すぐ入れ替えで菊川登場
> 菊川 : ♪月月火水木金金～働きません平日は～
> 　　　 いや、休日も働かないか。週休ぜんぶ！いいね、いい響きだ。
> 　　　 求人でこんなの出てたら、間違いなく今の会社辞めて履歴書送るね。
> 　　　 うん。にしても、桜庭さんおせぇーなー。まあね
> 　　　 待つのも嫌いじゃないんだけどねー！やすーさ、ばくはつー
> 　　　 さくーら ❹

(37)에서 화자「桜庭」는 [桜庭(ＯＬ)]와 같이 설정되어 있어 여성으로, 청자「菊川」는 [菊川(桜庭の同僚)]로 나와 있고「いい響きだ」의「だ」와 같은 남성어적 문말 표현이나「おせぇーなー」의「な」와 같은 남성 전용의 종조사를 쓰고 있어 남성으로 상정된다. 화자와 청자는 회사 동료라는 점에서 양자는 경어적으로 동위자로 간주되고, 화자가 청자를「菊川くん」이라고 부르고 있고 청자는 화자를「桜庭さん」이라고 호칭하고 있는 점과 양자 사이에 스스럼없는 보통체 말씨가 쓰이고 있는 점을 종합하면, 양자는 친한 사이로 해석된다. 이때의「取らないでくれるかなー」의 〈ないでくれるかなー〉는 [부탁][당부]의 표현가치를 나타낸다. 그리고 〈ないでくれるかな〉는 〈ないでくれるか〉에 독백조의「な」가 접속된 것으로「ないでくれるか」가 지닌 딱딱한 어감을 완화하는 역할을 한다. 그리고 [여성 화자/남성 청자/청자와 화자가 경어적 동위자/소원한 사이]에서는 〈ないでくれるか〉로 사용된 예가 확인되지 않는다.

[9] 〈ないでくれない?〉 {청자(남)와 화자(여)가 경어적 동위자인 경우}
  [남성 화자/여성 청자/청자가 화자와 경어적 동위자/친한 사이·소원한 사이에서는 상기 형태로 사용된 예가 확인되지 않는다.

[11] 〈ないでくれますか〉 {청자(남)와 화자(여)가 경어적 동위자인 경우}

  (38) 達也:「ごめんね。試すようなことしちゃって。」
     奈津子:「心臓が爆発しそうです。」
     達也:「え、マジ? 僕もだ。何かドキドキしてる。」
     奈津子:「あ、あの、もう絶対に近付か<u>ないでくれますか</u>?」❹

  (38)에서 화자「奈津」는 [우/上田 奈津子/高校2年生]로 설정되어 있어 남성으로, 청자「達也」는 [↑/木村 達也/高校2年生]로 등장하고 있어 남성으로 상정되며, 화자와 청자가 서로 스스럼없는 말씨를 사용하고 있는 점을 고려하면 청자는 화자와 경어적 동위자로 규정된다. 그리고 화자가 청자에게 자기에게 가까이오지 말라고 부탁하고 있는 점에서 양자의 친소관계는 친한 사이로 간주된다. 〈ないでくれますか〉는 〈ないでくれる〉 계열의 다른 정중체와 마찬가지로 최저한도의 정중도를 나타내기 때문에 청자와의 일정한 거리를 확보하면서 화자의 품위를 유지하는 역할을 한다. 이에 친한 사이에서「近付かないでくれますか」와 같이 화자가 경어적 동위자에게 사용하면 [간원][원망]의 표현가치를 실현한다.

  (39) 男:「何でもないって、そう言うって事は、何かあるんだろ?」
     女:「人の思考をそう簡単に読ま<u>ないでくれます</u>?」
     男:「俺はエスパーじゃないよ、アホちん。そんなの簡単だろ?…何も無いなら、
        『別に』で済む」
     女:「どうだか。貴方の基準だけで物を考え<u>ないでくれますか</u>。
        ーー間違ってるかもしれないじゃない」
     男:「今回は、合ってた」❹

  (39)에서 화자는 [女]로 되어 있어 여성으로, 청자는 [男]로 등장하고 있어 남성으로 상정된다. 화자가 청자를「貴方」라는 인칭대명사로 지칭하고 있고, 청자는 자신을「俺」라는 표현하고 있는 점과 대화 내용을 종합하면 청자는 화자와 경어적 동위자로 해석된다. 그리고 화자가 자신의 사고를 멋대로 읽으려고 하는 청자에 대해 청자의 기준만으로 생각하지 말라고 불쾌감을 표출하고 있다는 점에서 양자의 친소관계는 소원한 사이로 이해된다. 그리고 〈ないでくれますか〉를 소원한 사이에서「考えないでくれますか」와 같이 화자가 경어적 동위자에게 사용하면 [불쾌감][항의]의 표현가치를 나타낸다.

[12] 〈ないでくれます?〉 {청자(남)와 화자(여)가 경어적 동위자인 경우}

(40) 有働：ああもう、とか言わ<u>ないでくれます?</u>
　　 井ノ原：ああもう西門っ！アイツなんで人の気持ち分かってやれねえんだよ！
　　 有働：恋愛上手くいく時って必ずなんかすれ違いとか勘違いとかいって
　　　　　盛り上がることになってるんですよね? 渡辺さん
　　 渡辺徹：どうしてその話を私に振るんでしょうか(笑)まぁああいうことがあって熱
　　　　　くなったりしますよね
　　 井ノ原：しょうがないですよね ❺

(40)은 인터넷에 실린 내용에서 추출한 예인데, 화자「有働」는 발화 내용을 통해 여성으로, 청자「井ノ原」는「分かってやれねえんだよ」의「ねえんだよ」와 같이 남성어적 표현을 쓰고 있어 남성으로 상정되며 양자는 친한 사이로 간주된다.〈ないでくれます?〉는〈か〉가 현재화되지 않은 형식이라는 점에서 경의도에 있어서는〈ないでくれますか〉보다 약간 낮은데〈ないでくれる〉계열의 다른 정중체와 마찬가지로 최저한도의 정중도를 나타내기 때문에 청자와의 일정한 거리를 확보하면서 화자의 품위를 유지하는 역할을 한다. 이에 친한 사이에서「言わないでくれます?」와 같이 화자가 경어적 동위자에게 사용하면 [염려][배려]의 표현가치를 실현한다.

(41)「そのイヤらしいページ、機内で見<u>ないでくれます?</u>」と、CAが猛抗議中 ❺

(41)에서 화자는「CA(=客室乗務員)」는 발화 내용에서 여성으로, 청자는「そのイヤらしいページ」라는 표현에서 남성으로 상정되고, 양자의 상하관계는 경어적 동위자로 여겨진다. 화자가 청자의 행동에 대해 강한 불쾌감을 표출하고 있다는 점에서 양자의 친소관계는 소원한 사이로 해석된다. 그리고〈ないでくれます?〉는 소원한 사이에서「見ないでくれます?」와 같이 화자가 경어적 동위자에게 사용하면 [불쾌감][항의]의 표현가치를 나타낸다.

[13] 〈ないでくれませんか〉 {청자(남)와 화자(여)가 경어적 동위자인 경우}

(42) あなた、寝不足は体に毒ですから、あまり無理なさら<u>ないでくれませんか</u>。
(43) ねえ、あなた。最近、物価が上がって家計が火の車なんですから、もう外では飲ま<u>ないでくれませんか</u>。

(42)에서「あなた」라는 호칭과 발화 내용을 통해 화자가 아내이고 청자가 남편임을 알 수 있다. 화자와 청자가 부부라는 점을 감안하면 양자는 경어적으로 동위자이며, 수면이 부족한 남편을 걱정하는 문 전체의 의미에서 화자와 청자의 친소관계는 친한 사이로 규정된다.〈ないでくれる〉계열의 부정 정중체인〈ないでくれませんか〉는 경의도에 있어서〈か〉가 현재화되지 않은〈ないでくれません?〉에 비해 약간 높은데〈ないでくれる〉계열의 다른 정중체와 마찬가지

로 최저한도의 정중도를 나타내기 때문에 친한 사이에서「無理なさらないでくれませんか」와 같이 화자가 경어적 동위자에게 사용하면 [염려][배려]의 표현가치를 실현한다.

(43)도 (42)와 마찬가지로 부부 사이의 발화로 묘사되어 있기 때문에 화자와 청자는 경어적 동위자로 간주되고 집안 생활을 돌보지 않고 밖에서 술을 마시는 남편에 대한 아내의 불만이 표출되어 있다는 점에서 화자의 청자에 대한 친소관계는 소원한 사이로 여겨진다. 소원한 사이에서「考えないでくれませんか」와 같이 화자가 경어적 동위자에게 사용하면 [불쾌감][항의]의 표현가치를 나타낸다.

[14] 〈ないでくれません?〉 {청자(남)와 화자(여)가 경어적 동위자인 경우}

(44) あなた、寝不足は体に毒ですから、あまり無理なさらないでくれません?
(45) ねえ、あなた。最近、物価が上がって家計が火の車なんですから、もう外では飲まないでくれません?

(44)에서「あなた」라는 호칭과 발화 내용을 통해 화자가 아내이고 청자가 남편임을 알 수 있다. 화자와 청자가 부부라는 점을 감안하면 양자는 경어적으로 동위자이며, 수면이 부족한 남편을 걱정하는 문 전체의 의미에서 화자와 청자의 친소관계는 친한 사이로 이해된다. 〈ないでくれません?〉은 〈ないでくれる〉 계열의 다른 정중체와 마찬가지로 경도(輕度)의 정중도를 나타내기 때문에 청자와 일정한 거리를 확보하면서 화자의 품위를 유지하는 역할을 한다. 이에 친한 사이에서「言わないでくれません?」과 같이 화자가 경어적 동위자에게 사용하면 [염려][배려]의 표현가치를 실현하는데 〈ないでくれません?〉은 〈ないでくれます?〉에 비해 불쾌감을 함의하고 있어 친소관계가 소원한 사이로 다소 경사된다.

(45)도 (44)와 마찬가지로 부부 사이의 발화로 묘사되어 있어 화자와 청자는 경어적 동위자로 간주되고 집안 생활을 돌보지 않고 밖에서 술을 마시는 남편에 대한 아내의 불만이 표출되어 있다는 점에서 화자의 청자에 대한 친소관계는 소원한 사이로 여겨진다. 소원한 사이에서「飲まないでくれません?」과 같이 화자가 경어적 동위자에게 사용하면 [불쾌감][항의]의 표현가치를 나타내는데 〈ないでくれません?〉은 〈ないでくれませんか〉보다 경의도가 낮기 때문에 소원함이 다소 강하게 분출된다.

3.4. 청자(남)가 화자(여)와 경어적 동위자이거나 하위자인 경우

[1] 〈ないでくれ〉 {청자(남)가 화자(여)와 경어적 동위자이거나 하위자인 경우}
 [남성 화자/여성 청자/청자가 화자와 경어적 동위자이거나 하위자/친한 사이·소원한 사이에서는 상기 형태로 사용된 예가 확인되지 않는다.

[2] 〈ないでくれよ〉・[4] 〈ないでおくれよ〉・[5] 〈ないでくれたまえ〉・[6] 〈ないでくれたまえよ〉・[9] 〈ないでくれない?〉・[10] 〈ないでくれないか〉

[여성 화자/남성 청자/청자가 화자와 경어적 동위자이거나 하위자/친한 사이・소원한 사이]에서는 상기 형태로 사용된 예가 확인되지 않는다.

[3] 〈ないでおくれ〉 {청자(남)가 화자(여)와 경어적 동위자이거나 하위자인 경우}

(46) 自分がここで殺されれば、エンゼルは捕まるし、放二に迷惑はかからない、ということが、誰に知られなくとも、ルミ子には悔いはなかった。
彼女はムチャクチャにエンゼルが憎かった。放二をヨタモノなみにしか見ることができないような男、たかがパンパンとの一夜のために放二を虫ケラのようにヒネリつぶそうと思うような男。彼女はどんな男にでも、金で肌をゆるしてきた。それを悔いてはいなかったが、殺されてもこの男には許してやらないということが、最後の償いのように思われた。
ルミ子はむしろ殺されることを望むような気持であった。すすんで獅子の前へ進みでる勇気がわき起っていた。ルミ子は立って、ネマキをぬいで、着物にきかえた。シゴキを一本、エンゼルの前へ投げだして、坐った。
「殺してごらん。私のクビを、しめてごらんよ。人殺し、なんて、叫びたてやしないから。音をたてずに、死んでみせるから、安心して、しめてよ。チョッとした呻きぐらい、でるかも知れないけど、ウンと言ったわけじゃないから、まちがえないでおくれ」
「フ」
エンゼルは口にふくんだビールを、いきなりルミ子の顔へふきつけた。ルミ子の顔は、うしろへ一分ひく様子もなかった。❶

(46)에서 화자 「ルミ子」는 「彼女」라는 지문의 설명을 통해 여성으로, 청자 「エンゼル」는 「この男」라는 설명에서 남성으로 간주된다. 화자가 청자에게 「殺してごらん」 「しめてよ」와 같은 표현을 사용하고 있다는 점에서 청자는 화자와 경어적 동위자이거나 하위자로 여겨지고, 양자는 소원한 사이로 해석된다. 화자가 청자에게 착각하지 말라고 불쾌감을 표출하고 있기 때문에 「まちがえないでおくれ」의 〈ないでおくれ〉는 [불쾌감의 표현가치를 나타낸다. 그리고 [여성 화자/남성 청자/청자가 화자와 경어적 동위자이거나 하위자/친한 사이]에서는 〈ないでおくれ〉로 사용된 예가 확인되지 않는다.

[7] 〈ないでくれる?〉 {청자(남)가 화자(여)와 경어적 동위자이거나 하위자인 경우}

(47) 章子: なんだよそれは
男: シークレットってことです
章子: もういいよ。それより勝手に家の中に入らないでくれる?
男: すいません
章子: さっさと出てってよ ❹

(47)에서 화자는「章子」라는 이름에서 여성으로, 청자는「男」라고 설정되어 있어 남성으로 상정되고 화자가 청자에게 보통체 말씨를, 청자가 화자에게 정중체 말씨를 쓰고 있기 때문에 청자는 화자와 동위자이거나 하위자로 간주된다. 화자가 청자에게「もういいよ」「さっさと出てってよ」와 같은 표현을 사용하고 있는 점에서 양자는 소원한 사이로 해석되며「入らないでくれる?」의 〈ないでくれる?〉는 [불쾌감]의 표현가치를 나타낸다.

(48) 榎戸:「ま、そういったシミとか、煙草の焦げアトとかあったけど、モノはいいから。だから、クロスだけ張り替えてもらったんです。」
月丘:「そうなんだ。」
榎戸:「業者の人に運んでもらおうと思ったら、ここ、ちょうど掃除の真っ最中で。ま、このくらいなら、あとで運べるかなって思って。」
月丘:「だからって、勝手に私のとこに置か<u>ないでくれる</u>。」
榎戸:「あそこが一番スペースあるんで。いいじゃないですか、ちょっとぐらい。」
月丘:「何が、ちょっとぐらいよ。鍵は閉められないわ、ソファーは持たされるわ。」
榎戸:「月丘さん、持ってないでしょ。」❹

(48)에서 화자「月丘」는 [社員食堂のお姉さん。]으로 설정되어 있어 여성으로, 청자「榎戸」는 [秘書室長]로 되어 있고「ま、このくらいなら」의「ま」와 같은 감동사를 쓰고 있어 남성으로 추정된다. 화자가 식당에서 일하는 직원이고 청자는 비서실장이지만, 화자는 보통체 말씨로 일관하고 있는 데에 비해 청자는 중요한 부분에서 정중체 말씨를 쓰고 있기 때문에 청자는 화자와 경어적 동위자이거나 하위자로 간주된다. 청자가 무단으로 화자가 있는 곳에 소파를 둔 것에 대해 화를 내고 있다는 점에서 양자의 친소관계도 소원한 사이로 해석되며「置かないでくれる」의 〈ないでくれる〉는 [불쾌감][항의]의 표현가치를 나타낸다.

(49) 矢野:「よろしい。では、ホッピーは第二秘書として迎えよう」
恭子:「嬉しい～。矢野さんの期待に必ずお応えしてみせます」
野平:「恭子さん!」
恭子:「ヘイ、ボーイ!気安く呼ば<u>ないでくれる</u>。私はもう、矢野商事副社長の秘書なんですから。(池上に) 辞表の方は、後ほど提出させていただきますので。では矢野さん、お部屋の方に戻りましょうか?」
矢野:「そうするか。(去りながら) いや、実に気分がいい。とても酒が飲みたい気分だ。ここにはドン・ペリはないのか? ドン・ペリニヨンはないのか?」❹

(49)에서 화자「恭子」는 이름과「嬉しい～」와 같은 표현에서 여성으로, 청자「野平」는 이름과 화자가 청자에게「ボーイ!」라고 부르고 있는 데에서 남성으로 추정된다. 화자가 청자를「ヘイ、ボーイ!」라고, 청자는 화자를「恭子さん!」이라고 부르고 있다는 점에서 청자는 화자와 동위자이거나 하위자로 간주된다. 화자가 자신을 실명으로 부르고 있는 청자에게 불쾌감

을 표시하고 있다는 점에서 양자는 소원한 사이로 해석되며「気安く呼ばないでくれる」의 〈ないでくれる?〉는 [불쾌감][분노]의 표현가치를 나타낸다.

> (50) ハルカ：…月日は白菜の価格にして、行き交う年もまたハバネロなり。
> ジャガー：中途半端なオリジナリティが一番ウザい。
> ハルカ：ちょっと、何なのよ。人が頑張って書こう書こうって努力してんのに、横から口出ししないでくれる?
> ジャガー：だったらもう少しマシなパクリ方をするんだな、作家先生。聞いてるこっちの頭が痛ぇよ。(ヤシロに)あんたも大変だな。❹

(50)에서 화자「ハルカ」는「何なのよ」의「のよ」와 같은 여성어적 문말 표현에서 여성으로, 청자「ジャガー」는「するんだな」의「んだな」와 같은 남성 전용의 문말 표현을 쓰고 있어 남성으로 상정되고 화자와 청자는 서로 상대에게 보통체 말씨로 사용하고 있기 때문에 양자는 경어적으로 동위자로 간주된다. 화자가 원고를 쓰고 있는데 옆에서 말참견을 하고 있는 청자에 대해 화를 내고 있다는 점에서 양자의 친소관계는 소원한 사이로 해석되며「口出ししないでくれる?」의 〈ないでくれる?〉는 [불쾌감][분노]의 표현가치를 나타낸다.

> (51) 心：…何、その心底わかっていません的な顔は
> 天音：…何いってるのかさっぱり
> 嵐：心~、はっきり言わないと気づかないぞ、その鈍感には~
> 夕哉：鈍感クイーン
> 天音：…変なあだ名つけないでくれる?
> 心：…抑えるの上手くなったね?
> 夕哉：抑えるっつーか隠すじゃね?
> 嵐：だな
> 天音：…はぁ? ❹

(51)에서 화자「天音」는 [結城 天音(15歳女)/主人公]로 설정되어 있어 여성으로, 청자「夕哉」는 [渡瀬 夕哉(15歳男)書記/天音のクラスメイト]로 되어 있어 남성으로 상정되고, 화자와 청자는 동급생이라는 점에서 양자는 경어적으로 동위자로 이해된다. 청자가 화자를「鈍感クイーン」이라고 부르고 있는 것에 대해 화자가 이상한 별명을 붙이지 말라고 불쾌감을 표현하고 있기 때문에 양자는 소원한 사이로 간주되며「つけないでくれる?」의 〈ないでくれる?〉는 [불쾌감][분노]의 표현가치를 나타낸다. 그리고 [여성 화자/남성 청자/청자가 화자와 경어적 동위자이거나 하위자/친한 사이]에서는 〈ないでくれる?〉로 사용된 예가 확인되지 않는다.

[8] 〈ないでくれるか〉 {청자(남)가 화자(여)와 경어적 동위자이거나 하위자인 경우}

> (52)「全部さ。人間様に盾突こうっていう闇のやからをぶち殺すのも、弱っちい人間を生きたまま火

葬にするのも、どっちも実に爽快だ」
　　「そいつはあんただけだよ、あたしは一緒に<u>しないでくれるかい</u>」不機嫌な声は、あのチャクラム使いの女だった。腕に通したチャクラムと頭髪が、周囲で燃え盛る炎を映し、赤く染まっている。❷

(52)에서「あのチャクラム使いの女」로 등장하는 화자는「あたし」라는 인칭대명사를 쓰고 있어 여성으로 상정된다. 청자는「全部さ」의「さ」와 같은 남성어적 종조사와「爽快だ」의「だ」와 같은 문말 형식을 쓰고 있다는 점에서 남성으로 여겨진다. 화자가 청자를「あんた」라는 인칭대명사로 지칭하고 있고 보통체 말씨를 사용하고 있기 때문에 청자는 화자와 동위자이거나 하위자로 설정되어 있다. 그리고 화자가 청자의 발언에 대해「そいつはあんただけだよ」와 같이 냉정하게 응대하고 있다는 점을 고려하면 화자와 청자의 친소관계는 소원한 사이로 해석된다. 이에「一緒にしないでくれるかい」의 〈ないでくれるかい〉는 [불쾌감]의 표현가치를 나타낸다. 〈ないでくれるかい〉는 〈ないでくれるか〉에 종조사「い」가 접속되어 장음화한 것으로 어조를 부드럽게 하고 여운을 남김으로써 청자에 대한 최소한의 배려를 나타내는 역할을 한다. 그리고 [여성 화자/남성 청자/청자가 화자와 경어적 동위자이거나 하위자/친한 사이]에서는 〈ないでくれるか〉로 사용된 예가 확인되지 않는다.

[11] 〈ないでくれますか〉 {청자(남)가 화자(여)와 경어적 동위자이거나 하위자인 경우}

(53) ねえ、裕ちゃん、後でお姉ちゃんが見せてあげますからね、今、忙しいから邪魔<u>しないでくれますか</u>。
(54) 山田君だか川田君だかよく知りませんけど、妹にはいいなずけがおりますのよ。
　　ですから、もう連絡<u>しないでくれますか</u>。

(53)에서 화자는 자신을「お姉ちゃん」이라고 지칭하고 있어 여성으로, 청자는「裕」라는 이름에서 남성으로 상정된다. 청자「裕ちゃん」은 화자「お姉ちゃん」에 대해 경어적으로 동위자이거나 하위자로 설정되어 있고, 화자가 청자에 대해「ねえ」와 같은 감동사와「ちゃん」과 같은 호칭 접사를 사용하고 있다는 점, 그리고 발화내용을 통해 양자의 친소관계는 친한 사이로 규정된다. 〈ないでくれますか〉는 〈ないでくれる〉 계열의 다른 정중체와 마찬가지로 최저한도의 정중도를 나타내기 때문에 청자와의 일정한 거리를 확보하면서 화자의 품위를 유지하는 역할을 한다. 친한 사이에서「邪魔しないでくれますか」와 같이 화자가 경어적 동위자이거나 하위자에게 사용하면 상대를 달래거나 기분을 맞추기 위해 쓰인 것으로 해석된다.

(54)에서 화자는「ますのよ」와 같은 문말 표현을 사용하고 있어 여성으로, 청자는「山田君だか川田君だかよく知りませんけど」와 같은 표현을 통해 남성으로 추정되고 청자는 화자와 경어적으로 대등하거나 하위자로 묘사되어 있다. 그리고 화자가 청자에게 정혼자가 있는 여동생에

게 더 이상 연락하지 말라는 발화내용을 통해 화자의 청자에 대한 친소관계는 소원한 사이로 이해된다. 그리고 〈ないでくれますか〉를 소원한 사이에서 「連絡しないでくれますか」와 같이 화자가 경어적 동위자이거나 하위자에게 사용하면 [불쾌감][분노][질책]의 표현가치를 나타낸다.

[12] 〈ないでくれます?〉 {청자(남)가 화자(여)와 경어적 동위자이거나 하위자인 경우}

(55) ねえ、裕ちゃん、後でお姉ちゃんが見せてあげますからね、今、忙しいから邪魔しないでくれます?
(56) 山田君だか川田君だかよく知りませんけど、妹にはいいなずけがおりますのよ。
　　ですから、もう連絡しないでくれます?

(55)에서 화자는 자신을 「お姉ちゃん」이라고 지칭하고 있어 여성으로, 청자는 「裕」라는 이름에서 남성으로 상정된다. 청자 「裕ちゃん」은 화자 「お姉ちゃん」에 대해 경어적으로 동위자이거나 하위자로 설정되어 있고, 화자가 청자에 대해 「ねえ」와 같은 감동사와 「ちゃん」과 같은 호칭 접사를 사용하고 있다는 점, 그리고 발화내용을 통해 양자의 친소관계는 친한 사이로 설명된다. 〈ないでくれます?〉는 〈か〉가 현재화되지 않은 형식이라는 점에서 경의도에 있어서는 〈ないでくれますか〉보다 약간 낮은데 〈ないでくれる〉 계열의 다른 정중체와 마찬가지로 최저한도의 정중도를 나타내기 때문에 청자와의 일정한 거리를 확보하면서 화자의 품위를 유지하는 역할을 한다. 친한 사이에서 「邪魔しないでくれます?」와 같이 화자가 경어적 동위자이거나 하위자에게 사용하면 상대를 달래거나 기분을 맞추기 위해 쓰인 것으로 해석된다.

(56)에서 화자는 「ますのよ」와 같은 문말 표현을 사용하고 있어 여성으로, 청자는 「山田君だか川田君だかよく知りませんけど」와 같은 표현을 통해 남성으로 추정되고 청자는 화자와 경어적으로 대등하거나 하위자로 묘사되어 있다. 그리고 화자가 청자에게 정혼자가 있는 여동생에게 더 이상 연락하지 말라는 발화내용을 통해 화자의 청자에 대한 친소관계는 소원한 사이로 이해된다. 그리고 〈ないでくれます?〉는 소원한 사이에서 「連絡しないでくれます?」와 같이 화자가 경어적 동위자이거나 하위자에게 사용하면 [불쾌감][분노][질책]의 표현가치를 나타낸다.

[13] 〈ないでくれませんか〉 {청자(남)가 화자(여)와 경어적 동위자이거나 하위자인 경우}

(57) ねえ、裕ちゃん、後でお姉ちゃんが見せてあげますからね、今、忙しいから邪魔しないでくれませんか。
(58) 山田君だか川田君だかよく知りませんけど、妹にはいいなずけがおりますのよ。
　　ですから、もう連絡しないでくれませんか。

(57)에서 화자는 자신을 「お姉ちゃん」이라고 지칭하고 있어 여성으로, 청자는 「裕」라는 이름에서 남성으로 상정된다. 청자 「裕ちゃん」은 화자 「お姉ちゃん」에 대해 경어적으로 동위자이

거나 하위자로 설정되어 있고, 화자가 청자에 대해「ねえ」와 같은 감동사와「ちゃん」과 같은 호칭 접사를 사용하고 있다는 점, 그리고 발화내용을 통해 양자의 친소관계는 친한 사이로 이해된다. 〈ないでくれる〉계열의 부정 정중체인〈ないでくれませんか〉는 경의도에 있어서〈か〉가 현재화되지 않은〈ないでくれません?〉에 비해 약간 높은데〈ないでくれる〉계열의 다른 정중체와 마찬가지로 최저한도의 정중도를 나타내기 때문에 친한 사이에서「邪魔しないでくれませんか」와 같이 화자가 경어적 동위자이거나 하위자에게 사용하면 상대를 달래거나 기분을 맞추기 위해 쓰인 것으로 해석된다.

(58)에서 화자는「ますのよ」와 같은 문말 표현을 사용하고 있어 여성으로, 청자는「山田君だか川田君だかよく知りませんけど」와 같은 표현을 통해 남성으로 추정되고 청자는 화자와 경어적으로 대등하거나 하위자로 묘사되어 있다. 그리고 화자가 청자에게 정혼자가 있는 여동생에게 더 이상 연락하지 말라는 발화내용을 통해 화자의 청자에 대한 친소관계는 소원한 사이로 이해된다. 그리고 소원한 사이에서「連絡しないでくれませんか」와 같이 화자가 경어적 동위자이거나 하위자에게 사용하면 [불쾌감][분노][질책]의 표현가치를 나타낸다.

[14]〈ないでくれません?〉{청자(남)가 화자(여)와 경어적 동위자이거나 하위자인 경우}

(59) ねえ、裕ちゃん、後でお姉ちゃんが見せてあげますからね、今、忙しいから邪魔しないでくれません?
(60) 山田君だか川田君だかよく知りませんけど、妹にはいいなずけがおりますのよ。
　　ですから、もう連絡しないでくれません?

(59)에서 화자는 자신을「お姉ちゃん」이라고 지칭하고 있어 여성으로, 청자는「裕」라는 이름에서 남성으로 상정된다. 청자「裕ちゃん」은 화자「お姉ちゃん」에 대해 경어적으로 동위자이거나 하위자로 설정되어 있고, 화자가 청자에 대해「ねえ」와 같은 감동사와「ちゃん」과 같은 호칭 접사를 사용하고 있다는 점, 그리고 발화내용을 통해 양자의 친소관계는 친한 사이로 간주된다.〈ないでくれません?〉은〈ないでくれる〉계열의 다른 정중체와 마찬가지로 경도(軽度)의 정중도를 나타내기 때문에 청자와의 일정한 거리를 확보하면서 화자의 품위를 유지하는 역할을 한다. 친한 사이에서「邪魔しないでくれません?」과 같이 화자가 경어적 동위자이거나 하위자에게 사용하면 상대를 달래거나 기분을 맞추기 위해 쓰인 것으로 해석된다.

(60)에서 화자는「ますのよ」와 같은 문말 표현을 사용하고 있어 여성으로, 청자는「山田君だか川田君だかよく知りませんけど」와 같은 표현을 통해 남성으로 추정되고 청자는 화자와 경어적으로 대등하거나 하위자로 묘사되어 있다. 그리고 화자가 청자에게 정혼자가 있는 여동생에게 더 이상 연락하지 말라는 발화내용을 통해 화자의 청자에 대한 친소관계는 소원한 사이로 이해된다. 그리고 소원한 사이에서「連絡しないでくれません?」과 같이 화자가 경어적 동위자이

거나 하위자에게 사용하면 [불쾌감][분노][질책]의 표현가치를 나타내는데 〈ないでくれません?〉은 〈ないでくれませんか〉보다 경의도가 낮기 때문에 소원함이 다소 강하게 분출된다.

3.5. 청자(남)가 화자(여)에 비해 경어적 하위자인 경우

[1] 〈ないでくれ〉 {청자(남)가 화자(여)에 비해 경어적 하위자인 경우}

(61) 一郎 : そう言う親父はなんだよ、その卵は…。
　　　　　親父も美津子と同じ生卵かけご飯だったのかよ！
　　　咲子 : ああ…そんな…お父さんは一緒だと思ったのに…。
　　　菊 : 将…私を見捨てないでくれ！お父さんが亡くなって頼れるものはお前だけしかいないんだよ！
　　　一郎 : 美津子、どうなんだよ！お前ら組んでいたのかよ！❹

(61)의 등장인물에서 화자「菊」는「祖母」로 설정되어 있어 여성으로, 청자「将」는「将」로 설정되어 있기 때문에 남성임을 알 수 있다. 부모와 자식이라는 관계에서 청자는 화자에 비해 경어적 하위자이고, 화자가 청자에게 자신을 버리지 말라고 부탁하고 있다는 점에서 양자는 친한 사이로 해석되고「見捨てないでくれ！」의 〈ないでくれ〉는 [부탁][당부]의 표현가치를 나타낸다.

(62) 勉 : ……ってそんな馬鹿なハズ………あれ？ この頭蓋骨……妙にリアルだな。…… あれ？ ピンク？……え?え?肉がついてる?ぎゃ、ぎゃ……。
　　　磨智 : ギャーーーーーーーーーーーーーーー！！！！！！！！！！！！！！
　　　　　　何やってるんだい人の入れ歯を勝手に触らないでくれ！！
　　　勉 : なんつぅとこに入れ歯しまってるんだよ！！❹

(62)의 등장인물 소개에서 화자「磨智」는 [♀/80歳/用務員]으로 설정되어 있어 여성으로, 청자「勉」는 [♂/10歳/小学4年生]로 등장하고 있어 남성임을 알 수 있다. 이에 청자는 화자에 비해 경어적 하위자로 간주되는데, 화자가 청자에게 자신의 의치를 만지지 말라고 불쾌감을 드러내고 있다는 점에서 양자는 소원한 사이로 이해되며「触らないでくれ」의 〈ないでくれ〉는 [불쾌감]의 표현가치를 나타낸다.

[2] 〈ないでくれよ〉・[4] 〈ないでおくれよ〉・[5] 〈ないでくれたまえ〉・[6] 〈ないでくれたまえよ〉・[8] 〈ないでくれるか〉・[9] 〈ないでくれない?〉・[10] 〈ないでくれないか〉

[여성 화자/남성 청자/청자가 화자에 비해 경어적 하위자/친한 사이・소원한 사이]에서는 상기 형태로 사용된 예가 확인되지 않는다.

[3] 〈ないでおくれ〉 {청자(남)가 화자(여)에 비해 경어적 하위자인 경우}

(63) やがて、大空には星がかゞやきはじめました。すると蜘蛛（くも）の王さまは、おほいそぎで下界にとゞく梯子（はしご）をつむぎ出しました。星の女はそれにつたはつて、泣いてゐる男の子のところへ下りて来ました。
男の子は泣き／＼お父さまのなくなつたことを話しました。お母さまも、さめ／″＼と泣きました。そしてしまひに、
「もういゝから、泣か<u>ないでおくれ</u>。私《わたし》は、おまへがかはいさうだからむかへに来たのです。さあこれを食べて、一しよに母さまのところへいらつしやい。」❶

(63)에서 화자는「お母さま」로 묘사되어 있어 여성으로, 청자는「男の子」라는 표현에서 남성으로 간주되고 청자는 화자에 비해 경어적 하위자이고, 어머니와 아들이라는 관계에서 양자는 친한 사이로 해석된다. 이에「泣かないでおくれ」의〈ないでおくれ〉는 [부탁][당부]의 표현가치를 나타낸다.

(64) 母親は、つゞけて二人の息子になくなられたので、三ばん目の息子には、お前だけはどうぞ湖水のそばへいか<u>ないでおくれ</u>と泣き／＼たのみました。息子は、❶

(64)에서 화자는「母親」이기 때문에 여성으로, 청자는「三ばん目の息子」라고 나와 있어 남성으로 간주된다. 화자가 청자를「お前」라고 지칭하고 있어 어머니와 자식이라는 관계에서 청자는 화자에 비해 경어적 하위자로 규정된다. 화자가 청자에게 제발 호수 근처에는 가지 말라고 당부하고 있기 때문에 양자는 친한 사이로 해석되며「いかないでおくれ」의〈ないでおくれ〉는 [부탁][당부]의 표현가치를 나타낸다.

(65)「ね。お母様。行かせてください。どうしたって行かなければならないのです」
京一郎は思い詰めた口調で、こうまともに母親へ云った。ここは本所安宅町の、掘割に近い一所に、大きいが古く立っている、京一郎の家であった。その家の奥の座敷であった。更けた夜だのに五月幟が、風になびいている音が聞こえた。近くの家でうっかりして、取り入れるのを忘れたのであろう。
「京一郎やお前はどうしたのだよ、もうそんなことは云は<u>ないでおくれ</u>。妾はそんなこと聞くだけでも厭だよ」
母親のお才は四十九歳であったが、勝れた美貌であるところから四十ぐらいにしか見えなかった。そう云ってから京一郎の顔を、当惑と不安と親の慈愛と、それらのもののこもった眼付きで、嘆願するように凝視した。（この子はお父様に大変似ている。思い立ったことなら、何んでもやり通す！ ほんとにこの子は妾を棄てて家出をしてしまひはしないだろうか）お才は恐ろしくさえ思うのであった。❶

(65)에서 화자는「母親」로 묘사되어 있어 여성으로, 청자는「京一郎」라는 이름에서 남성으로 간주된다. 청자가 화자에게 정중한 말씨를 사용하고 있고 부모와 자식이라는 관계에서 청자는

화자에 비해 경어적 하위자로 판단된다. 화자가 청자에게 더 이상 그런 말을 하지 말라고 부탁하고 있다는 점에서 양자는 친한 사이로 이해되고 「云わないでおくれ」의 〈ないでおくれ〉는 [부탁][당부]의 표현가치를 나타낸다.

> (66) そして、その異母弟すらも、既にこの世にいないいま、変わらぬ憎しみの炎が、現皇帝―彼にとっては甥にあたる青年に向けられ、沸々と燃え盛っている。
> 「忘れないでおくれ、彊。…絶対に、忘れないで…あの女を…あの女の子供を、地獄へたたき込んでやるのよ」 怨念に満ちた母の言葉は、既に四十年近いときを経たいまも、変わることなく、彼の脳裡に響き続けているのである。❷

(66)에서 화자는 「母の言葉」라는 표현을 통해 여성으로, 청자는 「彼」라고 표현되고 있고 「彊」라는 이름의 아들로 묘사되어 있어 남성으로 간주된다. 청자는 화자에 비해 경어적 하위자이고, 화자가 청자에게 그녀를, 그녀의 아이를 절대로 잊지 말라고 당부하고 있다는 점에서 양자는 친한 사이로 해석된다. 이에 「忘れないでおくれ」의 〈ないでおくれ〉는 [부탁][당부]의 표현가치를 나타낸다.

> (67) そこまで詮(せん)じつめて来ると、葉子には倉地もなかった。ただ命にかけても貞世を病気から救って、貞世が元通りにつやつやしい健康に帰った時、「貞《さあ》ちゃんお前はよくこそなおってくれたね。ねえさんを恨まないでおくれ。ねえさんはもう今までの事をみんな後悔して、これからはあなたをいつまでもいつまでも後生《ごしょう》大事にしてあげますからね」❶

(67)에서 화자 「葉子」는 자신을 「ねえさん」이라고 지칭하고 있어 여성으로, 청자 「貞世」는 지문에서 화자의 남동생으로 묘사되어 있어 남성으로 간주된다. 화자가 청자에게 「お前」와 「あなた」라는 인칭대명사를 쓰고 있기 때문에 청자는 화자에 비해 하위자로 판단된다. 화자가 청자를 「貞ちゃん」과 같이 부르고 있다는 점에서 양자는 친한 사이로 해석되며 「恨まないでおくれ」의 〈ないでおくれ〉는 [부탁][당부]의 표현가치를 나타낸다.

> (68) そういう吉左衛門は、もはや一日の半ばを床の上に送る人である。その床の上に七十年の生涯(しょうがい)を思い出して、自己(おのれ)の黄昏時(たそがれどき)をながめているような人である。ちょうど半蔵が二階に上がって来て見た時は、父は眠っていた。
> 「お休みですか。」
> と言いながら、半蔵は父の寝顔をのぞきに行った。その時、継母のおまんが次ぎの部屋から声をかけた。
> これ、お父《とっ》さんを起こさないでおくれ。」❶

(68)에서 화자는 「継母のおまん」으로 묘사되어 있어 여성으로, 청자 「半蔵」는 이름에서 남성으로 간주되고 부모와 자식이라는 관계를 고려하면 청자는 화자에 비해 경어적 하위자로 여겨진다. 화자가 청자에게 「これ」와 같은 감동사를 사용하며 아버지를 깨우지 말라고 불쾌감을

드러내고 있다는 점에서 양자는 소원한 사이로 이해되고「起こさないでおくれ」의〈ないでおくれ〉는 [불쾌감]의 표현가치를 나타낸다.

[7]〈ないでくれる?〉{청자(남)가 화자(여)에 비해 경어적 하위자인 경우}

(69) 若かりし母、動揺して大ジョッキを取り出す。
若かりし母:「…ヤ、ヤってないわよ。何言ってんの?」
若かりし一郎:「え、殺ってないの?」
若かりし母:「あ、当たり前じゃない」
若かりし一郎:「そうか、そうだよな。まだ入って一週間だからな。そんなにすぐ には殺れないか」
若かりし母:「…」
若かりし一郎:「でも先輩とは殺ったんだろ?」
若かりし母:「はあ? 誰ともヤッてないから。そんなねえ、すぐヤる女みたいに言わ<u>ないでくれる?</u>」❹

(69)에서 화자는「若かりし母」로 등장하고 있고「ヤってないわよ」의「わよ」와 같은 여성어적 표현에서 여성으로, 청자는「若かりし一郎」와 같이 설정되어 있고「そうか」와「そうだよな」의「だよな」와 같은 남성 전용의 표현을 쓰고 있어 남성으로 간주되고 화자와 청자는 어머니와 아들이라는 설정에서 청자는 화자에 비해 경어적 하위자로 여겨진다.「やる」라는 말을 둘러싸고 청자는「殺す」의 의미로, 화자는「セックスする」의 의미로 사용하고 있는 바람에 화자가 청자에 대해 불쾌감을 표시하고 있는 것을 고려하면, 양자는 소원한 사이로 해석된다. 이에「言わないでくれる?」의〈ないでくれる?〉는 [불쾌감][분노]의 표현가치를 나타낸다.

(70) 遼:「…厚化粧」
静:「誰がオバサンだ、コラァ!!」
遼:「すげぇ反応のよさ…」
静:「ああ、もう何よ? せっかくの安眠を邪魔しないでくれる?」
遼:「悪い悪い。でもちょっと話があってさ」
静:「後にして。今、超眠いの」❹

(70)의 등장인물에서 화자「静」는 [静河(しずか)…3兄弟の長女。自己中な女王様気質]와 같이 여성으로, 청자「遼」는 [遼太(りょうた)…3兄弟の次男。比較的普通な人]와 같이 남성으로 설정되어 있다. 청자가 화자에게「…厚化粧」와 같은 표현을, 화자가 청자에게「誰がオバサンだ」「コラァ!!」와 같은 표현을 사용하고 있는 점을 고려하면, 청자는 화자에 비해 경어적 하위자로 여겨지는데, 화자가 청자 때문에 모처럼의 안면을 방해받은 것에 대해 화를 내고 있다는 점에서 양자는 소원한 사이로 간주된다. 이때의「邪魔しないでくれる?」의〈ないでくれる?〉는 [불쾌

감[분노]의 표현가치를 나타낸다.

(71) 優:「どうせ俺はつまんないやつだよ。」
　　おっさん:「ちょっとお姉ちゃん、火に油注がんといたってや。」
　　お姉さん:「火消えちゃってんじゃんこの子。」
　　おっさん:「確かに。上手いな。」
　　優:「いいからほっといてくれよ！今日はもうホント散々だ！急に頭の中におっさん入り込んでくるし、好きな子の前でボコボコにされるし、増えるし。」
　　お姉さん:「増えるしで片付けないでくれる！？　それにあんた、男ならうじうじしてないでしゃんとしな！自分に自信のない子に女の子が惹かれるとでも思ってんの?」
　　優:「あんたも口出すのか。」
　　お姉さん:「口出すよ。それにあんたじゃない。お·ね·え·さ·んって呼びな！」❹

(71)에서 화자「お姉さん」은 [優의 頭の中の住人その2]로 등장하고 있고 청자에게「男なら」「自分に自信のない子に女の子が惹かれるとでも思ってんの?」와 같은 표현을 쓰고 있어 여성으로, 청자「優」는「俺」라는 인칭대명사와「好きな子の前でボコボコにされるし」와 같은 표현에서 남성으로 상정된다. 화자가 청자에 대해「あんた」가 아니라「お·ね·え·さ·ん」이라고 부르라고 명령하고 있기 때문에 청자는 화자에 비해 경어적 하위자로 이해된다. 화자가 청자를「増えるし」와 같은 말로 처리하지 말라고 비난하고 있다는 점에서 양자는 소원한 사이로 간주되며「片付けないでくれる！？」의 〈ないでくれる?〉는 [불쾌감][분노]의 표현가치를 나타낸다.

(72) 今日ビビちゃんを庭で遊ばせてたらうざい近所のババが「犬離さないでくれる?」く「あ?ここうちの土地なんだからテメーには関係ねぇだろうが。つーかお前ウチもキタネー猫外に離してるだろうがよボケが！こっちが子供だからってでけー口たたくなよ(怒)」って言ってあげた♪にょほほほほほ~☆ ❺

(72)는 인터넷 블로그에 게시된 내용에서 추출된 예인데 화자는「近所のババ」라고 불리고 있어 여성으로, 청자로 되어 있는 필자는「テメー」「お前」와 같은 인칭대명사를 사용하고 있어 남성으로 상정되고 청자는 화자에 비해 경어적 하위자로 여겨진다.「子供だからって」와 같은 표현에서 청자는 남자 아이로 여겨지는데 화자에게「ボケ」라고 욕을 하고 있다는 점을 고려하면 양자는 소원한 사이로 이해되고「離さないでくれる?」의 〈ないでくれる?〉는 [불쾌감][분노]의 표현가치를 나타낸다.

(73) 悠基、机を揺らす。
　　美月:「(イヤホンを外しつつ)何? 邪魔しないでくれる?」
　　悠基:「あのお腹の調子が···」
　　美月:「ふ~ん···保健室、行ってくれば?」
　　悠基:「あ、いや、できれば先輩に連れて行ってもらえると嬉しいなー、なんて、うっ···」❹

(73)에서 화자「美月」는 [堀江 美月/卒業する4回の先輩/高校はチアリーディング部応援同好会]라는 등장인물 소개에서 여성으로, 청자「悠基」는 [久保 悠基/2回/抜けてる冷静沈着/ダメガネ]로 소개되어 있고「嬉しいな」의「な」와 같은 남성어적 종조사를 쓰고 있어 남성으로 상정된다. 청자가 화자를 선배라고 호칭하고 있기 때문에 청자는 화자에 비해 경어적 하위자로 여겨진다. 화자가 책상을 흔드는 청자에 대해 불쾌감을 표현하고 있다는 점에서 양자의 친소관계는 소원한 사이로 해석되며「邪魔しないでくれる?」의〈ないでくれる?〉는 [불쾌감][분노]의 표현가치를 나타낸다. 그리고 [여성 화자/남성 청자/청자가 화자에 비해 경어적 하위자/친한 사이]에서는〈ないでくれる?〉로 사용된 예가 확인되지 않는다.

[11]〈ないでくれますか〉{청자(남)가 화자(여)에 비해 경어적 하위자인 경우}

(74) ねえ、裕ちゃん、後でママが見せてあげますからね、今、忙しいから邪魔しないでくれますか。
(75) 裕、あなたのすることにお母さんは口出ししないつもりですけど、息子としてお父さんの顔に泥をぬるようなことだけは、しないでくれますか。

(74)는 여성 화자「ママ」가 아들인 청자「裕」를 달래는 내용의 발화인데, 화자가 청자에 대해 감동사「ねえ」와 호칭 접사「ちゃん」을 사용하고 있다는 점과 발화내용을 종합하면 화자의 청자에 대한 친소관계는 친한 사이로 설명된다.〈ないでくれますか〉는〈ないでくれる〉계열의 다른 정중체와 마찬가지로 최저한도의 정중도를 나타내기 때문에 청자와의 일정한 거리를 확보하면서 화자의 품위를 유지하는 역할을 한다. 친한 사이에서「邪魔しないでくれますか」와 같이 화자가 경어적 하위자에게 사용하면 상대를 달래거나 기분을 맞추기 위해 쓰인 것으로 해석된다.

(75)도 (74)와 마찬가지로 청자「裕」는 화자「お母さん」에 비해 경어적 하위자로 설정되어 있으며, 화자가 청자를「裕」와 같이 이름으로 부르고 있고 또한 문중에「お父さんの顔に泥をぬるな」와 같은 표현이 쓰이고 있다는 점에서 화자의 청자에 대한 친소관계는 소원한 사이로 판단된다. 그리고〈ないでくれますか〉를 소원한 사이에서「しないでくれますか」와 같이 화자가 경어적 하위자에게 사용하면 [불쾌감][분노][질책]의 표현가치를 나타낸다.

[12]〈ないでくれます?〉{청자(남)가 화자(여)에 비해 경어적 하위자인 경우}

(76) ねえ、裕ちゃん、後でママが見せてあげますからね、今、忙しいから邪魔しないでくれます?
(77) 裕、あなたのすることにお母さんは口出ししないつもりですけど、息子としてお父さんの顔に泥をぬるようなことだけは、しないでくれます?

(76)은 여성 화자「ママ」가 아들인 청자「裕」를 달래는 내용의 발화인데, 화자가 청자에 대

해 감동사「ねえ」와 호칭 접사「ちゃん」을 사용하고 있다는 점과 발화내용을 종합하면 화자의 청자에 대한 친소관계는 친한 사이로 이해된다. 〈ないでくれます?〉는 〈か〉가 현재화되지 않은 형식이라는 점에서 경의도에 있어서는 〈ないでくれますか〉보다 약간 낮은데 〈ないでくれる〉 계열의 다른 정중체와 마찬가지로 최저한도의 정중도를 나타내기 때문에 청자와의 일정한 거리를 확보하면서 화자의 품위를 유지하는 역할을 한다. 친한 사이에서「邪魔しないでくれます?」와 같이 화자가 경어적 하위자에게 사용하면 상대를 달래거나 기분을 맞추기 위해 쓰인 것으로 해석된다.

(77)도 (76)과 마찬가지로 청자「裕」는 화자「お母さん」에 비해 경어적 하위자로 설정되어 있다. 화자가 청자를「裕」와 같이 이름으로 부르고 있고 또한 문중에「お父さんの顔に泥をぬるな」와 같은 표현이 쓰이고 있다는 점에서 화자의 청자에 대한 친소관계는 소원한 사이로 해석된다. 그리고 〈ないでくれます?〉는 소원한 사이에서「しないでくれます?」와 같이 화자가 경어적 하위자에게 사용하면 [불쾌감][분노][질책]의 표현가치를 나타낸다.

[13] 〈ないでくれませんか〉 {청자(남)가 화자(여)에 비해 경어적 하위자인 경우}

(78) ねえ、裕ちゃん、後でママが見せてあげますからね、
   今、忙しいから邪魔しないでくれませんか。
(79) 裕、あなたのすることにお母さんは口出ししないつもりですけど、息子としてお父さんの顔に
   泥をぬるようなことだけは、しないでくれませんか。

(78)은 여성 화자「ママ」가 아들인 청자「裕」를 달래는 내용의 발화인데, 화자가 청자에 대해 감동사「ねえ」와 호칭 접사「ちゃん」을 사용하고 있다는 점과 발화내용을 종합하면 화자의 청자에 대한 친소관계는 친한 사이로 설명된다. 〈ないでくれる〉 계열의 부정 정중체인 〈ないでくれませんか〉는 경의도에 있어서 〈か〉가 현재화되지 않은 〈ないでくれません?〉에 비해 약간 높은데 〈ないでくれる〉 계열의 다른 정중체와 마찬가지로 최저한도의 정중도를 나타내기 때문에 친한 사이에서「邪魔しないでくれませんか」와 같이 화자가 경어적 하위자에게 사용하면 상대를 달래거나 기분을 맞추기 위해 쓰인 것으로 해석된다.

(79)도 (78)과 마찬가지로 청자「裕」는 화자「お母さん」에 비해 경어적 하위자로 설정되어 있다. 화자가 청자를「裕」와 같이 이름으로 부르고 있고 또한 문중에「お父さんの顔に泥をぬるな」와 같은 표현이 쓰이고 있다는 점에서 화자의 청자에 대한 친소관계는 소원한 사이로 이해된다. 소원한 사이에서「しないでくれませんか」와 같이 화자가 경어적 하위자에게 사용하면 [불쾌감][분노][질책]의 표현가치를 나타낸다.

[14] 〈ないでくれません?〉 {청자(남)가 화자(여)에 비해 경어적 하위자인 경우}

(80) ねえ、裕ちゃん、後でママが見せてあげますからね、今、忙しいから邪魔しないでくれません?
(81) 裕、あなたのすることにお母さんは口出ししないつもりですけど、息子としてお父さんの顔に泥をぬるようなことだけは、しないでくれません?

(80)은 여성 화자「ママ」가 아들인 청자「裕」를 달래는 내용의 발화인데, 화자가 청자에 대해 감동사「ねえ」와 호칭 접사「ちゃん」을 사용하고 있다는 점과 발화내용을 종합하면 화자의 청자에 대한 친소관계는 친한 사이로 여겨진다. 〈ないでくれません?〉은 〈ないでくれる〉계열의 다른 정중체와 마찬가지로 경도(軽度)의 정중도를 나타내기 때문에 청자와의 일정한 거리를 확보하면서 화자의 품위를 유지하는 역할을 한다. 친한 사이에서「邪魔しないでくれません?」과 같이 화자가 경어적 하위자에게 사용하면 상대를 달래거나 기분을 맞추기 위해 쓰인 것으로 해석된다.

(81)도 (80)과 마찬가지로 청자「裕」는 화자「お母さん」에 비해 경어적 하위자로 설정되어 있다. 화자가 청자를「裕」와 같이 이름으로 부르고 있고 문중에「お父さんの顔に泥をぬるな」와 같은 표현이 쓰이고 있다는 점에서 화자의 청자에 대한 친소관계는 소원한 사이로 간주된다. 소원한 사이에서「しないでくれません?」과 같이 화자가 경어적 하위자에게 사용하면 [불쾌감][분노][질책]의 표현가치를 나타내는데 〈ないでくれません?〉은 〈ないでくれませんか〉보다 경의도가 낮기 때문에 소원함이 다소 강하게 분출된다.

4. 여성 화자가 여성 청자에게 사용하는 〈ないでくれる〉 계열

4.1. 청자(여)가 화자(여)에 비해 경어적 상위자인 경우

[1] 〈ないでくれ〉·[2] 〈ないでくれよ〉·[3] 〈ないでおくれ〉·[5] 〈ないでくれたまえ〉·[6] 〈ないでくれたまえよ〉·[8] 〈ないでくれるか〉·[9] 〈ないでくれない?〉·[10] 〈ないでくれないか〉
 [여성 화자/여성 청자/청자가 화자에 비해 경어적 상위자/친한 사이·소원한 사이]에서는 상기 형태로 사용된 예가 확인되지 않는다.

[4] 〈ないでおくれよ〉 {청자(여)가 화자(여)에 비해 경어적 상위자인 경우}

> (1) オタキさんの目の前には、亭主が死んだことや恵美子さんとの確執など、辛いことはひとつも現れなかった。楽しかったことだけが次々に現れては消える。終戦間もない頃、町の招魂祭の余興に請われて三味線をつま弾いたことがあった。舞台が終わって控室に戻ると、突然弟子にしてくれと言ってきた女がいた。それがオキミさんとの出会いだった。農村会館で踊りを教えるようになってから、オキミさんは欠かさずに通ってくるようになった。だが何をやらせてもオキミさんは不器用だった。「やる気がないなら止めちまえ」「オレが上達しないのはあんたの教え方が悪いせいだろうが」何度も何度も喧嘩して絶交した。それでも、最後まで付き合ってくれたのはオキミさんたったひとりだけだった。あの頃が一番楽しかった。「オキミ、さん…いろいろ、ありがとう、よ。あんたのおかげで、ほんとうに、ほんとにたのしかった。あ…ありがとうありがとう…あり…」
> 「オタキさんオタキさん！ オレを置いて行かないでおくれよ…オ…」オキミさんはふいに思ってオタキさんを呼ぶのをやめた。
> 声を出せば泣き声になってしまう。あんな家族よりも天国の連れ合いのもとへ行く方がオタキさんにはずっとずっと幸せなのだとオキミさんは思った。それから暫くして、オタキさんは安心しきった赤ん坊のような貌で息を引き取った。「死んじゃいやだあ。ああーアッ、オタキさーん ❷

　(1)에서 화자「オキミさん」은「オレ」라는 인칭대명사를 사용하고 있지만 지문에서「彼女」라고 소개되고 있어 여성으로, 청자「オタキさん」도 지문의「亭主が死んだこと」와 같은 표현을 통해 여성으로 간주된다. 화자가 청자의 제자라는 설정에서 청자는 화자에 비해 상위자임을 알 수 있고, 청자가 이승을 하직하는 순간에 화자 덕분에 즐거웠다고 고마워하는 발화에서 양자는 친한 사이로 여겨진다. 화자가 청자에게 자기를 두고 가지 말라는 「行かないでおくれよ…オ…」의 〈ないでおくれよ〉는 [간원]의 표현가치를 나타낸다. 그리고 [여성 화자/여성 청자/청자

가 화자에 비해 경어적 상위자/소원한 사이]에서는 〈ないでおくれよ〉로 사용된 예가 확인되지 않는다.

[7] 〈ないでくれる?〉 {청자(여)가 화자(여)에 비해 경어적 상위자인 경우}

   (2) 雪枝：ねえ、おばあさん、いつまでもくっつかないでくれる?
      章子：お、おばあさんだと。おばさんじゃなくてあばあさん? あ、が一個多くない?
      雪枝：どっちでもいいでしょ
      章子：よくないよ ❹

   (2)에서 화자「雪枝」는 이름에서 여성으로, 청자「章子」도 이름에서 여성으로 상정된다. 화자가 청자를「おばあさん」이라고 호칭하고 있는 것에 대해 청자가「おばさん」이 아니라「あばあさん」라고 부르면「あ」가 하나 더 많은 것이 아니냐고 반문하고 있는 것을 고려하면 청자는 화자에 비해 경어적 상위자로 간주된다. 화자가 자기에게 달라붙는 청자에 대해 귀찮게 하지 말라고 발화하고 있다는 점에서 양자는 소원한 사이로 해석되며「くっつかないでくれる?」의 〈ないでくれる?〉는 [귀찮음][성가심]의 표현가치를 나타낸다.

   (3) この時、いつの間にかピアノに向かっていた"婆ちゃん"が、ピアノを弾き始める。
      しばらく聴いている内に、みんなの表情が変わり、場の空気が変わる。
      A：お婆ちゃん………
      Y：ちょっと、勝手にＢＧＭつけないでくれる?
      Ｏ：そ、そうですよ。何か、その気になっちゃいますよねぇ?
      婆：そうかい? 本当に? 本当はその逆じゃなかったのかい? ❹

   (3)에서 화자「Y」는 [Y子＝小百合先生]로 설정되어 있어 여성으로, 청자「婆」도 [婆ちゃん]으로 등장하고 있어 여성으로 추정되고 청자는 화자에 비해 상위자로 이해된다. 화자가 청자에게「ちょっと」와 같은 부사를 사용하고 있고 멋대로 BGM을 켜지 말라고 불쾌감을 나타내고 있다는 점에서 양자는 소원한 사이로 간주되며「つけないでくれる?」의 〈ないでくれる?〉는 [불쾌감]의 표현가치를 나타낸다. 그리고 [여성 화자/여성 청자/청자가 화자에 비해 경어적 상위자/친한 사이]에서는 〈ないでくれる?〉로 사용된 예가 확인되지 않는다.

[11] 〈ないでくれますか〉 {청자(여)가 화자(여)에 비해 경어적 상위자인 경우}

   (4) ??叔母さん、あたしは大丈夫だから、心配しないでくれますか。
   (5) ??雅子様、私どもコンパニオンは勤務中ですので、これ以上、
      お酒をおすすめにならないでくれますか。

   (4)에서 화자는「あたし」라는 인칭대명사를 쓰고 있어 여성으로 청자도「叔母さん」이라는

호칭을 통해 여성으로 상정되며, 양자의 가족관계상 청자가 화자에 비해 상위자임을 짐작할 수 있다. 화자가 청자에게 자신을 걱정하지 말라는 발화내용을 통해 청자에 대한 화자의 친소관계는 친한 사이로 이해된다. 〈ないでくれますか〉는 〈ないでくれる〉 계열의 다른 정중체와 마찬가지로 최저한도의 정중도를 나타내기 때문에 청자와의 일정한 거리를 확보하면서 화자의 품위를 유지하는 역할을 한다. 경어적 규범의식을 판단의 기준으로 삼을 경우, 〈ないでくれますか〉를 경어적 하위자가 경어적 상위자에게 사용하는 것은 자연스러운 발화로서의 용인도가 낮다. 그러나 친한 사이에서 「心配しないでくれますか」와 같이 친족 간에 거리감을 완화하고 친밀도를 높이고자 하는 표현 의도가 발동되면, 사용 가능성이 다소 높아지고 [염려][배려]의 표현가치를 실현한다.

(5)에서 화자는 「私どもコンパニオン」이라는 표현을 통해 여성으로, 청자도 「雅子」라는 이름에서 여성으로 추정되며 화자가 청자를 「雅子様」라고 부르고 있고 「お~になる」와 같은 존경어를 사용하고 있기 때문에 청자가 화자에 비해 경어적 상위자임을 알 수 있다. 청자가 화자에게 술을 권하는 것에 대해 화자의 불쾌감이 표출되고 있다는 점에서 양자는 소원한 사이로 여겨진다. 〈ないでくれますか〉를 경어적 하위자가 경어적 상위자에게 사용하는 것은 자연스러운 발화로서의 용인도가 낮다. 그러나 소원한 사이에서 「おすすめにならないでくれますか」와 같이 어떤 표현 의도의 실현을 위해 화자가 경어적 상위자인 청자와의 거리감을 의식적으로 이용하고자 할 경우에는 사용 가능성이 다소 높아지고 [불쾌감][항의]의 표현가치를 나타낸다.

[12] 〈ないでくれます?〉 {청자(여)가 화자(여)에 비해 경어적 상위자인 경우}

(6) ?? 叔母さん、あたしは大丈夫だから、心配しないでくれます?
(7) ?? 雅子様、私どもコンパニオンは勤務中ですので、これ以上、
　　お酒をおすすめにならないでくれます?

(6)에서 화자는 「あたし」라는 인칭대명사를 쓰고 있어 여성으로 청자도 「叔母さん」이라는 호칭을 통해 여성으로 간주되며, 양자의 가족관계상 청자가 화자에 비해 상위자임을 짐작할 수 있다. 화자가 청자에게 자신을 걱정하지 말라는 발화내용을 통해 청자에 대한 화자의 친소관계는 친한 사이로 상정된다. 〈ないでくれます?〉는 〈か〉가 현재화되지 않은 형식이라는 점에서 경의도에 있어서는 〈ないでくれますか〉보다 약간 낮은데 〈ないでくれる〉 계열의 다른 정중체와 마찬가지로 최저한도의 정중도를 나타내기 때문에 청자와의 일정한 거리를 확보하면서 화자의 품위를 유지하는 역할을 한다. 경어적 규범의식을 판단의 기준으로 삼을 경우, 〈ないでくれます?〉를 경어적 하위자가 경어적 상위자에게 사용하는 것은 자연스러운 발화로서의 용인도가 낮다. 그러나 친한 사이에서 「心配しないでくれます?」와 같이 거리감을 좁히고 친밀도를 높

이고자 하는 표현 의도가 발동되면, 사용 가능성이 다소 높아지고 이때의 〈ないでくれます?〉는 [염려][배려]의 표현가치를 실현한다.

(7)에서 화자는「私どもコンパニオン」이라는 표현을 통해 여성으로, 청자도「雅子」라는 이름에서 여성으로 추정되며 화자가 청자를「雅子様」라고 부르고 있고「お~になる」와 같은 존경어를 사용하고 있기 때문에 청자가 화자에 비해 경어적 상위자임을 알 수 있다. 청자가 화자에게 술을 권하는 것에 대해 화자의 불쾌감이 표출되고 있다는 점에서 양자는 소원한 사이로 이해된다. 〈ないでくれます?〉를 경어적 하위자가 경어적 상위자에게 사용하는 것은 자연스러운 발화로서의 용인도가 낮다. 그러나 소원한 사이에서「おすすめにならないでくれます?」와 같이 어떤 표현 의도의 실현을 위해 화자가 경어적 상위자인 청자와의 거리감을 의식적으로 이용하고자 할 경우에는 사용 가능성이 다소 높아지고 [불쾌감][분노][항의]의 표현가치를 나타낸다.

[13] 〈ないでくれませんか〉 {청자(여)가 화자(여)에 비해 경어적 상위자인 경우}

(8) ?? 叔母さん、あたしは大丈夫だから、心配しないでくれませんか。
(9) ?? 雅子様、私どもコンパニオンは勤務中ですので、これ以上、お酒をおすすめにならないでくれませんか。

(8)에서 화자는「あたし」라는 인칭대명사를 쓰고 있어 여성으로 청자도「叔母さん」이라는 호칭을 통해 여성으로 상정되며, 양자의 가족관계상 청자가 화자에 비해 상위자임을 알 수 있다. 화자가 청자에게 자신을 걱정하지 말라는 발화내용을 통해 청자에 대한 화자의 친소관계는 친한 사이로 간주된다. 〈ないでくれる〉 계열의 부정 정중체인 〈ないでくれませんか〉는 경의도에 있어서 〈か〉가 현재화되지 않은 〈ないでくれません?〉에 비해 약간 높은데 〈ないでくれる〉 계열의 다른 정중체와 마찬가지로 최저한도의 정중도를 나타내기 때문에 친한 사이에서 〈ないでくれませんか〉를 경어적 하위자가 경어적 상위자에게 사용하는 것은 자연스러운 발화로서의 용인도가 낮다. 그러나「心配しませんか」과 같이 친족 간에 거리감을 완화하고 친밀도를 높이고자 하는 표현 의도가 발동되면 사용 가능성이 다소 높아지고 [염려][배려]의 표현가치를 실현한다.

(9)에서 화자는「私どもコンパニオン」이라는 표현을 통해 여성으로, 청자도「雅子」라는 이름에서 여성으로 짐작되며 화자가 청자를「雅子様」라고 부르고 있고「お~になる」와 같은 존경어를 사용하고 있기 때문에 청자가 화자에 비해 경어적 상위자임을 알 수 있다. 청자가 화자에게 술을 권하는 것에 대해 화자의 불쾌감이 표출되고 있다는 점에서 양자는 소원한 사이로 해석된다. 소원한 사이에서도 〈ないでくれませんか〉를 경어적 하위자가 경어적 상위자에게 사용하는 것은 자연스러운 발화로서의 용인도가 낮다. 그러나「おすすめにならないでくれません

か」와 같이 가족관계가 아닌 경어적 상위자에게〈ないでくれませんか〉를 사용하는 것은 사용 가능성이 낮고 만일 허용될 경우에는 [불쾌감][항의]의 표현가치를 나타낸다.

[14]〈ないでくれません?〉 {청자(여)가 화자(여)에 비해 경어적 상위자인 경우}

  (10) ?? 叔母さん、あたしは大丈夫だから、心配しないでくれません?
  (11) ?? 雅子様、私どもコンパニオンは勤務中ですので、これ以上、
      お酒をおすすめにならないでくれません?

(10)에서 화자는「あたし」라는 인칭대명사를 쓰고 있어 여성으로 청자도「叔母さん」이라는 호칭을 통해 여성으로 간주되며, 양자의 가족관계상 청자가 화자에 비해 상위자임을 짐작할 수 있다. 화자가 청자에게 자신을 걱정하지 말라는 발화내용을 통해 청자에 대한 화자의 친소관계는 친한 사이로 해석된다.〈ないでくれません?〉은〈ないでくれる〉계열의 다른 정중체와 마찬가지로 경도(輕度)의 정중도를 나타내기 때문에 청자와의 일정한 거리를 확보하면서 화자의 품위를 유지하는 역할을 한다. 이에〈ないでくれません?〉을 경어적 하위자가 경어적 상위자에게 사용하는 것은 자연스러운 발화로서의 용인도가 낮다. 그러나「心配しないでくれません?」과 같이 친족 사이에서 거리감을 좁히고 친밀도를 높이고자 하는 표현 의도가 발동되면 사용 가능성이 다소 높아지고 [염려][배려]의 표현가치를 실현한다.

(11)에서 화자는「私どもコンパニオン」이라는 표현을 통해 여성으로, 청자도「雅子」라는 이름에서 여성으로 추정되며 화자가 청자를「雅子様」라고 부르고 있고「お~になる」와 같은 존경어를 사용하고 있기 때문에 청자가 화자에 비해 경어적 상위자임을 알 수 있다. 청자가 화자에게 술을 권하는 것에 대해 화자의 불쾌감이 표출되고 있다는 점에서 양자는 소원한 사이로 해석된다. 소원한 사이에서도〈ないでくれません?〉을 경어적 하위자가 경어적 상위자에게 사용하는 것은 자연스러운 발화로서의 용인도가 낮다. 그러나「おすすめにならないでくれません?」과 같이 어떤 표현 의도의 실현을 위해 화자가 경어적 상위자와의 거리감을 의도적으로 이용하고자 할 경우에는 사용 가능성이 다소 높아지며 [불쾌감][항의]의 표현가치를 나타낸다.

4.2. 청자(여)가 화자(여)와 경어적 동위자이거나 상위자인 경우

[1]〈ないでくれ〉・[2]〈ないでくれよ〉・[3]〈ないでおくれ〉・[4]〈ないでおくれよ〉・[5]〈ないでくれたまえ〉・[6]〈ないでくれたまえよ〉・[8]〈ないでくれるか〉・[9]〈ないでくれない?〉・[10]〈ないでくれないか〉

[여성 화자/여성 청자/청자가 화자와 경어적 동위자이거나 상위자/친한 사이・소원한 사이]에서는 상기 형태로 사용된 예가 확인되지 않는다.

[7] 〈ないでくれる?〉 {청자(여)가 화자(여)와 경어적 동위자이거나 상위자인 경우}

 (12) 菜：お姉ちゃん。うるさいんだけど、受験勉強の邪魔しないでくれる?
   侘：良いじゃない。趣味なんだから。
   菜：悪趣味、ここに極まる…か。❹

 (12)의 등장인물 소개에서 화자「菜」는 [参楽 菜芽子(さんがく なめこ)/三兄妹の次女/(一般人)十五歳와 같이 여성으로, 청자「侘」도 [参楽 侘掛美(さんがく たけみ)/三兄妹の長女/(語り手)二十歳와 같이 여성으로 설정되어 있고, 언니와 여동생이라는 관계에서 청자는 화자와 동위자이거나 상위자로 간주된다. 화자가 청자에게 수험 공부를 방해하지 말라고 불만을 토로하고 있다는 점에서 양자의 친소관계는 소원한 사이로 해석되며「邪魔しないでくれる?」의〈ないでくれる?〉는 [불쾌감][항의]의 표현가치를 나타낸다.

 (13) 上原：お姉さん? あ、初めまして私上原りかと申します。
   姉：はぁ、坂本です。どういうことでしょうか? 妹は受験勉強のために引越しをさせたのですが、そこに友達が住むとなるとまた話が違うかと……
   坂本：だから、話せば長いんだけどいろいろあるの。上原さんも好きで一緒に住むんじゃないからそういう失礼な言い方しないでくれる!?
   上原：あ、私は別に気にしていただかなくても…
   姉：(聞いてない)そういう言い方はないでしょう。大体、あなたがちゃんと説明すればすむ話でしょう。
   坂本：お姉ちゃん、私の話なんて聞く耳持たないでしょ。大体何でこんなしょっちゅう来るの? そんなに私が信用できない?
   姉：問題をすり替えないでよ。大体、実際にあんた勉強してないじゃないの。参考書どこよ!❹

 (13)의 등장인물 소개에서 화자「坂本」는 [坂本 千恵子…現在2浪中。]와 같이 여성으로, 청자「姉」도 [坂本 佳代子…浪人生の姉。]와 같이 여성으로 묘사되어 있고, 화자가 청자를「お姉ちゃん」이라고 부르며 청자가 화자를「妹」로 지칭하고 있어 청자는 화자와 동위자이거나 상위자로 간주된다. 화자가 청자에게「上原さん」에게 실례되는 말을 하지 말라고 불쾌감을 표출하고 있다는 점에서 양자는 소원한 사이로 해석된다. 이때의「失礼な言い方しないでくれる!?」의〈ないでくれる?〉는 [불쾌감][항의]의 표현가치를 나타낸다. 그리고 [여성 화자/여성 청자/청자가 화자와 경어적 동위자이거나 상위자/친한 사이]에서는〈ないでくれる?〉로 사용된 예가 확인되지 않는다.

[11] 〈ないでくれますか〉 {청자(여)가 화자(여)와 경어적 동위자이거나 상위자인 경우}

 (14) ?お姉さん、あたしが作った味噌汁、美味しくなくてもがっかりしないでくれますか。
 (15) ?もう、あたしと義男先輩は将来を約束してるんですから、今後、彼には近付かないでくれますか。

(14)에서 화자는「あたし」라는 호칭을 통해 여성으로, 청자도「お姉さん」이라는 호칭에서 여성으로 상정되며, 화자가 청자를「お姉さん」이라고 부르고 있기 때문에 청자는 화자와 경어적으로 동위자이거나 상위자로 묘사되어 있다. 발화내용이 청자가 놀랄 것을 예상하고 화자가 이를 배려하고 있다는 점에서 청자에 대한 화자의 친소관계는 친한 사이로 간주된다. 〈ないでくれますか〉는 〈ないでくれる〉 계열의 다른 정중체와 마찬가지로 최저한도의 정중도를 나타내기 때문에 청자와의 일정한 거리를 확보하면서 화자의 품위를 유지하는 역할을 한다. 경어적 규범의식을 판단의 기준으로 삼을 경우, 〈ないでくれますか〉를 경어적 하위자가 경어적 동위자나 상위자에게 사용하는 것은 자연스러운 발화로서의 용인도가 떨어진다. 그러나 친한 사이에서「がっかりしないでくれますか」와 같은 가족관계에서 거리를 두지 않고 친밀도를 높이고자 하는 표현 의도가 발동되면, 허용도가 높아지고 [염려][배려]의 표현가치를 실현한다.

(15)에서 화자는「あたし」라는 인칭대명사를 쓰고 있어 여성으로, 청자는 화자와 장래를 약속한 남성에게 접근하고 있는 여성으로 묘사되어 있어 여성으로 간주되며, 화자의 청자에 대한 불쾌감이 표출되어 있다는 점에서 청자에 대한 화자의 친소관계는 소원한 사이로 판단된다. 그리고 〈ないでくれますか〉를 경어적 하위자가 경어적 동위자나 상위자에게 사용하는 것은 자연스러운 발화로서의 용인도가 떨어진다. 그러나 소원한 사이에서「近付かないでくれますか」와 같이 어떤 표현 의도의 실현을 위해 화자가 경어적 동위자나 상위자인 청자와의 거리감을 의식적으로 이용하고자 할 경우에는 허용도가 높아지고 [불쾌감][항의]의 표현가치를 나타낸다.

[12] 〈ないでくれます?〉 {청자(여)가 화자(여)와 경어적 동위자이거나 상위자인 경우}

(16)？お姉さん、あたしが作った味噌汁、美味しくなくてもがっかりし<u>ないでくれます</u>?

(16)에서 화자는「あたし」라는 호칭을 통해 여성으로, 청자도「お姉さん」이라는 호칭에서 여성으로 간주되며, 화자가 청자를「お姉さん」이라고 부르고 있기 때문에 청자는 화자와 경어적으로 동위자이거나 상위자로 묘사되어 있다. 발화내용이 청자가 놀랄 것을 예상하고 화자가 이를 배려하고 있다는 점에서 청자에 대한 화자의 친소관계는 친한 사이로 이해된다. 〈ないでくれます?〉는 〈か〉가 현재화되지 않은 형식이라는 점에서 경의도에 있어서는 〈ないでくれますか〉보다 약간 낮은데 〈ないでくれる〉 계열의 다른 정중체와 마찬가지로 최저한도의 정중도를 나타내기 때문에 청자와의 일정한 거리를 확보하면서 화자의 품위를 유지하는 역할을 한다. 경어적 규범의식을 판단의 기준으로 삼을 경우, 〈ないでくれます?〉를 경어적 하위자가 경어적 동위자이거나 상위자에게 사용하는 것은 자연스러운 발화로서의 용인도가 떨어진다. 그러나 친한 사이에서「がっかりしないでくれます?」와 같이 가족관계에서 거리감을 좁히고 친밀도를 높이고자 하는 표현 의도가 발동되면, 허용도가 높아지고 이때의 〈ないでくれます?〉는 [염려]

[배려]의 표현가치를 실현한다.

(17) ゆきみ：貴方、騙されちゃダメ！ついってっちゃダメよ！こんな林檎で願いが叶うなんて、そんな上手い話がある訳無いわ！言われるがままに付いて行ったら最後、何か怪しげな所に連れ込まれて、怖いお兄さんに壺とかマッサージ器を買えって脅されるのよおお！
智絵：ちょっと、なんですか貴方！私をそんな悪徳キャッチと一緒に<u>しないでくれます</u>!?
ゆきみ：キャッチセールスの人は絶対それがキャッチセールスだとは言わないわ。関わらないのが一番よ！
司：や、でも、一応同じ大学の人ですし…。
ゆきみ：まああ！貴方！いくら自分がマルチ商法に引っ掛かって多額の借金が出来てしまったからって、何も知らないお友達まで巻き込む気!? 最低ね貴方！人間のクズよ！
智絵：なっ…べらべらと勝手なことを！見ず知らずの人間によくそこまで妄想できますね！❹

(17)에서 화자「智絵」는 [倉吹 智絵(くらふき ちえ)/♀/19歳/司のクラスメイト。]라고 소개되고 있어 여성으로, 청자「ゆきみ」는 [萩原 ゆきみ(はぎはら ゆきみ)/♀/23歳/元教師の卵。]라고 설정되어 있어 여성으로 상정되고, 청자는 화자와 경어적 동위자이거나 상위자로 묘사되어 있다. 화자가 자신을「悪徳キャッチセールス」라고 부르고 있는 청자에 대한 강한 불쾌감을 표현하고 있다는 점에서 청자에 대한 화자의 친소관계는 소원한 사이로 판단된다.〈ないでくれます?〉를 경어적 하위자가 경어적 동위자이거나 상위자에게 사용하는 것은 자연스러운 발화로서의 용인도가 떨어진다. 그러나 실제 연극 대사에서는 (17)의「一緒にしないでくれます!?」와 같이 화자가 소원한 사이의 경어적 동위자이거나 상위자인 청자에게 사용된 예도 확인되며 이때의〈ないでくれます?〉는 [불쾌감][항의]의 표현가치를 나타낸다.

[13]〈ないでくれませんか〉{청자(여)가 화자(여)와 경어적 동위자이거나 상위자인 경우}

(18) ? お姉さん、あたしが作った味噌汁、美味しくなくてもがっかりし<u>ないでくれませんか</u>。
(19) もう、あたしと義男先輩は将来を約束してるんですから、今後、彼には近付か<u>ないでくれませんか</u>。

(18)에서 화자는「あたし」라는 호칭을 통해 여성으로, 청자도「お姉さん」이라는 호칭에서 여성으로 간주되며, 화자가 청자를「お姉さん」이라고 부르고 있기 때문에 청자는 화자와 경어적으로 동위자이거나 상위자로 묘사되어 있다. 발화내용이 청자가 놀랄 것을 예상하고 화자가 이를 배려하고 있다는 점에서 청자에 대한 화자의 친소관계는 친한 사이로 설명된다.〈ないでくれる〉계열의 부정 정중체인〈ないでくれませんか〉는 경의도에 있어서〈か〉가 현재화되지 않은〈ないでくれません?〉에 비해 약간 높은데〈ないでくれる〉계열의 다른 정중체와 마찬가지로 최저한도의 정중도를 나타내기 때문에 친한 사이에서〈ないでくれませんか〉를 경어적 하위

자가 경어적 동위자나 상위자에게 사용하는 것은 자연스러운 발화로서의 용인도가 떨어진다. 그러나 「がっかりしないでくれませんか」와 같이 형제 사이에서 거리를 두지 않고 친밀도를 높이고자 하는 표현 의도가 발동되면 허용도가 높아지고 [염려][배려]의 표현가치를 실현한다.

(19)에서 화자는 「あたし」라는 인칭대명사를 쓰고 있어 여성으로, 청자는 화자와 장래를 약속한 남성에게 접근하고 있는 여성으로 묘사되어 있어 여성으로 여겨지며, 화자의 청자에 대한 불쾌감이 표출되어 있다는 점에서 청자에 대한 화자의 친소관계는 소원한 사이로 간주된다. 소원한 사이에서도 〈ないでくれませんか〉를 경어적 하위자가 경어적 동위자나 상위자에게 사용하는 것은 자연스러운 발화로서의 용인도가 떨어진다. 그러나 「近付かないでくれませんか」와 같이 화자가 경어적 동위자나 상위자인 청자에게 의도적으로 소원함을 강조하여 표현하고자 할 때는 사용이 가능하며 이때는 [불쾌감][항의]의 표현가치를 나타낸다.

[14] 〈ないでくれません?〉 {청자(여)가 화자(여)와 경어적 동위자이거나 상위자인 경우}

(20) ? お姉さん、あたしが作った味噌汁、美味しくなくてもがっかりしないでくれません?
(21) ? もう、あたしと義男先輩は将来を約束してるんですから、今後、彼には近付かないでくれません?

(20)에서 화자는 「あたし」라는 호칭을 통해 여성으로, 청자도 「お姉さん」이라는 호칭에서 여성으로 간주되며, 화자가 청자를 「お姉さん」이라고 부르고 있기 때문에 청자는 화자와 경어적으로 동위자이거나 상위자로 묘사되어 있다. 발화내용이 청자가 놀랄 것을 예상하고 화자가 이를 배려하고 있다는 점에서 청자에 대한 화자의 친소관계는 친한 사이로 해석된다. 〈ないでくれません?〉은 〈ないでくれる〉 계열의 다른 정중체와 마찬가지로 경도(軽度)의 정중도를 나타내기 때문에 청자와의 일정한 거리를 확보하면서 화자의 품위를 유지하는 역할을 한다. 따라서 〈ないでくれません?〉을 경어적 하위자가 경어적 동위자나 상위자에게 사용하는 것은 자연스러운 발화로서의 용인도가 떨어진다. 그러나 「がっかりしないでくれません?」과 같이 가족관계에서 거리감을 좁히고 친밀도를 높이고자 하는 표현 의도가 발동되면 허용도가 높아지고 [염려][배려]의 표현가치를 실현한다.

(21)에서 화자는 「あたし」라는 인칭대명사를 쓰고 있어 여성으로, 청자는 화자와 장래를 약속한 남성에게 접근하고 있는 이로 묘사되어 있어 여성으로 여겨지며, 화자의 청자에 대한 불쾌감이 표출되어 있다는 점에서 청자에 대한 화자의 친소관계는 소원한 사이로 설명된다. 소원한 사이에서도 〈ないでくれません?〉을 경어적 하위자가 경어적 동위자나 상위자에게 사용하는 것은 자연스러운 발화로서의 용인도가 떨어진다. 그러나 「近付かないでくれません?」과 같이 어떤 표현 의도의 실현을 위해 화자가 경어적 동위자나 상위자와의 거리감을 의도적으로 이용하고자 할 경우에는 허용도가 높아지며 [불쾌감][항의]의 표현가치를 나타낸다.

4.3. 청자(여)와 화자(여)가 경어적 동위자인 경우

[1] 〈ないでくれ〉 {청자(여)와 화자(여)가 경어적 동위자인 경우}

(22) 加奈子:「はぁ？ あたしらが、あんたを虐めてるって？ あはは！ 虐めてなんかないし」
恵那:「本当だよ！勝手に悪者にしないでくれ」
恵那と加奈子、顔を見合わせてニヤッと笑う。
恵那:「あたしらは、本当にあんたを虐めてないから」
恵那、あずみに近づきながら言う。
あずみ:「嘘つかないでよ…」
恵那:「嘘じゃねえし。まだ疑うわけ？ いい加減にしてよ」❹

(22)에서 화자「(松野)恵那」는 주인공인「(遠藤)あずみ」를 괴롭히는 친우로 자신(松野 恵那/藍沢 加奈子)들을「あたしら」라고 표현하고 있어 여성이고, 청자「あずみ」도 여성으로 설정되어 있고 화자와 청자는 경어적 동위자로 간주된다. 화자가 청자에게 자신들을 나쁜 사람이라고 생각하지 말라고 불쾌감을 드러내고 있다는 점에서 양자는 소원한 사이로 해석되며「悪者にしないでくれ」의 〈ないでくれ〉는 [불쾌감]의 표현가치를 나타낸다. 그리고 [여성 화자/여성 청자/청자와 화자가 경어적 동위자/친한 사이]에서는 〈ないでくれ〉의 예가 확인되지 않는다.

[2] 〈ないでくれよ〉 {청자(여)와 화자(여)가 경어적 동위자인 경우}

(23) エッタ:だったら、もうこれからは、あまりものを壊さないでくれよな。
エフィ:わたしが壊してる訳じゃないでしょ！
エッタ:にしても、エフィの使い方はちょっと雑すぎるよ。もっと、優しく、丁寧に扱ってくれなきゃ。
エフィ:もう、いちいち細かいんだから。女の子みたい。
エッタ:僕は女の子だよ。
エフィ:知ってるわよ！ ……そういえば、最近何か新しいものを造ってるでしょ。❹

(23)에서 화자「エッタ」는「僕」라는 인칭대명사를 쓰고 있지만 [エッタ(Atta)/少女]로 설정되어 있고「僕は女の子だよ」라는 표현에서 알 수 있듯이 여자 아이이고, 청자「エフィ」도 [エフィ(Efe)/少女]로 나와 있고「知ってるわよ！」의「わよ」와 같은 여성 전용의 종조사를 사용하고 있기 때문에 여성으로 간주된다. 화자와 청자가 격의 없는 표현을 쓰고 있다는 점에서 양자는 경어적 동위자로 이해되고 친소관계도 친한 사이로 해석된다. 이에 화자가 청자에게 물건을 부수지 말라는「壊さないでくれよ」는 [부탁][당부]의 표현가치를 나타낸다. 그리고 [여성 화자/여성 청자/청자와 화자가 경어적 동위자/소원한 사이]에서는 〈ないでくれよ〉로 사용된 예가 확인되지 않는다.

[3] 〈ないでおくれ〉・[4] 〈ないでおくれよ〉・[5] 〈ないでくれたまえ〉・[6] 〈ないでくれたまえよ〉・[10] 〈ないでくれないか〉

[여성 화자/여성 청자/청자와 화자가 경어적 동위자/친한 사이・소원한 사이]에서는 상기 형태로 사용된 예가 확인되지 않는다.

[7] 〈ないでくれる?〉 {청자(여)와 화자(여)가 경어적 동위자인 경우}

(24)「わたしは未亡人で男の子が二人いるの。それと」モリーは頬を赤らめた。「おつき合いしてる人がいるのよ。きっと、あなたはその人のことを知らないわ。ハイスクールの三年先輩だから」リズの返事を待たずにしゃべりつづけた。「いずれにしろ、その人とはだいぶ前からつき合ってて、理解し合ってるの。で、ちょっと前から…」途中で舌打ちしてから早口で言った。
「ああ、こんなこと言うんじゃなかった！　マット…マット・ガーヴォックっていう人なんだけど、おそらく彼は、まだそのことを誰にもしゃべってほしくないはずだわ。このことは誰にも言わないでくれる?」
リズは感覚が麻痺するほどショックを受けたが、どうにか平静を装った。
「ええ。ひとことも言わないわ」モリーとマット。❷

(24)에서 화자 「モリー」는 「わたしは未亡人で男の子が二人いるの」라는 표현에서 여성으로, 청자 「リズ」도 「ひとことも言わないわ」의 「わ」와 같은 여성 전용의 종조사를 쓰고 있어 여성으로 상정되며, 화자와 청자 사이에 보통체 말씨의 친근한 표현이 사용되고 있기 때문에 청자는 화자와 동위자로 이해된다. 화자가 청자에게 이 일은 누구에게도 말하지 말라고 부탁하고 있다는 점에서 양자는 친한 사이로 간주되며 「言わないでくれる?」의 〈ないでくれる?〉는 [부탁][당부]의 표현가치를 나타낸다.

(25) ヨミ子：実はさぁ、その～、（と、立ち上がり）忘れちゃったんだ。
　　 チヒナ：え? なんて言ったの?
　　 ヤスミン：忘れちゃったって。
　　 チヒナ：忘れた～? ねぇ、お願いだから立たないでくれる? 肝心なところ聞こえなくなるから。
　　 ヨミ子：あ、そっか、ゴメンゴメン。（と、座る）❹

(25)에서 화자 「チヒナ」는 [チヒナ(姉)]로 설정되어 있어 여성으로, 화자 「ヨミ子」는 [ヨミ子(幽霊)]와 같이 여성적인 이름으로 나와 있지만 「忘れちゃったんだ」의 「んだ」와 같은 남성 전용의 문말 표현을 쓰고 있다는 점에서 특징적이지만 일단 여성으로 간주된다. 청자가 화자에게 「忘れちゃったんだ」와 같은 표현을, 그리고 화자가 청자에게 「なんて言ったの?」와 같은 표현을 사용하고 있기 때문에 양자는 경어적으로 동위자로 여겨지고, 화자의 「お願いだから」에 대해 청자가 「ゴメンゴメン」와 같은 표현하고 있다는 점에서 양자는 친한 사이로 해석된다. 이때의 「立たないでくれる?」의 〈ないでくれる?〉는 [부탁][당부]의 표현가치를 실현한다.

(26) 友達と漫画や音楽についてしゃべっていると、友達1に「それ私知らないから、(その事について)しゃべら<u>ないでくれる?</u>」と言われました。友達1は自分の彼氏の話ばかりします。はっきり言って聞きたくありませんが、我慢して聞いています。❺

(26)에서 화자 「友達1」는 「自分の彼氏」라는 표현에서 여성으로, 청자는 화자가 자기 남자친구 이야기를 하는 것을 듣고 싶지 않다는 점에서 역시 여성으로 간주된다. 화자와 청자가 서로 스스럼없는 내용의 대화를 나누고 있기 때문에 양자는 경어적 동위자로 여겨지는데, 화자가 청자에게 자기는 만화나 음악에 관해서는 모르니 그것에 관한 말을 하지 말라고 부탁을 하고 있다는 점에서 양자의 친소관계는 친한 사이로 해석된다. 이에 「しゃべらないでくれる?」의 〈ないでくれる?〉는 [부탁][당부]의 표현가치를 나타낸다.

(27) 後藤：あたしのプランはあくまでもイメージだから。あんたの意見があれば出してくれればいい。でも、わかって。もう明日なのよ。いつまでたってもあんたが使えるプラン出してくれないからあたしが仕方なく……。
　　　小林：あたしが仕事しなかったみたいなこと言わ<u>ないでくれる</u>。こっちだってね。徹夜して書いた照明プランをその場で却下されるのはね、面白くないんだよ！
　　　後藤：だから、私は赤や青やショッキングピンクの。
　　　小林：安キャバクラみたいな照明はいらないって言うんでしょ。一万と一回聞いたっつうの。❹

(27)에서 화자 「小林」는 [小林 陽子/二年生。照明。]로 설정되어 있고 「あたし」라는 인칭대명사를 쓰고 있어 여성으로, 청자 「後藤」도 [後藤 あゆみ/二年生。脚本兼演出。]로 되어 있고 「あたし」라는 인칭대명사를 쓰고 있어 여성임을 알 수 있다. 화자와 청자는 같은 연극부 부원이라는 점에서 양자는 경어적 동위자로 간주되는데 화자가 청자에게 자기가 일을 하지 않았다는 식의 말을 하지 말라고 불만을 토로하고 있기 때문에 양자는 소원한 사이로 묘사되어 있다. 따라서 「言わないでくれる」의 〈ないでくれる?〉는 [불만][불쾌감]의 표현가치를 나타낸다.

(28) ピンク：なによ、アタシのどこがあんたに劣るっての?
　　　イエロー：すべてよ、すべて！容姿、能力、存在価値
　　　レッド：イ、イエローちょっと言い過ぎじゃ…
　　　ピンク：バカ言わないで！あなたみたいなブッサイクと私を比べ<u>ないでくれる?</u> ❹

(28)에서 화자 「ピンク」는 자신을 「アタシ」라는 인칭대명사로 나타내고 있어 여성으로, 청자 「イエロー」는 「ブッサイク」로 지칭되고 있어 여성임을 알 수 있다. 화자와 청자 사이에 보통체 말씨가 쓰이고 있기 때문에 양자는 경어적 동위자로 여겨진다. 화자와 청자가 상대방의 용모 등에 대해 서로 지지 않고 비난을 하고 있고 특히 화자가 자신을 추물인 청자와 비교하지 말라고 불만을 표현하고 있다는 점에서 양자는 소원한 사이로 해석된다. 이에 「比べないでくれる?」의 〈ないでくれる?〉는 [불만][불쾌감]의 표현가치를 나타낸다.

(29) (開幕。5人の女子高生が立っている。)
　　エリ：ずっとユキのこと待ってたんだよ。
　　ユキ：私を? 何でよ。だいたい、あなた (アミ) 違うクラスじゃない。
　　アミ：別にいいじゃんか。
　　ユキ：勝手に教室に入ってこないでくれる?
　　アミ：なんでユキに指図されなきゃいけないのよ。❹

(29)에서 화자 「ユキ」와 청자 「アミ」는 모두 여자 고등학생으로 설정되어 있어 여성이고 양자 사이에 보통체 말씨가 쓰이고 있기 때문에 경어적 동위자로 여겨진다. 화자가 청자에게 멋대로 교실에 들어오지 말라고 말하는 것과 청자가 화자에게 그런 지시를 받아야 할 이유가 없다고 맞대응하고 있다는 점에서 양자는 소원한 사이로 간주되며 「入ってこないでくれる?」의 〈ないでくれる?〉는 [불만][불쾌감]의 표현가치를 나타낸다.

(30) 校長：あっ、山崎君いるんですか。
　　信子：ちょっと、私見てきます。(退場)
　　母：あっ、信子さんついでにやかんにお湯かけてくれます。
　　由美子：ちょっと、信様はあんたっち息子の嫁じゃないんだからね、きやすくつかわないでくれる。
　　母：ごめんなさいね、近頃嫁に来てもらってもいいかなって考えてるところなの。なかなか、いい子だし。❹

(30)에서 화자 「由美子」는 이름에서 그리고 청자는 「母」라는 설정에서 여성으로 상정된다. 화자가 청자를 「あんた」라고 부르고 있고 청자가 화자에게 「ごめんなさいね」라는 표현을 쓰고 있기 때문에 청자는 화자와 동위자로 판단된다. 화자가 청자에게 「信様」는 당신의 며느리가 아니니까 허물없이 부리지 말라고 불만을 토로하고 있다는 점에서 양자는 소원한 사이로 여겨지며 「つかわないでくれる」의 〈ないでくれる?〉는 [불만][불쾌감]의 표현가치를 나타낸다.

(31) 男：それとも、やっぱり別の男とやるのか、ここで！
　　女１：何で怒るのよ。
　　女２：何でもいいから、早くここに知らない人が座ってくれないと困るんだよ、マジで。これ以上私をイライラさせないでくれる? ❹

(31)에서 화자는 「女２」와 같이 청자는 「女１」와 같이 모두 여성으로 설정되어 있다. 청자가 화자에게 「何で怒るのよ」와 같이 묻고 있는 것에 대해 화자는 「知らない人が座ってくれないと困るんだよ」와 같이 맥락 없는 대답을 하고 있는 등 서로 스스럼없는 말씨를 쓰고 있기 때문에 양자는 경어적 동위자로 간주된다. 화자가 청자에게 더 이상 자기를 짜증나게 하지 말라고 불쾌감을 나타내고 있다는 점에서 양자는 소원한 사이로 해석되고 「イライラさせないでくれる?」의 〈ないでくれる?〉는 [불만][불쾌감]의 표현가치를 나타낸다.

[8] 〈ないでくれるか〉 {청자(여)와 화자(여)가 경어적 동위자인 경우}

(32) フウジン：あぁ……ごめんねぇ、ちょっと今プライベートな時間なんでぇ。
　　 サッキュ：邪魔しないでくれるかしら?
　　 セレン：なんでそんなやつと一緒にいるのよ！！
　　 ゲンジ：それはこっちのセリフだ！主に似た阿婆擦れに手ぇだしやがって。
　　 フウジン：阿婆擦れ? ❹

(32)에서 화자「サッキュ」는「邪魔しないでくれるかしら?」의「かしら」와 같은 여성 전용의 종조사를 쓰고 있어 여성으로, 청자「セレン」도 [♀/帝國四天王の一角、召喚士라고 설정되어 있어 여성으로 간주된다. 화자가 청자가 보통체 말씨를 사용하고 있기 때문에 양자는 경어적으로 동위자로 이해되고, 청자「セレン」가 화자에게 화를 내고 있고 이에 대해 [♂/力の召喚士、サラの仲間로 묘사되어 있는 다른 청자「ゲンジ」가「そんなやつと一緒にいるのよ」와 같이 공박하고 있다는 점에서 화자와 청자의 친소관계는 소원한 사이로 해석되며「邪魔しないでくれるかしら?」의 〈ないでくれるかしら?〉는 [불쾌감]의 표현가치를 나타내고 있다고 판단된다. 〈ないでくれるかしら〉는 여성 전용의 형식이라는 점에서 남성어적인 〈ないでくれるか〉와 대비된다. 그리고 [여성 화자/여성 청자/청자와 화자가 경어적 동위자/친한 사이]에서는 〈ないでくれるか〉로 사용된 예가 확인되지 않는다.

[9] 〈ないでくれない?〉 {청자(여)와 화자(여)가 경어적 동위자인 경우}

(33) ○喫茶店。
　　 女性が入ってくる。仮にA子とする。
　　 A子（以下、A）はいつもの場所に迷わず座る。店員がくると「いつもの」と頼み出されたお冷を口にする。
　　 ほんの小さな間。
　　 時計を見る。
　　 携帯電話が鳴る。
　　 A：「もしもし、どしたの? え? 遅れそうなの。…うん、じゃぁ待ってる。はい、わかった」
　　 Aが携帯を机に置くと店員がコーヒーを持ってくる。
　　 A：「ありがとう」
　　 腕時計を見る、A。
　　 間。
　　 店内に女性が入ってくる。仮にB美とする。
　　 B美（以下、B）が店内を見渡し座る場所を探している。Aに気がつくB。
　　 A：「ま、何事も保険は必要」
　　 B：「…でも、高校の時から付き合ってるなんて知らなかった…」
　　 A：「言ってないからね」

B：「ぁー、この机建てつけ悪いわね」
　　　A：「話を急激に変え<u>ないでくれない</u>?」
　　　B：「椅子も悪いんだ」❹

(33)에서 화자「A」는 [女性が入ってくる。仮にA子とする。]라고 설정되어 있어 여성으로, 청자「B」도 [店内に女性が入ってくる。仮にBとする。]로 묘사되어 있고「悪いわね」의「わね」와 같은 여성 전용의 문말 표현에서 여성임을 짐작할 수 있다. 화자와 청자 사이의 대화에서 양자는 고등학교 때의 친구로 상정되기 때문에 양자는 경어적 동위자로 간주된다. 청자가 화제와 무관한 이야기를 시작한 것에 대한 화자의 불쾌감이 표출되고 있다는 점에서 양자의 친소관계는 소원한 사이로 해석된다. 이에「変えないでくれない?」의〈ないでくれない?〉는 [불쾌감]의 표현가치를 나타낸다.

(34) リサ：そんなとこに、いるわけないじゃん。
　　　アンナ：猫の子じゃないもんねえ。
　　　さやか：うるさいわねえ、捜す気もないくせに、口出さ<u>ないでくれない</u>。
　　　アンナ：なによ、心配してあげてんじゃない。
　　　リサ：そうよ、何よ、その態度。ずいぶんじゃない。❹

(34)에서 화자「さやか」는 [伊勢屋の姪]라고 설정되어 있고「うるさいわねえ」의「わね」라는 여성 전용의 문말 표현에서 여성으로 간주된다. [フリーター]로 묘사되고 있는 청자「アンナ」도「猫の子じゃないもんねえ」의「もんねえ」와 같은 여성 전용의 문말 표현을 쓰고 있기 때문에 여성이고 같은 [フリーター]인 또 다른 청자「リサ」도「そうよ」「何よ」와 같은 표현을 통해 여성으로 여겨진다. 그리고 화자와 청자는 스스럼없는 말씨로 대화를 하고 있기 때문에 경어적 동위자로 이해된다. 청자들이 말참견을 하고 있는 것에 대해 화자가 불쾌감을 표시하고 있다는 점에서 양자는 소원한 사이로 해석되고「口出さないでくれない」의〈ないでくれない?〉는 [불쾌감]의 표현가치를 나타낸다.

(35) さわやかな男兼ナレーション
　　　A：ちょっと、私を前に押し出さ<u>ないでくれない</u>！苦手なのほんとに苦手なのよ！
　　　B：ゆりだって苦手だもーん！
　　　A：そんなこと言っちゃってあんたこの前青虫踏み潰してさらにぐりぐりやってたじゃないのよ！
　　　B：それとこれとは別じゃワレ！❹

(35)에서 화자「A」는「苦手なの」의「なの」와 같은 여성어적 표현을 쓰고 있고 [※体は男、心は乙女]라는 등장인물의 주석을 통해 여성으로, 청자「B」는 자신을「ゆり」라고 밝히고 있고「苦手だもーん」의「～だもーん」과 같은 여성 전용의 문말 표현을 쓰고 있어 여성으로 상정된

다. 화자가 청자에게 「あんた」와 같은 호칭과 「ぐりぐりやってたじゃないのよ」와 같은 스스럼 없는 보통체 말씨를 사용하고 있기 때문에 양자는 경어적 동위자로 이해되는데 화자는 청자가 자기가 자신이 없는 것을 강요하는 청자에 대해 불쾌감을 표현하고 있다는 점에서 양자는 소원한 사이로 간주된다. 「押し出さないでくれない！」의 〈ないでくれない?〉는 [불쾌감][분노]의 표현가치를 나타낸다.

(36) 由愛：「なんとなく気づいてたけど、自分が結ばれたいからってあたしにあきらめろって言うの!? それって酷いよ」
美菜：「馬鹿なこといわないで!勝手にそんなズルイ人と決め付けないでくれない!?」
由愛：「でも!」
美菜：「これはあたしのためなんかじゃない! あんたたちのためなのよ！ いい? だからもう光を好きにならないで」
由愛：「…意味わかんない! なんで!?」❹

(36)에서 화자「美菜」는「あたし」라는 인칭대명사로 자신을 지칭하고 있어 여성으로, 청자「由愛」도「あたし」라는 인칭대명사에서 여성임을 알 수 있다. 화자와 청자 사이에 보통체 말씨가 사용되고 있기 때문에 양자는 경어적 동위자로 이해된다. 화자와 청자가 남자 친구를 사이에 두고 언쟁을 벌이기 있고, 청자가 화자를「ズルイ人」로 단정을 지은 것에 대해 화자가 불쾌감을 표시하고 있다는 점에서 양자는 소원한 사이로 여겨지고「決め付けないでくれない!?」의 〈ないでくれない?〉는 [불쾌감][분노]의 표현가치를 나타낸다. 그리고 [여성 화자/여성 청자/청자와 화자가 경어적 동위자/친한 사이]에서는 〈ないでくれない?〉로 사용된 예가 확인되지 않는다.

[11] 〈ないでくれますか〉 {청자(여)와 화자(여)가 경어적 동위자인 경우}

(37) ねえ、浩子ちゃん、もしあたしが遅れたら待たないでくれますか。
(38) あたしたちいくらルームメートだからって、あたしの物は無断で使わないでくれますか。

(37)에서 화자는「あたし」라는 인칭대명사를 쓰고 있어 여성으로, 청자도「浩子ちゃん」이라는 호칭을 통해 여성으로 상정되며, 화자와 청자는 경어적으로 동위자임을 알 수 있다. 화자가 청자에 대해「ねえ」라는 감동사와「ちゃん」이라는 호칭 접사를 사용하고 있고 화자가 청자를 배려하고 있는 발화내용에서 화자와 청자의 친소관계는 친한 사이로 설명된다. 〈ないでくれますか〉는 〈ないでくれる〉 계열의 다른 정중체와 마찬가지로 최저한도의 정중도를 나타내기 때문에 청자와의 일정한 거리를 확보하면서 화자의 품위를 유지하는 역할을 한다. 이에 친한 사이에서「待たないでくれますか」와 같이 화자가 경어적 동위자에게 사용하면 [염려][배려]의 표현가치를 실현한다.

(38)에서 화자와 청자는 문중의「あたしたち」나「ルームメート」라는 표현에서 모두 여성으로 상정되며,「ルームメート」라는 표현을 쓰이고 있다는 점에서 청자와 화자는 경어적 동위자임을 알 수 있다. 화자가 무단으로 자기 물건을 사용하는 청자에 대해 불쾌감을 표출하고 있기 때문에 양자는 소원한 사이로 해석된다. 그리고 〈ないでくれますか〉를 소원한 사이에서「使わないでくれますか」와 같이 화자가 경어적 동위자에게 사용하면 [불쾌감][항의]의 표현가치를 나타낸다.

[12] 〈ないでくれます?〉 {청자(여)와 화자(여)가 경어적 동위자인 경우}

(39) ねえ、浩子ちゃん、もしあたしが遅れたら待た<u>ないでくれます?</u>

(39)에서 화자는「あたし」라는 인칭대명사를 쓰고 있어 여성으로, 청자도「浩子ちゃん」이라는 호칭을 통해 여성으로 간주되며, 화자와 청자는 경어적으로 동위자임을 알 수 있다. 화자가 청자에 대해「ねえ」라는 감동사와「ちゃん」이라는 호칭 접사를 사용하고 있고 화자가 청자를 배려하고 있는 발화내용에서 화자와 청자의 친소관계는 친한 사이로 규정된다. 〈ないでくれます?〉는 〈か〉가 현재화되지 않은 형식이라는 점에서 경의도에 있어서는 〈ないでくれますか〉보다 약간 낮은데 〈ないでくれる〉 계열의 다른 정중체와 마찬가지로 최저한도의 정중도를 나타내기 때문에 청자와의 일정한 거리를 확보하면서 화자의 품위를 유지하는 역할을 한다. 친한 사이에서「待たないでくれます?」와 같이 화자가 경어적 동위자에게 사용하면 [염려][배려]의 표현가치를 실현한다.

(40) S：あのねぇ、これは私のお客様なんだから、いちいち口出さ<u>ないでくれます</u>。
　　 R：はい、わかりました。あなたにピッタリのお客様みたいね。
　　 S：でも、どうしてあなたみたいな人に恋人ができないんだろう。特に悪いところも無いようだし‥‥
　　 M：そうでしょう。別に私そんなに美人じゃないけどさ。❹

(40)에서 화자「S」는 [S(セラピム広子)]로 설정되어 있어 여성으로, 청자「S」도 [S(セラピム広子)]와 같이 소개되고 있어 여성으로 상정되며 대화내용에서 화자와 청자는 경어적 동위자임을 알 수 있다. 화자가 일일이 말참견을 하는 청자에 대해 불쾌감을 강하게 표출하고 있다는 점에서 양자는 소원한 사이로 해석된다. 〈ないでくれます?〉는 소원한 사이에서「口出さないでくれます」와 같이 화자가 경어적 동위자에게 사용하면 [불쾌감][항의]의 표현가치를 나타낸다.

(41) 太一：「いや、俺も、悪いことした思って‥」
　　 悠子：「いきなり作らんといてっ。」
　　 太一：「はーい。」

悠子:「栞…、あのね。」
栞:「あの、かるがるしく下の名前で呼ばないでくれます?」
悠子:「あ…、ははっ、そうか。あのー…相良さん…?」
栞:「はい?」❹

(41)에서 화자「栞」와 청자「悠子」는 모두 이름에서 여성으로 상정되며 대화내용을 통해 화자와 청자는 경어적 동위자로 여겨진다. 화자는 자기 이름을 청자가 아무렇지도 않게 태연히 부르는 것에 대해 강한 불쾌감을 표현하고 있다는 점에서 양자는 소원한 사이로 해석된다. 이에 소원한 사이에서「呼ばないでくれます?」와 같이 화자가 경어적 동위자에게 사용하면 [불쾌감][항의]의 표현가치를 나타낸다.

[13] 〈ないでくれませんか〉 {청자(여)와 화자(여)가 경어적 동위자인 경우}

(42) ねえ、浩子ちゃん、もしあたしが遅れたら待たないでくれませんか。
(43) あたしたちいくらルームメートだからって、あたしの物は無断で使わないでくれませんか。

(42)에서 화자는「あたし」라는 인칭대명사를 쓰고 있어 여성으로, 청자도「浩子ちゃん」이라는 호칭을 통해 여성으로 간주되며, 화자와 청자는 경어적으로 동위자임을 알 수 있다. 화자가 청자에 대해「ねえ」라는 감동사와「ちゃん」이라는 호칭 접사를 사용하고 있고 화자가 청자를 배려하고 있는 발화내용에서 화자와 청자의 친소관계는 친한 사이로 해석된다.〈ないでくれる〉계열의 부정 정중체인〈ないでくれませんか〉는 경의도에 있어서〈か〉가 현재화되지 않은〈ないでくれません?〉에 비해 약간 높은데〈ないでくれる〉계열의 다른 정중체와 마찬가지로 최저한도의 정중도를 나타내기 때문에 친한 사이에서「待たないでくれませんか」와 같이 화자가 경어적 동위자에게 사용하면 [염려][배려]의 표현가치를 실현한다.

(43)에서 화자와 청자는 문중의「あたしたち」나「ルームメート」라는 표현에서 모두 여성으로 상정되며,「ルームメート」라는 표현을 쓰이고 있다는 점에서 청자와 화자는 경어적 동위자임을 알 수 있다. 화자가 무단으로 자기 물건을 사용하는 청자에 대해 불쾌감을 표출하고 있기 때문에 양자는 소원한 사이로 해석되며「使わないでくれませんか」와 같이 화자가 경어적 동위자에게 사용하면 [불쾌감][항의]의 표현가치를 나타낸다.

[14] 〈ないでくれません?〉 {청자(여)와 화자(여)가 경어적 동위자인 경우}

(44) ねえ、浩子ちゃん、もしあたしが遅れたら待たないでくれません?
(45) あたしたちいくらルームメートだからって、あたしの物は無断で使わないでくれません?

(44)에서 화자는「あたし」라는 인칭대명사를 쓰고 있어 여성으로, 청자도「浩子ちゃん」이라

는 호칭을 통해 여성으로 간주되며, 화자와 청자는 경어적으로 동위자임을 알 수 있다. 화자가 청자에 대해 「ねえ」라는 감동사와 「ちゃん」이라는 호칭 접사를 사용하고 있고 화자가 청자를 배려하고 있는 발화내용에서 화자와 청자의 친소관계는 친한 사이로 이해된다. 〈ないでくれません?〉은 〈ないでくれる〉 계열의 다른 정중체와 마찬가지로 경도(軽度)의 정중도를 나타내기 때문에 청자와의 일정한 거리를 확보하면서 화자의 품위를 유지하는 역할을 한다. 친한 사이에서 「待たないでくれません?」과 같이 화자가 경어적 동위자에게 사용하면 [염려][배려]의 표현가치를 실현하는데 〈ないでくれません?〉은 〈ないでくれます?〉에 비해 불쾌감을 함의하고 있어 친소관계가 소원한 사이로 다소 경사된다.

(45)에서 문중의 「あたしたち」「ルームメート」라는 표현을 통해 화자와 청자 모두 여성임을 알 수 있고, 「ルームメート」라는 표현을 통해 청자와 화자는 경어적 동위자로 판단된다. 화자가 무단으로 자기 물건을 사용하는 청자에 대해 불쾌감을 표출하고 있다는 점에서 양자는 소원한 사이로 해석되고 「使わないでくれません?」과 같이 화자가 경어적 동위자에게 사용하면 [불쾌감][항의]의 표현가치를 나타내는데 〈ないでくれません?〉은 〈ないでくれませんか〉보다 경의도가 낮기 때문에 소원함이 다소 강하게 분출된다.

4.4. 청자(여)가 화자(여)와 경어적 동위자이거나 하위자인 경우

[1] 〈ないでくれ〉·[3] 〈ないでおくれ〉·[4] 〈ないでおくれよ〉·[5] 〈ないでくれたまえ〉·[6] 〈ないでくれたまえよ〉·[8] 〈ないでくれるか〉

[여성 화자/여성 청자/청자가 화자와 경어적 동위자이거나 하위자/친한 사이·소원한 사이]에서는 상기 형태로 사용된 예가 확인되지 않는다.

[2] 〈ないでくれよ〉 {청자(여)가 화자(여)와 경어적 동위자이거나 하위자인 경우}

 (46) 氷雨：どうやって毒薬で遊ぶの?
   風月：どんな事故や事件やちょっとした間違いが起ころうと被害者は自己責任で加害者は無罪
   氷雨：面白そーう
   風月：面白そうか?
   氷雨：うん
   風月：私たちでは試さないでくれよ
   氷雨：被害者は自己責任でしょ? ❹

(46)에서 화자 「風月」는 [女。本名は月(げつ)。登用当時は15歳、現在20代前半。]와 같이 여성으로, 청자 「氷雨」도 [女。本名は沙羅(さら)。登用当時は8歳、現在16歳。]와 같이 여성으로 설정되어 있고, 청자는 화자와 경어적 동위자이거나 하위자로 간주된다. 화자와 청자가 스스럼없는

말씨로 대화를 하고 있다는 점에서 양자는 친한 사이로 해석되며, 「試さないでくれよ」의 〈ないでくれよ〉는 [부탁][당부]의 표현가치를 나타낸다. 그리고 [여성 화자/여성 청자/청자가 화자와 경어적 동위자이거나 하위자/소원한 사이]에서는 〈ないでくれよ〉로 사용된 예가 확인되지 않는다.

[7] 〈ないでくれる?〉 {청자(여)가 화자(여)와 경어적 동위자이거나 하위자인 경우}

 (47) ベロニカ:「ねえ、いいでしょ? 只でモデルになってあげるって言ってんのよ? 何なら…裸になってあげようか?」
    レオニード:「は、裸!?」
    ターニャ:「出た!童貞食いのベロニカ! アンタ気をつけなよ、骨の髄まで吸い尽くされちゃうよ!」
    レオニード:「ええぇ!?」
    ベロニカ:「ちょっと、人聞きの悪い! 人のこと、ドラキュラみたいに言わないでくれる? 営業妨害じゃないのさ!」
    ターニャ:「(笑って)ああ、ゴメンなさい」
    ユーリ:「まあ、お前みたいな年増の娼婦、コイツらみたいなヤリたい盛りのガキ共にしか相手にされないだろうけどな!」
    ベロニカ:「はあ!? 何コイツ? 超ムカつくんですけどー」❹

(47)에서 화자「ベロニカ」는 [ベロニカ(女)/娼婦]로 설정되어 있어 여성으로, 청자「ターニャ」도 [革命レジスタンス「白い狼」/ターニャ(女)]로 묘사되어 있어 여성으로 상정된다. 화자의「営業妨害じゃないのさ!」라는 표현에 대해 청자가 웃으면서「ゴメンなさい」라고 응대하고 있다는 점을 감안하면 청자는 화자와 경어적 동위자나 하위자로 간주된다. 화자가 자기를 중상하는 청자에 대해 불쾌감을 표출하고 있다는 점에서 양자는 소원한 사이로 해석되고「言わないでくれる?」의 〈ないでくれる?〉는 [불쾌감]의 표현가치를 나타낸다.

 (48) 兄とすごく仲がいいのですが (8つ離れている) 兄のお嫁さんがやきもちをやいて「もう○○兄のこと) とあわないでくれる?」といいに来ました。兄弟なのに、やきもちやかれることってあるのですか? ❺

(48)에서 화자는「兄のお嫁さん」이라는 표현에서 여성으로, 청자도「兄とすごく仲がいい」라는 표현을 통해 여성으로 상정된다. 청자가 화자를「兄のお嫁さん」이라고 지칭하고 있기 때문에 청자는 화자와 동위자이거나 하위자로 간주되는데, 8살 차이가 나는 오빠와 청자의 사이가 좋은 것에 대해 화자가 질투하고 있다는 점을 고려하면 양자는 소원한 사이로 해석되며「あわないでくれる?」의 〈ないでくれる?〉는 [불쾌감][항의]의 표현가치를 나타낸다.

(49) 秋絵：「(ゆっくり携帯を閉じ)北橋冬香って言ったね」
    冬香：「はい。北の橋と書いて北橋、冬の香りと書いて冬香です」
    秋絵：「我が校の帰宅部を舐めないでくれる!?」
    冬香：「え、何でそんなに熱入ってるんですか!?」❹

(49)에서 화자「秋絵」는 이름과 [秋絵(あきえ)…帰宅部員・二年生。]로 설정되어 있어 여성, 청자「冬香」도 이름과 [冬香(ふゆか)…帰宅部新人・一年生。]로 나와 있어 여성임을 알 수 있고, 청자는 화자와 동위자이거나 하위자로 규정된다. 화자가 청자에게 우리 학교의「帰宅部」를 깔보지 말라고 불쾌감을 나타내고 있다는 점에서 양자의 친소관계는 소원한 사이로 해석되며「舐めないでくれ!?」의〈ないでくれる?〉는 [불쾌감][분노]의 표현가치를 나타낸다.

(50) 陽子：「(部屋の中を見渡し) ここは…」
    女性：「あなたの部屋です」
    陽子：「だよね！何も変わってないもの。彼のとこに連れてってくれるんじゃなかったの?」
    女性：「行きますよ。今のは準備運動です」
    陽子：「紛らわしいことしないでくれる！早く連れて行きなさいよ！」
    女性：「そんなに怒らなくても…。余程、彼のことを愛しているんですね。そんないい男でもないのに」
    陽子：「何も知らないくせに言われたく…知ってるんだ、彼のこと?」
    女性：「一応、回収する方に関するもの全てに目を通すのが義務になっているので。
        ここまで愛されるなんて、余程あなたを引きつける何かが彼にはあるんでしょうね」❹

(50)에서 화자「陽子」는「変わってないもの」의「もの」와 같은 여성 전용의 종조사나「連れてってくれるんじゃなかったの?」의「の?」와 같은 여성어적 종조사를 쓰고 있어 여성으로, 청자는「女性」으로 설정되어 있어 여성임을 알 수 있다. 화자가 청자에 대해「連れて行きなさいよ！」의「なさい」와 같은 명령 표현을 쓰고 있는 것에 대해 청자는 화자에게「準備運動です」「あるんでしょうね」와 같은 정중체 말씨로 대답하고 있는 점을 종합하면 청자는 화자에 비해 경어적 하위자로 간주된다. 화자가 청자에게 헷갈리는 일을 하지 말라고 불쾌감을 표출하고 있다는 점에서 양자는 소원한 사이로 해석되고「紛らわしいことししないでくれる！」의〈ないでくれる?〉는 [불쾌감][분노]의 표현가치를 나타낸다. 그리고 [여성 화자/여성 청자/청자가 화자와 경어적 동위자이거나 하위자/친한 사이]에서는〈ないでくれる?〉로 사용된 예가 확인되지 않는다.

[9]〈ないでくれない?〉{청자(여)가 화자(여)와 경어적 동위자이거나 하위자인 경우}

(51) 真美：「あのさ亜美、兄ちゃんに手出さないでくれない?」
    亜美：「は?」❺

(51)에서 화자「真美」는 이름에서 여성으로, 청자도「亜美」라는 이름에서 여성으로 상정되고, 화자가 청자를 이름으로 부르고 있기 때문에 청자는 화자와 동위자이거나 하위자로 이해된다. 화자가 청자에게 자기 남자 친구인「兄ちゃん」에게 손을 대지 말라고 불만을 표출하고 있다는 점에서 양자의 친소관계는 소원한 사이로 해석되며「手出さないでくれない?」의 〈ないでくれない?〉는 [불쾌감][분노]의 표현가치를 나타낸다. 그리고 [여성 화자/여성 청자/청자가 화자와 경어적 동위자이거나 하위자/친한 사이]에서는 〈ないでくれない?〉로 사용된 예가 확인되지 않는다.

[10] 〈ないでくれないか〉 {청자(여)가 화자(여)와 경어적 동위자이거나 하위자인 경우}

(52) 飛び出した由希が響を庇うように抱きしめる。
女:「どいてくれよ。これは私と彼との問題なんだ。部外者は邪魔をしないでくれないかい?」
由:「関係なくなんかない！どうして響を殺さなきゃいけないのよ！」
女:「ふざけるな」
「誰だって、綺麗な自分を夢想する。でも現実はそうではない。人間はどこまでも醜く利己的だ。わかるだろ? そいつらは人間じゃない。だから、簡単に殺すことができる。そいつら『犬』共は人間の害虫だ外敵だ。人間を喰らう、敵だ。敵を殺して何が悪い? 自分自身を、人間を守るために殺して何が悪い?」
「私は殺しても満足できない。何百回、何千回と殺しても満足できない。なあそうだろ? 犬っころ。どれだけ痛かったか、どれだけ怖かったか、今のお前にならわかるだろ? 私の心が流れ込んできたんだ。君になら、わかるだろ?」
響:「あ、あ、あ、あ」
女:「どうした? ほら、立てよ。そして私に襲いかかって来いよ。あのときみたいに、凶暴な眼を向けてみろよ」
響:「う、あ、あ」
女:「どうしたんだよ、もっとちゃんと私を見ろよ。あの時みたいに私を見ろよ。立てよ、来いよ、殺しに来いよ。見ろよ、私をちゃんと見ろ！」❹

(52)에서 화자는「女」와 같이 여성으로 설정되어 있는데,「お前」와「君」와 같은 남성 전용의 인칭대명사,「ふざけるな」의「な」라는 부정명령과「立てよ」「見ろよ」「来いよ」와 같은 동사의 명령형 그리고「わかるだろ?」의「だろ?」와 같은 남성 전용의 문말 표현을 쓰고 있다는 점이 특징적이다. 청자「由」는 [由希라는 이름에서 여성으로 간주되며, 화자와 청자가 서로에게 보통체 말씨를 사용하고 있기 때문에 양자는 경어적 동위자로 여겨진다. 개에게 복수하러 온 화자를 제지하려고 하는 청자를 화자가 국외자 취급을 하면서도 방해하지 말라고 말하고 있다는 점에서 양자의 친소관계는 소원한 사이로 해석된다. 이에「邪魔をしないでくれないかい?」의 〈ないでくれないかい〉는 [불쾌감][분노]라는 표현가치를 나타낸다. 〈ないでくれないかい〉는 〈な

いでくれないか〉에 종조사 「い」가 첨가되어 장음화된 것인데 「い」는 어조를 부드럽게 하며 결정권을 청자에게 맡기는 기능을 하기 때문에 화자의 청자에 대한 최소한의 배려가 나타난다. 그리고 [여성 화자/여성 청자/청자가 화자와 경어적 동위자이거나 하위자/친한 사이]에서는 〈ないでくれないか〉로 사용된 예가 확인되지 않는다.

[11] 〈ないでくれますか〉 {청자(여)가 화자(여)와 경어적 동위자이거나 하위자인 경우}

(53) 寂鏡：お願いです。よして下さい………あなたは……あなただけには散って欲しくない。大江殿のようになってはならない。
しの：…………寂鏡様。
寂鏡：……行か<u>ないでくれますか</u>?
しの：教えて、大江センセのようになってはならないって何?……なんで明日になればウチは追われへんの? ❹

(53)에서 화자 「寂鏡」는 [瀬戸寂鏡(せとじゃくきょう)/ 45歳/♀/尼僧/元公家]로 설정되어 있어 여성으로, 청자 「しの」도 [有馬しの(ありましの)/22歳/♀/芸妓]로 묘사되어 있어 여성으로 상정되며, 청자가 화자를 「寂鏡様」라고 부르고 있다는 점에서 청자는 화자에 비해 경어적 동위자이거나 하위자로 이해된다. 그리고 화자가 청자를 걱정하는 발화내용을 통해 양자의 친소관계는 친한 사이로 간주된다. 〈ないでくれますか〉는 〈ないでくれる〉계열의 다른 정중체와 마찬가지로 최저한도의 정중도를 나타내기 때문에 청자와의 일정한 거리를 확보하면서 화자의 품위를 유지하는 역할을 한다. 이에 친한 사이에서 「行かないでくれますか」와 같이 화자가 경어적 동위자이거나 하위자에게 사용하면 [염려][배려]의 표현가치를 실현한다.

(54) あなたの入会は歓迎するけど、ここは女性専用サークルだから、女の子以外は連れてこ<u>ないでくれますか</u>。

(54)에서 화자와 청자는 문중의 「女性専用サークル」「女の子」라는 표현에서 여성으로 여겨지고, 화자가 청자에 대해 「あなた」라는 인칭대명사를 사용하고 있기 때문에 청자는 화자와 동위자이거나 하위자로 여겨진다. 화자가 남자를 데리고 온 청자에 대해 불쾌감을 표시하고 있는 발화내용에서 화자의 청자에 대한 친소관계는 소원한 사이로 설명된다. 〈ないでくれますか〉를 소원한 사이에서 「連れてこないでくれますか」와 같이 화자가 경어적 동위자이거나 하위자에게 사용하면 [불쾌감][분노][질책]의 표현가치를 나타낸다.

[12] 〈ないでくれます?〉 {청자(여)가 화자(여)와 경어적 동위자이거나 하위자인 경우}

(55) ねえ、みどりちゃん、お姉ちゃんがお菓子買ってきてあげるから、もう泣か<u>ないでくれます</u>?

(56) あなたの入会は歓迎するけど、ここは女性専用サークルだから、女の子以外は連れてこないでくれます?

(55)에서 화자가 자신을「お姉ちゃん」으로 지칭하고 있어 여성, 청자도「みどりちゃん」이라는 호칭을 통해 여성으로 간주되며, 이러한 호칭 관계에서 청자가 화자와 경어적 동위자이거나 하위자임을 알 수 있다. 화자가 청자에 대해 감동사「ねえ」와 호칭 접사「ちゃん」을 사용하고 있다는 점 그리고 화자가 청자에 대해 울음을 그치도록 달래고 있는 발화내용을 종합하면 양자의 친소관계는 친한 사이로 이해된다.〈ないでくれます?〉는〈か〉가 현재화되지 않은 형식이라는 점에서 경의도에 있어서는〈ないでくれますか〉보다 약간 낮은데〈ないでくれる〉계열의 다른 정중체와 마찬가지로 최저한도의 정중도를 나타내기 때문에 청자와의 일정한 거리를 확보하면서 화자의 품위를 유지하는 역할을 한다. 따라서 친한 사이에서「泣かないでくれます?」와 같이 화자가 경어적 동위자이거나 하위자에게 사용하면 상대를 달래거나 기분을 맞추기 위해 쓰인 것으로 해석된다.

(56)에서 화자와 청자는 문중의「女性専用サークル」「女の子」라는 표현에서 둘 다 여성으로 여겨지고, 화자가 청자에 대해「あなた」라는 인칭대명사를 사용하고 있기 때문에 청자는 화자와 동위자이거나 하위자로 설명된다. 화자가 남자를 데리고 온 청자에 대해 불쾌감을 표시하고 있는 발화내용에서 화자의 청자에 대한 친소관계는 소원한 사이로 해석된다.〈ないでくれます?〉는 소원한 사이에서「連れてこないでくれます?」와 같이 화자가 경어적 동위자이거나 하위자에게 사용하면 [불쾌감][분노][질책]의 표현가치를 나타낸다.

[13]〈ないでくれませんか〉{청자(여)가 화자(여)와 경어적 동위자이거나 하위자인 경우}

(57) ねえ、みどりちゃん、お姉ちゃんがお菓子買ってきてあげるから、もう泣かないでくれませんか。
(58) あなたの入会は歓迎するけど、ここは女性専用サークルだから、女の子以外は連れてこないでくれませんか。

(57)에서 화자가 자신을「お姉ちゃん」으로 지칭하고 있어 여성, 청자도「みどりちゃん」이라는 호칭을 통해 여성으로 간주되며, 이러한 호칭 관계에서 청자가 화자와 경어적 동위자이거나 하위자임을 알 수 있다. 화자가 청자에 대해 감동사「ねえ」와 호칭 접사「ちゃん」을 사용하고 있다는 점 그리고 화자가 청자에 대해 울음을 그치도록 달래고 있는 발화내용을 종합하면 양자의 친소관계는 친한 사이로 설명된다.〈ないでくれる〉계열의 부정 정중체인〈ないでくれませんか〉는 경의도에 있어서〈か〉가 현재화되지 않은〈ないでくれません?〉에 비해 약간 높은데〈ないでくれる〉계열의 다른 정중체와 마찬가지로 최저한도의 정중도를 나타내기 때문에 친한 사이에서「泣かないでくれませんか」와 같이 화자가 경어적 동위자이거나 하위자에게 사용하면

상대를 달래거나 기분을 맞추기 위해 쓰인 것으로 해석된다.

(58)에서 화자와 청자는 문중의 「女性専用サークル」「女の子」라는 표현에서 모두 여성으로 여겨지고, 화자가 청자에 대해 「あなた」라는 인칭대명사를 사용하고 있기 때문에 청자는 화자와 동위자이거나 하위자로 간주된다. 화자가 남자를 데리고 온 청자에 대해 불쾌감을 표시하고 있는 발화내용에서 화자의 청자에 대한 친소관계는 소원한 사이로 해석된다. 소원한 사이에서 「連れてこないでくれませんか」와 같이 화자가 경어적 동위자이거나 하위자에게 사용하면 [불쾌감][분노][질책]의 표현가치를 나타낸다.

[14] 〈ないでくれません?〉 {청자(여)가 화자(여)와 경어적 동위자이거나 하위자인 경우}

(59) ねえ、みどりちゃん、お姉ちゃんがお菓子買ってきてあげるから、もう泣か<u>ないでくれません?</u>
(60) あなたの入会は歓迎するけど、ここは女性専用サークルだから、女の子以外は連れてこ<u>ないでくれません?</u>

(59)에서 화자가 자신을 「お姉ちゃん」으로 지칭하고 있어 여성, 청자도 「みどりちゃん」이라는 호칭을 통해 여성으로 간주되며, 이러한 호칭 관계에서 청자가 화자와 경어적 동위자이거나 하위자임을 알 수 있다. 화자가 청자에 대해 감동사 「ねえ」와 호칭 접사 「ちゃん」을 사용하고 있다는 점과 화자가 청자에 대해 울음을 그치도록 달래고 있는 발화내용을 종합하면 양자의 친소관계는 친한 사이로 이해된다. 〈ないでくれません?〉은 〈ないでくれる〉계열의 다른 정중체와 마찬가지로 경도(軽度)의 정중도를 나타내기 때문에 청자와의 일정한 거리를 확보하면서 화자의 품위를 유지하는 역할을 한다. 이에 친한 사이에서 「泣かないでくれません?」과 같이 화자가 경어적 동위자이거나 하위자에게 사용하면 상대를 달래거나 기분을 맞추기 위해 쓰인 것으로 해석된다.

(60)에서 화자와 청자는 문중의 「女性専用サークル」「女の子」라는 표현에서 모두 여성으로 간주되고, 화자가 청자에 대해 「あなた」라는 인칭대명사를 사용하고 있기 때문에 청자는 화자와 동위자이거나 하위자로 이해된다. 화자가 남자를 데리고 온 청자에 대해 불쾌감을 표시하고 있는 발화내용에서 화자의 청자에 대한 친소관계는 소원한 사이로 해석된다. 그리고 소원한 사이에서 「連れてこないでくれません?」과 같이 화자가 경어적 동위자이거나 하위자에게 사용하면 [불쾌감][분노][질책]의 표현가치를 나타내는데 〈ないでくれません?〉은 〈ないでくれませんか〉보다 경의도가 낮기 때문에 소원함이 다소 강하게 분출된다.

4.5. 청자(여)가 화자(여)에 비해 경어적 하위자인 경우

[1] 〈ないでくれ〉 {청자(여)가 화자(여)에 비해 경어적 하위자인 경우}

(61) かがみ：いずみ……すまない。私は……姉を……そう奪ってしまったんだ。きっと。
　　 いずみ：え?
　　 かがみ：それだけではない。……私は……お前の夫も奪う!!
　　　　　　 かがみがいずみをはねのけると昭満に斬りかかる。昭満もサーベルで応戦。
　　 シウニン：(苦しそうに) かがみさん!!
　　 かがみ：シウニン!! 頼む……<u>邪魔をしないでくれ</u>!! これは私がずっと追い求めてたことなんだ!!
　　 いずみ：やめてください!! 昭満さんも!! 斬りあいなどそんな……。❹

(61)은 일본 근세 말기를 무대로 하는 연극대본에서 추출한 예인데, 화자「(華岡)かがみ」는 「すまない」「お前」「頼む」와 같은 남성어를 사용하고 있지만, 등장인물 소개에 따르면 [우/25歲/流浪の居合使い]와 같이 유랑하는 여성 검술사로, 청자「シウニン」도 [우/15歲/蝦夷人の少女]와 같이 아이누족의 소녀로 설정되어 있다. 따라서 청자는 화자에 비해 경어적 하위자로 간주되는데, 화자가 청자에게 방해하지 말라고 당부하고 있다는 점에서 양자는 친한 사이로 해석되며,「邪魔をしないでくれ」의 〈ないでくれ〉는 [부탁]당부의 표현가치를 나타낸다. 그리고 [여성 화자/여성 청자/청자가 화자에 비해 경어적 하위자/소원한 사이]에서는 〈ないでくれ〉의 예가 확인되지 않는다.

[2] 〈ないでくれよ〉 {청자(여)가 화자(여)에 비해 경어적 하위자인 경우}

(62) 母：お義母さん、到着はもっと後の時間じゃありませんでしたか?
　　 祖母：なんだい、もっと遅く着いたほうがよかったかしら?
　　 母：別にそんなことは言ってませんよ。せめてついたなら連絡下せればお迎えに行きましたのに。
　　 祖母：この家の場所くらい覚えてるんだからタクシーで来れるよ。全く、ちょっと病気したからってそんなに過保護に<u>見ないでくれよ</u>
　　 母：まあ、とりあえずあがってください。
　　 祖母：そうだね。こんなところで話していても始まらないからね。❹

(62)에서 화자는「祖母」, 청자는「母」로 설정되어 있어 둘 다 여성이고, 시어머니와 며느리 사이의 대화를 통해 청자는 화자에 비해 경어적 하위자로 간주된다. 화자가 청자에게 자신을 과보호하지 말라고 불쾌감을 표현하고 있다는 점에서 양자는 소원한 사이로 해석되며「見ないでくれよ」의 〈ないでくれよ〉는 [불쾌감]의 표현가치를 나타낸다. 그리고 [여성 화자/여성 청자/청자가 화자에 비해 경어적 하위자/친한 사이]에서는 〈ないでくれよ〉로 사용된 예가 확인되지 않는다.

[3] 〈ないでおくれ〉 {청자(여)가 화자(여)에 비해 경어적 하위자인 경우}

(63) ああもうこんなことはいや、一と月ぐらい掃除をしなくたって別にどうってことないじゃないの、ホコリで死んだためしはない、って言うもの。肌着が汚れていたって他人にわかるわけじゃないし、インスタント食品だってこの頃はいろいろ揃っているんだから結構間にあうはずよ…私はもっとずーっと高尚なことをしなけりゃいけないわ…。若い頃はそう思ったこともあった。
女のくせに家事をしないようなひきずりにだけはならないでおくれ－私の母はよく言ったけれど…そういうことは一切しない、という女性の生き方も、個性的でいいんじゃないかしら、人それぞれなのだから…。
ある日、決心して一切の家事を放棄してみたが、やっぱりどうも、私の性にはあわないようだった。❷

(63)에서 화자는「私の母」라는 지문의 설명을 통해 여성이고, 청자는「女」라고 소개되고 있어 여성이다. 어머니와 딸이라는 관계에서 청자는 화자에 비해 경어적 하위자이고 화자가 청자에게 일은 하지 않고 옷치장이나 하거나 칠칠치 못한 여자는 되지 말라고 당부하고 있다는 점에서 양자는 친한 사이로 해석되고「ひきずりにだけはならないでおくれ」의 〈ないでおくれ〉는 [부탁][당부]의 표현가치를 나타낸다.

(64)「おや、とんでもございません、お嬢様。それにしても、坊主のお経はやたら長かったですねえ」
「しかたがないわ、ばあや。お盆だし、それに戦死なされた大磯の叔父さまの七回忌ですもの」
「大磯の旦那様だって、あんなお経を聞かされた日にゃ、たいくつで死にたくなるてえもんです」
「もうお亡くなりです、ばあや」
「おや、そうでした。では、お盆に化けてお出になる元気も、失せてしまわれるてえもんです」
「嫌なこと言わないでおくれ、ばあや。いくら叔父様でも、お化けは苦手です」
「…ねえ、ね～え～、お嬢様?」
「ダメです。うなぎ屋などに、寄っている暇はないのよ」❺

(64)에서 화자는「しかたがないわ」의「わ」와「七回忌ですもの」의「もの」와 같은 여성 전용의 종조사를 쓰고 여성으로, 청자도 화자가「ばあや」라고 호칭하고 있어 여성으로 간주된다. 청자가 화자에 비해 나이는 위이지만, 화자가 청자를「ばあや」라고, 청자는 화자를「お嬢様」라고 부르고 있기 때문에 청자는 화자에 비해 경어적 하위자로 여겨지며, 양자는 친한 사이로 판단된다. 화자가 청자에게 그런 말을 하지 말라는 발화내용에서「嫌なこと言わないでおくれ」의 〈ないでおくれ〉는 [부탁][당부]의 표현가치를 나타낸다.

(65)「しずかに しとくれ」おばあさんは、じろっと おんなのこを みて、いいました。
「かなちゃんって いうの」「こえを かけないでおくれ。七、八、九、十… あみめをまちがっちまうからね」「あのね、五つになるの」❷

(65)에서 화자는「おばあさん」이라는 지문의 설명을 통해 여성이고, 청자도「おんなのこ」라고 나와 있어 역시 여성으로 여겨지며 청자는 화자에 비해 경어적 하위자로 판단된다. 뜨개질을 하는 화자가 자기에게 말을 거는 5살 여자아이에게 주의를 주고 있다는 점에서 양자는 소원한 사이로 해석되며「こえをかけないでおくれ」의 〈ないでおくれ〉는 [불쾌감]의 표현가치를 나타낸다.

(66) おばあさんが はじめて、「ホッホッ」と、わらいました。
「かなちゃん、もう おしゃべりしない」「ああ、しずかにしとくれ。こんど しゃべったら、つまみだしちまう」 かなちゃんが しずかにしていたのは、一ぷんかんだけ。「あのね、あのね、あ、の、ね、…」
「ああ、そんなに ひとりで しゃべらないでおくれ。わたしにもしゃべらせとくれ。あかいいすのこと、しゃべらせとくれ！」おばあさんが いいました。
「ふん、ふつうの おばあさんに なっちまった！」カポネは そういうと、とことこ おへやにはいっていきました。❷

(66)에서 화자는「おばあさん」이라는 지문의 설명을 통해 여성이고, 청자는 화자가「かなちゃん」이라고 부르고 있기 때문에 여성으로 간주되며 청자는 화자에 비해 경어적 하위자로 여겨진다. 화자인 할머니가 혼자서만 떠드는 여자 아이에게 주의를 주고 있다는 점에서 양자는 소원한 사이로 해석되며「しゃべらないでおくれ」의 〈ないでおくれ〉는 [불쾌감]의 표현가치를 나타낸다.

(67) かなちゃんが、まっかなかおをして はしってきます。あまり いそいで かけたので、しばふの うえで ころびました。
「ああ そんなところで ころばないでおくれ 。せっかくていれした しばふが いたんでしまう」 おばあさんは、それでも あわててとびだしました。かなちゃんは、すぐにおきあがると、「わたし、おねえちゃんになったの。ママに あかちゃんうまれたの」うれしそうにいいました。❷

(67)에서 화자는「おばあさん」이라는 지문의 설명을 통해 여성이고, 청자는「かなちゃん」으로 등장하고 있어 여성으로 간주되며 청자는 화자에 비해 경어적 하위자로 규정된다. 화자인 할머니가 잔디 위에서 넘어지는 여자 아이에게 주의를 주고 있다는 점에서 양자는 소원한 사이로 해석되고「ころばないでおくれ」의 〈ないでおくれ〉는 [불쾌감]의 표현가치를 나타낸다.

(68)「パピ、じょうず、じょうず」かなちゃんは おおよろこび。「ふん、ピンクのくつが ないと、ピンクのリボンがひきたたないからね。だからもってきて やったのさ」とらねこが つんと すまして いいました。すると、かなちゃんは、もう かたほうのくつも ぬいで、ふたつ いっしょに ポーン ポーン。「くものうえまで とんでいけえ」
くつは、おおきく とんで、おばあさんの おでこにコツーン！ あたまのうえにも コツーン！
「いたた、これじゃ おちついて あみものも できやしない」
おばあさんは、けいとの はいった バスケットをもって、たちあがりました。

「パピとか いったね。そんな かわいいなまえで よばないでおくれ。ほんとに かわいいねこになっちゃう。カポネ、きをつけ！」それだけいうと、すたすたと おへやに はいっていきました。
「ウフフ、カポネ、かくれんぼ しましょう」かなちゃんが うれしそうに いいました。❷

(68)에서 화자는「おばあさん」이라는 지문의 설명을 통해 여성이고, 청자는「かなちゃん」이라고 설정되어 있어 여성으로 간주되며 청자는 화자에 비해 경어적 하위자로 규정된다. 뜨개질을 하고 있는 할머니 옆에서「カポネ」와「かなちゃん」이 놀고 있는데,「かなちゃん」이「カポネ」를「パピ」라고 부르는 것에 대해 주의를 주고 있다는 점에서 양자는 소원한 사이로 해석된다.「よばないでおくれ」의 〈ないでおくれ〉는 [불쾌감]의 표현가치를 나타낸다.

[4] 〈ないでおくれよ〉 {청자(여)가 화자(여)에 비해 경어적 하위자인 경우}

(69) 篠田医師もキヨ子さんも驚いて顔を見合わせ、オタキさんにもう一度訊ねた。オタキさんは酸素マスクをつけた顔を横に振った。「じゃあ、ここ二、三日、夜はどうしてたのよ。どこに泊まったの」キヨ子さんは怒鳴るようにして訊いた。「むかしの、ふるい、こやに…」オタキさんの家族は北海道旅行の朝にオタキさんを外に出し、家中の鍵を全部掛け出掛けて行った。オタキさんは鍵を持っていないので旅館に泊まることも考えたのだが、家族への当てつけのように取られたら困るので、結局夜は小屋の中に在った青いビニールシートに包まって寝たのだという。それが知れたときのほうがよほど当てつけに取られるではないか。
キヨ子さんの声はつい荒くなった。「ひどぉーい。あんまりじゃないのォ」亀子さんは廊下に飛び出すと、声を出して泣きだした。
「どうして、ぼくのところにこなかったんだ。医院の部屋は空いてなくても、自宅があるんだ。どうして遠慮なんかするんだよ」
「せんせいに、めいわくはかけられ、ないよ」
「奥さん、福祉の仕事してるんでしょ？ なんてひとなのかしら。そんな家族がどこにあるのよ。許せない！」
「キヨ、ちゃん。そんなに、えみこ、さんを、せめないでおくれよ」
「だってぇー」
「よしよし。もう喋らなくていい。しばらく眠るといいよ。ぼくがついてるから、みんなお茶でも飲んでおいでよ」皆が出て行って篠田医師がそばに座ると、オタキさんは安心したのか寝息を立て始めた。❷

(69)에서 화자「オタキ」는「奥さん」이라는 호칭으로 불리고 있어 여성으로, 청자「キヨ子」도 이름에서 여성으로 간주된다. 화자가 청자에게「ちゃん」과 같은 호칭 접사를 쓰며 달래고 있기 때문에 청자는 화자에 비해 하위자로 여겨지고, 청자가 화자에게「えみこさん」을 책망하지 말라고 당부하고 있다는 점에서 양자는 친한 사이로 해석된다.「せめないでおくれよ」의 〈ないでおくれよ〉는 [부탁][당부]의 표현가치를 나타낸다. 그리고 [여성 화자/여성 청자/청자가 화자에

비해 경어적 하위자/소원한 사이]에서는 〈ないでおくれよ〉로 사용된 예가 확인되지 않는다.

[5] 〈ないでくれたまえ〉·[6] 〈ないでくれたまえよ〉·[8] 〈ないでくれるか〉·[9] 〈ないでくれない?〉·[10] 〈ないでくれないか〉

[여성 화자/여성 청자/청자가 화자에 비해 경어적 하위자/친한 사이·소원한 사이]에서는 상기 형태로 사용된 예가 확인되지 않는다.

[7] 〈ないでくれる?〉 {청자(여)가 화자(여)에 비해 경어적 하위자인 경우}

  (70) 暗転の後、闇の中で、ライターの炎が光る。明るくなると優子がいる。
    優子：そりゃ、ママだって悪い人じゃないと思うわよ。でも、あの憎まれ口だけは、どうしても好きになれないわ。第一、どうして私たち３人が同じ屋根の下で暮らさなくちゃいけないのよ。‥‥柿崎さんは好きな人だったの。そりゃ、ママはだまされたけど、少なくとも、一緒にいるときは優しかたでしょ。ユカにだって、優しかったじゃないの。‥‥そう、ユカはあんまり好きじゃなかったの。それで最後まで、柿崎さんなんて呼んでたんだ。でもね、たとえだまされたって、ママは柿崎さんのことが好きだったの。‥パパと較べて、どっちが好きかって。そんなの、決まっているじゃない。パパは、他に好きな人が出来ちゃって出ていっちゃった人なの。そりゃね昔は好きだったわよ。好きだったから、ユカが生まれたんじゃないの。馬鹿ねえ、本当にユカが生まれてくるのを望んだのよ。変な誤解しないでくれる。❹

(70)에서 화자「優子」는「ママ」라고 지칭하고 있고「思うわよ」의「わよ」와 같은 종조사를 쓰고 있어 여성으로, 청자「ユカ」는 발화내용에서 화자의 딸로 상정되기 때문에 여성으로 간주되며, 청자는 화자에 비해 하위자로 이해된다. 화자가 청자에게「ユカが生まれたんじゃないの」나「馬鹿ねえ」와 같은 표현을 통해 친밀감을 표현하고 있다는 점에서 양자는 친한 사이로 해석되고「変な誤解しないでくれる」의〈ないでくれる?〉는 [부탁][당부]의 표현가치를 나타낸다.

  (71) 笹間：「お願いです、考え直してくださいお父さん！」
    達人：「君に！お父さんと言われる筋合いはな～い！！」
    未季：「笹間さん、悪いけれど、もうこれ以上しつこくしないでくれる？ 何かあってからでは遅いの」
    笹間：「そんな」
    達人：「もう失礼するよ、未奈～」
    笹間：「待ってください！」❹

(71)에서 화자「未季」는 [井上 未季(女性)/未奈의 모. 엄격함과 상냥함을 겸비. 천연보케.]로 설정되어 있어 여성으로, 청자「笹間」도 [笹間 カナ(女性)/井上家에 물건을 소개하는 石田不動産의 사원.]으로 묘사되어 있어 여성으로 간주된다. 화자는 청자가「お父さん」이라고 부르는「達

人」의 처이기 때문에 청자는 화자에 비해 하위자로 자리매김된다. 화자가 청자에 대해 「悪いけれど」「もうこれ以上」와 같은 표현을 사용하면서 더 이상 집요하게 굴지 말라는 부탁하고 있다는 점에서 양자는 친한 사이로 해석된다. 「しつこくしないでくれる」의 〈ないでくれる?〉는 [부탁][당부]의 표현가치를 나타낸다.

(72) お壱：お子様は黙ってなさい
　　 出雲：お子様じゃない！
　　 お壱：お子様よ、あなたなんかに私の気持ちはわからない
　　 出雲：あんたの気持ちなんてわかりたくない！
　　 お壱：だったら、邪魔しないでくれる?
　　 出雲：嫌よ！❹

(72)의 등장인물 소개에서 화자 「お壱」는 [お壱(貴族令嬢)]와 같이 여성으로, 청자 「出雲」도 [出雲(御転婆娘)]와 같이 여성으로 설정되어 있는데, 화자가 청자를 「お子様」와 같이 어린이 취급을 하고 있기 때문에 청자는 화자에 비해 하위자로 간주된다. 화자가 청자에게 「お子様は黙ってなさい」와 같은 표현을, 청자가 화자에게 「お子様じゃない！」과 같은 표현을 사용하면서 서로 지지 않으려고 말싸움을 하고 있다는 점에서 양자의 친소관계는 소원한 사이로 이해되며 「邪魔しないでくれる?」의 〈ないでくれる?〉는 [불쾌감]의 표현가치를 나타낸다.

(73) お妃：「あのね、何をどう勘違いしてるのか分からないけど、私は別にお金目当てで結婚したわけじゃないから。勝手にどんどん話を進めないでくれる。」
　　 白雪：(鼻で笑う)
　　 お妃：「何よ。」
　　 白雪：「じゃあ、どうしてパパと結婚したの?」❹

(73)에서 화자 「お妃」는 王様의 妻로 설정되어 있어 여성으로, 청자 「白雪」도 [王様의 娘]로 등장하고 있어 여성임을 쉬이 알 수 있고 청자는 화자에 비해 하위자로 규정된다. 화자가 청자에게 자신은 돈을 노리고 결혼한 것이 아니라고 강변하고 있고 이에 대해 청자가 코웃음을 치고 있다는 점에서 양자는 소원한 사이로 해석되고 「進めないでくれる」의 〈ないでくれる?〉는 [불쾌감][항의]의 표현가치를 나타낸다.

(74) 父：(前に出てくる) 探し物は人生においては尽きないものです
　　 居母：(出てくる) 伝えられなかった想いとか
　　 脚本係1：(出てくる) 脚本の原作とか
　　 主人公：それもう終わったから
　　 脚本係2：(出てくる) なくしてしまった愛とか
　　 姉：(出てくる) それもう言わないでくれる!?❹

(74)에서 화자「姉」는 [早乙女 春/高校 3 年生]로 설정되어 있어 여성으로, 청자「脚本係 2」는 [深山 由香/中学 3 年生]로 나와 있어 여성으로 상정되며, 청자는 화자에 비해 하위자로 설명된다. 화자는 언급하고 싶지 않은 자신의 과거에 대해 청자가 언급하는 것에 대해 불쾌감을 표출하고 있다는 점에서 양자는 소원한 사이로 묘사되어 있다. 이에「言わないでくれる！?」의〈ないでくれる?〉는 [불쾌감][분노]의 표현가치를 나타낸다.

[11]〈ないでくれますか〉{청자(여)가 화자(여)에 비해 경어적 하위자인 경우}

  (75) みどりちゃん、ママがお菓子買ってきてあげますから、もう泣かないでくれますか。
  (76) あなたもこの会社の一員になったのよ。会社では厚化粧はしないでくれますか。

  (75)에서 화자는 자신을「ママ」라고 지칭하고 있어 여성으로, 청자도「みどりちゃん」이라는 호칭으로 불리고 있어 여성임을 알 수 있고, 이러한 가족관계에서 청자는 화자에 비해 경어적 하위자임을 짐작할 수 있다. 화자가 청자에 대해「ちゃん」과 같은 호칭 접사를 사용하고 있고 어머니인 화자가 딸인 청자를 달래고 있는 발화내용을 통해 청자에 대한 화자의 친소관계는 친한 사이로 설명된다.〈ないでくれますか〉는〈ないでくれる〉계열의 다른 정중체와 마찬가지로 최저한도의 정중도를 나타내기 때문에 청자와의 일정한 거리를 확보하면서 화자의 품위를 유지하는 역할을 한다. 친한 사이에서「泣かないでくれますか」와 같이 화자가 친한 사이의 경어적 하위자에게 사용하면 상대를 달래거나 기분을 맞추기 위해 쓰인 것으로 해석된다.

  (76)에서 화자는 문말에「のよ」와 같은 여성 전용의 문말 표현을 쓰고 있어 여성으로, 청자도 문중의「厚化粧」라는 표현을 통해 여성으로 추정되며 여성 사이에 사용되는「あなた」의 경어가치와 문의 내용을 종합하면 청자는 화자에 비해 경어적 하위자로 간주된다. 화자가 신입사원인 청자가 짙은 화장을 하는 것에 대해 불쾌감을 토로하고 있다는 점에서 청자에 대한 화자의 친소관계는 소원한 사이로 판단된다. 그리고〈ないでくれますか〉를 소원한 사이에서「厚化粧はしないでくれますか」와 같이 화자가 경어적 하위자에게 사용하면 [불쾌감][분노][질책]의 표현가치를 나타낸다.

[12]〈ないでくれます?〉{청자(여)가 화자(여)에 비해 경어적 하위자인 경우}

  (77) みどりちゃん、ママがお菓子買ってきてあげますから、もう泣かないでくれます？
  (78) あなたもこの会社の一員になったのよ。会社では厚化粧はしないでくれます？

  (77)에서 화자는 자신을「ママ」라고 지칭하고 있어 여성으로, 청자도「みどりちゃん」이라는 호칭으로 불리고 있어 여성임을 알 수 있고, 이러한 가족 관계에서 청자는 화자에 비해 경어적 하위자임을 알 수 있다. 화자가 청자에 대해「ちゃん」과 같은 호칭 접사를 사용하고 있고 어머

니인 화자가 딸인 청자를 달래고 있는 발화내용을 통해 청자에 대한 화자의 친소관계는 친한 사이로 간주된다. 〈ないでくれます?〉는 〈か〉가 현재화되지 않은 형식이라는 점에서 경의도에 있어서는 〈ないでくれますか〉보다 약간 낮은데 〈ないでくれる〉 계열의 다른 정중체와 마찬가지로 최저한도의 정중도를 나타내기 때문에 청자와의 일정한 거리를 확보하면서 화자의 품위를 유지하는 역할을 한다. 친한 사이에서「泣かないでくれます?」와 같이 화자가 경어적 하위자에게 사용하면 상대를 달래거나 기분을 맞추기 위해 쓰인 것으로 해석된다.

(78)에서 화자는 문말에「のよ」와 같은 여성 전용의 문말 표현을 쓰고 있어 여성으로, 청자도 문중의「厚化粧」라는 표현을 통해 여성으로 추정되며 여성 사이에 사용되는「あなた」의 경어가치와 문의 내용을 종합하면 청자는 화자에 비해 경어적 하위자로 여겨진다. 화자가 신입사원인 청자가 짙은 화장을 하는 것에 대해 불쾌감을 토로하고 있다는 점에서 청자에 대한 화자의 친소관계는 소원한 사이로 해석된다. 그리고 〈ないでくれます?〉는 소원한 사이에서「厚化粧はしないでくれます?」와 같이 화자가 경어적 하위자에게 사용하면 [불쾌감][분노][질책]의 표현가치를 나타낸다.

[13] 〈ないでくれませんか〉 {청자(여)가 화자(여)에 비해 경어적 하위자인 경우}

(79) みどりちゃん、ママがお菓子買ってきてあげますから、もう泣かないでくれませんか。
(80) あなたもこの会社の一員になったのよ。会社では厚化粧はしないでくれませんか。

(79)에서 화자는 자신을「ママ」라고 지칭하고 있어 여성으로, 청자도「みどりちゃん」이라는 호칭으로 불리고 있어 여성임을 알 수 있고, 이러한 가족관계에서 청자는 화자에 비해 경어적 하위자임을 알 수 있다. 화자가 청자에 대해「ちゃん」과 같은 호칭 접사를 사용하고 있고 어머니인 화자가 딸인 청자를 달래고 있는 발화내용을 통해 청자에 대한 화자의 친소관계는 친한 사이로 설명된다. 〈ないでくれる〉 계열의 부정 정중체인 〈ないでくれませんか〉는 경의도에 있어서 〈か〉가 현재화되지 않은 〈ないでくれません?〉에 비해 약간 높은데 〈ないでくれる〉 계열의 다른 정중체와 마찬가지로 최저한도의 정중도를 나타내기 때문에 친한 사이에서「泣かないでくれませんか」와 같이 화자가 경어적 하위자에게 사용하면 상대를 달래거나 기분을 맞추기 위해 쓰인 것으로 해석된다.

(80)에서 화자는 문말에「のよ」와 같은 여성 전용의 문말 표현을 쓰고 있어 여성으로, 청자도 문중의「厚化粧」라는 표현을 통해 여성으로 추정되며 여성 사이에 사용되는「あなた」의 경어가치와 문의 내용을 종합하면 청자는 화자에 비해 경어적 하위자로 간주된다. 화자가 신입사원인 청자가 짙은 화장을 하는 것에 대해 불쾌감을 토로하고 있다는 점에서 청자에 대한 화자의 친소관계는 소원한 사이로 해석된다. 그리고 소원한 사이에서「厚化粧はしないでくれません

か」와 같이 화자가 경어적 하위자에게 사용하면 [불쾌감][분노][질책]의 표현가치를 나타낸다.

[14] 〈ないでくれません?〉 {청자(여)가 화자(여)에 비해 경어적 하위자인 경우}

(81) みどりちゃん、ママがお菓子買ってきてあげますから、もう泣かないでくれません?
(82) あなたもこの会社の一員になったのよ。会社では厚化粧はしないでくれません?

(81)에서 화자는 자신을 「ママ」라고 지칭하고 있어 여성으로, 청자도 「みどりちゃん」이라는 호칭으로 불리고 있어 여성임을 알 수 있고, 이러한 가족 관계에서 청자는 화자에 비해 경어적 하위자임을 알 수 있다. 화자가 청자에 대해 「ちゃん」과 같은 호칭 접사를 사용하고 있고 어머니인 화자가 딸인 청자를 달래고 있는 발화내용을 통해 청자에 대한 화자의 친소관계는 친한 사이로 간주된다. 〈ないでくれません?〉은 〈ないでくれる〉 계열의 다른 정중체와 마찬가지로 경도(軽度)의 정중도를 나타내기 때문에 청자와의 일정한 거리를 확보하면서 화자의 품위를 유지하는 역할을 한다. 친한 사이에서 「泣かないでくれません?」과 같이 화자가 경어적 하위자에게 사용하면 상대를 달래거나 기분을 맞추기 위해 쓰인 것으로 해석된다.

(82)에서 화자는 문말에 「のよ」와 같은 여성 전용의 문말 표현을 쓰고 있어 여성으로, 청자도 문중의 「厚化粧」라는 표현을 통해 여성으로 추정되며 「あなた」의 경어가치와 문의 내용을 종합하면 청자는 화자에 비해 경어적 하위자로 이해된다. 화자가 신입사원인 청자가 짙은 화장을 하는 것에 대해 불쾌감을 토로하고 있다는 점에서 청자에 대한 화자의 친소관계는 소원한 사이로 해석된다. 그리고 소원한 사이에서 「厚化粧はしないでくれません?」과 같이 화자가 경어적 하위자에게 사용하면 [불쾌감][분노][질책]의 표현가치를 나타내는데 〈ないでくれません?〉은 〈ないでくれませんか〉보다 경의도가 낮기 때문에 소원함이 다소 강하게 분출된다.

5. 〈ないでくれる〉 계열 의뢰표현의 사용가능성 및 표현가치

제Ⅰ부에서 검토했던 〈ないでくれる〉계열 의뢰표현 형식의 성별에 따른 사용가능성과 그 표현가치를 마지막으로 간단하게 표로 정리한다. 아래 표에서 {男} {女}는 각각 남성 화자, 여성 화자를 가리키며, {男}{女} 옆에 붙인 '0'은 사용례가 없음을 의미한다.

[1] 〈ないでくれ〉

친한 사이	{男}{女}[부탁][당부]
소원한 사이	{男}[불쾌감][항의], [불쾌감] / {女}[불쾌감]

화자 청자	남성 화자		여성 화자	
	친4)	소	친	소
남성(상)5)	○	−	−	−
남성(동/상)	○	○	−	−
남성(동)	○	○	○	−
남성(동/하)	○	○	−	−
남성(하)	○	○	−	○
여성(상)	○	○	−	−
여성(동/상)	○	○	−	−
여성(동)	○	○	−	○
여성(동/하)	○	−	−	−
여성(하)	○	−	−	○

---

4) 이 표에서 화자와 청자의 심리적 인간관계인 친소관계에 관해서는 [친한 사이]를 [친], [소원한 사이]를 [소]로 나타낸다. 이하 같음.

5) 화자와 청자의 대우표현상의 인간관계인 상하관계에 관해서는 ①청자가 화자에 비해 경어적 상위자인 경우를 [상], ②청자가 화자와 경어적 동위자이거나 상위자인 경우를 [동/상], ③청자와 화자가 경어적 동위자인 경우를 [동], ④청자가 화자와 경어적 동위자이거나 하위자인 경우를 [동/하], ⑤청자가 화자에 비해 경어적 하위자인 경우를 [하로 이 표에서 표기한다. 이하 같음.

[2] 〈ないでくれよ〉

친한 사이	{**男**}[간원],[부탁][당부] / {**女**}[부탁][당부]
소원한 사이	{**男**}[불쾌감][항의], [불쾌감] / {**女**}[불쾌감]

청자 \ 화자	남성 화자		여성 화자	
	친	소	친	소
남성(상)	○	○	−	−
남성(동/상)	○	−	−	−
남성(동)	○	○	○	−
남성(동/하)	○	−	○	−
남성(하)	○	○	−	○
여성(상)	○	○	−	−
여성(동/상)	−	○	−	−
여성(동)	○	−	−	−
여성(동/하)	○	○	−	−
여성(하)	○	○	−	−

[3] 〈ないでおくれ〉

친한 사이	{**男**}[부탁][당부] / {**女**}[간원], [부탁][당부]
소원한 사이	{**男**}[불쾌감] / {**女**}[불쾌감]

청자 \ 화자	남성 화자		여성 화자	
	친	소	친	소
남성(상)	−	−	○	−
남성(동/상)	−	−	○	−
남성(동)	○	−	−	○
남성(동/하)	−	−	−	○
남성(하)	○	−	○	○
여성(상)	−	−	−	−
여성(동/상)	−	−	−	−
여성(동)	−	○	−	−
여성(동/하)	○	−	−	−
여성(하)	○	−	○	○

[4] 〈ないでおくれよ〉

친한 사이	{男}[부탁][당부] / {女}[간원], [부탁][당부]
소원한 사이	{男}0 / {女}0

청자 \ 화자	남성 화자		여성 화자	
	친	소	친	소
남성(상)	-	-	-	-
남성(동/상)	-	-	○	-
남성(동)	○	-	○	○
남성(동/하)	○	-	-	-
남성(하)	○	-	-	-
여성(상)	-	-	○	-
여성(동/상)	-	-	-	-
여성(동)	○	-	-	-
여성(동/하)	○	-	-	-
여성(하)	○	-	○	-

[5] 〈ないでくれたまえ〉

친한 사이	{男}[간원], [부탁][당부] / {女}0
소원한 사이	{男}[불쾌감] / {女}0

청자 \ 화자	남성 화자		여성 화자	
	친	소	친	소
남성(상)	-	-	-	-
남성(동/상)	○	-	-	-
남성(동)	○	○	-	-
남성(동/하)	-	-	-	-
남성(하)	○	-	-	-
여성(상)	-	-	-	-
여성(동/상)	-	-	-	-
여성(동)	○	○	-	-
여성(동/하)	○	○	-	-
여성(하)	○	○	-	-

[6] 〈ないでくれたまえよ〉

친한 사이	{**男**}[부탁][당부] / {**女**}0
소원한 사이	{**男**}0 / {**女**}0

청자 \ 화자	남성 화자		여성 화자	
	친	소	친	소
남성(상)	–	–	–	–
남성(동/상)	–	–	–	–
남성(동)	○	–	–	–
남성(동/하)	○	–	–	–
남성(하)	○	–	–	–
여성(상)	–	–	–	–
여성(동/상)	–	–	–	–
여성(동)	–	–	–	–
여성(동/하)	○	–	–	–
여성(하)	○	–	–	–

[7] 〈ないでくれる?〉

친한 사이	{**男**}[부탁][당부] / {**女**}[부탁][당부]
소원한 사이	{**男**}[불쾌감][항의] {**女**}[귀찮음][성가심], [불쾌감], [불만][불쾌감], [불쾌감][항의], [불쾌감][분노]

청자 \ 화자	남성 화자		여성 화자	
	친	소	친	소
남성(상)	–	–	–	○
남성(동/상)	–	–	–	○
남성(동)	–	○	○	○
남성(동/하)	–	–	–	–
남성(하)	–	–	–	○
여성(상)	–	○	–	○
여성(동/상)	○	–	–	○
여성(동)	–	○	○	○
여성(동/하)	–	○	–	○
여성(하)	○	○	○	○

[8] 〈ないでくれるか〉

친한 사이	{**男**}[부탁][당부] {**女**}〈ないでくれるかなー〉의 형태로 [부탁][당부]
소원한 사이	{**男**}[불쾌감], [불쾌감][항의], [불쾌감][분노] {**女**}〈ないでくれるかしら?〉와 〈ないでくれるかい〉의 형태로 [불쾌감]

청자＼화자	남성 화자 친	남성 화자 소	여성 화자 친	여성 화자 소
남성(상)	−	−	−	−
남성(동/상)	−	−	−	−
남성(동)	○	○	○	−
남성(동/하)	○	−	−	○
남성(하)	−	○	−	−
여성(상)	−	−	−	−
여성(동/상)	−	○	−	−
여성(동)	○	○	−	○
여성(동/하)	○	○	−	−
여성(하)	−	−	−	−

[9] 〈ないでくれない?〉

친한 사이	{**男**}{**女**}[부탁][당부]
소원한 사이	{**男**}[부탁][당부] / {**女**}[불쾌감], [불쾌감][분노]

청자＼화자	남성 화자 친	남성 화자 소	여성 화자 친	여성 화자 소
남성(상)	−	−	−	−
남성(동/상)	−	−	−	−
남성(동)	○	−	○	−
남성(동/하)	−	−	−	−
남성(하)	−	−	−	−
여성(상)	−	−	−	−
여성(동/상)	−	−	−	−
여성(동)	−	−	−	○
여성(동/하)	−	−	−	−
여성(하)	○	−	−	−

[10] 〈ないでくれないか〉

친한 사이	{男}[부탁][당부] / {女}0
소원한 사이	{男}<ないでくれないかしら>의 형태로 [부탁][당부] {女}<ないでくれないかい>의 형태로 [불쾌감][분노]

청자＼화자	남성 화자		여성 화자	
	친	소	친	소
남성(상)	−	−	−	−
남성(동/상)	−	−	−	−
남성(동)	○	○	−	−
남성(동/하)	○	○	−	−
남성(하)	○	○	−	−
여성(상)	−	−	−	−
여성(동/상)	−	−	−	−
여성(동)	○	○	−	−
여성(동/하)	○	−	−	○
여성(하)	○	−	−	−

[11] 〈ないでくれますか〉

친한 사이	{男}[염려][배려], [간원][원망] {女}[불쾌감][항의], [불쾌감][분노][질책]
소원한 사이	{男}[간원][원망], [염려][배려] {女}[불쾌감][항의], [불쾌감][분노][질책]

청자＼화자	남성 화자		여성 화자	
	친	소	친	소
남성(상)	??	○	○	??
남성(동/상)	?	?	○	○
남성(동)	○	○	○	○
남성(동/하)	○	○	○	○
남성(하)	○	○	○	○
여성(상)	??	??	??	??
여성(동/상)	?	?	?	?
여성(동)	○	○	○	○
여성(동/하)	○	○	○	○
여성(하)	○	○	○	○

[12] 〈ないでくれます?〉

친한 사이	{男}[염려][배려], [간원][원망] {女}[불쾌감][분노][항의], [불쾌감][분노][질책]
소원한 사이	{男}[염려][배려], [간원][원망] {女}[불쾌감][항의], [불쾌감][분노][질책]

화자 청자	남성 화자		여성 화자	
	친	소	친	소
남성(상)	??	??	??	??
남성(동/상)	?	?	?	○
남성(동)	○	○	○	○
남성(동/하)	○	○	○	○
남성(하)	○	○	○	○
여성(상)	??	??	??	??
여성(동/상)	?	?	?	○
여성(동)	○	○	○	○
여성(동/하)	○	○	○	○
여성(하)	○	○	○	○

[13] 〈ないでくれませんか〉

친한 사이	{男}[염려][배려], [간원][원망] {女}[불쾌감][항의], [불쾌감][분노][질책]
소원한 사이	{男}[염려][배려], [간원][원망] {女}[불쾌감][항의], [불쾌감][분노][질책]

화자 청자	남성 화자		여성 화자	
	친	소	친	소
남성(상)	??	○	??	○
남성(동/상)	?	○	?	○
남성(동)	○	○	○	○
남성(동/하)	○	○	○	○
남성(하)	○	○	○	○
여성(상)	??	○	??	??
여성(동/상)	?	○	?	○
여성(동)	○	○	○	○
여성(동/하)	○	○	○	○
여성(하)	○	○	○	○

[14] 〈ないでくれません?〉	
친한 사이	{**男**}{**女**}[염려][배려], [간원][원망](<**ないでくれます?**>에 비해 불쾌감을 함의하고 있어 친소관계가 소원한 사이로 다소 경사됨)
소원한 사이	{**男**}[불쾌감][항의], [불쾌감][분노][질책], [불쾌감][분노][항의] 　　(<**ないでくれませんか**>보다 경의도가 낮으므로 소원함이 다소 강하게 분출) {**女**}[불쾌감][항의], [불쾌감][분노][질책](<**ないでくれませんか**>보다 경의도가 낮기 때문에 소원함이 다소 강하게 분출)

청자 \ 화자	남성 화자		여성 화자	
	친	소	친	소
남성(상)	??	??	??	??
남성(동/상)	?	?	?	?
남성(동)	○	○	○	○
남성(동/하)	○	○	○	○
남성(하)	○	○	○	○
여성(상)	??	??	??	??
여성(동/상)	?	?	?	?
여성(동)	○	○	○	○
여성(동/하)	○	○	○	○
여성(하)	○	○	○	○

〈ないでもらえる〉 계열의 의뢰표현

1. 남성 화자가 남성 청자에게 사용하는 〈ないでもらえる〉 계열 의뢰표현
2. 남성 화자가 여성 청자에게 사용하는 〈ないでもらえる〉 계열 의뢰표현
3. 여성 화자가 남성 청자에게 사용하는 〈ないでもらえる〉 계열 의뢰표현
4. 여성 화자가 여성 청자에게 사용하는 〈ないでもらえる〉 계열 의뢰표현
5. 〈ないでもらえる〉 계열 의뢰표현의 사용가능성 및 표현가치

본 연구에서는 〈ないでもらえる〉 계열의 의뢰표현6)을 ①보통체〈ないでもらえる?・ないでもらえるか・ないでもらえない?・ないでもらえないか〉, ②정중체〈ないでもらえますか・ないでもらえます?・ないでもらえませんか・ないでもらえません?〉과 같이 크게 2그룹으로 구분한다7).

그런데 〈ないでもらえる〉 계열의 ①②유형의 각 형식을 언어자료에서 조사하면 〈ないでくれる〉계열에 비해 상대적으로 상당히 적은 수의 예만 등장한다는 점에서 연구 목적을 수행하기에 충분하다고 판단되지 않는다. 일반적으로 〈ないでくれる〉 계열과 〈ないでもらえる〉 계열의 사용빈도를 비교하면 — 물론 언어 현상이 수의 다과에 좌우되는 것은 아니지만 — 전자가 후자보다 높은 경향을 보인다. 〈ないでくれる?〉와 〈ないでもらえる?〉는 지적인 의미에서 등가(等價)이지만 문말에 가능 형태를 취하는 〈ないでもらえる?〉는 청자에게 권한을 위임한다는 점에서 완곡한 지시 이외에 어떤 일의 실현에 대한 화자의 간구가 내재되어 있기 때문에 강압이나 강요와 같은 부정적인 뉘앙스도 함의한다. 이와 같은 정중도에 있어서의 〈ないでもらえる?〉의 양면성이 사용 실태에 반영되어 현실세계에서 〈ないでくれる?〉보다 제한적인 형태로 사용되는 것으로 이해된다. 먼저 ①보통체 표현인 〈ないでもらえる?〉를 실제 언어자료에서 조사해도 출현빈도가 낮기 때문에 매우 한정된 실례를 대상으로 하여 논의를 진행하는 것도 적절치 않다. 의뢰표현의 각각의 형식에 관한 이론적인 구축과 실제 사용 실태 사이에 괴리를 보이는 셈이다. 따라서 본 연구에서는 〈ないでもらえる?〉의 실례(実例)의 한계를 보완하기 위한 방안으로 〈ないでくれる?〉와 〈ないでもらえる?〉가 지적인 의미에 있어서 동가(同価)라는 점에 착안하여, 〈ないでくれる?〉로 쓰인 예를 일본어 모어 화자의 직관과 내성에 기초하여 〈ないでもらえる?〉로 치환한 예 즉 작례(作例)와 〈ないでもらえる?〉의 예로 쓰인 예 즉 실례(実例)를 아울러 검토한다. 그리고 〈ないでもらえるか〉도 언어자료에서는 상당히 낮은 빈도로 나타난다. 이에 〈ないでくれるか〉로 쓰인 예를 〈ないでもらえるか〉로 치환한 예와 〈ないでもらえるか〉로 출현하는 예를 아울러 검토 대상으로 삼아 논의를 진행한다. 또한 〈ないでもらえないか〉의 사용빈도도 상당히 낮다는 점에서 〈ないでくれないか〉로 쓰인 예를 〈ないでもらえないか〉로 치환한 예와 〈な

---

6) 〈ないでもらえる〉 계열의 사용 가능성 및 표현가치에 관해서는 [李成圭(2012)「〈ないでもらえる〉계열의 의뢰표현 - 각 형식의 사용실태 및 표현가치(정중도)를 중심으로 하여 -」,『日本学報』92輯, 韓国日本学会 pp.63-83.]의 내용을 일부 반영하고 있지만 각 유형의 각각의 형식의 예문 및 설명에 있어서는 차이가 있다는 점을 밝혀둔다.

7) 〈ないでもらえる〉의 〈もらえる〉는 상태성 술어이기 때문에 명령형은 결여되어 있다. 그리고 이론적으로는 ③ 완곡한 질문을 나타내는 〈でしょうか〉가 하접(下接)하는 〈ないでもらえるでしょうか・ないでもらえないでしょうか・ないでもらえますでしょうか・ないでもらえませんでしょうか〉도 검토 대상이 되나, 이들 형식은 본 연구에서 사용하는 언어자료에서는 출현되지 않는다. 또한 〈ないでもらえる〉 계열이 보통체 말씨이기에 정중도과 관련을 맺고 있는 〈でしょうか〉와 결합하기 어렵다는 점과 〈ないでもらえるでしょうか〉〈ないでもらえないでしょうか〉에서는 완곡한 질문보다는 추측의 의미로 해석되는 예가 많다는 점에서 금번 연구에서는 제외한다.

いでもらえないか〉의 예를 검토 대상으로 삼는다. 한편 〈ないでもらえない?〉는 본 연구의 언어 자료에서는 등장하지 않는다. 한정된 자료에서 실례가 확인되지 않는다고 그 사용 가능성을 배제할 수 없다는 입장에서 지적인 의미에 있어서 동가 관계에 있는 〈ないでくれない?〉를 〈ないでもらえない?〉로 치환한 예를 검토 대상으로 삼아 논의한다.

②정중체 표현인 〈ないでもらえますか〉는 ❶과 ❷ 그리고 ❺에서 실례가 확인되고 〈ないでもらえます?〉는 ❹와 ❺에서 소수이지만 등장하는데 〈ないでもらえませんか〉는 ❺에 쓰인 예를 제외하고는 의외로 출현빈도가 상당히 낮게 나타난다. 또한 〈ないでもらえません?〉은 언어자료에서는 실례가 확인되지 않는다. 정중체 표현의 말씨는 문말 형식의 특성상 화자와 청자의 상하관계에 있어 비교적 자유스럽다는 점을 감안하여 본 연구에서는 ②유형에 속하는 형식에 관해서는 실례를 중심으로 각 형식의 사용 가능성 및 표현가치를 논의하되 실례가 발견되지 않는 경우에는 일본어 모어 화자의 내성 및 직관에 기초하여 지적인 의미에서 동가 관계에 있는 〈ないでくれる〉 계열의 예를 치환한 예로 그 공백을 보완하는 방법을 도입한다.

이하 각 형식의 사용 실태(사용 가능성 ; 성립가능성, 허용도, 용인도) 및 표현가치에 관해 검토하는데, 화자와 청자의 성별 및 위상차에 초점을 맞추고, 구체적인 용례에 대한 고찰은 다음 순서로 진행한다. [1]〈ないでもらえる?〉, [2]〈ないでもらえるか〉, [3]〈ないでもらえない?〉, [4]〈ないでもらえないか〉, [5]〈ないでもらえますか〉, [6]〈ないでもらえます?〉, [7]〈ないでもらえませんか〉, [8]〈ないでもらえません?〉.

1. 남성 화자가 남성 청자에게 사용하는 〈ないでもらえる〉 계열 의뢰표현

1.1. 청자(남)가 화자(남)에 비해 경어적 상위자인 경우

[1] 〈ないでもらえる?〉・[2] 〈ないでもらえるか〉・[3] 〈ないでもらえない?〉・[4]〈ないでもらえないか〉

　[남성 화자/남성 청자/청자가 화자에 비해 경어적 상위자/친한 사이・소원한 사이]에 상기 형태로 사용된 예는 확인되지 않는다.

[5] 〈ないでもらえますか〉 {청자(남)가 화자(남)에 비해 경어적 상위자인 경우}

　(1) ??お父さん、僕は大丈夫ですから、そんなに気を遣わ<u>ないでもらえますか</u>。

　(1)에서 화자는 「僕」라는 인칭대명사에서 남성으로, 청자도 「お父さん」이라는 호칭을 통해 남성으로 상정되며 이러한 가족관계에서 청자는 화자에 비해 경어적 상위자(上位者)임을 알 수 있다. 화자가 청자에게 자신을 걱정하지 말라고 부탁하는 내용의 발화라는 점에서 청자에 대한 화자의 심리적 인간관계인 친소관계는 친한 사이로 묘사되어 있다. 〈ないでもらえますか〉는 경도(軽度)의 정중도를 나타내기 때문에 청자와의 일정한 거리를 확보하면서 화자의 품위를 유지하는 역할을 한다. 이에 〈ないでもらえますか〉를 경어적 하위자가 경어적 상위자에게 사용하는 것은 자연스러운 발화로서의 용인도가 낮다. 그러나 「気を遣わないでもらえますか」와 같이 가족관계에서 상대와의 거리를 두지 않고 친근감을 높이고자 하는 표현 의도가 발동되면 사용 가능성이 다소 높아지고 [염려][배려]의 표현가치를 실현한다.

　(2) (老人、インターホンを押す)
　　　(ＳＥ：チャイム) ピンポーン。
　　　所長：「鳴らさ<u>ないでもらえますか</u>」
　　　老人：「お? なぜじゃ? これは鳴らすためにあるのではないのか?」
　　　所長：「まあ、そうですけど、呼び出すためのものですから」
　　　老人：「出て来い！」❹

　(2)에서 화자 「所長」는 [所長：坂本、42歳、男〔私〕研究所の所長.]로 설정되어 있어 남성으로, 청자 「老人」도 [老人：鶴田、78歳、男〔わし〕白い髭を生やした老人.]으로 나와 있어 남성으로 상정되며, 연령에서 청자가 화자에 비해 경어적 상위자로 규정된다. 그리고 화자가 인터폰을 울

리는 청자에게 불쾌감을 표출하고 있다는 점에서 양자의 친소관계는 소원한 사이로 이해된다. 소원한 사이에서도 〈ないでもらえますか〉를 경어적 하위자가 경어적 상위자에게 사용하는 것은 자연스러운 발화로서의 용인도가 낮다. 그러나 연극 대사에서는 (2)의 「鳴らさないでもらえますか」와 같이 경어적 하위자인 화자가 경어적 상위자인 청자에게 사용한 예도 존재하며 이때의 〈ないでもらえますか〉는 [불쾌감][분노][항의]의 표현가치를 나타내는데 〈ないでくれますか〉에 비해 부드러운 뉘앙스를 함의하기 때문에 청자에 대한 불쾌감은 다소 완화된다.

[6] 〈ないでもらえます?〉 {청자(남)가 화자(남)에 비해 경어적 상위자인 경우}

(3) ??お父さん、僕は大丈夫ですから、そんなに気を遣わ<u>ないでもらえます</u>?
(4) ??お父さん、彼女とのデートを二度と邪魔し<u>ないでもらえます</u>?

(3)에서 화자는 「僕」라는 인칭대명사에서 남성으로, 청자도 「お父さん」이라는 호칭을 통해 남성으로 간주되며 이러한 가족관계에서 청자는 화자에 비해 경어적 상위자(上位者)임을 알 수 있다. 화자가 청자에게 자신을 걱정하지 말라고 부탁하는 내용의 발화라는 점에서 청자에 대한 화자의 심리적 인간관계인 친소관계는 친한 사이로 묘사되어 있다. 〈ないでもらえます?〉는 〈ないでもらえる〉 계열의 다른 정중체와 마찬가지로 경도(軽度)의 정중도를 나타내는데 〈か〉가 현재화되지 않은 형식이기 때문에 경의도는 〈ないでもらえますか〉보다 약간 낮다. 이에 〈ないでもらえます?〉를 경어적 하위자가 경어적 상위자에게 사용하는 것은 자연스러운 발화로서의 용인도가 낮다. 그러나 「気を遣わないでもらえます?」와 같이 가족관계에서 상대와의 거리를 두지 않고 친근감을 높이고자 하는 표현 의도가 발동되면 사용 가능성이 다소 높아진다.

(4)에서 화자는「彼女とのデート」라는 표현에서 남성으로 청자도 「お父さん」이라고 지칭되고 있어 남성으로 판명되고, 이러한 가족 호칭에서 청자는 화자에 비해 경어적 상위자로 설명된다. 화자가 이전부터 데이트를 방해받은 것에 대해 청자에게 불쾌감을 표출하고 있다는 점에서 청자에 대한 화자의 친소관계는 소원한 사이로 설정되어 있다. 소원한 사이에서도 〈ないでもらえます?〉를 경어적 하위자가 경어적 상위자에게 사용하는 것은 자연스러운 발화로서의 용인도가 낮다. 그러나 「邪魔しないでもらえます?」와 같이 어떤 표현 의도의 실현을 위해 화자가 경어적 상위자와의 거리감을 의식적으로 이용하고자 할 경우에는 사용 가능성이 다소 높아진다.

[7] 〈ないでもらえませんか〉 {청자(남)가 화자(남)에 비해 경어적 상위자인 경우}

(5) ??お父さん、僕は大丈夫ですから、そんなに気を遣わ<u>ないでもらえませんか</u>。
(6) ??お父さん、彼女とのデートを二度と邪魔し<u>ないでもらえませんか</u>。

(5)에서 화자는 「僕」라는 인칭대명사에서 남성으로, 청자도 「お父さん」이라는 호칭을 통해 남성으로 간주되며 이러한 가족관계에서 청자는 화자에 비해 경어적 상위자임을 알 수 있다. 화자가 청자에게 자신을 걱정하지 말라고 부탁하는 내용의 발화이라는 점에서 청자에 대한 화자의 심리적 인간관계인 친소관계는 친한 사이로 묘사되어 있다. 〈ないでもらえませんか〉는 긍정의 〈ないでもらえますか〉에 비해 경의도가 다소 높고 부드러운 뉘앙스를 수반하는데 〈ないでもらえる〉 계열의 다른 정중체와 마찬가지로 경도(軽度)의 정중도를 나타내기 때문에 친한 사이에서 경어적 하위자가 경어적 상위자에게 사용하는 것은 자연스러운 발화로서의 용인도가 낮다. 그러나 「気を遣わないでもらえませんか」와 같이 가족관계에서 상대와의 거리를 두지 않고 친근감을 높이고자 하는 표현 의도가 발동되면 사용 가능성이 다소 높아진다.

(6)에서 화자는 「彼女とのデート」라는 표현에서 남성으로 청자도 「お父さん」이라고 지칭되고 있어 남성으로 판정되고, 이러한 가족 호칭에서 청자는 화자에 비해 경어적 상위자임을 알 수 있다. 화자가 이전부터 데이트를 방해받은 것에 대해 청자에게 불쾌감을 표출하고 있다는 점에서 청자에 대한 화자의 친소관계는 소원한 사이로 이해된다. 소원한 사이에서도 〈ないでもらえませんか〉를 경어적 하위자가 경어적 상위자에게 사용하는 것은 자연스러운 발화로서의 용인도가 낮다. 그러나 「邪魔しないでもらえませんか」와 같이 어떤 표현 의도의 실현을 위해 화자가 경어적 상위자와의 거리감을 의식적으로 이용하고자 할 경우에는 사용 가능성이 다소 높아진다.

[8] 〈ないでもらえません?〉 {청자(남)가 화자(남)에 비해 경어적 상위자인 경우}

(7) ?? お父さん、僕は大丈夫ですから、そんなに気を遣わないでもらえません?
(8) ?? お父さん、彼女とのデートを二度と邪魔しないでもらえません?

(7)에서 화자는 「僕」라는 인칭대명사에서 남성으로, 청자도 「お父さん」이라는 호칭을 통해 남성으로 간주되며 이러한 가족관계에서 청자는 화자에 비해 경어적 상위자임을 알 수 있다. 화자가 청자에게 자신을 걱정하지 말라고 부탁하는 내용의 발화이라는 점에서 청자에 대한 화자의 심리적 인간관계인 친소관계는 친한 사이로 묘사되어 있다. 〈ないでもらえません?〉은 〈ないでもらえる〉 계열의 다른 정중체와 마찬가지로 경도(軽度)의 정중도를 나타내기 때문에 친한 사이에서 〈ないでもらえません?〉을 경어적 하위자가 경어적 상위자에게 사용하는 것은 자연스러운 발화로서의 용인도가 낮다. 그러나 「気を遣わないでもらえません?」과 같이 가족 관계에서 상대와의 거리를 두지 않고 친근감을 높이고자 하는 표현 의도가 발동되면 사용 가능성이 다소 높아진다.

(8)에서 화자는 「彼女とのデート」라는 표현에서 남성으로 청자도 「お父さん」이라고 지칭되

고 있어 남성으로 판명되고, 이러한 가족 호칭에서 청자는 화자에 비해 경어적 상위자임을 알 수 있다. 화자가 이전부터 데이트를 방해받은 것에 대해 청자에게 불쾌감을 표출하고 있다는 점에서 청자에 대한 화자의 친소관계는 소원한 사이로 해석된다. 소원한 사이에서도 〈ないでもらえません?〉을 경어적 하위자가 경어적 상위자에게 사용하는 것은 자연스러운 발화로서의 용인도가 낮다. 그러나「邪魔しないでもらえません?」와 같이 어떤 표현 의도의 실현을 위해 화자가 경어적 상위자와의 거리감을 의도적으로 이용하고자 할 경우에는 사용 가능성이 다소 높아진다.

1.2. 청자(남)가 화자(남)와 경어적 동위자이거나 상위자인 경우

[1] 〈ないでもらえる?〉·[2] 〈ないでもらえるか〉·[3] 〈ないでもらえない?〉·[4]〈ないでもらえないか〉
　[남성 화자/남성 청자/청자가 화자와 경어적 동위자이거나 상위자/친한 사이·소원한 사이]에서는 상기 형태로 사용된 예가 확인되지 않는다.

[5] 〈ないでもらえますか〉 {청자(남)가 화자(남)와 경어적 동위자이거나 상위자인 경우}

　(9) ?兄さんも忙しいし、僕は大丈夫だから、心配しないでもらえますか。

　(9)는 남성 화자인「僕」가 남성 청자인「兄さん」에게 자신을 걱정하지 말라고 부탁하는 발화로서 청자는 화자와 경어적 동위자이거나 상위자로 설정되어 있다. 화자가 자신에 대한 청자의 배려를 사양하고 있다는 점에서 청자에 대한 화자의 친소관계는 친한 사이로 규정된다. 〈ないでもらえますか〉는 경도의 정중도를 나타내기 때문에 청자와의 일정한 거리를 확보하면서 화자의 품위를 유지하는 역할을 한다. 이에 〈ないでもらえますか〉를 경어적 하위자가 경어적 동위자이거나 상위자에게 사용하는 것은 자연스러운 발화로서의 용인도가 떨어진다. 그러나「心配しないでもらえますか」와 같이 가족관계에서 상대와의 거리를 두지 않고 친근감을 높이고자 하는 표현 의도가 발동되면 허용도가 높아지고 [염려][배려]의 표현가치를 실현한다.

(10) 純平：いーや、してるだろ?! 俺は今日、お前が原稿持って来るっていうからわざわざ、木下さんとバイト代わってもらったのに！！
　　タケル：僕はその木下さんに原稿を頼んだんですけど。
　　純平：何でお前はいつもそーなんだ?!
　　タケル：騒がないでもらえますか?…頭に響く。❹

(10)에서 [吉川 タケル〔小説家〕]로 등장하고 있는 화자「タケル」는「僕」라는 인칭대명사를 쓰고 있어 남성으로, [篠田 純平〔バンド『Raspberry』のボーカル〕]로 소개되고 있는 청자「純平」도

「俺」「お前」라는 인칭대명사를 쓰고 있어 남성으로 여겨진다. 화자가 청자에 대해 정중체 표현을 사용하고 있는 것에 대해 청자는 화자를 보통체 말씨를 사용하고 있는 점을 고려하면 청자가 화자와 경어적 동위자이거나 상위자로 이해되며 화자가 청자에게 불쾌감을 표현하고 있다는 점에서 양자의 친소관계는 소원한 사이로 해석된다. 소원한 사이에서도 〈ないでもらえますか〉를 경어적 하위자가 경어적 동위자이거나 상위자에게 사용하는 것은 자연스러운 발화로서의 용인도가 떨어진다. 그러나 (10)의 「騷がないでもらえますか?」와 같이 연극 대사에서는 경어적 하위자인 화자가 경어적 상위자인 청자에게 사용한 예도 확인되며 이때의 〈ないでもらえますか〉는 [불쾌감][항의]의 표현가치를 나타내는데 〈ないでくれますか〉에 비해 부드러운 뉘앙스를 함의하기 때문에 청자에 대한 불쾌감은 다소 완화된다.

[6] 〈ないでもらえます?〉 {청자(남)가 화자(남)와 경어적 동위자이거나 상위자인 경우}

(11) ? 兄さんも忙しいし、僕は大丈夫だから、心配<u>しないでもらえます</u>?

(11)은 남성 화자인 「僕」가 남성 청자인 「兄さん」에게 자신을 걱정하지 말라고 부탁하는 발화로서 청자는 화자와 경어적 동위자이거나 상위자로 묘사되어 있다. 화자가 자신에 대한 청자의 배려를 사양하고 있다는 점에서 청자에 대한 화자의 친소관계는 친한 사이로 설명된다. 〈ないでもらえます?〉는 〈ないでもらえる〉 계열의 다른 정중체와 마찬가지로 경도(輕度)의 정중도를 나타내기 때문에 경어적 하위자가 경어적 동위자이거나 상위자에게 사용하는 것은 자연스러운 발화로서의 용인도가 떨어진다. 그러나 「心配しないでもらえます?」와 같이 가족관계에서 상대와의 거리를 두지 않고 친근감을 높이고자 하는 표현 의도가 발동되면 허용도가 높아진다.

(12) 善光寺:「金ない、もてない、幸もない。ないないづくしのお前のどこがバラ色なんだよ。」
　　 フク:「そう言われると、そうだけど。」
　　 善光寺:「自分の人生も覚束ないのに、他人の人生を語るなってんだよ。」
　　 フク:「善光寺さん、何も知らないくせに分かったようなこと言わ<u>ないでもらえます</u>? お金や色恋なんていう、そんな目先のことじゃなくて、占いっていうのは、もっと大きな。」❹

(12)에서 화자 「フク」는 [占い師]로 등장하고 있는데 「ないないづくしのお前」라고 지칭되고 있어 남성으로, 청자 「善光寺」는 [怪しげな貴金属店を路上に展開している]로 소개되고 있는데 「お前」라는 인칭대명사와 「語るなってんだよ」의 「んだよ」와 같은 남성 전용 말씨를 쓰고 있어 남성으로 상정된다. 화자가 청자에 대해 정중체 표현을 사용하고 있는 것에 대해 청자는 화자에게 보통체 말씨를 사용하고 있는 점을 고려하면 청자가 화자와 경어적 동위자이거나 상위자로 간주되며, 청자가 일방적으로 화자에 대해 결론을 내리는 것에 대해 화자가 청자에게 불

쾌감을 표현하고 있다는 점에서 양자의 친소관계는 소원한 사이로 해석된다. 소원한 사이에서도 〈ないでもらえます?〉를 경어적 하위자가 경어적 동위자이거나 상위자에게 사용하는 것은 자연스러운 발화로서의 용인도가 떨어진다. 그런데 연극 대사에서는 (12)의 「言わないでもらえます?」와 같이 화자가 경어적 동위자나 상위자인 청자에게 사용한 예도 존재하고 이때의 〈ないでもらえます?〉는 [불쾌감][항의]의 표현가치를 나타낸다. 또한 〈ないでもらえます?〉는 〈ないでもらえますか〉보다 경의도가 약간 낮다는 점에서 소원한 사이에서는 소원함이 다소 강하게 분출된다.

[7] 〈ないでもらえませんか〉 {청자(남)가 화자(남)와 경어적 동위자이거나 상위자인 경우}

(13) ? 兄さんも忙しいし、僕は大丈夫だから、心配しないでもらえませんか。
(14) ? 兄さん、僕の部屋に勝手に入らないでもらえませんか。

(13)은 남성 화자인 「僕」가 남성 청자인 「兄さん」에게 자신을 걱정하지 말라고 부탁하는 발화로서 청자는 화자와 경어적 동위자이거나 상위자로 되어 있다. 화자가 자신에 대한 청자의 배려를 사양하고 있다는 점에서 청자에 대한 화자의 친소관계는 친한 사이로 설명된다. 〈ないでもらえませんか〉는 〈ないでもらえる〉 계열의 다른 정중체와 마찬가지로 경도(軽度)의 정중도를 나타내기 때문에 친한 사이에서 경어적 하위자가 경어적 동위자나 상위자에게 사용하는 것은 자연스러운 발화로서의 용인도가 떨어진다. 그러나 「心配しないでもらえませんか」와 같이 가족관계에서 상대와의 거리를 두지 않고 친근감을 높이고자 하는 표현 의도가 발동되면 허용도가 높아진다.

(14)도 (13)과 마찬가지로 남성 화자 「僕」와 남성 청자 「兄さん」 사이의 발화인데, 화자가 청자의 행동에 대해 불쾌감을 표현하고 있다는 점에서 청자에 대한 화자의 친소관계는 소원한 사이로 이해된다. 소원한 사이에서도 〈ないでもらえませんか〉를 경어적 하위자가 경어적 동위자나 상위자에게 사용하는 것은 자연스러운 발화로서의 용인도가 떨어진다. 그러나 「邪魔しないでもらえませんか」와 같이 어떤 표현 의도의 실현을 위해 화자가 경어적 동위자나 상위자와의 거리감을 의식적으로 이용하고자 할 경우에는 허용도가 높아진다.

[8] 〈ないでもらえません?〉 {청자(남)가 화자(남)와 경어적 동위자이거나 상위자인 경우}

(15) ? 兄さんも忙しいし、僕は大丈夫だから、心配しないでもらえません?
(16) ? 兄さん、僕の部屋に勝手に入らないでもらえません?

(15)는 남성 화자인 「僕」가 남성 청자인 「兄さん」에게 자신을 걱정하지 말라고 부탁하는 발화로서 청자는 화자와 경어적 동위자이거나 상위자로 되어 있다. 화자가 자신에 대한 청자의

배려를 사양하고 있다는 점에서 청자에 대한 화자의 친소관계는 친한 사이로 설명된다. 〈ないでもらえません?〉은 〈ないでもらえる〉 계열의 다른 정중체와 마찬가지로 경도(輕度)의 정중도를 나타내기 때문에 친한 사이에서 〈ないでもらえません?〉을 경어적 하위자가 경어적 동위자이거나 상위자에게 사용하는 것은 자연스러운 발화로서의 용인도가 떨어진다. 그러나 「心配しないでもらえません?」과 같이 가족관계에서 상대와의 거리를 두지 않고 친근감을 높이고자 하는 표현 의도가 발동되면 허용도가 높아진다.

(16)도 (15)와 마찬가지로 남성 화자 「僕」와 남성 청자 「兄さん」 사이의 발화인데, 화자가 청자의 행동에 대해 불쾌감을 표현하고 있다는 점에서 청자에 대한 화자의 친소관계는 소원한 사이로 이해된다. 소원한 사이에서도 〈ないでもらえません?〉을 경어적 하위자가 경어적 동위자이거나 상위자에게 사용하는 것은 자연스러운 발화로서의 용인도가 떨어진다. 그러나 「入らないでもらえません?」과 같이 어떤 표현 의도의 실현을 위해 화자가 경어적 동위자나 상위자와의 거리감을 의도적으로 이용하고자 할 경우에는 허용도가 높아진다.

1.3. 청자(남)와 화자(남)가 경어적 동위자인 경우

[1] 〈ないでもらえる?〉 {청자(남)와 화자(남)가 경어적 동위자인 경우}

(17) 旬：やばい、このままじゃ合格できない…。
影沼：それにしてもフラワーさんすごいですね。どうやったらあんなに覚えられるのですか?
フラワー：よくわからないけど集中してたらできちゃった。
旬：お前、カンニングしたろ?
影沼：失礼なこと言わないでもらえる? だいたいみんなに見られた状態でどーやってカンニングなんかできるのよ? [→原文:「言わないでくれる?」]
旬：…、確かに…。
影沼：では、私はお先に失礼します。❹

(17)에서 화자 「影沼」는 「リストラされたばかりのサラリーマン」으로 설정되어 있어 남성으로, 청자 「旬」도 「お前」라는 인칭대명사와 「カンニングしたろ?」의 「たろ?」와 같은 남성 전용의 표현을 쓰고 있어 남성으로 상정된다. 화자와 청자의 대화 내용에서 양자는 경어적 동위자로 간주되고, 청자인 「旬」이 「フラワー」에게 커닝했다고 추궁하는 것에 대해 화자인 「影沼」가 불쾌감을 표출하고 있다는 점을 고려하면 양자는 소원한 사이로 해석되며 「言わないでもらえる?」의 〈ないでもらえる?〉는 [불쾌감][항의]의 표현가치를 나타낸다.

(18) イエロー：元気だしなよ、ひっきー
レッド：イヤなあだ名で呼ばないでもらえる? [→原文:「呼ばないでくれる?」](携帯がなる)

レッド：ん? あ、ブルーからだ。もしも~し、ブルー? そう、レッド。緊急召集かかってる
　　　　　　ぞ。早く来いよ。今どこ? え? 行けない?
　　　イエロー：なんで? ❹

(18)에서 화자「レッド」는「かかってるぞ」의「ぞ」와 같은 표현과「早く来いよ」와 같은 동사의 명령형을 쓰고 있어 남성으로, 청자「イエロー」는「元気だしなよ」의「なよ」와 같은 명령 표현을 쓰고 있어 남성으로 상정된다. 화자와 청자 사이에 스스럼없는 말씨가 사용되고 있다는 점에서 양자는 경어적 동위자로 간주되는데, 화자는 자기를 이상한 별명으로 부르는 청자에 대해 불쾌감을 표시하고 있다는 점에서 양자는 소원한 사이로 여겨진다. 따라서「呼ばないでもらえる?」의 〈ないでもらえる?〉는 [불쾌감][항의]의 표현가치를 나타낸다.

　(19) 哲流：訳したっていうの? それ。ほぼ、そのままじゃないか。
　　　壮馬：そ、そうか?
　　　哲流：なに、「さやけい」って。そこだけ微妙に現代語に直さないでもらえる? 気持ち悪いから。[→原文：「直さないでくれる?」]
　　　壮馬：そこまで言うことないだろうよ。❹

(19)에서 화자는「哲流(サトル)」라는 이름과「そのままじゃないか」의「じゃないか」와 같은 남성어적 표현을 쓰고 있어 남성으로, 청자도「壮馬(ソウマ)」라는 이름과「そうか」와 같은 남성어적 표현을 쓰고 있어 남성으로 여겨진다. 화자와 청자 사이에「気持ち悪いから」나「そこまで言うことないだろうよ」와 같은 스스럼없는 말씨가 사용되고 있다는 점을 고려하면 양자는 경어적 동위자로 해석되는데, 화자는 청자가「そこだけ微妙に現代語に直した」부분에 대해 불쾌감을 표시하고 있다는 점에서 양자는 소원한 사이로 판단된다. 이에「直さないでもらえる?」의 〈ないでもらえる?〉는 [불쾌감][항의]의 표현가치를 나타낸다. 그리고 [남성 화자/남성 청자/청자와 화자가 경어적 동위자/친한 사이]에 해당하는 〈ないでもらえる?〉나 〈ないでくれる?→ないでもらえる?〉로 사용된 예는 확인되지 않는다.

[2] 〈ないでもらえるか〉 {청자(남)와 화자(남)가 경어적 동위자인 경우}

　(20) 純一：「勝手に決めないでもらえるかな。」[→原文：「決めないでくれるかな」]
　　　直樹：「純一、お前! 遅かったじゃないか!」
　　　純一：「事故で電車が遅れたんだ。仕方ないだろう。」
　　　直樹：「じゃあ、次の公演に参加してくれるのか?」❹

(20)에서 화자「純一」는 [小沢 純一(おざわ じゅんいち)/大学4年]으로 설정되어 있어 남성, 청자「直樹」도 [徳田 直樹(とくだ なおき)/大学4年]으로 나와 있어 남성임을 알 수 있고 화자와 청자 사이에「遅かったじゃないか!」나「仕方ないだろう」와 같은 스스럼없는 보통체 말씨가 사용되

고 있기 때문에 화자와 청자는 경어적으로 동위자로 설명된다. 청자가 화자를 이름과 「お前！」로 부르고 있다는 점에서 양자의 친소관계는 친한 사이로 간주되며 「決めないでもらえるかな」의 〈ないでもらえるか〉는 [부탁][당부]의 표현가치를 실현한다. 그리고 「ないでもらえるかな」는 「ないでくれないか」에 독백조의 「な」가 접속된 것으로 「ないでくれないか」가 지닌 딱딱함을 완화하는 역할을 한다.

(21) トオヤ：何言ってんだよ、ショウ。
 ショウ：サクラちゃんと別れたのを見計らったかのように出てきたんだろ？「トオヤが好き」って！何も覚えてない、記憶喪失の女の子…しかも見てくれだけはサクラちゃんにそっくりな女の子が。
 トオヤ：それくらいで、ユキの存在を否定しないでもらえるか？バ…
  [→原文：「否定しないでくれるか？」]
 ショウ：バカじゃないぞ！❹

(21)에서 화자 「トオヤ」는 「何言ってんだよ」의 「んだよ」와 같은 남성 전용의 문말 표현을 쓰고 있어 남성, 청자 「ショウ」도 「出てきたんだろ？」와 같은 남성 전용의 문말 표현을 쓰고 있어 남성임을 알 수 있다. 화자가 청자에게 「バカ」라는 표현을 쓰고 있고, 청자가 화자를 이름으로 부르고 있기 때문에 양자는 경어적 동위자로 간주되는데, 화자의 「否定しないでもらえるか？」라는 발언과 뒤에 오는 「バ…」라는 표현이 청자에 대한 불쾌감을 나타내고 있다는 점에서 양자의 친소관계도 소원한 사이로 해석된다. 따라서 「否定しないでもらえるか？」의 〈ないでもらえるか〉는 [불쾌감][분노]의 표현가치를 나타낸다.

(22) 「はぁ？ 頭沸いてんのか？ 人の嫁の裸姿見てなにも無いわけないだろが」
 「ふざけるな、それを言うならお前だってアリアとかの着替え覗いてただろ！」
 「なんですかー？ 神崎はお前の嫁ですかー？ なら告れよ、告ってこいよー根暗くーん。あれー？ できないなら言わないでもらえるかなー？」[→原文：「言わないでくれるかなー」]
 「てめぇ……！」❺

(22)에서 화자는 청자를 「お前」로 호칭하고 있고 「告れよ」나 「告ってこいよ」와 같은 동사의 명령형을 쓰고 있어 남성으로, 청자도 화자에 대해 「お前」라고 부르고 있어 남성으로 상정되며 양자는 경어적으로 동위자로 간주된다. 화자와 청자가 「人の嫁(=神崎)の裸姿」를 둘러싸고 언쟁을 하며, 화자가 청자에게 「根暗くーん」이라고 부르고 있는 데에 대해 청자는 화자에게 「てめぇ……！」라는 표현을 사용하고 있다는 점에서 양자의 친소관계는 소원한 사이로 해석되며 이때의 「言わないでもらえるかなー」의 〈ないでもらえるかな〉는 [불쾌감]의 표현가치를 나타낸다. 「ないでもらえるかな」는 「ないでくれないか」에 독백조의 「な」가 접속된 것으로 「ないでくれないか」가 지닌 딱딱함을 완화하는 역할을 한다.

[3] 〈ないでもらえない?〉 {청자(남)와 화자(남)가 경어적 동위자인 경우}

(23) A:「悪い…新しい相棒が派手好きでさ。昨夜も銃声聞かねえと眠れないって、身悶えするもんだから」
　　B:「ふざけてるね」
　　A:「そう怖い顔しないでもらえない、二爺。あんた相手にふざけるもふざけないもねえだろ。それより、こんどは頼むぜ…ちょっとくらいヘマやっても、支払いが消えないていどの仕事をまわしてよ」→原文:「怖い顔しないでくれない」❷

(23)에서 화자는「頼むぜ」의「ぜ」와 같은 남성 전용의 종조사를 쓰고 있어 남성, 청자는「二爺」라고 불리고 있고「ふざけてるね」와 같은 표현을 쓰고 있어 남성임을 짐작할 수 있다. 화자가 청자에게「あんた」라는 인칭대명사와「ねえだろ」와 같은 스스럼없는 표현을 사용하고 있다는 점에서 화자와 청자는 경어적으로 동위자로 간주되고「ふざけてるね」라고 화를 내는 청자에게 화자가 그렇게 무서운 얼굴을 하지 말라고 기분을 맞추면서 달래고 있기 때문에 양자는 친한 사이로 해석된다. 그래서「そう怖い顔しないでもらえない」의 〈ないでもらえない?〉는 [간원]의 표현가치를 실현한다.

(24)「オンタリオからずっと狩りをしてきたから、しばらく身だしなみなんて気にしていられなくてね」といって、カーライルの上品な姿をしげしげと観察する。
　　この近辺では狩りをしないでもらえないだろうか。悪く思わないでくれたまえ、われわれは目立つわけにはいかないんだ」カーライルがいった。
　　「もちろんさ」ローランはうなずいた。
　　「あんたたちのなわばりを荒らすつもりはない。シアトルを出たところで"食事"はすませたばかりだしな」といって声をあげて笑う。あたしの背筋を冷たいものが駆けぬけた。❷

(24)에서 화자「カーライル」는「悪く思わないでくれたまえ」의「～ないでくれたまえ」와 같은 남성전용의 명령표현과 인칭대명사「われわれ」그리고「いかないんだ」의「んだ」와 같은 남성전용의 문말표현을 쓰고 있어 남성으로 간주된다. 청자「ローラン」도「～すませたばかりだしな」의「な」와 같은 남성 전용의 종조사를 쓰고 있어 남성으로 판정된다. 화자는 비교적 품격 있는 언어를 사용하고 있는 데에 반해 청자는 예의에 벗어난 거친 표현을 사용하고 있어 양자의 사용언어에 있어서 품격의 차이는 인정되지만 양자 모두 비경어(非敬語)를 쓰고 있다는 점에서 경어적 동위자로 해석된다. 화자가 청자에 대해「しないでもらえないだろうか」와 같이 〈ないでもらえない〉에 추량의「だろうか」를 덧붙여서 정중함을 표시하고 있고 또한「悪く思わないでくれたまえ」와 같이 청자에 대한 배려를 하고 있기 때문에 양자는 친한 사이로 묘사되어 있다. 이에「しないでもらえないだろうか」의 〈ないでもらえない?〉는 [간원]의 표현가치를 실현한다. 그리고 [남성 화자/남성 청자/청자와 화자가 경어적 동위자/소원한 사이]에서는 〈ないで

もらえない?〉나〈ないでくれない?→ないでもらえない?〉로 사용된 예가 확인되지 않는다.

[4]〈ないでもらえないか〉 {청자(남)와 화자(남)가 경어적 동위자인 경우}

(25) トーコは詩郎が隆志の似顔絵を描いている間、じっと近くのベンチに座ったまま噴水の青白く透き通った放物線を見つめていた。何でもいい小説の題材が浮かびそうだとかでしばらく話しかけないでもらえないかというようなことを、隆志と詩郎に言った後で。勝手にすればいい、と隆志は言った。[→原文 :「話しかけないでくれないか」] ❷

(25)에서 화자「トーコ」는 문면 상 청자인「隆志」와「詩郎」의 친구로 여겨지기 때문에 남성으로, 청자「隆志」와「詩郎」는 이름에서 남성으로 추정된다. 화자와 청자는 친구 관계라는 점에서 경어적 동위자로 간주되며 친소관계도 친한 사이로 이해된다. 「話しかけないでもらえないか」는 인용문 형식으로 쓰이고 있기 때문에 실제 발화와 차이가 있을 수 있겠지만, 이때의〈ないでもらえないか〉는 [부탁][당부]의 표현가치를 실현한다고 해석된다.

(26) 二人の発声練習が続く。
蝉２：あーうるさい、うるさい、うるさい！そんな練習しなくても大丈夫だろ？無駄に騒がないでもらえないか。[→原文 :「騒がないでくれないか」]
蝉１：おいおい。練習を無駄とか言ってると後悔するぜ。お前も一緒にどうだ？
蝉２：どうせ練習するならもっとエレガントな練習にしてくれよ。
蝉１：エレガント？
蝉２：そう。エレガント。優雅に、気品高く。 ❹

(26)에서 화자「蝉２」는「大丈夫だろ?」의「～だろ?」와 같은 남성 전용의 문말 표현을 쓰고 있어 남성으로, 청자「蝉１」도「おいおい」와 같은 감동사와「後悔するぜ」의「ぜ」와 같은 남성 전용의 종조사를 쓰고 있어 남성으로 상정된다. 화자와 청자 사이에 스스럼없는 보통체 말씨가 사용되고 있기 때문에 양자는 경어적 동위자로 간주된다. 화자가 청자에게「あーうるさい、うるさい、うるさい！」와 같이 불쾌감을 표현하고 있다는 점에서 양자는 소원한 사이로 해석되며「騒がないでもらえないか」의〈ないでもらえないか〉는 [불쾌감][분노]의 표현가치를 나타낸다.

(27) 蝉３：僕たち、何曲も歌ったよね、この公園で。
蝉１：何考えて歌ってたんだろうな。いいや、何も考えてなかったよな。
蝉２：君と一緒にしないでもらえないか。[→原文 :「しないでくれないか」]
蝉１：違うのかよ？
蝉２：短い人生の終わりまでに何をしたらいいか、ずっと考えていたつもりだ。答えは出なかったけれど…。
蝉３：でも、まだ終わりじゃないよね？ ❹

(27)에서 화자「蝉2」는「君」라는 인칭대명사를 쓰고 있어 남성으로, 청자「蝉1」도「歌ってたんだろうな」의「だろうな」와 같은 남성 전용의 문말 표현과「何も考えてなかったよな」의「よな」와 같은 남성 전용의 종조사를 쓰고 있어 남성으로 여겨진다. 화자가 청자에게「君と一緒に」라는 표현을, 청자가 화자에게「違うのかよ?」와 같은 스스럼없는 보통체 말씨를 사용하고 있기 때문에 양자는 경어적 동위자로 간주된다. 화자가 청자에게 같은 취급을 하지 말라고 불쾌감을 표출하고 있다는 점에서 양자는 소원한 사이로 판단된다.「一緒にしないでもらえないか」의 〈ないでもらえないか〉는 [불쾌감][분노]의 표현가치를 나타낸다.

[5] 〈ないでもらえますか〉 {청자(남)와 화자(남)가 경어적 동위자인 경우}

(28) 君と僕の仲なんだから、そんな水臭い言い方はしないでもらえますか。

(28)에서 남성 화자「僕」와 남성 청자「君」의 대우표현상의 인간관계는 대등한 관계로 설정되어 있고, 화자가 청자를 돕고 싶다고 하는 발화내용에서 화자와 청자의 친소관계는 친한 사이로 설명된다. 〈ないでもらえますか〉는 경도의 정중도를 나타내기 때문에 청자와의 일정한 거리를 확보하면서 화자의 품위를 유지하는 역할을 한다. 이에 친한 사이에서「水臭い言い方はしないでもらえますか」와 같이 화자가 경어적 동위자에게 사용하면 [염려][배려]의 표현가치를 실현한다.

(29) 1 今日の狙いは123だという相葉さんに、
高島:「相葉くんって、すごく誠実な方ですよね！」
相葉ちゃん:「そうですね！」
松潤:「でも、彼、ＡＢ型ですからね。」
高島:「あ～、ＡＢ型なんだぁ…。」
相葉ちゃん:「すごく、ヤな顔、しないでもらえますか！日本中のAB型を敵に回しますからね！！」と言って、スタンバイでは124を狙う体制を取った相葉さん。❺

(29)에서 화자「相葉ちゃん」은「相葉くん」이라는 호칭으로 불리고 있어 남성으로, 청자「高島」는「ＡＢ型なんだぁ…」와 같은 남성어적 표현을 사용하고 있어 남성으로 상정되며 양자는 발화내용에서 경어적 동위자로 규정된다. 화자가 싫은 기색을 하고 있는 청자에 대한 불쾌감을 표출하고 있다는 점에서 양자의 친소관계는 소원한 사이로 이해된다. 그리고 소원한 사이에서 〈ないでもらえますか〉는「すごく、ヤな顔、しないでもらえますか」와 같이 화자가 경어적 동위자에게 사용하면 [불쾌감][항의]의 표현가치를 나타내는데 〈ないでくれますか〉에 비해 부드러운 뉘앙스를 함의하기 때문에 청자에 대한 불쾌감은 다소 완화된다.

[6] 〈ないでもらえます?〉 {청자(남)와 화자(남)가 경어적 동위자인 경우}

 (30) 君と僕の仲なんだから、そんな水臭い言い方はしないでもらえます?
 (31) ほんと目障りなんだよ。授業中に女の子とイチャイチャしないでもらえます?

 (30)에서 남성 화자「僕」와 남성 청자「君」의 대우표현상의 인간관계는 대등한 관계로 설정되어 있고, 화자가 청자를 돕고 싶다고 하는 발화내용에서 화자와 청자의 친소관계는 친한 사이로 이해된다. 〈ないでもらえます?〉는 〈ないでもらえる〉계열의 다른 정중체와 마찬가지로 경도의 정중도를 나타내기 때문에 친한 사이에서「水臭い言い方はしないでもらえます?」와 같이 화자가 경어적 동위자에게 사용하면 [염려][배려]의 표현가치를 실현한다.

 (31)에서 화자는「んだよ」와 같은 남성 전용의 문말표현을 사용하고 있어 남성으로, 청자도「女の子とイチャイチャする」와 같은 표현에서 알 수 있듯이 남성으로 판명되며, 해당 발화는 수업 중의 남학생끼리 사용된 것으로 추정된다. 화자가 청자의 행동에 대해 불쾌감을 표출하고 있다는 점에서 화자의 청자에 대한 친소관계는 소원한 사이로 해석된다. 소원한 사이에서「イチャイチャしないでもらえます?」와 같이 화자가 경어적 동위자에게 사용하면 [불쾌감][분노][항의]의 표현가치를 나타내는데 〈ないでもらえます?〉는 〈ないでもらえますか〉보다 경의도가 약간 낮기 때문에 소원함이 다소 강하게 분출된다.

[7] 〈ないでもらえませんか〉 {청자(남)와 화자(남)가 경어적 동위자인 경우}

 (32) 君と僕の仲なんだから、そんな水臭い言い方はしないでもらえませんか。
 (33) ほんと目障りなんだよ。授業中に女の子とイチャイチャしないでもらえませんか。

 (32)에서 남성 화자「僕」와 남성 청자「君」의 대우표현상의 인간관계는 대등한 관계로 설정되어 있고, 화자가 청자를 돕고 싶다고 하는 발화내용에서 화자와 청자의 친소관계는 친한 사이로 설명된다. 〈ないでもらえませんか〉는 〈ないでもらえる〉계열의 다른 정중체와 마찬가지로 경도(軽度)의 정중도를 나타내기 때문에 친한 사이에서「水臭い言い方はしないでもらえませんか」와 같이 화자가 경어적 동위자에게 사용하면 [염려][배려]의 표현가치를 실현한다.

 (33)에서 화자는「んだよ」와 같은 남성 전용의 문말표현을 사용하고 있어 남성으로, 청자도「女の子とイチャイチャする」와 같은 표현에서 알 수 있듯이 남성으로 간주되며, 해당 발화는 수업 중의 남학생끼리 사용된 것으로 추정된다. 화자가 청자의 행동에 대해 불쾌감을 표출하고 있다는 점에서 화자의 청자에 대한 친소관계는 소원한 사이로 이해된다. 그리고 소원한 사이에서「イチャイチャしないでもらえませんか」와 같이 화자가 경어적 동위자에게 사용하면 [불쾌감][분노][항의]의 표현가치를 나타내는데 〈ないでもらえますか〉에 비해 부드러운 뉘앙스를 함의하기 때문에 청자에 대한 불쾌감은 다소 완화된다.

[8] ⟨ないでもらえません?⟩ {청자(남)와 화자(남)가 경어적 동위자인 경우}

(34) 君と僕の仲なんだから、そんな水臭い言い方はしないでもらえません?
(35) ほんと目障りなんだよ。授業中に女の子とイチャイチャしないでもらえません?

(34)에서 남성 화자「僕」와 남성 청자「君」는 대등한 관계로 설정되어 있고, 화자가 청자를 돕고 싶다고 하는 발화내용에서 양자는 친한 사이로 설명된다. ⟨ないでもらえません?⟩은 ⟨ないでもらえる⟩ 계열의 다른 정중체와 마찬가지로 경도의 정중도를 나타내는데 친한 사이에서「水臭い言い方はしないでもらえません?」과 같이 화자가 경어적 동위자에게 사용하면 [염려][배려]의 표현가치를 실현한다. 그리고 ⟨ないでもらえません?⟩은 ⟨ないでもらえます?⟩에 비해 불쾌감을 함의하고 있어 소원한 사이로 다소 경사된다.

(35)에서 화자는「んだよ」와 같은 남성 전용의 문말표현을 사용하고 있어 남성으로, 청자도「女の子とイチャイチャする」와 같은 표현에서 알 수 있듯이 남성으로 상정되며, 해당 발화는 수업 중의 남학생끼리 사용된 것으로 짐작된다. 화자가 청자의 행동에 대해 불쾌감을 표출하고 있다는 점에서 양자 소원한 사이로 해석된다. 소원한 사이에서「イチャイチャしないでもらえません?」과 같이 화자가 경어적 동위자에게 사용하면 [불쾌감][분노][항의]의 표현가치를 나타내는데 ⟨ないでもらえません?⟩은 ⟨ないでもらえませんか⟩보다 경의도가 약간 낮다는 점에서 소원함이 다소 강하게 분출된다.

1.4 청자(남)가 화자(남)와 경어적 동위자이거나 하위자인 경우

[1] ⟨ないでもらえる?⟩ {청자(남)가 화자(남)와 경어적 동위자이거나 하위자인 경우}

(36) 英二 : 彦次郎
　　彦次郎 : 名字で呼んでくださいよ、英二さん。
　　英二 : ひこちゃん。
　　彦次郎 : お疲れ様でした。ところで、いつものように聞きますが、
　　英二 : 聞かないでもらえる?
　　彦次郎 : いつになったら、まともな公演するんですか?
　　英二 : まともでしょ?「演劇戦隊オンステージファイブヒーローショウ」❹

(36)에서 화자「英二」와 청자「彦次郎」는 이름에서 공히 남성임을 알 수 있다. 화자는 청자를「ひこちゃん」이라고 부르고 있고 보통체 말씨를 쓰고 있는 데에 반해 청자는 화자를「英二さん」이라고 호칭하고 있고 정중체 말씨를 쓰고 있기 때문에 청자는 화자와 동위자이거나 하위자로 판단된다. 청자의「いつものように聞きますが」라는 발화를 통해 같은 질문을 몇 차례나 되풀이할 수 있는 사이라는 점에서 양자는 친한 사이로 해석되며「聞かないでもらえる?」의 ⟨な

いでもらえる?〉는 [부탁][당부]의 표현가치를 실현한다. 그리고 [남성 화자/남성 청자/청자가 화자와 경어적 동위자이거나 하위자/소원한 사이]에 해당하는 〈ないでもらえる?〉나 〈ないでくれる?→ないでもらえる?〉로 사용된 예는 확인되지 않는다.

[2] 〈ないでもらえるか〉 {청자(남)가 화자(남)와 경어적 동위자이거나 하위자인 경우}

(37) 一樹：乙姫さんはどこにいるんですか？ お願いします。教えてください。
　　　亀太郎：一樹くん、悪いんだがもうウチには来ないでもらえるか。
　　　　　　　[→原文：「来ないでくれるか」]
　　　一樹：え！どうしてですか？
　　　亀太郎：どうしてもだ。君のことをこれ以上嫌いにはなりたくないんだ。
　　　一樹：なにかあったんですか？ 教えてください。
　　　亀太郎：最近、やけにマスコミのやつらがうちに来るんだよ。乙姫が初めて自分の足で君の家に行ってからだ。最初はただの偶然だと思っていた。だが、マスコミは増えるばかりだ。誰かが情報を流してるとしか思えないんだよ！乙姫もこのことを知ってな、精神的に参ってるんだよ。
　　　一樹：違います！僕じゃありません！
　　　亀太郎：なぜ言いきれる？
　　　一樹：乙姫さんを傷つけるようなこと、僕は絶対にしません！
　　　亀太郎：口ではなんとでも言える。とにかく、もう乙姫と会わせる気はない！帰ってくれ！
　　　一樹：そんな…。❹

(37)에서 화자「亀太郎」는 [竜宮 亀太郎(たつみや かめたろう)]로 설정되어 있고「君」라는 인칭대명사를 쓰고 있어 남성으로, 청자「一樹」도 [浦島 一樹(うらしま かずき)]로 나와 있고「僕」라는 인칭대명사를 쓰고 있어 남성으로 상정된다. 화자가 청자를「一樹くん」이라고 부르고 있고 청자가 화자에게 정중체 말씨를 사용하고 있기 때문에 청자는 화자와 동위자이거나 하위자로 규정된다. 그리고 화자가 청자에 대해「悪いんだが」「君のことをこれ以上嫌いにはなりたくないんだ」와 같은 표현을 사용하고 있다는 점에서 양자는 친한 사이로 간주되며「来ないでもらえるか」의 〈ないでもらえるか〉는 [부탁][당부]의 표현가치를 실현한다.

(38) 神山：一人じゃねぇだろ!! 浩彦はどうなる？母親に会っても……自分のことを覚えてない。そんな思いをさせていいと思うのか!! おい!!
　　　奈々絵：…………。
　　　隆二：奈々絵さん……。
　　　冬木：あのさ神山君。僕の邪魔しないでもらえるかな。
　　　　　　　[→原文：「邪魔しないでくれるかな」]
　　　神山：知るか!! 誰が貴様の勝手なんて通させるか!!
　　　冬木：そう。でも僕は何が何でも通すよ。こうしてヴァンパイアになって生きているのは全て

それを成し遂げる為なんだから。❹

(38)에서 화자「海斗」는 [冬木 景太(ふゆき けいた·♂·49歳·インストール統括責任者)]로 설정되어 있어 남성으로, 청자「神山」도 [神山 健治郎(かみやま けんじろう·♂·25歳·インストールドメンバー、磁力操作の力を持つ)]로 나와 있어 남성으로 상정되는데, 화자가 청자를「神山君」이라고 부르고 있는 것에 대해 청자가 화자에 대해「貴様」와 같은 인칭대명사를 쓰고 있기 때문에 청자는 화자와 경어적으로 동위자이거나 하위자로 규정된다. 대화 내용을 보면, 분노를 폭발하는 청자를 화자가「あのさ~君」「ないでもらえるかな」와 같은 표현을 사용하며 달래고 있다는 점에서 양자는 친한 사이로 해석된다.「邪魔しないでもらえるかな」의〈ないでもらえるかな〉는 [부탁][당부]의 표현가치를 실현한다.「ないでもらえるかな」는「ないでくれないか」에 독백조의「な」가 접속된 것으로「ないでくれないか」가 지닌 딱딱함을 완화하는 역할을 한다. 그리고 [남성 화자/남성 청자/청자가 화자와 경어적 동위자이거나 하위자/소원한 사이]에서는〈ないでもらえるか〉나〈ないでくれるか→ないでもらえるか〉로 사용된 예가 확인되지 않는다.

[3]〈ないでもらえない?〉
 [남성 화자/남성 청자/청자가 화자와 경어적 동위자이거나 하위자/친한 사이·소원한 사이]에서는〈ないでもらえない?〉나〈ないでくれない?→ないでもらえない?〉로 사용된 예가 확인되지 않는다.

[4]〈ないでもらえないか〉{청자(남)가 화자(남)와 경어적 동위자이거나 하위자인 경우}

(39) 錬三郎:だからその秋月君に頼まれて塩田先生を連れてきてほしいって。
    宣助:秋月君が塩田先生を?
    錬三郎:あぁぁぁぁぁ!しまったー内緒じゃったのに。忘れてくれ。じゃ!
    宣助:一体何を考えているんだ。
    錬三郎:そ、そんな真剣な目でわしを見ないでもらえないかの、おしっこいきたくなっちゃうでしょ。というわけで失礼。[→原文:「見ないでくれないかの」] ❹

(39)에서 화자「錬三郎」는 [平岩 錬三郎(ひらいわ れんざぶろう/65歳/♂/あやの祖父)]로 설정되어 있어 남성으로, 청자「宣助」도 [浅田 宣助(あさだ せんすけ/35歳/♂/新聞記者)]라고 되어 있어 남성으로 상정된다. 화자는 자신을「わし」라고 지칭하고 있고 청자보다 나이는 많지만 청자가 화자에게「何を考えているんだ」와 같은 보통체 말씨를 사용하고 있기 때문에, 청자는 화자와 동위자이거나 하위자로 판단된다. 화자가 청자에게 자기를 그렇게 진지한 눈으로 보지 말라는 대화 내용에서 양자는 친한 사이로 간주되며「見ないでもらえないかの」의〈ないでもらえないかの〉는 [부탁][당부]의 표현가치를 실현한다. 그리고「ないでもらえないかの」는「ないでもらえないか」

에 연배의 남성들이 많이 쓰는 종조사가 첨가된 것으로 이를 통해 문체가 부드러워짐과 동시에 청자에 대한 대우를 마이너스에서 플러스로 전환시키는 역할을 한다.

(40) 1：このリンゴの味……？
2：おいおいNo.1。勝手に触らないでもらえないか。[→原文：「触らないでくれえないか」]
1：あ……そうだね。すみません。
2：まったくだ。キミの手あかのついたリンゴなんて、私はごめんだね。
1：う……うん。すみません。
2：なんなんだ、キミは。謝ってばかりでへどが出るね。❹

(40)에서 화자「2」는 [No.2：べらべら喋る厚かましい性格。]라고만 설정되어 있는데「おいおい」라는 감동사와「キミ」라는 인칭대명사를 쓰고 있어 남성으로,「1」도 [No.1：おどおどしている]로 묘사되어 있는데「あ……そうだね」라는 표현을 쓰고 있어 남성으로 상정된다. 화자가「ごめんだね」와 같은 보통체 표현을 사용하고 있는 데에 대해 청자는 화자에게「すみません」이라는 정중체 표현을 사용하고 있기 때문에 청자와 화자는 경어적으로 동위자이거나 하위자로 간주된다. 화자가 부들부들 떨고 있는 청자를 혼내고 있는 발화내용에서 양자는 소원한 사이로 해석되며「触らないでもらえないか」의〈ないでもらえないか〉는 [불쾌감의 표현가치]를 나타낸다.

[5]〈ないでもらえますか〉{청자(남)가 화자(남)와 경어적 동위자이거나 하위자인 경우}

(41) ねえ、裕君、お兄ちゃんがあやまるから、もうすねないでもらえますか。
(42) おい、裕、俺の顔に泥をぬるようなことだけは、しないでもらえますか。

(41)에서 남성 청자「裕君」은 남성 화자「お兄ちゃん」에 대해 경어적으로 동위자이거나 하위자로 설정되어 있고, 화자가 청자에 대해「ねえ」와 같은 감동사와「ちゃん」과 같은 호칭 접사를 사용하고 있다는 점과 화자가 청자를 달래고 있는 발화내용에서 양자의 친소관계는 친한 사이로 규정된다.〈ないでもらえますか〉는 경도의 정중도를 나타내기 때문에 청자와의 일정한 거리를 확보하면서 화자의 품위를 유지하는 역할을 한다. 이에 친한 사이에서「すねないでもらえますか」와 같이 화자가 경어적 동위자이거나 하위자에게 사용하면 상대방을 달래거나 기분을 맞추기 위해 쓰인 것으로 해석된다.

(42)에서 화자는「俺」라는 인칭대명사를 쓰고 있어 남성으로, 청자도「裕」라는 이름에서 남성으로 상정되고, 청자는 화자와 경어적으로 동위자이거나 하위자로 규정된다. 문중에「おい」라는 감동사가 사용되고 있고 화자가 청자의 행동에 대해「俺の顔に泥をぬるな」와 같이 불쾌감을 강하게 표출하고 있다는 점에서 화자의 청자에 대한 친소관계는 소원한 사이로 이해된다.

그리고 소원한 사이에서 〈ないでもらえますか〉는「しないでもらえますか」와 같이 화자가 경어적 동위자이거나 하위자에게 사용하면 [불쾌감][분노][질책]의 표현가치를 나타내는데 〈ないでくれますか〉에 비해 부드러운 뉘앙스를 함의하기 때문에 청자에 대한 불쾌감은 다소 완화된다.

[6] 〈ないでもらえます?〉 {청자(남)가 화자(남)와 경어적 동위자이거나 하위자인 경우}

　(43) ねえ、裕君、お兄ちゃんがあやまるから、もうすねないでもらえます?
　(44) おい、裕、俺の顔に泥をぬるようなことだけは、しないでもらえます?

　(43)에서 남성 청자「裕君」은 남성 화자「お兄ちゃん」에 대해 경어적으로 동위자이거나 하위자로 설정되어 있고, 화자가 청자에 대해「ねえ」와 같은 감동사와「ちゃん」과 같은 호칭 접사를 사용하고 있다는 점과 화자가 청자를 달래고 있다는 발화내용에서 양자의 친소관계는 친한 사이로 규정된다. 〈ないでもらえます?〉는 〈ないでもらえる〉계열의 다른 정중체와 마찬가지로 경도(輕度)의 정중도를 나타내는데 〈か〉가 현재화되지 않은 형식이기 때문에 경의도는 〈ないでもらえますか〉보다 약간 낮다. 이에 친한 사이에서「すねないでもらえます?」와 같이 화자가 경어적 동위자이거나 하위자에게 사용하면 상대방을 달래거나 기분을 맞추기 위해 쓰인 것으로 해석된다.

　(44)에서 화자는「俺」라는 인칭대명사를 쓰고 있어 남성으로, 청자도「裕」라는 이름에서 남성으로 상정되고, 청자는 화자와 경어적으로 동위자이거나 하위자로 규정된다. 문중에「おい」라는 감동사가 사용되고 있고 화자가 청자의 행동에 대해「俺の顔に泥をぬるな」와 같이 불쾌감을 강하게 표출하고 있다는 점에서 화자의 청자에 대한 친소관계는 소원한 사이로 이해된다. 그리고 소원한 사이에서「しないでもらえます?」와 같이 화자가 경어적 동위자이거나 하위자에게 사용하면 [불쾌감][분노][질책]의 표현가치를 나타내는데 〈ないでもらえます?〉는 〈ないでもらえますか〉보다 경의도가 약간 낮다는 점에서 소원함이 다소 강하게 분출된다.

[7] 〈ないでもらえませんか〉 {청자(남)가 화자(남)와 경어적 동위자이거나 하위자인 경우}

　(45) ねえ、裕君、お兄ちゃんがあやまるから、もうすねないでもらえませんか。
　(46) おい、裕、俺の顔に泥をぬるようなことだけは、しないでもらえませんか。

　(45)에서 남성 청자「裕君」은 남성 화자「お兄ちゃん」에 대해 경어적으로 동위자이거나 하위자로 설정되어 있고, 화자가 청자에 대해「ねえ」와 같은 감동사와「ちゃん」과 같은 호칭 접사를 사용하고 있다는 점과 화자가 청자를 달래고 있다는 발화내용에서 양자의 친소관계는 친한 사이로 규정된다. 〈ないでもらえませんか〉는 긍정의 〈ないでもらえますか〉에 비해 경의도가 다소 높고 부드러운 뉘앙스를 수반하는데 〈ないでもらえる〉계열의 다른 정중체와 마찬가지로

경도(輕度)의 정중도를 나타내기 때문에 친한 사이에서「すねないでもらえませんか」와 같이 화자가 경어적 동위자이거나 하위자에게 사용하면 상대방을 달래거나 기분을 맞추기 위해 쓰인 것으로 해석된다.

(46)에서 화자는「俺」라는 인칭대명사를 쓰고 있어 남성으로, 청자도「裕」라는 이름에서 남성으로 상정되고, 청자는 화자와 경어적으로 동위자이거나 하위자로 규정된다. 문중에「おい」라는 감동사가 사용되고 있고 화자가 청자의 행동에 대해「俺の顔に泥をぬるな」와 같이 불쾌감을 강하게 표출하고 있다는 점에서 화자의 청자에 대한 친소관계는 소원한 사이로 이해된다. 그리고 소원한 사이에서「しないでもらえませんか」와 같이 화자가 경어적 동위자이거나 하위자에게 사용하면 [불쾌감][분노][질책]의 표현가치를 나타내는데 〈ないでもらえますか〉에 비해 부드러운 뉘앙스를 함의하기 때문에 청자에 대한 불쾌감은 다소 완화된다.

[8] 〈ないでもらえません?〉 {청자(남)가 화자(남)와 경어적 동위자이거나 하위자인 경우}

(47) ねえ、裕君、お兄ちゃんがあやまるから、もうすねないでもらえません?
(48) おい、裕、俺の顔に泥をぬるようなことだけは、しないでもらえません?

(47)에서 남성 청자「裕君」은 남성 화자「お兄ちゃん」에 대해 경어적으로 동위자이거나 하위자로 설정되어 있고, 화자가 청자에 대해「ねえ」와 같은 감동사와「ちゃん」과 같은 호칭 접사를 사용하고 있다는 점과 화자가 청자를 달래고 있다는 발화내용에서 양자의 친소관계는 친한 사이로 규정된다. 〈ないでもらえません?〉은 〈ないでもらえる〉 계열의 다른 정중체와 마찬가지로 경도(輕度)의 정중도를 나타내는데 〈か〉가 현재화되지 않은 형식이기 때문에 경의도는 〈ないでもらえませんか〉보다 약간 낮다. 이 때문에 친한 사이에서「すねないでもらえません?」과 같이 화자가 경어적 동위자이거나 하위자에게 사용하면 상대를 달래거나 기분을 맞추기 위해 쓰인 것으로 해석된다.

(48)에서 화자는「俺」라는 인칭대명사를 쓰고 있어 남성으로, 청자도「裕」라는 이름에서 남성으로 상정되고, 청자는 화자와 경어적으로 동위자이거나 하위자로 판단된다. 문중에「おい」라는 감동사가 사용되고 있고 화자가 청자의 행동에 대해「俺の顔に泥をぬるな」와 같이 불쾌감을 강하게 표출하고 있다는 점에서 화자의 청자에 대한 친소관계는 소원한 사이로 이해된다. 그리고 소원한 사이에서「しないでもらえません?」과 같이 화자가 경어적 동위자이거나 하위자에게 사용하면 [불쾌감][분노][질책]의 표현가치를 나타내는데 〈ないでもらえません?〉은 〈ないでもらえませんか〉보다 경의도가 약간 낮다는 점에서 소원함이 다소 강하게 분출된다.

1.5. 청자(남)가 화자(남)에 비해 경어적 하위자인 경우

[1]〈ないでもらえる?〉・[3]〈ないでもらえない?〉

　[남성 화자/남성 청자/청자가 화자에 비해 경어적 하위자/친한 사이·소원한 사이]에 상기 형태로 사용된 예는 확인되지 않는다.

[2]〈ないでもらえるか〉 {청자(남)가 화자(남)에 비해 경어적 하위자인 경우}

　(49) クズ：すごいね。魔法使いの資格もとってるの?
　　　父たん：やめなさい (口パク)
　　　クズ：なんで、父たん?
　　　星：ちょいと、口ははさ<u>まないでもらえるかい</u> [→原文：「はさまないでくれるかい」]
　　　父たん：(うなづく) ❹

　(49)에서 화자「星」는 [♂/星の王子로 설정되어 있어 남성으로, 청자「父たん」도 [♂/父たん으로 나와 있어 남성으로 상정되며 화자의 신분을 고려할 경우, 청자는 화자에 비해 경어적 하위자로 규정된다. 그리고 청자가 자기 딸의 발화에 대해 그만두라고 말한 것에 대해 화자가 「ちょっと」와 같은 부사를 사용하며 불쾌감을 보이고 있다는 점에서 양자의 친소관계는 소원한 사이로 간주된다.「口ははさまないでもらえるかい」의〈ないでもらえるかい〉는 [불쾌감]의 표현가치를 나타낸다.「ないでもらえるかい」는「ないでくれないか」의「か」를 장음화한 것으로 동일 유형의 형식으로 해석된다. 그리고 [남성 화자/남성 청자/청자가 화자에 비해 경어적 하위자/친한 사이]에서는〈ないでもらえるか〉나〈ないでくれるか→ないでもらえるか〉로 사용된 예가 확인되지 않는다.

[4]〈ないでもらえないか〉 {청자(남)가 화자(남)에 비해 경어적 하위자인 경우}

　(50) 男1：あんた、幸せなやつだな。
　　　男2：そうでもないです。あのオウムを見てるときだけが幸せなんです。
　　　　　見つかると怒られるんで、こうやって電柱に身を潜めながら。
　　　男1：……こんなこと言うのは胸が痛いんだけど、ここにはもう来<u>ないでもらえないか</u>。
　　　男2：そうですね。俺にもわかってはいたんです。こんなこと、いつまでもしていられないって。❹

　(50)에서 화자「男2」와 청자「男2」는 남성으로 지정되어 있고, 화자가 보통체 말씨를 쓰고 있는 반면 청자는 정중체 말씨를 쓰고 있기 때문에 청자는 화자에 비해 경어적 하위자로 규정된다. 화자가「こんなこと言うのは胸が痛いんだけど」와 같이 말을 꺼낸 뒤에 부정 의뢰를 하고 있어 화자의 청자에 대한 배려가 엿보인다는 점에서 양자는 친한 사이로 해석된다.「来ないでもらえないか」의〈ないでもらえないか〉는 [부탁][당부]의 표현가치를 실현한다.

(51)「ホタルのためになることなら、どんなことでもさせて貰いたいが…円くん、ひとつだけ約束してくれないか？ ホタルを傷つけることだけは決してしないと。ホタルは死の願望にとり憑かれている…だいぶ前からそうなんだ。だれにも手のつけようがない。重いヒポコンデリア…憂鬱症なんだ。手に負えない非行少女とみなされてるが、本当は黄金の心を持った少女だ。もし、円くんがホタルの助けになってくれるなら、僕はとても感謝する。だから、彼女を傷つけないでやってくれ。もしホタルがきみに心を許しているのなら、きみはホタルにとって生殺与奪の力を握っているということを、忘れ<u>ないでもらえないか</u>…」　[→原文：「忘れないでくれないか…」]

「僕は、ホタルのためならなんでもします。だって、そのためにこの町にきた、そんな気持ちがするくらいです」❷

(51)에서 화자는 자신을「僕」라는 인칭대명사로 지칭하고 있어 남성으로, 청자「円くん」도「僕」라는 인칭대명사로 쓰고 있어 남성으로 상정된다. 화자가 청자를「きみ」라고 부르고 있는 데에 대해, 청자는 화자에게 정중체 말씨를 사용하고 있기 때문에 경어적 하위자로 규정된다. 화자가 청자에게「ホタル」의 생사여탈권을 쥐고 있다는 것을 잊지 말라고 절실히 간원하고 있다는 점에서 화자와 청자는 친한 사이로 간주된다. 이에「忘れないでもらえないか」의 〈ないでもらえないか〉는 [부탁][당부]의 표현가치를 실현한다.

(52) 明日香：お婆ちゃんかぁ。そういえばさっきそれっぽいの見つけたんだよね。そろそろご飯だし、丁度いいかも。
友哉：それっぽいもの？
明日香：見てのお楽しみ。（下手奥へ向かう）
父：あ、ちょっと。今の、母さんには絶対に言わ<u>ないでもらえないかい</u>。友哉も。
　　　[→原文：「言わないでくれないかい」]
友哉：婆ちゃんのこと？
明日香：何で？
父：母さんとお婆ちゃんは仲が悪くてね。❹

(52)에서 화자「父」는 [父(鈴木宏)]라고 설정되어 있어 남성으로, 청자는 아들인「友哉」로 되어 있어(딸인「明日香」도 청자의 범위에 포함되지만) 남성으로 상정되고 청자는 화자에 비해 경어적 하위자로 간주된다. 화자인 아버지가 부인의 기분을 손상시키지 않기 위해 청자들에게 간절히 부탁하고 있다는 점에서 양자는 친한 사이로 해석된다.「言わないでもらえないかい」의 〈ないでもらえないか〉는 [부탁][당부]의 표현가치를 실현한다. 그리고「ないでもらえないかい」는「ないでもらえないか」의「か」가 장음화된 것인데 문말의「い」라는 종조사는 어조를 부드럽게 하며 결정권을 청자에게 맡기는 기능을 하기 때문에 화자의 청자에 대한 최소한의 배려가 나타난다.

(53) アンダルシアの犬：しかし正しさは星の数ほど存在します。
　　セビリヤの理髪師：星なんて、太陽が出ていなければ姿を消してしまう。

アンダルシアの犬：ならば、正義の篝火で夜空を照らしだせばいい。
セビリヤの理髪師：もうその舌に棘を生やすな。彼女がどれほどの思いでひとつひとつの嘘を
　　　　　　　　　ついているか分からないなら、もう関わら<u>ないでもらえないか</u>。
　　　　　　　　　［→原文：「関わらないでくれないか」］
アンダルシアの犬：嘘を正当化する理由なんてありません。まやかしの言葉で太陽を偽造する
　　　　　　　　　なら、その炎で焼かれてしまえばいい。❹

(53)에서 화자「セビリヤの理髪師(세빌랴의 이발사)」는「棘を生やすな」의「な」와 같은 남성 전용의 금지 표현을 쓰고 있어 남성으로, 청자「アンダルシアの犬(안달루시아의 개)」는「ならば」와 같은 남성어적 접속사를 쓰고 있어 남성으로 상정되고, 청자가 화자에 대해 정중체 말씨를 사용하고 있기 때문에 청자는 화자에 비해 경어적 하위자로 규정된다. 화자가 청자에게 더 이상 관여하지 말라고 불쾌감을 표현하고 있다는 점에서 양자는 소원한 사이로 해석된다.「関わらないでもらえないか」의 〈ないでもらえないか〉는 [불쾌감]의 표현가치를 나타낸다.

[5] 〈ないでもらえますか〉 {청자(남)가 화자(남)에 비해 경어적 하위자인 경우}

(54) 裕君、パパがあやまるから、もうすね<u>ないでもらえますか</u>。
(55) おい、裕、お前のすることにお父さんは口出ししないつもりだけど、
　　　お父さんの顔に泥をぬるようなことだけは、し<u>ないでもらえますか</u>。

(54)에서 화자는 자신을「パパ」라고 지칭하고 있어 남성으로, 청자는「裕」라는 이름에서 남성으로 상정되며 아버지와 아들이라는 가족관계와 화자가 아들인 청자에 대해 호칭 접사「君」을 사용하고 있다는 점에서 청자에 대한 화자의 친소관계는 친한 사이로 규정된다. 〈ないでもらえますか〉는 경도의 정중도를 나타내기 때문에 청자와의 일정한 거리를 확보하면서 화자의 품위를 유지하는 역할을 한다. 이 때문에 친한 사이에서「すねないでもらえますか」와 같이 화자가 경어적 하위자에게 사용하면 상대를 달래거나 기분을 맞추기 위해 쓰인 것으로 해석된다.

(55)는 (54)와 마찬가지로 화자와 청자가 아버지와 아들이라는 점에서 화자와 청자 모두 남성으로 간주되며 청자「裕」는 화자「お父さん」에 대해 경어적 하위자로 설정되고 있다. 청자에 대해「おい」와 같은 감동사와「お前」라는 인칭대명사가 쓰이고 있고,「お父さんの顔に泥をぬるな」에 상당하는 표현이 사용되고 있다는 점에서 화자의 청자에 대한 분노가 표출되어 있다고 판단되며 화자의 청자에 대한 친소관계는 소원한 사이로 이해된다. 그리고 소원한 사이에서 〈ないでもらえますか〉는「しないでもらえますか」와 같이 화자가 경어적 하위자에게 사용하면 [불쾌감][분노][질책]의 표현가치를 나타내는데 〈ないでくれますか〉에 비해 부드러운 뉘앙스를 함의하기 때문에 청자에 대한 불쾌감은 다소 완화된다.

[6] 〈ないでもらえます?〉 {청자(남)가 화자(남)에 비해 경어적 하위자인 경우}

(56) 裕君、パパがあやまるから、もうすねないでもらえます?
(57) おい、裕、お前のすることにお父さんは口出ししないつもりだけど、
　　お父さんの顔に泥をぬるようなことだけは、しないでもらえます?

(56)에서 화자는 자신을「パパ」라고 지칭하고 있어 남성으로, 청자는「裕」라는 이름에서 남성으로 상정되며 아버지와 아들이라는 가족관계와 화자가 아들인 청자에 대해 호칭 접사「君」을 사용하고 있다는 점에서 청자에 대한 화자의 친소관계는 친한 사이로 규정된다. 〈ないでもらえます?〉는 〈ないでもらえる〉계열의 다른 정중체와 마찬가지로 경도의 정중도를 나타내는데 〈か〉가 현재화되지 않은 형식이기 때문에 경의도는 〈ないでもらえますか〉보다 약간 낮다. 이에 친한 사이에서「すねないでもらえます?」와 같이 화자가 경어적 하위자에게 사용하면 상대를 달래거나 기분을 맞추기 위해 쓰인 것으로 해석된다.

(57)은 (56)과 마찬가지로 화자와 청자가 아버지와 아들이라는 점에서 화자와 청자 모두 남성으로 간주되며 청자「裕」는 화자「お父さん」에 대해 경어적 하위자로 설정되고 있다. 청자에 대해「おい」와 같은 감동사와「お前」라는 인칭대명사가 쓰이고 있고,「お父さんの顔に泥をぬるな」에 상당하는 표현이 사용되고 있다는 점에서 화자의 청자에 대한 분노가 표출되어 있다고 판단되며 화자의 청자에 대한 친소관계는 소원한 사이로 이해된다. 그리고 소원한 사이에서「しないでもらえます?」와 같이 화자가 경어적 하위자에게 사용하면 [불쾌감][분노][질책]의 표현가치를 나타내는데 〈ないでもらえます?〉는 〈ないでもらえますか〉보다 경의도가 약간 낮다는 점에서 소원함이 다소 강하게 분출된다.

[7] 〈ないでもらえませんか〉 {청자(남)가 화자(남)에 비해 경어적 하위자인 경우}

(58) 裕君、パパがあやまるから、もうすねないでもらえませんか。
(59) おい、裕、お前のすることにお父さんは口出ししないつもりだけど、
　　お父さんの顔に泥をぬるようなことだけは、しないでもらえませんか。

(58)에서 화자는 자신을「パパ」라고 지칭하고 있어 남성으로, 청자는「裕」라는 이름에서 남성으로 상정되며 아버지와 아들이라는 가족관계와 화자가 아들인 청자에 대해 호칭 접사「君」을 사용하고 있다는 점에서 청자에 대한 화자의 친소관계는 친한 사이로 규정된다. 〈ないでもらえませんか〉는 〈ないでもらえる〉계열의 다른 정중체와 마찬가지로 경도의 정중도를 나타내기 때문에 친한 사이에서「すねないでもらえませんか」와 같이 화자가 경어적 하위자에게 사용하면 상대를 달래거나 기분을 맞추기 위해 쓰인 것으로 해석된다.

(59)는 (58)과 마찬가지로 화자와 청자가 아버지와 아들이라는 점에서 화자와 청자 모두 남

성으로 간주되며 청자「裕」는 화자「お父さん」에 대해 경어적 하위자로 설정되고 있다. 청자에 대해「おい」와 같은 감동사와「お前」라는 인칭대명사가 쓰이고 있고,「お父さんの顔に泥をぬるな」에 상당하는 표현이 사용되고 있다는 점에서 화자의 청자에 대한 분노가 표출되어 있다고 판단되며 화자의 청자에 대한 친소관계는 소원한 사이로 이해된다. 그리고 소원한 사이에서「しないでもらえませんか」와 같이 화자가 경어적 하위자에게 사용하면 [불쾌감][분노][질책]의 표현가치를 나타내는데〈ないでもらえますか〉에 비해 부드러운 뉘앙스를 함의하기 때문에 청자에 대한 불쾌감은 다소 완화된다.

[8]〈ないでもらえません?〉{청자(남)가 화자(남)에 비해 경어적 하위자인 경우}

(60) 裕君、パパがあやまるから、もうすねないでもらえません?
(61) おい、裕、お前のすることにお父さんは口出ししないつもりだけど、
    お父さんの顔に泥をぬるようなことだけは、しないでもらえません?

(60)에서 화자는 자신을「パパ」라고 지칭하고 있어 남성으로, 청자는「裕」라는 이름에서 남성으로 상정되며 아버지와 아들이라는 가족관계와 화자가 아들인 청자에 대해 호칭 접사「君」을 사용하고 있다는 점에서 청자에 대한 화자의 친소관계는 친한 사이로 규정된다.〈ないでもらえません?〉은〈ないでもらえる〉계열의 다른 정중체와 마찬가지로 경도의 정중도를 나타내기 때문에 친한 사이에서「すねないでもらえません?」과 같이 화자가 경어적 하위자에게 사용하면 상대를 달래거나 기분을 맞추기 위해 쓰인 것으로 해석된다.

(61)은 (60)과 마찬가지로 화자와 청자가 아버지와 아들이라는 점에서 화자와 청자 모두 남성으로 판단되며 청자「裕」는 화자「お父さん」에 대해 경어적 하위자로 설정되고 있다. 청자에 대해「おい」와 같은 감동사와「お前」라는 인칭대명사가 쓰이고 있고,「お父さんの顔に泥をぬるな」에 상당하는 표현이 사용되고 있다는 점에서 화자의 청자에 대한 분노가 표출되어 있다고 판단되며 화자의 청자에 대한 친소관계는 소원한 사이로 이해된다. 소원한 사이에서「しないでもらえません?」과 같이 화자가 경어적 하위자에게 사용하면 [불쾌감][분노][질책]의 표현가치를 나타내는데〈ないでもらえません?〉은〈ないでもらえませんか〉보다 경의도가 약간 낮다는 점에서 소원함이 다소 강하게 분출된다.

2. 남성 화자가 여성 청자에게 사용하는 〈ないでもらえる〉 계열 의뢰표현

2.1. 청자(여)가 화자(남)에 비해 경어적 상위자인 경우

[1] 〈ないでもらえる?〉 {청자(여)가 화자(남)에 비해 경어적 상위자인 경우}

(1) エイト: あぁいうコンビニは、未だに「防犯カメラ作動中」って張り紙だけで、ホントは何にもないんだよ。知ってた?
イヴ: 知らない。
エイト: だから、そういうことも知らないのにさ、勝手にヒトのシマ荒らさないでもらえる?
　　　[→原文:「荒らさないでくれる?」]
イヴ: うん。ごめん。もうしない……シマ?
エイト: うん。❹

(1)에서 화자「エイト」는 [中学1年生。自称、地域を少年犯罪グループのリーダー。]로 설정되어 있고「ヒトのシマ」와 같은 표현을 쓰고 있어 남성으로, 청자「イヴ」는 [新卒の教員。入学式早々登校拒否の生徒に頭を悩ませている。]로 되어 있고「ないんだよ」의「んだよ」와 같은 남성 전용의 표현을 쓰고 있어 남성으로 상정된다. 화자가 학생이고 청자가 교원이라는 것을 고려하면 청자는 화자에 비해 경어적 상위자로 간주되는데, 화자가 청자에게 남의 영역을 침범하지 말라는 발화내용에서 양자는 소원한 사이로 해석된다.「荒らさないでもらえる?」의 〈ないでもらえる?〉는 [불쾌감][항의]의 표현가치를 나타낸다. 그리고 [남성 화자/여성 청자/청자가 화자에 비해 경어적 상위자/친한 사이]에 해당하는 〈ないでもらえる?〉나 〈ないでくれる?→ないでもらえる?〉로 사용된 예는 확인되지 않는다.

[2] 〈ないでもらえるか〉・[3] 〈ないでもらえない?〉・[4] 〈ないでもらえないか〉
[남성 화자/여성 청자/청자가 화자에 비해 경어적 상위자/친한 사이・소원한 사이]에서는 상기 형태로 사용된 예가 확인되지 않는다.

[5] 〈ないでもらえますか〉 {청자(여)가 화자(남)에 비해 경어적 상위자인 경우}

(2) ?? 叔母さん、どうか僕を見捨てないでもらえますか。
(3) ?? 母さん、僕になりすました振り込め詐欺なんかに騙されないでもらえますか。
(4) ?? 母さん、もう嫁いびりしないでもらえますか。

(2)에서 화자는 「僕」라는 인칭대명사에서 남성으로, 청자는 「叔母さん」이라는 호칭에서 여성으로 간주되며, 청자가 화자에 비해 경어적 상위자로 설정되어 있다. 화자가 청자에게 자신을 내버려둔 채 방치하지 말라고 간원하는 내용의 발화라는 점에서 청자에 대한 화자의 친소관계는 친한 사이로 묘사되고 있다. 〈ないでもらえますか〉는 경도의 정중도를 나타내기 때문에 청자와의 일정한 거리를 확보하면서 화자의 품위를 유지하는 역할을 한다. 〈ないでもらえますか〉를 경어적 하위자가 경어적 상위자에게 사용하는 것은 자연스러운 발화로서의 용인도가 낮다. 그러나 「見捨てないでもらえますか」와 같이 친족 관계에서 상대와의 거리를 두지 않고 친근감을 높이고자 하는 표현 의도가 발동되면 사용 가능성이 다소 높아지고 [염려][배려]의 표현가치를 실현한다.

(3)은 경어적 하위자인 남성 화자 「僕」가 경어적 상위자인 여성 청자 「母さん」에게 보이스피싱 사기에 속지 말 것을 염려하는 발화내용에서 청자에 대한 화자의 친소관계는 친한 사이로 규정된다. 〈ないでもらえますか〉를 경어적 하위자가 경어적 상위자에게 사용하는 것은 자연스러운 발화로서의 용인도가 낮다. 그런데 「騙されないでもらえますか」와 같이 가족관계에서 상대와의 거리를 두지 않고 친근감을 높이고자 하는 표현 의도가 발동되면 사용 가능성이 다소 높아지고 [염려][배려]의 표현가치를 실현한다.

(4)에서 화자는 문중에 구체적으로 명시되지 않았지만 「嫁いびり」라는 표현을 통해 남성으로 추정되며, 화자가 경어적 상위자인 청자 「母さん」에게 며느리를 구박하지 말라는 내용의 발화로서 화자의 청자에 대한 불만이 여실히 드러나 있다. 이에 청자에 대한 화자의 친소관계는 소원한 사이로 규정된다. 소원한 사이에서도 〈ないでもらえますか〉를 경어적 하위자가 경어적 상위자에게 사용하는 것은 자연스러운 발화로서의 용인도가 낮다. 그러나 「嫁いびりしないでもらえますか」와 같이 어떤 표현 의도의 실현을 위해 화자가 경어적 상위자와의 거리감을 의식적으로 이용하고자 할 경우에는 사용 가능성이 다소 높아지고 [불쾌감][분노][항의]의 표현가치를 나타낸다.

[6] 〈ないでもらえます?〉 {청자(여)가 화자(남)에 비해 경어적 상위자인 경우}

(5) ??叔母さん、どうか僕を見捨てないでもらえます?
(6) ??母さん、僕になりすました振り込め詐欺なんかに騙されないでもらえます?
(7) ??母さん、もう嫁いびりしないでもらえます?

(5)에서 화자는 「僕」라는 인칭대명사에서 남성으로, 청자는 「叔母さん」이라는 호칭에서 여성으로 상정되며, 청자가 화자에 비해 경어적 상위자로 설정되어 있다. 화자가 청자에게 자신을 내버려둔 채 방치하지 말라고 간원하는 내용의 발화라는 점에서 청자에 대한 화자의 친소

관계는 친한 사이로 묘사되고 있다. 〈ないでもらえます?〉는 〈ないでもらえる〉계열의 다른 정중체와 마찬가지로 경도의 정중도를 나타내기 때문에 〈ないでもらえます?〉를 경어적 하위자가 경어적 상위자에게 사용하는 것은 자연스러운 발화로서의 용인도가 낮다. 그러나 「見捨てないでもらえます?」와 같이 친족 관계에서 상대와의 거리를 두지 않고 친근감을 높이고자 하는 표현 의도가 발동되면 사용 가능성이 다소 높아진다.

(6)은 경어적 하위자인 남성 화자「僕」가 경어적 상위자인 여성 청자「母さん」에게 보이스 피싱 사기에 속지 말 것을 염려하는 발화내용에서 청자에 대한 화자의 친소관계는 친한 사이로 간주된다. 〈ないでもらえます?〉를 경어적 하위자가 경어적 상위자에게 사용하는 것은 자연스러운 발화로서의 용인도가 낮다. 그러나「騙されないでもらえます?」와 같이 가족관계에서 상대와의 거리를 두지 않고 친근감을 높이고자 하는 표현 의도가 발동되면 사용 가능성이 다소 높아진다.

(7)에서 화자는 문중에 구체적으로 명시되지 않았지만「嫁いびり」라는 표현을 통해 남성으로 상정되며, 화자가 경어적 상위자인 청자「母さん」에게 며느리를 구박하지 말라는 내용의 발화로서 화자의 청자에 대한 불만이 여실히 드러나 있다. 이에 청자에 대한 화자의 친소관계는 소원한 사이로 규정된다. 소원한 사이에서도 〈ないでもらえます?〉를 경어적 하위자가 경어적 상위자에게 사용하는 것은 자연스러운 발화로서의 용인도가 낮다. 그러나「嫁いびりしないでもらえます?」와 같이 어떤 표현 의도의 실현을 위해 화자가 경어적 상위자와의 거리감을 의식적으로 이용하고자 할 경우에는 사용 가능성이 다소 높아진다.

[7] 〈ないでもらえませんか〉 {청자(여)가 화자(남)에 비해 경어적 상위자인 경우}

(8) ??叔母さん、どうか僕を見捨て<u>ないでもらえませんか</u>。
(9) ??母さん、僕になりすました振り込め詐欺なんかに騙され<u>ないでもらえませんか</u>。
(10) ??母さん、もう嫁いびりし<u>ないでもらえませんか</u>。

(8)에서 화자는「僕」라는 인칭대명사에서 남성으로, 청자는「叔母さん」이라는 호칭에서 여성으로 판단되며, 청자가 화자에 비해 경어적 상위자로 설정되어 있다. 화자가 청자에게 자신을 내버려둔 채 방치하지 말라고 간원하는 내용의 발화라는 점에서 청자에 대한 화자의 친소관계는 친한 사이로 묘사되고 있다. 〈ないでもらえませんか〉는 긍정의 〈ないでもらえますか〉에 비해 경의도가 다소 높고 부드러운 뉘앙스를 수반하는데 〈ないでもらえる〉계열의 다른 정중체와 마찬가지로 경도의 정중도를 나타내기 때문에 친한 사이에서 경어적 하위자가 경어적 상위자에게 사용하는 것은 자연스러운 발화로서의 용인도가 낮다. 그러나「見捨てないでもらえませんか」와 같이 친족 관계에서 상대와의 거리를 두지 않고 친근감을 높이고자 하는 표현 의도가 발동되면 사용 가능성이 다소 높아진다.

(9)는 경어적 하위자인 남성 화자 「僕」가 경어적 상위자인 여성 청자 「母さん」에게 보이스 피싱 사기에 속지 말 것을 염려하는 발화내용에서 청자에 대한 화자의 친소관계는 친한 사이로 간주된다. 이에 〈ないでもらえませんか〉를 친한 사이에서 경어적 하위자가 경어적 상위자에게 사용하는 것은 자연스러운 발화로서의 용인도가 낮다. 그런데 「騙されないでもらえませんか」와 같이 가족관계에서 상대와의 거리를 두지 않고 친근감을 높이고자 하는 표현 의도가 발동되면 사용 가능성이 다소 높아진다.

(10)에서 화자는 문중에 구체적으로 명시되지 않았지만 「嫁いびり」라는 표현을 통해 남성으로 추정되며, 화자가 경어적 상위자인 청자 「母さん」에게 며느리를 구박하지 말라는 내용의 발화로서 화자의 청자에 대한 불만이 여실히 드러나 있기 때문에 청자에 대한 화자의 친소관계는 소원한 사이로 규정된다. 소원한 사이에서도 〈ないでもらえませんか〉를 경어적 하위자가 경어적 상위자에게 사용하는 것은 자연스러운 발화로서의 용인도가 낮다. 그러나 「嫁いびりしないでもらえませんか」와 같이 어떤 표현 의도의 실현을 위해 화자가 경어적 상위자와의 거리감을 의식적으로 이용하고자 할 경우에는 사용 가능성이 다소 높아진다.

[8] 〈ないでもらえません?〉 {청자(여)가 화자(남)에 비해 경어적 상위자인 경우}

(11) ??叔母さん、どうか僕を見捨てないでもらえません?
(12) ??母さん、僕になりすました振り込め詐欺なんかに騙されないでもらえません?
(13) ??母さん、もう嫁いびりしないでもらえません?

(11)에서 화자는 「僕」라는 인칭대명사에서 남성으로, 청자는 「叔母さん」이라는 호칭에서 여성으로 간주되며, 청자가 화자에 비해 경어적 상위자로 설정되어 있다. 화자가 청자에게 자신을 내버려둔 채 방치하지 말라고 간원하는 내용의 발화라는 점에서 청자에 대한 화자의 친소관계는 친한 사이로 묘사되고 있다. 〈ないでもらえません?〉은 〈ないでもらえる〉 계열의 다른 정중체와 마찬가지로 경도의 정중도를 나타내기 때문에 친한 사이에서 〈ないでもらえません?〉을 경어적 하위자가 경어적 상위자에게 사용하는 것은 자연스러운 발화로서의 용인도가 낮다. 그러나 「見捨てないでもらえません?」과 같이 친족 관계에서 상대와의 거리를 두지 않고 친근감을 높이고자 하는 표현 의도가 발동되면 사용 가능성이 다소 높아진다.

(12)는 경어적 하위자인 남성 화자 「僕」가 경어적 상위자인 여성 청자 「母さん」에게 보이스 피싱 사기에 속지 말 것을 염려하는 발화내용에서 청자에 대한 화자의 친소관계는 친한 사이로 이해된다. 〈ないでもらえません?〉을 경어적 하위자가 경어적 상위자에게 사용하는 것은 자연스러운 발화로서의 용인도가 낮은데 「騙されないでもらえません?」과 같이 가족관계에서 상대와의 거리를 두지 않고 친근감을 높이고자 하는 표현 의도가 발동되면 사용 가능성이 다소

높아진다.
　(13)에서 화자는 문중에 구체적으로 명시되지 않았지만 「嫁いびり」라는 표현을 통해 남성으로 여겨지고, 화자가 경어적 상위자인 청자 「母さん」에게 며느리를 구박하지 말라는 내용의 발화라는 점에서 화자의 청자에 대한 불만이 여실히 드러나 있다. 이에 청자에 대한 화자의 친소관계는 소원한 사이로 이해된다. 소원한 사이에서도 〈ないでもらえません?〉을 경어적 하위자가 경어적 상위자에게 사용하는 것은 자연스러운 발화로서의 용인도가 낮다. 그러나 「嫁いびりしないでもらえません?」과 같이 어떤 표현 의도의 실현을 위해 화자가 경어적 상위자와의 거리감을 의도적으로 이용하고자 할 경우에는 사용 가능성이 다소 높아진다.

2.2. 청자(여)가 화자(남)와 경어적 동위자이거나 상위자인 경우

[1] 〈ないでもらえる?〉·[3] 〈ないでもらえない?〉·[4] 〈ないでもらえないか〉
　[남성 화자/여성 청자/청자가 화자와 경어적 동위자이거나 상위자/친한 사이·소원한 사이]에 상기 형태로 사용된 예는 확인되지 않는다.

[2] 〈ないでもらえるか〉 {청자(여)가 화자(남)와 경어적 동위자이거나 상위자인 경우}

　(14) 亜希：あー、腹立つ!!
　　　 陽介：…うるさいなぁ。帰ってくるなり何なんだよ?
　　　 亜希：陽介には関係ないでしょ!弟のくせに、口出ししないで!!
　　　 陽介：はぁ…。何があったか知らないけど、俺に八つ当たりしないでもらえるか?
　　　　　　[→原文：「八つ当たりしないでくれるか?」]
　　　 亜希：放っておいてよ!今、あたしは凄く機嫌が悪いの!
　　　 陽介：そんなの、見てれば分かるよ。
　　　 亜希：なっ!? ❹

　(14)에서 화자 「陽介」는 [亜希の弟。ちょっと生意気。]와 같이 설정되어 있고 「俺」라는 인칭대명사를 쓰고 있어 남성으로, 청자 「亜希」는 [気が強い。努力家。陽介の姉で舞の友達。]와 같이 되어 있고 「あたし」라는 인칭대명사를 쓰고 있어 여성으로 상정되고 누나인 청자는 남동생인 화자와 경어적으로 동위자이거나 상위자로 이해된다. 화자와 청자는 형제 사이이지만 남동생인 화자가 화를 내고 있는 청자인 누나에게 자기에게 화풀이하지 말라고 짜증을 내다는 점에서 양자는 소원한 사이로 간주된다. 「八つ当たりしないでもらえるか?」의 〈ないでもらえるか〉는 [불쾌감][항의]의 표현가치를 나타낸다. 그리고 [남성 화자/여성 청자/청자가 화자와 경어적 동위자이거나 상위자/친한 사이]에서는 〈ないでもらえるか〉나 〈ないでくれるか→ないでもらえるか〉로 사용된 예가 확인되지 않는다.

[5] 〈ないでもらえますか〉 {청자(여)가 화자(남)와 경어적 동위자이거나 상위자인 경우}

(15) ?姉さん、僕が作った味噌汁、美味しくなくてもがっかりし<u>ないでもらえますか</u>。
(16) ?姉さん、勝手に僕のものをもう使わ<u>ないでもらえますか</u>。

(15)에서 화자는 「僕」라는 인칭대명사를 쓰고 있어 남성으로, 청자는 「姉さん」이라고 지칭되고 있어 여성으로 상정되며, 청자는 화자보다 경어적 동위자이거나 상위자로 설정되어 있다. 화자가 청자에게 자신이 만든 「味噌汁」의 맛이 없어도 놀라지 말라고 부탁하는 발화를 통해 청자에 대한 화자의 친소관계는 친한 사이로 묘사되어 있다. 〈ないでもらえますか〉는 경도의 정중도를 나타내기 때문에 청자와의 일정한 거리를 확보하면서 화자의 품위를 유지하는 역할을 한다. 이에 〈ないでもらえますか〉를 경어적 하위자가 경어적 동위자이거나 상위자에게 사용하는 것은 자연스러운 발화로서의 용인도가 떨어진다. 그러나 「がっかりしないでもらえますか」와 같이 가족관계에서 상대와의 거리를 두지 않고 친근감을 높이고자 하는 표현 의도가 발동되면 허용도가 높아지고 [염려][배려]의 표현가치를 실현한다.

(16)은 (15)와 마찬가지로 남성 화자 「僕」와 여성 청자 「姉さん」 사이의 발화인데, 화자의 소유물을 멋대로 사용하는 청자에 대한 화자의 불쾌감이 표출되어 있다는 점에서 화자와 청자의 친소관계는 소원한 사이로 해석된다. 소원한 사이에서도 〈ないでもらえますか〉를 경어적 하위자가 경어적 동위자이거나 상위자에게 사용하는 것은 자연스러운 발화로서의 용인도가 떨어진다. 그러나 「使わないでもらえますか」와 같이 어떤 표현 의도의 실현을 위해 화자가 경어적 동위자나 상위자와의 거리감을 의식적으로 이용하고자 할 경우에는 허용도가 높아지고 [불쾌감][분노][항의]의 표현가치를 나타낸다.

[6] 〈ないでもらえます?〉 {청자(여)가 화자(남)와 경어적 동위자이거나 상위자인 경우}

(17) ?姉さん、僕が作った味噌汁、美味しくなくてもがっかりし<u>ないでもらえます</u>?
(18) ?姉さん、勝手に僕のものをもう使わ<u>ないでもらえます</u>?

(17)에서 화자는 「僕」라는 인칭대명사를 쓰고 있어 남성으로, 청자는 「姉さん」이라고 지칭되고 있어 여성으로 상정되며, 청자는 화자보다 경어적 동위자이거나 상위자로 설정되어 있다. 화자가 청자에게 자신이 만든 「味噌汁」의 맛이 없어도 놀라지 말라고 부탁하는 발화를 통해 청자에 대한 화자의 친소관계는 친한 사이로 묘사되어 있다. 〈ないでもらえます?〉는 〈ないでもらえる〉 계열의 다른 정중체와 마찬가지로 경도의 정중도를 나타낸다는 점에서 〈ないでもらえます?〉를 경어적 하위자가 경어적 동위자나 상위자에게 사용하는 것은 자연스러운 발화로서의 용인도가 떨어진다. 그러나 「がっかりしないでもらえます?」와 같이 가족관계에서 상대와의 거리를 두지 않고 친근감을 높이고자 하는 표현 의도가 발동되면 사용이 허용된다.

(18)은 (17)과 마찬가지로 남성 화자 「僕」와 여성 청자 「姉さん」 사이의 발화인데, 화자의 소유물을 멋대로 사용하는 청자에 대한 화자의 불쾌감이 표출되어 있다는 점에서 화자와 청자의 친소관계는 소원한 사이로 해석된다. 소원한 사이에서도 〈ないでもらえます?〉를 경어적 하위자가 경어적 동위자이거나 상위자에게 사용하는 것은 자연스러운 발화로서의 용인도가 떨어진다. 그러나 「使わないでもらえます?」와 같이 어떤 표현 의도의 실현을 위해 화자가 상대와의 거리감을 의도적으로 강조하는 경우에는 사용 가능성이 높아진다.

[7] 〈ないでもらえませんか〉 {청자(여)가 화자(남)와 경어적 동위자이거나 상위자인 경우}

  (19) ?姉さん、僕が作った味噌汁、美味しくなくてもがっかりしないでもらえませんか。
  (20) ?姉さん、勝手に僕のものをもう使わないでもらえませんか。

(19)에서 화자는 「僕」라는 인칭대명사를 쓰고 있어 남성으로, 청자는 「姉さん」이라고 지칭되고 있어 여성으로 상정되며, 청자는 화자보다 경어적 동위자이거나 상위자로 설정되어 있다. 화자가 청자에게 자신이 만든 「味噌汁」의 맛이 없어도 놀라지 말라고 부탁하는 발화를 통해 청자에 대한 화자의 친소관계는 친한 사이로 해석된다. 〈ないでもらえませんか〉는 〈ないでもらえる〉 계열의 다른 정중체와 마찬가지로 경도의 정중도를 나타내기 때문에 친한 사이에서 경어적 하위자가 경어적 동위자나 상위자에게 사용하는 것은 자연스러운 발화로서의 용인도가 떨어진다. 그러나 「がっかりしないでもらえませんか」와 같이 가족관계에서 상대와의 거리를 두지 않고 친근감을 높이고자 하는 표현 의도가 발동되면 허용도가 높아진다.

(20)은 (19)와 마찬가지로 남성 화자 「僕」와 여성 청자 「姉さん」 사이의 발화인데, 화자의 소유물을 멋대로 사용하는 청자에 대한 화자의 불쾌감이 표출되어 있다는 점에서 화자와 청자의 친소관계는 소원한 사이로 이해된다. 소원한 사이에서도 〈ないでもらえませんか〉를 경어적 하위자가 경어적 동위자이거나 상위자에게 사용하는 것은 자연스러운 발화로서의 용인도가 떨어진다. 그러나 「使わないでもらえませんか」와 같이 어떤 표현 의도의 실현을 위해 화자가 경어적 동위자나 상위자와의 거리감을 의식적으로 이용하고자 할 경우에는 허용도가 높아진다.

[8] 〈ないでもらえません?〉 {청자(여)가 화자(남)와 경어적 동위자이거나 상위자인 경우}

  (21) ?姉さん、僕が作った味噌汁、美味しくなくてもがっかりしないでもらえません?
  (22) ?姉さん、勝手に僕のものをもう使わないでもらえません?

(21)에서 화자는 「僕」라는 인칭대명사를 쓰고 있어 남성으로, 청자는 「姉さん」이라고 지칭되고 있어 여성으로 상정되며, 청자는 화자보다 경어적 동위자이거나 상위자로 묘사되어 있다. 화자가 청자에게 자신이 만든 「味噌汁」의 맛이 없어도 놀라지 말라고 부탁하는 발화를 통해

청자에 대한 화자의 친소관계는 친한 사이로 해석된다. 〈ないでもらえませんか?〉은 〈ないでもらえる〉 계열의 다른 정중체와 마찬가지로 경도의 정중도를 나타내기 때문에 친한 사이에서 〈ないでもらえませんか?〉을 경어적 하위자가 경어적 동위자이거나 상위자에게 사용하는 것은 자연스러운 발화로서의 용인도가 떨어진다. 그러나「がっかりしないでもらえませんか?」과 같이 가족관계에서 상대와의 거리를 두지 않고 친근감을 높이고자 하는 표현 의도가 발동되면 허용도가 높아진다.

(22)도 (21)와 마찬가지로 남성 화자「僕」와 여성 청자「姉さん」사이의 발화인데, 화자의 소유물을 멋대로 사용하는 청자에 대한 화자의 불쾌감이 표출되어 있다는 점에서 화자와 청자의 친소관계는 소원한 사이로 이해된다. 소원한 사이에서도 〈ないでもらえませんか?〉을 경어적 하위자가 경어적 동위자이거나 상위자에게 사용하는 것은 자연스러운 발화로서의 용인도가 떨어진다. 그러나「使わないでもらえませんか?」과 같이 어떤 표현 의도의 실현을 위해 화자가 경어적 동위자나 상위자와의 거리감을 의도적으로 이용하고자 할 경우에는 허용도가 높아진다.

2.3. 청자(여)와 화자(남)가 경어적 동위자인 경우

[1] 〈ないでもらえる?〉 {청자(여)와 화자(남)가 경어적 동위자인 경우}

(23) 中澤 : あれ? なんでですか?
翔 : 自分でもすぐに、いっしょにくねくねしてしまいますからね、だから、やっぱり、自分がインチキ臭くも、男らしくいるために、申しわけないけど、あんまり僕の前でくねくねし<u>ないでもらえる?</u> みたいなですね…。
中澤 : 甘えないで、ってことですか。
翔 : いや、甘えられると…。❷

(23)에서 화자「翔」는「僕」라는 인칭대명사를 쓰고 있어 남성으로, 화자「中澤」는 저자 소개의 [中澤 裕子]에서 알 수 있듯이 여성으로 상정된다. 그리고 화자와 청자가 서로 상대에게 정중체 말씨를 쓰고 있기 때문에 양자는 경어적 동위자로 간주되며, 화자는 과거 사건에 대해 말하고 있고 청자는 여기에는 등장하고 있지 않지만 화자에게 간원하고 있다는 점에서 양자는 친한 사이로 해석된다.「くねくねしないでもらえる?」의 〈ないでもらえる?〉는 [부탁][당부]의 표현가치를 실현한다.

(24) 渡部 : レポートやってたんだよ。しょーがねーだろ。
羽鳥 : 渡部先輩、さっきまで舞台裏でありとあらゆる青年誌のグラビアページばっか見てましたよ。
永作 : 渡部アンタそんなに殺されたいの。ええ? (渡部の首に鞭を巻きつける)
渡部 : とりあえず、首に鞭巻<u>かないでもらえる?</u> [→原文 :「巻かないでくれる?」] ❹

(24)에서 화자「渡部」는 [♂/渡部コウタ/高校2年/演劇部副部長/役者/お調子者]로 설정되어 있고「レポートやってたんだよ」의「んだよ」와 같은 표현 등에서 남성으로, 청자「永作」는 [♀/永作マナミ/高校2年/演劇部員/役者/ドS]와 같이 여성으로 되어 있다. 화자가 청자에게「しょーがねーだろ」와 같은 표현을 사용하고 있고, 청자가 화자에게「渡部アンタ」와 같이 부르고 있기 때문에 양자는 경어적 동위자로 상정되고, 양자는 친한 사이로 여겨진다. 이에「巻かないでもらえる?」의 ⟨ないでもらえる?⟩는 [부탁][당부]의 표현가치를 실현한다.

(25) 水城:「(遮って)待て待て待て待てェ!! 話飛躍しすぎだよ!
　　　　　もうそれ事件所じゃないし!」
　　 蒼井:「……」
　　 水城:「な、何?」
　　 蒼井:「あんまり近づかないでもらえる? 恋人と間違われるじゃん」
　　　　　[→原文:「近づかないでくれる?」]
　　 水城:「何それ! こっちだって嫌だよ!」❹

(25)의 등장인물 소개에서 화자「蒼井」는 [蒼井あおい(男):妄想系ネガティブ少年]과 같이 남성으로, 청자「水城」는 [水城みずき(女):常識人のツッコミ役]와 같이 여성으로 묘사되어 있다. 청자는 여성이면서도「待て」와 같이 동사의 명령형과「飛躍しすぎだよ!」의「だよ!」와 같은 남성어적 문말 표현을 사용하고 있는 점이 특징적이다. 화자와 청자는 보통체 말씨를 쓰고 있기 때문에 양자는 경어적 동위자로 간주되는데, 화자와 청자가 상대에게 비난조의 표현을 사용하고 있다는 점에서 양자는 소원한 사이로 해석되며「近づかないでもらえる?」의 ⟨ないでもらえる?⟩는 [불쾌감][항의]의 표현가치를 나타낸다.

(26) 水城:「長げぇよ! なんで白ばっかり? そんなに白が好きなの? 後ウザイ!」
　　 石田:「ウザくないよ! 俺と桜井の時間を邪魔しないでもらえる?」
　　　　　[→原文:「邪魔しないでくれる?」]
　　 古山:「その桜井さん、死にかけてるけど」
　　 石田:「ああっ、桜井!!」
　　 悪霊(高峰):「おい! 俺を無視すんな! とにかく、この体はもらうからな。
　　　　　　　　 さっきも言ったが、俺にはやらなきゃなんねーことがあるんだよ」
　　 石田:「待て! よくも、よくも桜井を…うおぉぉぉぉぉぉ!!!」
　　 悪霊(高峰):「殺る気か? 返り討ちにしてやる」❹

(26)의 등장인물 소개에서 화자「石田」는 [桜井の彼氏。一年生。地味っぽいがちょっと熱い奴。バカップル。ちなみに美術部。]와 같이 남성으로, 청자「水城」는 [彫刻部女子部員。一年生。一番の常識人でツッコミ役。キレやすいお年頃。]와 같이 여성으로 설정되어 있다. 화자와 청자는 같은 학교의 1학년 학생이기 때문에 양자는 경어적 동위자로 간주된다. 청자가 화자에게

「ウザイ」라는 표현을, 화자가 청자에게 「ウザくないよ」와 같은 표현을 주고받고 있어 양자의 친소관계는 소원한 사이로 판단되고 「邪魔しないでもらえる?」의 〈ないでもらえる?〉는 [불쾌감] [항의]의 표현가치를 나타낸다.

[2] 〈ないでもらえるか〉 {청자(여)와 화자(남)가 경어적 동위자인 경우}

(27) マーク：リンダー!! 勝手に大にしないでもらえるかなぁ!!!????
リンダ：マーク!! 安産だった!!?
マーク：か、仮にも食事の時間帯に、そんなこと言わないでもらえると助かるな！…しょ…小だよ、小!!!!!
リンダ：まあ、マーク、やっぱり緊張していたのね！それで、話の続き、聞かせて!!!! ❹

(27)에서 화자 「マーク」는 이름과 대화 내용을 통해 남성으로, 청자 「リンダ」는 「まあ」와 같은 감동사와 「やっぱり緊張していたのね！」의 「のね」와 같은 문말 표현을 통해 여성으로 간주된다. 화자와 청자가 스스럼없는 말씨로 대화를 나누고 있는 점에서 청자와 화자는 경어적 동위자로 판단되고, 친소관계도 친한 사이로 해석된다. 「勝手に大にしないでもらえるかなぁ!!!????」는 〈ないでもらえるか〉에 종조사 「なぁ」가 후접되어 있어 어기(語氣)가 약화되고 독백에 가까운 표현 효과를 내고 있다. 또한 「そんなこと言わないでもらえると助かるな」는 〈ないでもらえる〉에 「と助かるな」가 하접(下接)된 것으로 의뢰보다는 희망·간원에 근접되어 있다. 「大にしないでもらえるかなぁ」의 〈ないでもらえるかなぁ〉는 [부탁][당부]의 표현가치를 실현한다.

(28) 蘭子：「なるほど、きっとここで、この娘が出てくるのね」
渡：「おいおい」
蘭子：「渡と一緒になりたいのは本心なのに、彼の影に見え隠れする別の女性の姿が気になってどうしても踏み切れない、友加里の恋の行方はいかに」
渡：「勝手に話を作らないでもらえるか」❹

(28)에서 화자 「渡」는 「おいおい」라는 감동사를 쓰고 있고 「彼」라는 인칭대명사로 지칭되고 있어 남성으로, 청자 「蘭子」는 「この娘が出てくるのね」의 「のね」와 같은 문말표현에서 여성으로 상정되고, 화자와 청자가 스스럼없는 말씨로 대화하고 있다는 점에서 양자는 경어적 동위자로 간주된다. 청자가 혼자서 멋대로 상상의 이야기를 만들어 전개하고 있는 것에 대해 화자가 불쾌감을 표현하고 있기 때문에 양자의 친소관계는 소원한 사이로 해석된다. 이에 「作らないでもらえるか」의 〈ないでもらえるか〉는 [불쾌감]의 표현가치를 나타낸다.

(29) 隼斗：そういえば、さっき話してた男って誰かな?
ゆうき：…友達。
隼斗：友達か…。でも、これからはあまり話さないでもらえるかな?

[→原文:「話さないでくれるかな?」]
ゆうき:えっ、なんで?
隼斗:心配なんだ。君の周りに男がウロチョロしてると。それが例え友達でもね。
ゆうき:…。❹

(29)에서 화자 「隼斗」는 「誰かな?」의 「かな」와 같은 남성 전용의 종조사와 「心配なんだ」의 「んだ」와 같은 남성 전용의 문말 표현을 쓰고 있어 남성으로, 청자 「ゆうき」는 이름과 「君의 周りに男がウロチョロしてる」와 같은 표현에서 여성으로 간주된다. 화자가 청자를 「君」라고 부르고 있기 때문에 청자는 화자와 동위자로 판단되는데, 청자인 「みゆき」가 「友達」로 표현되는 인물과 이야기한 것에 대해 화자가 불쾌감을 나타내고 있기 때문에 양자의 친소관계는 소원한 사이로 이해된다. 이 때문에 「話さないでもらえるかな?」의 〈ないでもらえるかな?〉는 [불쾌감의 표현가치를 나타낸다. 「ないでもらえるかな」는 「ないでくれないか」에 독백조의 「な」가 접속된 것으로 「ないでくれないか」가 지닌 딱딱함을 완화하는 역할을 한다.

(30) 持杉:「僕みたいな、クラスの人気者で成績優秀、スポーツ万能、顔もかなりのイケメンの持杉実が、どうして、君のような平凡で地味で暗い、クラスで浮いている君とデートなんかしなくちゃならないんだ。身の程をわきまえろよ」
神崎:「は? 何言ってんの? 意味わかんないんだけど。あんた、あたしのことあんなに好きだとかなんだとか言っていたじゃない」
持杉:「は? 誰が誰のことを好きだって? 妄想もたいがいにしとけよ、勘違い女。お前、この僕に話しかける前に鏡を見た方がいいんじゃないのか?」
神崎:「え、なに、それ…」
持杉:「神崎さん、君みたいな何の取り柄もない人間は、そこの同類の山田くんとつるんでいるのがお似合いだよ」
神崎:「な、なんなのよ…」
持杉:「あまり僕に話しかけないでもらえるかい? 誰かに誤解されたら困るだろ?」
[→原文:「話しかけないでくれるかい?」]❹

(30)에서 화자 「持杉」는 [もてすぎ。モテる男。クラスの人気者で、成績優秀、運動万能、顔はそこそこイケメン。という設定。]와 같이 설정되어 있고 「僕」라는 인칭대명사를 쓰고 있어 남성으로, 청자 「神崎」는 [こうざき。この物語の主人公。ものすごい美少女で、めちゃくちゃモテる。女王様。最近気になる人がいる…? という設定。]와 같이 되어 있고 「あたし」라는 인칭대명사를 쓰고 있어 여성으로 상정되고 양자는 경어적 동위자로 자리매김된다. 화자가 청자에게 「妄想もたいがいにしとけよ」 「勘違い女」 「お前」와 같이 경멸조의 표현을 쓰고 있고, 이에 대해 청자는 화자에게 「あたしのことあんなに好きだとかなんだとか言っていたじゃない」와 같은 표현으로 반론을 제기하고 있다는 점에서 양자는 소원한 사이로 묘사되고 있다. 그리고 「ない

でもらえるかい」는 「ないでくれないか」의 「か」를 장음화한 것으로 「話しかけないでもらえるかい?」의 〈ないでもらえるかい?〉는 [불쾌감]의 표현가치를 나타낸다.

[3] 〈ないでもらえない?〉
　[남성 화자/여성 청자/청자와 화자가 경어적 동위자/친한 사이·소원한 사이]에서는 〈ないでもらえない?〉나 〈ないでくれない?→ないでもらえない?〉로 사용된 예가 확인되지 않는다.

[4] 〈ないでもらえないか〉 {청자(여)와 화자(남)가 경어적 동위자인 경우}

　(31) 黒木：「それで野球部をどうするつもりなんだ」
　　　相楽：「今回のことに何人の部員がかかわっていたの。6万円はどうしたの」
　　　黒木：「一軍のメンバーたちが、カラオケと駅前の居酒屋での飲み食いに使ったらしい」
　　　相楽：「飲み食い……」
　　　黒木：「そいつらはネコババした6万円は弁償すると言ってる。だから生徒会もこれ以上、このことを問題にしないでもらえないか」[→原文：「問題にしないでくれないか」]
　　　相楽：「そんなこと言われても」
　　　黒木：「お前、生徒会長だろう。お前の考え次第でどうにかなるんじゃないのか。俺の立場も考えてくれよ」❹

　(31)에서 화자 「黒木」는 [黒木 和哉(クロキ·カズヤ 野球部員 3年)]으로 설정되어 있고 「俺」라는 인칭대명사와 「どうするつもりなんだ」의 「なんだ」와 같이 남성 전용의 문말 표현을 쓰고 있어 남성으로, 청자 「相楽」는 [相楽 涼子(サガラ·リョウコ 生徒会長 3年)]으로 묘사되어 있어 여성임을 알 수 있다. 화자가 청자에 대해 「お前」라고 부르고 있고 같은 학년이라는 점에서 청자는 화자와 동위자로 상정되고, 변상 문제를 둘러싸고 화자가 청자에게 부탁을 하고 있기 때문에 양자의 친소관계는 친한 사이로 간주된다. 「問題にしないでもらえないか」의 〈ないでもらえないか〉는 [부탁][당부]의 표현가치를 실현한다.

　(32) 隼斗：おはよう、ゆうきさん。
　　　ゆうき：おはよう。
　　　隼斗：その人は?
　　　ゆうき：友達の麻美。
　　　麻美：よろしく。
　　　隼斗：よろしく。…ねぇ、ゆうきさん。これからこの人とも話さないでもらえないかな?
　　　　　　[→原文：「話さないでくれないかな?」]
　　　ゆうき：はぁ? ❹

　(32)에서 화자 「隼斗」는 이름에서 남성으로, 청자 「ゆうき」도 이름에서 여성으로 상정되고 화자와 청자가 서로에게 보통체 말씨를 사용하고 있기 때문에 양자는 경어적 동위자로 간주된다. 화자가 청자에게 「麻美」와도 말하지 말라고 당부하고 있다는 점에서 양자는 친한 사이로

해석되며 「話さないでもらえないかな?」의 〈ないでもらえないかな〉는 [부탁][당부]의 표현가치를 실현한다. 「ないでもらえないかな」는 「ないでもらえないか」에 종조사 「な」가 접속된 것으로 「ないでもらえないか」의 딱딱함을 완화하는 역할을 한다.

(33) 男、懐から小さな拳銃を取り出し、響に向ける。
　　男:「さあ、立てよ」
　　由:「やめて！」
　　　　飛び出した由希が響を庇うように抱きしめる。
　　男:「どいてくれよ。これは僕と彼との問題なんだ。部外者は邪魔を<u>しないでもらえないかい</u>?」
　　　　[→原文:「しないでくれないかい?」]
　　由:「関係なくなんかない！　どうして響を殺さなきゃいけないのよ！」
　　男:「君、人の話を聞いてないねえ。まるであんたのお兄さんみたいだ」
　　　　「言っただろ？　僕はその犬に喰われたんだ。だから復讐をしに来たのさ」
　　由:「ねえやめてよ。何も殺さなくてもいいじゃない。殺すなんて。」❹

(33)에서 화자 「男」는 남성으로 설정되어 있고 「僕」라는 인칭대명사와 「僕と彼との問題なんだ」의 「なんだ」와 같이 남성 전용의 문말 표현을 쓰고 있어 남성으로, 청자 「由」는 「殺さなきゃいけないのよ！」의 「のよ」와 같이 여성어적 표현을 쓰고 있어 여성으로 상정된다. 화자가 청자에 대해 「君」「あんた」라고 부르고 있기 때문에 청자는 화자와 동위자로 간주되고, 화자를 물은 개의 처리를 둘러싸고 화자와 청자가 다투고 있다는 점에서 양자의 친소관계는 소원한 사이로 해석된다. 이에 「しないでもらえないかい?」의 〈ないでもらえないかい〉는 [불쾌감]의 표현가치를 나타낸다. 그리고 「ないでもらえないかい」는 「ないでもらえないか」의 「か」가 장음화된 것인데 문말의 「い」라는 종조사는 어조를 부드럽게 하며 결정권을 청자에게 맡기는 기능을 하기 때문에 화자의 청자에 대한 최소한의 배려가 나타난다.

[5] 〈ないでもらえますか〉 {청자(여)와 화자(남)가 경어적 동위자인 경우}

(34) 浩子ちゃん、もし僕が遅れたら待た<u>ないでもらえますか</u>。
(35) みどり先生、そんな所に車停めたら僕の車が出られないから、そこには停め<u>ないでもらえますか</u>。

(34)에서 화자는 「僕」라는 인칭대명사에서 남성으로, 청자는 「浩子」라는 호칭에서 여성으로 간주된다. 화자가 청자에 대해 「ちゃん」이라는 호칭 접사를 사용하고 있어 양자는 경어적 동위자로 묘사되어 있고 화자가 청자를 배려하고 있다는 발화내용에서 화자와 청자의 친소관계는 친한 사이로 해석된다. 〈ないでもらえますか〉는 경도의 정중도를 나타내기 때문에 청자와의 일정한 거리를 확보하면서 화자의 품위를 유지하는 역할을 한다. 친한 사이에서 「待たないでもらえますか」와 같이 화자가 경어적 동위자에게 사용하면 [염려][배려]의 표현가치를 표출한다.

(35)에서 화자는 「僕」라는 인칭대명사에서 남성으로, 청자는 「みどり」라는 이름에서 여성으로 상정되며 화자와 청자는 경어적으로 동위자로 여겨진다. 화자가 청자의 행동에 대해 불쾌감을 표출하고 있다는 점에서 화자의 청자에 대한 친소관계는 소원한 사이로 이해된다. 소원한 사이에서 〈ないでもらえますか〉는 「停めないでもらえますか」와 같이 화자가 경어적 동위자에게 사용하면 [불쾌감][항의]의 표현가치를 나타내는데 〈ないでくれますか〉에 비해 부드러운 뉘앙스를 함의하기 때문에 청자에 대한 불쾌감은 다소 완화된다.

[6] 〈ないでもらえます?〉 {청자(여)와 화자(남)가 경어적 동위자인 경우}

(36) 浩子ちゃん、もし僕が遅れたら待たないでもらえます?
(37) みどり先生、そんな所に車停めたら僕の車が出られないから、そこには停めないでもらえます?

(36)에서 화자는 「僕」라는 인칭대명사에서 남성으로, 청자는 「浩子」라는 호칭에서 여성으로 간주된다. 화자가 청자에 대해 「ちゃん」이라는 호칭 접사를 사용하고 있다는 점에서 양자는 경어적 동위자로 묘사되어 있고 화자가 청자를 배려하고 있다는 발화내용에서 화자와 청자의 친소관계는 친한 사이로 해석된다. 〈ないでもらえます?〉는 〈ないでもらえる〉 계열의 다른 정중체와 마찬가지로 경도(軽度)의 정중도를 나타내므로 친한 사이에서 「待たないでもらえます?」와 같이 화자가 경어적 동위자에게 사용하면 [염려][배려]의 표현가치를 실현한다.

(37)에서 화자는 「僕」라는 인칭대명사에서 남성으로, 청자는 「みどり」라는 이름에서 여성으로 상정되며 화자와 청자는 경어적으로 동위자로 판단된다. 화자가 청자의 행동에 대해 불쾌감을 표출하고 있다는 점에서 화자의 청자에 대한 친소관계는 소원한 사이로 이해된다. 소원한 사이에서 「停めないでもらえます?」와 같이 화자가 경어적 동위자에게 사용하면 [불쾌감][분노][항의]의 표현가치를 나타내는데 〈ないでもらえます?〉는 〈ないでもらえますか〉보다 경의도가 약간 낮다는 점에서 소원함이 다소 강하게 분출된다.

[7] 〈ないでもらえませんか〉 {청자(여)와 화자(남)가 경어적 동위자인 경우}

(38) 浩子ちゃん、もし僕が遅れたら待たないでもらえませんか。
(39) みどり先生、そんな所に車停めたら僕の車が出られないから、そこには停めないでもらえませんか。

(38)에서 화자는 「僕」라는 인칭대명사에서 남성으로, 청자는 「浩子」라는 호칭에서 여성으로 간주된다. 화자가 청자에 대해 「ちゃん」이라는 호칭 접사를 사용하고 있다는 점에서 양자는 경어적 동위자로 여겨지고 화자가 청자를 배려하고 있다는 발화내용에서 화자와 청자의 친소관계는 친한 사이로 묘사되어 있다. 〈ないでもらえませんか〉는 경도의 정중도를 나타내기 때문에 친한 사이에서 「待たないでもらえませんか」와 같이 화자가 경어적 동위자에게 사용하면 [염

례][배려]의 표현가치를 실현한다.

(39)에서 화자는 「僕」라는 인칭대명사에서 남성으로, 청자는 「みどり」라는 이름에서 여성으로 상정되며 화자와 청자는 경어적으로 동위자로 여겨진다. 화자가 청자의 행동에 대해 불쾌감을 표출하고 있다는 점에서 화자의 청자에 대한 친소관계는 소원한 사이로 이해된다. 소원한 사이에서 「停めないでもらえませんか」와 같이 화자가 경어적 동위자에게 사용하면 [불쾌감][분노][항의]의 표현가치를 나타내는데 〈ないでもらえますか〉에 비해 부드러운 뉘앙스를 함의하기 때문에 청자에 대한 불쾌감은 다소 완화된다.

[8] 〈ないでもらえません?〉 {청자(여)와 화자(남)가 경어적 동위자인 경우}

(40) 浩子ちゃん、もし僕が遅れたら待たないでもらえません?
(41) みどり先生、そんな所に車停めたら僕の車が出られないから、そこには停めないでもらえません?

(40)에서 화자는 「僕」라는 인칭대명사에서 남성으로, 청자는 「浩子」라는 호칭에서 여성으로 간주된다. 화자가 청자에 대해 「ちゃん」이라는 호칭 접사를 사용하고 있다는 점에서 양자는 경어적 동위자로 묘사되어 있고 화자가 청자를 배려하고 있다는 발화내용에서 화자와 청자의 친소관계는 친한 사이로 상정된다. 〈ないでもらえません?〉은 경도의 정중도를 나타낸다는 점에서 친한 사이에서 「待たないでもらえません?」과 같이 화자가 경어적 동위자에게 사용하면 [염려][배려]의 표현가치를 실현하는데 〈ないでもらえません?〉은 〈ないでもらえます?〉에 비해 불쾌감을 함의하고 있어 소원한 사이로 다소 경사된다.

(41)에서 화자는 「僕」라는 인칭대명사에서 남성으로, 청자는 「みどり」라는 이름에서 여성으로 상정되며 화자와 청자는 경어적으로 동위자로 이해된다. 화자가 청자의 행동에 대해 불쾌감을 표출하고 있다는 점에서 화자의 청자에 대한 친소관계는 소원한 사이로 해석된다. 소원한 사이에서 「停めないでもらえません?」과 같이 화자가 경어적 동위자에게 사용하면 [불쾌감][항의]의 표현가치를 나타내는데 〈ないでもらえません?〉은 〈ないでもらえませんか〉보다 경의도가 약간 낮다는 점에서 소원함이 다소 강하게 분출된다.

2.4. 청자(여)가 화자(남)와 경어적 동위자이거나 하위자인 경우

[1] 〈ないでもらえる?〉 {청자(여)가 화자(남)와 경어적 동위자이거나 하위자인 경우}

(42) 鹿山 : でも、一番害はなかったですから。
山口 : その言われ方はどうでしょうか。
千葉 : どうにかなりませんか?

鹿山：だから、小児科医に言わないでもらえる。
　　山口：ご迷惑をお掛けします。このお詫びは、千葉さんにこの身を差し出すことで…
　　千葉：いりません！❹

(42)에서 화자「鹿山」는 등장인물에서 [鹿山ひろし]라는 이름으로 묘사되어 있어 남성으로, 청자「千葉」는 [千葉あい]와 같은 이름으로 소개되고 있어 여성으로 간주된다. 화자는 청자에게 보통체 말씨를, 청자는 화자에게 정중체 말씨를 쓰고 있기 때문에 청자는 화자와 경어적 동위자이거나 하위자로 판단된다. 화자가 청자의「どうにかなりませんか?」라는 발화에 대해 소아과 의사에게는 말하지 말라고 부탁하고 있다는 점에서 양자는 친한 사이로 해석되며「言わないでもらえる」의 〈ないでもらえる?〉는 [부탁][당부]의 표현가치를 실현한다.

(43) 山口：ぐぅ…
　　千葉：睡眠薬入り。
　　鹿山：ふぅ…
　　千葉：人質、ご苦労様でした。
　　鹿山：からかわないでもらえる?
　　千葉：楽しそうじゃなかったですか。❹

(43)에서 화자「鹿山」는 등장인물에서 [鹿山ひろし]라는 이름으로 묘사되어 있어 남성으로, 청자「千葉」는 [千葉あい]와 같은 이름으로 소개되고 있어 여성으로 간주된다. 화자는 청자에게 보통체 말씨를, 청자는 화자에게 정중체 말씨를 쓰고 있기 때문에 청자는 화자와 경어적 동위자이거나 하위자로 판단된다. 화자가 청자의「人質、ご苦労様でした」라는 발화에 대해 놀리지 말라고 불쾌감을 나타내고 있다는 점에서 양자는 소원한 사이로 해석되고 이때의「からかわないでもらえる?」의 〈ないでもらえる?〉는 [불쾌감][항의]의 표현가치를 나타낸다.

(44) 奈穂：うるさい。
　　英二：ごめん。
　　みどり：こいつも謝ってるんで、許してやってください。
　　英二：重々反省してます、って遊ばないでもらえる?
　　みどり：後何分? ❹

(44)에서 화자「英二」는 등장인물에서 [英雄未満]이라는 이름으로 소개되어 있고「ごめん」과 같은 표현에서 남성으로, 청자「みどり」는 이름에서 여성으로 간주된다. 화자는 청자에게 보통체 말씨를, 청자는 화자에게 정중체 말씨를 쓰고 있기 때문에 청자는 화자와 경어적 동위자이거나 하위자로 판단된다. 화자가 청자의「許してやってください」라는 발화에 대해 자기를 더 이상 놀리지 말라고 불쾌감을 표현하고 있다는 점에서 양자는 소원한 사이로 여겨진다.「遊ばないでもらえる?」의 〈ないでもらえる?〉는 [불쾌감][항의]의 표현가치를 나타낸다고 해석된다.

(45) 4年前の私の転勤をきっかけに気持ちが離れてしまいました。今でも時々友達として、飲みに行ってよく相談に乗ってもらったりしています。昨日その彼に恋愛相談をしたところ、今までは黙って聞いていてくれてたのに、そんなこと知りたくないから、話さ<u>ないでもらえる</u>？と言われました。彼には私と別れてからずっと彼女がいません。
[→原文：「話さないでくれる?」] ❺

(45)에서 화자는「その彼」라는 지문의 설명에서 남성으로, 청자는「私と別れてからずっと彼女がいません」과 같은 설명에서 여성으로 묘사되어 있고 지문 설명을 통해 청자는 화자와 경어적 동위자이거나 하위자로 간주된다. 화자와 청자는 연인 관계에서 친구 관계로 바뀌었지만 청자가 여전히 화자에게 친근감을 가지고 연애 상담을 하는 것에 대해 화자가 청자에게「そんなこと知りたくない」라고 응대하는 있다는 점에서 화자의 청자에 대한 친소관계는 소원한 사이로 해석되며「話さないでもらえる?」의 〈ないでもらえる?〉는 [불쾌감][항의]의 표현가치를 나타낸다.

(46) 茂：うわ、なんで君が。ははーん、ご近所さんなのか、ま、そういう事もあるな
　　茂：でも、ちょっと勝手に家に入ら<u>ないでもらえる</u>、ココはオレと雪枝の愛の巣なんだから
　　茂：ねぇ、ちょっと、話聞いてんの [→原文：「入らないでくれる?」]
　　　章子 茂を殴る
　　　溶暗
　　　終幕 ❹

(46)에서 화자는 등장인물 소개에서 [室宮 茂]로 나와 있고「オレ」와 같은 인칭대명사를 쓰고 있어 남성으로, 청자「章子」는「室宮 章子」로 되어 있어 여성으로 상정된다. 화자와 청자는 가족으로 추정되는데, 화자가 청자를「君」라는 인칭대명사로 지칭하면서도 장난조로「ご近所さん」라고 부르고 있기 때문에 청자는 화자와 동위자이거나 하위자로 규정된다. 화자가 청자에게「オレと雪枝の愛の巣」이니까 집에 들어오지 말라는 대화에서 양자는 소원한 사이로 간주되고「入らないでもらえる」의 〈ないでもらえる?〉는 [불쾌감][항의]의 표현가치를 나타낸다.

[2]〈ないでもらえるか〉{청자(여)가 화자(남)와 경어적 동위자이거나 하위자인 경우}

(47) みゆき：淳平様、何してらっしゃるの?
　　隊長：ああ、みゆきくん。悪いけど、人が走り出そうとした瞬間に足、引っ掛け<u>ないでもらえるかな</u>。[→原文：「引っ掛けないでくれるかな」]
　　みゆき：あら、ごめんなさい。
　　隊長：こんなことをしている場合ではない。やつらを追っかけないと。❹

(47)에서 화자「隊長」는「やつら」와 같은 표현을 쓰고 있어 남성으로, 청자「みゆき」는 이름과「あら」와 같은 감동사를 쓰고 있어 여성으로 간주된다. 화자가 청자를「みゆきくん」이라고

부르고 있고, 청자는 화자에게 「淳平様」라는 호칭과 「てらっしゃる」와 같은 존경어를 사용하고 있기 때문에 청자는 화자에 비해 동위자이거나 경어적 하위자로 인식되며, 화자와 청자 사이에 친밀한 표현이 쓰이고 있다는 점에서 양자의 친소관계는 친한 사이로 해석된다. 「引っ掛けないでもらえるかな」의 〈ないでもらえるかな〉는 [부탁][당부]의 표현가치를 실현하는데 「ないでもらえるかな」는 「ないでくれないか」에 독백조의 「な」가 접속된 것으로 「ないでくれないか」가 지닌 딱딱함을 완화하는 역할을 한다.

  (48) 新野：え、え？ 夢は叶ったんじゃないの？
      純弘：あぁ、つまり、やりたい仕事はできなかった。って事だよ
      新野：コンビニには着いたけど欲しいモノがなかった……って感じ？
      純弘：大体合ってるけどさぁ。俺の人生をコンビニに例えないでもらえるかな！？
          [→原文：「例えないでくれるかな！？」]
      新野：でも合ってるんでしょ？
      純弘：そんなお手軽じゃねぇよ！❹

 (48)에서 화자 「純弘」는 [大塚 純弘/ホームレス。公園近辺に生息、先日取り壊されたアスレチックが寝床だった。]와 같이 설정되어 있고 「俺」라는 인칭대명사를 쓰고 있어 남성으로, 청자 「新野」는 [新野 兎女/大学生。コンビニに行った帰りに見つけた公園に立ち寄る]와 같이 되어 있어 여성으로 상정된다. 청자가 화자에게 반 장난조적인 질문 공세를 펴고 있고 이에 대해 종국에는 화자를 화를 내고 있다는 점을 고려하면 청자는 화자와 동위자이거나 하위자로 간주된다. 청자가 자기 인생을 편의점으로 비유하고 있는 것에 대해 화자가 불쾌감을 표현하고 있다는 점에서 양자의 친소관계는 소원한 사이로 해석된다. 이에 「例えないでもらえるかな！？」의 〈ないでもらえるかな！？〉는 [불쾌감]의 표현가치를 나타내는데 「ないでもらえるかな」는 「ないでくれないか」에 독백조의 「な」가 접속된 것으로 「ないでくれないか」가 지닌 딱딱함을 완화하는 역할을 한다.

[3] 〈ないでもらえない？〉
  [남성 화자/여성 청자/청자가 화자와 경어적 동위자이거나 하위자/친한 사이·소원한 사이]에서는 〈ないでもらえない？〉나 〈ないでくれない？→ないでもらえない？〉로 사용된 예가 확인되지 않는다.

[4] 〈ないでもらえないか〉 {청자(여)가 화자(남)와 경어적 동위자이거나 하위자인 경우}

  (49) アヴェリーは小声で悪態をついた。「私、ついむきになっちゃって」マットは彼女の腕に手を置いた。「いいんだ。ただ…」彼は途中で言いやめた。

「ただ?」
「君のつらい思いはわかる。俺たちみんな理解している。でも、俺たちにまで背を向けないでもらえないか。俺たちは君を愛しているんだから」目頭が熱くなり、アヴェリーは息をのんだ。[→原文:「背を向けないでくれないか」] ❷

(49)에서 화자 「マット」는 「俺たち」라는 인칭대명사와 「いいんだ」의 「んだ」와 같은 남성 전용의 문말 표현을 쓰고 있어 남성으로, 청자 「アヴェリー」는 「彼女」라고 지칭되고 있어 여성임을 알 수 있고 화자가 청자에 대해 「君」라고 부르고 있기 때문에 청자는 화자와 동위자이거나 하위자로 여겨진다. 「俺たちは君を愛している」라는 표현에서 화자와 청자는 친한 사이로 간주되고 「背を向けないでもらえないか」의 〈ないでもらえないか〉는 [부탁][당부]의 표현가치를 실현한다.

(50) それでも大介は何度も小さくかぶりを振った。
「俺はマドンナに対して、自分に都合のいい勝手なイメージをいだいているんだ。できることなら、それを壊さないでもらえないか」[→原文:「壊さないでくれないか」]
「そんなイメージ、本当の私じゃないわ」
「そうかもしれない。でも、君はショーのダンサーであると同時に、反戦運動とか市民運動のアイドル的な存在じゃないか。❷

(50)에서 화자 「大介」는 「俺」라는 인칭대명사와 「イメージをいだいているんだ」의 「んだ」와 같은 남성 전용의 문말 표현을 쓰고 있어 남성으로, 청자 「マドンナ」는 「本当の私じゃないわ」의 「わ」와 같은 여성 전용의 문말 표현을 쓰고 있어 여성임을 알 수 있고 화자가 청자에 대해 「君」라고 부르고 있기 때문에 청자는 화자와 동위자이거나 하위자로 이해된다. 화자가 청자에게 자기의 이미지를 깨지 말라고 당부하고 있다는 점에서 양자는 친한 사이로 해석되며 「壊さないでもらえないか」의 〈ないでもらえないか〉는 [부탁][당부]의 표현가치를 실현한다.

(51) そのとたん、ひとつの名前が目に飛び込んだ。「ジョージ・ハーヴィー? あの人も招待するんですか?」「ああ。問題はないだろう?」グレースはぞっとして、ミッチに向かってリストを振った。「もちろん、あります。あの人を招待するなんて、そんなむごいことはできないはずよ」ミッチが唖然とした表情で見つめた。「ジョージに祝ってもらうのが、なんでいけない?」「どうしてそんなに意地が悪いんです? かわいそうなジョージに、あなたの成功を見せつける必要はないでしょう? この会社にずかずか乗り込んできて、あの人を追いだしただけでもひどいのに。せめて、そっとしておいてあげてください」「グレース、そんなにどならないでもらえないか」いつのまにか声を張りあげていたことに気づいて、グレースは目をしばたたいた。[→原文:「どならないでくれないか」] ❷

(51)에서 화자 「ミッチ」는 「問題はないだろう?」의 「だろう」와 같은 남성 전용의 문말 표현을 쓰고 있어 남성으로, 청자 「グレース」는 「そんなむごいことはできないはずよ」의 「はずよ」와 같

은 여성어적 문말 표현과「そっとしておいてあげてください」의「てあげてください」와 같은 여성어적 수수 표현을 쓰고 있어 여성임을 알 수 있고, 화자가 청자에게 보통체 말씨를, 청자가 화자에게 정중체 말씨와「あなた」라는 인칭대명사를 쓰고 있기 때문에 청자는 화자와 동위자이거나 하위자로 여겨진다. 화자가 흥분하는 청자를 달래고 있다는 점에서 양자는 친한 사이로 간주되며「どならないでもらえないか」의 〈ないでもらえないか〉는 [부탁][당부]의 표현가치를 실현한다.

(52) 翌日、菜穂子は、風のために其処へたたきつけられた木の葉が一枚、窓硝子(まどガラス)の真ん中にぴったりとくっついた儘(まま)になっているのを不思議そうに見守っていた。そのうちに何か思い出し笑いのようなものをひとりでに浮べている自分自身に気がついて、彼女は思わずはっとした。
「後生だから、お前、そんな眼つきでおれを見る事だけはやめて貰えないかな。」帰りぎわに圭介は相変らず彼女から眼を外らせながら軽く抗議した。
「そんな眼つきでおれを見ないでもらえないか。」そう彼がとうとう堪《たま》らなくなったように彼女に向って云った、あの豪雨にとじこめられた日の不安そうだった彼の様子が、急に彼の他のさまざまな姿に立ち代って、彼女の心の全部を占め出した。彼女はそのうちにひとりでに目をつぶり、その嵐の中でのように、少し無気味な思い出し笑いのようなものを何んとはなしに浮べていた。[→原文:「見ないでくれないか」] ❶

(52)에서 화자「圭介」는「おれ」와「お前」라는 인칭대명사를 쓰고 있어 남성으로, 청자「菜穂子」는 이름과「彼女」로 지칭되고 있어 여성임을 알 수 있고 화자가 청자에 대해「お前」라고 부르고 있기 때문에 청자는 화자와 동위자이거나 하위자로 판단된다. 화자의「そんな眼つき」와 같은 부정적 표현에서 청자의 시선을 부담으로 느끼고 나아가「相変らず彼女から眼を外らせながら軽く抗議した」와 같이 화자가 청자를 습관적으로 피하고 있다는 점에서 양자는 소원한 사이로 해석되며「見ないでもらえないか」의 〈ないでもらえないか〉는 [불쾌감]의 표현가치를 나타낸다.

[5] 〈ないでもらえますか〉 {청자(여)가 화자(남)와 경어적 동위자이거나 하위자인 경우}

(53) ねえ、みどりちゃん、お兄ちゃんがお菓子買ってきてあげるから、もう泣かないでもらえますか。
(54) おい、みどり、許可無く俺のものを勝手にさわらないでもらえますか。

(53)에서 여성 청자「みどりちゃん」은 남성 화자「お兄ちゃん」에 대해 경어적으로 동위자이거나 하위자로 설정되어 있고, 화자가 청자에 대해 감동사「ねえ」나 호칭 접사「ちゃん」을 사용하고 있다는 점 그리고 화자가 청자에 대해 울음을 그치도록 달래고 있는 발화내용에서 양자의 친소관계는 친한 사이로 규정된다. 〈ないでもらえますか〉는 경도의 정중도를 나타내기 때

문에 청자와의 일정한 거리를 확보하면서 화자의 품위를 유지하는 역할을 한다. 친한 사이에서 「泣かないでもらえますか」와 같이 화자가 경어적 동위자이거나 하위자에게 사용하면 상대방을 달래거나 기분을 맞추기 위해 쓰인 것으로 해석된다.

(54)에서 청자 「みどり」는 화자 「俺」에 대해 경어적으로 동위자이거나 하위자로 묘사되어 있다. 화자가 청자를 부를 때 「おい」라는 응답사를 사용하고 있고, 또한 발화내용이 청자에 대한 화자의 불쾌감이나 책망과 질책을 의미하고 있다는 점에서 화자의 청자에 대한 친소관계는 소원한 사이로 이해된다. 소원한 사이에서 〈ないでもらえますか〉는 「さわらないでもらえますか」와 같이 화자가 경어적 동위자이거나 하위자에게 사용하면 [불쾌감][분노][질책]의 표현가치를 나타내는데 〈ないでくれますか〉에 비해 부드러운 뉘앙스를 함의하기 때문에 청자에 대한 불쾌감은 다소 완화된다.

[6] 〈ないでもらえます?〉 {청자(여)가 화자(남)와 경어적 동위자이거나 하위자인 경우}

(55) ねえ、みどりちゃん、お兄ちゃんがお菓子買ってきてあげるから、もう<u>泣かないでもらえます?</u>
(56) おい、みどり、許可無く俺のものを勝手に<u>さわらないでもらえます?</u>

(55)에서 여성 청자 「みどりちゃん」은 남성 화자 「お兄ちゃん」에 대해 경어적 동위자이거나 하위자로 설정되어 있고, 화자가 청자에 대해 감동사 「ねえ」나 호칭 접사 「ちゃん」을 사용하고 있다는 점 그리고 화자가 청자에 대해 울음을 그치도록 달래고 있는 발화내용에서 양자의 친소관계는 친한 사이로 설명된다. 〈ないでもらえます?〉는 〈ないでもらえる〉 계열의 다른 정중체와 마찬가지로 경도의 정중도를 나타내기 때문에 친한 사이에서 「泣かないでもらえます?」와 같이 화자가 경어적 동위자이거나 하위자에게 사용하면 상대방을 달래거나 기분을 맞추기 위해 쓰인 것으로 해석된다.

(56)에서 청자 「みどり」는 화자 「俺」에 대해 경어적으로 동위자이거나 하위자로 묘사되어 있다. 화자가 청자를 부를 때 「おい」라는 응답사를 사용하고 있고, 또한 발화내용이 청자에 대한 화자의 불쾌감이나 책망과 질책을 의미하고 있다는 점에서 화자의 청자에 대한 친소관계는 소원한 사이로 이해된다. 소원한 사이에서 「さわらないでもらえます?」와 같이 화자가 경어적 동위자이거나 하위자에게 사용하면 [불쾌감][분노][질책]의 표현가치를 나타내는데 〈ないでもらえます?〉는 〈ないでもらえますか〉보다 경의도가 약간 낮다는 점에서 소원함이 다소 강하게 분출된다.

[7] 〈ないでもらえませんか〉 {청자(여)가 화자(남)와 경어적 동위자이거나 하위자인 경우}

(57) ねえ、みどりちゃん、お兄ちゃんがお菓子買ってきてあげるから、もう<u>泣かないでもらえませんか</u>。

(58) おい、みどり、許可無く俺のものを勝手にさわらないでもらえませんか。

(57)에서 여성 청자 「みどりちゃん」은 남성 화자 「お兄ちゃん」에 대해 경어적으로 동위자이거나 하위자로 설정되어 있고, 화자가 청자에 대해 감동사 「ねえ」나 호칭 접사 「ちゃん」을 사용하고 있다는 점 그리고 화자가 청자에 대해 울음을 그치도록 달래고 있는 발화내용에서 양자의 친소관계는 친한 사이로 간주된다. 〈ないでもらえませんか〉는 〈ないでもらえる〉 계열의 다른 정중체와 마찬가지로 경도의 정중도를 나타내기 때문에 친한 사이에서 「泣かないでもらえませんか」와 같이 화자가 경어적 동위자이거나 하위자에게 사용하면 상대방을 달래거나 기분을 맞추기 위해 쓰인 것으로 해석된다.

(58)에서 청자 「みどり」는 화자 「俺」에 대해 경어적으로 동위자이거나 하위자로 묘사되어 있다. 화자가 청자를 부를 때 「おい」라는 응답사를 사용하고 있고, 또한 발화내용이 청자에 대한 화자의 불쾌감이나 책망과 질책을 의미하고 있다는 점에서 화자의 청자에 대한 친소관계는 소원한 사이로 이해된다. 소원한 사이에서 「さわらないでもらえませんか」와 같이 화자가 경어적 동위자나 하위자에게 사용하면 [불쾌감][항의][질책]의 표현가치를 나타내는데 〈ないでもらえますか〉에 비해 부드러운 뉘앙스를 함의하기 때문에 청자에 대한 불쾌감은 다소 완화된다.

[8] 〈ないでもらえません?〉 {청자(여)가 화자(남)와 경어적 동위자이거나 하위자인 경우}

(59) ねえ、みどりちゃん、お兄ちゃんがお菓子買ってきてあげるから、もう泣かないでもらえません?
(60) おい、みどり、許可無く俺のものを勝手にさわらないでもらえません?

(59)에서 여성 청자 「みどりちゃん」은 남성 화자 「お兄ちゃん」에 대해 경어적으로 동위자이거나 하위자로 설정되어 있고, 화자가 청자에 대해 감동사 「ねえ」나 호칭 접사 「ちゃん」을 사용하고 있다는 점 그리고 화자가 청자에 대해 울음을 그치도록 달래고 있는 발화내용에서 양자의 친소관계는 친한 사이로 여겨진다. 〈ないでもらえません?〉은 경도의 정중도를 나타내는데 친한 사이에서 「泣かないでもらえません?」과 같이 화자가 경어적 동위자이거나 하위자에게 사용하면 상대방을 달래거나 기분을 맞추기 위해 쓰인 것으로 해석된다.

(60)에서 청자 「みどり」는 화자 「俺」에 대해 경어적으로 동위자이거나 하위자로 묘사되어 있다. 화자가 청자를 부를 때 「おい」라는 응답사를 사용하고 있고, 또한 발화내용이 청자에 대한 화자의 불쾌감이나 책망과 질책을 의미하고 있다는 점에서 화자의 청자에 대한 친소관계는 소원한 사이로 이해된다. 소원한 사이에서 「さわらないでもらえません?」과 같이 화자가 경어적 동위자이거나 하위자에게 사용하면 [불쾌감][항의]의 표현가치를 나타내는데 〈ないでもらえません?〉은 〈ないでもらえませんか〉보다 경의도가 약간 낮다는 점에서 소원함이 다소 강하게 분출된다.

2.5. 청자(여)가 화자(남)에 비해 경어적 하위자인 경우

[1] 〈ないでもらえる?〉 {청자(여)가 화자(남)에 비해 경어적 하위자인 경우}

 (61) ヨシミ:「笑わないで下さい。」
   ダイチ:「アヤちゃん、そんなにじっと見つめないでもらえる?」
     [→原文:「見つめないでくれる?」]
   ユリ:「このバカタレ。」
   ヨシミ:「そういう状況なんですから。」
   ダイチ:「わかった。今度は頑張るから。」
   ヨシミ:「じゃ、も1回、アースマンの最後のセリフから。」
   ダイチ:「…だったら、どうなんですか。」❹

(61)에서 화자「ダイチ」는 [♂/キタノ ダイチ/(ミナミ高校3年演劇部員)]로 설정되어 있어 남성으로,「アヤちゃん」으로 불리고 있는 청자는 [♀/ハセガワ アヤ/(ミナミ高校2年演劇部員)]로 되어 있어 여성으로 상정되고, 청자는 화자에 비해 경어적 하위자로 설명된다. 화자는 청자가 자신에게 호의를 보이기 위해 빤히 쳐다보고 있다고 착각하고 발화하고 있다는 점에서 양자는 친한 사이로 간주되며「見つめないでもらえる?」의〈ないでもらえる?〉는 [부탁][당부]의 표현가치를 실현한다.

 (62) 黒石:「他にいるでしょ? 暇してるキャディ」
   田中:「そうそう、暇しておっぱい大きいキャディ」
   藤沢:「いやだからデリヘルじゃないんですよ」
   黒石:「あそう…じゃあさ、君でいいから邪魔しないでもらえる?
    キャディっぽいことはやんなくていいから、せめて邪魔はしないでもらえる?
    キャンディとか食べてていいから」[→原文:「邪魔しないでくれる?」]❹

(62)는 [黒石(40)、田中(34)、藤沢(24)がティーグラウンドにいる。藤沢がボールを置いて、素振りをしている。その様子を何か言いたげに見ている、田中と黒石。気合たっぷりの藤沢、ゆっくりと構える。]와 같은 장면에서의 대화인데 화자「黒石」는「じゃあさ」의「さ」나「君」라는 인칭 대명사를 쓰고 있어 남성으로, 청자「藤沢」는「デリヘルじゃないんですよ」와 같은 표현과「田中」의「おっぱい大きいキャディ」와 같은 표현에서 여성으로 추정된다. 대화내용과 연령에서 청자는 화자에 비해 경어적 하위자로 여겨짐. 화자가 청자에게 청자이면 충분하니 방해하지 말라는 발화를 통해 양자는 소원한 사이로 간주되며「邪魔しないでもらえる?」의〈ないでもらえる?〉는 [불쾌감][항의]의 표현가치를 나타낸다.

 (63) かな:床が動いてる!
   部長:気をつけな! 権之介が今動かしてる。

    かな：ええっ！ 課長さんが? あのステッキで?
    部長：そうだ。1人ですべてを操作するにはどうしても手が届かない。結果、生まれたのがあのスティック操作だ。
    かな：権之介…。
    部長：本名で呼ばないでもらえる!! [→原文:「呼ばしないでくれる！！」] ❹

(63)의 등장인물 소개에서 화자「部長」는 남성, 청자「かな」는 [新人/女]와 같이 여성으로 설정되어 있어 청자는 화자에 비해 경어적 하위자로 간주된다. 청자가 화자에게「気をつけな」라는 남성어적 명령표현을 사용하고 있고, 화자가 신입 사원인 청자가 상위자인 과장을 본명으로 부르고 있는 것에 대해 주의를 주고 있다는 점에서 양자의 친소관계는 소원한 사이로 해석된다.「呼ばないでもらえる！！」의 〈ないでもらえる?〉는 [불쾌감][항의]의 표현가치를 나타낸다.

[2] 〈ないでもらえるか〉

 [남성 화자/여성 청자/청자가 화자에 비해 경어적 하위자/친한 사이・소원한 사이]에서는 〈ないでもらえるか〉나 〈ないでくれるか→ないでもらえるか〉로 사용된 예가 확인되지 않는다.

[3] 〈ないでもらえない?〉 {청자(여)가 화자(남)에 비해 경어적 하위자인 경우}

    (64) 東：「俺言ってないでしょ。南湖が嫌いだなんて」
        京子：「でも、南湖先生を好きな人が嫌いって……やだ！東先生いくら奥様亡くされて長いからって！」
        東：「もしもーし。京子ちゃーん。そこで古巣の癖を出さないでもらえなーい?」
            [→原文:「出さないでくれなーい?」]
        京子：「ふっ古巣!? 何のことですか!?」
        東：「入社当時、月刊ＢＯＹＳ－ＬＯＶＥの編集だったんでしょ?」
        京子：「それ絶対人に言わないでくださいよ!?」❹

 (64)에서 화자「東」는 자신에 대해「俺」라는 인칭대명사를 쓰고 있어 남성으로, 청자「京子」는 이름에서 여성으로 상정된다. 화자가 청자를「京子ちゃーん」이라는 호칭으로, 그리고 청자는 화자를「東先生」라고 부르고 있기 때문에 청자는 화자에 비해 경어적 하위자로 간주되며, 화자가 청자에게「ちゃん」과 같은 호칭 접사를, 청자가 화자에게「……やだ！」와 같은 표현을 사용하고 있다는 점에서 양자는 친한 사이로 해석된다. 이에「出さないでくれなーい?」의 〈ないでもらえない?〉는 [간원]의 표현가치를 실현한다. 그리고 [남성 화자/여성 청자/청자가 화자에 비해 경어적 하위자/소원한 사이]에서는 〈ないでもらえない?〉나 〈ないでくれない?→ないでもらえない?〉로 사용된 예가 확인되지 않는다.

[4] 〈ないでもらえないか〉 {청자(여)가 화자(남)에 비해 경어적 하위자인 경우}

(65)「ほら、兄さん、何んだか前へ動いて云ってた方があったじゃありませんか。モーニングだのにネクタイだけはぱッとハイカラな方よ。その方と御一緒の女のかた。」
幸子は言外にも鋭い眼差で母を見詰めて云ったが、母は、ただ、「はア」と頼りなげな声を洩したのみだった。
「あの二人は火葬場まで行ってくれたんだよ。今度来たときはお礼を忘れない<u>でもらえないか</u>。」[→原文:「忘れないでくれないか」]
仏前の蝋燭の明りが急に大きく揺れ出したので、芯を切りに立つついでに、矢代はそう云うと千鶴子の手紙のことも思い出し、自分の部屋へ入っていった。手紙の内容は別に取り立てたことではなく、侯爵邸の夜会で矢代と別れた後の模様が書いてある後で、今日は母が何んとなく自分に優しくしてくれるので嬉しくて、この手紙を書く気になったとだけあった。しかし、彼は「何んとなく今日は母が優しくしてくれるので」という簡単な文句が、温む水の霞んで来るような好い感じで読み終った。彼は記念のために、先夜読んだ藤原基経に関する史書の頁の部分へその手紙を挟んだ。❶

(65)에서 화자「矢代」는 청자가「兄さん」으로 부르고 있고「行ってくれたんだよ」의「んだよ」와 같은 남성 전용의 문말 표현을 쓰고 있어 남성으로, 청자「幸子」는 여성으로 간주된다. 화자는 오빠, 청자는 여동생이기 때문에 청자는 화자에 비해 하위자로 상정되고 화자가 청자에게 화장하는 데까지 따라온 사람에게 인사하는 것을 잊지 말라고 당부하고 있다는 점에서 양자의 친소관계도 친한 사이로 해석된다. 이에「忘れないでもらえないか」의〈ないでもらえないか〉는 [부탁][당부]의 표현가치를 실현한다.

(66) 数馬:「あっほくさー。何? 捕まえてほしいとか誰かに頼まれたわけ?」
新太郎:「そういうわけではないけれど」
数馬:「ボランティア精神ってやつ? いい年して、よくやるねー。こんなとこ掃除したって無駄だよ。どうせまた誰かが捨てて、それに便乗して他の誰かがまた捨てる。片付けたり、犯人を捕まえたところでまた同じことが起こる。堂々巡りだよ」
葵:「(新太郎の後ろに隠れて)でも何もしないよりましだよ!」
新太郎:「葵くん、私に隠れ<u>ないでもらえないか</u>」[→原文:「隠れないでくれないか」]
数馬:「そういう正義感って、身を滅ぼすよ。いい事教えてあげるよ。この公園、よく不良が溜まり場にしてるんだ。そいつらが散らかしてる。見たことあるから」
新太郎:「なんだ、犯人は不良なのか。じゃあ注意すればなんとかなるかもな」❹

(66)에서 화자「新太郎」는 [中尾 新太郎……男。バツイチサラリーマン。]으로 설정되어 있어 남성으로, 청자「葵」는 [桐谷 葵……女。大学生。直樹と高校時代からの友人。]으로 소개되고 있어 여성임을 알 수 있다. 화자가 청자에 대해「葵くん」이라고 부르고 있기 때문에 청자는 화자에 비해 하위자로 상정되고, 청자가 화자 뒤에 숨어 [押見 数馬……男。中学生。]로 묘사되어 있

는 「数馬」의 말에 반론을 제기하고 있다는 점에서 화자와 청자는 소원한 사이로 간주된다. 「隠れないでもらえないか」의 〈ないでもらえないか〉는 [불쾌감]의 표현가치를 나타낸다.

[5] 〈ないでもらえますか〉 {청자(여)가 화자(남)에 비해 경어적 하위자인 경우}

(67) みどりちゃん、パパがお菓子買ってきてあげるから、もう<u>泣かないでもらえますか</u>。
(68) おい、みどり、お父さんの知らないところで、これ以上、馬鹿なこと<u>しないでもらえますか</u>。

(67)에서 화자는 자신을 「パパ」로 지칭하고 있어 남성으로, 청자는 「みどり」라는 이름에서 여성으로 간주되며 이러한 가족관계를 통해 청자는 화자에 비해 경어적 하위자로 자리매김된다. 화자가 청자에 대해 「ちゃん」과 같은 호칭 접사를 사용하고 있다는 점과 화자가 청자를 달래고 있는 발화내용에서 청자에 대한 화자의 친소관계는 친한 사이로 여겨진다. 〈ないでもらえますか〉는 경도의 정중도를 나타내기 때문에 청자와의 일정한 거리를 확보하면서 화자의 품위를 유지하는 역할을 한다. 친한 사이에서 「泣かないでもらえますか」와 같이 화자가 경어적 하위자에게 사용하면 상대를 달래거나 기분을 맞추기 위해 쓰인 것으로 해석된다.

(68)은 (67)과 마찬가지로 여성 청자 「みどり」는 남성 화자 「お父さん」에 비해 경어적 하위자로 묘사되고 있고, 화자가 청자에게 「おい」라는 감동사를 사용하고 있고, 화자가 청자에 대해 불쾌감을 표출하고 있다는 발화내용에서 양자의 친소관계는 소원한 사이로 해석된다. 소원한 사이에서 〈ないでもらえますか〉는 「馬鹿なことしないでもらえますか」와 같이 화자가 경어적 하위자에게 사용하면 [불쾌감][분노][질책]의 표현가치를 나타내는데 〈ないでくれますか〉에 비해 부드러운 뉘앙스를 함의하기 때문에 청자에 대한 불쾌감은 다소 완화된다.

[6] 〈ないでもらえます?〉 {청자(여)가 화자(남)에 비해 경어적 하위자인 경우}

(69) みどりちゃん、パパがお菓子買ってきてあげるから、もう<u>泣かないでもらえます?</u>
(70) おい、みどり、お父さんの知らないところで、これ以上、馬鹿なこと<u>しないでもらえます?</u>

(69)에서 화자는 자신을 「パパ」로 지칭하고 있어 남성으로, 청자는 「みどり」라는 이름에서 여성으로 간주되며 이러한 가족관계를 통해 청자는 화자에 비해 경어적 하위자로 자리매김된다. 화자가 청자에 대해 「ちゃん」과 같은 호칭 접사를 사용하고 있다는 점과 화자가 청자를 달래고 있는 발화내용에서 청자에 대한 화자의 친소관계는 친한 사이로 이해된다. 〈ないでもらえます?〉는 경도의 정중도를 나타내는데 친한 사이에서 「泣かないでもらえます?」와 같이 화자가 경어적 하위자에게 사용하면 상대를 달래거나 기분을 맞추기 위해 쓰인 것으로 해석된다.

(70)은 (69)와 마찬가지로 여성 청자 「みどり」는 남성 화자 「お父さん」에 비해 경어적 하위자로 묘사되고 있고, 화자가 청자에게 「おい」라는 감동사를 사용하고 있고, 화자가 청자에 대

해 불쾌감을 표출하고 있다는 발화내용에서 양자의 친소관계는 소원한 사이로 해석된다. 소원한 사이에서「馬鹿なことしないでもらえます?」와 같이 화자가 경어적 하위자에게 사용하면 [불쾌감][분노][질책]의 표현가치를 나타내는데 〈ないでもらえます?〉는 〈ないでもらえますか〉보다 경의도가 약간 낮다는 점에서 소원함이 다소 강하게 분출된다.

[7] 〈ないでもらえませんか〉 {청자(여)가 화자(남)에 비해 경어적 하위자인 경우}

(71) みどりちゃん、パパがお菓子買ってきてあげるから、もう泣かないでもらえませんか。
(72) おい、みどり、お父さんの知らないところで、これ以上、馬鹿なことしないでもらえませんか。

(71)에서 화자는 자신을「パパ」로 지칭하고 있어 남성으로, 청자는「みどり」라는 이름에서 여성으로 간주되며 이러한 가족관계를 통해 청자는 화자에 비해 경어적 하위자로 이해된다. 화자가 청자에 대해「ちゃん」과 같은 호칭 접사를 사용하고 있다는 점과 화자가 청자를 달래고 있는 발화내용에서 청자에 대한 화자의 친소관계는 친한 사이로 여겨진다. 〈ないでもらえませんか〉는 경도의 정중도를 나타내기 때문에 친한 사이에서「泣かないでもらえませんか」와 같이 화자가 경어적 하위자에게 사용하면 상대를 달래거나 기분을 맞추기 위해 쓰인 것으로 해석된다.

(72)는 (71)과 마찬가지로 여성 청자「みどり」는 남성 화자「お父さん」에 비해 경어적 하위자로 묘사되고 있고, 화자가 청자에게「おい」라는 감동사를 사용하고 있고, 화자가 청자에 대해 불쾌감을 표출하고 있다는 발화내용에서 양자의 친소관계는 소원한 사이로 간주된다. 소원한 사이에서「馬鹿なことしないでもらえませんか」와 같이 화자가 경어적 하위자에게 사용하면 [불쾌감][분노][질책]의 표현가치를 나타내는데 〈ないでもらえますか〉에 비해 부드러운 뉘앙스를 함의하기 때문에 청자에 대한 불쾌감은 다소 완화된다.

[8] 〈ないでもらえません?〉 {청자(여)가 화자(남)에 비해 경어적 하위자인 경우}

(73) みどりちゃん、パパがお菓子買ってきてあげるから、もう泣かないでもらえません?
(74) おい、みどり、お父さんの知らないところで、これ以上、馬鹿なことしないでもらえません?

(73)에서 화자는 자신을「パパ」로 지칭하고 있어 남성으로, 청자는「みどり」라는 이름에서 여성으로 간주되며 이러한 가족관계를 통해 청자는 화자에 비해 경어적 하위자로 여겨진다. 화자가 청자에 대해「ちゃん」과 같은 호칭 접사를 사용하고 있다는 점과 화자가 청자를 달래고 있는 발화내용에서 청자에 대한 화자의 친소관계는 친한 사이로 규정된다. 〈ないでもらえません?〉은 경도의 정중도를 나타내는데 친한 사이에서「泣かないでもらえません?」과 같이 화자가 경어적 하위자에게 사용하면 상대를 달래거나 기분을 맞추기 위해 쓰인 것으로 해석된다.

그리고 〈ないでもらえません?〉은 〈ないでもらえます?〉에 비해 불쾌감을 함의하고 있어 친한 사이의 경우에도 소원한 쪽으로 다소 경사된다.

(74)는 (73)과 마찬가지로 여성 청자「みどり」는 남성 화자「お父さん」에 비해 경어적 하위자로 묘사되고 있고, 화자가 청자에게「おい」라는 감동사를 사용하고 있고, 화자가 청자에 대해 불쾌감을 표출하고 있다는 발화내용에서 양자의 친소관계는 소원한 사이로 이해된다. 그리고 소원한 사이에서「馬鹿なことしないでもらえません?」과 같이 화자가 경어적 하위자에게 사용하면 [불쾌감][분노][질책]의 표현가치를 나타내는데 〈ないでもらえません?〉은 〈ないでもらえませんか〉보다 경의도가 약간 낮다는 점에서 소원함이 다소 강하게 분출된다.

3. 여성 화자가 남성 청자에게 사용하는 〈ないでもらえる〉 계열 의뢰표현

3.1. 청자(남)가 화자(여)에 비해 경어적 상위자인 경우

[1] 〈ないでもらえる?〉 {청자(남)가 화자(여)에 비해 경어적 상위자인 경우}

(1) ナポレオン:「駄目な小娘だ。勉強も進まないようだし」
    ミツキ:「小娘呼ばわりしないでもらえる? 自称ナポレオン」
          [→原文:「小娘呼ばわりしないでくれる?」]
    ナポレオン:「五月蠅い小娘だ。自称ではないと言っているだろう。失礼な小娘だな」
    ミツキ:「だから、小娘って呼ぶな。ナポレオンって自称つけずに呼ぶから」
    ナポレオン:「いい心がけだ。して、名は何と言う?」
    ミツキ:「ミツキ」
    ナポレオン:「そなたと離縁する」
    ジョゼフィーヌ:「は?」
    ナポレオン:「すまないジョゼフィーヌ理由は聞かないでくれ……」
    ジョゼフィーヌ:「(平手打ち。別に何でもいいから攻撃) 目が覚めまして?」❹

(1)에서 화자「ミツキ」는「小娘」라고 불리고 있어 여성으로, 청자「ナポレオン」은「言っているだろう」의「だろう」나「失礼な小娘だな」의「だな」와 같은 남성 전용의 문말 형식을 쓰고 있어 남성으로 간주된다. 화자가 자신을「小娘」라고 부르고 있는 청자에게 반발하여「小娘って呼ぶな」와 같은 스스럼없는 보통체 말씨를 사용하고 있지만, 발화내용을 통해 청자는 화자에 비해 경어적 상위자로 규정되며 화자가 청자에게 그렇게 부르지 말라고 불쾌감을 표시하고 있는 점에서 양자의 친소관계는 소원한 사이로 해석된다.「呼ばわりしないでもらえる?」의〈ないでもらえる?〉는 [불쾌감][항의]의 표현가치를 나타낸다. 그리고 [여성 화자/남성 청자/청자가 화자에 비해 경어적 상위자/친한 사이]에 해당하는〈ないでもらえる?〉나〈ないでくれる?→ないでもらえる?〉로 사용된 예는 확인되지 않는다.

[2]〈ないでもらえるか〉·[3]〈ないでもらえない?〉·[4]〈ないでもらえないか〉
  [여성 화자/남성 청자/청자가 화자에 비해 경어적 상위자/친한 사이·소원한 사이]에서는 상기 형태로 사용된 예가 확인되지 않는다.

[5]〈ないでもらえますか〉 {청자(남)가 화자(여)에 비해 경어적 상위자인 경우}

(2) ??お父さん、あたしは大丈夫ですから、心配しないでもらえますか。

(3) ??おじさん、いくらあたしたちが幼いからって、あまりなれなれしくしないでもらえますか。

(2)에서 화자는 「あたし」라는 인칭대명사를 쓰고 있어 여성으로, 청자는 「お父さん」이라는 호칭에서 남성으로 간주되며, 이러한 가족관계에서 청자는 화자보다 경어적 상위자임을 알 수 있고 화자와 청자의 친소관계는 친한 사이로 해석된다. 〈ないでもらえますか〉는 경도의 정중도를 나타내기 때문에 경어적 하위자가 경어적 상위자에게 사용하는 것은 자연스러운 발화로서의 용인도가 낮다. 그러나 「心配しないでもらえますか」와 같이 가족관계에서 상대와의 거리를 두지 않고 친근감을 높이고자 하는 표현 의도가 발동되면 사용 가능성이 다소 높아지고 [염려] [배려]의 표현가치를 실현한다.

(3)에서 화자는 「あたし」라는 인칭대명사를 사용하고 있어 여성으로, 청자는 「おじさん」이라는 호칭을 통해 남성으로 상정되며, 청자가 화자에 비해 경어적 상위자로 여겨진다. 화자가 청자에 대해 불쾌감을 표출하고 있다는 점에서 청자에 대한 화자의 친소관계는 소원한 사이로 이해된다. 소원한 사이에서도 〈ないでもらえますか〉를 경어적 하위자가 경어적 상위자에게 사용하는 것은 자연스러운 발화로서의 용인도가 낮다. 그러나 「なれなれしくしないでもらえますか」와 같이 화자가 경어적 상위자와의 거리감을 의식적으로 이용하고자 할 경우에는 사용 가능성이 다소 높아지고 [불쾌감][분노][항의]의 표현가치를 나타낸다.

[6] 〈ないでもらえます?〉 {청자(남)가 화자(여)에 비해 경어적 상위자인 경우}

(4) ??お父さん、あたしは大丈夫ですから、心配しないでもらえます?

(4)에서 화자는 「あたし」라는 인칭대명사를 쓰고 있어 여성으로, 청자는 「お父さん」이라는 호칭을 통해 남성으로 간주되며, 이러한 가족관계에서 청자는 화자에 비해 경어적 상위자임을 알 수 있고 양자의 친소관계는 친한 사이로 이해된다. 〈ないでもらえます?〉는 경도의 정중도를 나타내기 때문에 경어적 하위자가 경어적 상위자에게 사용하는 것은 자연스러운 발화로서의 용인도가 낮다. 그러나 「心配しないでもらえます?」와 같이 가족관계에서 상호간의 거리를 두지 않고 친근감을 높이고자 하는 표현 의도가 발동되면 사용 가능성이 다소 높아진다.

(5) 黒石:「あそう…じゃあさ、君でいいから邪魔しないでくれる?
　　　　キャディっぽいことはやんなくていいから、せめて邪魔はしないでくれる?
　　　　キャンディとか食べてていいから」
　　藤沢:「そんな、キャディつかまえて邪魔しないでくれる?って! そりゃないですよ。
　　　　キャディだってね、キャディだって…例えばですよ、例えば、自分から予約までして整骨院行っといて、先生に『触んないでもらえます?』って言ってるようなもんですからね!って聞いてないんだー」❹

(5)에서 화자「藤沢(24)」는 캐디로서 등장하고 있어 여성으로, 청자「黒石(40)」는「君」라는 인칭대명사를 쓰고 있어 남성으로 간주되며, 연령이나 경어적 신분에서 청자는 화자에 비해 경어적 상위자로 여겨진다. 화자가 캐디로서의 자신을 무시하고 있는 청자에 대해 불쾌감을 표출하며 자신의 입장을 접골원에 비유하고 있다는 점에서 청자에 대한 화자의 친소관계는 소원한 사이로 이해된다. 소원한 사이에서도 〈ないでもらえます?〉를 경어적 하위자가 경어적 상위자에게 사용하는 것은 자연스러운 발화로서의 용인도가 낮다. 그러나 연극대본 등에서는「触んないでもらえます?」와 같이 화자가 경어적 상위자인 청자에게 사용한 예가 확인되며 이때의 〈ないでもらえます?〉는 [불쾌감][항의]의 표현가치를 나타낸다.

[7] 〈ないでもらえませんか〉 {청자(남)가 화자(여)에 비해 경어적 상위자인 경우}

　(6) ??お父さん、あたしは大丈夫ですから、心配しないでもらえませんか。
　(7) ??おじさん、いくらあたしたちが幼いからって、あまりなれなれしくしないでもらえませんか。

(6)에서 화자는「あたし」라는 인칭대명사를 쓰고 있어 여성으로, 청자는「お父さん」이라는 호칭을 통해 여성으로 상정되며, 이러한 가족관계에서 청자는 화자에 비해 경어적 상위자임을 알 수 있고 양자의 친소관계는 친한 사이로 간주된다. 〈ないでもらえませんか〉는 경도의 정중도를 나타내기 때문에 친한 사이에서 경어적 하위자가 경어적 상위자에게 사용하는 것은 자연스러운 발화로서의 용인도가 낮다. 그러나「心配しないでもらえませんか」와 같이 가족관계에서 상호간의 거리를 두지 않고 친근감을 높이고자 하는 표현 의도가 발동되면 사용 가능성이 다소 높아진다.

(7)에서 화자는「あたし」라는 인칭대명사를 사용하고 있어 여성으로, 청자는「おじさん」이라는 호칭을 통해 남성으로 판정되며, 청자가 화자에 비해 경어적 상위자로 간주된다. 화자가 청자에 대해 불쾌감을 표출하고 있다는 점에서 청자에 대한 화자의 친소관계는 소원한 사이로 이해된다. 소원한 사이에서도 〈ないでもらえませんか〉를 경어적 하위자가 경어적 상위자에게 사용하는 것은 자연스러운 발화로서의 용인도가 낮다. 그러나「触んないでもらえませんか」와 같이 화자가 경어적 상위자와의 거리감을 의식적으로 이용하고자 할 경우에는 사용 가능성이 다소 높아진다.

[8] 〈ないでもらえません?〉 {청자(남)가 화자(여)에 비해 경어적 상위자인 경우}

　(8) ??お父さん、あたしは大丈夫ですから、心配しないでもらえません?
　(9) ??おじさん、いくらあたしたちが幼いからって、あまりなれなれしくしないでもらえません?

(8)에서 화자는「あたし」라는 인칭대명사를 쓰고 있어 여성으로, 청자는「お父さん」이라는

호칭을 통해 여성으로 상정되며, 이러한 가족관계에서 청자는 화자에 비해 경어적 상위자임을 알 수 있고 양자의 친소관계는 친한 사이로 간주된다. 친한 사이에서 경도의 정중도를 나타내는 〈ないでもらえません?〉을 경어적 하위자가 경어적 상위자에게 사용하는 것은 자연스러운 발화로서의 용인도가 낮다. 그러나 「心配しないでもらえません?」과 같이 가족관계에서 상호간의 거리를 두지 않고 친근감을 높이고자 하는 표현 의도가 발동되면 사용 가능성이 다소 높아진다.

(9)에서 화자는 「あたし」라는 인칭대명사를 사용하고 있어 여성으로, 청자는 「おじさん」이라는 호칭을 통해 남성으로 판정되며, 청자가 화자에 비해 경어적 상위자로 간주된다. 화자가 청자에 대해 불쾌감을 표출하고 있다는 점에서 청자에 대한 화자의 친소관계는 소원한 사이로 이해된다. 소원한 사이에서도 〈ないでもらえません?〉을 경어적 하위자가 경어적 상위자에게 사용하는 것은 자연스러운 발화로서의 용인도가 낮다. 그러나 「なれなれしくしないでもらえません?」과 같이 화자가 경어적 상위자와의 거리감을 의도적으로 이용하고자 할 경우에는 사용 가능성이 다소 높아진다.

3.2. 청자(남)가 화자(여)와 경어적 동위자이거나 상위자인 경우

[1] 〈ないでもらえる?〉 {청자(남)가 화자(여)와 경어적 동위자이거나 상위자인 경우}

(10) 続けざまに塩を投げつける沙織。
  陸：痛てっ！痛てっ！痛てっ！ やめろ！ナメクジか俺は！
  沙織：乱暴しないでもらえる? [→原文：「乱暴しないでくれる?」]
  陸：わかった、わかったよ。おとなしくしてりゃいいんだろ。❹

(10)에서 화자「沙織」는 [夜船 沙織(よふね さおり)/夜船家の末子。高校生。]로 소개되어 있어 여성으로, 청자「陸」는 [夜船 陸(よふね りく)/夜船家の次男。半年前にバイク事故で死亡。]로 나와 있고「俺」라는 인칭대명사를 쓰고 있어 남성으로 간주되며 화자는 청자의 여동생으로 설정되어 있기 때문에 청자는 화자와 동위자이거나 상위자로 판단된다. 화자가 청자에 대해 화를 내고 있다는 점에서 양자의 친소관계는 소원한 사이로 해석되며「乱暴しないでもらえる?」의 〈ないでもらえる?〉는 [불쾌감][분노]의 표현가치를 나타낸다.

(11) 少女：はい、おじさん。
  松田：わ、幽霊！
  少女：ちょっと、人を化け物扱いしないでもらえる。
    [→原文：「化け物扱いしないでくれる」]
  松田：だって、お前、今、汽車に飛び込んだろう。❹

(11)에서 화자「少女」는 등장인물 설정에서 여성으로, 청자「松田」는 화자에 대해「お前」라는 인칭대명사를 쓰고 있고「おじさん」이라는 인칭대명사로 불리고 있어 남성임을 알 수 있다. 청자는 화자와 동위자이거나 상위자로 간주되고, 청자가 자신을「化け物」취급을 하는 것에 대해 화자가 반발하고 있다는 점에서 양자의 친소관계는 소원한 사이로 해석된다.「化け物扱いしないでもらえる」의 〈ないでもらえる?〉는 [불쾌감][분노]의 표현가치를 나타낸다. 그리고 [여성 화자/남성 청자/청자가 화자와 경어적 동위자이거나 상위자/친한 사이]에 해당하는 〈ないでもらえる?〉나 〈ないでくれる?→ないでもらえる?〉로 사용된 예는 확인되지 않는다.

[2] 〈ないでもらえるか〉·[3] 〈ないでもらえない?〉·[4] 〈ないでもらえないか〉

[여성 화자/남성 청자/청자가 화자와 경어적 동위자이거나 상위자/친한 사이·소원한 사이]에서는 상기 형태로 사용된 예가 확인되지 않는다.

[5] 〈ないでもらえますか〉 {청자(남)가 화자(여)와 경어적 동위자이거나 상위자인 경우}

(12)「あの……それ以上見ないでもらえますか?(恥ずかしくて死にそう!)」
「い、いや……気にしないで」
「(じーっ)誰にも言わないでくださいね?」
「う、うん……あのさ、今回は駄目だったけど、次頑張れば良いからさ、だからあんまり気にしないで……」
「無理に慰めないでください!　……どうせ私なんて！最近では、同僚からも『悪霊というよりネタ霊』とか言われてるし！」
「……でも、俳優でも美系はすぐに飽きられるし、そっちの方...」❺

(12)에서 화자는「恥ずかしくて死にそう！」와 같은 표현을 쓰고 있어 여성으로, 청자는 발화내용에서 남성으로 상정되며, 화자가 정중체 표현을 사용하고 있는 것에 대해 청자는 보통체 표현을 쓰고 있다는 점을 고려하면 청자는 화자와 경어적 동위자이거나 상위자로 규정된다. 그리고 화자가 부끄러우니까 더 이상 보지 말라고 청자에게 간원하고 있다는 점에서 양자의 친소관계는 친한 사이로 간주된다. 그런데 경도의 정중도를 나타내는 〈ないでもらえますか〉를 경어적 하위자가 경어적 동위자이거나 상위자에게 사용하는 것은 자연스러운 발화로서의 용인도가 떨어진다. 그러나 연극 대본 부류에서는「見ないでもらえますか?」와 같이 남녀 사이에서 거리를 두지 않고 친근감을 높이기 위해 사용된 예가 확인되며 이때의 〈ないでもらえますか〉는 [간원][원망]의 표현가치를 실현한다.

(13) キョン「おいーす」
　　　キョン「…まだお前だけか」

```
一姫「悪かったですね私だけで」
キョン「いや、むしろ俺にとっては好都合だよ」
一姫「ニヤニヤしないでください気持ち悪い」
キョン「ハハッ、前とは立場が逆転しちまったな」
キョン「まぁいいや今日も仲良くしようぜ一姫」
一姫「気安く名前を呼ばないでもらえますか」ススッ
一姫「あと」
一姫「近寄らないでもらえますか」ぎゅっ ❺
```

(13)에서 화자 「一姫」는 이름에서 여성으로, 청자 「キョン」은 「俺」「お前」와 같은 인칭대명사를 쓰고 있어 남성으로 설정되어 있고 화자가 정중체 표현을 사용하고 있는 것에 대해 청자는 보통체 표현을 쓰고 있다는 점을 고려하면 청자는 화자와 경어적 동위자이거나 상위자로 규정된다. 그리고 화자가 자기를 이름으로 부르고 있는 청자에게 불쾌감을 표출하고 있다는 점에서 양자의 친소관계는 소원한 사이로 이해된다. 소원한 사이에서도 〈ないでもらえますか〉를 경어적 하위자가 경어적 동위자이거나 상위자에게 사용하는 것은 자연스러운 발화로서의 용인도가 떨어진다. 그러나 「近寄らないでもらえますか」와 같이 연극 대본에서는 화자가 경어적 동위자나 상위자인 청자에게 사용한 예도 확인되며 이때의 〈ないでもらえますか〉는 [불쾌감][항의]의 표현가치를 나타낸다.

[6] 〈ないでもらえます?〉 {청자(남)가 화자(여)와 경어적 동위자이거나 상위자인 경우}

(14)？お兄さんも忙しいし、あたしももう子供じゃないから、心配しないでもらえます?

(14)에서 화자는 「あたし」라는 인칭대명사를 사용하고 있어 여성으로, 청자는 「お兄さん」이라는 호칭에서 남성으로 상정되고 청자는 화자와 경어적으로 대등하거나 상위자로 묘사되어 있다. 화자가 자신도 이제 어린아이가 아니니까 청자에게 걱정하지 말라는 발화내용에서 청자에 대한 화자의 친소관계는 친한 사이로 이해된다. 그런데 경도의 정중도를 나타내는 〈ないでもらえます?〉를 경어적 하위자가 경어적 동위자나 상위자에게 사용하는 것은 자연스러운 발화로서의 허용도가 떨어진다. 그러나 「心配しないでもらえます?」와 같이 형제 사이에서 상대와의 거리를 두지 않고 친근감을 높이고자 하는 표현 의도가 발동되면 사용이 허용된다.

```
(15) 中 村：「新居田、とりあえずオムツを替えよう」
    新居田：「はい。代用できるかな……(赤ん坊に)はい、オムツ替えますよ～。
          履き心地悪いのは、このオジちゃんたちのせいですからね～」
          新居田、赤ん坊のオムツを取る。
          それを見ていた中村たち、思わず視線を逸らす。
    新居田：「……あの、女と意識してこの子を見ないでもらえます?」
```

新居田、介護用パンツを赤ん坊にはかせるが、イマイチサイズが合わない。❹

　(15)에서 [新居田 忍(28)……「中村屋」社員]로 등장하고 있는 화자 「新居田」는 대화 내용을 통해 여성으로, [中村 亮太(32)……便利屋「中村屋」二代目·社長]로 소개되고 있는 청자 「中村」는 이름과 「替えよう」의 「よう」와 같은 남성 전용 표현을 쓰고 있어 남성으로 여겨진다. 화자가 청자가 사장인 회사의 사원이라는 점을 고려하면 청자는 화자와 경어적 동위자이거나 상위자로 이해되고 화자가 기저귀를 갈고 있는 갓난아이를 여자로 보고 있는 청자에 대해 불쾌감을 표출하고 있다는 점에서 양자는 소원한 사이로 해석된다. 소원한 사이에서도 〈ないでもらえます?〉를 경어적 하위자가 동위자이거나 상위자에게 사용하는 것은 자연스러운 발화로서의 용인도가 떨어진다. 그러나 연극 대본에서는 「見ないでもらえます?」와 같이 화자가 경어적 동위자나 상위자인 청자에게 사용한 예도 관찰되며 이때의 〈ないでもらえます?〉는 [불쾌감][항의]의 표현가치를 나타낸다.

　(16) リナ：ちょっと！　リナ、須藤さんの女になった覚えないんですけど！
　　　　　　勝手に変なこと言わないでもらえます?
　　　　須藤：お前ら…いつからだ？　いつから俺を騙してた？
　　　　陽一：いや、俺、ただの通りすがりですから！　この人とは…。
　　　　リナ：(遮って)リナって呼んで！
　　　　陽一：…リナさんとは、何の関係もないです！❹

　(16)의 등장인물에서 화자 「リナ」는 여성으로 설정되어 있고, 청자 「陽一」는 [辻本 陽一(つじもと よういち)/男]로 소개되고 있어 남성으로 상정된다. 화자는 청자에 대해 화가 나 있지만 정중체 말씨를 쓰고 있는 데에 대해 청자는 자신을 「俺」라고 지칭하고 있다는 점을 감안하면 청자는 화자와 경어적 동위자이거나 상위자로 추정된다. 그리고 화자가 자신이 「須藤」의 여자로 취급받는 것에 대해 청자에게 불쾌감을 표출하고 있다는 점에서 양자의 친소관계는 소원한 사이로 해석된다. 소원한 사이에서도 〈ないでもらえます?〉를 경어적 하위자가 동위자나 상위자에게 사용하는 것은 자연스러운 발화로서의 용인도가 떨어진다. 그런데 연극 대본에서는 「言わないでもらえます?」와 같이 화자가 경어적 동위자나 상위자인 청자에게 사용한 예도 관찰되며 이때의 〈ないでもらえます?〉는 [불쾌감][항의]의 표현가치를 나타낸다.

[7] 〈ないでもらえませんか〉 {청자(남)가 화자(여)와 경어적 동위자이거나 상위자인 경우}

　(17) ? お兄さんも忙しいし、あたしももう子供じゃないから、心配しないでもらえませんか。
　(18) ? 裕さん、女子寮は男子禁制となっておりますので、許可無く入って来ないでもらえませんか。

　(17)에서 화자는 「あたし」라는 인칭대명사를 사용하고 있어 여성으로, 청자는 「お兄さん」이

라는 호칭에서 남성으로 상정되고 청자는 화자와 경어적으로 대등하거나 상위자로 묘사되어 있다. 화자가 자신도 이제 어린아이가 아니니까 청자에게 걱정하지 말라는 발화내용에서 청자에 대한 화자의 친소관계는 친한 사이로 해석된다. 경도의 정중도를 나타내는 〈ないでもらえませんか〉를 친한 사이에서 경어적 하위자가 동위자이거나 상위자에게 사용하는 것은 자연스러운 발화로서의 용인도가 떨어진다. 그러나「見ないでもらえませんか?」와 같이 남녀 사이에서 상대와의 거리를 두지 않고 친근감을 높이고자 하는 표현 의도가 발동되면 허용도가 높아진다.

(18)에서 화자는「女子寮」라는 표현을 통해 여성으로, 청자는「裕」라는 이름에서 남성으로 상정되며 화자가 청자에 대해「なっておりますので」와 같은 정중 표현을 사용하기 있기 때문에 청자는 화자와 경어적으로 대등하거나 상위자로 간주된다. 그리고 여성 기숙사에 들어가려고 하는 청자에 대해 화자가 불쾌감을 나타내고 있다는 점에서 화자와 청자는 소원한 사이로 여겨진다. 소원한 사이에서도 〈ないでもらえませんか〉를 경어적 하위자가 동위자나 상위자에게 사용하는 것은 자연스러운 발화로서의 용인도가 떨어진다. 그러나「入って来ないでもらえませんか」와 같이 어떤 표현 의도의 실현을 위해 화자가 경어적 동위자나 상위자와의 거리감을 의식적으로 이용하고자 할 경우에는 허용도가 높아진다.

[8] 〈ないでもらえません?〉 {청자(남)가 화자(여)와 경어적 동위자이거나 상위자인 경우}

(19) ? お兄さんも忙しいし、あたしももう子供じゃないから、心配しないでもらえません?
(20) ? 裕さん、女子寮は男子禁制となっておりますので、許可無く入って来ないでもらえません?

(19)에서 화자는「あたし」라는 인칭대명사를 사용하고 있어 여성으로, 청자는「お兄さん」이라는 호칭에서 남성으로 상정되고 청자는 화자와 경어적으로 대등하거나 상위자로 묘사되어 있다. 화자가 자신도 이제 어린아이가 아니니까 청자에게 걱정하지 말라는 발화내용에서 청자에 대한 화자의 친소관계는 친한 사이로 추정된다. 친한 사이에서 경도의 정중도를 나타내는 〈ないでもらえません?〉을 경어적 하위자가 동위자이거나 상위자에게 사용하는 것은 자연스러운 발화로서의 용인도가 떨어진다. 그러나「心配しないでもらえません?」과 같이 형제 사이에서 상대와의 거리를 두지 않고 친근감을 높이고자 하는 표현 의도가 발동되면 허용도가 높아진다.

(20)에서 화자는「女子寮」라는 표현을 통해 여성으로, 청자는「裕」라는 이름에서 남성으로 상정되며 화자가 청자에 대해「なっておりますので」와 같은 정중 표현을 사용하기 있기 때문에 청자는 화자와 경어적으로 대등하거나 상위자로 간주된다. 그리고 여성 기숙사에 들어가려고 하는 청자에 대해 화자가 불쾌감을 나타내고 있다는 점에서 화자와 청자는 소원한 사이로 여겨진다. 소원한 사이에서도 〈ないでもらえません?〉을 경어적 하위자가 동위자이거나 상위자에게 사용하는 것은 자연스러운 발화로서의 용인도가 떨어진다. 그러나「入って来ないでもら

えません?」과 같이 화자가 경어적 동위자나 상위자와의 거리감을 의도적으로 이용하고자 할 경우에는 허용도가 높아진다.

3.3. 청자(남)와 화자(여)가 경어적 동위자인 경우

[1] 〈ないでもらえる?〉 {청자(남)와 화자(여)가 경어적 동위자인 경우}

(21)「いや、別にその…まあ、ちょっとした知り合いだよ」一が当惑して答えると、朱美は、
「あのさあ、あたしは別にいいんだけど、優にいろいろきいたりしないでもらえる?
あの子、ちょっと事情あってさ。家、出てきてるんだよね。だから警察とかそういうの、ちょっと敏感になってるのよ」けだるい口調は、大沢を相手にしているときや剣持の事情聴取を受けているときとは、別人のようである。[→原文:「きいたりしないでくれる?」] ❷

(21)에서 화자「朱美」는「あたし」라는 인칭대명사와「敏感になってるのよ」의「のよ」와 같은 여성 전용의 문말 표현을 쓰고 있어 여성으로, 청자「一」는「まあ」와 같은 남성어적 감동사와 「ちょっとした知り合いだよ」의「だよ」와 같은 남성 전용의 문말 표현에서 남성으로 상정된다. 화자와 청자가 스스럼없는 보통체 말씨로 대화를 나누고 있기에 경어적 동위자로 간주되고 양자의 친소관계는 친한 사이로 해석된다.「きいたりしないでもらえる?」의 〈ないでもらえる?〉는 [부탁][당부]의 표현가치를 실현한다.

(22) 神山:クソアマが。裏切りやがったな。
まつり:違う違う。なんであたしがこんな気持ち悪い男に寝返らないといけないのよ。
ほら、さっさと始末しちゃいましょう。で、有馬に力を使わせて電力で屋上までエレベータでスーイスイッってね。
有馬:なんと!我らをここに呼び出したのは罠だというのか!あなたまで悪に堕ちてしまうとは!見損ないましたよまつりさん!
まつり:あはははは、気持ち悪いから名前呼ばないでもらえる!!
[→原文:「呼ばないでくれる?」] ❹

(22)에서 화자「まつり」는 [樋口 まつり(ひぐち まつり/♀/25歳/インストールドメンバー、光学操作の力を持つ)]라고 설정되어 있어 여성으로, 청자「有馬」는 [有馬 啓二(ありま けいじ/♂/25歳/インストールドメンバー、電力操作の力を持つ)]라고 되어 있고 남성임을 알 수 있고 화자와 청자는 경어적 동위자로 간주된다. 청자가 화자에게「見損ないましたよまつりさん!」와 같이 이름을 부르고 있는 것에 대해 화자가 기분이 나쁘니 이름을 부르지 말라는 불쾌감을 표시하고 있다는 점에서 양자의 친소관계는 소원한 사이로 해석된다. 이에「呼ばないでもらえる!!」의 〈ないでもらえる?〉는 [불쾌감]의 표현가치를 나타낸다.

(23) 高藤由紀子がどんなにきれいで、感じのいい、チャーミングな子か、ということについて淳一は大いに説明したいような気がした。だけど同時に、なんとなく遠慮するような気分もあった。
「こんな気分になったのなんて、おれ初めてなんだよ」
「ちょっとやだ、そんなにストレートにのろけ<u>ないでもらえる</u>」
　　[→原文：「のろけ<u>ないでくれる</u>」]
「のろけなんてもんじゃねえよ。変な気分だって言ってるだけだ」❷

(23)에서 화자「高藤 由紀子」는 이름과「ちょっとやだ」와 같은 여성어적 표현에서 여성으로, 청자「淳一」는「おれ」라는 인칭대명사와「初めてなんだよ」의「んだよ」와 같은 남성 전용의 문말 표현에서 남성으로 상정된다. 화자와 청자가 격의 없는 보통체 말씨로 대화를 하고 있기 때문에 화자와 청자는 경어적 동위자로 이해된다. 그런데 청자가「高藤 由紀子」에 대해 설명하자 화자는「ちょっとやだ」와 같이 불쾌감을 표시하고 있다는 점에서 양자는 소원한 사이로 판단되며「のろけないでくれる」의 〈ないでもらえる?〉는 [불쾌감]의 표현가치를 나타낸다.

(24) 男A：「うぐっ……」
　　　男B：「おい、誰かツッこめよ」
　　　女：「いやよ。私は忙しいのよ」
　　　男B：「何にだよ」
　　　女：「この2つ目の企画書『唐辛子入りあんぱん』の最終チェックをしてるのよ。
　　　　　話しかけ<u>ないでもらえる?</u>」[→原文：「話しかけ<u>ないでくれる?</u>」]
　　　男B：「…………」❹

(24)에서 [女：デザート担当]로 설정되어 있는 화자「女」는「いやよ」나「忙しいのよ」와 같은 여성 전용의 문말 표현을 쓰고 있어 여성으로, [男B：主食担当]로 나와 있는 청자「男B」는「おい」라는 감동사와「ツッこめよ」와 같은 동사의 명령형을 쓰고 있어 남성으로 상정된다. 같은 직장의 동료라는 설정에서 화자와 청자가 경어적 동위자로 간주되는데 화자가 청자에게 지금 바쁘니까 말을 걸지 말라고 하고 있기 때문에 양자는 소원한 사이로 해석되며「話しかけないでもらえる?」의 〈ないでもらえる?〉는 [불쾌감]의 표현가치를 나타낸다.

(25) 夏海：「私ね、あなたが思ってる程、軽い女じゃないんだよ」
　　　秋彦：「な、なっちゃん?」
　　　夏海：「そうやって言い寄ってくるお客さんって多いんだ。職業柄かな。
　　　　　でも、思ってもないことは言わない方がいいよ」
　　　秋彦：「そ、そんなことは……」
　　　夏海：「どうせ、本気じゃないんでしょ?上っ面だけで、
　　　　　私を手に入れようとし<u>ないでもらえる?</u>」
　　　　　　[→原文：「手に入れようとし<u>ないでくれる?</u>」]
　　　秋彦：「……」

夏海:「……指名料は私が払うから、何か飲んで、帰ってくれるかな」❹

(25)에서 화자「夏海」는 [西村　夏海(ニシムラ ナツミ)……23歳。キャバクラ「HEAVENS GATE」のキャバ嬢。職場では天真爛漫なキャラクターを演じている。実際は、落ち着いている。]로 설정되어 있어 여성으로, 청자「秋彦」는 [伊藤 秋彦（イトウ アキヒコ）……27歳。中小電気メーカーに務める営業マン。穏やかでマイペース。自分に自信がない。]로 되어 있어 남성임을 알 수 있다. 화자와 청자는 여종업원과 손님이라는 관계로 묘사되어 있는데, 양자가 보통체 말씨를 사용하고 있기 때문에 경어적으로는 동위자로 간주된다. 화자가 청자에게「本気じゃないんでしょ?」나「何か飲んで、帰ってくれるかな」와 같은 표현을 사용하고 있다는 점에서 양자는 소원한 사이로 해석되며「手に入れようとしないでもらえる?」의〈ないでもらえる?〉는 [불쾌감]의 표현가치를 나타낸다.

[2]〈ないでもらえるか〉{청자(남)와 화자(여)가 경어적 동위자인 경우}

(26) 電話のＳＥ
　　　桜庭: だれー？ (携帯を見る)うわっ、菊川くん…
　　　　　　はい、もしもしー
　　　　　　あのー、せっかくの休日を取らないでもらえるかなー。あー、はいはい。
　　　　　　じゃあ、いつものところで待ってるから。ミスしたの持ってきてね！
　　　　　　　[→原文:「取らないでくれるかなー」]
　　　電話を切る。
　　　桜庭: せっかくの休日なのに、あの野郎…まあ、しょうがないか。
　　　　　　よし出かける準備ー
　　　暗転、すぐ入れ替えで菊川登場
　　　菊川: ♪月月火水木金金～働きません平日は～
　　　　　　いや、休日も働かないか。週休ぜんぶ！いいね、いい響きだ。
　　　　　　求人でこんなの出てたら、間違いなく今の会社辞めて履歴書送るね。
　　　　　　うん。にしても、桜庭さんおせぇーなー。まあね
　　　　　　待つのも嫌いじゃないんだけどねー！やすーさ、ばくはつー
　　　　　　さくーら　❹

(26)에서 화자「桜庭」는 [桜庭(ＯＬ)]와 같이 설정되어 있어 여성으로, 청자「菊川」는 [菊川(桜庭の同僚)]로 나와 있고「いい響きだ」의「だ」와 같은 남성어적 문말 표현이나「おせぇーなー」의「な」와 같은 남성 전용의 종조사를 쓰고 있어 남성으로 상정된다. 화자와 청자는 회사 동료라는 점에서 양자는 경어적으로 동위자로 간주되고, 화자가 청자를「菊川くん」이라고 부르고 있고 청자는 화자를「桜庭さん」이라고 호칭하고 있는 점과 양자 사이에 스스럼없는 보통체 말씨가 쓰이고 있는 점을 종합하면, 양자는 친한 사이로 해석된다.「取らないでもらえる

かなー」의 〈ないでもらえるかなー〉는 [부탁][당부]의 표현가치를 실현한다. 「ないでもらえるかな」는 「ないでもらえるか」에 독백조의 「な」가 접속된 것으로 「ないでもらえるか」가 지닌 딱딱함을 완화하는 역할을 한다. 그리고 [여성 화자/남성 청자/청자와 화자가 경어적 동위자/소원한 사이]에서는 〈ないでもらえるか〉나 〈ないでくれるか→ないでもらえるか〉로 사용된 예가 확인되지 않는다.

[3] 〈ないでもらえない?〉・[4] 〈ないでもらえないか〉

　[여성 화자/남성 청자/청자와 화자가 경어적 동위자/친한 사이·소원한 사이]에서는 〈ないでもらえない?〉나 〈ないでくれない?→ないでもらえない?〉, 〈ないでもらえないか〉나 〈ないでくれないか→ないでもらえないか〉로 사용된 예가 확인되지 않는다.

[5] 〈ないでもらえますか〉 {청자(남)와 화자(여)가 경어적 동위자인 경우}

(27) 救急隊長:「いや…それはちょっと…、私たちは緊急に駆けつけるためにいますので…」
　　 母親:「そうですよね…、あの子またこうやってみなさんにご迷惑をおかけすることになるんじゃないかって思うんです…。あの…せめて優しくしないでもらえますか?」
　　 救急隊長:「…と言いますと?」
　　 母親:「あの子、とにかく依存するんです。入院していた時もそうなんです。優しくしてくれるお医者さんや看護師さんにとにかく依存して、そういう人たちにずっと迷惑を掛け続けるんです。そういう環境はむしろ良くないって先生が…だから退院することになったんです。」❺

(27)에서 화자 「母親」는 여성으로 청자 「救急隊長」는 대화 내용에서 남성으로 상정되며 화자와 청자가 서로 정중체 표현을 사용하고 있는 점을 고려하면 청자는 화자와 경어적 동위자로 여겨진다. 그리고 화자가 청자에게 자기 아이에게 상냥하게 대해 주지 말라고 간원하고 있는 점에서 양자의 친소관계는 친한 사이로 간주된다. 〈ないでもらえますか〉는 경도의 정중도를 나타내기 때문에 친한 사이에서 「優しくしないでもらえますか」와 같이 화자가 경어적 동위자에게 사용하면 [간원][원망]의 표현가치를 실현한다.

(28) ねえ、あなた。最近、物価が上がって家計が火の車なんですから、もう外では飲まないでもらえますか。

(28)은 부부 사이의 발화로 묘사되어 있기 때문에 화자와 청자는 경어적 동위자로 여겨지고 집안 생활을 돌보지 않고 밖에서 술을 마시는 남편에 대한 아내의 불만이 표출되어 있다는 점에서 화자의 청자에 대한 친소관계는 소원한 사이로 해석된다. 그리고 소원한 사이에서 〈ないでもらえますか〉는 「飲まないでもらえますか」와 같이 화자가 경어적 동위자에게 사용하면 [불

쾌감[항의]의 표현가치를 나타내는데 〈ないでくれますか〉에 비해 부드러운 뉘앙스를 함의하기 때문에 청자에 대한 불쾌감은 다소 완화된다.

[6] 〈ないでもらえます?〉 {청자(남)와 화자(여)가 경어적 동위자인 경우}

 (29) あなた、寝不足は体に毒ですから、あまり無理なさ<u>ないでもらえます?</u>
 (30) ねえ、あなた。最近、物価が上がって家計が火の車なんですから、もう外では飲ま<u>ないでもらえます?</u>

 (29)에서 「あなた」라는 호칭과 발화 내용을 통해 화자가 아내이고 청자가 남편임을 알 수 있다. 화자와 청자가 부부라는 점을 감안하면 양자는 경어적으로 동위자이며, 수면이 부족한 남편을 걱정하는 문 전체의 의미에서 화자와 청자의 친소관계는 친한 사이로 규정된다. 친한 사이에서 「無理なさないでもらえます?」와 같이 경도의 정중도를 나타내는 〈ないでもらえます?〉를 화자가 경어적 동위자에게 사용하면 [염려][배려]의 표현가치를 실현한다.

 (30)도 부부 사이의 발화로 묘사되어 있기 때문에 화자와 청자는 경어적 동위자로 간주되고 집안 생활을 돌보지 않고 밖에서 술을 마시는 남편에 대한 아내의 불만이 표출되어 있다는 점에서 화자의 청자에 대한 친소관계는 소원한 사이로 여겨진다. 소원한 사이에서 「飲まないでもらえます?」와 같이 화자가 경어적 동위자에게 사용하면 [불쾌감][항의]의 표현가치를 나타내는데 〈ないでもらえます?〉는 〈ないでもらえますか〉보다 경의도가 약간 낮다는 점에서 소원함이 다소 강하게 분출된다.

[7] 〈ないでもらえませんか〉 {청자(남)와 화자(여)가 경어적 동위자인 경우}

 (31) あなた、寝不足は体に毒ですから、あまり無理なさ<u>ないでもらえませんか</u>。
 (32) ねえ、あなた。最近、物価が上がって家計が火の車なんですから、もう外では飲ま<u>ないでもらえませんか</u>。

 (31)에서 「あなた」라는 호칭과 발화 내용을 통해 화자가 아내이고 청자가 남편임을 알 수 있다. 화자와 청자가 부부라는 점을 감안하면 양자는 경어적으로 동위자이며, 수면이 부족한 남편을 걱정하는 문 전체의 의미에서 화자와 청자의 친소관계는 친한 사이로 이해된다. 〈ないでもらえませんか〉는 〈ないでもらえる〉 계열의 다른 정중체와 마찬가지로 경도(軽度)의 정중도를 나타내기 때문에 친한 사이에서 「無理なさないでもらえませんか」와 같이 화자가 경어적 동위자에게 사용하면 [염려][배려]의 표현가치를 실현한다.

 (32)도 부부 사이의 발화로 묘사되어 있기 때문에 화자와 청자는 경어적 동위자로 간주되고 집안 생활을 돌보지 않고 밖에서 술을 마시는 남편에 대한 아내의 불만이 표출되어 있다는 점

에서 화자의 청자에 대한 친소관계는 소원한 사이로 여겨진다. 소원한 사이에서「飲まないでもらえませんか」와 같이 화자가 경어적 동위자에게 사용하면 [불쾌감][항의]의 표현가치를 나타내는데〈ないでもらえますか〉에 비해 부드러운 뉘앙스를 함의하기 때문에 청자에 대한 불쾌감은 다소 완화된다.

[8] 〈ないでもらえません?〉{청자(남)와 화자(여)가 경어적 동위자인 경우}

 (33) あなた、寝不足は体に毒ですから、あまり無理なさ<u>ないでもらえません</u>?
 (34) ねえ、あなた。最近、物価が上がって家計が火の車なんですから、もう外では飲ま<u>ないでもらえません</u>?

(33)에서「あなた」라는 호칭과 발화 내용을 통해 화자가 아내이고 청자가 남편임을 알 수 있다. 화자와 청자가 부부라는 점을 감안하면 양자는 경어적으로 동위자이며, 수면이 부족한 남편을 걱정하는 문 전체의 의미에서 화자와 청자의 친소관계는 친한 사이로 규정된다. 친한 사이에서「無理なさらないでもらえません?」과 같이 경도의 정중도를 나타내는〈ないでもらえません?〉을 화자가 경어적 동위자에게 사용하면 [염려][배려]의 표현가치를 실현하는데〈ないでもらえません?〉은〈ないでもらえます?〉에 비해 불쾌감을 함의하고 있어 소원한 사이로 다소 경사된다.

(34)는 부부 사이의 발화로 묘사되어 있기 때문에 화자와 청자는 경어적 동위자로 간주되고 집안 생활을 돌보지 않고 밖에서 술을 마시는 남편에 대한 아내의 불만이 표출되어 있다는 점에서 화자의 청자에 대한 친소관계는 소원한 사이로 이해된다. 소원한 사이에서「飲まないでもらえません?」과 같이 화자가 경어적 동위자에게 사용하면 [불쾌감][항의]의 표현가치를 나타내는데〈ないでもらえません?〉은〈ないでもらえませんか〉보다 경의도가 약간 낮다는 점에서 소원함이 다소 강하게 분출된다.

3.4. 청자(남)가 화자(여)와 경어적 동위자이거나 하위자인 경우

[1] 〈ないでもらえる?〉{청자(남)가 화자(여)와 경어적 동위자이거나 하위자인 경우}

 (35) 章子：なんだよそれは
    男：シークレットってことです
    章子：もういいよ。それより勝手に家の中に入<u>らないでもらえる</u>?
       [→原文：「入らないでくれる?」]
    男：すいません
    章子：さっさと出てってよ ❹

(35)에서 화자는 「章子」라는 이름에서 여성으로, 청자는 「男」라고 설정되어 있고 남성으로 상정되고 화자가 청자에게 보통체 말씨, 청자가 화자에게 정중체 말씨를 쓰고 있기 때문에 청자는 화자와 동위자이거나 하위자로 간주된다. 화자가 청자에게 「もういいよ」「さっさと出てってよ」와 같은 표현을 사용하고 있는 점에서 양자는 소원한 사이로 해석되며 「入らないでもらえる?」의 〈ないでもらえる?〉는 [불쾌감][항의]의 표현가치를 나타낸다.

(36) 矢野 : 「よろしい。では、ホッピーは第二秘書として迎えよう」
   恭子 : 「嬉しい~。矢野さんの期待に必ずお応えしてみせます」
   野平 : 「恭子さん!」
   恭子 : 「ヘイ、ボーイ! 気安く呼ばないでもらえる。私はもう、矢野商事副社長の秘書なんですから。(池上に)辞表の方は、後ほど提出させていただきますので。では矢野さん、お部屋の方に戻りましょうか?」[→原文 : 「気安く呼ばないでくれる」]
   矢野 : 「そうするか。(去りながら)いや、実に気分がいい。とても酒が飲みたい気分だ。ここにはドン・ペリはないのか? ドン・ペリニヨンはないのか?」❹

(36)에서 화자「恭子」는 이름과 「嬉しい~」와 같은 표현에서 여성으로, 청자「野平」는 이름과 화자가 청자에게 「ボーイ!」라고 부르고 있는 데에서 남성으로 추정된다. 화자가 청자를 「ヘイ、ボーイ!」라고, 청자는 화자를 「恭子さん!」이라고 부르고 있기 때문에 청자는 화자와 동위자이거나 하위자로 간주된다. 화자가 자신을 실명으로 부르고 있는 청자에게 불쾌감을 표시하고 있다는 점에서 양자는 소원한 사이로 해석되며 「気安く呼ばないでもらえる」의 〈ないでもらえる?〉는 [불쾌감][항의]의 표현가치를 나타낸다. 그리고 [여성 화자/남성 청자/청자가 화자와 경어적 동위자이거나 하위자/친한 사이]에 해당하는 〈ないでもらえる?〉나 〈ないでくれる?→ないでもらえる?〉로 사용된 예는 확인되지 않는다.

[2] 〈ないでもらえるか〉 {청자(남)가 화자(여)와 경어적 동위자이거나 하위자인 경우}

(37) 福路 : 「華菜に近づかないでもらえるかしら?」
   吉留 : 「……」
   福路 : 「2年連続で風越は県大会で敗退……このままではいけないでしょう?」❺

(37)에서 화자「福路」는 「近づかないでもらえるかしら?」의 「かしら」와 같은 여성 전용의 종조사를 쓰고 있어 여성으로, 청자「吉留」는 여성으로 추정되는 「華菜」와 가까워지고 있다는 내용에서 남성으로 상정된다. 대화 내용에서 청자는 화자와 경어적 동위자이거나 하위자로 판단되며 화자가 청자의 행동을 불쾌하게 생각하고 있다는 점에서 양자는 소원한 사이로 간주된다. 「近づかないでもらえるかしら?」의 〈ないでもらえるかしら?〉는 [불쾌감]의 표현가치를 나타낸다. 그리고「ないでもらえるかしら」는 여성 전용의 형식이라는 점에서 남성어적인 「ないで

もらえるか」와 대비된다.

(38)「全部さ。人間様に盾突こうっていう闇のやからをぶち殺すのも、弱っちい人間を生きたまま火葬にするのも、どっちも実に爽快だ」
「そいつはあんただけだよ。あたしは一緒にしないでもらえるかい」不機嫌な声は、あのチャクラム使いの女だった。腕に通したチャクラムと頭髪が、周囲で燃え盛る炎を映し、赤く染まっている。[→原文:「しないでくれるかい」] ❷

(38)에서「あのチャクラム使いの女」로 등장하는 화자는「あたし」라는 인칭대명사를 쓰고 있어 여성으로 상정된다. 청자는「全部さ」의「さ」와 같은 남성어적 종조사와「爽快だ」의「だ」와 같은 문말 형식을 쓰고 있다는 점에서 남성으로 여겨진다. 화자가 청자를「あんた」라는 인칭대명사로 지칭하고 있고 보통체 말씨를 사용하고 있기 때문에 청자는 화자와 동위자이거나 하위자로 간주된다. 그리고 화자가 청자의 발언에 대해「そいつはあんただけだよ」와 같이 냉정하게 응대하고 있다는 점을 고려하면 화자와 청자의 친소관계는 소원한 사이로 해석되며「一緒にしないでもらえるかい」의 〈ないでもらえるかい〉는 [불쾌감]의 표현가치를 나타낸다.「ないでもらえるかい」는「ないでくれないか」의「か」가 장음화한 것으로 어조를 부드럽게 하고 청자에 대한 최소한의 배려를 나타내는 역할을 한다. 그리고 [여성 화자/남성 청자/청자가 화자와 경어적 동위자이거나 하위자/ 친한 사이]에서는 〈ないでもらえるか〉나 〈ないでくれるか→ないでもらえるか〉로 사용된 예가 확인되지 않는다.

[3] 〈ないでもらえない?〉・[4] 〈ないでもらえないか〉
[여성 화자/남성 청자/청자가 화자와 경어적 동위자이거나 하위자/친한 사이·소원한 사이]에서는 〈ないでもらえない?〉나 〈ないでくれない?→ないでもらえない?〉, 〈ないでもらえないか〉나 〈ないでくれないか→ないでもらえないか〉로 사용된 예가 확인되지 않는다.

[5] 〈ないでもらえますか〉 {청자(남)가 화자(여)와 경어적 동위자이거나 하위자인 경우}

(39) ねえ、裕ちゃん、後でお姉ちゃんが見せてあげますからね、今、忙しいから邪魔しないでもらえますか。
(40) 山田君だか川田君だかよく知りませんけど、妹にはいいなずけがおりますのよ。
ですから、もう連絡しないでもらえますか。

(39)에서 화자는 자신을「お姉ちゃん」이라고 지칭하고 있어 여성으로, 청자는「裕」라는 이름에서 남성으로 상정되고 청자「裕ちゃん」은 화자「お姉ちゃん」에 대해 경어적 동위자이거나 하위자로 설정되어 있고, 화자가 청자에 대해「ねえ」와 같은 감동사와「ちゃん」과 같은 호칭 접사를 사용하고 있다는 점, 그리고 발화내용을 통해 양자의 친소관계는 친한 사이로 간주된

다. 친한 사이에서 「邪魔しないでもらえますか」와 같이 경도의 정중도를 나타내는 〈ないでもらえますか〉를 화자가 경어적 동위자이거나 하위자에게 사용하면 상대를 달래거나 기분을 맞추기 위해 쓰인 것으로 해석된다.

(40)에서 화자는 「ますのよ」와 같은 문말 표현을 사용하고 있어 여성으로, 청자는 「山田君だか川田君だかよく知りませんけど」와 같은 표현을 통해 남성으로 추정되고 청자는 화자와 경어적으로 대등하거나 하위자로 묘사되어 있다. 그리고 화자가 청자에게 정혼자가 있는 여동생에게 더 이상 연락하지 말라는 발화내용을 통해 화자의 청자에 대한 친소관계는 소원한 사이로 이해된다. 소원한 사이에서 〈ないでもらえますか〉는 「連絡しないでもらえますか」와 같이 화자가 경어적 동위자이거나 하위자에게 사용하면 [불쾌감][분노][질책]의 표현가치를 나타내는데 〈ないでくれますか〉에 비해 부드러운 뉘앙스를 함의하기 때문에 청자에 대한 불쾌감은 다소 완화된다.

[6] 〈ないでもらえます?〉 {청자(남)가 화자(여)와 경어적 동위자이거나 하위자인 경우}

(41) ねえ、裕ちゃん、後でお姉ちゃんが見せてあげますからね、今、忙しいから邪魔しないでもらえます?
(42) 山田君だか川田君だかよく知りませんけど、妹にはいいなずけがおりますのよ。ですから、もう連絡しないでもらえます?

(41)에서 화자는 자신을 「お姉ちゃん」이라고 지칭하고 있어 여성으로, 청자는 「裕」라는 이름에서 남성으로 상정된다. 청자 「裕ちゃん」은 화자 「お姉ちゃん」에 대해 경어적으로 동위자이거나 하위자로 설정되어 있고, 화자가 청자에 대해 「ねえ」와 같은 감동사와 「ちゃん」과 같은 호칭 접사를 사용하고 있다는 점, 그리고 발화내용을 통해 양자의 친소관계는 친한 사이로 간주된다. 친한 사이에서 「邪魔しないでもらえます?」와 같이 경도(軽度)의 정중도를 나타내는 〈ないでもらえます?〉를 화자가 경어적 동위자이거나 하위자에게 사용하면 상대를 달래거나 기분을 맞추기 위해 쓰인 것으로 해석된다.

(42)에서 화자는 「ますのよ」와 같은 문말 표현을 사용하고 있어 여성으로, 청자는 「山田君だか川田君だかよく知りませんけど」와 같은 표현을 통해 남성으로 추정되고 청자는 화자와 경어적으로 대등하거나 하위자로 묘사되어 있다. 그리고 화자가 청자에게 정혼자가 있는 여동생에게 더 이상 연락하지 말라는 발화내용을 통해 화자의 청자에 대한 친소관계는 소원한 사이로 이해된다. 소원한 사이에서 「連絡しないでもらえます?」와 같이 화자가 경어적 동위자이거나 하위자에게 사용하면 [불쾌감][분노][질책]의 표현가치를 나타내는데 〈ないでもらえます?〉는 〈ないでもらえますか〉보다 경의도가 약간 낮다는 점에서 소원함이 다소 강하게 분출된다.

[7] 〈ないでもらえませんか〉 {청자(남)가 화자(여)와 경어적 동위자이거나 하위자인 경우}

(43) ねえ、裕ちゃん、後でお姉ちゃんが見せてあげますからね、今、忙しいから邪魔しないでもらえませんか。
(44) 山田君だか川田君だかよく知りませんけど、妹にはいいなずけがおりますのよ。
　　ですから、もう連絡しないでもらえませんか。

(43)에서 화자는 자신을 「お姉ちゃん」이라고 지칭하고 있어 여성으로, 청자는 「裕」라는 이름에서 남성으로 상정된다. 청자 「裕ちゃん」은 화자 「お姉ちゃん」에 대해 경어적으로 동위자이거나 하위자로 설정되어 있고, 화자가 청자에 대해 「ねえ」와 같은 감동사와 「ちゃん」과 같은 호칭 접사를 사용하고 있다는 점, 그리고 발화내용을 통해 양자의 친소관계는 친한 사이로 간주된다. 친한 사이에서 「邪魔しないでもらえませんか」와 같이 경도(軽度)의 정중도를 나타내는 〈ないでもらえませんか〉를 화자가 경어적 동위자이거나 하위자에게 사용하면 상대를 달래거나 기분을 맞추기 위해 쓰인 것으로 해석된다.

(44)에서 화자는 「ますのよ」와 같은 문말 표현을 사용하고 있어 여성으로, 청자는 「山田君だか川田君だかよく知りませんけど」와 같은 표현을 통해 남성으로 추정되고 청자는 화자와 경어적으로 대등하거나 하위자로 묘사되어 있다. 그리고 화자가 청자에게 정혼자가 있는 여동생에게 더 이상 연락하지 말라는 발화내용을 통해 화자의 청자에 대한 친소관계는 소원한 사이로 간주된다. 소원한 사이에서 「連絡しないでもらえませんか」와 같이 화자가 경어적 동위자이거나 하위자에게 사용하면 [불쾌감][분노][질책]의 표현가치를 나타내는데 〈ないでもらえますか〉에 비해 부드러운 뉘앙스를 함의하기 때문에 청자에 대한 불쾌감은 다소 완화된다.

[8] 〈ないでもらえません?〉 {청자(남)가 화자(여)와 경어적 동위자이거나 하위자인 경우}

(45) ねえ、裕ちゃん、後でお姉ちゃんが見せてあげますからね、今、忙しいから邪魔しないでもらえません?
(46) 山田君だか川田君だかよく知りませんけど、妹にはいいなずけがおりますのよ。
　　ですから、もう連絡しないでもらえません?

(45)에서 화자는 자신을 「お姉ちゃん」이라고 지칭하고 있어 여성으로, 청자는 「裕」라는 이름에서 남성으로 상정된다. 청자 「裕ちゃん」은 화자 「お姉ちゃん」에 대해 경어적으로 동위자이거나 하위자로 설정되어 있고, 화자가 청자에 대해 「ねえ」와 같은 감동사와 「ちゃん」과 같은 호칭 접사를 사용하고 있다는 점, 그리고 발화내용을 통해 양자의 친소관계는 친한 사이로 여겨진다. 친한 사이에서 「邪魔しないでもらえません?」과 같이 경도의 정중도를 나타내는 〈ないでもらえません?〉을 화자가 경어적 동위자이거나 하위자에게 사용하면 상대를 달래거나 기분을 맞추기 위해 쓰인 것으로 해석된다.

(46)에서 화자는「ますのよ」와 같은 문말 표현을 사용하고 있어 여성으로, 청자는「山田君だか川田君だかよく知りませんけど」와 같은 표현을 통해 남성으로 추정되고 청자는 화자와 경어적으로 대등하거나 하위자로 묘사되어 있다. 그리고 화자가 청자에게 정혼자가 있는 여동생에게 더 이상 연락하지 말라는 발화내용을 통해 화자의 청자에 대한 친소관계는 소원한 사이로 해석된다. 소원한 사이에서「連絡しないでもらえません?」과 같이 화자가 경어적 동위자이거나 하위자에게 사용하면 [불쾌감][분노][질책]의 표현가치를 나타내는데 〈ないでもらえません?〉은 〈ないでもらえませんか〉보다 경의도가 약간 낮다는 점에서 소원함이 다소 강하게 분출된다.

3.5. 청자(남)가 화자(여)에 비해 경어적 하위자인 경우

[1] 〈ないでもらえる?〉 {청자(남)가 화자(여)에 비해 경어적 하위자인 경우}

(47) 若かりし母、動揺して大ジョッキを取り出す。
　　若かりし母：「…ヤ、ヤってないわよ。何言ってんの?」
　　若かりし一郎：「え、殺ってないの?」
　　若かりし母：「あ、当たり前じゃない」
　　若かりし一郎：「そうか、そうだよな。まだ入って一週間だからな。そんなにすぐには殺れないか」
　　若かりし母：「…」
　　若かりし一郎：「でも先輩とは殺ったんだろ?」
　　若かりし母：「はあ? 誰ともヤッてないから。そんなねえ、すぐヤる女みたいに言わないでもらえる?」[→原文：「言わないでくれる?」] ❹

(47)에서 화자는「若かりし母」로 등장하고 있고「ヤってないわよ」의「わよ」와 같은 여성어적 표현에서 여성으로, 청자는「若かりし一郎」와 같이 설정되어 있고「そうか」와「そうだよな」의「だよな」와 같은 남성 전용의 표현을 쓰고 있어 남성으로 간주되고 화자와 청자는 어머니와 아들이라는 설정에서 청자는 화자에 비해 경어적 하위자로 이해된다.「やる」라는 말을 둘러싸고 청자는「殺す」의 의미로, 화자는「セックスする」의 의미로 사용하고 있는 바람에 화자가 청자에 대해 불쾌감을 표시하고 있는 것을 고려하면, 양자는 소원한 사이로 해석된다.「言わないでもらえる?」의 〈ないでもらえる?〉는 [불쾌감][분노]의 표현가치를 나타낸다.

(48) 遼：「…厚化粧」
　　静：「誰がオバサンだ、コラァ！！」
　　遼：「すげぇ反応のよさ…」
　　静：「ああ、もう何よ? せっかくの安眠を邪魔しないでもらえる?」
　　　　［→原文：「邪魔しないでくれる?」］
　　遼：「悪い悪い。でもちょっと話があってさ」

静:「後にして。今、超眠いの」❹

(48)의 등장인물에서 화자「静」는 [静河(しずか)…3兄弟の長女。自己中な女王様気質]와 같이 여성으로, 청자「遼」는 [遼太(りょうた)…3兄弟の次男。比較的普通な人]와 같이 남성으로 설정되어 있다. 청자가 화자에게「…厚化粧」와 같은 표현을, 화자가 청자에게「誰がオバサンだ」「コラァ！！」와 같은 표현을 사용하고 있는 점을 고려하면, 청자는 화자에 비해 경어적 하위자로 여겨지는데, 화자가 청자 때문에 모처럼의 안면을 방해받은 것에 대해 화를 내고 있다는 점에서 양자는 소원한 사이로 간주된다. 이에「邪魔しないでもらえる?」의 〈ないでもらえる?〉는 [불쾌감][분노]의 표현가치를 나타낸다.

(49) 優:「どうせ俺はつまんないやつだよ。」
　　おっさん:「ちょっとお姉ちゃん、火に油注がんといたってや。」
　　お姉さん:「火消えちゃってんじゃんこの子。」
　　おっさん:「確かに。上手いな。」
　　優:「いいからほっといてくれよ！ 今日はもうホント散々だ！ 急に頭の中におっさん入り込ん
　　　　でくるし、好きな子の前でボコボコにされるし、増えるし。」
　　お姉さん:「増えるしで片付けないでもらえる！？ それにあんた、男ならうじうじしてないで
　　　　しゃんとしな！ 自分に自信のない子に女の子が惹かれるとでも思ってんの?」
　　　　　[→原文:「片付けないでくれる?」]
　　優:「あんたも口出すのか。」
　　お姉さん:「口出すよ。それにあんたじゃない。お·ね·え·さ·んって呼びな！」❹

(49)에서 화자「お姉さん」은 [優の頭の中の住人その2]로 등장하고 있고 청자에게「男なら」「自分に自信のない子に女の子が惹かれるとでも思ってんの?」와 같은 표현을 쓰고 있어 여성으로, 청자「優」는「俺」라는 인칭대명사와「好きな子の前でボコボコにされるし」와 같은 표현에서 남성으로 상정된다. 화자가 청자에 대해「あんた」가 아니라「お·ね·え·さ·ん」이라고 부르라고 명령하고 있기 때문에 청자는 화자에 비해 경어적 하위자로 간주되고, 화자가 청자를「増えるし」와 같은 말로 처리하지 말라고 비난하고 있다는 점에서 양자는 소원한 사이로 해석된다. 그래서「片付けないでもらえる！？」의 〈ないでもらえる?〉는 [불쾌감][분노]의 표현가치를 나타낸다.

(50) 今日ビビちゃんを庭で遊ばせてたらうざい近所のババが「犬離さないでもらえる?」く「あ? こ
　　っちの土地なんだからテメーには関係ねぇだろうが。つーかお前ウチもキタネー猫外に離し
　　てるだろうがよボケが！ こっちが子供だからってでけー口たたくなよ(怒)」って言ってあげた♪
　　にょほほほほほ~☆ [→原文:「離さないでくれる?」]❺

(50)은 인터넷 블로그에 게시된 내용에서 추출된 예인데 화자는「近所のババ」라고 불리고 있

어 여성으로, 청자로 되어 있는 필자는 「テメー」「お前」와 같은 인칭대명사를 사용하고 있어 남성으로 상정되고 청자는 화자에 비해 경어적 하위자로 간주된다. 「子供だからって」와 같은 표현에서 청자는 남자 아이로 여겨지는데 화자에게 「ボケ」라고 욕을 하고 있다는 점을 고려하면 양자는 소원한 사이로 해석된다. 이에 「離さないでもらえる?」의 〈ないでもらえる?〉는 [불쾌감][항의]의 표현가치를 나타낸다. 그리고 [여성 화자/남성 청자/청자가 화자에 비해 경어적 하위자/친한 사이]에 해당하는 〈ないでもらえる?〉나 〈ないでくれる?→ないでもらえる?〉로 사용된 예는 확인되지 않는다.

[2] 〈ないでもらえるか〉·[3] 〈ないでもらえない?〉·[4] 〈ないでもらえないか〉
 [여성 화자/남성 청자/청자가 화자에 비해 경어적 하위자/친한 사이·소원한 사이]에서는 상기 형태로 사용된 예가 확인되지 않는다.

[5] 〈ないでもらえますか〉 {청자(남)가 화자(여)에 비해 경어적 하위자인 경우}

 (51) ねえ、裕ちゃん、後でママが見せてあげますからね、今、忙しいから邪魔しないでもらえますか。
 (52) 裕、あなたのすることにお母さんは口出ししないつもりですけど、息子としてお父さんの顔に泥をぬるようなことだけは、しないでもらえますか。

(51)은 여성 화자 「ママ」가 아들인 청자 「裕」를 달래는 내용의 발화인데, 화자가 청자에 대해 감동사 「ねえ」와 호칭 접사 「ちゃん」을 사용하고 있다는 점과 발화내용을 종합하면 화자의 청자에 대한 친소관계는 친한 사이로 규정된다. 친한 사이에서 「邪魔しないでもらえますか」와 같이 경도의 정중도를 나타내는 〈ないでもらえますか〉를 화자가 경어적 하위자에게 사용하면 상대를 달래거나 기분을 맞추기 위해 쓰인 것으로 해석된다.
(52)도 (51)과 마찬가지로 청자 「裕」는 화자 「お母さん」에 비해 경어적 하위자로 설정되고 있고, 화자가 청자를 「裕」와 같이 이름으로 부르고 있고 또한 문중에 「お父さんの顔に泥をぬるな」와 같은 표현이 쓰이고 있다는 점에서 화자의 청자에 대한 친소관계는 소원한 사이로 이해된다. 소원한 사이에서 〈ないでもらえますか〉는 「しないでもらえますか」와 같이 화자가 경어적 하위자에게 사용하면 [불쾌감][분노][질책]의 표현가치를 나타내는데 〈ないでくれますか〉에 비해 부드러운 뉘앙스를 함의하기 때문에 청자에 대한 불쾌감은 다소 완화된다.

[6] 〈ないでもらえます?〉 {청자(남)가 화자(여)에 비해 경어적 하위자인 경우}

 (53) ねえ、裕ちゃん、後でママが見せてあげますからね、今、忙しいから
  邪魔しないでもらえます?

(54) 裕、あなたのすることにお母さんは口出ししないつもりですけど、
息子としてお父さんの顔に泥をぬるようなことだけは、しないでもらえます?

(53)은 여성 화자 「ママ」가 아들인 청자 「裕」를 달래는 내용의 발화인데, 화자가 청자에 대해 감동사 「ねえ」와 호칭 접사 「ちゃん」을 사용하고 있다는 점과 발화내용을 종합하면 화자의 청자에 대한 친소관계는 친한 사이로 규정된다. 친한 사이에서 「邪魔しないでもらえます?」와 같이 경도의 정중도를 나타내는 〈ないでもらえます?〉를 화자가 경어적 하위자에게 사용하면 상대를 달래거나 기분을 맞추기 위해 쓰인 것으로 해석된다.

(54)도 (53)과 마찬가지로 청자 「裕」는 화자 「お母さん」에 비해 경어적 하위자로 설정되고 있고, 화자가 청자를 「裕」와 같이 이름으로 부르고 있고 또한 문중에 「お父さんの顔に泥をぬるな」와 같은 표현이 쓰이고 있다는 점에서 화자의 청자에 대한 친소관계는 소원한 사이로 해석된다. 소원한 사이에서 「しないでもらえます?」와 같이 화자가 경어적 하위자에게 사용하면 [불쾌감][분노][질책]의 표현가치를 나타내는데 〈ないでもらえます?〉는 〈ないでもらえますか〉보다 경의도가 약간 낮다는 점에서 소원함이 다소 강하게 분출된다.

[7] 〈ないでもらえませんか〉 {청자(남)가 화자(여)에 비해 경어적 하위자인 경우}

(55) ねえ、裕ちゃん、後でママが見せてあげますからね、今、忙しいから
邪魔しないでもらえませんか。
(56) 裕、あなたのすることにお母さんは口出ししないつもりですけど、
息子としてお父さんの顔に泥をぬるようなことだけは、しないでもらえませんか。

(55)는 여성 화자 「ママ」가 아들인 청자 「裕」를 달래는 내용의 발화인데, 화자가 청자에 대해 감동사 「ねえ」와 호칭 접사 「ちゃん」을 사용하고 있다는 점과 발화내용을 종합하면 화자의 청자에 대한 친소관계는 친한 사이로 규정된다. 경도의 정중도를 나타내는 〈ないでもらえませんか〉를 친한 사이에서 「邪魔しないでもらえませんか」와 같이 화자가 친한 사이의 경어적 하위자에게 사용하면 상대를 달래거나 기분을 맞추기 위해 쓰인 것으로 해석된다.

(56)도 (55)와 마찬가지로 청자 「裕」는 화자 「お母さん」에 비해 경어적 하위자로 설정되고 있고, 화자가 청자를 「裕」와 같이 이름으로 부르고 있고 또한 문중에 「お父さんの顔に泥をぬるな」와 같은 표현이 쓰이고 있다는 점에서 화자의 청자에 대한 친소관계는 소원한 사이로 간주된다. 소원한 사이에서 「しないでもらえませんか」와 같이 화자가 경어적 하위자에게 사용하면 [불쾌감][분노][질책]의 표현가치를 나타낸다.

[8] 〈ないでもらえません?〉 {청자(남)가 화자(여)에 비해 경어적 하위자인 경우}

(57) ねえ、裕ちゃん、後でママが見せてあげますからね、今、忙しいから
邪魔<u>しないでもらえません?</u>

(58) 裕、あなたのすることにお母さんは口出ししないつもりですけど、
息子としてお父さんの顔に泥をぬるようなことだけは、<u>しないでもらえません?</u>

(57)는 여성 화자「ママ」가 아들인 청자「裕」를 달래는 내용의 발화인데, 화자가 청자에 대해 감동사「ねえ」와 호칭 접사「ちゃん」을 사용하고 있다는 점과 발화내용을 종합하면 화자의 청자에 대한 친소관계는 친한 사이로 규정된다. 경도의 정중도를 나타내는〈ないでもらえません?〉을 친한 사이에서「邪魔しないでもらえません?」과 같이 화자가 경어적 하위자에게 사용하면 상대를 달래거나 기분을 맞추기 위해 쓰인 것으로 해석된다. 그리고〈ないでもらえません?〉은〈ないでもらえます?〉에 비해 불쾌감을 함의하고 있어 친한 사이의 경우에도 소원한 쪽으로 다소 경사된다.

(58)도 (57)과 마찬가지로 청자「裕」는 화자「お母さん」에 비해 경어적 하위자로 설정되고 있고, 화자가 청자를「裕」와 같이 이름으로 부르고 있고 또한 문중에「お父さんの顔に泥をぬるな」와 같은 표현이 쓰이고 있다는 점에서 화자의 청자에 대한 친소관계는 소원한 사이로 간주된다. 소원한 사이에서「しないでもらえません?」과 같이 화자가 경어적 하위자에게 사용하면 [불쾌감][분노][질책]의 표현가치를 나타낸다.

4. 여성 화자가 여성 청자에게 사용하는 〈ないでもらえる〉 계열

4.1. 청자(여)가 화자(여)에 비해 경어적 상위자인 경우

[1] 〈ないでもらえる?〉 {청자(여)가 화자(여)에 비해 경어적 상위자인 경우}
 (1) 雪枝：ねえ、おばあさん、いつまでもくっつかないでもらえる?
    [→原文：「くっつかないでくれる?」]
  章子：お、おばあさんだと。おばさんじゃなくてあばあさん? あ、が一個多くない?
  雪枝：どっちでもいいでしょ
  章子：よくないよ ❹

 (1)에서 화자「雪枝」는 이름에서 여성으로, 청자「章子」도 이름에서 여성으로 상정된다. 화자가 청자를「おばあさん」이라고 호칭하고 있는 것에 대해 청자가「おばさん」이 아니라「あばあさん」이라고 부르면「あ」가 하나 더 많은 것이 아니냐고 반문하고 있는 것을 고려하면 청자는 화자에 비해 경어적 상위자로 간주된다. 화자가 자기에게 달라붙는 청자에 대해 귀찮게 하지 말라고 발화하고 있다는 점에서 양자는 소원한 사이로 해석되며 이때의「くっつかないでもらえる?」는 [귀찮음][성가심]의 표현가치를 나타낸다.

 (2) この時、いつの間にかピアノに向かっていた"婆ちゃん"が、ピアノを弾き始める。
  しばらく聴いている内に、みんなの表情が変わり、場の空気が変わる。
  A：お婆ちゃん‥‥‥‥
  Y：ちょっと、勝手にＢＧＭつけないでもらえる? [→原文：「つけないでくれる?」]
  O：そ、そうですよ。何か、その気になっちゃいますよねぇ?
  婆：そうかい? 本当に? 本当はその逆じゃなかったのかい? ❹

 (2)에서 화자「Y」는 [Y子=小百合先生]로 설정되어 있어 여성으로, 청자「婆」도 [婆ちゃん]으로 등장하고 있어 여성으로 추정되고 청자는 화자에 비해 상위자로 규정된다. 화자가 청자에게「ちょっと」와 같은 부사를 사용하고 있고 멋대로 BGM을 켜지 말라고 불쾌감을 나타내고 있다는 점에서 양자는 소원한 사이로 간주되며 이때의「つけないでもらえる?」는 [불쾌감][항의]의 표현가치를 나타낸다. 그리고 [여성 화자/여성 청자/청자가 화자에 비해 경어적 상위자/친한 사이]에 해당하는 〈ないでもらえる?〉나 〈ないでくれる?→ないでもらえる?〉로 사용된 예는 확인되지 않는다.

[2] 〈ないでもらえるか〉・[3] 〈ないでもらえない?〉・[4] 〈ないでもらえないか〉

[여성 화자/여성 청자/청자가 화자에 비해 경어적 상위자/친한 사이·소원한 사이]에서는 상기 형태로 사용된 예가 확인되지 않는다.

[5] 〈ないでもらえますか〉 {청자(여)가 화자(여)에 비해 경어적 상위자인 경우}

(3) ?? 叔母さん、あたしは大丈夫だから、心配しないでもらえますか。
(4) ?? 雅子様、私どもコンパニオンは勤務中ですので、これ以上、
     お酒をおすすめにならないでもらえますか。

(3)에서 화자는 「あたし」라는 인칭대명사를 쓰고 있어 여성으로 청자도 「叔母さん」이라는 호칭을 통해 여성으로 간주되며, 양자의 가족관계상 청자가 화자에 비해 상위자임을 짐작할 수 있다. 화자가 청자에게 자신을 걱정하지 말라는 발화내용을 통해 청자에 대한 화자의 친소관계는 친한 사이로 해석된다. 경도의 정중도를 나타내는 〈ないでもらえますか〉를 경어적 하위자가 경어적 상위자에게 사용하는 것은 자연스러운 발화로서의 용인도가 낮다. 그러나 「心配しないでもらえますか」와 같이 친족관계에서 상호간의 거리를 두지 않고 친근감을 높이고자 하는 표현 의도가 발동되면 사용 가능성이 다소 높아지고 [염려][배려]의 표현가치를 실현한다.

(4)에서 화자는 「私どもコンパニオン」이라는 표현을 통해 여성으로, 청자도 「雅子」라는 이름에서 여성으로 추정되며 화자가 청자를 「雅子様」라고 부르고 있고 「お~になる」와 같은 존경어를 사용하고 있기 때문에 청자가 화자에 비해 경어적 상위자임을 알 수 있다. 청자가 화자에게 술을 권하는 것에 대해 화자의 불쾌감이 표출되고 있다는 점에서 양자는 소원한 사이로 규정된다. 소원한 사이에서도 〈ないでもらえますか〉를 경어적 하위자가 경어적 상위자에게 사용하는 것은 자연스러운 발화로서의 용인도가 낮다. 그러나 「おすすめにならないでもらえますか」와 같이 화자가 경어적 상위자와의 거리감을 의식적으로 이용하고자 할 경우에는 사용 가능성이 다소 높아지고 [불쾌감][항의]의 표현가치를 나타낸다.

[6] 〈ないでもらえます?〉 {청자(여)가 화자(여)에 비해 경어적 상위자인 경우}

(5) ?? 叔母さん、あたしは大丈夫だから、心配しないでもらえます?
(6) ?? 雅子様、私どもコンパニオンは勤務中ですので、これ以上、
     お酒をおすすめにならないでもらえます?

(5)에서 화자는 「あたし」라는 인칭대명사를 쓰고 있어 여성으로 청자도 「叔母さん」이라는 호칭을 통해 여성으로 간주되며, 양자의 가족관계상 청자가 화자에 비해 상위자임을 짐작할 수 있다. 화자가 청자에게 자신을 걱정하지 말라는 발화내용을 통해 청자에 대한 화자의 친소관

계는 친한 사이로 해석된다. 따라서 경도의 정중도를 나타내는 〈ないでもらえます?〉를 경어적 하위자가 상위자에게 사용하는 것은 자연스러운 발화로서의 용인도가 낮다. 그러나 「心配しないでもらえます?」와 같이 친족관계에서 사용하면 사용 가능성은 다소 높아진다.

(6)에서 화자는 「私どもコンパニオン」이라는 표현을 통해 여성으로, 청자도 「雅子」라는 이름에서 여성으로 상정되며 화자가 청자를 「雅子様」라고 부르고 있고 「お~になる」와 같은 존경어를 사용하고 있기 때문에 청자가 화자에 비해 경어적 상위자임을 알 수 있다. 청자가 화자에게 술을 권하는 것에 대해 화자의 불쾌감이 표출되고 있다는 점에서 양자는 소원한 사이로 간주된다. 소원한 사이에서도 〈ないでもらえます?〉를 경어적 하위자가 경어적 상위자에게 사용하는 것은 자연스러운 발화로서의 용인도가 낮다. 그러나 「おすすめにならないでもらえます?」와 같이 화자가 경어적 상위자와의 거리감을 의식적으로 이용하고자 할 경우에는 사용 가능성이 다소 높아진다.

[7] 〈ないでもらえませんか〉 {청자(여)가 화자(여)에 비해 경어적 상위자인 경우}

(7) ?? 叔母さん、あたしは大丈夫だから、<u>心配しないでもらえませんか</u>。
(8) ?? 雅子様、私どもコンパニオンは勤務中ですので、これ以上、
    お酒をおすすめに<u>ならないでもらえませんか</u>。

(7)에서 화자는 「あたし」라는 인칭대명사를 쓰고 있어 여성으로 청자도 「叔母さん」이라는 호칭을 통해 여성으로 간주되며, 양자의 가족관계상 청자가 화자에 비해 상위자임을 짐작할 수 있다. 화자가 청자에게 자신을 걱정하지 말라는 발화내용을 통해 청자에 대한 화자의 친소관계는 친한 사이로 해석된다. 경도의 정중도를 나타내는 〈ないでもらえませんか〉를 친한 사이에서 경어적 하위자가 상위자에게 사용하는 것은 자연스러운 발화로서의 용인도가 낮다. 그러나 「心配しないでもらえませんか」와 같이 친족관계에서 상호간의 거리를 두지 않고 친근감을 높이고자 하는 표현 의도가 발동되면 사용 가능성이 다소 높아진다.

(8)에서 화자는 「私どもコンパニオン」이라는 표현을 통해 여성으로, 청자도 「雅子」라는 이름에서 여성으로 상정되며 화자가 청자를 「雅子様」라고 부르고 있고 「お~になる」와 같은 존경어를 사용하고 있기 때문에 청자가 화자에 비해 경어적 상위자임을 알 수 있다. 청자가 화자에게 술을 권하는 것에 대해 화자의 불쾌감이 표출되고 있다는 점에서 양자는 소원한 사이로 이해된다. 소원한 사이에서도 〈ないでもらえませんか〉를 경어적 하위자가 상위자에게 사용하는 것은 자연스러운 발화로서의 용인도가 낮다. 그러나 「おすすめにならないでもらえませんか」와 같이 화자가 경어적 상위자와의 거리감을 의식적으로 이용하고자 할 경우에는 사용 가능성이 다소 높아진다.

[8] 〈ないでもらえません?〉 {청자(여)가 화자(여)에 비해 경어적 상위자인 경우}

(9) ??叔母さん、あたしは大丈夫だから、心配しないでもらえません?
(10) ??雅子様、私どもコンパニオンは勤務中ですので、これ以上、
　　　お酒をおすすめにならないでもらえません?

(9)에서 화자는 「あたし」라는 인칭대명사를 쓰고 있어 여성으로 청자도 「叔母さん」이라는 호칭을 통해 여성으로 간주되며, 양자의 가족관계상 청자가 화자에 비해 상위자임을 짐작할 수 있다. 화자가 청자에게 자신을 걱정하지 말라는 발화내용을 통해 청자에 대한 화자의 친소관계는 친한 사이로 상정된다. 친한 사이에서 경도의 정중도를 나타내는 〈ないでもらえません?〉을 경어적 하위자가 상위자에게 사용하는 것은 자연스러운 발화로서의 용인도가 낮다. 그러나 「心配しないでもらえません?」과 같이 친족관계에서 친근감을 높이고자 하는 표현 의도가 발동되면 사용 가능성이 다소 높아진다.

(10)에서 화자는 「私どもコンパニオン」이라는 표현을 통해 여성으로, 청자도 「雅子」라는 이름에서 여성으로 판단되며 화자가 청자를 「雅子様」라고 부르고 있고 「お~になる」와 같은 존경어를 사용하고 있기 때문에 청자가 화자에 비해 경어적 상위자임을 알 수 있다. 청자가 화자에게 술을 권하는 것에 대해 화자의 불쾌감이 표출되고 있다는 점에서 양자는 소원한 사이로 해석된다. 소원한 사이에서도 〈ないでもらえません?〉을 경어적 하위자가 상위자에게 사용하는 것은 자연스러운 발화로서의 용인도가 낮다. 그러나 「おすすめにならないでもらえません?」과 같이 화자가 경어적 상위자와의 거리감을 의도적으로 이용하고자 할 경우에는 사용 가능성이 다소 높아진다.

4.2. 청자(여)가 화자(여)와 경어적 동위자이거나 상위자인 경우

[1] 〈ないでもらえる?〉 {청자(여)가 화자(여)와 경어적 동위자이거나 상위자인 경우}

(11) 菜 : お姉ちゃん。うるさいんだけど、受験勉強の邪魔しないでもらえる?
　　　　[→原文 : 「邪魔しないでくれる?」]
　　　侘 : 良いじゃない。趣味なんだから。
　　　菜 : 悪趣味、ここに極まる…か。❹

(11)의 등장인물 소개에서 화자 「菜」는 [参楽 菜芽子(さんがく なめこ)/三兄妹の次女/(一般人)十五歳]와 같이 여성으로, 청자 「侘」도 [参楽 侘掛美(さんがく たけみ)/三兄妹の長女/(語り手)二十歳]와 같이 여성으로 설정되어 있고, 언니와 여동생이라는 관계에서 청자는 화자와 동위자이거나 상위자로 간주된다. 화자가 청자에게 수험 공부를 방해하지 말라고 불만을 토로하고 있다는 점

에서 양자의 친소관계는 소원한 사이로 판단되고 「邪魔しないでもらえる?」의 〈ないでもらえる?〉는 [불쾌감][항의]의 표현가치를 나타낸다.

(12) 上原：お姉さん？あ、初めまして私上原りかと申します。
姉：はぁ、坂本です。どういうことでしょうか？ 妹は受験勉強のために引越しをさせたのですが、そこに友達が住むとなるとまた話が違うかと……
坂本：だから、話せば長いんだけどいろいろあるの。上原さんも好きで一緒に住むんじゃないからそういう失礼な言い方しないでもらえる！？
[→原文：「失礼な言い方しないでくれる！？」]
上原：あ、私は別に気にしていただかなくても…
姉：(聞いてない。そういう言い方はないでしょう。大体、あなたがちゃんと説明すればすむ話でしょう。
坂本：お姉ちゃん、私の話なんて聞く耳持たないでしょ。大体何でこんなしょっちゅう来るの？そんなに私が信用できない？
姉：問題をすり替えないでよ。大体、実際にあんた勉強してないじゃないの。参考書どこよ！❹

(12)의 등장인물 소개에서 화자「坂本」는 [坂本 千恵子 … 現在2浪中]와 같이 여성으로, 청자「姉」도 [坂本 佳代子 … 浪人生の姉]와 같이 여성으로 설정되어 있고, 화자가 청자를「お姉ちゃん」이라고 부르고 있고 청자가 화자를「妹」로 지칭하고 있어 청자는 화자와 동위자이거나 상위자로 간주된다. 화자가 청자에게「上原さん」에게 실례되는 말을 하지 말라고 불쾌감을 표출하고 있다는 점에서 양자는 소원한 사이로 해석되며「失礼な言い方しないでもらえる！？」의 〈ないでもらえる?〉는 [불쾌감][항의]의 표현가치를 나타낸다. 그리고 [여성 화자/여성 청자/청자가 화자와 경어적 동위자이거나 상위자/친한 사이]에 해당하는 〈ないでもらえる?〉나 〈ないでくれる?→ないでもらえる?〉로 사용된 예는 확인되지 않는다.

[2] 〈ないでもらえるか〉·[3] 〈ないでもらえない?〉·[4] 〈ないでもらえないか〉

[여성 화자/여성 청자/청자가 화자와 경어적 동위자이거나 상위자/친한 사이·소원한 사이]에서는 상기 형태로 사용된 예가 확인되지 않는다.

[5] 〈ないでもらえますか〉 {청자(여)가 화자(여)와 경어적 동위자이거나 상위자인 경우}

(13) ? お姉さん、あたしが作った味噌汁、美味しくなくてもがっかりしないでもらえますか。
(14) ? もう、あたしと義男先輩は将来を約束してるんですから、今後、彼には近付かないでもらえますか。

(13)에서 화자는「あたし」라는 호칭을 통해 여성으로, 청자도「お姉さん」이라는 호칭에서 여성으로 간주되며, 화자가 청자를「お姉さん」이라고 부르고 있기 때문에 청자는 화자와 경어적

으로 동위자이거나 상위자로 묘사되어 있다. 발화내용이 청자가 놀랄 것을 예상하고 화자가 이를 배려하고 있다는 점에서 청자에 대한 화자의 친소관계는 친한 사이로 이해된다. 이에 경도의 정중도를 나타내는 〈ないでもらえますか〉를 경어적 하위자가 동위자이거나 상위자에게 사용하는 것은 자연스러운 발화로서의 용인도가 떨어진다. 그러나 「がっかりしないでもらえますか」와 같이 가족관계에서 친근감을 높이고자 하는 의식이 작용되면 허용도가 높아지고 [염려][배려]의 표현가치를 실현한다.

(14)에서 화자는 「あたし」라는 인칭대명사를 쓰고 있어 여성으로, 청자는 화자와 장래를 약속한 남성에게 접근하고 있는 여성으로 묘사되어 있어 여성으로 판단되며, 화자의 청자에 대한 불쾌감이 표출되어 있다는 점에서 청자에 대한 화자의 친소관계는 소원한 사이로 간주된다. 소원한 사이에서도 〈ないでもらえますか〉를 경어적 하위자가 동위자이거나 상위자에게 사용하는 것은 자연스러운 발화로서의 용인도가 떨어진다. 그러나 「近付かないでもらえますか」와 같이 화자가 경어적 동위자나 상위자와의 거리감을 의식적으로 이용하고자 할 경우에는 허용도가 높아지고 [불쾌감][항의]의 표현가치를 나타낸다.

[6] 〈ないでもらえます?〉 {청자(여)가 화자(여)와 경어적 동위자이거나 상위자인 경우}

  (15) ? お姉さん、あたしが作った味噌汁、美味しくなくてもがっかりしないでもらえます?
  (16) ? もう、あたしと義男先輩は将来を約束してるんですから、今後、
      彼には近付かないでもらえます?

(15)에서 화자는 「あたし」라는 호칭을 통해 여성으로, 청자도 「お姉さん」이라는 호칭에서 여성으로 간주되며, 화자가 청자를 「お姉さん」이라고 부르고 있기 때문에 청자는 화자와 경어적으로 동위자이거나 상위자로 묘사되어 있다. 발화내용이 청자가 놀랄 것을 예상하고 화자가 이를 배려하고 있다는 점에서 청자에 대한 화자의 친소관계는 친한 사이로 해석된다. 경도의 정중도를 나타내는 〈ないでもらえます?〉를 경어적 하위자가 동위자나 상위자에게 사용하는 것은 자연스러운 발화로서의 용인도가 떨어진다. 그러나 「がっかりしないでもらえます?」와 같이 형제 사이에서 친근감을 높이고자 하는 표현 의도가 발동되면 사용이 허용된다.

(16)에서 화자는 「あたし」라는 인칭대명사를 쓰고 있어 여성으로, 청자는 화자와 장래를 약속한 남성에게 접근하고 있는 여성으로 묘사되어 있어 여성으로 상정되며, 화자의 청자에 대한 불쾌감이 표출되어 있다는 점에서 청자에 대한 화자의 친소관계는 소원한 사이로 판단된다. 소원한 사이에서도 〈ないでもらえます?〉를 경어적 하위자가 동위자이거나 상위자에게 사용하는 것은 자연스러운 발화로서의 용인도가 떨어진다. 그러나 「近付かないでもらえます?」와 같이 화자가 상대와의 거리감을 의도적으로 강조하는 경우에는 사용 가능성이 높아진다.

[7] 〈ないでもらえませんか〉 {청자(여)가 화자(여)와 경어적 동위자이거나 상위자인 경우}

(17) ?お姉さん、あたしが作った味噌汁、美味しくなくてもがっかりし<u>ないでもらえませんか</u>。
(18) ?もう、あたしと義男先輩は将来を約束してるんですから、今後、
    彼には近付か<u>ないでもらえませんか</u>。

(17)에서 화자는「あたし」라는 호칭을 통해 여성으로, 청자도「お姉さん」이라는 호칭에서 여성으로 간주되며, 화자가 청자를「お姉さん」이라고 부르고 있기 때문에 청자는 화자와 경어적으로 동위자이거나 상위자로 묘사되어 있다. 발화내용이 청자가 놀랄 것을 예상하고 화자가 이를 배려하고 있다는 점에서 청자에 대한 화자의 친소관계는 친한 사이로 해석된다. 친한 사이에서 경도의 정중도를 나타내는 〈ないでもらえませんか〉를 경어적 하위자가 동위자이거나 상위자에게 사용하는 것은 자연스러운 발화로서의 용인도가 떨어진다. 그러나「がっかりしないでもらえませんか」와 같이 가족관계에서 친근감을 높이고자 하는 표현 의도가 발동되면 허용도가 높아진다.

(18)에서 화자는「あたし」라는 인칭대명사를 쓰고 있어 여성으로, 청자는 화자와 장래를 약속한 남성에게 접근하고 있는 여성으로 묘사되어 있어 여성으로 판단되며, 화자의 청자에 대한 불쾌감이 표출되어 있다는 점에서 청자에 대한 화자의 친소관계는 소원한 사이로 간주된다. 소원한 사이에서도 〈ないでもらえませんか〉를 경어적 하위자가 동위자이거나 상위자에게 사용하는 것은 자연스러운 발화로서의 용인도가 떨어진다. 그러나「近付かないでもらえませんか」와 같이 화자가 경어적 동위자나 상위자와의 거리감을 의식적으로 이용하고자 할 경우에는 허용도가 높아진다.

[8] 〈ないでもらえません?〉 {청자(여)가 화자(여)와 경어적 동위자이거나 상위자인 경우}

(19) ?お姉さん、あたしが作った味噌汁、美味しくなくてもがっかりし<u>ないでもらえません</u>?
(20) ?もう、あたしと義男先輩は将来を約束してるんですから、今後、
    彼には近付か<u>ないでもらえません</u>?

(19)에서 화자는「あたし」라는 호칭을 통해 여성으로, 청자도「お姉さん」이라는 호칭에서 여성으로 간주되며, 화자가 청자를「お姉さん」이라고 부르고 있기 때문에 청자는 화자와 경어적으로 동위자이거나 상위자로 묘사되어 있다. 발화내용이 청자가 놀랄 것을 예상하고 화자가 이를 배려하고 있다는 점에서 청자에 대한 화자의 친소관계는 친한 사이로 이해된다. 그런데 친한 사이에서 경도의 정중도를 나타내는 〈ないでもらえません?〉을 경어적 하위자가 동위자이거나 상위자에게 사용하는 것은 자연스러운 발화로서의 용인도가 떨어진다. 그러나「がっかりしないでもらえません?」과 같이 형제 사이에서 친근감을 높이고자 하는 표현 의도가 발동되면

허용도가 높아진다.

(20)에서 화자는「あたし」라는 인칭대명사를 쓰고 있어 여성으로, 청자는 화자와 장래를 약속한 남성에게 접근하고 있는 여성으로 묘사되어 있어 여성으로 상정되며, 화자의 청자에 대한 불쾌감이 표출되어 있다는 점에서 청자에 대한 화자의 친소관계는 소원한 사이로 간주된다. 소원한 사이에서도〈ないでもらえません?〉을 경어적 하위자가 동위자이거나 상위자에게 사용하는 것은 자연스러운 발화로서의 용인도가 떨어진다. 그러나「近付かないでもらえません?」과 같이 화자가 경어적 동위자나 상위자와의 거리감을 의도적으로 이용하고자 할 경우에는 허용도가 높아진다.

4.3. 청자(여)가 화자(여)가 경어적 동위자인 경우

[1]〈ないでもらえる?〉{청자(여)와 화자(여)가 경어적 동위자인 경우}

(21)「わたしは未亡人で男の子が二人いるの。それと」モリーは頬を赤らめた。「おつき合いしてる人がいるのよ。きっと、あなたはその人のことを知らないわ。ハイスクールの三年先輩だから」リズの返事を待たずにしゃべりつづけた。「いずれにしろ、その人とはだいぶ前からつき合ってて、理解し合ってるの。で、ちょっと前から…」途中で舌打ちしてから早口で言った。
「ああ、こんなこと言うんじゃなかった！マット…マット・ガーヴォックっていう人なんだけど、おそらく彼は、まだそのことを誰にもしゃべってほしくないはずだわ。このことは誰にも言わないでもらえる?」[→原文:「言わないでくれる?」]
リズは感覚が麻痺するほどショックを受けたが、どうにか平静を装った。
「ええ。ひとことも言わないわ」モリーとマット。❷

(21)에서 화자「モリー」는「わたしは未亡人で男の子が二人いるの」라는 표현에서 여성으로, 청자「リズ」도「ひとことも言わないわ」의「わ」와 같은 여성 전용의 종조사를 쓰고 있어 여성으로 상정되며, 화자와 청자 사이에 보통체 말씨의 친근한 표현이 사용되고 있다는 점에서 청자는 화자와 동위자로 간주된다. 화자가 청자에게 이 일은 누구에게도 말하지 말라고 부탁하고 있다는 점에서 양자는 친한 사이로 해석되며「言わないでもらえる?」의〈ないでもらえる?〉는 [부탁][당부]의 표현가치를 실현한다.

(22) ヨミ子:実はさぁ、その～、(と、立ち上がり)忘れちゃったんだ。
　　　チヒナ:え?なんて言ったの?
　　　ヤスミン:忘れちゃったって。
　　　チヒナ:忘れた～? ねぇ、お願いだから立たないでもらえる? 肝心なところ聞こえなくなるから。[→原文:「立たないでくれる?」]
　　　ヨミ子:あ、そっか、ゴメンゴメン。(と、座る)❹

(22)에서 화자「チヒナ」는 [チヒナ(姉)]로 설정되어 있어 여성으로, 화자「ヨミ子」는 [ヨミ子(幽霊)]와 같이 여성적인 이름으로 나와 있지만「忘れちゃったんだ」의「んだ」와 같은 남성 전용의 문말 표현을 쓰고 있다는 점에서 특징적이지만 일단 여성으로 간주된다. 청자가 화자에게「忘れちゃったんだ」와 같은 표현을, 그리고 화자가 청자에게「なんて言ったの?」와 같은 표현을 사용하고 있기 때문에 양자는 경어적으로 동위자로 여겨지고, 화자의「お願いだから」에 대해 청자가「ゴメンゴメン」와 같은 표현하고 있다는 점에서 양자는 친한 사이로 해석된다. 이에「立たないでもらえる?」의〈ないでもらえる?〉는 [부탁][당부]의 표현가치를 실현한다.

(23) 亜矢子: そんなときにこのババーン……マジックキエール！コレが効くんだ。
真理亜: バカでしょ……早く帰ってもらえるかしら?
亜矢子: 何故だ?
真理亜: 迷惑なのよ。私に話しかけないでもらえる? ❹

(23)에서 화자「真理亜」와 청자「真理亜」는 이름에서 둘 다 여성임을 알 수 있고, 화자와 청자가 서로 상대에게 스스럼없는 말씨를 쓰고 있기 때문에 양자는 경어적 동위자로 간주된다. 화자가 청자에게 더 이상 자기에게 말을 걸지 말라는 대화 내용에서 양자는 소원한 사이로 해석되며「話しかけないでもらえる?」의〈ないでもらえる?〉는 [귀찮음][성가심]에 상당하는 표현가치를 나타낸다.

(24) 亜矢子: 先ほどぶつぶつと独り言を言ってたから話しかけただけだ。
真理亜: 人が話してること勝手に聞かないでもらえる?！
亜矢子: すまんな。耳が良すぎるのか、塞ぐことは出来ないんだ。
真理亜: アンタ……ウザいんだけど。❹

(24)에서 화자「真理亜」와 청자「亜矢子」는 이름에서 공히 여성임을 짐작할 수 있고, 화자와 청자가 서로 상대에게 스스럼없는 말씨로 대화하고 있다는 점을 고려하면 양자는 경어적 동위자로 판단된다. 화자가 청자에 대해「ウザい」라고 느끼고 있다는 점에서 양자는 소원한 사이로 간주되며「聞かないでもらえる?！」의〈ないでもらえる?〉는 [귀찮음][성가심]에 상당하는 표현가치를 나타낸다.

(25) 友達と漫画や音楽についてしゃべっていると、友達1に「それ私知らないから、(その事について)しゃべらないでもらえる?」と言われました。友達1は自分の彼氏の話ばかりします。はっきり言って聞きたくありませんが、我慢して聞いています。
[→原文:「しゃべらないでくれる?」] ❺

(25)에서 화자「友達1」는「自分の彼氏」라는 표현에서 여성으로, 청자는 화자가 자기 남자 친구 이야기를 하는 것을 듣고 싶지 않다는 점에서 역시 여성으로 간주된다. 화자와 청자가 서

로 스스럼없는 내용의 대화를 나누고 있기 때문에 양자는 경어적 동위자로 여겨지는데, 화자가 청자에게 자기는 만화나 음악에 관해서는 모르니 그것에 관한 말을 하지 말라고 주의를 주고 있다는 점에서 양자의 친소관계는 소원한 사이로 해석된다. 이에「しゃべらないでもらえる?」의 〈ないでもらえる?〉는 [귀찮음][성가심]의 표현가치를 나타낸다.

(26) 後藤：あたしのプランはあくまでもイメージだから。あんたの意見があれば出してくれればいい。でも、わかって。もう明日なのよ。いつまでたってもあんたが使えるプラン出してくれないからあたしが仕方なく……。
小林：あたしが仕事しなかったみたいなこと言わ<u>ないでもらえる</u>。こっちだってね、徹夜して書いた照明プランをその場で却下されるのはね面白くないんだよ！[→原文：「言わないでくれる」]
後藤：だから、私は赤や青やショッキングピンクの。
小林：安キャバクラみたいな照明はいらないって言うんでしょ。
一万と一回聞いたっつうの。❹

(26)에서 화자「小林」는 [小林 陽子/二年生。照明。]로 설정되어 있고「あたし」라는 인칭대명사를 쓰고 있어 여성으로, 청자「後藤」도 [後藤 あゆみ/二年生。脚本兼演出。]로 되어 있고「あたし」라는 인칭대명사를 쓰고 있어 여성임을 알 수 있다. 화자와 청자는 같은 연극부 부원이라는 점에서 양자는 경어적 동위자로 간주되는데 화자가 청자에게 자기가 일을 하지 않았다는 식의 말을 하지 말라고 불만을 토로하고 있다는 점에서 양자는 소원한 사이로 묘사되어 있다.「言わないでもらえる」의 〈ないでもらえる?〉는 [불쾌감]의 표현가치를 나타낸다.

(27) ピンク：なによ、アタシのどこがあんたに劣るっての?
イエロー：すべてよ、すべて！ 容姿、能力、存在価値
レッド：イ、イエローちょっと言い過ぎじゃ…
ピンク：バカ言わないで！あなたみたいなブッサイクと私を比べ<u>ないでもらえる</u>?
[→原文：「比べないでくれる?」］❹

(27)에서 화자「ピンク」는 자신을「アタシ」라는 인칭대명사로 나타내고 있어 여성으로, 청자「イエロー」는「ブッサイク」로 지칭되고 있어 여성임을 알 수 있다. 화자와 청자 사이에 보통체 말씨가 쓰이고 있기 때문에 양자는 경어적 동위자로 간주된다. 화자와 청자가 상대방의 용모 등에 대해 서로 지지 않고 비난을 하고 있고 특히 화자가 자신을 추물인 청자와 비교하지 말라고 불만을 표현하고 있다는 점에서 양자는 소원한 사이로 해석된다. 이에「比べないでもらえる?」의 〈ないでもらえる?〉는 [불쾌감]의 표현가치를 나타낸다.

(28) (開幕。5人の女子高生が立っている。)
エリ：ずっとユキのこと待ってたんだよ。

```
ユキ：私を? 何でよ。だいたい、あなた(アミ)違うクラスじゃない。
アミ：別にいいじゃんか。
ユキ：勝手に教室に入ってこないでもらえる? [→原文:「入ってこないでくれる?」]
アミ：なんでユキに指図されなきゃいけないのよ。❹
```

(28)에서 화자「ユキ」와 청자「アミ」는 모두 여자 고등학생으로 설정되어 있어 여성이고 양자 사이에 보통체 말씨가 쓰이고 있기 때문에 경어적 동위자로 간주된다. 화자가 청자에게 멋대로 교실에 들어오지 말라고 말하는 것과 청자가 화자에게 그런 지시를 받아야 할 이유가 없다고 맞대응하고 있다는 점에서 양자는 소원한 사이로 해석되며「入ってこないでもらえる?」의 〈ないでもらえる?〉는 [불쾌감]의 표현가치를 나타낸다.

```
(29) 校長：あっ、山崎君いるんですか。
    信子：ちょっと、私見てきます。(退場)
    母：あっ、信子さんついでにやかんにお湯かけてくれます。
    由美子：ちょっと、信様はあんたっち息子の嫁じゃないんだからね、
         きやすくつかわないでもらえる。
    母：ごめんなさいね、近頃嫁に来てもらってもいいかなって考えてるところなの。なかなか、
         いい子だし。❹
```

(29)에서 화자「由美子」는 이름에서 그리고 청자는「母」라는 설정에서 여성으로 상정된다. 화자가 청자를「あんた」라고 부르고 있고 청자가 화자에게「ごめんなさいね」라는 표현을 쓰고 있기 때문에 청자는 화자와 동위자로 판단된다. 화자가 청자에게「信様」는 당신의 며느리가 아니니까 허물없이 부리지 말라고 불만을 토로하고 있다는 점에서 양자는 소원한 사이로 여겨지고「つかわないでもらえる」의 〈ないでもらえる?〉는 [불쾌감]의 표현가치를 나타낸다.

```
(30) 男：それとも、やっぱり別の男とやるのか、ここで!
    女1：何で怒るのよ。
    女2：何でもいいから、早くここに知らない人が座ってくれないと困るんだよ、マジで。これ以上
        私をイライラさせないでもらえる? [→原文:「イライラさせないでくれる?」]❹
```

(30)에서 화자는「女2」와 같이 청자는「女1」와 같이 모두 여성으로 설정되어 있다. 청자가 화자에게「何で怒るのよ」와 같이 묻고 있는 것에 대해 화자는「知らない人が座ってくれないと困るんだよ」와 같이 맥락 없는 대답을 하고 있는 등 서로 스스럼없는 말씨를 쓰고 있기 때문에 양자는 경어적 동위자로 간주된다. 화자가 청자에게 더 이상 자기를 짜증나게 하지 말라고 불쾌감을 나타내고 있다는 점에서 양자는 소원한 사이로 해석되며「イライラさせないでもらえる?」의 〈ないでもらえる?〉는 [불쾌감]의 표현가치를 나타낸다.

(31) 女社長:「本当、庶民は大変ね。休日も返上して労働? 頭が下がるわ~」
　　 店長 :「何しに来たんですか? こっちは今、仕事中なのよ。邪魔しないでもらえる」
　　　　　［原文：〈ないでもらえる〉］
　　 女社長:「ごめんなさい。てっきりコスプレパーティの最中と勘違いしてしまいましたわ」
　　 店長 :「あんただって似たような格好してるじゃないのよ」❹

(31)에서 화자「店長」는 [女/29]로 설정되어 있어 여성으로, 청자「女社長」도 [女/33]로 등장하고 있어 여성으로 간주되며, 화자와 청자는 대등한 입장에서 대화하고 있다는 점에서 양자는 동위자로 이해된다. 화자가 자기를 얕잡아보는 것과 같은 청자의 발화 내용에 대해 불쾌감을 표현하고 있기 때문에 양자는 소원한 사이로 해석되며「邪魔しないでもらえる」의〈ないでもらえる?〉는 [불쾌감]의 표현가치를 나타낸다.

[2]〈ないでもらえるか〉{청자(여)와 화자(여)가 경어적 동위자인 경우}

(32) フウジン:あぁ……ごめんねぇ、ちょっと今プライベートな時間なんでぇ。
　　 サッキュ :邪魔しないでもらえるかしら? [→原文:「邪魔ないでくれるかしら」]
　　 セレン　 :なんでそんなやつと一緒にいるのよ!!
　　 ゲンジ　 :それはこっちのセリフだ!主に似た阿婆擦れに手ぇだしやがって。
　　 フウジン:阿婆擦れ? ❹

(32)에서 화자「サッキュ」는「邪魔しないでもらえるかしら?」의「かしら」와 같은 여성 전용의 종조사를 쓰고 있어 여성으로, 청자「セレン」도 [♀/帝國四天王の一角、召喚士]라고 설정되어 있어 여성으로 간주된다. 화자가 청자가 보통체 말씨를 사용하고 있기 때문에 양자는 경어적으로 동위자로 이해되고, 청자「セレン」가 화자에게 화를 내고 있고 이에 대해 [♀/力の召喚士、サラの仲間]로 묘사되어 있는 다른 청자「ゲンジ」가「そんなやつと一緒にいるのよ」와 같이 공박하고 있다는 점에서 화자와 청자의 친소관계는 소원한 사이로 해석된다.「邪魔しないでもらえるかしら?」의〈ないでもらえるかしら?〉는 [불쾌감]의 표현가치를 나타낸다.「ないでもらえるかしら」는 여성 전용의 형식이라는 점에서 남성어적인「ないでもらえるか」와 대비된다. 그리고 [여성 화자/여성 청자/청자와 화자가 경어적 동위자/친한 사이]에서는〈ないでもらえるか〉나〈ないでくれるか→ないでもらえるか〉로 사용된 예가 확인되지 않는다.

[3]〈ないでもらえない?〉{청자(여)와 화자(여)가 경어적 동위자인 경우}

(33) さわやかな男兼ナレーション
　　 A :ちょっと、私を前に押し出さないでもらえない! 苦手なのほんとに苦手なのよ!
　　　　　[→原文:「押し出さないでくれない!」]
　　 B :ゆりだって苦手だもーん!

A：そんなこと言っちゃってあんたこの前青虫踏み潰してさらにぐりぐりやってたじゃないのよ！
　　B：それとこれとは別じゃワレ！❹

(33)에서 화자「A」는「苦手なの」의「なの」와 같은 여성어적 표현을 쓰고 있고 [※体は男、心は乙女라는 등장인물의 주석을 통해 여성으로, 청자「B」는 자신을「ゆり」라고 밝히고 있고 「苦手だもーん」의「だもーん」과 같은 여성 전용의 문말 표현을 쓰고 있어 여성으로 상정된다. 화자가 청자에게「あんた」와 같은 호칭과「ぐりぐりやってたじゃないのよ」와 같은 스스럼없는 보통체 말씨를 사용하고 있기 때문에 양자는 경어적 동위자로 인정되는데 화자는 청자가 자기가 자신이 없는 것을 강요하는 청자에 대해 불쾌감을 표현하고 있다는 점에서 양자는 소원한 사이로 간주된다. 이에「押し出さないでもらえない！」의 〈ないでもらえない?〉는 [불쾌감][분노]의 표현가치를 나타낸다.

(34) 由愛：「なんとなく気づいてたけど、自分が結ばれたいからってあたしにあきらめろって言うの!? それって酷いよ」
　　美菜：「馬鹿なこといわないで！勝手にそんなズルイ人と決め付け<u>ないでもらえない!?</u>」
　　　　　［→原文：「決め付けないでくれない!?」］
　　由愛：「でも！」
　　美菜：「これはあたしのためなんかじゃない！あんたたちのためなのよ！いい？だからもう光を好きにならないで」
　　由愛：「…意味わかんない！なんで!?」❹

(34)에서 화자「美菜」는「あたし」라는 인칭대명사로 자신을 지칭하고 있어 여성으로, 청자「由愛」도「あたし」라는 인칭대명사에서 여성임을 알 수 있다. 화자와 청자 사이에 보통체 말씨가 사용되고 있기 때문에 양자는 경어적 동위자로 간주된다. 화자와 청자가 남자 친구를 사이에 두고 언쟁을 벌이기 있고, 청자가 화자를「ズルイ人」로 단정을 지은 것에 대해 화자가 분노와 불쾌감을 표시하고 있다는 점에서 양자는 소원한 사이로 여겨진다.「決め付けないでもらえない!?」의 〈ないでもらえない?〉는 [불쾌감][분노]의 표현가치를 나타낸다.

(35) ○喫茶店。
　　女性が入ってくる。仮にＡ子とする。
　　Ａ子（以下、Ａ）はいつもの場所に迷わず座る。店員がくると「いつもの」と頼み出されたお冷を口にする。
　　ほんの小さな間。
　　時計を見る。
　　携帯電話が鳴る。
　　Ａ：「もしもし、どしたの？え？遅れそうなの。…うん、じゃぁ待ってる。はい、わかった」
　　　　Ａが携帯を机に置くと店員がコーヒーを持ってくる。

```
     A:「ありがとう」
       腕時計を見る、A。
       間。
       店内に女性が入ってくる。仮にB美とする。
       B美(以下、B)が店内を見渡し座る場所を探している。Aに気がつくB。
     A:「ま、何事も保険は必要」
     B:「…でも、高校の時から付き合ってるなんて知らなかった…」
     A:「言ってないからね」
     B:「ぁー、この机建てつけ悪いわね」
     A:「話を急激に変えないでもらえない?」 [→原文:「変えないでくれない?」]
     B:「椅子も悪いんだ」❹
```

(35)에서 화자「A」는 [女性が入ってくる。仮にA子とする。]라고 설정되어 있어 여성으로, 청자「B」도 [店内に女性が入ってくる。仮にBとする。]로 묘사되어 있고「悪いわね」의「わね」와 같은 여성 전용의 문말 표현에서 여성임을 짐작할 수 있다. 화자와 청자 사이의 대화에서 양자는 고등학교 때의 친구로 상정되기 때문에 양자는 경어적 동위자로 간주된다. 청자가 화제와 무관한 이야기를 시작한 것에 대한 화자의 불쾌감이 표출되고 있다는 점에서 양자의 친소관계는 소원한 사이로 해석되며「変えないでもらえない?」의 〈ないでもらえない?〉는 [불쾌감][분노]의 표현가치를 나타낸다.

```
(36) リサ:そんなとこに、いるわけないじゃん。
     アンナ:猫の子じゃないもんねえ。
     さやか:うるさいわねえ、捜す気もないくせに、口出さないでもらえない。
            [→原文:「口出さないでくれない」]
     アンナ:なによ、心配してあげてんじゃない。
     リサ:そうよ、何よ、その態度。ずいぶんじゃない。❹
```

(36)에서 화자「さやか」는 [伊勢屋의 姪]라고 설정되어 있고「うるさいわねえ」의「~わね」라는 여성 전용의 문말 표현에서 여성으로 간주된다. [フリーター]로 묘사되고 있는 청자「アンナ」도「猫の子じゃないもんねえ」의「もんねえ」와 같은 여성 전용의 문말 표현을 쓰고 있기 때문에 여성이고 같은 [フリーター]인 또 다른 청자「リサ」도「そうよ」「何よ」와 같은 표현을 통해 여성으로 여겨진다. 그리고 화자와 청자는 스스럼없는 말씨로 대화를 하고 있기에 경어적 동위자로 이해된다. 청자들이 찾은 생각도 없는데 말참견을 하고 있는 것에 대해 화자가 불쾌감을 표시하고 있다는 점에서 양자는 소원한 사이로 해석되며「口出さないでもらえない」의 〈ないでもらえない?〉는 [불쾌감][분노]의 표현가치를 나타낸다. 그리고 [여성 화자/여성 청자/청자와 화자가 경어적 동위자/친한 사이]에서는 〈ないでもらえない?〉나 〈ないでくれない?→ないで

もらえない?〉로 사용된 예가 확인되지 않는다.

[4] 〈ないでもらえないか〉
　[여성 화자/여성 청자/청자와 화자가 경어적 동위자/친한 사이·소원한 사이]에서는 〈ないでもらえないか〉나 〈ないでくれないか→ないでもらえないか〉로 사용된 예가 확인되지 않는다.

[5] 〈ないでもらえますか〉 {청자(여)와 화자(여)가 경어적 동위자인 경우}

　(37) ねえ、浩子ちゃん、もしあたしが遅れたら待たないでもらえますか。

　(37)에서 화자는「あたし」라는 인칭대명사를 쓰고 있어 여성으로, 청자도「浩子ちゃん」이라는 호칭을 통해 여성으로 간주되며, 화자와 청자는 경어적으로 동위자임을 알 수 있다. 화자가 청자에 대해「ねえ」라는 감동사와「ちゃん」이라는 호칭 접사를 사용하고 있고 화자가 청자를 배려하고 있는 발화내용에서 화자와 청자의 친소관계는 친한 사이로 이해된다. 〈ないでもらえますか〉는 경도의 정중도를 나타내기 때문에 친한 사이에서「待たないでもらえますか」와 같이 화자가 경어적 동위자에게 사용하면 [염려][배려]의 표현가치를 실현한다.

　(38) 仙:「うるさいなぁ。分かりましたよ。仙人です」
　　　春:「‥はい?」
　　　仙:「だから仙人です。名前を聞いたのはあなたでしょう?」
　　　春:「ふざけないでもらえますか」
　　　仙:「真面目に答えているんですが」
　　　春:「それは名字ですか? それとも名前?」❹

　(38)에서 화자는「春」라는 이름에서 여성으로, 청자「仙」도 [仙(仙人仙忍)/せんにん・せんしのぶ라는 이름과「あなたでしょう?」와 같은 표현에서 여성으로 이해되며, 화자가 청자가 정중체 표현을 사용하고 있기 때문에 양자는 경어적 동위자로 추정된다. 화자가 장난을 치고 있다고 느끼고 청자에게 불쾌감을 표출하고 있다는 점에서 양자는 소원한 사이로 해석된다. 소원한 사이에서 〈ないでもらえますか〉는「ふざけないでもらえますか」와 같이 화자가 경어적 동위자에게 사용하면 [불쾌감][항의]의 표현가치를 나타낸다.

[6] 〈ないでもらえます?〉 {청자(여)와 화자(여)가 경어적 동위자인 경우}

　(39) ねえ、浩子ちゃん、もしあたしが遅れたら待たないでもらえます?
　(40) あたしたちいくらルームメートだからって、あたしの物は無断で使わないでもらえます?

　(39)에서 화자는「あたし」라는 인칭대명사를 쓰고 있어 여성으로, 청자도「浩子ちゃん」이라

는 호칭을 통해 여성으로 간주되며, 화자와 청자는 경어적으로 동위자임을 알 수 있다. 화자가 청자에 대해「ねえ」라는 감동사와「ちゃん」이라는 호칭 접사를 사용하고 있고 화자가 청자를 배려하고 있는 발화내용에서 화자와 청자의 친소관계는 친한 사이로 이해된다. 친한 사이에서 「待たないでもらえます?」와 같이 경도의 정중도를 나타내는〈ないでもらえます?〉를 화자가 경어적 동위자에게 사용하면 [염려][배려]의 표현가치를 실현한다.

(40)에서 문중의「あたしたち」「ルームメート」라는 표현을 통해 화자와 청자 모두 여성으로 상정되며,「ルームメート」라는 표현을 통해 청자와 화자는 경어적 동위자임을 알 수 있다. 화자가 무단으로 자기 물건을 사용하는 청자에 대해 불쾌감을 표출하고 있기 때문에 양자는 소원한 사이로 해석된다. 소원한 사이에서「使わないでもらえます?」와 같이 화자가 경어적 동위자에게 사용하면 [불쾌감][항의]의 표현가치를 나타낸다.

[7]〈ないでもらえませんか〉{청자(여)와 화자(여)가 경어적 동위자인 경우}

(41) ねえ、浩子ちゃん、もしあたしが遅れたら待たないでもらえませんか。
(42) あたしたちいくらルームメートだからって、あたしの物は無断で使わないでもらえませんか。

(41)에서 화자는「あたし」라는 인칭대명사를 쓰고 있어 여성으로, 청자도「浩子ちゃん」이라는 호칭을 통해 여성으로 간주되며, 화자와 청자는 경어적으로 동위자임을 알 수 있다. 화자가 청자에 대해「ねえ」라는 감동사와「ちゃん」이라는 호칭 접사를 사용하고 있고 화자가 청자를 배려하고 있는 발화내용에서 화자와 청자의 친소관계는 친한 사이로 해석된다. 친한 사이에서 「待たないでもらえませんか」와 같이 경도(輕度)의 정중도를 나타내는〈ないでもらえませんか〉를 화자가 경어적 동위자에게 사용하면 [염려][배려]의 표현가치를 실현한다.

(42)에서 문중의「あたしたち」「ルームメート」라는 표현을 통해 화자와 청자 모두 여성임을 알 수 있고,「ルームメート」라는 표현을 통해 청자와 화자는 경어적 동위자로 간주된다. 화자가 무단으로 자기 물건을 사용하는 청자에 대해 불쾌감을 표출하고 있기 때문에 양자는 소원한 사이로 해석된다. 소원한 사이에서「使わないでもらえませんか」와 같이 화자가 경어적 동위자에게 사용하면 [불쾌감][항의]의 표현가치를 나타낸다.

[8]〈ないでもらえません?〉{청자(여)와 화자(여)가 경어적 동위자인 경우}

(43) ねえ、浩子ちゃん、もしあたしが遅れたら待たないでもらえません?
(44) あたしたちいくらルームメートだからって、あたしの物は無断で使わないでもらえません?

(43)에서 화자는「あたし」라는 인칭대명사를 쓰고 있어 여성으로, 청자도「浩子ちゃん」이라는 호칭을 통해 여성으로 간주되며, 화자와 청자는 경어적으로 동위자임을 알 수 있다. 화자가

청자에 대해 「ねえ」라는 감동사와 「ちゃん」이라는 호칭 접사를 사용하고 있고 화자가 청자를 배려하고 있는 발화내용에서 화자와 청자의 친소관계는 친한 사이로 규정된다. 친한 사이에서 「待たないでもらえません?」과 같이 경도의 정중도를 나타내는 〈ないでもらえません?〉을 화자가 경어적 동위자에게 사용하면 [염례][배려]의 표현가치를 실현하는데 〈ないでもらえません?〉은 〈ないでもらえます?〉에 비해 불쾌감을 함의하고 있어 소원한 사이로 다소 경사된다.

(44)에서 문중의 「あたしたち」 「ルームメート」라는 표현을 통해 화자와 청자 모두 여성임을 알 수 있고, 「ルームメート」라는 표현을 통해 청자와 화자는 경어적 동위자로 간주된다. 화자가 무단으로 자기 물건을 사용하는 청자에 대해 불쾌감을 표출하고 있기 때문에 양자는 소원한 사이로 해석된다. 소원한 사이에서 「使わないでもらえません?」과 같이 화자가 경어적 동위자에게 사용하면 [불쾌감][항의]의 표현가치를 나타낸다.

4.4. 청자(여)가 화자(여)와 경어적 동위자이거나 하위자인 경우

[1] 〈ないでもらえる?〉 [청자(여)가 화자(여)와 경어적 동위자이거나 하위자인 경우]

(45) ベロニカ:「ねえ、いいでしょ? 只でモデルになってあげるって言ってんのよ? 何なら…裸になってあげようか?」
　　レオニード:「は、裸!?」
　　ターニャ:「出た!童貞食いのベロニカ!アンタ気をつけなよ、骨の髄まで吸い尽くされちゃうよ!」
　　レオニード:「えええ!?」
　　ベロニカ:「ちょっと、人聞きの悪い!人のこと、ドラキュラみたいに言わないでもらえる? 営業妨害じゃないのさ!」[→原文:「言わないでくれる?」]
　　ターニャ:「(笑って)ああ、ゴメンなさい」
　　ユーリ:「まあ、お前みたいな年増の娼婦、コイツらみたいなヤリたい盛りのガキ共にしか相手にされないだろうけどな!」
　　ベロニカ:「はあ!?何コイツ?超ムカつくんですけどー」❹

(45)에서 화자 「ベロニカ」는 [ベロニカ(女)/娼婦]로 설정되어 있어 여성으로, 청자 「ターニャ」도 [革命レジスタンス「白い狼」/ターニャ(女)]로 묘사되어 있어 여성으로 상정된다. 화자의 「営業妨害じゃないのさ!」라는 표현에 대해 청자가 웃으면서 「ゴメンなさい」라고 응대하고 있다는 점을 감안하면 청자는 화자와 경어적 동위자나 하위자로 간주된다. 화자가 자기를 중상하는 청자에 대해 불쾌감을 표출하고 있다는 점에서 양자는 소원한 사이로 해석되며 「言わないでもらえる?」의 〈ないでもらえる?〉는 [불쾌감][항의]의 표현가치를 나타낸다.

(46) 兄とすごく仲がいいのですが(8つ離れている)兄のお嫁さんがやきもちをやいて「もう○○兄

のこと)とあわ<u>ないでもらえる</u>?」といいに来ました。兄弟なのに、やきもちやかれることってあるのですか? [→原文:「あわ<u>ないでくれる</u>?」] ❺

(46)에서 화자는「兄のお嫁さん」이라는 표현에서 여성으로, 청자도「兄とすごく仲がいい」라는 표현을 통해 여성으로 상정된다. 청자가 화자를「兄のお嫁さん」이라고 지칭하고 있기 때문에 청자는 화자와 동위자이거나 하위자로 간주되는데, 8살 차이가 나는 오빠와 청자의 사이가 좋은 것에 대해 화자가 질투하고 있다는 점을 고려하면 양자는 소원한 사이로 해석되고「あわないでもらえる?」의〈ないでもらえる?〉는 [불쾌감][항의]의 표현가치를 나타낸다.

(47) 秋絵:「(ゆっくり携帯を閉じ) 北橋冬香って言ったね」
    冬香:「はい。北の橋と書いて北橋、冬の香りと書いて冬香です」
    秋絵:「我が校の帰宅部を舐め<u>ないでもらえる</u>!?」 [→原文:「舐め<u>ないでくれる</u>!?」]
    冬香:「え、何でそんなに熱入ってるんですか!?」 ❹

(47)에서 화자「秋絵」는 이름과 [秋絵(あきえ)…帰宅部員·二年生。]로 설정되어 있어 여성으로, 청자「冬香」도 이름과 [冬香(ふゆか)…帰宅部新人·一年生。]로 나와 있어 여성으로 상정되며, 청자는 화자와 동위자이거나 하위자로 이해된다. 화자가 청자에게 우리 학교의「帰宅部」를 깔보지 말라고 불쾌감을 나타내고 있다는 점에서 양자의 친소관계는 소원한 사이로 간주되며「舐めないでもらえる!?」의〈ないでもらえる?〉는 [불쾌감][항의]의 표현가치를 나타낸다.

(48) 陽子:「(部屋の中を見渡し) ここは…」
    女性:「あなたの部屋です」
    陽子:「だよね! 何も変わってないもの。彼のとこに連れてってくれるんじゃなかったの?」
    女性:「行きますよ。今のは準備運動です」
    陽子:「紛らわしいこと<u>しないでもらえる</u>! 早く連れて行きなさいよ!」
        [→原文:「紛らわしいこと<u>しないでくれる</u>!」]
    女性:「そんなに怒らなくても…。余程、彼のことを愛しているんですね。
        そんないい男でもないのに」
    陽子:「何も知らないくせに言われたく…知ってるんだ、彼のこと?」
    女性:「一応、回収する方に関するもの全てに目を通すのが義務になっているので。
        ここまで愛されるなんて、余程あなたを引きつける何かが彼にはあるんでしょうね」 ❹

(48)에서 화자「陽子」는「変わってないもの」의「もの」와 같은 여성 전용의 종조사나「連れてってくれるんじゃなかったの?」의「の?」와 같은 여성어적 종조사를 쓰고 있어 여성으로, 청자는「女性」로 설정되어 있어 여성임을 알 수 있다. 화자가 청자에 대해「連れて行きなさいよ!」의「なさい」와 같은 명령 표현을 쓰고 있는 것에 대해 청자는 화자에게「準備運動です」「あるんでしょうね」와 같은 정중체 말씨로 대답하고 있는 점을 종합하면 청자는 화자에 비해

경어적 하위자로 간주된다. 화자가 청자에게 헷갈리는 일을 하지 말라고 불쾌감을 표출하고 있다는 점에서 양자는 소원한 사이로 해석되며「紛らわしいことししないでもらえる！」의〈ないでもらえる?〉는 [불쾌감][항의]의 표현가치를 나타낸다. 그리고 [여성 화자/여성 청자/청자가 화자와 경어적 동위자이거나 하위자/친한 사이]에 해당하는〈ないでもらえる?〉나〈ないでくれる?→ないでもらえる?〉로 사용된 예는 확인되지 않는다.

[2]〈ないでもらえるか〉
  [여성 화자/여성 청자/청자가 화자와 경어적 동위자이거나 하위자/친한 사이·소원한 사이]에서는〈ないでもらえるか〉나〈ないでくれるか→ないでもらえるか〉로 사용된 예가 확인되지 않는다.

[3]〈ないでもらえない?〉 {청자(여)가 화자(여)와 경어적 동위자이거나 하위자인 경우}

  (49) 真美：「あのさ亜美、兄ちゃんに手出さないでもらえない?」
       [→原文：「手出さないでくれない?」]
       亜美：「は?」❺

  (49)에서 화자「真美」는 이름에서 여성으로, 청자도「亜美」라는 이름에서 여성으로 상정되고, 화자가 청자를 이름으로 부르고 있기 때문에 청자는 화자와 동위자이거나 하위자로 추정된다. 화자가 청자에게 자기 남자 친구인「兄ちゃん」에게 손을 대지 말라고 불만을 표출하고 있다는 점에서 양자의 친소관계는 소원한 사이로 해석되며「手出さないでもらえない?」의〈ないでもらえない?〉는 [불쾌감][분노]의 표현가치를 나타낸다. 그리고 [여성 화자/여성 청자/청자가 화자와 경어적 동위자이거나 하위자/친한 사이]에서는〈ないでもらえない?〉나〈ないでくれない?→ないでもらえない?〉로 사용된 예가 확인되지 않는다.

[4]〈ないでもらえないか〉 {청자(여)가 화자(여)와 경어적 동위자이거나 하위자인 경우}

  (50) 飛び出した由希が響を庇うように抱きしめる。
    女：「どいてくれよ。これは私と彼との問題なんだ。部外者は邪魔を
       しないでもらえないかい?」[→原文：「邪魔をしないでくれないかい！」]
    由：「関係なくなんかない！どうして響を殺さなきゃいけないのよ！」
    女：「ふざけるな」
       「誰だって、綺麗な自分を夢想する。でも現実はそうではない。人間はどこまでも醜く
       利己的だ。わかるだろ？そいつらは人間じゃない。だから、簡単に殺すことができる。
       そいつら『犬』共は人間の害虫だ外敵だ。人間を喰らう、敵だ。敵を殺して何が悪い?
       自分自身を、人間を守るために殺して何が悪い?」
       「私は殺しても満足できない。何百回、何千回と殺しても満足できない。なあそうだろ?
       犬っころ。どれだけ痛かったか、どれだけ怖かったか、今のお前にならわかるだろ?私

```
の心が流れ込んできたんだ。君になら、わかるだろ?」
響:「あ、あ、あ、あ」
女:「どうした? ほら、立てよ。そして私に襲いかかって来いよ。あのときみたいに、凶暴な眼
    を向けてみろよ」
響:「う、あ、あ」
女:「どうしたんだよ、もっとちゃんと私を見ろよ。あの時みたいに私を見ろよ立てよ、来い
    よ、殺しに来いよ。見ろよ、私をちゃんと見ろ!」❹
```

(50)에서 화자는「女」와 같이 여성으로 설정되어 있는데,「お前」와「君」와 같은 남성 전용의 인칭대명사,「ふざけるな」의「な」라는 부정명령과「立てよ」「見ろよ」「来いよ」와 같은 동사의 명령형 그리고「わかるだろ?」의「だろ?」와 같은 남성 전용의 문말 표현을 쓰고 있다는 점이 특징적이다. 청자「由」는 [由希]라는 이름에서 여성으로 간주되며, 화자와 청자가 서로에게 보통체 말씨를 사용하고 있기 때문에 양자는 경어적 동위자로 이해된다. 개에 대해 적개심을 가지고 죽이려고 하는 화자와 이를 막고 있는 청자라는 관계에서 양자는 소원한 사이로 해석되며「邪魔をしないでもらえないかい?」의〈ないでもらえないかい〉는 [불쾌감][분노]의 표현가치를 나타낸다.「ないでもらえないかい」는「ないでもらえないか」의「か」가 장음화된 것인데 문말의「い」라는 종조사는 어조를 부드럽게 하며 결정권을 청자에게 맡기는 기능을 하기 때문에 화자의 청자에 대한 최소한의 배려가 나타난다. 그리고 [여성 화자/여성 청자/청자가 화자와 경어적 동위자이거나 하위자/ 친한 사이]에서는〈ないでもらえないか〉나〈ないでくれないか→ないでもらえないか〉로 사용된 예가 확인되지 않는다.

[5]〈ないでもらえますか〉{청자(여)가 화자(여)와 경어적 동위자이거나 하위자인 경우}

(51) ねえ、みどりちゃん、お姉ちゃんがお菓子買ってきてあげるから、もう<u>泣かないでもらえますか</u>。
(52) あなたの入会は歓迎するけど、ここは女性専用サークルだから、女の子以外は連れてこ<u>ないでもらえますか</u>。

(51)에서 화자가 자신을「お姉ちゃん」으로 지칭하고 있어 여성, 청자도「みどりちゃん」이라는 호칭을 통해 여성임을 알 수 있다. 이러한 호칭 관계에서 청자가 화자와 경어적 동위자이거나 하위자로 여겨진다. 화자가 청자에 대해 감동사「ねえ」와 호칭 접사「ちゃん」을 사용하고 있다는 점 그리고 화자가 청자에 대해 울음을 그치도록 달래고 있는 발화내용을 종합하면 양자의 친소관계는 친한 사이로 간주된다.〈ないでもらえますか〉는 경도의 정중도를 나타내기 때문에 친한 사이에서「泣かないでもらえますか」와 같이 화자가 경어적 동위자이거나 하위자에게 사용하면 상대를 달래거나 기분을 맞추기 위해 쓰인 것으로 해석된다.

(52)에서 화자와 청자는 문중의「女性専用サークル」「女の子」라는 표현에서 여성임을 알 수 있고 화자가 청자에 대해「あなた」라는 인칭대명사를 사용하고 있기 때문에 청자는 화자와 동

위자이거나 하위자로 이해된다. 화자가 남자를 데리고 온 청자에 대해 불쾌감을 표시하고 있는 발화내용에서 화자의 청자에 대한 친소관계는 소원한 사이로 해석되는데 소원한 사이에서 〈ないでもらえますか〉는 「連れてこないでもらえますか」와 같이 화자가 경어적 동위자이거나 하위자에게 사용하면 [불쾌감][분노][질책]의 표현가치를 나타낸다.

[6] 〈ないでもらえます?〉 [청자(여)가 화자(여)와 경어적 동위자이거나 하위자인 경우]

(53) ねえ、みどりちゃん、お姉ちゃんがお菓子買ってきてあげるから、もう泣かないでもらえます?
(54) あなたの入会は歓迎するけど、ここは女性専用サークルだから、女の子以外は連れてこないでもらえます?

(53)에서 화자가 자신을 「お姉ちゃん」으로 지칭하고 있어 여성, 청자도 「みどりちゃん」이라는 호칭을 통해 여성으로 간주되며, 이러한 호칭 관계에서 청자가 화자와 경어적 동위자이거나 하위자임을 알 수 있다. 화자가 청자에 대해 감동사 「ねえ」와 호칭 접사 「ちゃん」을 사용하고 있다는 점 그리고 화자가 청자에 대해 울음을 그치도록 달래고 있는 발화내용을 종합하면 양자의 친소관계는 친한 사이로 설명된다. 〈ないでもらえます?〉는 경도의 정중도를 나타내기 때문에 친한 사이에서 「泣かないでもらえます?」와 같이 화자가 경어적 동위자이거나 하위자에게 사용하면 상대를 달래거나 기분을 맞추기 위해 쓰인 것으로 해석된다.

(54)에서 화자와 청자는 문중의 「女性専用サークル」 「女の子」라는 표현에서 둘 다 여성으로 판정되고, 화자가 청자에 대해 「あなた」라는 인칭대명사를 사용하고 있기 때문에 청자는 화자와 동위자이거나 하위자로 간주된다. 화자가 남자를 데리고 온 청자에 대해 불쾌감을 표시하고 있는 발화내용에서 화자의 청자에 대한 친소관계는 소원한 사이로 해석된다. 소원한 사이에서 「連れてこないでもらえます?」와 같이 화자가 경어적 동위자이거나 하위자에게 사용하면 [불쾌감][분노][질책]의 표현가치를 나타낸다.

[7] 〈ないでもらえませんか〉 [청자(여)가 화자(여)와 경어적 동위자이거나 하위자인 경우]

(55) ねえ、みどりちゃん、お姉ちゃんがお菓子買ってきてあげるから、もう泣かないでもらえませんか。
(56) あなたの入会は歓迎するけど、ここは女性専用サークルだから、女の子以外は連れてこないでもらえませんか。

(55)에서 화자가 자신을 「お姉ちゃん」으로 지칭하고 있어 여성, 청자도 「みどりちゃん」이라는 호칭을 통해 여성으로 간주되며, 이러한 호칭 관계에서 청자가 화자와 경어적 동위자이거나 하위자임을 알 수 있다. 화자가 청자에 대해 감동사 「ねえ」와 호칭 접사 「ちゃん」을 사용하고

있다는 점 그리고 화자가 청자에 대해 울음을 그치도록 달래고 있는 발화내용을 종합하면 양자의 친소관계는 친한 사이로 이해된다. 〈ないでもらえませんか〉는 경도의 정중도를 나타내기 때문에 친한 사이에서 「泣かないでもらえませんか」와 같이 화자가 경어적 동위자이거나 하위자에게 사용될 경우, 상대를 달래거나 기분을 맞추기 위해 쓰인 것으로 해석된다.

(56)에서 화자와 청자는 문중의 「女性専用サークル」「女の子」라는 표현에서 여성임을 알 수 있고, 화자가 청자에 대해 「あなた」라는 인칭대명사를 사용하고 있기 때문에 청자는 화자와 동위자이거나 하위자로 여겨진다. 화자가 남자를 데리고 온 청자에 대해 불쾌감을 표시하고 있는 발화내용에서 화자의 청자에 대한 친소관계는 소원한 사이로 해석된다. 소원한 사이에서 「連れてこないでもらえませんか」와 같이 화자가 경어적 동위자이거나 하위자에게 사용하면 [불쾌감][분노][질책]의 표현가치를 나타낸다.

[8] 〈ないでもらえません?〉 (청자(여)가 화자(여)와 경어적 동위자이거나 하위자인 경우)

(57) ねえ、みどりちゃん、お姉ちゃんがお菓子買ってきてあげるから、もう泣かないでもらえません?
(58) あなたの入会は歓迎するけど、ここは女性専用サークルだから、女の子以外は連れてこないでもらえません?

(57)에서 화자가 자신을 「お姉ちゃん」으로 지칭하고 있어 여성, 청자도 「みどりちゃん」이라는 호칭을 통해 여성으로 간주되며, 이러한 호칭 관계에서 청자가 화자와 경어적 동위자이거나 하위자임을 알 수 있다. 화자가 청자에 대해 감동사 「ねえ」와 호칭 접사 「ちゃん」을 사용하고 있다는 점 그리고 화자가 청자에 대해 울음을 그치도록 달래고 있는 발화내용을 종합하면 양자의 친소관계는 친한 사이로 이해된다. 〈ないでもらえません?〉은 경도의 정중도를 나타내기 때문에 친한 사이에서 「泣かないでもらえません?」과 같이 화자가 경어적 동위자이거나 하위자에게 사용하면 상대를 달래거나 기분을 맞추기 위해 쓰인 것으로 해석된다.

(58)에서 화자와 청자는 문중의 「女性専用サークル」「女の子」라는 표현에서 여성으로 판정되고, 화자가 청자에 대해 「あなた」라는 인칭대명사를 사용하고 있기 때문에 청자는 화자와 동위자이거나 하위자로 간주된다. 화자가 남자를 데리고 온 청자에 대해 불쾌감을 표시하고 있는 발화내용에서 화자의 청자에 대한 친소관계는 소원한 사이로 해석된다. 소원한 사이에서 「連れてこないでもらえません?」과 같이 화자가 경어적 동위자이거나 하위자에게 사용하면 [불쾌감][분노][질책]의 표현가치를 나타낸다.

4.5. 청자(여)가 화자(여)에 비해 경어적 하위자인 경우

[1] 〈ないでもらえる?〉 (청자(여)가 화자(여)에 비해 경어적 하위자인 경우)

(59) 暗転の後、闇の中で、ライターの炎が光る。明るくなると優子がいる。
優子：そりゃ、ママだって悪い人じゃないと思うわよ。でも、あの憎まれ口だけは、どうしても好きになれないわ。第一、どうして私たち３人が同じ屋根の下で暮らさなくちゃいけないのよ。‥‥柿崎さんは好きな人だったの。そりゃ、ママはだまされたけど、少なくとも、一緒にいるときは優しかったでしょ。ユカにだって、優しかったじゃないの。‥‥そう、ユカはあんまり好きじゃなかったの。それで最後まで、柿崎さんなんて呼んでたんだ。でもね、たとえだまされたって、ママは柿崎さんのことが好きだったの。‥‥パパと較べて、どっちが好きかって。そんなの、決まっているじゃない。パパは、他に好きな人が出来ちゃって出ていっちゃった人なの。そりゃね昔は好きだったわよ。好きだったから、ユカが生まれたんじゃないの。馬鹿ねえ、本当にユカが生まれてくるのを望んだのよ。変な誤解<u>しないでもらえる</u>。[→原文：「変な誤解しないでくれる」] ❹

(59)에서 화자「優子」는「ママ」라고 지칭하고 있고「思うわよ」의「わよ」와 같은 종조사를 쓰고 있어 여성으로, 청자「ユカ」는 발화내용에서 화자의 딸로 상정되기 때문에 여성으로 간주되며, 청자는 화자에 비해 하위자로 여겨진다. 화자가 청자에게「ユカが生まれたんじゃないの」나「馬鹿ねえ」와 같은 표현을 통해 친밀감을 표현하고 있다는 점에서 양자는 친한 사이로 해석되고「変な誤解しないでもらえる」의 〈ないでもらえる?〉는 [부탁][당부]의 표현가치를 실현한다.

(60) 上原：あなた、結構デリカシーないわね。ほっといてよ。そっちこそまだ若いんでしょ? 実家は?
坂本：家帰ると勉強しろってヒステリー起こす姉がいるもので。
上原：大変ね。受験生?
坂本：まぁ。
上原：とりあえずお互い出ていく気はないってことね。
坂本：‥‥‥そういうことになりますね。
上原：一応これから１週間でも一緒に住むことになるんだからそんなに
　　　嫌そうに<u>しないでもらえる</u>? [→原文：「嫌そうにしないでくれる?」]
坂本：こういう顔なので
上原：あ、そう。
坂本：はい。じゃあ、私、あっちの方使いますね。なるべくお互い干渉せず行きましょう。
　　　(返事を聞かずに、部屋の隅で新聞をどけて荷物を出してタオルケットととかかけて寝る)上原 前途多難。❹

(60)에서 화자「上原」는 [上原りか…ＯＬ。入社４年目。]로 설정되어 있어 여성으로, 청자「坂本」도 [坂本 千恵子…現在2浪中。]로 되어 있어 여성으로 상정되며, 화자는 청자에게「デリ

カシーないわね」「お互い出ていく気はないってことね」와 같이 보통체 말씨를, 청자는 화자에게 「そういうことになりますね」「あっちの方使いますね」와 같이 정중체 말씨를 사용하고 있기 때문에, 청자는 화자에 비해 하위자로 간주된다. 화자가 청자에게 함께 살게 되었으니 그렇게 싫은 기색을 하지 말라고 불쾌감을 표현하고 있다는 점에서 양자는 소원한 사이로 해석되며 「嫌そうにしないでもらえる?」의 〈ないでもらえる?〉는 [불쾌감]의 표현가치를 나타낸다.

(61) お壱 : お子様は黙ってなさい
    出雲 : お子様じゃない！
    お壱 : お子様よ、あなたなんかに私の気持ちはわからない
    出雲 : あんたの気持ちなんてわかりたくない！
    お壱 : だったら、邪魔しないでもらえる? [→原文:「邪魔しないでくれる?」]
    出雲 : 嫌よ！❹

(61)의 등장인물 소개에서 화자「お壱」는 [お壱(貴族令嬢)]와 같이 여성으로, 청자「出雲」도 [出雲(御転婆娘)]와 같이 여성으로 설정되어 있는데, 화자가 청자를「お子様」와 같이 어린이 취급을 하고 있기 때문에 청자는 화자에 비해 하위자로 간주된다. 화자가 청자에게「お子様は黙ってなさい」와 같은 표현을, 청자가 화자에게「お子様じゃない！」와 같은 표현을 사용하면서 서로 지지 않으려고 말싸움을 하고 있다는 점에서 양자의 친소관계는 소원한 사이로 판단되며 「邪魔しないでもらえる?」의 〈ないでもらえる?〉는 [불쾌감]의 표현가치를 나타낸다.

(62) お妃 :「あのね、何をどう勘違いしてるのか分からないけど、私は別にお金目当てで結婚したわけじゃないから。勝手にどんどん話を進めないでもらえる。」
         [→原文:「進めないでくれる」]
    白雪 :（鼻で笑う）
    お妃 :「何よ。」
    白雪 :「じゃあ、どうしてパパと結婚したの?」❹

(62)에서 화자「お妃」는 [王様の妻]로 설정되어 있어 여성으로, 청자「白雪」도 [王様の娘]로 등장하고 있어 여성임을 쉬이 알 수 있고 청자는 화자에 비해 하위자로 규정된다. 화자가 청자에게 자신은 돈을 노리고 결혼한 것이 아니라고 강변하고 있고 이에 대해 청자가 코웃음을 치고 있다는 점에서 양자는 소원한 사이로 간주되며「進めないでもらえる」의 〈ないでもらえる?〉는 [불쾌감][항의]의 표현가치를 나타낸다.

(63) 父 :（前に出てくる）探し物は人生においては尽きないものです
    居母 :（出てくる）伝えられなかった想いとか
    脚本係1 :（出てくる）脚本の原作とか
    主人公 : それもう終わったから

脚本係 2 : (出てくる)なくしてしまった愛とか
　　姉 : (出てくる)それもう言わ<u>ないでもらえる</u>！？ [→原文 : 「言わないでくれる！？」] ❹

(63)에서 화자「姉」는 [早乙女 春/高校 3年生]로 설정되어 있어 여성으로, 청자「脚本係 2」는 [深山 由香/中学 3年生]로 나와 있어 여성으로 상정되며, 청자는 화자에 비해 하위자로 간주된다. 화자는 언급하고 싶지 않은 자신의 과거에 대해 청자가 언급하는 것에 대해 불쾌감을 표출하고 있다는 점에서 양자는 소원한 사이로 묘사되어 있다. 따라서 이때의「言わないでもらえる！？」는 [불쾌감][분노]의 표현가치를 나타낸다.

(64) 笹間 :「お願いです、考え直してくださいお父さん！」
　　 達人 :「君に！お父さんと言われる筋合いはな～い！！」
　　 未季 :「笹間さん、悪いけれど、もうこれ以上しつこくし<u>ないでもらえる</u>？ 何かあってからでは遅いの」 [→原文 : 「しつこくしないでくれる？」]
　　 笹間 :「そんな」
　　 達人 :「もう失礼するよ、未奈～」
　　 笹間 :「待ってください！」 ❹

(64)에서 화자「未季」는 [井上 未季(女性)/未奈の母。厳しさと優しさを併せ持つ。天然ボケ。]로 설정되어 있어 여성으로, 청자「笹間」도 [笹間 カナ(女性)/井上家に物件を紹介する石田不動産の社員。]로 묘사되어 있어 여성으로 간주된다. 화자는 청자가「お父さん」이라고 부르는「達人」의 처이기 때문에 청자는 화자에 비해 하위자로 자리매김된다. 화자가 청자에 대해「悪いけれど」「もうこれ以上」와 같은 표현을 사용하면서 더 이상 집요하게 굴지 말라고 불쾌감을 표현하고 있다는 점에서 양자는 소원한 사이로 해석되며「しつこくしないでもらえる？」의 〈ないでもらえる？〉는 [불쾌감][항의]의 표현가치를 나타낸다.

[2] 〈ないでもらえるか〉・[3] 〈ないでもらえない？〉・[4] 〈ないでもらえないか〉
　[여성 화자/여성 청자/청자가 화자에 비해 경어적 하위자/친한 사이・소원한 사이]에서는 상기 형태로 사용된 예가 확인되지 않는다.

[5] 〈ないでもらえますか〉 [청자(여)가 화자(여)에 비해 경어적 하위자인 경우]

(65) みどりちゃん、ママがお菓子買ってきてあげますから、もう泣か<u>ないでもらえますか</u>。
(66) あなたもこの会社の一員になったのよ。会社では厚化粧はし<u>ないでもらえますか</u>。

(65)에서 화자는 자신을「ママ」라고 지칭하고 있어 여성으로, 청자도「みどりちゃん」이라는 호칭으로 불리고 있어 여성임을 알 수 있고, 이러한 가족관계에서 청자는 화자에 비해 경어적 하위자로 이해된다. 화자가 청자에 대해「ちゃん」과 같은 호칭 접사를 사용하고 있고 어머니

인 화자가 딸인 청자를 달래고 있는 발화내용을 통해 청자에 대한 화자의 친소관계는 친한 사이로 간주된다. 〈ないでもらえますか〉는 경도의 정중도를 나타내기 때문에 친한 사이에서 「泣かないでもらえますか」와 같이 화자가 경어적 하위자에게 사용하면 상대를 달래거나 기분을 맞추기 위해 쓰인 것으로 해석된다.

(66)에서 화자는 문말에 「のよ」와 같은 여성 전용의 문말 표현을 쓰고 있어 여성으로, 청자도 문중의 「厚化粧」라는 표현을 통해 여성으로 여겨지며 여성 사이에 사용되는 「あなた」의 경어가치와 문의 내용을 종합하면 청자는 화자에 비해 경어적 하위자로 간주된다. 화자가 신입사원인 청자가 짙은 화장을 하는 것에 대해 불쾌감을 토로하고 있다는 점에서 청자에 대한 화자의 친소관계는 소원한 사이로 이해된다. 소원한 사이에서 〈ないでもらえますか〉는 「厚化粧はしないでもらえますか」와 같이 화자가 경어적 하위자에게 사용하면 [불쾌감][분노][질책]의 표현가치를 나타낸다.

[6] 〈ないでもらえます?〉 [청자(여)가 화자(여)에 비해 경어적 하위자인 경우]

  (67) みどりちゃん、ママがお菓子買ってきてあげますから、もう泣か<u>ないでもらえます</u>?
  (68) あなたもこの会社の一員になったのよ。会社では厚化粧はし<u>ないでもらえます</u>?

(67)에서 화자는 자신을 「ママ」라고 지칭하고 있어 여성으로, 청자도 「みどりちゃん」이라는 호칭으로 불리고 있어 여성임을 알 수 있고, 이러한 가족관계에서 청자는 화자에 비해 경어적 하위자로 이해된다. 화자가 청자에 대해 「ちゃん」과 같은 호칭 접사를 사용하고 있고 어머니인 화자가 딸인 청자를 달래고 있는 발화내용을 통해 청자에 대한 화자의 친소관계는 친한 사이로 간주된다. 〈ないでもらえます?〉는 경도의 정중도를 나타내므로 친한 사이에서 「泣かないでもらえます?」와 같이 화자가 경어적 하위자에게 사용하면 상대를 달래거나 기분을 맞추기 위해 쓰인 것으로 해석된다.

(68)에서 화자는 문말에 「のよ」와 같은 여성 전용의 문말 표현을 쓰고 있어 여성으로, 청자도 문중의 「厚化粧」라는 표현을 통해 여성으로 상정되며 여성 사이에 사용되는 「あなた」의 경어가치와 문의 내용을 종합하면 청자는 화자에 비해 경어적 하위자로 간주된다. 화자가 신입사원인 청자가 짙은 화장을 하는 것에 대해 불쾌감을 토로하고 있다는 점에서 청자에 대한 화자의 친소관계는 소원한 사이로 해석된다. 소원한 사이에서 「厚化粧はしないでもらえます?」와 같이 화자가 경어적 하위자에게 사용하면 [불쾌감][분노][질책]의 표현가치를 나타낸다.

[7] 〈ないでもらえませんか〉 [청자(여)가 화자(여)에 비해 경어적 하위자인 경우]

  (69) みどりちゃん、ママがお菓子買ってきてあげますから、もう泣か<u>ないでもらえませんか</u>。

(70) あなたもこの会社の一員になったのよ。会社では厚化粧はしないでもらえませんか。

(69)에서 화자는 자신을 「ママ」라고 지칭하고 있어 여성으로, 청자도 「みどりちゃん」이라는 호칭으로 불리고 있어 여성임을 알 수 있고, 이러한 가족관계에서 청자는 화자에 비해 경어적 하위자로 자리매김된다. 화자가 청자에 대해 「ちゃん」과 같은 호칭 접사를 사용하고 있고 어머니인 화자가 딸인 청자를 달래고 있는 발화내용을 통해 양자는 친한 사이로 간주된다. 〈ないでもらえませんか〉는 경도의 정중도를 나타내기 때문에 친한 사이에서 「泣かないでもらえませんか」와 같이 화자가 경어적 하위자에게 사용하면 상대를 달래거나 기분을 맞추기 위해 쓰인 것으로 해석된다.

(70)에서 화자는 문말에 「のよ」와 같은 여성 전용의 문말 표현을 쓰고 있어 여성으로, 청자도 문중의 「厚化粧」라는 표현을 통해 여성으로 여겨지며 「あなた」의 경어가치와 문의 내용을 종합하면 청자는 화자에 비해 경어적 하위자로 간주된다. 화자가 신입사원인 청자가 짙은 화장을 하는 것에 대해 불쾌감을 토로하고 있다는 점에서 청자에 대한 화자의 친소관계는 소원한 사이로 해석된다. 소원한 사이에서 「厚化粧はしないでもらえませんか」와 같이 화자가 경어적 하위자에게 사용하면 [불쾌감][분노][질책]의 표현가치를 나타낸다.

[8] 〈ないでもらえません?〉 [청자(여)가 화자(여)에 비해 경어적 하위자인 경우]

(71) みどりちゃん、ママがお菓子買ってきてあげますから、もう泣かないでもらえません?
(72) あなたもこの会社の一員になったのよ。会社では厚化粧はしないでもらえません?

(71)에서 화자는 자신을 「ママ」라고 지칭하고 있어 여성, 청자도 「みどりちゃん」이라는 호칭으로 불리고 있어 여성으로 판명되고, 이러한 가족관계에서 청자는 화자에 비해 경어적 하위자임을 알 수 있다. 화자가 청자에 대해 「ちゃん」과 같은 호칭 접사를 사용하고 있고 어머니인 화자가 딸인 청자를 달래고 있는 발화내용을 통해 청자에 대한 화자의 친소관계는 친한 사이로 간주된다. 〈ないでもらえません?〉은 경도의 정중도를 나타내기 때문에 친한 사이에서 「泣かないでもらえません?」과 같이 화자가 경어적 하위자에게 사용하면 상대를 달래거나 기분을 맞추기 위해 쓰인 것으로 해석된다.

(72)에서 화자는 문말에 「のよ」와 같은 여성 전용의 문말 표현을 쓰고 있어 여성으로, 청자도 문중의 「厚化粧」라는 표현을 통해 여성으로 판단되며 「あなた」의 경어가치와 문의 내용을 종합하면 청자는 화자에 비해 경어적 하위자로 상정된다. 화자가 신입사원인 청자가 짙은 화장을 하는 것에 대해 불쾌감을 토로하고 있다는 점에서 청자에 대한 화자의 친소관계는 소원한 사이로 해석된다. 소원한 사이에서 「厚化粧はしないでもらえません?」과 같이 화자가 경어적 하위자에게 사용하면 [불쾌감][분노][질책]의 표현가치를 나타낸다.

5. 〈ないでもらえる〉 계열 의뢰표현의 사용가능성 및 표현가치

제Ⅱ부에서 검토했던 〈ないでもらえる〉 계열 의뢰표현 형식의 성별에 따른 사용가능성과 그 표현가치를 간단하게 표로 정리한다.

[1] 〈ないでもらえる?〉

친한 사이	{男}[부탁][당부] / {女}[불쾌감][항의]
소원한 사이	{男}[부탁][당부] {女}[귀찮음][성가심], [불쾌감], [불쾌감][불만], [불쾌감][항의], [불쾌감][분노]

화자 청자	남성 화자		여성 화자	
	친	소	친	소
남성(상)	−	−	−	○
남성(동/상)	−	−	−	○
남성(동)	−	○	○	○
남성(동/하)	○	−	−	○
남성(하)	−	−	−	−
여성(상)	−	○	−	○
여성(동/상)	−	−	−	○
여성(동)	○	−	○	○
여성(동/하)	○	○	−	○
여성(하)	○	○	○	○

[2] 〈ないでもらえるか〉

친한 사이	{男}[부탁][당부] {女}[불쾌감], [불쾌감][항의], [불쾌감][분노]
소원한 사이	{男}<ないでもらえるかなー>의 형태로 [부탁][당부] {女}<ないでもらえるかしら><ないでもらえるかい>의 형태로 [불쾌감]

화자 청자	남성 화자		여성 화자	
	친	소	친	소
남성(상)	−	−	−	−
남성(동/상)	−	○	○	−
남성(동)	○	−	−	○
남성(동/하)	○	−	−	−
남성(하)	−	○	−	−
여성(상)	−	−	−	−
여성(동/상)	−	○	−	−
여성(동)	○	○	−	○
여성(동/하)	○	○	−	−
여성(하)	−	−	−	−

[3] 〈ないでもらえない?〉

친한 사이	{**男**}[간원] / {**女**}0
소원한 사이	{**男**}0 / {**女**}[불쾌감][분노]

청자 \ 화자	남성 화자		여성 화자	
	친	소	친	소
남성(상)	-	-	-	-
남성(동/상)	-	-	-	-
남성(동)	○	-	-	-
남성(동/하)	-	-	-	-
남성(하)	-	-	-	-
여성(상)	-	-	-	-
여성(동/상)	-	-	-	-
여성(동)	-	-	-	○
여성(동/하)	-	-	-	○
여성(하)	○	-	-	-

[4] 〈ないでもらえないか〉

친한 사이	{**男**}[부탁][당부] / {**女**}0
소원한 사이	{**男**}[부탁][당부] / {**女**}[불쾌감][분노]

청자 \ 화자	남성 화자		여성 화자	
	친	소	친	소
남성(상)	-	-	-	-
남성(동/상)	-	-	-	-
남성(동)	○	○	-	-
남성(동/하)	○	○	-	-
남성(하)	○	○	-	-
여성(상)	-	-	-	-
여성(동/상)	-	-	-	-
여성(동)	○	○	-	-
여성(동/하)	○	○	-	○
여성(하)	○	○	-	-

[5] 〈ないでもらえますか〉

친한 사이	{**男**}[염려][배려], [간원][원망] {**女**}[불쾌감][항의], [불쾌감][분노][항의], [불쾌감][분노][질책]
소원한 사이	{**男**}[간원][원망], [염려][배려] {**女**}[불쾌감][항의], [불쾌감][분노][질책]

화자 청자	남성 화자		여성 화자	
	친	소	친	소
남성(상)	??	○	??	??
남성(동/상)	?	○	○	○
남성(동)	○	○	○	○
남성(동/하)	○	○	○	○
남성(하)	○	○	○	○
여성(상)	??	??	??	??
여성(동/상)	?	?	?	?
여성(동)	○	○	○	○
여성(동/하)	○	○	○	○
여성(하)	○	○	○	○

[6] 〈ないでもらえます?〉

친한 사이	{**男**}[염려][배려], [간원][원망] {**女**}[불쾌감][항의], [불쾌감][분노][항의], [불쾌감][분노][질책]
소원한 사이	{**男**}[염려][배려], [간원][원망] {**女**}[불쾌감][항의], [불쾌감][분노][질책]

화자 청자	남성 화자		여성 화자	
	친	소	친	소
남성(상)	??	??	??	○
남성(동/상)	?	○	?	○
남성(동)	○	○	○	○
남성(동/하)	○	○	○	○
남성(하)	○	○	○	○
여성(상)	??	??	??	??
여성(동/상)	?	?	?	?
여성(동)	○	○	○	○
여성(동/하)	○	○	○	○
여성(하)	○	○	○	○

[7] 〈ないでもらえませんか〉

친한 사이	{男}[염려][배려], [간원][원망] {女}[불쾌감][분노][항의], [불쾌감][분노][질책]
소원한 사이	{男}[염려][배려], [간원][원망] {女}[불쾌감][항의], [불쾌감][분노][항의], [불쾌감][분노][질책]

청자 \ 화자	남성 화자		여성 화자	
	친	소	친	소
남성(상)	??	??	??	??
남성(동/상)	?	?	?	?
남성(동)	○	○	○	○
남성(동/하)	○	○	○	○
남성(하)	○	○	○	○
여성(상)	??	??	??	??
여성(동/상)	?	?	?	?
여성(동)	○	○	○	○
여성(동/하)	○	○	○	○
여성(하)	○	○	○	○

[8] 〈ないでもらえません?〉

친한 사이	{男}[염려][배려], [간원][원망](<ないでもらえます?>에 비해 불쾌감을 함의하고 있어 소원한 사이로 다소 경사됨) {女}[불쾌감][항의], [불쾌감][분노][항의], [불쾌감][분노][질책](<ないでもらえませんか>보다 경의도가 약간 낮다는 점에서 소원함이 다소 강하게 분출)
소원한 사이	{男}[염려][배려], [간원][원망](불쾌감을 함의) {女}[불쾌감][항의], [불쾌감][분노][질책](소원함이 다소 강하게 분출)

청자 \ 화자	남성 화자		여성 화자	
	친	소	친	소
남성(상)	??	??	??	??
남성(동/상)	?	?	?	?
남성(동)	○	○	○	○
남성(동/하)	○	○	○	○
남성(하)	○	○	○	○
여성(상)	??	??	??	??
여성(동/상)	?	?	?	?
여성(동)	○	○	○	○
여성(동/하)	○	○	○	○
여성(하)	○	○	○	○

제Ⅲ부

<ないでくださる> 계열의 의뢰표현

1. 남성 화자가 남성 청자에게 사용하는 <ないでくださる> 계열 의뢰표현
2. 남성 화자가 여성 청자에게 사용하는 <ないでくださる> 계열 의뢰표현
3. 여성 화자가 남성 청자에게 사용하는 <ないでくださる> 계열 의뢰표현
4. 여성 화자가 여성 청자에게 사용하는 <ないでくださる> 계열 의뢰표현
5. <ないでくださる> 계열 의뢰표현의 사용가능성 및 표현가치

본 연구에서는 〈ないでくださる〉 계열의 의뢰표현을 ①명령형 〈ないでください〉, ②보통체 〈ないでくださる?・ないでくださるか・ないでくださらない?・ないでくださらないか〉, ③정중체 〈ないでくださいますか・ないでくださいます?・ないでくださいませんか・ないでくださいません?〉, ④완곡한 질문을 나타내는 〈でしょうか〉가 하접(下接)하는 〈ないでくださるでしょうか・ないでくださらないでしょうか・ないでくださいますでしょうか・ないでくださいませんでしょうか〉와 같이 크게 4그룹으로 구분한다.

그런데 〈ないでくださる〉 계열의 ①②③④유형의 각각의 형식을 언어자료에서 조사하면 실례가 등장하는 형식과 우연의 공백으로 판단되지만 실례가 결여되어 있는 형식이 있고, 설령 실례가 존재하더라도 연구 목적을 수행하기에 수적으로 불충분하는 등 형식간의 사용 실태는 반드시 동질적이지는 않다. ①명령형 표현인 〈ないでください〉의 실례가 가장 풍부하고 광범위하게 확인된다는 점에서 〈ないでくださる〉 계열의 대표적인 형식으로 간주된다[1]. 한편 ②보통체 표현인 〈ないでくださる?〉〈ないでくださるか〉〈ないでくださらない?〉〈ないでくださらないか〉의 경우를 살펴보면 〈ないでくださる?〉와 〈ないでくださるか〉의 사용례를 소수 확인할 수 있는 것에 비해[2], 〈ないでくださるか〉와 〈ないでくださらないか〉는 언어자료에서 그 사용이 확인되지 않는다.

그리고 ③정중체 표현의 경우 〈ないでくださいます?〉를 제외하고 〈ないでくださいますか〉〈ないでくださいませんか〉〈ないでくださいません?〉은 언어자료에서 소수 확인된다. 한편 ④완

---

[1] ①의 〈ないでください〉의 사용 실태를 규범적 경어의식에서 관찰할 경우, 화자와 청자의 상하관계 여부나 친소관계 여하에 상관없이 - 물론 현실세계에서는 경어가치의 하락이라는 현상이 가속화되어 〈ないでください〉를 경어적 하위자가 경어적 상위자에게 사용하는 것에는 일부 제약이 있지만 - 성립한다. 〈ないでください〉는 〈ないでくださる〉 계열의 의뢰표현 중에서 [의뢰]를 나타내는 가장 중립적이며 투명한 형식이라고 할 수 있다. 금번 연구에서는 이러한 점을 감안하고 또한 지면상의 제약을 고려하여 〈ないでください〉의 사용 실태 및 표현가치에 관해서는 향후 과제로 삼고자 한다.

[2] 〈ないでくださる?〉는 ❶에서는 「このコリネットがここから発ってしまっても、忘れないでくださるわね。このフランスの女が真面目でないったて、それを恨みはなさらないわね。」「ジャン・クリストフ」= ロランロマン(Rolland, Romain)著 豊島与志雄訳『ジャン・クリストフ - 06 第四巻 反抗 - 』岩波文庫 1986 岩波書店) 과 같이 1개 출현하고, ❹에는 「香澄：気安く「浅井」の名前を呼ばないでくださる？ この名前の重みをちっとも理解していない庶民に「浅井」という名前を口にする資格はありませんわ。」(題名：仮面の姫とひとりぼっちたち/作者：香重冥)와 「かおる：だったら口出ししないでくださる？ の男は最低よ。」(題名：勿忘草~ユメノホトリ~/劇団：ほしのうみ~夢幻黙示録~/作者：ほしのうみ)가 등장한다. 한편 ❺에서는 「たとえ、店員さんが清潔感溢れる美青年だったとしても、背筋がゾゾ～ってなるくらいイヤなの。たとえ、手が触れなくっても店員さんの上下の手から伝わってくる体温だけで気持ち悪いわ。お願いだから、触らないでくださる？ 挟まないでくださる？ 小銭落としちゃってもいいから。」(http://puyoko.jugem.jp/?eid=317),「香水ババア：「ちょっと！鞄を当てないで下さる！？」(http://kijoplus.com/archives/29636121.html)와 お嬢様：「ちょっ、引っ張らないで下さる！？」(http://ssmatomesokuho.com/thread/read?id=153552)가 추출된다. 한편 〈ないでくださらない?〉는 ❺에서 「間違わないで下さらない？ あっちがわたくしの下僕ですわ。」(http://koebu.com/topic/)와 「あの頃と同じにしないで下さらない？ わたくしだって、もう……その……大人、なんですのよ……」(http://chellsea69.blog.fc2.com)가 확인된다.

곡한 질문을 나타내는 〈でしょうか〉가 하접(下接)하는 〈ないでくださるでしょうか〉〈ないでくださらないでしょうか〉〈ないでくださいますでしょうか〉〈ないでくださいませんでしょうか〉는 본 연구의 언어자료에서 출현하지 않는다. 이러한 사용실태를 반영하여 본 연구에서는 〈ないでくださる〉 계열의 각 유형의 각각의 형식에 관해 일본어 모어 화자의 직관과 내성에 기초한 작례(作例)를 작성하여 이를 검토대상으로 삼는다.

이하 각 형식의 사용 가능성(성립가능성, 허용도, 용인도) 및 표현가치에 관해 검토하는데, 화자와 청자의 성별 및 위상차에 초점을 맞추고, 구체적인 용례에 대한 고찰은 다음 순서로 진행한다. [1]〈ないでくださる?〉[3], [2]〈ないでくださるか〉, [3]〈ないでくださらない?〉[4], [4]〈ないでくださらないか〉, [5]〈ないでくださいますか〉[5], [6]〈ないでくださいます?〉[6], [7]〈ないでくださいませんか〉[7], [8]〈ないでくださいません?〉[8], [9]〈ないでくださるでしょうか〉[9], [10]〈ないでくださらないでしょうか〉[10], [11]〈ないでくださいますでしょうか〉[11], [12]〈ないでくださいませんでしょうか〉[12].

---

3) 〈ないでくださる?〉의 사용 가능성 및 표현가치에 관해서는 [李成圭·和田康二(2013b)「〈ないでくださる?〉〈ないでくださらない?〉の依頼表現-使用実態および使用可能性-」『日本語学報』95輯 韓国日本学会 pp.47-61.]의 내용을 상당 부분 반영하고 있지만 일부 예문과 기술 내용에 있어서는 이 후 가필 수정한 부분도 있다는 점을 밝혀둔다.

4) 〈ないでくださらない?〉의 사용 가능성 및 표현가치에 관해서는 [李成圭·和田康二(2013b)「〈ないでくださる?〉〈ないでくださらない?〉の依頼表現-使用実態および使用可能性-」『日本語学報』95輯 韓国日本学会 pp.47-61.]의 내용을 상당 부분 반영하고 있지만 일부 예문과 기술 내용에 있어서는 이 후 가필 수정한 부분도 있다는 점을 밝혀둔다.

5) 〈ないでくださいますか〉의 사용 가능성 및 표현가치에 관해서는 [李成圭·任鎭永(2013a)「의뢰표현 〈ないでくださいますか〉의 표현가치」『외국학연구』23 중앙대학교 외국학연구소 pp.121-138.]의 예문(1) ~ (31)과 서술내용을 상당 부분 반영하고 있지만 일부 예문과 기술 내용에 있어서는 그 후 가필 수정한 부분도 있다는 점을 밝혀둔다.

6) 여성을 화자로 상정하여 〈ないでくださいます?〉의 사용 가능성 및 표현가치에 관해 기술한 논문에는 [李成圭(2014b)「〈ないでくださいます?〉의 사용 가능성 및 표현가치 - 여성 화자를 중심으로 하여 -」『日本語教育』68 韓国日本語教育学会 pp.17-38.]가 있다. 본서에서는 李成圭(2014b)의 예문(1) ~ (54)] 및 서술내용을 상당 부분 반영하고 있지만 일부 예문과 기술 내용에 있어서는 그 후 가필 수정한 부분도 있다는 점을 밝혀둔다.

7) 남성 화자를 대상으로 하여 〈ないでくださいませんか〉의 운용 실태와 표현가치에 관해 기술한 논문에는 [李成圭(2014c)「의뢰표현 〈ないでくださいませんか〉의 운용 실태와 표현가치」『외국학연구』27 中央大学校 外国学研究所 pp.237-257.]이 있다. 본서에서는 李成圭(2014c)의 예문(1) ~ (36)] 및 서술내용을 상당 부분 반영하고 있지만 일부 예문과 기술 내용에 있어서는 그 후 가필 수정한 부분도 있다는 점을 밝혀둔다.

8) 화자 불명인 경우를 상정하여 [李成圭(2014d)「〈ないでくださいません?〉의 사용 가능성 및 표현가치 - 화자 불명을 중심으로 -」『비교일본학』30 漢陽大学校 日本学国際比較研究所 pp.263-290.]를 발표한 바 있지만, 본서에서는 화자가 불명인 경우는 고찰 대상에서 제외했다.

9) 남성을 발화주체로 상정한 논문으로는 [李成圭(2014a)「〈ないでくださるでしょうか〉의 의뢰표현 - 사용 가능성 및 표현가치 -」『日本学報』99輯 韓国日本学会 pp.137-150.]이 있다. 본서에서는 李成圭(2014a)의 예문(1) ~ (36)] 및 서술내용을 상당 부분 반영하고 있지만 이후 가필 수정한 부분도 있다는 점을 밝혀둔다.

10) 남성을 화자로 상정한 논문으로는 [李成圭(2014e)「〈ないでくださらないでしょうか〉의 사용 가능성 및 표현가치 - 남성 화자를 중심으로 하여 -」『일본연구』60 韓国外国語大学校 日本研究所 pp.459-484.]가 있다.

1. 남성 화자가 남성 청자에게 사용하는 〈ないでくださる〉 계열 의뢰표현

1.1. 청자(남)가 화자(남)에 비해 경어적 상위자인 경우

[1] 〈ないでくださる?〉 {청자(남)가 화자(남)에 비해 경어적 상위자인 경우}

(1) お父さん、僕は大丈夫ですから、そんなに気を遣わないでくださる?
(2) お父さん、彼女とのデートを二度と邪魔しないでくださる?

〈ないでくださる?〉는 질문의 〈か〉가 현재화되지 않은 보통체 말씨이기 때문에 여성어적 성격을 띠면서 경의도가 낮고 가벼운 느낌을 준다. (1)의 「気を遣わないでくださる?」와 같이 친한 사이에서 남성 화자가 경어적 상위자인 「お父さん」에게 사용하면 [친밀감]의 표현가치를 실현한다. 그리고 〈ないでくださる?〉는 경의도가 낮고 가볍다는 점에서 청자와의 거리를 확보하며 화자의 품위를 유지하는 [정중도]가 약화된다. 그래서 (2)의 「邪魔しないでくださる?」와 같이 소원한 사이에서 남성 화자가 가족과 같은 내적 관계의 경어적 상위자인 「お父さん」에게 사용하면 청자에 대한 화자의 [불쾌감]이 강하게 나타난다. 또한 〈ないでくださる?〉는 [차가움][냉담]의 뉘앙스를 수반하며 [불쾌감]도 표출하기 때문에 친소관계가 소원한 사이로 경사된다.

[2] 〈ないでくださるか〉 {청자(남)가 화자(남)에 비해 경어적 상위자인 경우}

(3) *お父さん、僕は大丈夫ですから、そんなに気を遣わないでくださるか。
(4) *お父さん、彼女とのデートを二度と邪魔しないでくださるか。

〈ないでくださるか〉는 〈ないでくださる〉 계열의 긍정 보통체인데 어조가 상당히 딱딱하고 정중도도 결여되어 있어 남성 전용 형식으로 규정되며, 연배의 남성 화자가 자신의 권위나 위

본서에서는 李成圭(2014e)의 예문(1)~(36)] 및 서술내용을 상당 부분 반영하고 있지만 그 후 가필 수정한 부분도 있다는 점을 밝혀둔다.

11) 여성을 화자로 상정한 논문으로는 [李成圭(2014g)「〈ないでくださいますでしょうか〉의 표현가치 - 여성 화자를 중심으로 하여 -」『외국학연구』 29 중앙대학교 외국학연구소 pp.277-302.]가 있다. 본서에서는 李成圭(2014g)의 예문(1)~(36)] 및 서술내용을 상당 부분 반영하고 있지만 그 후 가필 수정한 부분도 있다는 점을 명기한다.

12) 남성을 발화 주체로 상정한 논문으로는 [李成圭(2014f)「〈ないでくださいませんでしょうか〉의 사용 가능성 및 표현가치 - 남성 화자를 중심으로 하여 -」『일본연구』 22 高麗大學校 일본연구센터 pp.227-262.]가 있다. 본서에서는 李成圭(2014f)의 예문(1)~(54)] 및 기술을 상당 부분 반영하고 있지만 그 후 가필 수정한 부분도 있다는 점을 명기한다.

엄을 청자에게 내세움으로써 청자보다 우위에 점하고 있다고 주장하는 뉘앙스를 수반한다. 친한 사이에서 (3)의「気を遣わないでくださるか」와 같이 남성 화자가, 경어적 상위자이며 남성 청자인「お父さん」에게 사용하는 것은 난폭하고 거친 인상을 준다는 점에서 자연스러운 발화로서의 허용도가 낮다. 그리고 〈ないでくださるか〉는 정중도가 결여되어 있고, 연배의 남성 화자가 자신의 권위나 위엄을 청자에게 내세움으로써 청자보다 우위에 점하고 있다는 뉘앙스를 띤다. 그래서 소원한 사이라고 하더라도 (4)의「邪魔しないでくださるか」와 같이 남성 화자가, 경어적 상위자이며 남성 청자인「お父さん」에게 사용하는 것은, 난폭하고 거친 인상을 준다는 점에서 자연스러운 발화로서의 허용도가 낮다.

[3] 〈ないでくださらない?〉 {청자(남)가 화자(남)에 비해 경어적 상위자인 경우}

(5) ?? お父さん、僕は大丈夫ですから、そんなに気を遣わないでくださらない?
(6) お父さん、彼女とのデートを二度と邪魔しないでくださらない?

〈ないでくださらない?〉는 여성어적 분위기를 수반하면서 경의도가 낮고 가벼운 느낌을 주는데 청자가 화자의 의도대로 행동해 주기를 강하게 요구하고 있다는 점에서 〈ないでくださる?〉보다 강한 어조를 띤다. 친한 사이에서 (5)의「気を遣わないでくださらない?」와 같이 남성 화자가 가족과 같은 내적 관계의 경어적 상위자인「お父さん」에게 사용하면 [정중도]가 약화되고 [친밀도]도 다소 낮아지기 때문에 자연스러운 발화로서 부자연스럽다. 그리고 〈ないでくださらない?〉는 소원한 사이에서 (6)의「邪魔しないでくださらない?」와 같이 남성 화자가 가족과 같은 내적 관계의 경어적 상위자인「お父さん」에게 사용하면 [정중도]가 약화되고 청자에 대한 화자의 불쾌감이 〈ないでくださる?〉보다 강하게 표출된다.

[4] 〈ないでくださらないか〉 {청자(남)가 화자(남)에 비해 경어적 상위자인 경우}

(7) * お父さん、僕は大丈夫ですから、そんなに気を遣わないでくださらないか。
(8) * お父さん、彼女とのデートを二度と邪魔しないでくださらないか。

〈ないでくださらないか〉는 〈ないでくださる〉 계열의 부정 보통체로 경의를 함의하고 있어 경어가치는 인정되지만 정중도가 결여되어 있고, 연배의 남성 화자가 권위나 위엄을 청자에게 보임으로써 청자보다 우위에 있다는 뉘앙스를 수반한다. 친한 사이에서 (7)의「気を遣わないでくださらないか」와 같이 남성 화자가, 경어적 상위자이며 남성 청자인「お父さん」에게 〈ないでくださらないか〉를 사용하는 것은 〈ないでくださるか〉에 비해서는 부드럽지만 거친 말씨라는 인상을 지우기 어렵다는 점에서 자연스러운 발화로서의 허용도가 낮다. 그리고 〈ないでくださらないか〉는 정중도가 결여되어 있고, 연배의 남성 화자가 권위나 위엄을 청자에게 보임으로써 청자보다 우위에 있다는 뉘앙스가 간취된다. 소원한 사이라고 하더라도 (8)의 「邪魔しないでくださらないか」와 같이 남성 화자가, 경어적 상위자이며 남성 청자인 「お父さん」에게 〈ないでくださらないか〉를 사용하는 것은 〈ないでくださるか〉에 비해서는 부드럽지만 거친 말씨라는 인상을 지우기 어렵다는 점에서 자연스러운 발화로서의 허용도가 낮다.

[5] 〈ないでくださいますか〉 {청자(남)가 화자(남)에 비해 경어적 상위자인 경우}

 (9) お父さん、僕は大丈夫ですから、そんなに気を遣わないでくださいますか。
 (10) お父さん、彼女とのデートを二度と邪魔しないでくださいますか。

〈ないでくださる〉 계열의 긍정 정중체인 〈ないでくださいますか〉는 경어가치가 높고, 정중도도 구비하고 있어 청자와의 일정한 거리를 확보하면서 화자의 품위를 유지하는 역할을 한다. 친한 사이에서 (9)의 「気を遣わないでくださいますか」와 같이 남성 화자가 경어적 상위자인 「お父さん」에게 사용하면 [염려][원망]의 표현가치를 실현한다. 그리고 〈ないでくださいますか〉는 경어가치가 높고 정중도도 구비하고 있어 청자와의 일정한 거리를 확보하면서 화자의 품위를 유지하는 역할을 한다. 그런데 문말이 [ます+か]와 같이 긍정의 형태를 취하고 있기 때문에 부정 정중체인 〈ないでくださいませんか〉에 비해 상대적으로 어감이 다소 딱딱하다. 소원한 사이에서는 (10)의 「邪魔しないでくださいますか」와 같이 화자가 경어적 상위자인 「お父さん」에게 사용하면 [불쾌감][불만]의 표현가치를 나타낸다.

[6] 〈ないでくださいます?〉 {청자(남)가 화자(남)에 비해 경어적 상위자인 경우}

 (11) ??お父さん、僕は大丈夫ですから、そんなに気を遣わないでくださいます?
 (12) お父さん、彼女とのデートを二度と邪魔しないでくださいます?

〈ないでくださいます?〉는 질문의 〈か〉가 현재화되지 않은 형식이란 점에서 경의도는 〈ないでくださいますか〉보다 낮고 여성어적 성격을 띠기 때문에 어조는 부드럽지만 한편으로 가벼운 느낌을 준다. 친한 사이에서 (11)의 「気を遣わないでくださいます?」와 같이 남성 화자가 경어적 상위자인 「お父さん」에게 사용하는 것은 부자연스럽다. 그리고 〈ないでくださいます?〉는 어조가 부드러워진 분만큼 화자가 감정을 표현으로 옮기기 쉽다는 점에서 [차가움][냉담]의 뉘앙스를 띤다. 그래서 소원한 사이에서 (12)의 「邪魔しないでくださいます?」와 같이 남성 화자가 경어적 상위자인 「お父さん」에게 사용하면 [불쾌감][불만]의 표현가치를 나타낸다.

[7] 〈ないでくださいませんか〉 {청자(남)가 화자(남)에 비해 경어적 상위자인 경우}

 (13) お父さん、僕は大丈夫ですから、そんなに気を遣わないでくださいませんか。

(14) お父さん、彼女とのデートを二度と邪魔しないでくださいませんか。

〈ないでくださいませんか〉는 〈ないでくださる〉 계열의 부정 정중체라는 점에서 경어가치가 높고, 정중도도 구비하고 있어 청자와의 일정한 거리를 확보하면서 화자의 품위를 유지하는 역할을 한다. 친한 사이에서 (13)의 「気を遣わないでくださいませんか」와 같이 남성 화자가 경어적 상위자인 「お父さん」에게 사용하면 [간원][원망]의 표현가치를 실현한다. 그리고 〈ないでくださいませんか〉는 경어가치가 높고 문말이 부정의 형태를 취하고 있기 때문에 긍정 정중체인 〈ないでくださいますか〉에 비해 상대적으로 어감이 부드럽다. 그래서 소원한 사이에서는 (14)의 「邪魔しないでくださいませんか」와 같이 남성 화자가 경어적 상위자인 「お父さん」에게 사용하면 [불쾌감][불만]의 표현가치를 나타낸다.

[8] 〈ないでくださいませんか〉 {청자(남)가 화자(남)에 비해 경어적 상위자인 경우}

(15) ?? お父さん、僕は大丈夫ですから、そんなに気を遣わないでくださいません?
(16) お父さん、彼女とのデートを二度と邪魔しないでくださいません?

〈ないでくださいません?〉은 질문의 〈か〉가 현재화되지 않은 형식이란 점에서 경의도는 〈ないでくださいませんか〉보다 낮고 여성어적 성격을 띠기 때문에 어조는 부드럽지만 가벼운 뉘앙스를 수반한다. 친한 사이에서 (15)의 「気を遣わないでくださいません?」과 같이 남성 화자가 경어적 상위자인 「お父さん」에게 사용하면 청자에 대한 화자의 불쾌감이 나타난다는 점에서 부자연스럽다. 그리고 〈ないでくださいません?〉은 어조가 부드러워진 분만큼 화자가 감정을 표현으로 옮기기 쉽고 [차가움][냉담]의 뉘앙스를 수반한다. 그래서 소원한 사이에서 (16)의 「魔しないでくださいません?」과 같이 남성 화자가 경어적 상위자인 「お父さん」에게 사용하면, 청자에 대한 [불쾌감][불만]이 표출되기 때문에 정중도는 그만큼 약화된다.

[9] 〈ないでくださるでしょうか〉 {청자(남)가 화자(남)에 비해 경어적 상위자인 경우}

(17) お父さん、僕は大丈夫ですから、そんなに気を遣わないでくださるでしょうか。
(18) お父さん、彼女とのデートを二度と邪魔しないでくださるでしょうか。

〈ないでくださるでしょうか〉는 경어가치와 정중도가 높고 격식도 인정되는데 〈でしょうか〉에 함의되어 있는 정중도에 의해 친소관계는 소원해진다. 그런데 (17)의 「気を遣わないでくださるでしょうか」와 같이 남성 화자가 경어적 상위자인 남성 청자 「お父さん」에게 사용할 경우에는 자연스러운 발화로서 성립하고 [염려][배려]의 표현가치를 실현한다. 그리고 〈ないでくださるでしょうか〉는 소원한 사이에서는 화자의 불쾌감이나 피해의식이 표출되기 때문에 (18)

의「邪魔しないでくださるでしょうか」와 같이 남성 화자가 경어적 상위자인「お父さん」에게 사용하면 [불쾌감][불만]의 표현가치를 나타낸다.

[10] 〈ないでくださらないでしょうか〉 {청자(남)가 화자(남)에 비해 경어적 상위자인 경우}

(19) お父さん、僕は大丈夫ですから、そんなに気を遣わないでくださらないでしょうか。
(20) お父さん、彼女とのデートを二度と邪魔しないでくださらないでしょうか。

〈ないでくださらないでしょうか〉는 경어가치와 정중도가 높고 격식도 인정되는데 〈でしょうか〉에 내재되어 있는 정중도에 의해 화자와 청자 사이의 거리감이 커지고 딱딱한 뉘앙스를 수반한다. (19)의「気を遣わないでくださらないでしょうか」와 같이 남성 화자가 스스럼없는 내적 관계의 경어적 상위자인 남성 청자「お父さん」에게 사용하면 [염려][배려]의 표현가치를 실현하는데 친소관계는 소원한 사이로 경사된다. 그리고 〈ないでくださらないでしょうか〉는 화자와 청자 사이의 거리감이 커지고 딱딱한 뉘앙스를 수반하기 때문에 소원한 사이에서는 화자의 불쾌감이 표출된다. 그래서 (20)의「邪魔しないでくださらないでしょうか」와 같이 남성 화자가 경어적 상위자인「お父さん」에게 사용하면 [불쾌감][불만]이나 [불쾌감][항의]의 표현가치를 나타낸다.

[11] 〈ないでくださいますでしょうか〉 {청자(남)가 화자(남)에 비해 경어적 상위자인 경우}

(21) お父さん、僕は大丈夫ですから、そんなに気を遣わないでくださいますでしょうか。
(22) お父さん、彼女とのデートを二度と邪魔しないでくださいますでしょうか。

〈ないでくださいますでしょうか〉는 〈ないでくださる〉 계열의 긍정 표현 중에서 경어가치 및 정중도 그리고 격식도(改まり度)가 가장 높은 형식이기 때문에 친한 사이에서 (21)의「気を遣わないでくださいますでしょうか」와 같이 남성 화자가 경어적 상위자인 남성 청자「お父さん」에게 사용하면 [경의]를 나타내면서 [염려][배려]의 표현가치를 실현한다. 그리고 〈ないでくださいますでしょうか〉는 화자가 격식 있는 태도를 취함으로써 상대방에게 정중하게 의뢰하는 뉘앙스를 함의한다. 그런데 소원한 사이에서 (22)의「邪魔しないでくださいますでしょうか」와 같이 남성 화자가 경어적 상위자이며 남성 청자인「お父さん」에게 사용하면 [불쾌감][불만]의 표현가치를 나타내는데, 문말이 이중 정중의 형태를 취하고 있어 화자의 불쾌한 감정은 억제된다.

[12] 〈ないでくださいませんでしょうか〉 {청자(남)가 화자(남)에 비해 경어적 상위자인 경우}

(23) お父さん、僕は大丈夫ですから、そんなに気を遣わないでくださいませんでしょうか。
(24) お父さん、彼女とのデートを二度と邪魔しないでくださいませんでしょうか。

〈ないでくださいませんでしょうか〉는 〈ないでくださる〉 계열의 부정 표현 중에서 경어가치와 정중도 그리고 격식도(改まり度)가 가장 높은 형식이기 때문에 친한 사이에서 (23)의「気を遣わないでくださいませんでしょうか」와 같이 남성 화자가 경어적 상위자인 남성 청자「お父さん」에게 사용하면 [경의]를 나타내면서 [염려][배려]의 표현가치를 실현한다. 그리고 〈ないでくださいませんでしょうか〉는 〈ないでくださいませんでしょうか〉와 마찬가지로 화자가 격식 있는 태도를 취함으로써 상대방에게 정중하게 의뢰하는 뉘앙스를 함의한다. 그래서 소원한 사이에서는 (24)의「邪魔しないでくださいませんでしょうか」와 같이 남성 화자가 경어적 상위자인 남성 청자「お父さん」에게 사용하면 [불쾌감][불만]의 표현가치를 나타내는데, 형식 내부에 [ません]과 같은 부정이 사용되고 있고 문말이 이중 정중으로 종지된다는 점에서 화자의 불쾌감은 완화된다.

1.2. 청자(남)가 화자(남)와 경어적 동위자이거나 상위자인 경우

[1] 〈ないでくださる?〉 {청자(남)가 화자(남)와 경어적 동위자이거나 상위자인 경우}

(25) 兄さんも忙しいし、僕は大丈夫だから、心配しないでくださる?
(26) 兄さん、僕の部屋に勝手に入らないでくださる?

〈ないでくださる?〉는 여성어적 성격을 띠면서 경의도가 낮고 가벼운 느낌을 주기 때문에 (25)의「心配しないでくださる?」와 같이 친한 사이에서 남성 화자가 경어적 동위자이거나 상위자인「兄さん」에게 사용하면 [친밀감]의 표현가치를 실현한다. 그리고 〈ないでくださる?〉는 경의도가 낮고 가볍다는 점에서 (26)의「入らないでくださる?」와 같이 소원한 사이에서 남성 화자가 가족과 같은 내적 관계의 경어적 동위자이거나 상위자인「兄さん」에게 사용하면 청자에 대한 화자의 [불쾌감]이 강하게 나타난다.

[2] 〈ないでくださるか〉 {청자(남)가 화자(남)와 경어적 동위자이거나 상위자인 경우}

(27) * 兄さんも忙しいし、僕は大丈夫だから、心配しないでくださるか。
(28) * 兄さん、僕の部屋に勝手に入らないでくださるか。

〈ないでくださるか〉는 〈ないでくださる〉 계열의 긍정 보통체인데 남성 전용 형식으로 규정된다. 그래서 친한 사이에서 (27)의「心配しないでくださるか」와 같이 남성 화자가, 경어적 동위자이거나 상위자이며 남성 청자인「兄さん」에게 사용하는 것은 난폭하고 거친 인상을 준다는 점에서 자연스러운 발화로서의 허용도가 낮다. 그리고 〈ないでくださるか〉는 남성 전용 형식으로 정중도가 결여되어 있다. 소원한 사이라고 하더라도 (28)의「入らないでくださるか」와 같이 남성 화자가, 경어적 동위자이거나 상위자이며 남성 청자인「兄さん」에게 사용하는 것은, 난폭하고 거친 인상을 준다는 점에서 자연스러운 발화로서의 허용도가 낮다.

[3] 〈ないでくださらない?〉 {청자(남)가 화자(남)와 경어적 동위자이거나 상위자인 경우}

(29) 兄さんも忙しいし、僕は大丈夫だから、心配しないでくださらない?
(30) 兄さん、僕の部屋に勝手に入らないでくださらない?

〈ないでくださらない?〉는 여성어적 분위기를 수반하면서 경의도가 낮고 가벼운 느낌을 주기 때문에 친한 사이에서 (29)의「心配しないでくださらない?」와 같이 남성 화자가 경어적 동위자이거나 상위자인「兄さん」에게 사용하면 [정중도]가 약화되고 [친밀도]도 다소 낮아진다. 그리고 〈ないでくださらない?〉는 소원한 사이에서 (30)의「入らないでくださらない?」와 같이 남성 화자가 경어적 동위자이거나 상위자인「兄さん」에게 사용하면 [정중도]가 약화되고 청자에 대한 화자의 불쾌감이 〈ないでくださる?〉보다 강하게 표출된다.

[4] 〈ないでくださらないか〉 {청자(남)가 화자(남)와 경어적 동위자이거나 상위자인 경우}

(31) * 兄さんも忙しいし、僕は大丈夫だから、心配しないでくださらないか。
(32) * 兄さん、僕の部屋に勝手に入らないでくださらないか。

〈ないでくださらないか〉는 〈ないでくださる〉 계열의 부정 보통체로 정중도가 결여되어 있어 친한 사이에서 (31)의「心配しないでくださらないか」와 같이 남성 화자가, 경어적 동위자이거나 상위자이며 남성 청자인「兄さん」에게 〈ないでくださらないか〉를 사용하는 것은 거친 말씨라는 인상을 지우기 어렵다는 점에서 자연스러운 발화로서의 허용도가 낮다. 그리고 〈ないでくださらないか〉는 정중도가 결여되어 있기 때문에 소원한 사이라고 하더라도 (32)의「入らないでくださらないか」와 같이 남성 화자가, 경어적 동위자이거나 상위자이며 남성 청자인「兄さん」에게 〈ないでくださらないか〉를 사용하는 것은 거친 말씨라는 인상을 지우기 어렵다는 점에서 자연스러운 발화로서의 허용도가 낮다.

[5] 〈ないでくださいますか〉 {청자(남)가 화자(남)와 경어적 동위자이거나 상위자인 경우}

(33) 兄さんも忙しいし、僕は大丈夫だから、心配しないでくださいますか。
(34) 兄さん、僕の部屋に勝手に入らないでくださいますか。

〈ないでくださいますか〉는 경어가치가 높고, 정중도도 구비하고 있어 친한 사이에서 (33)의「心配しないでくださいますか」와 같이 남성 화자가 경어적 동위자이거나 상위자인「兄さん」에게 사용하면 [염려][원망]의 표현가치를 실현한다. 그리고 〈ないでくださいますか〉는 문말이

[ます+か]와 같이 긍정의 형태를 취하고 있기 때문에 부정 정중체인 〈ないでくださいませんか〉에 비해 상대적으로 어감이 다소 딱딱하다. 소원한 사이에서는 (34)의 「入らないでくださいますか」와 같이 남성 화자가 경어적 동위자이거나 상위자인 「兄さん」에게 사용하면 [불쾌감][항의]의 표현가치를 나타낸다.

[6] 〈ないでくださいます?〉 {청자(남)가 화자(남)와 경어적 동위자이거나 상위자인 경우}

(35) ?? 兄さんも忙しいし、僕は大丈夫だから、心配し<u>ないでくださいます?</u>
(36) 兄さん、僕の部屋に勝手に入ら<u>ないでくださいます?</u>

〈ないでくださいます?〉는 여성어적 성격을 띠기 때문에 어조는 부드럽지만 한편으로 가벼운 느낌을 준다. 친한 사이에서 (35)의 「心配しないでくださいます?」와 같이 남성 화자가 경어적 동위자이거나 상위자인 「兄さん」에게 사용하는 것은 부자연스럽다. 그리고 〈ないでくださいます?〉는 화자가 감정을 표현으로 옮기기 쉽다는 점에서 [차가움][냉담]의 뉘앙스를 띤다. 그래서 소원한 사이에서 (36)의 「入らないでくださいます?」와 같이 남성 화자가 경어적 동위자이거나 상위자인 「兄さん」에게 사용하면 [불쾌감][항의]의 표현가치를 나타낸다.

[7] 〈ないでくださいませんか〉 {청자(남)가 화자(남)와 경어적 동위자이거나 상위자인 경우}

(37) 兄さんも忙しいし、僕は大丈夫だから、心配し<u>ないでくださいませんか</u>。
(38) 兄さん、僕の部屋に勝手に入ら<u>ないでくださいませんか</u>。

〈ないでくださいませんか〉는 부정 정중체라는 점에서 경어가치가 높고, 정중도도 구비하고 있기 때문에 친한 사이에서 (37)의 「心配しないでくださいませんか」와 같이 남성 화자가 경어적 동위자이거나 상위자인 「兄さん」에게 사용하면 [간원][원망]의 표현가치를 실현한다. 그리고 〈ないでくださいませんか〉는 긍정 정중체인 〈ないでくださいますか〉에 비해 상대적으로 어감이 부드럽다. 그래서 소원한 사이에서는 (38)의 「入らないでくださいませんか」와 같이 남성 화자가 경어적 동위자이거나 상위자인 「兄さん」에게 사용하면 [불쾌감][항의]의 표현가치를 나타낸다.

[8] 〈ないでくださいません?〉 {청자(남)가 화자(남)와 경어적 동위자이거나 상위자인 경우}

(39) ?? 兄さんも忙しいし、僕は大丈夫だから、心配し<u>ないでくださいません?</u>
(40) 兄さん、僕の部屋に勝手に入ら<u>ないでくださいません?</u>

〈ないでくださいません?〉은 여성어적 성격을 띠기 때문에 어조는 부드럽지만 가벼운 뉘앙스를 수반한다. 친한 사이에서 (39)의 「心配しないでくださいません?」과 같이 남성 화자가 경어적 동위자이거나 상위자인 「兄さん」에게 사용하면 청자에 대한 화자의 불쾌감이 나타난다는 점에서 부자연스럽다. 그리고 〈ないでくださいません?〉은 어조가 부드러워진 만큼 [차가움][냉담]의 뉘앙스도 수반한다. 그래서 소원한 사이에서 (40)의 「入らないでくださいません?」과 같이 남성 화자가 경어적 동위자이거나 상위자인 「兄さん」에게 사용하면, 청자에 대한 [불쾌감][항의]가 표출되기 때문에 정중도는 그만큼 약화된다.

[9] 〈ないでくださるでしょうか〉 {청자(남)가 화자(남)와 경어적 동위자이거나 상위자인 경우}

(41) 兄さんも忙しいし、僕は大丈夫だから、心配しないでくださるでしょうか。
(42) 兄さん、僕の部屋に勝手に入らないでくださるでしょうか。

〈ないでくださるでしょうか〉는 〈でしょうか〉에 함의되어 있는 정중도에 의해 친소관계가 소원해지는 경향이 있다. 그런데 (41)의 「心配しないでくださるでしょうか」와 같이 남성 화자가 경어적 동위자이거나 상위자인 남성 청자 「兄さん」에게 사용할 경우에는 자연스러운 발화로서 성립하고 [염려][배려]의 표현가치를 실현한다. 그리고 〈ないでくださるでしょうか〉는 소원한 사이에서는 화자의 불쾌감이나 피해의식이 표출되기 때문에 (42)의 「入らないでくださるでしょうか」와 같이 남성 화자가 경어적 동위자이거나 상위자인 「兄さん」에게 사용하면 [불쾌감][항의]의 표현가치를 나타낸다.

[10] 〈ないでくださらないでしょうか〉 {청자(남)가 화자(남)와 경어적 동위자이거나 상위자인 경우}

(43) 兄さんも忙しいし、僕は大丈夫だから、心配しないでくださらないでしょうか。
(44) 兄さん、僕の部屋に勝手に入らないでくださらないでしょうか。

〈ないでくださらないでしょうか〉는 화자와 청자 사이의 거리감이 커지고 딱딱한 뉘앙스를 수반한다. (43)의 「心配しないでくださらないでしょうか」와 같이 남성 화자가 스스럼없는 내적 관계의 경어적 동위자이거나 상위자인 남성 청자 「兄さん」에게 사용하면 [염려][배려]의 표현가치를 실현하는데 친소관계는 소원한 사이로 경사된다. 그리고 〈ないでくださらないでしょうか〉는 화자의 불쾌감이 표출되기 때문에 소원한 사이에서 (44)의 「入らないでくださらないでしょうか」와 같이 남성 화자가 경어적 동위자이거나 상위자인 「兄さん」에게 사용하면 [불쾌감][항의]나 [불만][분노]의 표현가치를 나타낸다.

[11] 〈ないでくださいますでしょうか〉 {청자(남)가 화자(남)와 경어적 동위자이거나 상위자인 경우}

(45) 兄さんも忙しいし、僕は大丈夫だから、心配しないでくださいますでしょうか。
(46) 兄さん、僕の部屋に勝手に入らないでくださいますでしょうか。

〈ないでくださいますでしょうか〉는 문말이 [ます+でしょうか]와 같은 이중 정중의 형태를 취하고 있기 때문에 친한 사이에서 (45)의 「心配しないでくださいますでしょうか」와 같이 남성 화자가 경어적 동위자이거나 상위자인 남성 청자 「兄さん」에게 사용하면 [경의]를 나타내면서 [염려][배려]의 표현가치를 실현한다. 그리고 〈ないでくださいますでしょうか〉는 소원한 사이에서 (46)의 「入らないでくださいますでしょうか」와 같이 남성 화자가 경어적 동위자이거나 상위자이며 남성 청자인 「兄さん」에게 사용하면 [불쾌감][항의]의 표현가치를 나타내는데 문말이 이중 경어로 맺고 있어 화자의 불쾌한 감정은 억제된다.

[12] 〈ないでくださいませんでしょうか〉 {청자(남)가 화자(남)와 경어적 동위자이거나 상위자인 경우}

　　(47) 兄さんも忙しいし、僕は大丈夫だから、心配しないでくださいませんでしょうか。
　　(48) 兄さん、僕の部屋に勝手に入らないでくださいませんでしょうか。

〈ないでくださいませんでしょうか〉는 문말이 [ません+でしょうか]의 형태를 취하고 있다는 점에서 친한 사이에서 (47)의 「心配しないでくださいませんでしょうか」와 같이 남성 화자가, 경어적 동위자이거나 상위자이며 남성 청자인 「兄さん」에게 사용하면 [경의]를 나타내면서 [염려][배려]의 표현가치를 실현한다. 그리고 〈ないでくださいませんでしょうか〉는 소원한 사이에서 (48)의 「入らないでくださいませんでしょうか」와 같이 남성 화자가 경어적 동위자이거나 상위자이며 남성 청자인 「兄さん」에게 사용하면 [불쾌감][항의]의 표현가치를 나타내는데, 문말이 이중 정중으로 종지되고 있어 화자의 불쾌감은 완화된다.

1.3. 청자(남)와 화자(남)가 경어적 동위자인 경우

[1] 〈ないでくださる?〉 {청자(남)와 화자(남)가 경어적 동위자인 경우}

　　(49) 君と僕の仲なんだから、そんな水臭い言い方はしないでくださる?
　　(50) ほんと目障りなんだよ。授業中に女の子とイチャイチャしないでくださる?

〈ないでくださる?〉는 여성어적 성격을 띠면서 경의도가 낮고 가벼운 느낌을 준다. 따라서 (49)의 「しないでくださる?」와 같이 친한 사이에서 남성 화자가 경어적 동위자인 청자에게 사용하면 [친밀감]의 표현가치를 실현한다. 그리고 〈ないでくださる?〉는 경의도가 낮고 가볍다는 점에서 (50)의 「イチャイチャしないでくださる?」와 같이 소원한 사이에서 남성 화자가 경어적 동위자인 청자에게 사용하면 청자에 대한 화자의 [불쾌감]이 강하게 나타난다.

[2] 〈ないでくださるか〉 {청자(남)와 화자(남)가 경어적 동위자인 경우}

(51) 君と僕の仲なんだから、そんな水臭い言い方はしないでくださるか。
(52) *ほんと目障りなんだよ。授業中に女の子とイチャイチャしないでくださるか。

〈ないでくださるか〉는 〈ないでくださる〉 계열의 긍정 보통체인데 남성 전용 형식으로 규정된다. (51)의 「しないでくださるか」와 같이 남성 화자가 경어적 동위자인 남성 청자에게 사용하는 것은 허용되는데, 〈ないでくださるか〉는 [강한 어조의 당부]의 표현가치를 실현한다. 그리고 〈ないでくださるか〉는 남성 전용 형식으로 정중도가 결여되어 있다. 소원한 사이라고 하더라도 (52)의 「イチャイチャしないでくださるか」와 같이 화자와 청자 모두 젊은 사람으로 추정되는 문맥에서 남성 화자가 경어적 동위자인 남성 청자에게 사용하는 것은 자연스러운 발화로서의 허용도가 낮다.

[3] 〈ないでくださらない?〉 {청자(남)와 화자(남)가 경어적 동위자인 경우}

(53) 君と僕の仲なんだから、そんな水臭い言い方はしないでくださらない?
(54) ほんと目障りなんだよ。授業中に女の子とイチャイチャしないでくださらない?

〈ないでくださらない?〉는 여성어적 분위기를 수반하면서 경의도가 낮고 가벼운 느낌을 주기 때문에 친한 사이에서 (53)의 「言い方はしないでくださらない?」와 같이 남성 화자가 경어적 동위자인 청자에게 사용하면 [정중도]가 약화되고 [친밀도]도 다소 낮아진다. 그리고 〈ないでくださらない?〉는 소원한 사이에서 (54)의 「イチャイチャしないでくださらない?」와 같이 남성 화자가 경어적 동위자인 청자에게 사용하면 [정중도]가 약화되고 청자에 대한 화자의 불쾌감이 〈ないでくださる?〉보다 강하게 표출된다.

[4] 〈ないでくださらないか〉 {청자(남)와 화자(남)가 경어적 동위자인 경우}

(55) 君と僕の仲なんだから、そんな水臭い言い方はしないでくださらないか。
(56) *ほんと目障りなんだよ。授業中に女の子とイチャイチャしないでくださらないか。

〈ないでくださらないか〉는 〈ないでくださる〉 계열의 부정 보통체로 정중도가 결여되어 있다. 그런데 친한 사이에서 (55)의 「しないでくださらないか」와 같이 남성 화자가 경어적 동위자인 남성 청자에게 사용하는 것은 허용되며, [부드러운 어조의 당부]라는 표현가치를 실현한다. 그리고 〈ないでくださらないか〉는 정중도가 결여되어 있기 때문에 소원한 사이라고 하더라도 (56)의 「しないでくださらないか」와 같이 화자와 청자 모두 젊은 사람으로 추정되는 문맥에서 남성 화자가 경어적 동위자인 남성 청자에게 〈ないでくださらないか〉를 사용하는 것은 자연스러운 발화로서의 허용도가 낮다.

[5] 〈ないでくださいますか〉 {청자(남)와 화자(남)가 경어적 동위자인 경우}

(57) 君と僕の仲なんだから、そんな水臭い言い方はし<u>ないでくださいますか</u>。
(58) ほんと目障りなんだよ。授業中に女の子とイチャイチャし<u>ないでくださいますか</u>。

〈ないでくださいますか〉는 경어가치가 높고, 정중도도 구비하고 있어 친한 사이에서 (57)의 「しないでくださいますか」와 같이 남성 화자가 경어적 동위자인 청자에게 사용하면 [염려]의 표현가치를 실현한다. 그리고 〈ないでくださいますか〉는 문말이 [ます+か]와 같이 긍정의 형태를 취하고 있기 때문에 부정 정중체인 〈ないでくださいませんか〉에 비해 상대적으로 어감이 다소 딱딱하다. 그래서 소원한 사이에서는 (58)의 「イチャイチャしないでくださいますか」와 같이 남성 화자가 경어적 동위자인 청자에게 사용하면 [불쾌감][분노]의 표현가치를 나타낸다.

[6] 〈ないでください ます?〉 {청자(남)와 화자(남)가 경어적 동위자인 경우}

(59) 君と僕の仲なんだから、そんな水臭い言い方はし<u>ないでください ます?</u>
(60) ほんと目障りなんだよ授業中に女の子とイチャイチャし<u>ないでください ます?</u>

〈ないでください ます?〉는 여성어적 성격을 띠기 때문에 어조는 부드럽지만 한편으로 가벼운 느낌을 준다. 친한 사이에서 (59)의 「しないでください ます?」와 같이 남성 화자가 경어적 동위자인 청자에게 사용하면 청자에 대한 화자의 [배려]라는 표현가치를 실현한다. 그리고 〈ないでください ます?〉는 화자가 감정을 표현으로 옮기기 쉽다는 점에서 [차가움][냉담]의 뉘앙스를 띤다. 그래서 소원한 사이에서 (60)의 「イチャイチャしないでください ます?」와 같이 남성 화자가 경어적 동위자인 청자에게 사용하면 [불쾌감][분노]의 표현가치를 나타낸다.

[7] 〈ないでくださいませんか〉 {청자(남)와 화자(남)가 경어적 동위자인 경우}

(61) 君と僕の仲なんだから、そんな水臭い言い方はし<u>ないでくださいませんか</u>。
(62) ほんと目障りなんだよ。授業中に女の子とイチャイチャし<u>ないでくださいませんか</u>。

〈ないでくださいませんか〉는 부정 정중체라는 점에서 경어가치가 높고, 정중도도 구비하고 있기 때문에 친한 사이에서 (61)의 「しないでくださいませんか」와 같이 남성 화자가 경어적 동위자인 청자에게 사용하면 [염려][배려]의 표현가치를 실현한다. 그리고 〈ないでくださいませんか〉는 긍정 정중체인 〈ないでくださいますか〉에 비해 상대적으로 어감이 부드럽다. 소원한 사이에서는 (62)의 「チャイチャしないでくださいませんか」와 같이 남성 화자가 경어적 동위자인 청자에게 사용하면 [불쾌감][분노] 혹은 [불쾌감][질책]의 표현가치를 나타낸다.

[8] 〈ないでくださいません?〉 {청자(남)와 화자(남)가 경어적 동위자인 경우}

(63) 君と僕の仲なんだから、そんな水臭い言い方はしないでくださいません?
(64) ほんと目障りなんだよ授業中に女の子とイチャイチャしないでくださいません?

〈ないでくださいません?〉은 여성어적 성격을 띠기 때문에 어조는 부드럽지만 가벼운 뉘앙스를 수반한다. 그래서 친한 사이에서 (63)의 「しないでくださいません?」과 같이 남성 화자가 경어적 동위자인 청자에게 사용하면 청자에 대한 화자의 [배려]라는 표현가치를 실현하는데 [차가움][냉담]의 뉘앙스도 수반된다. 그리고 〈ないでくださいません?〉은 어조가 부드러워진 만큼 [차가움][냉담]의 뉘앙스도 수반한다. 소원한 사이에서 (64)의 「イチャイチャしないでくださいません?」과 같이 남성 화자가 경어적 동위자인 청자에게 사용하면, 청자에 대한 [불쾌감][분노]가 표출되기 때문에 정중도는 그만큼 약화된다.

[9] 〈ないでくださるでしょうか〉 {청자(남)와 화자(남)가 경어적 동위자인 경우}

(65) ?君と僕の仲なんだから、そんな水臭い言い方はしないでくださるでしょうか。
(66) ほんと目障りなんだよ授業中に女の子とイチャイチャしないでくださるでしょうか。

〈ないでくださるでしょうか〉는 〈でしょうか〉에 함의되어 있는 정중도에 의해 친소관계가 소원해지는 경향이 있다. (65)의 「しないでくださるでしょうか」와 같이 남성 화자가 경어적 동위자인 남성 청자에게 사용하면 다소 부자연스럽다. 그리고 〈ないでくださるでしょうか〉는 소원한 사이에서는 (66)의 「イチャイチャしないでくださるでしょうか」와 같이 남성 화자가 경어적 동위자인 청자에게 사용하면 [불쾌감][분노]의 표현가치를 나타낸다.

[10] 〈ないでくださらないでしょうか〉 {청자(남)와 화자(남)가 경어적 동위자인 경우}

(67) 君と僕の仲なんだから、そんな水臭い言い方はしないでくださらないでしょうか。
(68) ほんと目障りなんだよ授業中に女の子とイチャイチャしないでくださらないでしょうか。

〈ないでくださらないでしょうか〉는 화자와 청자 사이의 거리감이 커지고 딱딱한 뉘앙스를 수반한다. (67)의 「しないでくださらないでしょうか」와 같이 남성 화자가 스스럼없는 내적 관계의 경어적 동위자인 남성 청자에게 사용하면 [염려][배려]의 표현가치를 실현하는데 친소관계는 소원한 사이로 경사된다. 그리고 〈ないでくださらないでしょうか〉는 화자의 불쾌감이 표출되기 때문에 소원한 사이에서 (68)의 「イチャイチャしないでくださらないでしょうか」와 같이 남성 화자가 경어적 동위자인 청자에게 사용하면 [불쾌감][분노]의 표현가치를 나타낸다.

[11] 〈ないでくださいますでしょうか〉 {청자(남)와 화자(남)가 경어적 동위자인 경우}

(69) 君と僕の仲なんだから、そんな水臭い言い方はしないでくださいますでしょうか。
(70) ?ほんと目障りなんだよ授業中に女の子とイチャイチャしないでくださいますでしょうか。

〈ないでくださいますでしょうか〉는 문말이 [ます+でしょうか]와 같은 이중 정중의 형태를 취하고 있기 때문에 친한 사이에서 (69)의 「しないでくださいますでしょうか」와 같이 남성 화자가 경어적 동위자인 남성 청자에게 사용하면 [경의를 나타내면서 [간원][원망]의 표현가치를 실현한다. 그리고 〈ないでくださいますでしょうか〉는 소원한 사이에서 (70)의 「イチャイチャしないでくださいますでしょうか」와 같이 남성 화자가 경어적 동위자인 남성 청자에게 사용하면 과도하게 정중하다는 느낌이 들기 때문에 다소 부자연스럽다.

[12] 〈ないでくださいませんでしょうか〉 {청자(남)와 화자(남)가 경어적 동위자인 경우}

(71) 君と僕の仲なんだから、そんな水臭い言い方はしないでくださいませんでしょうか。
(72) ?ほんと目障りなんだよ授業中に女の子とイチャイチャしないでくださいませんでしょうか。

〈ないでくださいませんでしょうか〉는 문말이 [ません+でしょうか]의 형태를 취하고 있다는 점에서 친한 사이에서 (71)의 「しないでくださいませんでしょうか」와 같이 남성 화자가 경어적 동위자인 남성 청자에게 사용하면 [경의를 나타내면서 [염려][배려]의 표현가치를 실현한다. 그리고 〈ないでくださいませんでしょうか〉는 소원한 사이에서 (72)의 「イチャイチャしないでくださいませんでしょうか」와 같이 남성 화자가 경어적 동위자인 남성 청자에게 사용하면 과도하게 정중하다는 느낌을 주기 때문에 다소 부자연스럽다.

1.4 청자(남)가 화자(남)와 경어적 동위자이거나 하위자인 경우

[1] 〈ないでくださる?〉 {청자(남)가 화자(남)와 경어적 동위자이거나 하위자인 경우}

(73) ねえ、裕君、お兄ちゃんがあやまるから、もうすねないでくださる?
(74) ??おい、裕、俺の顔に泥をぬるようなことだけは、しないでくださる?

〈ないでくださる?〉는 여성어적 성격을 띠면서 경의도가 낮고 가벼운 느낌을 준다. 그런데 (73)의 「すねないでくださる?」와 같이 친한 사이에서 남성 화자가 경어적 동위자이거나 하위자인 청자에게 사용하면, 이때의 〈ないでくださる?〉는 경의라고 하기 보다는 농담조나 혹은 상대방의 기분을 맞추기 위해 사용된 것으로 해석된다. 그리고 〈ないでくださる?〉는 경의도가 낮고 가볍다는 점에서 (74)의 「しないでくださる?」와 같이 소원한 사이에서 남성 화자가 내적 관계

의 경어적 동위자이거나 하위자인 청자에게 사용하면 청자에 대한 화자의 [불쾌감]이 강하게 표출되기 때문에 자연스러운 발화로서 부자연스럽다.

[2] 〈ないでくださるか〉 {청자(남)가 화자(남)와 경어적 동위자이거나 하위자인 경우}

(75) * ねえ、裕君、お兄ちゃんがあやまるから、もうすねないでくださるか。
(76) ? おい、裕、俺の顔に泥をぬるようなことだけは、しないでくださるか。

〈ないでくださるか〉는 〈ないでくださる〉 계열의 긍정 보통체인데 남성 전용 형식으로 규정된다. 그래서 친한 사이에서 (75)의 「すねないでくださるか」와 같이 남성 화자가 가족과 같은 내적 관계의 경어적 동위자이거나 하위자인 남동생에게 발화하는 것은, 권위나 위엄을 필요로 하지 않는 상대에게 〈ないでくださるか〉를 사용한다는 점에서 자연스러운 발화로서 허용도가 낮다. 〈ないでくださるか〉는 남성 전용 형식으로 정중도가 결여되어 있다. 소원한 사이에서 (76)의 「しないでくださるか」와 같이 남성 화자가 경어적 동위자이거나 하위자인 남성 청자에게 사용하면 〈ないでくださるか〉는 [불쾌감][질책]의 표현가치를 나타내는데 화자가 자신을 「俺」라는 인칭대명사로 지칭하고 있다는 점에서 다소 부자연스럽다.

[3] 〈ないでくださらない?〉 {청자(남)가 화자(남)와 경어적 동위자이거나 하위자인 경우}

(77) ? ねえ、裕君、お兄ちゃんがあやまるから、もうすねないでくださらない?
(78) ?? おい、裕、俺の顔に泥をぬるようなことだけは、しないでくださらない?

〈ないでくださらない?〉는 여성어적 분위기를 수반하면서 경의도가 낮고 가벼운 느낌을 주기 때문에 친한 사이에서 (77)의 「すねないでくださらない?」와 같이 남성 화자가 경어적 동위자이거나 하위자인 청자에게 사용하면 [정중도]가 약화되고 [친밀도]도 다소 낮아지기 때문에 자연스러운 발화로서 다소 부자연스럽다. 그리고 〈ないでくださらない?〉는 소원한 사이에서 (78)의 「しないでくださらない?」와 같이 남성 화자가 경어적 동위자이거나 하위자인 청자에게 사용하면 [정중도]가 약화되고 청자에 대한 화자의 불쾌감이 〈ないでくださる?〉보다 강하게 표출되기 때문에 부자연스럽다.

[4] 〈ないでくださらないか〉 {청자(남)가 화자(남)와 경어적 동위자이거나 하위자인 경우}

(79) * ねえ、裕君、お兄ちゃんがあやまるから、もうすねないでくださらないか。
(80) ? おい、裕、俺の顔に泥をぬるようなことだけは、しないでくださらないか。

〈ないでくださらないか〉는 〈ないでくださる〉 계열의 부정 보통체로 정중도가 결여되어 있어 친한 사이에서 (79)의 「すねないでくださらないか」와 같이 남성 화자가 가족과 같은 내적 관계의 경어적 동위자이거나 하위자인 남동생에게 발화하는 것은 자연스러운 발화로서 허용도가 낮다. 〈ないでくださらないか〉는 정중도가 결여되어 있기 때문에 소원한 사이에서 (80)의 「しないでくださらないか」와 같이 남성 화자가 경어적 동위자이거나 하위자인 남성 청자에게 사용하면 화자가 자신의 우위성을 강조하고 있다는 점에서 다소 부자연스럽다.

[5] 〈ないでくださいますか〉 {청자(남)가 화자(남)와 경어적 동위자이거나 하위자인 경우}

　(81) ねえ、裕君、お兄ちゃんがあやまるから、もうすねないでくださいますか。
　(82) おい、裕、俺の顔に泥をぬるようなことだけは、しないでくださいますか。

〈ないでくださいますか〉는 경어가치가 높고, 정중도도 구비하고 있는데 (81)의 「すねないでくださいますか」와 같이 남성 화자가 가족과 같은 내적 관계의 경어적 동위자이거나 하위자인 남동생에게 발화하면, 경의보다는 농담조나 혹은 상대방의 기분을 맞추기 위해 사용된 것으로 해석된다. 그리고 〈ないでくださいますか〉는 문말이 [ます+か]와 같이 긍정의 형태를 취하고 있기 때문에 부정 정중체인 〈ないでくださいませんか〉에 비해 상대적으로 어감이 다소 딱딱하다. 소원한 사이에서는 (82)의 「しないでくださいますか」와 같이 남성 화자가 경어적 동위자이거나 하위자인 청자에게 사용하면 [불쾌감][질책]의 표현가치를 나타낸다.

[6] 〈ないでくださいます?〉 {청자(남)가 화자(남)와 경어적 동위자이거나 하위자인 경우}

　(83) ねえ、裕君、お兄ちゃんがあやまるから、もうすねないでくださいます?
　(84) ??おい、裕、俺の顔に泥をぬるようなことだけは、しないでくださいます?

〈ないでくださいます?〉는 여성어적 성격을 띠기 때문에 어조는 부드럽지만 한편으로 가벼운 느낌을 준다. 친한 사이에서 (83)의 「すねないでくださいます?」와 같이 남성 화자가 가족과 같은 내적 관계의 경어적 동위자이거나 하위자인 남동생에게 발화할 경우, 이때는 경의보다 농담조나 혹은 상대방의 기분을 맞추기 위해 사용된 것으로 해석된다. 그리고 〈ないでくださいます?〉는 화자가 감정을 표현으로 옮기기 쉽다는 점에서 [차가움][냉담]의 뉘앙스를 띤다. 그래서 소원한 사이에서 (84)의 「しないでくださいます?」와 같이 남성 화자가 스스럼없는 내적 관계의 경어적 동위자이거나 하위자인 청자에게 사용하면 부자연스럽다.

[7] 〈ないでくださいませんか〉 {청자(남)가 화자(남)와 경어적 동위자이거나 하위자인 경우}

　(85) ねえ、裕君、お兄ちゃんがあやまるから、もうすねないでくださいませんか。
　(86) おい、裕、俺の顔に泥をぬるようなことだけは、しないでくださいませんか。

〈ないでくださいませんか〉는 부정 정중체라는 점에서 경어가치가 높고, 정중도도 구비하고 있기 때문에 친한 사이에서 (85)의「すねないでくださいませんか」와 같이 남성 화자가 경어적 동위자이거나 하위자인 청자에게 사용하면 [친밀][배려]의 표현가치를 실현한다. 그리고 〈ないでくださいませんか〉는 긍정 정중체인 〈ないでくださいますか〉에 비해 상대적으로 어감이 부드럽다. 이에 소원한 사이에서는 (86)의「しないでくださいませんか」와 같이 남성 화자가 경어적 동위자이거나 하위자인 청자에게 사용하면 [불쾌감][질책]의 표현가치를 나타낸다.

[8] 〈ないでくださいません?〉 {청자(남)가 화자(남)와 경어적 동위자이거나 하위자인 경우}

(87) ねえ、裕君、お兄ちゃんがあやまるから、もうすねないでくださいません?
(88) ?? おい、裕、俺の顔に泥をぬるようなことだけは、しないでくださいません?

〈ないでくださいません?〉은 여성어적 성격을 띠기 때문에 어조는 부드럽지만 가벼운 뉘앙스를 수반한다. 그런데 친한 사이에서 (87)의「すねないでくださいません?」과 같이 남성 화자가 가족과 같은 내적 관계의 경어적 동위자이거나 하위자인 남동생에게 발화할 경우에는 경의보다 농담조나 혹은 상대방의 기분을 맞추기 위해 사용된 것으로 해석된다. 그리고 〈ないでくださいません?〉은 어조가 부드러워진 만큼 [차가움][냉담]의 뉘앙스도 수반한다. 이에 소원한 사이에서 (88)의「しないでくださいません?」과 같이 남성 화자가 스스럼없는 내적 관계의 경어적 동위자이거나 하위자인 청자에게 사용하면 부자연스럽다.

[9] 〈ないでくださるでしょうか〉 {청자(남)가 화자(남)와 경어적 동위자이거나 하위자인 경우}

(89) ?ねえ、裕君、お兄ちゃんがあやまるから、もうすねないでくださるでしょうか。
(90) おい、裕、俺の顔に泥をぬるようなことだけは、しないでくださるでしょうか。

〈ないでくださるでしょうか〉는 〈でしょうか〉에 함의되어 있는 정중도에 의해 친소관계가 소원해지는 경향이 있다. 그래서 (89)의「すねないでくださるでしょうか」와 같이 남성 화자가, 경어적 동위자이거나 하위자이며 스스럼없는 내적 관계의 남성 청자인 남동생에게 사용하면 다소 부자연스럽다. 그리고 〈ないでくださるでしょうか〉는 소원한 사이에서는 (90)의「しないでくださるでしょうか」와 같이 남성 화자가 경어적 동위자인 청자에게 사용하면 [불쾌감][질책]의 표현가치를 나타낸다.

[10] 〈ないでくださらないでしょうか〉 {청자(남)가 화자(남)와 경어적 동위자이거나 하위자인 경우}

(91) ねえ、裕君、お兄ちゃんがあやまるから、もうすねないでくださらないでしょうか。
(92) おい、裕、俺の顔に泥をぬるようなことだけは、しないでくださらないでしょうか。

〈ないでくださらないでしょうか〉는 화자와 청자 사이의 거리감이 커지고 딱딱한 뉘앙스를 수반한다. 그래서 (91)의「すねないでくださらないでしょうか」와 같이 남성 화자가, 경어적 동위자이거나 하위자이며 스스럼없는 내적 관계의 남성 청자인 남동생에게 발화할 경우, [친밀][배례]의 표현가치를 실현하는데 친소관계는 소원한 사이로 경사된다. 그리고 〈ないでくださらないでしょうか〉는 화자의 불쾌감이 표출되기 때문에 소원한 사이에서 (92)의「しないでくださらないでしょうか」와 같이 남성 화자가 경어적 동위자이거나 하위자인 청자에게 사용하면 [불쾌감][분노]나 [불쾌감][질책]의 표현가치를 나타낸다.

[11] 〈ないでくださいますでしょうか〉 {청자(남)가 화자(남)와 경어적 동위자이거나 하위자인 경우}

 (93) ねえ、裕君、お兄ちゃんがあやまるから、もうすねないでくださいますでしょうか。
 (94) ??おい、裕、俺の顔に泥をぬるようなことだけは、しないでくださいますでしょうか。

〈ないでくださいますでしょうか〉는 문말이 [ます+でしょうか]와 같은 이중 정중의 형태를 취하고 있기 때문에 친한 사이에서 (93)의「すねないでくださいますでしょうか」와 같이 남성 화자가 가족과 같은 내적 관계의 경어적 동위자이거나 하위자인 남동생에게 사용하면 [경의]보다는 농담조로 사용된 것으로 해석되는데 이때는 [친밀][배례]의 표현가치를 실현한다. 그리고 〈ないでくださいますでしょうか〉는 소원한 사이에서 (94)의「しないでくださいますでしょうか」와 같이 남성 화자가 스스럼없는 내적 관계의 경어적 동위자이거나 하위자인 남성 청자에게 사용하면 과도하게 정중하다는 느낌을 수반하기 때문에 부자연스럽다.

[12] 〈ないでくださいませんでしょうか〉 {청자(남)가 화자(남)와 경어적 동위자이거나 하위자인 경우}

 (95) ねえ、裕君、お兄ちゃんがあやまるから、もうすねないでくださいませんでしょうか。
 (96) ??おい、裕、俺の顔に泥をぬるようなことだけは、しないでくださいませんでしょうか。

〈ないでくださいませんでしょうか〉는 문말이 [ません+でしょうか]의 형태를 취하고 있다는 점에서 친한 사이에서 (95)의「すねないでくださいませんでしょうか」와 같이 남성 화자가 가족과 같은 내적 관계의 경어적 동위자이거나 하위자인 남동생에게 발화하면 [경의]보다는 농담조로 사용된 것으로 해석되는데 이때는 [친근감][배례]의 표현가치를 실현한다. 그리고 〈ないでくださいませんでしょうか〉는 소원한 사이에서 (96)의「しないでくださいませんでしょうか」와 같이 남성 화자가 스스럼없는 내적 관계의 경어적 동위자이거나 하위자인 남성 청자에게 사용하면 과도하게 정중하다는 느낌이 들기 때문에 부자연스럽다.

1.5. 청자(남)가 화자(남)에 비해 경어적 하위자인 경우

[1] 〈ないでくださる?〉 {청자(남)가 화자(남)에 비해 경어적 하위자인 경우}

　(97) 裕君、パパがあやまるから、もうすねないでくださる?
　(98) ??おい、裕、お前のすることにお父さんは口出ししないつもりだけど、お父さんの顔に泥をぬるようなことだけは、しないでくださる?

　〈ないでくださる?〉는 여성어적 성격을 띠면서 경의도가 낮고 가벼운 느낌을 준다. 그런데 (97)의 「すねないでくださる?」와 같이 친한 사이에서 남성 화자가 경어적 하위자인 청자에게 사용하면, 이때의 〈ないでくださる?〉는 경의라고 하기 보다는 농담조나 혹은 상대방의 기분을 맞추기 위해 사용된 것으로 해석된다. 그리고 〈ないでくださる?〉는 경의도가 낮고 가볍다는 점에서 (98)의 「しないでくださる?」와 같이 소원한 사이에서 남성 화자가 가족과 같은 내적 관계의 경어적 하위자인 자식에게 사용하면 청자에 대한 화자의 [불쾌감]이 강하게 표출되기 때문에 자연스러운 발화로서 부자연스럽다.

[2] 〈ないでくださるか〉 {청자(남)가 화자(남)에 비해 경어적 하위자인 경우}

　(99) * 裕君、パパがあやまるから、もうすねないでくださるか。
　(100) ? おい、裕、お前のすることにお父さんは口出ししないつもりだけど、お父さんの顔に泥をぬるようなことだけは、しないでくださるか。

　〈ないでくださるか〉는 〈ないでくださる〉 계열의 긍정 보통체인데 남성 전용 형식으로 규정된다. 그래서 친한 사이에서 (99)의 「すねないでくださるか」와 같이 남성 화자가 가족과 같은 내적 관계의 경어적 하위자인 자식에게 발화하는 것은, 권위나 위엄을 필요로 하지 않는 상대에게 〈ないでくださるか〉를 사용한다는 점에서 자연스러운 발화로서 허용도가 낮다. 그리고 〈ないでくださるか〉는 남성 전용 형식으로 정중도가 결여되어 있다. 소원한 사이에서 (100)의 「しないでくださるか」와 같이 남성 화자가 가족과 같은 내적 관계의 경어적 하위자인 자식에게 사용하면 〈ないでくださるか〉는 [질책][책망]의 표현가치를 나타내는데 화자와 청자 사이에 반드시 권위나 위엄을 필요로 하지 않는다는 점에서 다소 부자연스럽다.

[3] 〈ないでくださらない?〉 {청자(남)가 화자(남)에 비해 경어적 하위자인 경우}

　(101) ? 裕君、パパがあやまるから、もうすねないでくださらない?
　(102) ?? おい、裕、お前のすることにお父さんは口出ししないつもりだけど、お父さんの顔に泥をぬるようなことだけは、しないでくださらない?

〈ないでくださらない?〉는 여성어적 분위기를 수반하면서 경의도가 낮고 가벼운 느낌을 주기 때문에 친한 사이에서 (101)의 「すねないでくださらない?」와 같이 남성 화자가 경어적 하위자인 청자에게 사용하면 [정중도]가 약화되고 [친밀도]도 다소 낮아지기 때문에 자연스러운 발화로서 다소 부자연스럽다. 그리고 〈ないでくださらない?〉는 소원한 사이에서 (102)의 「しないでくださらない?」와 같이 남성 화자가 경어적 하위자인 청자에게 사용하면 [정중도]가 약화되고 청자에 대한 화자의 불쾌감이 〈ないでくださる?〉보다 강하게 표출되기 때문에 부자연스럽다.

[4] 〈ないでくださらないか〉 {청자(남)가 화자(남)에 비해 경어적 하위자인 경우}

(103) * 裕君、パパがあやまるから、もうすねないでくださらないか。
(104) * おい、裕、お前のすることにお父さんは口出ししないつもりだけど、お父さんの顔に泥をぬるようなことだけは、しないでくださらないか。

〈ないでくださらないか〉는 〈ないでくださる〉 계열의 부정 보통체로 정중도가 결여되어 있어 친한 사이에서 (103)의 「すねないでくださらないか」와 같이 남성 화자가 가족과 같은 내적 관계의 경어적 하위자인 자식에게 발화하는 것은 자연스러운 발화로서 허용도가 낮다. 그리고 〈ないでくださらないか〉는 정중도가 결여되어 있기 때문에 소원한 사이에서 (104)의 「しないでくださらないか」와 같이 남성 화자가 가족과 같은 내적 관계의 경어적 하위자인 자식에게 발화하는 것은 자연스러운 발화로서 허용도가 낮다.

[5] 〈ないでくださいますか〉 {청자(남)가 화자(남)에 비해 경어적 하위자인 경우}

(105) 裕君、パパがあやまるから、もうすねないでくださいますか。
(106) おい、裕、お前のすることにお父さんは口出ししないつもりだけど、お父さんの顔に泥をぬるようなことだけは、しないでくださいますか。

〈ないでくださいますか〉는 경어가치가 높고, 정중도도 구비하고 있는데 (105)의 「すねないでくださいますか」와 같이 남성 화자가 가족과 같은 내적 관계의 경어적 하위자인 자식에게 발화하면, 경의보다는 농담조나 혹은 상대방의 기분을 맞추기 위해 사용된 것으로 해석된다. 그리고 〈ないでくださいますか〉는 문말이 [ます+か]와 같이 긍정의 형태를 취하고 있기 때문에 부정 정중체인 〈ないでくださいませんか〉에 비해 상대적으로 어감이 다소 딱딱하다. 그래서 소원한 사이에서는 (106)의 「しないでくださいますか」와 같이 남성 화자가 경어적 하위자인 자식에게 사용하면 [질책][힐문]의 표현가치를 나타낸다.

[6] 〈ないでくださいます?〉 {청자(남)가 화자(남)에 비해 경어적 하위자인 경우}

(107) 裕君、パパがあやまるから、もうすねないでくださいます?
(108) ??おい、裕、お前のすることにお父さんは口出ししないつもりだけど、お父さんの顔に泥をぬるようなことだけは、しないでくださいます?

〈ないでくださいます?〉는 여성어적 성격을 띠기 때문에 어조는 부드럽지만 한편으로 가벼운 느낌을 준다. 친한 사이에서 (107)의「すねないでくださいます?」와 같이 남성 화자가 가족과 같은 내적 관계의 경어적 하위자인 자식에게 발화하면 경의보다 농담조나 혹은 상대방의 기분을 맞추기 위해 사용된 것으로 해석된다. 그리고 〈ないでくださいます?〉는 화자가 감정을 표현으로 옮기기 쉽다는 점에서 [차가움][냉담]의 뉘앙스를 띤다. 그래서 소원한 사이에서 (108)의「しないでくださいます?」와 같이 남성 화자가 가족과 같은 내적 관계의 경어적 하위자인 자식에게 사용하면 부자연스럽다.

[7] 〈ないでくださいませんか〉 {청자(남)가 화자(남)에 비해 경어적 하위자인 경우}

(109) 裕君、パパがあやまるから、もうすねないでくださいませんか。
(110) おい、裕、お前のすることにお父さんは口出ししないつもりだけど、お父さんの顔に泥をぬるようなことだけは、しないでくださいませんか。

〈ないでくださいませんか〉는 부정 정중체라는 점에서 경어가치가 높고, 정중도도 구비하고 있기 때문에 친한 사이에서 (109)의「すねないでくださいませんか」와 같이 남성 화자가 경어적 하위자인 청자에게 사용하면 [친밀][배려]의 표현가치를 실현한다. 그리고 〈ないでくださいませんか〉는 긍정 정중체인 〈ないでくださいますか〉에 비해 상대적으로 어감이 부드럽다. 소원한 사이에서는 (110)의「しないでくださいませんか」와 같이 남성 화자가 경어적 하위자인 청자에게 사용하면 [질책][책망]의 표현가치를 나타낸다.

[8] 〈ないでくださいません?〉 {청자(남)가 화자(남)에 비해 경어적 하위자인 경우}

(111) 裕君、パパがあやまるから、もうすねないでくださいません?
(112) ??おい、裕、お前のすることにお父さんは口出ししないつもりだけど、お父さんの顔に泥をぬるようなことだけは、しないでくださいません?

〈ないでくださいません?〉은 여성어적 성격을 띠기 때문에 어조는 부드럽지만 가벼운 뉘앙스를 수반한다. 그런데 친한 사이에서 (111)의「すねないでくださいません?」과 같이 남성 화자가 가족과 같은 내적 관계의 경어적 하위자인 자식에게 발화할 경우에는 경의보다 농담조나 혹은 상대방의 기분을 맞추기 위해 사용된 것으로 해석된다. 소원한 사이에서 (112)의「しないでく

ださいません?」과 같이 남성 화자가 가족과 같은 내적 관계의 경어적 하위자인 자식에게 사용하면 부자연스럽다.

[9] 〈ないでくださるでしょうか〉 {청자(남)가 화자(남)에 비해 경어적 하위자인 경우}

(113) ?裕君、パパがあやまるから、もうすね<u>ないでくださるでしょうか</u>。
(114) おい、裕、お前のすることにお父さんは口出ししないつもりだけど、お父さんの顔に泥をぬるようなことだけは、し<u>ないでくださるでしょうか</u>。

〈ないでくださるでしょうか〉는 〈でしょうか〉에 함의되어 있는 정중도에 의해 친소관계가 소원해지는 경향이 있다. (113)의「すねないでくださるでしょうか」와 같이 남성 화자가, 경어적 하위자이며 스스럼없는 내적 관계의 남성 청자인 자식에게 사용하면 다소 부자연스럽다. 그리고 〈ないでくださるでしょうか〉는 소원한 사이에서는 (114)의「しないでくださるでしょうか」와 같이 남성 화자가 경어적 하위자인 자식에게 사용하면 [질책][책망]의 표현가치를 나타낸다.

[10] 〈ないでくださらないでしょうか〉 {청자(남)가 화자(남)에 비해 경어적 하위자인 경우}

(115) 裕君、パパがあやまるから、もうすね<u>ないでくださらないでしょうか</u>。
(116) おい、裕、お前のすることにお父さんは口出ししないつもりだけど、お父さんの顔に泥をぬるようなことだけは、し<u>ないでくださらないでしょうか</u>。

〈ないでくださらないでしょうか〉는 화자와 청자 사이의 거리감이 커지고 딱딱한 뉘앙스를 수반한다. 이에 (115)의「すねないでくださらないでしょうか」와 같이 남성 화자가, 경어적 하위자이며 스스럼없는 내적 관계의 남성 청자인 자식에게 발화할 경우, [친밀][배려]의 표현가치를 실현하는데 친소관계는 소원한 사이로 경사된다. 그리고 〈ないでくださらないでしょうか〉는 화자의 불쾌감이 표출되기 때문에 소원한 사이에서 (116)의「しないでくださらないでしょうか」와 같이 남성 화자가 경어적 하위자인 자식에게 사용하면 [질책][책망]의 표현가치를 나타낸다.

[11] 〈ないでくださいますでしょうか〉 {청자(남)가 화자(남)에 비해 경어적 하위자인 경우}

(117) 裕君、パパがあやまるから、もうすね<u>ないでくださいますでしょうか</u>。
(118) ??おい、裕、お前のすることにお父さんは口出ししないつもりだけど、お父さんの顔に泥をぬるようなことだけは、し<u>ないでくださいますでしょうか</u>。

〈ないでくださいますでしょうか〉는 문말이 [ます+でしょうか]와 같은 이중 정중의 형태를 취하고 있기 때문에 친한 사이에서 (117)의「すねないでくださいますでしょうか」와 같이 남성 화자가 가족과 같은 내적 관계의 경어적 하위자인 자식에게 사용하면 [경의]보다는 농담조로 사용된 것으로 해석되는데 이때는 [연소자에 대한 배려]를 나타내면서 [친밀]의 표현가치를 실현한다. 그리고 〈ないでくださいますでしょうか〉는 소원한 사이에서 (118)의 「しないでくださいますでしょうか」와 같이 남성 화자가 가족과 같은 내적 관계의 경어적 하위자인 자식에게 사용하면 부자연스럽다.

[12] 〈ないでくださいませんでしょうか〉 {청자(남)가 화자(남)에 비해 경어적 하위자인 경우}

(119) 裕君、パパがあやまるから、もうすねないでくださいませんでしょうか。
(120) ??おい、裕、お前のすることにお父さんは口出ししないつもりだけど、お父さんの顔に泥をぬるようなことだけは、しないでくださいませんでしょうか。

〈ないでくださいませんでしょうか〉는 문말이 [ません+でしょうか]의 형태를 취하고 있다는 점에서 친한 사이에서 (119)의 「すねないでくださいませんでしょうか」와 같이 남성 화자가 가족과 같은 내적 관계의 경어적 하위자인 자식에게 발화하면 [경의]보다는 농담조로 사용된 것으로 해석되는데 이때는 [연소자에 대한 배려]를 나타내면서 [친근감]의 표현가치를 실현한다. 그리고 〈ないでくださいませんでしょうか〉는 소원한 사이에서 (120)의 「しないでくださいませんでしょうか」와 같이 남성 화자가 가족과 같은 내적 관계의 경어적 하위자인 자식에게 사용하면 부자연스럽다.

2. 남성 화자가 여성 청자에게 사용하는 〈ないでくださる〉 계열 의뢰표현

2.1. 청자(여)가 화자(남)에 비해 경어적 상위자인 경우

[1] 〈ないでくださる?〉 {청자(여)가 화자(남)에 비해 경어적 상위자인 경우}

(1) 叔母さん、どうか僕を見捨てないでくださる?
(2) 母さん、僕になりすました振り込め詐欺なんかに騙されないでくださる?
(3) 母さん、もう嫁いびりしないでくださる?

〈ないでくださる?〉는 여성어적 성격을 띠면서 경의도가 낮고 가벼운 느낌을 준다. (1)의 「見捨てないでくださる?」와 같이 친한 사이에서 남성 화자가 경어적 상위자인 「叔母さん」에게 사용하거나 (2)의 「騙されないでくださる?」와 같이 친한 사이에서 남성 화자가 경어적 상위자인 「母さん」에게 사용하면 [친밀감]의 표현가치를 실현한다. 그리고 〈ないでくださる?〉는 경의도가 낮고 가볍다는 점에서 (3)의 「嫁いびりしないでくださる?」와 같이 소원한 사이에서 남성 화자가 가족과 같은 내적 관계의 경어적 상위자인 「母さん」에게 사용하면 청자에 대한 화자의 [불쾌감]이 강하게 나타난다.

[2] 〈ないでくださるか〉 {청자(여)가 화자(남)에 비해 경어적 상위자인 경우}

(4) *叔母さん、どうか僕を見捨てないでくださるか。
(5) *母さん、僕になりすました振り込め詐欺なんかに騙されないでくださるか。
(6) *母さん、もう嫁いびりしないでくださるか。

〈ないでくださるか〉는 〈ないでくださる〉 계열의 긍정 보통체인데 남성 전용 형식으로 규정된다. 그래서 친한 사이에서 (4)의 「見捨てないでくださるか」와 같이 남성 화자가, 경어적 상위자이며 여성 청자인 「叔母さん」에게 사용하거나 (5)의 「騙されないでくださるか」와 같이 남성 화자가, 경어적 상위자이며 여성 청자인 「母さん」에게 사용하는 것은 난폭하고 거친 인상을 준다는 점에서 자연스러운 발화로서의 허용도가 낮다. 그리고 〈ないでくださるか〉는 남성 전용 형식으로 정중도가 결여되어 있다. 소원한 사이라고 하더라도 (6)의 「嫁いびりしないでくださるか」와 같이 남성 화자가, 경어적 상위자이며 여성 청자인 「母さん」에게 사용하는 것은, 난폭하고 거친 인상을 준다는 점에서 자연스러운 발화로서의 허용도가 낮다.

[3] 〈ないでくださらない?〉 {청자(여)가 화자(남)에 비해 경어적 상위자인 경우}

(7) ?? 叔母さん、どうか僕を見捨てないでくださらない?
(8) ?? 母さん、僕になりすました振り込め詐欺なんかに騙されないでくださらない?
(9) 母さん、もう嫁いびりしないでくださらない?

〈ないでくださらない?〉는 여성어적 분위기를 수반하면서 경의도가 낮고 가벼운 느낌을 주기 때문에 친한 사이에서 (7)의 「見捨てないでくださらない?」와 같이 남성 화자가 친족과 같은 내적 관계의 경어적 상위자인 「叔母さん」에게 사용하거나 (8)의 「騙されないでくださらない?」와 같이 남성 화자가 가족과 같은 내적 관계의 경어적 상위자인 「母さん」에게 사용하면 자연스러운 발화로서 부자연스럽다. 그리고 〈ないでくださらない?〉는 소원한 사이에서 (9)의 「嫁いびりしないでくださらない?」와 같이 남성 화자가 가족과 같은 내적 관계의 경어적 상위자인 「母さん」에게 사용하면 [정중도]가 약화되고 청자에 대한 화자의 불쾌감이 〈ないでくださる?〉보다 강하게 표출된다.

[4] 〈ないでくださらないか〉 {청자(여)가 화자(남)에 비해 경어적 상위자인 경우}

(10) * 叔母さん、どうか僕を見捨てないでくださらないか。
(11) * 母さん、僕になりすました振り込め詐欺なんかに騙されないでくださらないか。
(12) * 母さん、もう嫁いびりしないでくださらないか。

〈ないでくださらないか〉는 〈ないでくださる〉계열의 부정 보통체로 정중도가 결여되어 있어 친한 사이에서 (10)의 「見捨てないでくださらないか」와 같이 남성 화자가, 경어적 상위자이며 여성 청자인 「叔母さん」에게 〈ないでくださらないか〉를 사용하거나 (11)의 「騙されないでくださらないか」와 같이 남성 화자가, 경어적 상위자이며 여성 청자인 「母さん」에게 〈ないでくださらないか〉를 사용하는 것은 거친 말씨라는 인상을 지우기 어렵다는 점에서 자연스러운 발화로서의 허용도가 낮다. 그리고 〈ないでくださらないか〉는 정중도가 결여되어 있기 때문에 소원한 사이라고 하더라도 (12)의 「嫁いびりしないでくださらないか」와 같이 남성 화자가, 경어적 상위자이며 여성 청자인 「母さん」에게 〈ないでくださらないか〉를 사용하는 것은 자연스러운 발화로서의 허용도가 낮다.

[5] 〈ないでくださいますか〉 {청자(여)가 화자(남)에 비해 경어적 상위자인 경우}

(13) 叔母さん、どうか僕を見捨てないでくださいますか。
(14) 母さん、僕になりすました振り込め詐欺なんかに騙されないでくださいますか。
(15) 母さん、もう嫁いびりしないでくださいますか。

〈ないでくださいますか〉는 경어가치가 높고, 정중도도 구비하고 있어 친한 사이에서 (13)의 「見捨てないでくださいますか」와 같이 남성 화자가 경어적 상위자인 「叔母さん」에게 사용하면 [간원][원망]의 표현가치를, (14)의 「騙されないでくださいますか」와 같이 남성 화자가 경어적 상위자인 「母さん」에게 사용하면 [염려]의 표현가치를 실현한다. 그리고 〈ないでくださいますか〉는 문말이 [ます+か]와 같이 긍정의 형태를 취하고 있기 때문에 부정 정중체인 〈ないでくださいませんか〉에 비해 상대적으로 어감이 다소 딱딱하다. 그래서 소원한 사이에서는 (15)의 「嫁いびりしないでくださいますか」와 같이 남성 화자가 경어적 상위자인 「母さん」에게 사용하면 [불쾌감][불만]의 표현가치를 나타낸다.

[6] 〈ないでくださいます?〉 {청자(여)가 화자(남)에 비해 경어적 상위자인 경우}

(16) ??叔母さん、どうか僕を見捨てないでくださいます?
(17) ??母さん、僕になりすました振り込め詐欺なんかに騙されないでくださいます?
(18) 母さん、もう嫁いびりしないでくださいます?

〈ないでくださいます?〉는 여성어적 성격을 띠기 때문에 어조는 부드럽지만 한편으로 가벼운 느낌을 준다. 친한 사이에서 (16)의 「見捨てないでくださいます?」와 같이 남성 화자가 경어적 상위자인 「叔母さん」에게 사용하거나 (17)의 「騙されないでくださいます?」와 같이 남성 화자가 경어적 상위자인 「母さん」에게 사용하는 것은 부자연스럽다. 그리고 〈ないでくださいます?〉는 화자가 감정을 표현으로 옮기기 쉽다는 점에서 [차가움][냉담]의 뉘앙스를 띤다. 소원한 사이에서 (18)의 「嫁いびりしないでくださいます?」와 같이 남성 화자가 경어적 상위자인 「母さん」에게 사용하면 [불쾌감][불만]의 표현가치를 나타낸다.

[7] 〈ないでくださいませんか〉 {청자(여)가 화자(남)에 비해 경어적 상위자인 경우}

(19) 叔母さん、どうか僕を見捨てないでくださいませんか。
(20) 母さん、僕になりすました振り込め詐欺なんかに騙されないでくださいませんか。
(21) 母さん、もう嫁いびりしないでくださいませんか。

〈ないでくださいませんか〉는 부정 정중체라는 점에서 경어가치가 높고, 정중도도 구비하고 있기 때문에 친한 사이에서 (19)의 「見捨てないでくださいませんか」와 같이 남성 화자가 경어적 상위자인 「叔母さん」에게 사용하면 [간원][원망]의 표현가치를, (20)의 「騙されないでくださいませんか」와 같이 남성 화자가 경어적 상위자인 「母さん」에게 사용하면 [염려][배려]의 표현가치를 실현한다. 그리고 〈ないでくださいませんか〉는 긍정 정중체인 〈ないでくださいますか〉에 비해 상대적으로 어감이 부드럽다. 그래서 소원한 사이에서는 (21)의 「嫁いびりしないでくださいませんか」와 같이 남성 화자가 경어적 상위자인 「母さん」에게 사용하면 [불쾌감][불만의 표현가치를 나타낸다.

[8] 〈ないでくださいません?〉 {청자(여)가 화자(남)에 비해 경어적 상위자인 경우}

(22) ?? 叔母さん、どうか僕を見捨てないでくださいません?
(23) ?? 母さん、僕になりすました振り込め詐欺なんかに騙されないでくださいません?
(24) 母さん、もう嫁いびりしないでくださいません?

〈ないでくださいません?〉은 여성어적 성격을 띠기 때문에 어조는 부드럽지만 가벼운 뉘앙스를 수반한다. 그런데 친한 사이에서 (22)의「見捨てないでくださいません?」과 같이 남성 화자가 경어적 상위자인「叔母さん」에게 사용하거나 (23)의「騙されないでくださいません?」과 같이 남성 화자가 경어적 상위자인「母さん」에게 사용하면 청자에 대한 화자의 불쾌감이 나타난다는 점에서 부자연스럽다. 그리고 〈ないでくださいません?〉은 어조가 부드러워진 만큼 [차가움][냉담]의 뉘앙스도 수반한다. 소원한 사이에서 (24)의「嫁いびりしないでくださいません?」과 같이 남성 화자가 경어적 상위자인「母さん」에게 사용하면, 청자에 대한 [불쾌감][불만]이 표출되기 때문에 정중도는 그만큼 약화된다.

[9] 〈ないでくださるでしょうか〉 {청자(여)가 화자(남)에 비해 경어적 상위자인 경우}

(25) 叔母さん、どうか僕を見捨てないでくださるでしょうか。
(26) 母さん、僕になりすました振り込め詐欺なんかに騙されないでくださるでしょうか。
(27) 母さん、もう嫁いびりしないでくださるでしょうか。

〈ないでくださるでしょうか〉는〈でしょうか〉에 함의되어 있는 정중도에 의해 친소관계가 소원해지는 경향이 있다. 그런데 (25)의「見捨てないでくださるでしょうか」와 같이 남성 화자가 경어적 상위자인 여성 청자「叔母さん」에게 사용할 경우에는 자연스러운 발화로서 성립하고 [간원][원망]의 표현가치를, (26)의「騙されないでくださるでしょうか」와 같이 남성 화자가 경어적 상위자인 여성 청자「母さん」에게 사용할 경우에는 [염려][배려]의 표현가치를 실현한다. 그리고 〈ないでくださるでしょうか〉는 소원한 사이에서는 (27)의「嫁いびりしないでくださるでしょうか」와 같이 남성 화자가 경어적 상위자인「母さん」에게 사용하면 [불쾌감][불만]의 표현가치를 나타낸다.

[10] 〈ないでくださらないでしょうか〉 {청자(여)가 화자(남)에 비해 경어적 상위자인 경우}

(28) 叔母さん、どうか僕を見捨てないでくださらないでしょうか。
(29) 母さん、僕になりすました振り込め詐欺なんかに騙されないでくださらないでしょうか。
(30) 母さん、もう嫁いびりしないでくださらないでしょうか。

〈ないでくださらないでしょうか〉는 화자와 청자 사이의 거리감이 커지고 딱딱한 뉘앙스를 수반한다. 이에 (28)「見捨てないでくださらないでしょうか」와 같이 남성 화자가 스스럼없는 내적 관계의 경어적 상위자인 여성 청자「叔母さん」에게 사용하면 [간원][원망]의 표현가치를 실현한다. 그리고 (29)의「騙されないでくださらないでしょうか」와 같이 남성 화자가 스스럼없는 내적 관계의 경어적 상위자인 여성 청자「母さん」에게 사용하면 [염려][배려]의 표현가치를 실현하는데 친소관계는 소원한 사이로 경사된다. 그리고 〈ないでくださらないでしょうか〉는 화자의 불쾌감이 표출되기 때문에 소원한 사이에서 (30)의「嫁いびりしないでくださらないでしょうか」와 같이 남성 화자가 경어적 상위자인「母さん」에게 사용하면 [불쾌감][불만]이나 [불쾌감][항의]의 표현가치를 나타낸다.

[11] 〈ないでくださいますでしょうか〉 {청자(여)가 화자(남)에 비해 경어적 상위자인 경우}

(31) 叔母さん、どうか僕を見捨てないでくださいますでしょうか。
(32) 母さん、僕になりすました振り込め詐欺なんかに騙されないでくださいますでしょうか。
(33) 母さん、もう嫁いびりしないでくださいますでしょうか。

〈ないでくださいますでしょうか〉는 문말이 [ます+でしょうか]와 같은 이중 정중의 형태를 취하고 있기 때문에 친한 사이에서 (31)의「見捨てないでくださいますでしょうか」와 같이 남성 화자가 경어적 상위자인 여성 청자「叔母さん」에게 사용하면 [경의]를 나타내면서 [간원][원망]의 표현가치를 실현하고, (32)의「騙されないでくださいますでしょうか」와 같이 남성 화자가 경어적 상위자인 여성 청자「母さん」에게 사용하면 [경의]를 나타내면서 [염려][배려]의 표현가치를 실현한다. 그리고 〈ないでくださいますでしょうか〉는 소원한 사이에서 (33)의「嫁いびりしないでくださいますでしょうか」와 같이 남성 화자가 경어적 상위자이며 여성 청자인「母さん」에게 사용하면 [불쾌감][불만]의 표현가치를 나타내는데, 문말이 이중 경어로 맺고 있어 화자의 불쾌한 감정은 억제된다.

[12] 〈ないでくださいませんでしょうか〉 {청자(여)가 화자(남)에 비해 경어적 상위자인 경우}

(34) 叔母さん、どうか僕を見捨てないでくださいませんでしょうか。
(35) 母さん、僕になりすました振り込め詐欺なんかに騙されないでくださいませんでしょうか。
(36) 母さん、もう嫁いびりしないでくださいませんでしょうか。

〈ないでくださいませんでしょうか〉는 문말이 [ません+でしょうか]의 형태를 취하고 있다는 점에서 친한 사이에서 (34)의「見捨てないでくださいませんでしょうか」와 같이 남성 화자가 경어적 상위자이며 여성 청자인「叔母さん」에게 사용하면 [경의]를 나타내면서 [간원][원망]의 표현가치를, (35)의 「騙されないでくださいませんでしょうか」와 같이 남성 화자가 경어적 상위자이며 여성 청자인 「母さん」에게 사용하면 [경의]를 나타내면서 [염려][배려]의 표현가치를 실현한다. 그리고 〈ないでくださいませんでしょうか〉는 〈소원한 사이〉에서 (36)의 「嫁いびりしないでくださいませんでしょうか」와 같이 남성 화자가 경어적 상위자이며 여성 청자인 「母さん」에게 사용하면 [불쾌감][불만]의 표현가치를 나타내는데, 문말이 이중 정중으로 종지되고 있어 화자의 불쾌감은 완화된다.

2.2. 청자(여)가 화자(남)와 경어적 동위자이거나 상위자인 경우

[1] 〈ないでくださる?〉 {청자(여)가 화자(남)와 경어적 동위자이거나 상위자인 경우}

(37) 姉さん、僕が作った味噌汁、美味しくなくてもがっかりしないでくださる?
(38) 姉さん、勝手に僕のものをもう使わないでくださる?

〈ないでくださる?〉는 여성어적 성격을 띠면서 경의도가 낮고 가벼운 느낌을 준다. (37)의 「がっかりしないでくださる?」와 같이 친한 사이에서 남성 화자가 경어적 동위자이거나 상위자인 「姉さん」에게 사용하면 [친밀감]의 표현가치를 실현한다. 그리고 〈ないでくださる?〉는 경의도가 낮고 가볍다는 점에서 (38)의 「使わないでくださる?」와 같이 소원한 사이에서 남성 화자가 가족과 같은 내적 관계의 경어적 동위자이거나 상위자인 「姉さん」에게 사용하면 청자에 대한 화자의 [불쾌감]이 강하게 나타난다.

[2] 〈ないでくださるか〉 {청자(여)가 화자(남)와 경어적 동위자이거나 상위자인 경우}

(39) * 姉さん、僕が作った味噌汁、美味しくなくてもがっかりしないでくださるか。
(40) * 姉さん、勝手に僕のものをもう使わないでくださるか。

〈ないでくださるか〉는 〈ないでくださる〉 계열의 긍정 보통체인데 남성 전용 형식으로 규정된다. 그래서 친한 사이에서 (39)의 「がっかりしないでくださるか」와 같이 남성 화자가, 경어적 동위자이거나 상위자이며 여성 청자인 「姉さん」에게 사용하는 것은 난폭하고 거친 인상을 준다는 점에서 자연스러운 발화로서의 허용도가 낮다. 그리고 〈ないでくださるか〉는 남성 전용 형식으로 정중도가 결여되어 있다. 소원한 사이라고 하더라도 (40)의 「使わないでくださるか」와 같이 남성 화자가, 경어적 동위자이거나 상위자이며 여성 청자인 「姉さん」에게 사용하는 것은, 난폭하고 거친 인상을 준다는 점에서 자연스러운 발화로서의 허용도가 낮다.

[3] 〈ないでくださらない?〉 {청자(여)가 화자(남)와 경어적 동위자이거나 상위자인 경우}

(41) 姉さん、僕が作った味噌汁、美味しくなくてもがっかりしないでくださらない?
(42) 姉さん、勝手に僕のものをもう使わないでくださらない?

〈ないでくださらない?〉는 여성어적 분위기를 수반하면서 경의도가 낮고 가벼운 느낌을 주기 때문에 친한 사이에서 (41)의 「がっかりしないでくださらない?」와 같이 남성 화자가 경어적 동위자이거나 상위자인 「姉さん」에게 사용하면 [정중도]가 약화되고 [친밀도]도 다소 낮아진다. 그리고 〈ないでくださらない?〉는 소원한 사이에서 (42)의 「使わないでくださらない?」와 같이 남성 화자가 경어적 동위자이거나 상위자인 「姉さん」에게 사용하면 [정중도]가 약화되고 청자에 대한 화자의 불쾌감이 〈ないでくださる?〉보다 강하게 표출된다.

[4] 〈ないでくださらないか〉 {청자(여)가 화자(남)와 경어적 동위자이거나 상위자인 경우}

(43) *姉さん、僕が作った味噌汁、美味しくなくてもがっかりしないでくださらないか。
(44) *姉さん、勝手に僕のものをもう使わないでくださらないか。

〈ないでくださらないか〉는 〈ないでくださる〉 계열의 부정 보통체로 정중도가 결여되어 있어 친한 사이에서 (43)의 「がっかりしないでくださらないか」와 같이 남성 화자가, 경어적 동위자이거나 상위자이며 여성 청자인 「姉さん」에게 〈ないでくださらないか〉를 사용하는 것은 거친 말씨라는 인상을 지우기 어렵다는 점에서 자연스러운 발화로서의 허용도가 낮다. 그리고 〈ないでくださらないか〉는 정중도가 결여되어 있기 때문에 소원한 사이라고 하더라도 (44)의 「使わないでくださらないか」와 같이 남성 화자가, 경어적 동위자이거나 상위자이며 여성 청자인 「姉さん」에게 〈ないでくださらないか〉를 사용하는 것은 자연스러운 발화로서의 허용도가 낮다.

[5] 〈ないでくださいますか〉 {청자(여)가 화자(남)와 경어적 동위자이거나 상위자인 경우}

(45) 姉さん、僕が作った味噌汁、美味しくなくてもがっかりしないでくださいますか。
(46) 姉さん、勝手に僕のものをもう使わないでくださいますか。

〈ないでくださいますか〉는 경어가치가 높고, 정중도도 구비하고 있어 친한 사이에서 (45)의 「がっかりしないでくださいますか」와 같이 남성 화자가 경어적 동위자이거나 상위자인 「姉さん」에게 사용하면 [간원][원망]의 표현가치를 실현한다. 그리고 〈ないでくださいますか〉는 문말이 [ます+か]와 같이 긍정의 형태를 취하고 있기 때문에 부정 정중체인 〈ないでくださいませんか〉에 비해 상대적으로 어감이 다소 딱딱하다. 소원한 사이에서는 (46)의 「使わないでくださいますか」와 같이 남성 화자가 경어적 동위자이거나 상위자인 「姉さん」에게 사용하면 [불쾌감] [항의]의 표현가치를 나타낸다.

[6] 〈ないでくださいます?〉 {청자(여)가 화자(남)와 경어적 동위자이거나 상위자인 경우}

　(47) ??姉さん、僕が作った味噌汁、美味しくなくてもがっかりし<u>ないでくださいます?</u>
　(48) 姉さん、勝手に僕のものをもう使わ<u>ないでくださいます?</u>

　〈ないでくださいます?〉는 여성어적 성격을 띠기 때문에 어조는 부드럽지만 한편으로 가벼운 느낌을 준다. 친한 사이에서 (47)의「がっかりしないでくださいます?」와 같이 남성 화자가 경어적 동위자이거나 상위자인「姉さん」에게 사용하는 것은 부자연스럽다. 그리고 〈ないでくださいます?〉는 화자가 감정을 표현으로 옮기기 쉽다는 점에서 [차가움][냉담]의 뉘앙스를 띤다. 이에 소원한 사이에서 (48)의「使わないでくださいます?」와 같이 남성 화자가 경어적 동위자이거나 상위자인「姉さん」에게 사용하면 [불쾌감][항의]의 표현가치를 나타낸다.

[7] 〈ないでくださいませんか〉 {청자(여)가 화자(남)와 경어적 동위자이거나 상위자인 경우}

　(49) 姉さん、僕が作った味噌汁、美味しくなくてもがっかりし<u>ないでくださいませんか</u>。
　(50) 姉さん、勝手に僕のものをもう使わ<u>ないでくださいませんか</u>。

　〈ないでくださいませんか〉는 부정 정중체라는 점에서 경어가치가 높고, 정중도도 구비하고 있기 때문에 친한 사이에서 (49)의「がっかりしないでくださいませんか」와 같이 남성 화자가 경어적 동위자이거나 상위자인「姉さん」에게 사용하면 [간원][원망]의 표현가치를 실현한다. 그리고 〈ないでくださいませんか〉는 긍정 정중체인 〈ないでくださいますか〉에 비해 상대적으로 어감이 부드럽다. 이에 소원한 사이에서는 (50)의「使わないでくださいませんか」와 같이 남성 화자가 경어적 동위자이거나 상위자인「姉さん」에게 사용하면 [불쾌감][항의]의 표현가치를 나타낸다.

[8] 〈ないでくださいません?〉 {청자(여)가 화자(남)와 경어적 동위자이거나 상위자인 경우}

　(51) ??姉さん、僕が作った味噌汁、美味しくなくてもがっかりし<u>ないでくださいません?</u>
　(52) 姉さん、勝手に僕のものをもう使わ<u>ないでくださいません?</u>

　〈ないでくださいません?〉은 여성어적 성격을 띠기 때문에 어조는 부드럽지만 가벼운 뉘앙스를 수반한다. 그런데 친한 사이에서 (51)의「がっかりしないでくださいません?」과 같이 남성 화자가 경어적 동위자이거나 상위자인「姉さん」에게 사용하면 청자에 대한 화자의 불쾌감이 나타난다는 점에서 부자연스럽다. 그리고 〈ないでくださいません?〉은 어조가 부드러워진 만큼 [차가움][냉담]의 뉘앙스도 수반한다. 이에 소원한 사이에서 (52)의「使わないでくださいません?」과 같이 남성 화자가 경어적 동위자이거나 상위자인「姉さん」에게 사용하면, 청자에 대한 [불쾌감][항의]가 표출되기 때문에 정중도는 그만큼 약화된다.

[9] 〈ないでくださるでしょうか〉 {청자(여)가 화자(남)와 경어적 동위자이거나 상위자인 경우}

(53) ??姉さん、僕が作った味噌汁、美味しくなくてもがっかりしないでくださるでしょうか。
(54) 姉さん、勝手に僕のものをもう使わないでくださるでしょうか。

〈ないでくださるでしょうか〉는 〈でしょうか〉에 함의되어 있는 정중도에 의해 친소관계가 소원해지는 경향이 있다. (53)의 「がっかりしないでくださるでしょうか」와 같이 남성 화자가 경어적 동위자이거나 상위자인 여성 청자 「姉さん」에게 사용하면 부자연스럽다. 그리고 〈ないでくださるでしょうか〉는 소원한 사이에서는 (54)의 「使わないでくださるでしょうか」와 같이 남성 화자가 경어적 동위자이거나 상위자인 「姉さん」에게 사용하면 [불쾌감][항의]의 표현가치를 나타낸다.

[10] 〈ないでくださらないでしょうか〉 {청자(여)가 화자(남)와 경어적 동위자이거나 상위자인 경우}

(55) ?姉さん、僕が作った味噌汁、美味しくなくてもがっかりしないでくださらないでしょうか。
(56) 姉さん、勝手に僕のものをもう使わないでくださらないでしょうか。

〈ないでくださらないでしょうか〉는 화자와 청자 사이의 거리감이 커지고 딱딱한 뉘앙스를 수반한다. 그래서 (55)의 「がっかりしないでくださらないでしょうか」와 같이 남성 화자가 스스럼없는 내적 관계의 경어적 동위자이거나 상위자인 여성 청자 「姉さん」에게 사용하면 다소 부자연스럽다. 그리고 〈ないでくださらないでしょうか〉는 화자의 불쾌감이 표출되기 때문에 소원한 사이에서 (56)의 「使わないでくださらないでしょうか」와 같이 남성 화자가 경어적 동위자이거나 상위자인 「姉さん」에게 사용하면 [불쾌감][항의]나 [불만][분노]의 표현가치를 나타낸다.

[11] 〈ないでくださいますでしょうか〉 {청자(여)가 화자(남)와 경어적 동위자이거나 상위자인 경우}

(57) 姉さん、僕が作った味噌汁、美味しくなくてもがっかりしないでくださいますでしょうか。
(58) 姉さん、勝手に僕のものをもう使わないでくださいますでしょうか。

〈ないでくださいますでしょうか〉는 문말이 [ます+でしょうか]와 같은 이중 정중의 형태를 취하고 있기 때문에 친한 사이에서 (57)의 「がっかりしないでくださいますでしょうか」와 같이 남성 화자가 경어적 동위자이거나 상위자인 여성 청자 「姉さん」에게 사용하면 [경의]를 나타내면서 [간원][원망]의 표현가치를 실현한다. 그리고 〈ないでくださいますでしょうか〉는 소원한 사이에서 (58)의 「使わないでくださいますでしょうか」와 같이 남성 화자가 경어적 동위자이거나 상위자이며 여성 청자인 「姉さん」에게 사용하면 [불쾌감][항의]의 표현가치를 나타내는데, 문말이 이중 경어로 맺고 있어 화자의 불쾌한 감정은 억제된다.

[12] 〈ないでくださいませんでしょうか〉 {청자(여)가 화자(남)와 경어적 동위자이거나 상위자인 경우}

(59) 姉さん、僕が作った味噌汁、美味しくなくてもがっかりしないでくださいませんでしょうか。
(60) 姉さん、勝手に僕のものをもう使わないでくださいませんでしょうか。

〈ないでくださいませんでしょうか〉는 문말이 [ません+でしょうか]의 형태를 취하고 있다는 점에서 친한 사이에서 (59)의 「がっかりしないでくださいませんでしょうか」와 같이 남성 화자가 경어적 동위자이거나 상위자이며 여성 청자인 「姉さん」에게 사용하면 [경의]를 나타내면서 [간원][원망]의 표현가치를 실현한다. 그리고 〈ないでくださいませんでしょうか〉는 소원한 사이에서 (60)의 「使わないでくださいませんでしょうか」와 같이 남성 화자가 경어적 동위자이거나 상위자이며 여성 청자인 「姉さん」에게 사용하면 [불쾌감][항의]의 표현가치를 나타내는데, 문말이 이중 정중으로 종지되고 있어 화자의 불쾌감은 완화된다.

2.3. 청자(여)와 화자(남)가 경어적 동위자인 경우

[1] 〈ないでくださる?〉 {청자(여)와 화자(남)가 경어적 동위자인 경우}

(61) ねえ、浩子ちゃん、もし僕が遅れたら待たないでくださる?
(62) 私達の土俵は女人禁制ですので、二度と上がらないでくださる?

〈ないでくださる?〉는 여성어적 성격을 띠면서 경의도가 낮고 가벼운 느낌을 준다. (61)의 「待たないでくださる?」와 같이 친한 사이에서 남성 화자가 경어적 동위자인 청자에게 사용하면 [친밀감]의 표현가치를 실현한다. 그리고 〈ないでくださる?〉는 경의도가 낮고 가볍다는 점에서 (62)의 「上がらないでくださる?」와 같이 소원한 사이에서 남성 화자가 경어적 동위자인 청자에게 사용하면 청자에 대한 화자의 [불쾌감]이 강하게 나타난다.

[2] 〈ないでくださるか〉 {청자(여)와 화자(남)가 경어적 동위자인 경우}

(63) *ねえ、浩子ちゃん、もし僕が遅れたら待たないでくださるか。
(64) 私達の土俵は女人禁制ですので、二度と上がらないでくださるか。

〈ないでくださるか〉는 〈ないでくださる〉 계열의 긍정 보통체인데 남성 전용 형식으로 규정된다. 친한 사이에서 (63)의 「待たないでくださるか」와 같이 남성 화자가 경어적 동위자인 여성 청자에게 사용하는 것은 화자가 자신의 권위와 위엄을 내세우는 인상을 주기 때문에 자연스러운 발화로서의 허용도가 낮다. 그리고 〈ないでくださるか〉는 남성 전용 형식으로 정중도가 결여되어 있다. 소원한 사이에서 (64)의 「上がらないでくださるか」와 같이 남성 화자가 경어적 동위자인 여성 청자에게 사용하면 〈ないでくださるか〉는 무례한 여성에 대한 [불쾌감][분노]의 표현가치를 나타낸다.

[3] 〈ないでくださらない?〉 {청자(여)와 화자(남)가 경어적 동위자인 경우}

(65) ねえ、浩子ちゃん、もし僕が遅れたら待た<u>ないでくださらない?</u>
(66) 私達の土俵は女人禁制ですので、二度と上がら<u>ないでくださらない?</u>

〈ないでくださらない?〉는 여성어적 분위기를 수반하면서 경의도가 낮고 가벼운 느낌을 주기 때문에 친한 사이에서 (65)의 「待たないでくださらない?」와 같이 남성 화자가 경어적 동위자인 청자에게 사용하면 [정중도]가 약화되고 [친밀도]도 다소 낮아진다. 그리고 〈ないでくださらない?〉는 소원한 사이에서 (66)의 「上がらないでくださらない?」와 같이 남성 화자가 경어적 동위자인 청자에게 사용하면 [정중도]가 약화되고 청자에 대한 화자의 불쾌감이 〈ないでくださる?〉보다 강하게 표출된다.

[4] 〈ないでくださらないか〉 {청자(여)와 화자(남)가 경어적 동위자인 경우}

(67) *ねえ、浩子ちゃん、もし僕が遅れたら待た<u>ないでくださらないか</u>。
(68) 私達の土俵は女人禁制ですので、二度と上がら<u>ないでくださらないか</u>。

〈ないでくださらないか〉는 〈ないでくださる〉 계열의 부정 보통체로 정중도가 결여되어 있어 친한 사이에서 (67)의 「待たないでくださらないか」와 같이 남성 화자가 경어적 동위자인 여성 청자에게 〈ないでくださらないか〉를 사용하는 것은 자연스러운 발화로서의 허용도가 낮다. 그리고 〈ないでくださらないか〉는 정중도가 결여되어 있는데 소원한 사이에서 (68)의 「上がらないでくださらないか」와 같이 남성 화자가 경어적 동위자인 여성 청자에게 남성으로서의 위엄을 보이기 위해 사용하는 것은 허용되며, 이때의 〈ないでくださらないか〉는 다소 부드러운 어조의 [불쾌감][분노]의 표현가치를 나타낸다.

[5] 〈ないでくださいますか〉 {청자(여)와 화자(남)가 경어적 동위자인 경우}

(69) ねえ、浩子ちゃん、もし僕が遅れたら待た<u>ないでくださいますか</u>。
(70) 私達の土俵は女人禁制ですので、二度と上がら<u>ないでくださいますか</u>。

〈ないでくださいますか〉는 경어가치가 높고, 정중도도 구비하고 있어 친한 사이에서 (69)의 「待たないでくださいますか」와 같이 남성 화자가 경어적 동위자인 청자에게 사용하면 [염려]의 표현가치를 실현한다. 그리고 〈ないでくださいますか〉는 문말이 [ます+か]와 같이 긍정의 형태를 취하고 있기 때문에 부정 정중체인 〈ないでくださいませんか〉에 비해 상대적으로 어감이 다소 딱딱하다. 소원한 사이에서는 (70)의 「上がらないでくださいますか」와 같이 남성 화자가 경어적 동위자인 청자에게 사용하면 [불쾌감][분노]의 표현가치를 나타낸다.

[6] 〈ないでくださいます?〉 {청자(여)와 화자(남)가 경어적 동위자인 경우}

(71) ねえ、浩子ちゃん、もし僕が遅れたら待た<u>ないでくださいます</u>?
(72) 私達の土俵は女人禁制ですので、二度と上がら<u>ないでくださいます</u>?

〈ないでくださいます?〉는 여성어적 성격을 띠기 때문에 어조는 부드럽지만 한편으로 가벼운 느낌을 준다. 친한 사이에서 (71)의 「待たないでくださいます?」와 같이 남성 화자가 경어적 동위자인 청자에게 사용하면 청자에 대한 화자의 [배려]라는 표현가치를 실현한다. 그리고 〈ないでくださいます?〉는 화자가 감정을 표현으로 옮기기 쉽다는 점에서 [차가움][냉담]의 뉘앙스를 띤다. 그래서 소원한 사이에서 (72)의 「上がらないでくださいます?」와 같이 남성 화자가 경어적 동위자인 청자에게 사용하면 [불쾌감][분노]의 표현가치를 나타낸다.

[7] 〈ないでくださいませんか〉 {청자(여)와 화자(남)가 경어적 동위자인 경우}

(73) ねえ、浩子ちゃん、もし僕が遅れたら待た<u>ないでくださいませんか</u>。
(74) 私達の土俵は女人禁制ですので、二度と上がら<u>ないでくださいませんか</u>。

〈ないでくださいませんか〉는 부정 정중체라는 점에서 경어가치가 높고, 정중도도 구비하고 있기 때문에 친한 사이에서 (73)의 「待たないでくださいませんか」와 같이 남성 화자가 경어적 동위자인 청자에게 사용하면 [염려][배려]의 표현가치를 실현한다. 그리고 〈ないでくださいませんか〉는 긍정 정중체인 〈ないでくださいますか〉에 비해 상대적으로 어감이 부드럽다. 그래서 소원한 사이에서는 (74)의 「上がらないでくださいませんか」와 같이 남성 화자가 경어적 동위자인 청자에게 사용하면 [불쾌감][분노] 혹은 [불쾌감][질책]의 표현가치를 나타낸다.

[8] 〈ないでくださいません?〉 {청자(여)와 화자(남)가 경어적 동위자인 경우}

(75) ねえ、浩子ちゃん、もし僕が遅れたら待た<u>ないでくださいません</u>?
(76) 私達の土俵は女人禁制ですので、二度と上がら<u>ないでくださいません</u>?

〈ないでくださいません?〉은 여성어적 성격을 띠기 때문에 어조는 부드럽지만 가벼운 뉘앙스를 수반한다. 친한 사이에서 (75)의 「待たないでくださいません?」과 같이 남성 화자가 경어적 동위자인 청자에게 사용하면 청자에 대한 화자의 [배려]라는 표현가치를 실현하는데 [차가움][냉담]의 뉘앙스도 수반된다. 그리고 〈ないでくださいません?〉은 어조가 부드러워진 만큼 [차가움][냉담]의 뉘앙스도 수반한다. 그래서 소원한 사이에서 (76)의 「上がらないでくださいません?」과

같이 남성 화자가 경어적 동위자인 청자에게 사용하면 청자에 대한 [불쾌감][분노]가 표출되기 때문에 정중도는 그만큼 약화된다.

[9] 〈ないでくださるでしょうか〉 {청자(여)와 화자(남)가 경어적 동위자인 경우}

　(77) ねえ、浩子ちゃん、もし僕が遅れたら待た<u>ないでくださるでしょうか</u>。
　(78) 私達の土俵は女人禁制ですので、二度と上が<u>らないでくださるでしょうか</u>。

〈ないでくださるでしょうか〉는 〈でしょうか〉에 함의되어 있는 정중도에 의해 친소관계가 소원해지는 경향이 있다. 그런데 (77)의 「待たないでくださるでしょうか」와 같이 남성 화자가 경어적 동위자인 여성 청자에게 사용할 경우에는 자연스러운 발화로서 성립하고 [염려][배려]의 표현가치를 실현한다. 그리고 〈ないでくださるでしょうか〉는 소원한 사이에서는 (78)의 「上がらないでくださるでしょうか」와 같이 남성 화자가 경어적 동위자인 청자에게 사용하면 [불쾌감][분노]의 표현가치를 나타낸다.

[10] 〈ないでくださらないでしょうか〉 {청자(여)와 화자(남)가 경어적 동위자인 경우}

　(79) ねえ、浩子ちゃん、もし僕が遅れたら待た<u>ないでくださらないでしょうか</u>。
　(80) 私達の土俵は女人禁制ですので、二度と上が<u>らないでくださらないでしょうか</u>。

〈ないでくださらないでしょうか〉는 화자와 청자 사이의 거리감이 커지고 딱딱한 뉘앙스를 수반한다. (79)의 「待たないでくださらないでしょうか」와 같이 남성 화자가 스스럼없는 내적 관계의 경어적 동위자인 여성 청자에게 사용하면 [염려][배려]의 표현가치를 실현한다. 그리고 〈ないでくださらないでしょうか〉는 화자의 불쾌감이 표출되기 때문에 소원한 사이에서 (80)의 「上がらないでくださらないでしょうか」와 같이 남성 화자가 경어적 동위자인 청자에게 사용하면 [불쾌감][분노]의 표현가치를 나타낸다.

[11] 〈ないでくださいますでしょうか〉 {청자(여)와 화자(남)가 경어적 동위자인 경우}

　(81) ねえ、浩子ちゃん、もし僕が遅れたら待た<u>ないでくださいますでしょうか</u>。
　(82) 私達の土俵は女人禁制ですので、二度と上が<u>らないでくださいますでしょうか</u>。

〈ないでくださいますでしょうか〉는 문말이 [ます+でしょうか]와 같은 이중 정중의 형태를 취하고 있기 때문에 친한 사이에서 (81)의 「待たないでくださいますでしょうか」와 같이 남성 화자가 경어적 동위자인 여성 청자에게 사용하면 [경의]를 나타내면서 [간원][원망]의 표현가치를 실현한다. 그리고 〈ないでくださいますでしょうか〉는 소원한 사이에서 (82)의 「上がらないでくださいますでしょうか」와 같이 남성 화자가 경어적 동위자인 여성 청자에게 사용하면 [불쾌감][분

뇌의 표현가치를 나타내는데, 문말이 이중 경어로 맺고 있어 화자의 불쾌한 감정은 억제된다.

[12] 〈ないでくださいませんでしょうか〉 {청자(여)와 화자(남)가 경어적 동위자인 경우}

(83) ねえ、浩子ちゃん、もし僕が遅れたら待た<u>ないでくださいませんでしょうか</u>。
(84) 私達の土俵は女人禁制ですので、二度と上がら<u>ないでくださいませんでしょうか</u>。

〈ないでくださいませんでしょうか〉는 문말이 [ません+でしょうか]의 형태를 취하고 있다는 점에서 친한 사이에서 (83)의「待たないでくださいませんでしょうか」와 같이 남성 화자가 경어적 동위자인 여성 청자에게 사용하면 [경의]를 나타내면서 [간원][원망]의 표현가치를 실현한다. 그리고 〈ないでくださいませんでしょうか〉는 소원한 사이에서 (84)의「上がらないでくださいませんでしょうか」와 같이 남성 화자가 경어적 동위자인 여성 청자에게 사용하면 [불쾌감][분노]의 표현가치를 나타내는데, 문말이 이중 정중으로 종지되고 있어 화자의 불쾌감은 완화된다.

2.4. 청자(여)가 화자(남)와 경어적 동위자이거나 하위자인 경우

[1] 〈ないでくださる?〉 {청자(여)가 화자(남)와 경어적 동위자이거나 하위자인 경우}

(85) ねえ、みどりちゃん、お兄ちゃんがお菓子買ってきてあげるから、もう泣か<u>ないでくださる?</u>
(86) ??おい、みどり、許可無く俺のものを勝手にさわら<u>ないでくださる?</u>

〈ないでくださる?〉는 여성어적 성격을 띠면서 경의도가 낮고 가벼운 느낌을 준다. 그런데 (85)의「泣かないでくださる?」와 같이 친한 사이에서 남성 화자가 경어적 동위자이거나 하위자인 청자에게 사용하면, 이때의 〈ないでくださる?〉는 경의라고 하기 보다는 농담조나 혹은 상대방의 기분을 맞추기 위해 사용된 것으로 해석된다. 그리고 〈ないでくださる?〉는 경의도가 낮고 가볍다는 점에서 (86)의「さわらないでくださる?」와 같이 소원한 사이에서 남성 화자가 내적 관계의 경어적 동위자이거나 하위자인 청자에게 사용하면 청자에 대한 화자의 [불쾌감]이 강하게 표출되기 때문에 자연스러운 발화로서 부자연스럽다.

[2] 〈ないでくださるか〉 {청자(여)가 화자(남)와 경어적 동위자이거나 하위자인 경우}

(87) *ねえ、みどりちゃん、お兄ちゃんがお菓子買ってきてあげるから、もう泣か<u>ないでくださるか</u>。
(88) おい、みどり、許可無く俺のものを勝手にさわら<u>ないでくださるか</u>。

〈ないでくださるか〉는 〈ないでくださる〉 계열의 긍정 보통체인데 남성 전용 형식으로 규정된다. 친한 사이에서 (87)의「泣かないでくださるか」와 같이 남성 화자가 가족과 같은 내적 관계의 경어적 동위자이거나 하위자인 여동생에게 발화하는 것은, 권위나 위엄을 필요로 하지 않는 상대에게 〈ないでくださるか〉를 사용한다는 점에서 자연스러운 발화로서 허용도가 낮다. 그리고 〈ないでくださるか〉는 남성 전용 형식으로 정중도가 결여되어 있다. 소원한 사이에서 (88)의「さわらないでくださるか」와 같이 남성 화자가 경어적 동위자이거나 하위자인 여성 화자에게 사용하면 〈ないでくださるか〉는 [불쾌감][질책]의 표현가치를 나타내는데 화자가 청자에게 짐짓 협박하고 있다는 느낌을 준다.

[3] 〈ないでくださらない?〉 {청자(여)가 화자(남)와 경어적 동위자이거나 하위자인 경우}

(89) ?ねえ、みどりちゃん、お兄ちゃんがお菓子買ってきてあげるから、もう泣かないでくださらない?
(90) ??おい、みどり、許可無く俺のものを勝手にさわらないでくださらない?

〈ないでくださらない?〉는 여성어적 분위기를 수반하면서 경의도가 낮고 가벼운 느낌을 주기 때문에 친한 사이에서 (89)의「泣かないでくださらない?」와 같이 남성 화자가 가족과 같은 내적 관계의 경어적 동위자이거나 하위자인 청자에게 사용하면 자연스러운 발화로서 다소 부자연스럽다. 그리고 〈ないでくださらない?〉는 소원한 사이에서 (90)의「さわらないでくださらない?」와 같이 남성 화자가 경어적 동위자이거나 하위자인 청자에게 사용하면 [정중도]가 약화되고 청자에 대한 화자의 불쾌감이 〈ないでくださる?〉보다 강하게 표출되기 때문에 부자연스럽다.

[4] 〈ないでくださらないか〉 {청자(여)가 화자(남)와 경어적 동위자이거나 하위자인 경우}

(91) *ねえ、みどりちゃん、お兄ちゃんがお菓子買ってきてあげるから、もう泣かないでくださらないか。
(92) おい、みどり、許可無く俺のものを勝手にさわらないでくださらないか。

〈ないでくださらないか〉는 〈ないでくださる〉 계열의 부정 보통체로 정중도가 결여되어 있어 친한 사이에서 (91)의「泣かないでくださらないか」와 같이 남성 화자가 가족과 같은 내적 관계의 경어적 동위자이거나 하위자인 여동생에게 발화하는 것은 자연스러운 발화로서 허용도가 낮다. 그리고 정중도가 결여되어 있는 〈ないでくださらないか〉는 소원한 사이에서 (92)의「さわらないでくださらないか」와 같이 남성 화자가 경어적 동위자이거나 하위자인 여성 화자에게 사용하면 다소 부드러운 어조의 [불쾌감][질책]의 표현가치를 나타내며 화자가 일부러 청자에게 겁박하고 있는 듯한 인상을 준다.

[5] 〈ないでくださいますか〉 {청자(여)가 화자(남)와 경어적 동위자이거나 하위자인 경우}

(93) ねえ、みどりちゃん、お兄ちゃんがお菓子買ってきてあげるから、もう泣かないでくださいますか。
(94) おい、みどり、許可無く俺のものを勝手にさわらないでくださいますか。

〈ないでくださいますか〉는 경어가치가 높고 정중도도 구비하고 있는데 (93)의 「泣かないでくださいますか」와 같이 남성 화자가 가족과 같은 내적 관계의 경어적 동위자이거나 하위자인 여동생에게 발화하면, 경의보다는 농담조나 혹은 상대방의 기분을 맞추기 위해 사용된 것으로 해석된다. 그리고 〈ないでくださいますか〉는 문말이 [ます+か]와 같이 긍정의 형태를 취하고 있기 때문에 부정 정중체인 〈ないでくださいませんか〉에 비해 상대적으로 어감이 다소 딱딱하다. 소원한 사이에서는 (94)의 「さわらないでくださいますか」와 같이 남성 화자가 경어적 동위자이거나 하위자인 청자에게 사용하면 [불쾌감][질책]의 표현가치를 나타낸다.

[6] 〈ないでくださいます?〉 {청자(여)가 화자(남)와 경어적 동위자이거나 하위자인 경우}

(95) ねえ、みどりちゃん、お兄ちゃんがお菓子買ってきてあげるから、もう泣かないでくださいます?
(96) ??おい、みどり、許可無く俺のものを勝手にさわらないでくださいます?

〈ないでくださいます?〉는 여성어적 성격을 띠기 때문에 어조는 부드럽지만 한편으로 가벼운 느낌을 준다. 친한 사이에서 (95)의 「泣かないでくださいます?」와 같이 남성 화자가 가족과 같은 내적 관계의 경어적 동위자이거나 하위자인 여동생에게 발화할 경우에는, 경의보다 농담조나 혹은 상대방의 기분을 맞추기 위해 사용된 것으로 해석된다. 그리고 〈ないでくださいます?〉는 화자가 감정을 표현으로 옮기기 쉽다는 점에서 [차가움][냉담]의 뉘앙스를 띤다. 소원한 사이에서 (96)의 「さわらないでくださいます?」와 같이 남성 화자가 스스럼없는 내적 관계의 경어적 동위자이거나 하위자인 청자에게 사용하면 부자연스럽다.

[7] 〈ないでくださいませんか〉 {청자(여)가 화자(남)와 경어적 동위자이거나 하위자인 경우}

(97) ねえ、みどりちゃん、お兄ちゃんがお菓子買ってきてあげるから、もう泣かないでくださいませんか。
(98) おい、みどり、許可無く俺のものを勝手にさわらないでくださいませんか。

〈ないでくださいませんか〉는 부정 정중체라는 점에서 경어가치가 높고 정중도도 구비하고 있기 때문에 친한 사이에서 (97)의 「泣かないでくださいませんか」와 같이 남성 화자가 경어적 동위자이거나 하위자인 청자에게 사용하면 [친밀][배려]의 표현가치를 실현한다. 그리고 〈ないでくださいませんか〉는 긍정 정중체인 〈ないでくださいますか〉에 비해 상대적으로 어감이 부드럽다. 소원한 사이에서는 (98)의 「さわらないでくださいませんか」와 같이 남성 화자가 경어적 동위자이거나 하위자인 청자에게 사용하면 [불쾌감][질책]의 표현가치를 나타낸다.

[8] 〈ないでくださいません?〉 {청자(여)가 화자(남)와 경어적 동위자이거나 하위자인 경우}

(99) ねえ、みどりちゃん、お兄ちゃんがお菓子買ってきてあげるから、もう泣かないでくださいません?
(100) ??おい、みどり、許可無く俺のものを勝手にさわらないでくださいません?

〈ないでくださいません?〉은 여성어적 성격을 띠기 때문에 어조는 부드럽지만 가벼운 뉘앙스를 수반한다. 그런데 친한 사이에서 (99)의 「泣かないでくださいません?」과 같이 남성 화자가 가족과 같은 내적 관계의 경어적 동위자이거나 하위자인 여동생에게 발화할 경우에는 경의보다 농담조나 혹은 상대방의 기분을 맞추기 위해 사용된 것으로 해석된다. 그리고 〈ないでくださいません?〉은 어조가 부드러워진 만큼 [차가움][냉담]의 뉘앙스도 수반한다. 이에 소원한 사이에서 (100)의 「さわらないでくださいません?」과 같이 남성 화자가 스스럼없는 내적 관계의 경어적 동위자이거나 하위자인 청자에게 사용하면 부자연스럽다.

[9] 〈ないでくださるでしょうか〉 {청자(여)가 화자(남)와 경어적 동위자이거나 하위자인 경우}

(101) ??ねえ、みどりちゃん、お兄ちゃんがお菓子買ってきてあげるから、もう泣かないでくださるでしょうか。
(102) おい、みどり、許可無く俺のものを勝手にさわらないでくださるでしょうか。

〈ないでくださるでしょうか〉는 〈でしょうか〉에 함의되어 있는 정중도에 의해 친소관계가 소원해지는 경향이 있다. (101)의 「泣かないでくださるでしょうか」와 같이 남성 화자가, 경어적 동위자이거나 하위자이며 스스럼없는 내적 관계의 여성 청자인 여동생에게 사용하면 부자연스럽다. 그리고 〈ないでくださるでしょうか〉는 소원한 사이에서는 (102)의 「さわらないでくださるでしょうか」와 같이 남성 화자가 경어적 동위자인 청자에게 사용하면 [불쾌감][질책]의 표현가치를 나타낸다.

[10] 〈ないでくださらないでしょうか〉 {청자(여)가 화자(남)와 경어적 동위자이거나 하위자인 경우}

(103) ねえ、みどりちゃん、お兄ちゃんがお菓子買ってきてあげるから、もう泣かないでくださらないでしょうか。
(104) おい、みどり、許可無く俺のものを勝手にさわらないでくださらないでしょうか。

〈ないでくださらないでしょうか〉는 화자와 청자 사이의 거리감이 커지고 딱딱한 뉘앙스를 수반한다. (103)의 「泣かないでくださらないでしょうか」와 같이 남성 화자가, 경어적 동위자이거나 하위자이며 스스럼없는 내적 관계의 여성 청자인 여동생에게 발화할 경우, [친밀][배려]의 표현가치를 실현하는데 친소관계는 소원한 사이로 경사된다. 그리고 〈ないでくださらないで

しょうか〉는 화자의 불쾌감이 표출되기 때문에 소원한 사이에서 (104)의 「さわらないでくださらないでしょうか」와 같이 남성 화자가 경어적 동위자이거나 하위자인 청자에게 사용하면 [불쾌감][분노]나 [불쾌감][질책]의 표현가치를 나타낸다.

[11] 〈ないでくださいますでしょうか〉 {청자(여)가 화자(남)와 경어적 동위자이거나 하위자인 경우}

 (105) ねえ、みどりちゃん、お兄ちゃんがお菓子買ってきてあげるから、もう泣か<u>ないでくださいますでしょうか</u>。
 (106) ??おい、みどり、許可無く俺のものを勝手にさわら<u>ないでくださいますでしょうか</u>。

〈ないでくださいますでしょうか〉는 문말이 [ます+でしょうか]와 같은 이중 정중의 형태를 취하고 있기 때문에 친한 사이에서 (105)의 「泣かないでくださいますでしょうか」와 같이 남성 화자가 가족과 같은 내적 관계의 경어적 동위자이거나 하위자인 여동생에게 사용하면 이때는 [친밀][배려]의 표현가치를 실현한다. 그리고 〈ないでくださいますでしょうか〉는 소원한 사이에서 (106)의 「さわらないでくださいますでしょうか」와 같이 남성 화자가 스스럼없는 내적 관계의 경어적 동위자이거나 하위자인 여성 청자에게 사용하면 부자연스럽다.

[12] 〈ないでくださいませんでしょうか〉 {청자(여)가 화자(남)와 경어적 동위자이거나 하위자인 경우}

 (107) ねえ、みどりちゃん、お兄ちゃんがお菓子買ってきてあげるから、もう泣か<u>ないでくださいませんでしょうか</u>。
 (108) ??おい、みどり、許可無く俺のものを勝手にさわら<u>ないでくださいませんでしょうか</u>。

〈ないでくださいませんでしょうか〉는 문말이 [ません+でしょうか]의 형태를 취하고 있다는 점에서 친한 사이에서 (107)의 「泣かないでくださいませんでしょうか」와 같이 남성 화자가 가족과 같은 내적 관계의 경어적 동위자이거나 하위자인 여동생에게 발화하면 [친근감][배려]의 표현가치를 실현한다. 그리고 〈ないでくださいませんでしょうか〉는 소원한 사이에서 (108)의 「さわらないでくださいませんでしょうか」와 같이 남성 화자가 스스럼없는 내적 관계의 경어적 동위자이거나 하위자인 여성 청자에게 사용하면 부자연스럽다.

2.5. 청자(여)가 화자(남)에 비해 경어적 하위자인 경우

[1] 〈ないでくださる?〉 {청자(여)가 화자(남)에 비해 경어적 하위자인 경우}

 (109) みどりちゃん、パパがお菓子買ってきてあげるから、もう泣か<u>ないでくださる</u>?
 (110) ??おい、みどり、お父さんの知らないところで、これ以上、馬鹿なことし<u>ないでくださる</u>?

〈ないでくださる?〉는 여성어적 성격을 띠면서 경의도가 낮고 가벼운 느낌을 준다. 그런데 (109)의 「泣かないでくださる?」와 같이 친한 사이에서 남성 화자가 경어적 하위자인 청자에게 사용하면, 이때의 〈ないでくださる?〉는 경의보다는 농담조나 혹은 상대방의 기분을 맞추기 위해 사용된 것으로 해석된다. 그리고 〈ないでくださる?〉는 경의도가 낮고 가볍다는 점에서 (110)의 「しないでくださる?」와 같이 소원한 사이에서 남성 화자가 가족과 같은 내적 관계의 경어적 하위자인 자식에게 사용하면 청자에 대한 화자의 [불쾌감]이 강하게 표출되기 때문에 자연스러운 발화로서 부자연스럽다.

[2] 〈ないでくださるか〉 {청자(여)가 화자(남)에 비해 경어적 하위자인 경우}

(111) *みどりちゃん、パパがお菓子買ってきてあげるから、もう泣かないでくださるか。
(112) ?おい、みどり、お父さんの知らないところで、これ以上、馬鹿なことしないでくださるか。

〈ないでくださるか〉는 〈ないでくださる〉 계열의 긍정 보통체인데 남성 전용 형식으로 규정된다. 그래서 친한 사이에서 (111)의 「泣かないでくださるか」와 같이 남성 화자가 가족과 같은 내적 관계의 경어적 하위자인 자식에게 발화하는 것은, 권위나 위엄을 필요로 하지 않는 상대에게 〈ないでくださるか〉를 사용한다는 점에서 자연스러운 발화로서 허용도가 낮다. 그리고 〈ないでくださるか〉는 남성 전용 형식으로 정중도가 결여되어 있다. 소원한 사이에서 (112)의 「しないでくださるか」와 같이 남성 화자가 가족과 같은 내적 관계의 경어적 하위자인 자식에게 사용하면 〈ないでくださるか〉는 [질책][책망]의 표현가치를 나타내는데 화자와 청자 사이에 반드시 권위나 위엄을 필요로 하지 않다는 점에서 다소 부자연스럽다.

[3] 〈ないでくださらない?〉 {청자(여)가 화자(남)에 비해 경어적 하위자인 경우}

(113) ?みどりちゃん、パパがお菓子買ってきてあげるから、もう泣かないでくださらない?
(114) ??おい、みどり、お父さんの知らないところで、これ以上、馬鹿なことしないでくださらない?

〈ないでくださらない?〉는 여성어적 분위기를 수반하면서 경의도가 낮고 가벼운 느낌을 주기 때문에 친한 사이에서 (113)의 「泣かないでくださらない?」와 같이 남성 화자가 경어적 하위자인 청자에게 사용하면 [정중도]가 약화되고 [친밀도]도 다소 낮아지기 때문에 자연스러운 발화로서 다소 부자연스럽다. 그리고 〈ないでくださらない?〉는 소원한 사이에서 (114)의 「しないでくださらない?」와 같이 남성 화자가 경어적 하위자인 청자에게 사용하면 [정중도]가 약화되고 청자에 대한 화자의 불쾌감이 〈ないでくださる?〉보다 강하게 표출되기 때문에 부자연스럽다.

[4] 〈ないでくださらないか〉 {청자(여)가 화자(남)에 비해 경어적 하위자인 경우}

　(115) * みどりちゃん、パパがお菓子買ってきてあげるから、もう泣か<u>ないでくださらないか</u>。
　(116) * おい、みどり、お父さんの知らないところで、これ以上、馬鹿なこと<u>しないでくださらないか</u>。

　〈ないでくださらないか〉는 〈ないでくださる〉 계열의 부정 보통체로 정중도가 결여되어 있어 친한 사이에서 (115)의 「泣かないでくださらないか」와 같이 남성 화자가 가족과 같은 내적 관계의 경어적 하위자인 자식에게 발화하는 것은 자연스러운 발화로서 허용도가 낮다. 그리고 〈ないでくださらないか〉는 정중도가 결여되어 있기 때문에 소원한 사이에서 (116)의 「しないでくださらないか」와 같이 남성 화자가 가족과 같은 내적 관계의 경어적 하위자인 자식에게 발화하는 것은 자연스러운 발화로서 허용도가 낮다.

[5] 〈ないでくださいますか〉 {청자(여)가 화자(남)에 비해 경어적 하위자인 경우}

　(117) みどりちゃん、パパがお菓子買ってきてあげるから、もう泣か<u>ないでくださいますか</u>。
　(118) おい、みどり、お父さんの知らないところで、これ以上、馬鹿なこと<u>しないでくださいますか</u>。

　〈ないでくださいますか〉는 경어가치가 높고, 정중도도 구비하고 있는데 (117)의 「泣かないでくださいますか」와 같이 남성 화자가 가족과 같은 내적 관계의 경어적 하위자인 자식에게 발화하면, 경의보다는 농담조나 혹은 상대방의 기분을 맞추기 위해 사용된 것으로 해석된다. 그리고 〈ないでくださいますか〉는 문말이 [ます+か]와 같이 긍정의 형태를 취하고 있기 때문에 부정 정중체인 〈ないでくださいませんか〉에 비해 상대적으로 어감이 다소 딱딱하다. 소원한 사이에서는 (118)의 「馬鹿なことしないでくださいますか」와 같이 남성 화자가 경어적 하위자인 청자에게 사용하면 [질책][힐문]의 표현가치를 나타낸다.

[6] 〈ないでくださいます?〉 {청자(여)가 화자(남)에 비해 경어적 하위자인 경우}

　(119) みどりちゃん、パパがお菓子買ってきてあげるから、もう泣か<u>ないでくださいます?</u>
　(120) ?? おい、みどり、お父さんの知らないところで、これ以上、馬鹿なこと<u>しないでくださいます?</u>

　〈ないでくださいます?〉는 여성어적 성격을 띠기 때문에 어조는 부드럽지만 한편으로 가벼운 느낌을 준다. 친한 사이에서 (119)의 「泣かないでくださいます?」와 같이 남성 화자가 가족과 같은 내적 관계의 경어적 하위자인 자식에게 발화하면 경의보다는 농담조나 혹은 상대방의 기분을 맞추기 위해 사용된 것으로 해석된다. 그리고 〈ないでくださいます?〉는 화자가 감정을 표현으로 옮기기 쉽다는 점에서 [차가움][냉담]의 뉘앙스를 띤다. 이에 소원한 사이에서 (120)의 「馬鹿なことしないでくださいます?」와 같이 남성 화자가 가족과 같은 내적 관계의 경어적 하위자인 자식에게 사용하면 부자연스럽다.

[7] 〈ないでくださいませんか〉 {청자(여)가 화자(남)에 비해 경어적 하위자인 경우}

　(121) みどりちゃん、パパがお菓子買ってきてあげるから、もう泣かないでくださいませんか。
　(122) おい、みどり、お父さんの知らないところで、これ以上、馬鹿なことしないでくださいませんか。

　〈ないでくださいませんか〉는 부정 정중체라는 점에서 경어가치가 높고, 정중도도 구비하고 있기 때문에 친한 사이에서 (121)의 「泣かないでくださいませんか」와 같이 남성 화자가 경어적 하위자인 청자에게 사용하면 [친밀][배려]의 표현가치를 실현한다. 그리고 〈ないでくださいませんか〉는 긍정 정중체인 〈ないでくださいますか〉에 비해 상대적으로 어감이 부드럽다. 이에 소원한 사이에서는 (122)의 「馬鹿なことしないでくださいませんか」와 같이 남성 화자가 경어적 하위자인 청자에게 사용하면 [질책][책망]의 표현가치를 나타낸다.

[8] 〈ないでくださいません?〉 {청자(여)가 화자(남)에 비해 경어적 하위자인 경우}

　(123) みどりちゃん、パパがお菓子買ってきてあげるから、もう泣かないでくださいません?
　(124) ??おい、みどり、お父さんの知らないところで、これ以上、馬鹿なことしないでくださいません?

　〈ないでくださいません?〉은 여성어적 성격을 띠기 때문에 어조는 부드럽지만 가벼운 뉘앙스를 수반한다. 그런데 친한 사이에서 (123)의 「泣かないでくださいません?」과 같이 남성 화자가 가족과 같은 내적 관계의 경어적 하위자인 자식에게 발화할 경우에는 경의보다 농담조나 혹은 상대방의 기분을 맞추기 위해 사용된 것으로 해석된다. 그리고 〈ないでくださいません?〉은 어조가 부드러워진 만큼 [차가움][냉담]의 뉘앙스도 수반한다. 그래서 소원한 사이에서 (124)의 「馬鹿なことしないでくださいません?」과 같이 남성 화자가 가족과 같은 내적 관계의 경어적 하위자인 자식에게 사용하면 부자연스럽다.

[9] 〈ないでくださるでしょうか〉 {청자(여)가 화자(남)에 비해 경어적 하위자인 경우}

　(125) ??みどりちゃん、パパがお菓子買ってきてあげるから、もう泣かないでくださるでしょうか。
　(126) おい、みどり、お父さんの知らないところで、これ以上、馬鹿なことしないでくださるでしょうか。

　〈ないでくださるでしょうか〉는 〈でしょうか〉에 함의되어 있는 정중도에 의해 친소관계가 소원해지는 경향이 있다. 그런데 (125)의 「泣かないでくださるでしょうか」와 같이 남성 화자가, 경어적 하위자이며 스스럼없는 내적 관계의 여성 청자인 자식에게 사용하면 부자연스럽다. 그리고 〈ないでくださるでしょうか〉는 소원한 사이에서는 (126)의 「馬鹿なことしないでくださるでしょうか」와 같이 남성 화자가 경어적 하위자인 자식에게 사용하면 [질책][책망]의 표현가치를 나타낸다.

[10] 〈ないでくださらないでしょうか〉 {청자(여)가 화자(남)에 비해 경어적 하위자인 경우}

(127) みどりちゃん、パパがお菓子買ってきてあげるから、もう泣かないでくださらないでしょうか。
(128) おい、みどり、お父さんの知らないところで、これ以上、馬鹿なことしないでくださらないでしょうか。

〈ないでくださらないでしょうか〉는 화자와 청자 사이의 거리감이 커지고 딱딱한 뉘앙스를 수반한다. (127)의 「泣かないでくださらないでしょうか」와 같이 남성 화자가, 경어적 하위자이며 스스럼없는 내적 관계의 여성 청자인 자식에게 발화할 경우, [친밀][배려]의 표현가치를 실현하는 데 친소관계는 소원한 사이로 경사된다. 그리고 〈ないでくださらないでしょうか〉는 화자의 불쾌감이 표출되기 때문에 소원한 사이에서 (128)의 「馬鹿なことしないでくださらないでしょうか」와 같이 남성 화자가 경어적 하위자인 자식에게 사용하면 [질책][책망]의 표현가치를 나타낸다.

[11] 〈ないでくださいますでしょうか〉 {청자(여)가 화자(남)에 비해 경어적 하위자인 경우}

(129) みどりちゃん、パパがお菓子買ってきてあげるから、もう泣かないでくださいますでしょうか。
(130) ??おい、みどり、お父さんの知らないところで、これ以上、馬鹿なことしないでくださいますでしょうか。

〈ないでくださいますでしょうか〉는 문말이 [ます+でしょうか]와 같은 이중 정중의 형태를 취하고 있기 때문에 친한 사이에서 (129)의 「泣かないでくださいますでしょうか」와 같이 남성 화자가 가족과 같은 내적 관계의 경어적 하위자인 자식에게 사용하면 이때는 [연소자에 대한 배려]를 나타내면서 [친밀]의 표현가치를 실현한다. 그리고 〈ないでくださいますでしょうか〉는 소원한 사이에서 (130)의 「馬鹿なことしないでくださいますでしょうか」와 같이 남성 화자가 가족과 같은 내적 관계의 경어적 하위자인 자식에게 사용하면 부자연스럽다.

[12] 〈ないでくださいませんでしょうか〉 {청자(여)가 화자(남)에 비해 경어적 하위자인 경우}

(131) みどりちゃん、パパがお菓子買ってきてあげるから、もう泣かないでくださいませんでしょうか。
(132) ??おい、みどり、お父さんの知らないところで、これ以上、馬鹿なことしないでくださいませんでしょうか。

〈ないでくださいませんでしょうか〉는 문말이 [ません+でしょうか]의 형태를 취하고 있다는 점에서 친한 사이에서 (131)의 「泣かないでくださいませんでしょうか」와 같이 남성 화자가 가족과 같은 내적 관계의 경어적 하위자인 자식에게 발화하면 [연소자에 대한 배려]를 나타내면서 [친근감]의 표현가치를 실현한다. 그리고 〈ないでくださいませんでしょうか〉는 소원한 사이에서 (132)의 「馬鹿なことしないでくださいませんでしょうか」와 같이 남성 화자가 가족과 같은 내적 관계의 경어적 하위자인 자식에게 사용하면 부자연스럽다.

3. 여성 화자가 남성 청자에게 사용하는 〈ないでくださる〉 계열 의뢰표현

3.1. 청자(남)가 화자(여)에 비해 경어적 상위자인 경우

[1] 〈ないでくださる?〉 {청자(남)가 화자(여)에 비해 경어적 상위자인 경우}

(1) お父さん、あたしは大丈夫ですから、心配しないでくださる?
(2) おじさん、いくらあたしたちが幼いからって、あまりなれなれしくしないでくださる?

〈ないでくださる?〉는 여성어적 성격을 띠면서 경의도가 낮고 가벼운 느낌을 준다. (1)의 「心配しないでくださる?」와 같이 친한 사이에서 여성 화자가 경어적 상위자인 「お父さん」에게 사용하면 [친밀감][부드러움]의 표현가치를 실현한다. 그리고 〈ないでくださる?〉는 경의도가 낮고 가볍다는 점에서 (2)의 「なれなれしくしないでくださる?」와 같이 소원한 사이에서 여성 화자가 가족과 같은 내적 관계의 경어적 상위자인 「お父さん」에게 사용하면 청자에 대한 화자의 [불쾌감]이 강하게 나타난다.

[2] 〈ないでくださるか〉 {청자(남)가 화자(여)에 비해 경어적 상위자인 경우}

(3) *お父さん、あたしは大丈夫ですから、心配しないでくださるか。
(4) *おじさん、いくらあたしたちが幼いからって、あまりなれなれしくしないでくださるか。

〈ないでくださるか〉는 〈ないでくださる〉 계열의 긍정 보통체인데 남성 전용 형식으로 규정된다. 그래서 친한 사이에서 (3)의 「心配しないでくださるか」와 같이 여성 화자가, 경어적 상위자이며 남성 청자인 「お父さん」에게 사용하면 자연스러운 발화로서 허용도가 낮다. 그리고 〈ないでくださるか〉는 남성 전용 형식으로 정중도가 결여되어 있다. 소원한 사이에서 (4)의 「なれなれしくしないでくださるか」와 같이 여성 화자가, 경어적 상위자이며 남성 청자인 「お父さん」에게 사용하면 자연스러운 발화로서 허용도가 낮다.

[3] 〈ないでくださらない?〉 {청자(남)가 화자(여)에 비해 경어적 상위자인 경우}

(5) ?お父さん、あたしは大丈夫ですから、心配しないでくださらない?
(6) *おじさん、いくらあたしたちが幼いからって、あまりなれなれしくしないでくださらない?

〈ないでくださらない?〉는 여성어적 분위기를 수반하면서 경의도가 낮고 가벼운 느낌을 주기 때문에 친한 사이에서 (5)의 「心配しないでくださらない?」와 같이 여성 화자가 가족과 같은 내적 관계의 경어적 상위자인「お父さん」에게 사용하면 자연스러운 발화로서 다소 부자연스럽다. 그리고〈ないでくださらない?〉는 소원한 사이에서 (6)의「なれなれしくしないでくださらない?」와 같이 여성 화자가 외적 관계의 경어적 상위자인 청자에게 사용하면 [정중도]가 약화되고 청자에 대한 화자의 불쾌감이〈ないでくださる?〉보다 강하게 표출되기 때문에 자연스러운 발화로서 허용도가 낮다.

[4]〈ないでくださらないか〉{청자(남)가 화자(여)에 비해 경어적 상위자인 경우}

(7) * お父さん、あたしは大丈夫ですから、心配しないでくださらないか。
(8) * おじさん、いくらあたしたちが幼いからって、あまりなれなれしくしないでくださらないか。

〈ないでくださらないか〉는〈ないでくださるか〉와 마찬가지로 남성 전용 형식으로 규정된다. 친한 사이에서 (7)의「心配しないでくださらないか」와 같이 여성 화자가, 경어적 상위자이며 남성 청자인「お父さん」에게 사용하는 것은 자연스러운 발화로서 허용도가 낮다. 그리고〈ないでくださらないか〉는 남성 전용 형식이기 때문에 소원한 사이에서 (8)의「なれなれしくしないでくださらないか」와 같이 여성 화자가, 경어적 상위자이며 남성 청자인「お父さん」에게 사용하는 것은 자연스러운 발화로서 허용도가 낮다.

[5]〈ないでくださいますか〉{청자(남)가 화자(여)에 비해 경어적 상위자인 경우}

(9) お父さん、あたしは大丈夫ですから、心配しないでくださいますか。
(10) おじさん、いくらあたしたちが幼いからって、あまりなれなれしくしないでくださいますか。

〈ないでくださいますか〉는 경어가치가 높고, 정중도도 구비하고 있어 친한 사이에서 (9)의「心配しないでくださいますか」와 같이 여성 화자가 경어적 상위자인「お父さん」에게 사용하면 [염려][원망]의 표현가치를 실현한다. 그리고〈ないでくださいますか〉는 문말이 [ます+か]와 같이 긍정의 형태를 취하고 있기 때문에 부정 정중체인〈ないでくださいませんか〉에 비해 상대적으로 어감이 다소 딱딱하다. 소원한 사이에서는 (10)의「なれなれしくしないでくださいますか」와 같이 여성 화자가 경어적 상위자인 청자에게 사용하면 [불쾌감][불만]의 표현가치를 나타낸다.

[6]〈ないでくださいます?〉{청자(남)가 화자(여)에 비해 경어적 상위자인 경우}

(11) ?? お父さん、あたしは大丈夫ですから、心配しないでくださいます?
(12) おじさん、いくらあたしたちが幼いからって、あまりなれなれしくしないでくださいます?

〈ないでくださいます?〉는 여성어적 성격을 띠기 때문에 어조는 부드럽지만 한편으로 가벼운 느낌을 준다. 친한 사이에서 (11)의 「心配しないでくださいます?」와 같이 여성 화자가 경어적 상위자인 「お父さん」에게 사용하는 것은 부자연스럽다. 그리고 〈ないでくださいます?〉는 화자가 감정을 표현으로 옮기기 쉽다는 점에서 [차가움][냉담]의 뉘앙스를 띤다. 그래서 소원한 사이에서 (12)의 「なれなれしくしないでくださいます?」와 같이 여성 화자가 경어적 상위자인 청자에게 사용하면 [불쾌감][불만]의 표현가치를 나타낸다.

[7] 〈ないでくださいませんか〉 {청자(남)가 화자(여)에 비해 경어적 상위자인 경우}

(13) お父さん、あたしは大丈夫ですから、心配しないでくださいませんか。
(14) おじさん、いくらあたしたちが幼いからって、あまりなれなれしくしないでくださいませんか。

〈ないでくださいませんか〉는 부정 정중체라는 점에서 경어가치가 높고 정중도도 구비하고 있기 때문에 친한 사이에서 (13)의 「心配しないでくださいませんか」와 같이 여성 화자가 경어적 상위자인 「お父さん」에게 사용하면 [간원][원망]의 표현가치를 실현한다. 그리고 〈ないでくださいませんか〉는 긍정 정중체인 〈ないでくださいますか〉에 비해 상대적으로 어감이 부드럽다. 그래서 소원한 사이에서는 (14)의 「なれなれしくしないでくださいませんか」와 같이 여성 화자가 경어적 상위자인 청자에게 사용하면 [불쾌감][불만]의 표현가치를 나타낸다.

[8] 〈ないでくださいません?〉 {청자(남)가 화자(여)에 비해 경어적 상위자인 경우}

(15) ?? お父さん、あたしは大丈夫ですから、心配しないでくださいません?
(16) おじさん、いくらあたしたちが幼いからって、あまりなれなれしくしないでくださいません?

〈ないでくださいません?〉은 여성어적 성격을 띠기 때문에 어조는 부드럽지만 가벼운 뉘앙스를 수반한다. 친한 사이에서 (15)의 「心配しないでくださいません?」과 같이 여성 화자가 경어적 상위자인 「お父さん」에게 사용하면 청자에 대한 화자의 불쾌감이 나타난다는 점에서 부자연스럽다. 그리고 〈ないでくださいません?〉은 어조가 부드러워진 만큼 [차가움][냉담]의 뉘앙스도 수반한다. 이 때문에 소원한 사이에서 (16)의 「なれなれしくしないでくださいません?」과 같이 여성 화자가 경어적 상위자인 청자에게 사용하면 청자에 대한 [불쾌감][불만]이 표출되기 때문에 정중도는 그만큼 약화된다.

[9] 〈ないでくださるでしょうか〉 {청자(남)가 화자(여)에 비해 경어적 상위자인 경우}

(17) お父さん、あたしは大丈夫ですから、心配しないでくださるでしょうか。
(18) おじさん、いくらあたしたちが幼いからって、あまりなれなれしくしないでくださるでしょうか。

〈ないでくださるでしょうか〉는 〈でしょうか〉에 함의되어 있는 정중도에 의해 친소관계가 소원해지는 경향이 있다. 그런데 (17)의 「心配しないでくださるでしょうか」와 같이 여성 화자가 경어적 상위자인 남성 청자 「お父さん」에게 사용할 경우에는 자연스러운 발화로서 성립하고 [염려][배려]의 표현가치를 실현한다. 그리고 〈ないでくださるでしょうか〉는 소원한 사이에서는 (18)의 「なれなれしくしないでくださるでしょうか」와 같이 여성 화자가 경어적 상위자인 청자에게 사용하면 [불쾌감][불만]의 표현가치를 나타낸다.

[10] 〈ないでくださらないでしょうか〉 {청자(남)가 화자(여)에 비해 경어적 상위자인 경우}

(19) お父さん、あたしは大丈夫ですから、心配しないでくださらないでしょうか。
(20) おじさん、いくらあたしたちが幼いからって、あまりなれなれしくしないでくださらないでしょうか。

〈ないでくださらないでしょうか〉는 화자와 청자 사이의 거리감이 커지고 딱딱한 뉘앙스를 수반한다. (19)의 「心配しないでくださらないでしょうか」와 같이 여성 화자가 스스럼없는 내적 관계의 경어적 동위자이거나 상위자인 남성 청자 「お父さん」에게 사용하면 [염려][배려]의 표현가치를 실현하는데 친소관계는 소원한 사이로 경사된다. 그리고 〈ないでくださらないでしょうか〉는 화자의 불쾌감이 표출되기 때문에 소원한 사이에서 (20)의 「なれなれしくしないでくださらないでしょうか」와 같이 여성 화자가 경어적 상위자인 청자에게 사용하면 [불쾌감][불만]이나 [불쾌감][항의]의 표현가치를 나타낸다.

[11] 〈ないでくださいますでしょうか〉 {청자(남)가 화자(여)에 비해 경어적 상위자인 경우}

(21) お父さん、あたしは大丈夫ですから、心配しないでくださいますでしょうか。
(22) おじさん、いくらあたしたちが幼いからって、あまりなれなれしくしないでくださいますでしょうか。

〈ないでくださいますでしょうか〉는 문말이 [ます+でしょうか]와 같은 이중 정중의 형태를 취하고 있기 때문에 친한 사이에서 (21)의 「心配しないでくださいますでしょうか」와 같이 여성 화자가 경어적 상위자인 남성 청자 「お父さん」에게 사용하면 [경의]를 나타내면서 [간원][원망]의 표현가치를 실현한다. 그리고 〈ないでくださいますでしょうか〉는 소원한 사이에서 (22)의 「なれなれしくしないでくださいますでしょうか」와 같이 여성 화자가 경어적 상위자인 남성 청자에게 사용하면 [불쾌감][불만]의 표현가치를 나타내는데, 문말이 이중 경어로 맺고 있어 화자의 불쾌한 감정은 억제된다.

[12] 〈ないでくださいませんでしょうか〉 {청자(남)가 화자(여)에 비해 경어적 상위자인 경우}

    (23) お父さん、あたしは大丈夫ですから、心配しないでくださいませんでしょうか。
    (24) おじさん、いくらあたしたちが幼いからって、あまりなれなれしくしないでくださいませんでしょうか。

〈ないでくださいませんでしょうか〉는 문말이 [ません+でしょうか]의 형태를 취하고 있다는 점에서 친한 사이에서 (23)의 「心配しないでくださいませんでしょうか」와 같이 여성 화자가 경어적 상위자이며 남성 청자인 「お父さん」에게 사용하면 [경의]를 나타내면서 [간원][원망]의 표현가치를 실현한다. 그리고 〈ないでくださいませんでしょうか〉는 소원한 사이에서 (24)의 「なれなれしくしないでくださいませんでしょうか」와 같이 여성 화자가 경어적 상위자인 남성 청자에게 사용하면 [불쾌감][불만]의 표현가치를 나타내는데, 문말이 이중 정중으로 종지되고 있어 화자의 불쾌감은 완화된다.

3.2. 청자(남)가 화자(여)와 경어적 동위자이거나 상위자인 경우

[1] 〈ないでくださる?〉 {청자(남)가 화자(여)와 경어적 동위자이거나 상위자인 경우}

    (25) お兄さんも忙しいし、あたしももう子供じゃないから、心配しないでくださる?
    (26) 裕さん、女子寮は男子禁制となっておりますので、許可無く入って来ないでくださる?

〈ないでくださる?〉는 여성어적 성격을 띠면서 경의도가 낮고 가벼운 느낌을 준다. (25)의 「心配しないでくださる?」와 같이 친한 사이에서 여성 화자가 경어적 동위자이거나 상위자인 「お兄さん」에게 사용하면 [친밀감][부드러움]의 표현가치를 실현한다. 그리고 〈ないでくださる?〉는 경의도가 낮고 가볍다는 점에서 (26)의 「入って来ないでくださる?」와 같이 소원한 사이에서 여성 화자가 경어적 동위자이거나 상위자인 청자에게 사용하면 청자에 대한 화자의 [불쾌감]이 강하게 나타난다.

[2] 〈ないでくださるか〉 {청자(남)가 화자(여)와 경어적 동위자이거나 상위자인 경우}

    (27) *お兄さんも忙しいし、あたしももう子供じゃないから、心配しないでくださるか。
    (28) *裕さん、女子寮は男子禁制となっておりますので、許可無く入って来ないでくださるか。

〈ないでくださるか〉는 〈ないでくださる〉 계열의 긍정 보통체인데 어조가 상당히 딱딱하고 정중도도 결여되어 있어 남성 전용 형식으로 규정된다. 친한 사이에서 (27)의 「心配しないでくださるか」와 같이 여성 화자가, 경어적 동위자이거나 상위자이며 남성 청자인 「お兄さん」에게 사용하면 자연스러운 발화로서 허용도가 낮다. 그리고 〈ないでくださるか〉는 남성 전용 형식으로 정중도가 결여되어 있다. 소원한 사이에서 (28)의「入って来ないでくださるか」와 같이 여성 화자가 경어적 동위자이거나 상위자인 남성 청자에게 사용하면 자연스러운 발화로서 허용도가 낮다.

[3] 〈ないでくださらない?〉 {청자(남)가 화자(여)와 경어적 동위자이거나 상위자인 경우}

   (29) お兄さんも忙しいし、あたしももう子供じゃないから、心配しないでくださらない?
   (30) 裕さん、女子寮は男子禁制となっておりますので、許可無く入って来ないでくださらない?

〈ないでくださらない?〉는 여성어적 분위기를 수반하면서 경의도가 낮고 가벼운 느낌을 주기 때문에 친한 사이에서 (29)의「心配しないでくださらない?」와 같이 여성 화자가 경어적 동위자이거나 상위자인「お兄さん」에게 사용하면 [정중도]가 약화되고 [친밀도][부드러움]도 다소 낮아진다. 그리고 〈ないでくださらない?〉는 소원한 사이에서 (30)의「入って来ないでくださらない?」와 같이 여성 화자가 경어적 동위자이거나 상위자인 청자에게 사용하면 [정중도]가 약화되고 청자에 대한 화자의 불쾌감이 〈ないでくださる?〉보다 강하게 표출된다.

[4] 〈ないでくださらないか〉 {청자(남)가 화자(여)와 경어적 동위자이거나 상위자인 경우}

   (31) *お兄さんも忙しいし、あたしももう子供じゃないから、心配しないでくださらないか。
   (32) *裕さん、女子寮は男子禁制となっておりますので、許可無く入って来ないでくださらないか。

〈ないでくださらないか〉는 〈ないでくださるか〉와 마찬가지로 남성 전용 형식으로 규정된다. 친한 사이에서 (31)의「心配しないでくださらないか」와 같이 여성 화자가 경어적 동위자이거나 상위자이며 남성 청자인「お兄さん」에게 사용하는 것은 자연스러운 발화로서 허용도가 낮다. 그리고 〈ないでくださらないか〉는 남성 전용 형식이기 때문에 소원한 사이에서 (32)의「入って来ないでくださらないか」와 같이 여성 화자가 경어적 동위자이거나 상위자이며 남성 청자에게 사용하는 것은 자연스러운 발화로서 허용도가 낮다.

[5] 〈ないでくださいますか〉 {청자(남)가 화자(여)와 경어적 동위자이거나 상위자인 경우}

   (33) お兄さんも忙しいし、あたしももう子供じゃないから、心配しないでくださいますか。
   (34) 裕さん、女子寮は男子禁制となっておりますので、許可無く入って来ないでくださいますか。

〈ないでくださいますか〉는 경어가치가 높고, 정중도도 구비하고 있어 친한 사이에서 (33)의「心配しないでくださいますか」와 같이 여성 화자가 경어적 동위자이거나 상위자인「お兄さん」에게 사용하면 [염려][원망]의 표현가치를 실현한다. 그리고 〈ないでくださいますか〉는 문말이 [ます+か]와 같이 긍정의 형태를 취하고 있기 때문에 부정 정중체인 〈ないでくださいません

か〉에 비해 상대적으로 어감이 다소 딱딱하다. 소원한 사이에서는 (34)의 「入って来ないでくださいますか」와 같이 여성 화자가 경어적 동위자이거나 상위자인 청자에게 사용하면 [불쾌감][항의]의 표현가치를 나타낸다.

[6] 〈ないでくださいます?〉 {청자(남)가 화자(여)와 경어적 동위자이거나 상위자인 경우}

(35) ??お兄さんも忙しいし、あたしももう子供じゃないから、心配しないでくださいます?
(36) 裕さん、女子寮は男子禁制となっておりますので、許可無く入って来ないでくださいます?

〈ないでくださいます?〉는 여성어적 성격을 띠기 때문에 어조는 부드럽지만 한편으로 가벼운 느낌을 준다. 친한 사이에서 (35)의 「心配しないでくださいます?」와 같이 여성 화자가 경어적 동위자이거나 상위자인 「お兄さん」에게 사용하는 것은 부자연스럽다. 그리고 〈ないでくださいます?〉는 화자가 감정을 표현으로 옮기기 쉽다는 점에서 [차가움][냉담]의 뉘앙스를 띤다. 소원한 사이에서 (36)의 「入って来ないでくださいます?」와 같이 여성 화자가 경어적 동위자이거나 상위자인 청자에게 사용하면 [불쾌감][항의]의 표현가치를 나타낸다.

[7] 〈ないでくださいませんか〉 {청자(남)가 화자(여)와 경어적 동위자이거나 상위자인 경우}

(37) お兄さんも忙しいし、あたしももう子供じゃないから、心配しないでくださいませんか。
(38) 裕さん、女子寮は男子禁制となっておりますので、許可無く入って来ないでくださいませんか。

〈ないでくださいませんか〉는 부정 정중체라는 점에서 경어가치가 높고 정중도도 구비하고 있기 때문에 친한 사이에서 (37)의 「心配しないでくださいませんか」와 같이 여성 화자가 경어적 동위자이거나 상위자인 「お兄さん」에게 사용하면 [간원][원망]의 표현가치를 실현한다. 그리고 〈ないでくださいませんか〉는 긍정 정중체인 〈ないでくださいますか〉에 비해 상대적으로 어감이 부드럽다. 소원한 사이에서는 (38)의 「入って来ないでくださいませんか」와 같이 여성 화자가 경어적 동위자이거나 상위자인 청자에게 사용하면 [불쾌감][항의]의 표현가치를 나타낸다.

[8] 〈ないでくださいません?〉 {청자(남)가 화자(여)와 경어적 동위자이거나 상위자인 경우}

(39) ??お兄さんも忙しいし、あたしももう子供じゃないから、心配しないでくださいません?
(40) 裕さん、女子寮は男子禁制となっておりますので、許可無く入って来ないでくださいません?

〈ないでくださいません?〉은 여성어적 성격을 띠기 때문에 어조는 부드럽지만 가벼운 뉘앙스를 수반한다. 친한 사이에서 (39)의 「心配しないでくださいません?」과 같이 여성 화자가 경어적 동위자이거나 상위자인 「お兄さん」에게 사용하면 청자에 대한 화자의 불쾌감이 나타난다는 점에서 부자연스럽다. 그리고 〈ないでくださいません?〉은 어조가 부드러워진 만큼 [차가움][냉담]의 뉘앙스도 수반한다. 이로 인해 소원한 사이에서 (40)의 「入って来ないでくださいません?」과 같이 여성 화자가 경어적 동위자이거나 상위자인 청자에게 사용하면, 청자에 대한 [불쾌감][항의]가 표출되기 때문에 정중도는 그만큼 약화된다.

[9] 〈ないでくださるでしょうか〉 {청자(남)가 화자(여)와 경어적 동위자이거나 상위자인 경우}

(41) お兄さんも忙しいし、あたしももう子供じゃないから、心配しないでくださるでしょうか。
(42) 裕さん、女子寮は男子禁制となっておりますので、許可無く
　　 入って来ないでくださるでしょうか。

〈ないでくださるでしょうか〉는 〈でしょうか〉에 함의되어 있는 정중도에 의해 친소관계가 소원해지는 경향이 있다. 그런데 (41)의 「心配しないでくださるでしょうか」와 같이 여성 화자가 경어적 동위자이거나 상위자인 남성 청자 「お兄さん」에게 사용할 경우에는 자연스러운 발화로서 성립하고 [염려][배려]의 표현가치를 실현한다. 그리고 〈ないでくださるでしょうか〉는 소원한 사이에서는 (42)의 「入って来ないでくださるでしょうか」와 같이 여성 화자가 경어적 동위자이거나 상위자인 청자에게 사용하면 [불쾌감][항의]의 표현가치를 나타낸다.

[10] 〈ないでくださらないでしょうか〉 {청자(남)가 화자(여)와 경어적 동위자이거나 상위자인 경우}

(43) お兄さんも忙しいし、あたしももう子供じゃないから、心配しないでくださらないでしょうか。
(44) 裕さん、女子寮は男子禁制となっておりますので、許可無く入って来ないでくださらないでしょうか。

〈ないでくださらないでしょうか〉는 화자와 청자 사이의 거리감이 커지고 딱딱한 뉘앙스를 수반한다. (43)의 「心配しないでくださらないでしょうか」와 같이 여성 화자가 스스럼없는 내적 관계의 경어적 상위자인 남성 청자 「お兄さん」에게 사용하면 [염려][배려]의 표현가치를 실현하는데 친소관계는 소원한 사이로 경사된다. 그리고 〈ないでくださらないでしょうか〉는 화자의 불쾌감이 표출되기 때문에 소원한 사이에서 (44)의 「入って来ないでくださらないでしょうか」와 같이 여성 화자가 경어적 동위자이거나 상위자인 청자에게 사용하면 [불쾌감][항의]나 [불만][분노]의 표현가치를 나타낸다.

[11] 〈ないでくださいますでしょうか〉 {청자(남)가 화자(여)와 경어적 동위자이거나 상위자인 경우}

(45) お兄さんも忙しいし、あたしももう子供じゃないから、心配しないでくださいますでしょうか。
(46) 裕さん、女子寮は男子禁制となっておりますので、許可無く入って来ないでくださいますでしょうか。

〈ないでくださいますでしょうか〉는 문말이 [ます+でしょうか]와 같은 이중 정중의 형태를 취하고 있기 때문에 친한 사이에서 (45)의 「心配しないでくださいますでしょうか」와 같이 여성 화자가 경어적 동위자이거나 상위자인 남성 청자 「お兄さん」에게 사용하면 [경의]를 나타내면서 [염려][배려]의 표현가치를 실현한다. 그리고 〈ないでくださいますでしょうか〉는 소원한 사이에서 (46)의 「入って来ないでくださいますでしょうか」와 같이 여성 화자가 경어적 동위자이거나 상위자인 남성 청자에게 사용하면 [불쾌감][항의]의 표현가치를 나타내는데, 문말이 이중 경어로 맺고 있어 화자의 불쾌한 감정은 억제된다.

[12] 〈ないでくださいませんでしょうか〉 {청자(남)가 화자(여)와 경어적 동위자이거나 상위자인 경우}

　(47) お兄さんも忙しいし、あたしももう子供じゃないから、心配しないでくださいませんでしょうか。
　(48) 裕さん、女子寮は男子禁制となっておりますので、許可無く入って来ないでくださいませんでしょうか。

〈ないでくださいませんでしょうか〉는 문말이 [ません+でしょうか]의 형태를 취하고 있다는 점에서 친한 사이에서 (47)의 「心配しないでくださいませんでしょうか」와 같이 여성 화자가 경어적 동위자이거나 상위자이며 남성 청자인 「お兄さん」에게 사용하면 [경의]를 나타내면서 [염려][배려]의 표현가치를 실현한다. 그리고 〈ないでくださいませんでしょうか〉는 소원한 사이에서 (48)의 「入って来ないでくださいませんでしょうか」와 같이 여성 화자가 경어적 동위자이거나 상위자인 남성 청자에게 사용하면 [불쾌감][항의]의 표현가치를 나타내는데, 문말이 이중 정중으로 종지되고 있어 화자의 불쾌감은 완화된다.

3.3. 청자(남)와 화자(여)가 경어적 동위자인 경우

[1] 〈ないでくださる?〉 {청자(남)와 화자(여)가 경어적 동위자인 경우}

　(49) あなた、寝不足は体に毒ですから、あまり無理なさらないでくださる?
　(50) ねえ、あなた。最近、物価が上がって家計が火の車なんですから、もう外では飲まないでくださる?

〈ないでくださる?〉는 여성어적 성격을 띠면서 경의도가 낮고 가벼운 느낌을 준다. (49)의 「無理なさらないでくださる?」와 같이 친한 사이에서 여성 화자가 경어적 동위자인 남편에게 사용하면 [친밀감][부드러움]의 표현가치를 실현한다. 그리고 〈ないでくださる?〉는 경의도가 낮고 가볍다는 점에서 (50)의 「飲まないでくださる?」와 같이 소원한 사이에서 여성 화자가 경어적 동위자인 남편에게 사용하면 청자에 대한 화자의 [불쾌감]이 강하게 나타난다.

[2] 〈ないでくださるか〉 {청자(남)와 화자(여)가 경어적 동위자인 경우}

(51) *あなた、寝不足は体に毒ですから、あまり無理なさらないでくださるか。
(52) *ねえ、あなた。最近、物価が上がって家計が火の車なんですから、もう外では飲まないでくださるか。

〈ないでくださるか〉는 〈ないでくださる〉 계열의 긍정 보통체인데 남성 전용 형식으로 규정된다. 친한 사이에서 (51)의 「無理なさらないでくださるか」와 같이 여성 화자가 경어적 동위자인 남편에게 사용하면 자연스러운 발화로서 허용도가 낮다. 그리고 〈ないでくださるか〉는 남성 전용 형식으로 정중도가 결여되어 있다. 소원한 사이에서 (52)의 「飲まないでくださるか」와 같이 여성 화자가 경어적 동위자인 남편에게 사용하면 자연스러운 발화로서 허용도가 낮다.

[3] 〈ないでくださらない?〉 {청자(남)와 화자(여)가 경어적 동위자인 경우}

(53) あなた、寝不足は体に毒ですから、あまり無理なさらないでくださらない?
(54) ねえ、あなた。最近、物価が上がって家計が火の車なんですから、もう外では飲まないでくださらない?

〈ないでくださらない?〉는 여성어적 분위기를 수반하면서 경의도가 낮고 가벼운 느낌을 주기 때문에 친한 사이에서 (53)의 「無理なさらないでくださらない?」와 같이 여성 화자가 경어적 동위자인 남편에게 사용하면 [정중도]가 약화되고 [친밀도][부드러움]도 다소 낮아진다. 그리고 〈ないでくださらない?〉는 소원한 사이에서 (54)의 「飲まないでくださらない?」와 같이 여성 화자가 경어적 동위자인 남편에게 사용하면 [정중도]가 약화되고 청자에 대한 화자의 불쾌감이 〈ないでくださる?〉보다 강하게 표출된다.

[4] 〈ないでくださらないか〉 {청자(남)와 화자(여)가 경어적 동위자인 경우}

(55) *あなた、寝不足は体に毒ですから、あまり無理なさらないでくださらないか。
(56) *ねえ、あなた。最近、物価が上がって家計が火の車なんですから、もう外では飲まないでくださらないか。

〈ないでくださらないか〉는 〈ないでくださるか〉와 마찬가지로 남성 전용 형식으로 규정된다. 친한 사이에서 (55)의 「無理なさらないでくださらないか」와 같이 여성 화자가 경어적 동위자인 남편에게 사용하는 것은 자연스러운 발화로서 허용도가 낮다. 그리고 〈ないでくださらないか〉는 남성 전용 형식이기 때문에 소원한 사이에서 (56)의 「飲まないでくださらないか」와 같이 여성 화자가 경어적 동위자인 남편에게 사용하는 것은 자연스러운 발화로서 허용도가 낮다.

[5] 〈ないでくださいますか〉 {청자(남)와 화자(여)가 경어적 동위자인 경우}

(57) あなた、寝不足は体に毒ですから、あまり無理なさらないでくださいますか。
(58) ねえ、あなた。最近、物価が上がって家計が火の車なんですから、もう外では飲まないでくださいますか。

〈ないでくださいますか〉는 경어가치가 높고, 정중도도 구비하고 있어 친한 사이에서 (57)의 「無理なさらないでくださいますか」와 같이 여성 화자가 경어적 동위자인 청자에게 사용하면 [염려]의 표현가치를 실현한다. 그리고 〈ないでくださいますか〉는 문말이 [ます+か]와 같이 긍정의 형태를 취하고 있기 때문에 부정 정중체인 〈ないでくださいませんか〉에 비해 상대적으로 어감이 다소 딱딱하다. 소원한 사이에서는 (58)의 「飲まないでくださいますか」와 같이 여성 화자가 경어적 동위자인 남편에게 사용하면 [불쾌감][불만]의 표현가치를 나타낸다.

[6] 〈ないでくださいます?〉 {청자(남)와 화자(여)가 경어적 동위자인 경우}

(59) あなた、寝不足は体に毒ですから、あまり無理なさらないでくださいます?
(60) ねえ、あなた最近、物価が上がって家計が火の車なんですから、もう外では飲まないでくださいます?

〈ないでくださいます?〉는 여성어적 성격을 띠기 때문에 어조는 부드럽지만 한편으로 가벼운 느낌을 준다. 친한 사이에서 (59)의 「無理なさらないでくださいます?」와 같이 여성 화자가 경어적 동위자인 남편에게 사용하면 청자에 대한 화자의 [배려]라는 표현가치를 실현한다. 그리고 〈ないでくださいます?〉는 화자가 감정을 표현으로 옮기기 쉽다는 점에서 [차가움][냉담]의 뉘앙스를 띤다. 이에 소원한 사이에서 (60)의 「飲まないでくださいます?」와 같이 여성 화자가 경어적 동위자인 청자에게 사용하면 [불쾌감][분노]의 표현가치를 나타낸다.

[7] 〈ないでくださいませんか〉 {청자(남)와 화자(여)가 경어적 동위자인 경우}

(61) あなた、寝不足は体に毒ですから、あまり無理なさらないでくださいませんか。
(62) ねえ、あなた。最近、物価が上がって家計が火の車なんですから、もう外では飲まないでくださいませんか。

〈ないでくださいませんか〉는 부정 정중체라는 점에서 경어가치가 높고, 정중도도 구비하고 있기 때문에 친한 사이에서 (61)의 「無理なさらないでくださいませんか」와 같이 여성 화자가 경어적 동위자인 남편에게 사용하면 [염려][배려]의 표현가치를 실현한다. 그리고 〈ないでくださいませんか〉는 긍정 정중체인 〈ないでくださいますか〉에 비해 상대적으로 어감이 부드럽다. 이에 소원한 사이에서는 (62)의 「飲まないでくださいませんか」와 같이 여성 화자가 경어적 동위

자인 남편에게 사용하면 [불쾌감][불만]의 표현가치를 나타낸다.

[8] 〈ないでくださいません?〉 {청자(남)와 화자(여)가 경어적 동위자인 경우}

(63) あなた、寝不足は体に毒ですから、あまり無理なさら<u>ないでくださいません</u>?
(64) ねえ、あなた最近、物価が上がって家計が火の車なんですから、もう外では飲ま<u>ないでくださいません</u>?

〈ないでくださいません?〉은 여성어적 성격을 띠기 때문에 어조는 부드럽지만 가벼운 뉘앙스를 수반한다. 친한 사이에서 (63)의 「無理なさらないでくださいません?」과 같이 여성 화자가 경어적 동위자인 남편에게 사용하면 청자에 대한 화자의 [배려]라는 표현가치를 실현하는데 [차가움][냉담]의 뉘앙스도 수반된다. 그리고 〈ないでくださいません?〉은 어조가 부드러워진 만큼 [차가움][냉담]의 뉘앙스도 수반한다. 그래서 소원한 사이에서 (64)의 「飲まないでくださいません?」과 같이 여성 화자가 경어적 동위자인 남편에게 사용하면 청자에 대한 [불쾌감][분노]가 표출되기 때문에 정중도는 그만큼 약화된다.

[9] 〈ないでくださるでしょうか〉 {청자(남)와 화자(여)가 경어적 동위자인 경우}

(65) ?あなた、寝不足は体に毒ですから、あまり無理なさら<u>ないでくださるでしょうか</u>。
(66) ねえ、あなた最近、物価が上がって家計が火の車なんですから、もう外では飲ま<u>ないでくださるでしょうか</u>。

〈ないでくださるでしょうか〉는 〈でしょうか〉에 함의되어 있는 정중도에 의해 친소관계가 소원해지는 경향이 있다. 이로 인해 (65)의 「無理なさらないでくださるでしょうか」와 같이 여성 화자가, 경어적 동위자이며 스스럼없는 내적 관계의 남성 청자인 남편에게 사용하면 다소 부자연스럽다. 그리고 〈ないでくださるでしょうか〉는 소원한 사이에서는 (66)의 「飲まないでくださるでしょうか」와 같이 여성 화자가 경어적 동위자인 남편에게 사용하면 [불쾌감][분노]의 표현가치를 나타낸다.

[10] 〈ないでくださらないでしょうか〉 {청자(남)와 화자(여)가 경어적 동위자인 경우}

(67) ?あなた、寝不足は体に毒ですから、あまり無理なさら<u>ないでくださらないでしょうか</u>。
(68) ねえ、あなた最近、物価が上がって家計が火の車なんですから、もう外では飲ま<u>ないでくださらないでしょうか</u>。

〈ないでくださらないでしょうか〉는 화자와 청자 사이의 거리감이 커지고 딱딱한 뉘앙스를 수반한다. 그래서 (67)의 「無理なさらないでくださらないでしょうか」와 같이 여성 화자가 스스럼없는 내적 관계의 경어적 동위자인 남편에게 사용하는 것은 다소 부자연스럽다. 그리고 〈ないでくださらないでしょうか〉는 화자의 불쾌감이 표출되기 때문에 소원한 사이에서 (68)의 「飲まないでくださらないでしょうか」와 같이 여성 화자가 경어적 동위자인 남편에게 사용하면 [불쾌감][불만]의 표현가치를 나타낸다.

[11] 〈ないでくださいますでしょうか〉 {청자(남)와 화자(여)가 경어적 동위자인 경우}

(69) あなた、寝不足は体に毒ですから、あまり無理なさらないでくださいますでしょうか。
(70) ねえ、あなた最近、物価が上がって家計が火の車なんですから、もう外では飲まないでくださいますでしょうか。

〈ないでくださいますでしょうか〉는 문말이 [ます+でしょうか]와 같은 이중 정중의 형태를 취하고 있기 때문에 친한 사이에서 (69)의 「無理なさらないでくださいますでしょうか」와 같이 여성 화자가 경어적 동위자인 남편에게 사용하면 [경의]를 나타내면서 [염려][배려]의 표현가치를 실현한다. 그리고 〈ないでくださいますでしょうか〉는 소원한 사이에서 (70)의 「飲まないでくださいますでしょうか」와 같이 여성 화자가 경어적 동위자인 남편에게 사용하면 [불쾌감][불만]의 표현가치를 나타내는데, 문말이 이중 경어로 맺고 있어 화자의 불쾌한 감정은 억제된다.

[12] 〈ないでくださいませんでしょうか〉 {청자(남)와 화자(여)가 경어적 동위자인 경우}

(71) あなた、寝不足は体に毒ですから、あまり無理なさらないでくださいませんでしょうか。
(72) ねえ、あなた最近、物価が上がって家計が火の車なんですから、もう外では飲まないでくださいませんでしょうか。

〈ないでくださいませんでしょうか〉는 문말이 [ません+でしょうか]의 형태를 취하고 있다는 점에서 친한 사이에서 (71)의 「無理なさらないでくださいませんでしょうか」와 같이 여성 화자가 경어적 동위자인 남편에게 사용하면 [경의]를 나타내면서 [염려][배려]의 표현가치를 실현한다. 그리고 〈ないでくださいませんでしょうか〉는 소원한 사이에서 (72)의 「飲まないでくださいませんでしょうか」와 같이 여성 화자가 경어적 동위자인 남편에게 사용하면 [불쾌감][불만]의 표현가치를 나타내는데, 문말이 이중 정중으로 종지되고 있어 화자의 불쾌감은 완화된다.

3.4. 청자(남)가 화자(여)와 경어적 동위자이거나 하위자인 경우

[1] 〈ないでくださる?〉 {청자(남)가 화자(여)와 경어적 동위자이거나 하위자인 경우}

(73) ねえ、裕ちゃん、後でお姉ちゃんが見せてあげますからね。今、忙しいから邪魔しないでくださる?
(74) 山田君だか川田君だかよく知りませんけど、妹にはいいなずけがおりますのよ。

ですから、もう連絡しないでくださる?

〈ないでくださる?〉는 여성어적 성격을 띠면서 경의도가 낮고 가벼운 느낌을 준다. 그런데 (73)의「邪魔しないでくださる?」와 같이 친한 사이에서 여성 화자가 경어적 동위자이거나 하위자인 청자에게 사용하면 이때의 〈ないでくださる?〉는 경의라고 하기 보다는 농담조나 혹은 상대방의 기분을 맞추기 위해 사용된 것으로 해석된다. 그리고 〈ないでくださる?〉는 경의도가 낮고 가볍다는 점에서 (74)의「連絡しないでくださる?」와 같이 소원한 사이에서 여성 화자가 경어적 동위자이거나 하위자인 청자에게 사용하면 청자에 대한 화자의 [불쾌감]이 강하게 나타난다.

[2] 〈ないでくださるか〉 {청자(남)가 화자(여)와 경어적 동위자이거나 하위자인 경우}

(75) * ねえ、裕ちゃん、後でお姉ちゃんが見せてあげますからね。今、忙しいから邪魔しないでくださるか。
(76) * 山田君だか川田君だかよく知りませんけど、妹にはいいなずけがおりますのよ。ですから、もう連絡しないでくださるか。

〈ないでくださるか〉는 〈ないでくださる〉 계열의 긍정 보통체인데 남성 전용 형식으로 규정된다. 친한 사이에서 (75)의「邪魔しないでくださるか」와 같이 여성 화자가 경어적 동위자이거나 하위자인 남성 청자에게 사용하면 자연스러운 발화로서 허용도가 낮다. 그리고 〈ないでくださるか〉는 남성 전용 형식으로 정중도가 결여되어 있다. 소원한 사이에서 (76)의「連絡しないでくださるか」와 같이 여성 화자가 경어적 동위자이거나 하위자인 남성 청자에게 사용하면 자연스러운 발화로서 허용도가 낮다.

[3] 〈ないでくださらない?〉 {청자(남)가 화자(여)와 경어적 동위자이거나 하위자인 경우}

(77) ねえ、裕ちゃん、後でお姉ちゃんが見せてあげますからね。今、忙しいから邪魔しないでくださらない?
(78) 山田君だか川田君だかよく知りませんけど、妹にはいいなずけがおりますのよ。ですから、もう連絡しないでくださらない?

〈ないでくださらない?〉는 여성어적 분위기를 수반하면서 경의도가 낮고 가벼운 느낌을 주기 때문에 친한 사이에서 (77)의「邪魔しないでくださらない?」와 같이 여성 화자가 경어적 동위자이거나 하위자인 청자에게 사용하면 [정중도]가 약화되고 [친밀도][부드러움]도 다소 낮아진다. 그리고 〈ないでくださらない?〉는 여성어적 분위기를 수반하면서 경의도가 낮고 가벼운 느낌을 주기 때문에 소원한 사이에서 (78)의「連絡しないでくださらない?」와 같이 여성 화자가 경어적 동위자이거나 하위자인 청자에게 사용하면 [정중도]가 약화되고 청자에 대한 화자의 불쾌감이 〈ないでくださる?〉보다 강하게 표출된다.

[4] 〈ないでくださらないか〉 {청자(남)가 화자(여)와 경어적 동위자이거나 하위자인 경우}

(79) *ねえ、裕ちゃん、後でお姉ちゃんが見せてあげますからね。今、忙しいから邪魔しないでくださらないか。
(80) *山田君だか川田君だかよく知りませんけど、妹にはいいなずけがおりますのよ。ですから、もう連絡しないでくださらないか。

〈ないでくださらないか〉는 〈ないでくださるか〉와 마찬가지로 남성 전용 형식으로 규정된다. 친한 사이에서 (79)의「邪魔しないでくださらないか」와 같이 여성 화자가 경어적 동위자이거나 하위자인 남성 청자에게 사용하는 것은 자연스러운 발화로서 허용도가 낮다. 그리고 〈ないでくださらないか〉는 남성 전용 형식이기 때문에 소원한 사이에서 (80)의「連絡しないでくださらないか」와 같이 여성 화자가 경어적 동위자이거나 하위자인 남성 청자에게 사용하는 것은 자연스러운 발화로서 허용도가 낮다.

[5] 〈ないでくださいますか〉 {청자(남)가 화자(여)와 경어적 동위자이거나 하위자인 경우}

(81) ねえ、裕ちゃん、後でお姉ちゃんが見せてあげますからね。今、忙しいから邪魔しないでくださいますか。
(82) 山田君だか川田君だかよく知りませんけど、妹にはいいなずけがおりますのよ。ですから、もう連絡しないでくださいますか。

〈ないでくださいますか〉는 경어가치가 높고, 정중도도 구비하고 있는데 (81)의「邪魔しないでくださいますか」와 같이 여성 화자가 가족과 같은 내적 관계의 경어적 동위자이거나 하위자인 남동생에게 발화하면 경의보다는 농담조나 혹은 상대방의 기분을 맞추기 위해 사용된 것으로 해석된다. 그리고 〈ないでくださいますか〉는 문말이 [ます+か]와 같이 긍정의 형태를 취하고 있기 때문에 부정 정중체인 〈ないでくださいませんか〉에 비해 상대적으로 어감이 다소 딱딱하다. 소원한 사이에서는 (82)의「連絡しないでくださいますか」와 같이 여성 화자가 경어적 동위자이거나 하위자인 청자에게 사용하면 [불쾌감][질책]의 표현가치를 나타낸다.

[6] 〈ないでくださいます?〉 {청자(남)가 화자(여)와 경어적 동위자이거나 하위자인 경우}

(83) ねえ、裕ちゃん、後でお姉ちゃんが見せてあげますからね今、忙しいから邪魔しないでくださいます?
(84) 山田君だか川田君だかよく知りませんけど、妹にはいいなずけがおりますのよですから、もう連絡しないでくださいます?

〈ないでくださいます?〉는 여성어적 성격을 띠기 때문에 어조는 부드럽지만 한편으로 가벼운 느낌을 준다. 친한 사이에서 (83)의「邪魔しないでくださいます?」와 같이 여성 화자가 가족과 같은 내적 관계의 경어적 동위자이거나 하위자인 남동생에게 발화할 경우에는 경의보다 농담조나 혹은 상대방의 기분을 맞추기 위해 사용된 것으로 해석된다. 그리고 〈ないでくださいます?〉는 화자가 감정을 표현으로 옮기기 쉽다는 점에서 [차가움][냉담]의 뉘앙스를 띤다. 그래서 소원한 사이에서 (84)의 「連絡しないでくださいます?」와 같이 여성 화자가 경어적 동위자이거나 하위자인 청자에게 사용하면 [불쾌감][질책]의 표현가치를 나타낸다.

[7] 〈ないでくださいませんか〉 {청자(남)가 화자(여)와 경어적 동위자이거나 하위자인 경우}

(85) ねえ、裕ちゃん、後でお姉ちゃんが見せてあげますからね。今、忙しいから邪魔しないでくださいませんか。
(86) 山田君だか川田君だかよく知りませんけど、妹にはいいなずけがおりますのよ。ですから、もう連絡しないでくださいませんか。

〈ないでくださいませんか〉는 부정 정중체라는 점에서 경어가치가 높고, 정중도도 구비하고 있기 때문에 친한 사이에서 (85)의 「邪魔しないでくださいませんか」와 같이 여성 화자가 경어적 동위자이거나 하위자인 청자에게 사용하면 [친밀][배려]의 표현가치를 실현한다. 그리고 〈ないでくださいませんか〉는 긍정 정중체인 〈ないでくださいますか〉에 비해 상대적으로 어감이 부드럽다. 그래서 소원한 사이에서는 (86)의 「連絡しないでくださいませんか」와 같이 여성 화자가 경어적 동위자이거나 하위자인 청자에게 사용하면 [불쾌감][질책]의 표현가치를 나타낸다.

[8] 〈ないでくださいません?〉 {청자(남)가 화자(여)와 경어적 동위자이거나 하위자인 경우}

(87) ねえ、裕ちゃん、後でお姉ちゃんが見せてあげますからね今、忙しいから邪魔しないでくださいません?
(88) 山田君だか川田君だかよく知りませんけど、妹にはいいなずけがおりますのよですから、もう連絡しないでくださいません?

〈ないでくださいません?〉은 여성어적 성격을 띠기 때문에 어조는 부드럽지만 가벼운 뉘앙스를 수반한다. 그런데 친한 사이에서 (87)의 「邪魔しないでくださいません?」과 같이 여성 화자가 가족과 같은 내적 관계의 경어적 동위자이거나 하위자인 남동생에게 발화할 경우에는 경의보다 농담조나 혹은 상대방의 기분을 맞추기 위해 사용된 것으로 해석된다. 그리고 〈ないでくださいません?〉은 어조가 부드러워진 만큼 [차가움][냉담]의 뉘앙스도 수반한다. 소원한 사이에서 (88)의 「連絡しないでくださいません?」과 같이 여성 화자가 경어적 동위자이거나 하위자인 청자에게 사용하면 청자에 대한 [불쾌감][질책]이 표출되기 때문에 정중도는 그만큼 약화된다.

[9] 〈ないでくださるでしょうか〉 {청자(남)가 화자(여)와 경어적 동위자이거나 하위자인 경우}

(89) ??ねえ、裕ちゃん、後でお姉ちゃんが見せてあげますからね今、忙しいから邪魔しないでくださるでしょうか。
(90) 山田君だか川田君だかよく知りませんけど、妹にはいいなずけがおりますのよですから、もう連絡しないでくださるでしょうか。

〈ないでくださるでしょうか〉는 〈でしょうか〉에 함의되어 있는 정중도에 의해 친소관계가 소원해지는 경향이 있다. 그래서 (89)의 「邪魔しないでくださるでしょうか」와 같이 여성 화자가, 경어적 동위자이거나 하위자이며 스스럼없는 내적 관계의 남성 청자인 남동생에게 사용하면 부자연스럽다. 그리고 〈ないでくださるでしょうか〉는 소원한 사이에서는 (90)의 「連絡しないでくださるでしょうか」와 같이 여성 화자가 경어적 동위자인 청자에게 사용하면 [불쾌감][질책]의 표현가치를 나타낸다.

[10] 〈ないでくださらないでしょうか〉 {청자(남)가 화자(여)와 경어적 동위자이거나 하위자인 경우}

(91) ??ねえ、裕ちゃん、後でお姉ちゃんが見せてあげますからね今、忙しいから邪魔しないでくださらないでしょうか。
(92) 山田君だか川田君だかよく知りませんけど、妹にはいいなずけがおりますのよ。ですから、もう連絡しないでくださらないでしょうか。

〈ないでくださらないでしょうか〉는 화자와 청자 사이의 거리감이 커지고 딱딱한 뉘앙스를 수반한다. 그래서 (91)의 「邪魔しないでくださらないでしょうか」와 같이 여성 화자가 경어적 동위자이거나 하위자이며 스스럼없는 내적 관계의 남성 청자인 남동생에게 사용하는 것은 부자연스럽다. 그리고 〈ないでくださらないでしょうか〉는 화자의 불쾌감이 표출되기 때문에 소원한 사이에서 (92)의 「連絡しないでくださらないでしょうか」와 같이 여성 화자가 경어적 동위자이거나 하위자인 청자에게 사용하면 [불쾌감][분노]나 [불쾌감][질책]의 표현가치를 나타낸다.

[11] 〈ないでくださいますでしょうか〉 {청자(남)가 화자(여)와 경어적 동위자이거나 하위자인 경우}

(93) ねえ、裕ちゃん、後でお姉ちゃんが見せてあげますからね今、忙しいから邪魔しないでくださいますでしょうか。
(94) 山田君だか川田君だかよく知りませんけど、妹にはいいなずけがおりますのよですから、もう連絡しないでくださいますでしょうか。

〈ないでくださいますでしょうか〉는 문말이 [ます+でしょうか]와 같은 이중 정중의 형태를 취하고 있기 때문에 친한 사이에서 (93)의 「邪魔しないでくださいますでしょうか」와 같이 여성 화자가 가족과 같은 내적 관계의 경어적 동위자이거나 하위자인 남동생에게 사용하면 [경의]보다는 농담조로 사용된 것으로 해석되는데 이때는 [친밀][배려]의 표현가치를 실현한다. 그리고 〈ないでくださいますでしょうか〉는 소원한 사이에서 (94)의「連絡しないでくださいますでしょうか」와 같이 여성 화자가 경어적 동위자이거나 하위자인 남성 청자에게 사용하면 [불쾌감][질책]의 표현가치를 나타내는데, 문말이 이중 경어로 맺고 있어 화자의 불쾌한 감정은 억제된다.

[12] 〈ないでくださいませんでしょうか〉 {청자(남)가 화자(여)와 경어적 동위자이거나 하위자인 경우}

(95) ねえ、裕ちゃん、後でお姉ちゃんが見せてあげますからね今、忙しいから邪魔<u>しないでくださいませんでしょうか</u>。
(96) 山田君だか川田君だかよく知りませんけど、妹にはいいなずけがおりますのよですから、もう連絡<u>しないでくださいませんでしょうか</u>。

〈ないでくださいませんでしょうか〉는 문말이 [ません+でしょうか]의 형태를 취하고 있다는 점에서 친한 사이에서 (95)의「邪魔しないでくださいませんでしょうか」와 같이 여성 화자가 가족과 같은 내적 관계의 경어적 동위자이거나 하위자인 남동생에게 발화하면 [친근감][배려]의 표현가치를 실현한다. 그리고 〈ないでくださいませんでしょうか〉는 소원한 사이에서 (96)의「連絡しないでくださいませんでしょうか」와 같이 여성 화자가 경어적 동위자이거나 하위자인 남성 청자에게 사용하면 [불쾌감][질책]의 표현가치를 나타내는데, 문말이 이중 정중으로 종지되고 있어 화자의 불쾌감은 완화된다.

3.5. 청자(남)가 화자(여)에 비해 경어적 하위자인 경우

[1] 〈ないでくださる?〉 {청자(남)가 화자(여)에 비해 경어적 하위자인 경우}

(97) ねえ、裕ちゃん、後でママが見せてあげますからね。今、忙しいから邪魔<u>しないでくださる</u>?
(98) 裕、あなたのすることにお母さんは口出ししないつもりですけど、息子としてお父さんの顔に泥をぬるようなことだけは、<u>しないでくださる</u>?

〈ないでくださる?〉는 여성어적 성격을 띠면서 경의도가 낮고 가벼운 느낌을 준다. 그런데 (97)의「邪魔しないでくださる?」와 같이 친한 사이에서 여성 화자가 경어적 하위자인 청자에게 사용하면 이때의 〈ないでくださる?〉는 경의보다는 농담조나 혹은 상대방의 기분을 맞추기 위해 사용된 것으로 해석된다. 그리고 〈ないでくださる?〉는 경의도가 낮고 가볍다는 점에서 (98)의「しないでくださる?」와 같이 소원한 사이에서 여성 화자가 내적 관계의 경어적 하위자인 자식에게 사용하면 청자에 대한 화자의 [불쾌감]이 강하게 나타난다.

[2] 〈ないでくださるか〉 {청자(남)가 화자(여)에 비해 경어적 하위자인 경우}

(99) *ねえ、裕ちゃん、後でママが見せてあげますからね。今、忙しいから邪魔しないでくださるか。
(100) *裕、あなたのすることにお母さんは口出ししないつもりですけど、息子としてお父さんの顔に泥をぬるようなことだけは、しないでくださるか。

〈ないでくださるか〉는 〈ないでくださる〉 계열의 긍정 보통체인데 남성 전용 형식으로 규정된다. 친한 사이에서 (99)의「邪魔しないでくださるか」와 같이 여성 화자가 경어적 하위자인 남성 청자에게 사용하면 자연스러운 발화로서 허용도가 낮다. 그리고 〈ないでくださるか〉는 남성 전용 형식으로 정중도가 결여되어 있어 소원한 사이에서 (100)의「しないでくださるか」와 같이 여성 화자가 경어적 하위자인 남성 청자에게 사용하면 자연스러운 발화로서 허용도가 낮다.

[3] 〈ないでくださらない?〉 {청자(남)가 화자(여)에 비해 경어적 하위자인 경우}

(101) ねえ、裕ちゃん、後でママが見せてあげますからね。今、忙しいから邪魔しないでくださらない?
(102) 裕、あなたのすることにお母さんは口出ししないつもりですけど、息子としてお父さんの顔に泥をぬるようなことだけは、しないでくださらない?

〈ないでくださらない?〉는 여성어적 분위기를 수반하면서 경의도가 낮고 가벼운 느낌을 주기 때문에 친한 사이에서 (101)의「邪魔しないでくださらない?」와 같이 여성 화자가 경어적 하위자인 청자에게 사용하면 [정중도]가 약화되고 [친밀도][부드러움]도 다소 낮아진다. 그리고 〈ないでくださらない?〉는 소원한 사이에서 (102)의「しないでくださらない?」와 같이 여성 화자가 경어적 하위자인 청자에게 사용하면 [정중도]가 약화되고 청자에 대한 화자의 불쾌감이 〈ないでくださる?〉보다 강하게 표출된다.

[4] 〈ないでくださらないか〉 {청자(남)가 화자(여)에 비해 경어적 하위자인 경우}

(103) *ねえ、裕ちゃん、後でママが見せてあげますからね。今、忙しいから邪魔しないでくださらないか。
(104) *裕、あなたのすることにお母さんは口出ししないつもりですけど、息子としてお父さんの顔に泥をぬるようなことだけは、しないでくださらないか。

〈ないでくださらないか〉는 〈ないでくださるか〉와 마찬가지로 남성 전용 형식으로 규정된다. 친한 사이에서 (103)의「邪魔しないでくださらないか」와 같이 여성 화자가 경어적 하위자인 남성 청자에게 사용하는 것은 자연스러운 발화로서 허용도가 낮다. 그리고 〈ないでくださらないか〉는 남성 전용 형식이기 때문에 소원한 사이에서 (104)의「しないでくださらないか」와 같이 여성 화자가 경어적 하위자인 남성 청자에게 사용하는 것은 자연스러운 발화로서 허용도가 낮다.

[5] 〈ないでくださいますか〉 {청자(남)가 화자(여)에 비해 경어적 하위자인 경우}

(105) ねえ、裕ちゃん、後でママが見せてあげますからね。今、忙しいから邪魔しないでくださいますか。
(106) 裕、あなたのすることにお母さんは口出ししないつもりですけど、息子としてお父さんの顔に泥をぬるようなことだけは、しないでくださいますか。

〈ないでくださいますか〉는 경어가치가 높고, 정중도도 구비하고 있는데 (105)의 「邪魔しないでくださいますか」와 같이 여성 화자가 가족과 같은 내적 관계의 경어적 하위자인 자식에게 발화하면 경의보다는 농담조나 혹은 상대방의 기분을 맞추기 위해 사용된 것으로 해석된다. 그리고 〈ないでくださいますか〉는 문말이 [ます+か]와 같이 긍정의 형태를 취하고 있기 때문에 부정 정중체인 〈ないでくださいませんか〉에 비해 상대적으로 어감이 다소 딱딱하다. 소원한 사이에서는 (106)의 「しないでくださいますか」와 같이 여성 화자가 경어적 하위자인 청자에게 사용하면 [질책][힐문]의 표현가치를 나타낸다.

[6] 〈ないでくださいます?〉 {청자(남)가 화자(여)에 비해 경어적 하위자인 경우}

(107) ねえ、裕ちゃん、後でママが見せてあげますからね今、忙しいから邪魔しないでくださいます?
(108) 裕、あなたのすることにお母さんは口出ししないつもりですけど、息子としてお父さんの顔に泥をぬるようなことだけは、しないでくださいます?

〈ないでくださいます?〉는 여성어적 성격을 띠기 때문에 어조는 부드럽지만 한편으로 가벼운 느낌을 준다. 친한 사이에서 (107)의 「邪魔しないでくださいます?」와 같이 여성 화자가 가족과 같은 내적 관계의 경어적 하위자인 자식에게 발화하면 경의보다는 농담조나 혹은 상대방의 기분을 맞추기 위해 사용된 것으로 해석된다. 그리고 〈ないでくださいます?〉는 화자가 감정을 표현으로 옮기기 쉽다는 점에서 [차가움][냉담]의 뉘앙스를 띤다. 소원한 사이에서 (108)의 「しないでくださいます?」와 같이 여성 화자가 경어적 하위자인 청자에게 사용하면 [질책][책망]의 표현가치를 나타낸다.

[7] 〈ないでくださいませんか〉 {청자(남)가 화자(여)에 비해 경어적 하위자인 경우}

(109) ねえ、裕ちゃん、後でママが見せてあげますからね。今、忙しいから邪魔しないでくださいませんか。
(110) 裕、あなたのすることにお母さんは口出ししないつもりですけど、息子としてお父さんの顔に泥をぬるようなことだけは、しないでくださいませんか。

〈ないでくださいませんか〉는 부정 정중체라는 점에서 경어가치가 높고 정중도도 구비하고 있기 때문에 친한 사이에서 (109)의 「邪魔しないでくださいませんか」와 같이 여성 화자가 경어적 하위자인 청자에게 사용하면 [친밀][배려]의 표현가치를 실현한다. 그리고 〈ないでくださいませんか〉는 긍정 정중체인 〈ないでくださいますか〉에 비해 상대적으로 어감이 부드럽다. 소원한 사이에서는 (110)의「しないでくださいませんか」와 같이 여성 화자가 경어적 하위자인 청자에게 사용하면 [질책][책망]의 표현가치를 나타낸다.

[8] 〈ないでくださいません?〉 {청자(남)가 화자(여)에 비해 경어적 하위자인 경우}

(111) ねえ、裕ちゃん、後でママが見せてあげますからね今、忙しいから邪魔しないでくださいません?
(112) 裕、あなたのすることにお母さんは口出ししないつもりですけど、息子としてお父さんの顔に泥をぬるようなことだけは、しないでくださいません?

〈ないでくださいません?〉은 여성어적 성격을 띠기 때문에 어조는 부드럽지만 가벼운 뉘앙스를 수반한다. 그런데 친한 사이에서 (111)의「邪魔しないでくださいません?」과 같이 여성 화자가 가족과 같은 내적 관계의 경어적 하위자인 자식에게 발화할 경우에는 경의보다 농담조나 혹은 상대방의 기분을 맞추기 위해 사용된 것으로 해석된다. 그리고 〈ないでくださいません?〉은 어조가 부드러워진 만큼 [차가움][냉담]의 뉘앙스도 수반한다. 이에 소원한 사이에서 (112)의「しないでくださいません?」과 같이 여성 화자가 경어적 하위자인 청자에게 사용하면 [질책][책망]이 표출되기 때문에 정중도는 그만큼 약화된다.

[9] 〈ないでくださるでしょうか〉 {청자(남)가 화자(여)에 비해 경어적 하위자인 경우}

(113) ??ねえ、裕ちゃん、後でママが見せてあげますからね今、忙しいから邪魔しないでくださるでしょうか。
(114) 裕、あなたのすることにお母さんは口出ししないつもりですけど、息子としてお父さんの顔に泥をぬるようなことだけは、しないでくださるでしょうか。

〈ないでくださるでしょうか〉는 〈でしょうか〉에 함의되어 있는 정중도에 의해 친소관계가 소원해지는 경향이 있다. 이에 (113)의「邪魔しないでくださるでしょうか」와 같이 여성 화자가 경어적 하위자이며 스스럼없는 내적 관계의 남성 청자인 자식에게 사용하면 부자연스럽다. 그리고 〈ないでくださるでしょうか〉는 소원한 사이에서는 (114)의「しないでくださるでしょうか」와 같이 여성 화자가 경어적 하위자인 자식에게 사용하면 [질책][책망]의 표현가치를 나타낸다.

[10] 〈ないでくださらないでしょうか〉 {청자(남)가 화자(여)에 비해 경어적 하위자인 경우}

(115) ??ねえ、裕ちゃん、後でママが見せてあげますからね今、忙しいから邪魔しないでくださらないでしょうか。

(116) 裕、あなたのすることにお母さんは口出ししないつもりですけど、息子としてお父さんの顔に泥をぬるようなことだけは、しないでくださらないでしょうか。

〈ないでくださらないでしょうか〉는 화자와 청자 사이의 거리감이 커지고 딱딱한 뉘앙스를 수반한다. (115)의 「邪魔しないでくださらないでしょうか」와 같이 여성 화자가 경어적 하위자이며 스스럼없는 내적 관계의 남성 청자인 자식에게 사용하는 것은 부자연스럽다. 그리고 〈ないでくださらないでしょうか〉는 화자의 불쾌감이 표출되기 때문에 소원한 사이에서 (116)의 「しないでくださらないでしょうか」와 같이 여성 화자가 경어적 하위자인 자식에게 사용하면 [질책][책망]의 표현가치를 나타낸다.

[11] 〈ないでくださいますでしょうか〉 {청자(남)가 화자(여)에 비해 경어적 하위자인 경우}

(117) ねえ、裕ちゃん、後でママが見せてあげますからね今、忙しいから邪魔しないでくださいますでしょうか。
(118) 裕、あなたのすることにお母さんは口出ししないつもりですけど、息子としてお父さんの顔に泥をぬるようなことだけは、しないでくださいますでしょうか。

〈ないでくださいますでしょうか〉는 문말이 [ます+でしょうか]와 같은 이중 정중의 형태를 취하고 있기 때문에 친한 사이에서 (117)의 「邪魔しないでくださいますでしょうか」와 같이 여성 화자가 가족과 같은 내적 관계의 경어적 하위자인 자식에게 사용하면 이때는 [연소자에 대한 배려를 나타내면서 [친밀]의 표현가치를 실현한다. 그리고 〈ないでくださいますでしょうか〉는 소원한 사이에서 (118)의 「しないでくださいますでしょうか」와 같이 여성 화자가 가족과 같은 내적 관계의 경어적 하위자인 자식에게 사용하면 [질책][책망]의 표현가치를 나타내는데, 문말이 이중 경어로 맺고 있어 화자의 불쾌한 감정은 억제된다.

[12] 〈ないでくださいませんでしょうか〉 {청자(남)가 화자(여)에 비해 경어적 하위자인 경우}

(119) ねえ、裕ちゃん、後でママが見せてあげますからね今、忙しいから邪魔しないでくださいませんでしょうか。
(120) 裕、あなたのすることにお母さんは口出ししないつもりですけど、息子としてお父さんの顔に泥をぬるようなことだけは、しないでくださいませんでしょうか。

〈ないでくださいませんでしょうか〉는 문말이 [ません+でしょうか]의 형태를 취하고 있다는 점에서 친한 사이에서 (119)의 「邪魔しないでくださいませんでしょうか」와 같이 여성 화자가 가족과 같은 내적 관계의 경어적 하위자인 자식에게 발화하면 [연소자에 대한 배려를 나타내면서 [친근감]의 표현가치를 실현한다. 그리고 〈ないでくださいませんでしょうか〉는 소원한 사이에서 (120)의「しないでくださいませんでしょうか」와 같이 여성 화자가 가족과 같은 내적 관계의 경어적 하위자인 자식에게 사용하면 [질책][책망]의 표현가치를 나타내는데, 문말이 이중 정중으로 종지되고 있어 화자의 불쾌감은 완화된다.

4. 여성 화자가 여성 청자에게 사용하는 〈ないでくださる〉 계열

4.1. 청자(여)가 화자(여)에 비해 경어적 상위자인 경우

[1] 〈ないでくださる?〉 {청자(여)가 화자(여)에 비해 경어적 상위자인 경우}

(1) 叔母さん、あたしは大丈夫だから、心配しないでくださる?
(2) * 雅子様、私どもコンパニオンは勤務中ですので、これ以上、お酒をおすすめにならないでくださる?

〈ないでくださる?〉는 여성어적 성격을 띠면서 경의도가 낮고 가벼운 느낌을 준다. (1)의 「心配しないでくださる?」와 같이 친한 사이에서 여성 화자가 경어적 상위자인 「叔母さん」에게 사용하면 [친밀감][부드러움]의 표현가치를 실현한다. 그리고 〈ないでくださる?〉는 경의도가 낮고 가볍다는 점에서 (2)의 「おすすめにならないでくださる?」와 같이 소원한 사이에서 여성 화자가 외적 관계의 경어적 상위자인 청자에게 사용하면 청자에 대한 화자의 [불쾌감]이 강하게 표출되기 때문에 자연스러운 발화로서 허용도가 낮다.

[2] 〈ないでくださるか〉 {청자(여)가 화자(여)에 비해 경어적 상위자인 경우}

(3) * 叔母さん、あたしは大丈夫だから、心配しないでくださるか。
(4) * 雅子様、私どもコンパニオンは勤務中ですので、これ以上、お酒をおすすめにならないでくださるか。

〈ないでくださるか〉는 〈ないでくださる〉 계열의 긍정 보통체인데 어조가 상당히 딱딱하고 정중도도 결여되어 있어 남성 전용 형식으로 규정된다. 친한 사이에서 (3)의 「心配しないでくださるか」와 같이 여성 화자가 경어적 상위자이며 여성 청자인 「叔母さん」에게 사용하면 자연스러운 발화로서 허용도가 낮다. 그리고 〈ないでくださるか〉는 남성 전용 형식으로 정중도가 결여되어 있어 소원한 사이에서 (4)의 「おすすめにならないでくださるか」와 같이 여성 화자가 경어적 상위자이며 여성 청자인 「雅子様」에게 사용하면 자연스러운 발화로서 허용도가 낮다.

[3] 〈ないでくださらない?〉 {청자(여)가 화자(여)에 비해 경어적 상위자인 경우}

(5) ? 叔母さん、あたしは大丈夫だから、心配しないでくださらない?
(6) * 雅子様、私どもコンパニオンは勤務中ですので、これ以上、お酒をおすすめにならないでくだ

さらない?

〈ないでくださらない?〉는 여성어적 분위기를 수반하면서 경의도가 낮고 가벼운 느낌을 주기 때문에 친한 사이에서 (5)의 「心配しないでくださらない?」와 같이 여성 화자가 친족과 같은 내적 관계의 경어적 상위자인 「叔母さん」에게 사용하면 자연스러운 발화로서 다소 부자연스럽다. 그리고 〈ないでくださらない?〉는 소원한 사이에서 (6)의 「おすすめにならないでくださらない?」와 같이 여성 화자가 외적 관계의 경어적 상위자인 청자에게 사용하면 [정중도]가 약화되고 청자에 대한 화자의 불쾌감이 〈ないでくださる?〉보다 강하게 표출되기 때문에 자연스러운 발화로서 허용도가 낮다.

[4] 〈ないでくださらないか〉 {청자(여)가 화자(여)에 비해 경어적 상위자인 경우}

(7) * 叔母さん、あたしは大丈夫だから、心配しないでくださらないか。
(8) * 雅子様、私どもコンパニオンは勤務中ですので、これ以上、お酒をおすすめにならないでくださらないか。

〈ないでくださらないか〉는 〈ないでくださるか〉와 마찬가지로 남성 전용 형식으로 규정된다. 친한 사이에서 (7)의 「心配しないでくださらないか」와 같이 여성 화자가 경어적 상위자이며 여성 청자인 「叔母さん」에게 사용하는 것은 자연스러운 발화로서 허용도가 낮다. 그리고 〈ないでくださらないか〉는 남성 전용 형식이기 때문에 소원한 사이에서 (8)의 「おすすめにならないでくださらないか」와 같이 여성 화자가 경어적 상위자이며 여성 청자에게 사용하는 것은 자연스러운 발화로서 허용도가 낮다.

[5] 〈ないでくださいますか〉 {청자(여)가 화자(여)에 비해 경어적 상위자인 경우}

(9) 叔母さん、あたしは大丈夫だから、心配しないでくださいますか。
(10) 雅子様、私どもコンパニオンは勤務中ですので、これ以上、お酒をおすすめにならないでくださいますか。

〈ないでくださいますか〉는 경어가치가 높고, 정중도도 구비하고 있어 친한 사이에서 (9)의 「心配しないでくださいますか」와 같이 여성 화자가 경어적 상위자인 「叔母さん」에게 사용하면 [염례][원망]의 표현가치를 실현한다. 그리고 〈ないでくださいますか〉는 문말이 [ます+か]와 같이 긍정의 형태를 취하고 있기 때문에 부정 정중체인 〈ないでくださいませんか〉에 비해 상대적으로 어감이 다소 딱딱하다. 이에 소원한 사이에서는 (10)의 「おすすめにならないでくださいますか」와 같이 여성 화자가 경어적 동위자이거나 상위자인 청자에게 사용하면 [불쾌감][항의]의 표현가치를 나타낸다.

[6] 〈ないでくださいます?〉 {청자(여)가 화자(여)에 비해 경어적 상위자인 경우}

(11) ??叔母さん、あたしは大丈夫だから、心配しないでくださいます?
(12) 雅子様、私どもコンパニオンは勤務中ですので、これ以上、お酒をおすすめにならないでくださいます?

〈ないでくださいます?〉는 여성어적 성격을 띠기 때문에 어조는 부드럽지만 한편으로 가벼운 느낌을 준다. 친한 사이에서 (11)의「心配しないでくださいます?」와 같이 여성 화자가 경어적 상위자인「叔母さん」에게 사용하는 것은 부자연스럽다. 그리고 〈ないでくださいます?〉는 화자가 감정을 표현으로 옮기기 쉽다는 점에서 [차가움][냉담]의 뉘앙스를 띤다. 이에 소원한 사이에서 (12)의「おすすめにならないでくださいます?」와 같이 여성 화자가 경어적 상위자인 청자에게 사용하면 [불쾌감][불만]의 표현가치를 나타낸다.

[7] 〈ないでくださいませんか〉 {청자(여)가 화자(여)에 비해 경어적 상위자인 경우}

(13) 叔母さん、あたしは大丈夫だから、心配しないでくださいませんか。
(14) 雅子様、私どもコンパニオンは勤務中ですので、これ以上、お酒をおすすめにならないでくださいませんか。

〈ないでくださいませんか〉는 부정 정중체라는 점에서 경어가치가 높고, 정중도도 구비하고 있기 때문에 친한 사이에서 (13)의「心配しないでくださいませんか」와 같이 여성 화자가 경어적 상위자인「叔母さん」에게 사용하면 [간원][원망]의 표현가치를 실현한다. 그리고 〈ないでくださいませんか〉는 긍정 정중체인 〈ないでくださいますか〉에 비해 상대적으로 어감이 부드럽다. 이에 소원한 사이에서는 (14)의「おすすめにならないでくださいませんか」와 같이 여성 화자가 경어적 상위자인 청자에게 사용하면 [불쾌감][불만]의 표현가치를 나타낸다.

[8] 〈ないでくださいません?〉 {청자(여)가 화자(여)에 비해 경어적 상위자인 경우}

(15) ??叔母さん、あたしは大丈夫だから、心配しないでくださいません?
(16) 雅子様、私どもコンパニオンは勤務中ですので、これ以上、お酒をおすすめにならないでくださいません?

〈ないでくださいません?〉은 여성어적 성격을 띠기 때문에 어조는 부드럽지만 가벼운 뉘앙스를 수반한다. 친한 사이에서 (15)의「心配しないでくださいません?」과 같이 여성 화자가 경어적 상위자인「叔母さん」에게 사용하면 청자에 대한 화자의 불쾌감이 나타난다는 점에서 부자연스럽다. 그리고 〈ないでくださいません?〉은 어조가 부드러워진 만큼 [차가움][냉담]의 뉘앙스도 수반한다. 그래서 소원한 사이에서 (16)의「すすめにならないでくださいません?」과 같이 여성 화

자가 경어적 상위자인 청자에게 사용하면, 청자에 대한 [불쾌감][불만]이 표출되기 때문에 정중도는 그만큼 약화된다.

[9] 〈ないでくださるでしょうか〉 {청자(여)가 화자(여)에 비해 경어적 상위자인 경우}

(17) ?叔母さん、あたしは大丈夫だから、心配しないでくださるでしょうか。
(18) 雅子様、私どもコンパニオンは勤務中ですので、これ以上、お酒をおすすめにならないでくださるでしょうか。

〈ないでくださるでしょうか〉는 〈でしょうか〉에 함의되어 있는 정중도에 의해 친소관계가 소원해지는 경향이 있어 (17)의 「心配しないでくださるでしょうか」와 같이 여성 화자가 경어적 상위자인 여성 청자 「叔母さん」에게 사용하면 다소 부자연스럽다. 그리고 〈ないでくださるでしょうか〉는 소원한 사이에서는 (18)의 「おすすめにならないでくださるでしょうか」와 같이 여성 화자가 경어적 상위자인 청자에게 사용하면 [불쾌감][불만]의 표현가치를 나타낸다.

[10] 〈ないでくださらないでしょうか〉 {청자(여)가 화자(여)에 비해 경어적 상위자인 경우}

(19) 叔母さん、あたしは大丈夫だから、心配しないでくださらないでしょうか。
(20) 雅子様、私どもコンパニオンは勤務中ですので、これ以上、お酒をおすすめにならないでくださらないでしょうか。

〈ないでくださらないでしょうか〉는 화자와 청자 사이의 거리감이 커지고 딱딱한 뉘앙스를 수반한다. (19)의 「心配しないでくださらないでしょうか」와 같이 여성 화자가 스스럼없는 내적 관계의 경어적 상위자인 여성 청자 「叔母さん」에게 사용하면 [염려][배려]의 표현가치를 실현하는데 친소관계는 소원한 사이로 경사된다. 그리고 〈ないでくださらないでしょうか〉는 화자의 불쾌감이 표출되기 때문에 소원한 사이에서 (20)의 「おすすめにならないでくださらないでしょうか」와 같이 여성 화자가 경어적 상위자인 청자에게 사용하면 [불쾌감][불만]이나 [불쾌감][항의]의 표현가치를 나타낸다.

[11] 〈ないでくださいますでしょうか〉 {청자(여)가 화자(여)에 비해 경어적 상위자인 경우}

(21) 叔母さん、あたしは大丈夫だから、心配しないでくださいますでしょうか。
(22) 雅子様、私どもコンパニオンは勤務中ですので、これ以上、お酒をおすすめにならないでくださいますでしょうか。

〈ないでくださいますでしょうか〉는 문말이 [ます+でしょうか]와 같은 이중 정중의 형태를 취하고 있기 때문에 친한 사이에서 (21)의 「心配しないでくださいますでしょうか」와 같이 여성 화자가 경어적 상위자인 여성 청자 「叔母さん」에게 사용하면 [경의]를 나타내면서 [염려][배려]의 표현가치를 실현한다. 그리고 〈ないでくださいますでしょうか〉는 소원한 사이에서 (22)의 「おすすめにならないでくださいますでしょうか」와 같이 여성 화자가 경어적 상위자인 여성 청자에게 사용하면 [불쾌감][불만]의 표현가치를 나타내는데, 문말이 이중 경어로 맺고 있어 화자의 불쾌한 감정은 억제된다.

[12] 〈ないでくださいませんでしょうか〉 {청자(여)가 화자(여)에 비해 경어적 상위자인 경우}

(23) 叔母さん、あたしは大丈夫だから、心配しないでくださいませんでしょうか。
(24) 雅子様、私どもコンパニオンは勤務中ですので、これ以上、お酒をおすすめにならないでくださいませんでしょうか。

〈ないでくださいませんでしょうか〉는 문말이 [ません+でしょうか]의 형태를 취하고 있다는 점에서 친한 사이에서 (23)의 「心配しないでくださいませんでしょうか」와 같이 여성 화자가 경어적 상위자이며 여성 청자인 「叔母さん」에게 사용하면 [경의]를 나타내면서 [염려][배려]의 표현가치를 실현한다. 그리고 〈ないでくださいませんでしょうか〉는 소원한 사이에서 (24)의 「おすすめにならないでくださいませんでしょうか」와 같이 여성 화자가 경어적 상위자인 여성 청자에게 사용하면 [불쾌감][불만]의 표현가치를 나타내는데, 문말이 이중 정중으로 종지되고 있어 화자의 불쾌감은 완화된다.

4.2. 청자(여)가 화자(여)와 경어적 동위자이거나 상위자인 경우

[1] 〈ないでくださる?〉 {청자(여)가 화자(여)와 경어적 동위자이거나 상위자인 경우}

(25) お姉さん、あたしが作った味噌汁、美味しくなくてもがっかりしないでくださる?
(26) もう、あたしと義男先輩は将来を約束してるんですから、今後、彼には近付かないでくださる?

〈ないでくださる?〉는 여성어적 성격을 띠면서 경의도가 낮고 가벼운 느낌을 주기 때문에 (25)의 「がっかりしないでくださる?」와 같이 친한 사이에서 여성 화자가 경어적 동위자이거나 상위자인 「お姉さん」에게 사용하면 [친밀감][부드러움]의 표현가치를 실현한다. 그리고 〈ないでくださる?〉는 경의도가 낮고 가볍다는 점에서 (26)의 「近付かないでくださる?」와 같이 소원한 사이에서 여성 화자가 경어적 동위자이거나 상위자인 청자에게 사용하면 청자에 대한 화자의 [불쾌감]이 강하게 나타난다.

[2] 〈ないでくださるか〉 {청자(여)가 화자(여)와 경어적 동위자이거나 상위자인 경우}

(27) *お姉さん、あたしが作った味噌汁、美味しくなくてもがっかりしないでくださるか。

(28)＊もう、あたしと義男先輩は将来を約束してるんですから、今後、彼には近付かないでくださるか。

〈ないでくださるか〉는 〈ないでくださる〉 계열의 긍정 보통체인데 어조가 상당히 딱딱하고 정중도도 결여되어 있어 남성 전용 형식으로 규정된다. 친한 사이에서 (27)의 「がっかりしないでくださるか」와 같이 여성 화자가 경어적 동위자이거나 상위자이며 여성 청자인 「お姉さん」에게 사용하면 자연스러운 발화로서 허용도가 낮다. 그리고 〈ないでくださるか〉는 남성 전용 형식으로 정중도가 결여되어 있어 소원한 사이에서 (28)의 「近付かないでくださるか」와 같이 여성 화자가 경어적 동위자이거나 상위자인 여성 청자에게 사용하면 자연스러운 발화로서 허용도가 낮다.

[3] 〈ないでくださらない?〉 {청자(여)가 화자(여)와 경어적 동위자이거나 상위자인 경우}

(29) お姉さん、あたしが作った味噌汁、美味しくなくてもがっかりしないでくださらない?
(30) もう、あたしと義男先輩は将来を約束してるんですから、今後、彼には近付かないでくださらない?

〈ないでくださらない?〉는 여성어적 분위기를 수반하면서 경의도가 낮고 가벼운 느낌을 주기 때문에 친한 사이에서 (29)의 「がっかりしないでくださらない?」와 같이 여성 화자가 경어적 동위자이거나 상위자인 「お姉さん」에게 사용하면 [정중도]가 약화되고 [친밀도][부드러움]도 다소 낮아진다. 그리고 〈ないでくださらない?〉는 소원한 사이에서 (30)의 「近付かないでくださらない?」와 같이 여성 화자가 경어적 동위자이거나 상위자인 청자에게 사용하면 [정중도]가 약화되고 청자에 대한 화자의 불쾌감이 〈ないでくださる?〉보다 강하게 표출된다.

[4] 〈ないでくださらないか〉 {청자(여)가 화자(여)와 경어적 동위자이거나 상위자인 경우}

(31)＊お姉さん、あたしが作った味噌汁、美味しくなくてもがっかりしないでくださらないか。
(32)＊もう、あたしと義男先輩は将来を約束してるんですから、今後、彼には近付かないでくださらないか。

〈ないでくださらないか〉는 〈ないでくださるか〉와 마찬가지로 남성 전용 형식으로 규정된다. 친한 사이에서 (31)의 「がっかりしないでくださらないか」와 같이 여성 화자가 경어적 동위자이거나 상위자이며 여성 청자인 「お姉さん」에게 사용하는 것은 자연스러운 발화로서 허용도가 낮다. 그리고 〈ないでくださらないか〉는 남성 전용 형식이기 때문에 소원한 사이에서 (32)의 「近付かないでくださらないか」와 같이 여성 화자가 경어적 동위자이거나 상위자인 여성 청자에게 사용하는 것은 자연스러운 발화로서 허용도가 낮다.

[5] 〈ないでくださいますか〉 {청자(여)가 화자(여)와 경어적 동위자이거나 상위자인 경우}

(33) お姉さん、あたしが作った味噌汁、美味しくなくてもがっかりしないでくださいますか。
(34) もう、あたしと義男先輩は将来を約束してるんですから、今後、彼には近付かないでくださいますか。

〈ないでくださいますか〉는 경어가치가 높고 정중도도 구비하고 있어 친한 사이에서 (33)의 「がっかりしないでくださいますか」와 같이 여성 화자가 경어적 동위자이거나 상위자인「お姉さん」에게 사용하면 [간원][원망]의 표현가치를 실현한다. 그리고 〈ないでくださいますか〉는 문말이 [ます+か]와 같이 긍정의 형태를 취하고 있기 때문에 부정 정중체인 〈ないでくださいませんか〉에 비해 상대적으로 어감이 다소 딱딱하다. 따라서 소원한 사이에서는 (34)의 「近付かないでくださいますか」와 같이 여성 화자가 경어적 동위자이거나 상위자인 청자에게 사용하면 [불쾌감][항의]의 표현가치를 나타낸다.

[6] 〈ないでくださいます?〉 {청자(여)가 화자(여)와 경어적 동위자이거나 상위자인 경우}

(35) ?? お姉さん、あたしが作った味噌汁、美味しくなくてもがっかりしないでくださいます?
(36) もう、あたしと義男先輩は将来を約束してるんですから、今後、彼には近付かないでくださいます?

〈ないでくださいます?〉는 여성어적 성격을 띠기 때문에 어조는 부드럽지만 한편으로 가벼운 느낌을 주기 때문에 친한 사이에서 (35)의 「がっかりしないでくださいます?」와 같이 여성 화자가 경어적 동위자이거나 상위자인「お姉さん」에게 사용하는 것은 부자연스럽다. 그리고 〈ないでくださいます?〉는 화자가 감정을 표현으로 옮기기 쉽다는 점에서 [차가움][냉담]의 뉘앙스를 띤다. 그래서 소원한 사이에서 (36)의 「近付かないでくださいます?」와 같이 여성 화자가 경어적 동위자이거나 상위자인 청자에게 사용하면 [불쾌감][항의]의 표현가치를 나타낸다.

[7] 〈ないでくださいませんか〉 {청자(여)가 화자(여)와 경어적 동위자이거나 상위자인 경우}

(37) お姉さん、あたしが作った味噌汁、美味しくなくてもがっかりしないでくださいませんか。
(38) もう、あたしと義男先輩は将来を約束してるんですから、今後、彼には近付かないでくださいませんか。

〈ないでくださいませんか〉는 부정 정중체라는 점에서 경어가치가 높고 정중도도 구비하고 있기 때문에 친한 사이에서 (37)의 「がっかりしないでくださいませんか」와 같이 여성 화자가 경어적 동위자이거나 상위자인「お姉さん」에게 사용하면 [간원][원망]의 표현가치를 실현한다. 그리고 〈ないでくださいませんか〉는 긍정 정중체인 〈ないでくださいますか〉에 비해 상대적으로로 어감이 부드럽다. 그래서 소원한 사이에서는 (38)의 「近付かないでくださいませんか」와 같이 여성 화자가 경어적 동위자이거나 상위자인 청자에게 사용하면 [불쾌감][항의]의 표현가치를 나타낸다.

[8] 〈ないでくださいません?〉 {청자(여)가 화자(여)와 경어적 동위자이거나 상위자인 경우}

(39) ??お姉さん、あたしが作った味噌汁、美味しくなくてもがっかりしないでくださいません?
(40) もう、あたしと義男先輩は将来を約束してるんですから、今後、彼には近付かないでくださいません?

〈ないでくださいません?〉은 여성어적 성격을 띠기 때문에 어조는 부드럽지만 가벼운 뉘앙스를 수반한다. 그래서 친한 사이에서 (39)의 「がっかりしないでくださいません?」과 같이 여성 화자가 경어적 동위자이거나 상위자인 「お姉さん」에게 사용하면 청자에 대한 화자의 불쾌감이 나타난다는 점에서 부자연스럽다. 그리고 〈ないでくださいません?〉은 어조가 부드러워진 만큼 [차가움][냉담]의 뉘앙스도 수반한다. 소원한 사이에서 (40)의 「近付かないでくださいません?」과 같이 여성 화자가 경어적 동위자이거나 상위자인 청자에게 사용하면 청자에 대한 [불쾌감][항의]가 표출되기 때문에 정중도는 그만큼 약화된다.

[9] 〈ないでくださるでしょうか〉 {청자(여)가 화자(여)와 경어적 동위자이거나 상위자인 경우}

(41) ??お姉さん、あたしが作った味噌汁、美味しくなくてもがっかりしないでくださるでしょうか。
(42) もう、あたしと義男先輩は将来を約束してるんですから、今後、彼には近付かないでくださるでしょうか。

〈ないでくださるでしょうか〉는 〈でしょうか〉에 함의되어 있는 정중도에 의해 친소관계가 소원해지는 경향이 있다. 그래서 (41)의 「がっかりしないでくださるでしょうか」와 같이 여성 화자가 경어적 동위자이거나 상위자인 여성 청자 「お姉さん」에게 사용하면 부자연스럽다. 그리고 〈ないでくださるでしょうか〉는 소원한 사이에서는 (42)의 「近付かないでくださるでしょうか」와 같이 여성 화자가 경어적 동위자이거나 상위자인 청자에게 사용하면 [불쾌감][항의]의 표현가치를 나타낸다.

[10] 〈ないでくださらないでしょうか〉 {청자(여)가 화자(여)와 경어적 동위자이거나 상위자인 경우}

(43) ??お姉さん、あたしが作った味噌汁、美味しくなくてもがっかりしないでくださらないでしょうか。
(44) もう、あたしと義男先輩は将来を約束してるんですから、今後、彼には近付かないでくださらないでしょうか。

〈ないでくださらないでしょうか〉는 화자와 청자 사이의 거리감이 커지고 딱딱한 뉘앙스를 수반한다. (43)의「がっかりしないでくださらないでしょうか」와 같이 여성 화자가 스스럼없는 내적 관계의 경어적 동위자이거나 상위자인 여성 청자「お姉さん」에게 사용하는 것은 부자연스럽다. 그리고 〈ないでくださらないでしょうか〉는 화자의 불쾌감이 표출되기 때문에 소원한 사이에서 (44)의「近付かないでくださらないでしょうか」와 같이 여성 화자가 경어적 동위자이거나 상위자인 청자에게 사용하면 [불쾌감][항의]나 [불만][분노]의 표현가치를 나타낸다.

[11] 〈ないでくださいますでしょうか〉 {청자(여)가 화자(여)와 경어적 동위자이거나 상위자인 경우}

(45) お姉さん、あたしが作った味噌汁、美味しくなくてもがっかり<u>しないでくださいますでしょうか</u>。
(46) もう、あたしと義男先輩は将来を約束してるんですから、今後、彼には<u>近付かないでくださいますでしょうか</u>。

〈ないでくださいますでしょうか〉는 문말이 [ます+でしょうか]와 같은 이중 정중의 형태를 취하고 있기 때문에 친한 사이에서 (45)의「がっかりしないでくださいますでしょうか」와 같이 여성 화자가 경어적 동위자이거나 상위자인 여성 청자「お姉さん」에게 사용하면 [경의]를 나타내면서 [간원][원망]의 표현가치를 실현한다. 그리고 〈ないでくださいますでしょうか〉는 소원한 사이에서 (46)의「近付かないでくださいますでしょうか」와 같이 여성 화자가 경어적 동위자이거나 상위자인 여성 청자에게 사용하면 [불쾌감][항의]의 표현가치를 나타내는데, 문말이 이중 경어로 맺고 있어 화자의 불쾌한 감정은 억제된다.

[12] 〈ないでくださいませんでしょうか〉 {청자(여)가 화자(여)와 경어적 동위자이거나 상위자인 경우}

(47) お姉さん、あたしが作った味噌汁、美味しくなくてもがっかり<u>しないでくださいませんでしょうか</u>。
(48) もう、あたしと義男先輩は将来を約束してるんですから、今後、彼には<u>近付かないでくださいませんでしょうか</u>。

〈ないでくださいませんでしょうか〉는 문말이 [ません+でしょうか]의 형태를 취하고 있다는 점에서 친한 사이에서 (47)의「がっかりしないでくださいませんでしょうか」와 같이 여성 화자가 경어적 동위자이거나 상위자이며 여성 청자인「お姉さん」에게 사용하면 [경의]를 나타내면서 [간원][원망]의 표현가치를 실현한다. 그리고 〈ないでくださいませんでしょうか〉는 소원한 사이에서 (48)의「近付かないでくださいませんでしょうか」와 같이 여성 화자가 경어적 동위자이거나 상위자인 여성 청자에게 사용하면 [불쾌감][항의]의 표현가치를 나타내는데, 문말이 이중 정중으로 종지되고 있어 화자의 불쾌감은 완화된다.

4.3. 청자(여)가 화자(여)가 경어적 동위자인 경우

[1] 〈ないでくださる?〉 {청자(여)와 화자(여)가 경어적 동위자인 경우}

(49) ねえ、浩子ちゃん、もしあたしが遅れたら、待た<u>ないでくださる</u>?
(50) あたしたちいくらルームメートだからって、あたしの物は無断で使わ<u>ないでくださる</u>?

〈ないでくださる?〉는 여성어적 성격을 띠면서 경의도가 낮고 가벼운 느낌을 주기 때문에 (49)의 「待たないでくださる?」와 같이 친한 사이에서 여성 화자가 경어적 동위자인 청자에게 사용하면 [친밀감][부드러움]의 표현가치를 실현한다. 그리고 〈ないでくださる?〉는 경의도가 낮고 가볍다는 점에서 (50)의 「使わないでくださる?」와 같이 소원한 사이에서 여성 화자가 경어적 동위자인 청자에게 사용하면 청자에 대한 화자의 [불쾌감]이 강하게 나타난다.

[2] 〈ないでくださるか〉 {청자(여)와 화자(여)가 경어적 동위자인 경우}

(51) *ねえ、浩子ちゃん、もしあたしが遅れたら、待た<u>ないでくださるか</u>。
(52) *あたしたちいくらルームメートだからって、あたしの物は無断で使わ<u>ないでくださるか</u>。

〈ないでくださるか〉는 〈ないでくださる〉 계열의 긍정 보통체인데 어조가 상당히 딱딱하고 정중도도 결여되어 있어 남성 전용 형식으로 규정된다. 친한 사이에서 (51)의 「待たないでくださるか」와 같이 여성 화자가 경어적 동위자인 여성 청자에게 사용하면 자연스러운 발화로서 허용도가 낮다. 그리고 〈ないでくださるか〉는 남성 전용 형식으로 정중도가 결여되어 있어 소원한 사이에서 (52)의 「使わないでくださるか」와 같이 여성 화자가 경어적 동위자인 여성 청자에게 사용하면 자연스러운 발화로서 허용도가 낮다.

[3] 〈ないでくださらない?〉 {청자(여)와 화자(여)가 경어적 동위자인 경우}

(53) ねえ、浩子ちゃん、もしあたしが遅れたら、待た<u>ないでくださらない</u>?
(54) あたしたちいくらルームメートだからって、あたしの物は無断で使わ<u>ないでくださらない</u>?

〈ないでくださらない?〉는 여성어적 분위기를 수반하면서 경의도가 낮고 가벼운 느낌을 주기 때문에 친한 사이에서 (53)의 「待たないでくださらない?」와 같이 여성 화자가 경어적 동위자인 청자에게 사용하면 [정중도]가 약화되고 [친밀도][부드러움]도 다소 낮아진다. 그리고 〈ないでくださらない?〉는 소원한 사이에서 (54)의 「使わないでくださらない?」와 같이 여성 화자가 경어적 동위자인 청자에게 사용하면 [정중도]가 약화되고 청자에 대한 화자의 불쾌감이 〈ないでくださる?〉보다 강하게 표출된다.

[4] 〈ないでくださらないか〉 {청자(여)와 화자(여)가 경어적 동위자인 경우}

(55) *ねえ、浩子ちゃん、もしあたしが遅れたら、待た<u>ないでくださらないか</u>。
(56) *あたしたちいくらルームメートだからって、あたしの物は無断で使わ<u>ないでくださらないか</u>。

〈ないでくださらないか〉는 〈ないでくださるか〉와 마찬가지로 남성 전용 형식으로 규정된다. 이에 친한 사이에서 (55)의「待たないでくださらないか」와 같이 여성 화자가 경어적 동위자인 여성 청자에게 사용하는 것은 자연스러운 발화로서 허용도가 낮다. 그리고 〈ないでくださらないか〉는 남성 전용 형식이기 때문에 소원한 사이에서 (56)의「使わないでくださらないか」와 같이 여성 화자가 경어적 동위자인 여성 청자에게 사용하는 것은 자연스러운 발화로서 허용도가 낮다.

[5] 〈ないでくださいますか〉 {청자(여)와 화자(여)가 경어적 동위자인 경우}

(57) ねえ、浩子ちゃん、もしあたしが遅れたら、待た<u>ないでくださいますか</u>。
(58) あたしたちいくらルームメートだからって、あたしの物は無断で使わ<u>ないでくださいますか</u>。

〈ないでくださいますか〉는 경어가치가 높고 정중도도 구비하고 있어 친한 사이에서 (57)의「待たないでくださいますか」와 같이 여성 화자가 경어적 동위자인 청자에게 사용하면 [염려]의 표현가치를 실현한다. 그리고 〈ないでくださいますか〉는 문말이 [ます+か]와 같이 긍정의 형태를 취하고 있기 때문에 부정 정중체인 〈ないでくださいませんか〉에 비해 상대적으로 어감이 다소 딱딱하다. 그래서 소원한 사이에서는 (58)의「使わないでくださいますか」와 같이 여성 화자가 경어적 동위자인 청자에게 사용하면 [불쾌감][분노]의 표현가치를 나타낸다.

[6] 〈ないでくださいます?〉 {청자(여)와 화자(여)가 경어적 동위자인 경우}

(59) ねえ、浩子ちゃん、もしあたしが遅れたら、待た<u>ないでくださいます?</u>
(60) あたしたちいくらルームメートだからって、あたしの物は無断で使わ<u>ないでくださいます?</u>

〈ないでくださいます?〉는 여성어적 성격을 띠기 때문에 어조는 부드럽지만 한편으로 가벼운 느낌을 주기 때문에 친한 사이에서 (59)의「待たないでくださいます?」와 같이 여성 화자가 경어적 동위자인 청자에게 사용하면 청자에 대한 화자의 [배려]라는 표현가치를 실현한다. 그리고 〈ないでくださいます?〉는 화자가 감정을 표현으로 옮기기 쉽다는 점에서 [차가움][냉담]의 뉘앙스를 띤다. 따라서 소원한 사이에서 (60)의「使わないでくださいます?」와 같이 여성 화자가 경어적 동위자인 청자에게 사용하면 [불쾌감][분노]의 표현가치를 나타낸다.

[7] 〈ないでくださいませんか〉 {청자(여)와 화자(여)가 경어적 동위자인 경우}

(61) ねえ、浩子ちゃん、もしあたしが遅れたら、待た<u>ないでくださいませんか</u>。

(62) あたしたちいくらルームメートだからって、あたしの物は無断で使<u>わないでくださいませんか</u>。

〈ないでくださいませんか〉는 부정 정중체라는 점에서 경어가치가 높고 정중도도 구비하고 있기 때문에 친한 사이에서 (61)의「待たないでくださいませんか」와 같이 여성 화자가 경어적 동위자인 청자에게 사용하면 [염려][배려]의 표현가치를 실현한다. 그리고 〈ないでくださいませんか〉는 긍정 정중체인 〈ないでくださいますか〉에 비해 상대적으로 어감이 부드럽다는 점에서 소원한 사이에서는 (62)의「使わないでくださいませんか」와 같이 여성 화자가 경어적 동위자인 청자에게 사용하면 [불쾌감][분노] 혹은 [불쾌감][질책]의 표현가치를 나타낸다.

[8] 〈ないでくださいません?〉 {청자(여)와 화자(여)가 경어적 동위자인 경우}

(63) ねえ、浩子ちゃん、もしあたしが遅れたら、<u>待たないでくださいません</u>?
(64) あたしたちいくらルームメートだからって、あたしの物は無断で使<u>わないでくださいません</u>?

〈ないでくださいません?〉은 여성어적 성격을 띠기 때문에 어조는 부드럽지만 가벼운 뉘앙스를 수반한다. 이에 친한 사이에서 (63)의「待たないでくださいません?」과 같이 여성 화자가 경어적 동위자인 청자에게 사용하면 청자에 대한 화자의 [배려]라는 표현가치를 실현하는데 [차가움][냉담]의 뉘앙스도 수반된다. 그리고 〈ないでくださいません?〉은 어조가 부드러워진 만큼 [차가움][냉담]의 뉘앙스도 수반한다. 이에 소원한 사이에서 (64)의「使わないでくださいません?」과 같이 여성 화자가 경어적 동위자인 청자에게 사용하면 청자에 대한 [불쾌감][분노]가 표출되기 때문에 정중도는 그만큼 약화된다.

[9] 〈ないでくださるでしょうか〉 {청자(여)와 화자(여)가 경어적 동위자인 경우}

(65) ねえ、浩子ちゃん、もしあたしが遅れたら、<u>待たないでくださるでしょうか</u>。
(66) あたしたちいくらルームメートだからって、あたしの物は無断で使<u>わないでくださるでしょうか</u>。

〈ないでくださるでしょうか〉는 〈でしょうか〉에 함의되어 있는 정중도에 의해 친소관계가 소원해지는 경향이 있다. 그런데 (65)의「待たないでくださるでしょうか」와 같이 여성 화자가 경어적 동위자인 여성 청자에게 사용할 경우에는 자연스러운 발화로서 성립하고 [염려][배려]의 표현가치를 실현한다. 그리고 〈ないでくださるでしょうか〉는 소원한 사이에서는 (66)의「使わないでくださるでしょうか」와 같이 여성 화자가 경어적 동위자인 청자에게 사용하면 [불쾌감][분노]의 표현가치를 나타낸다.

[10] 〈ないでくださらないでしょうか〉 {청자(여)와 화자(여)가 경어적 동위자인 경우}

(67) ねえ、浩子ちゃん、もしあたしが遅れたら、<u>待たないでくださらないでしょうか</u>。

(68) あたしたちいくらルームメートだからって、あたしの物は無断で使わないでくださらないでしょうか。

⟨ないでくださらないでしょうか⟩는 화자와 청자 사이의 거리감이 커지고 딱딱한 뉘앙스를 수반한다. 따라서 (67)의「待たないでくださらないでしょうか」와 같이 여성 화자가 스스럼없는 내적 관계의 경어적 동위자인 여성 청자에게 사용하면 [염려][배려]의 표현가치를 실현한다. 그리고 ⟨ないでくださらないでしょうか⟩는 화자의 불쾌감이 표출되기 때문에 소원한 사이에서 (68)의「使わないでくださらないでしょうか」와 같이 여성 화자가 경어적 동위자인 청자에게 사용하면 [불쾌감][분노]의 표현가치를 나타낸다.

[11] ⟨ないでくださいますでしょうか⟩ {청자(여)와 화자(여)가 경어적 동위자인 경우}

(69) ねえ、浩子ちゃん、もしあたしが遅れたら、待たないでくださいますでしょうか。
(70) あたしたちいくらルームメートだからって、あたしの物は無断で使わないでくださいますでしょうか。

⟨ないでくださいますでしょうか⟩는 문말이 [ます+でしょうか]와 같은 이중 정중의 형태를 취하고 있기 때문에 친한 사이에서 (69)의「待たないでくださいますでしょうか」와 같이 여성 화자가 경어적 동위자인 여성 청자에게 사용하면 [경의]를 나타내면서 [염려][배려]의 표현가치를 실현한다. 그리고 ⟨ないでくださいますでしょうか⟩는 소원한 사이에서 (70)의「使わないでくださいますでしょうか」와 같이 여성 화자가 경어적 동위자인 여성 청자에게 사용하면 [불쾌감][분노]의 표현가치를 나타내는데, 문말이 이중 경어로 맺고 있어 화자의 불쾌한 감정은 억제된다.

[12] ⟨ないでくださいませんでしょうか⟩ {청자(여)와 화자(여)가 경어적 동위자인 경우}

(71) ねえ、浩子ちゃん、もしあたしが遅れたら、待たないでくださいませんでしょうか。
(72) あたしたちいくらルームメートだからって、あたしの物は無断で使わないでくださいませんでしょうか。

⟨ないでくださいませんでしょうか⟩는 문말이 [ません+でしょうか]의 형태를 취하고 있다는 점에서 친한 사이에서 (71)의「待たないでくださいませんでしょうか」와 같이 여성 화자가 경어적 동위자인 여성 청자에게 사용하면 [경의]를 나타내면서 [염려][배려]의 표현가치를 실현한다. 그리고 ⟨ないでくださいませんでしょうか⟩는 소원한 사이에서 (72)의「使わないでくださいませんでしょうか」와 같이 여성 화자가 경어적 동위자인 여성 청자에게 사용하면 [불쾌감][분노]의 표현가치를 나타내는데, 문말이 이중 정중으로 종지되고 있어 화자의 불쾌감은 완화된다.

4.4. 청자(여)가 화자(여)와 경어적 동위자이거나 하위자인 경우

[1] 〈ないでくださる?〉 {청자(여)가 화자(여)와 경어적 동위자이거나 하위자인 경우}

　(73) ねえ、みどりちゃん、お姉ちゃんがお菓子買ってきてあげるから、もう泣かないでくださる?
　(74) あなたの入会は歓迎するけど、ここは女性専用サークルだから、女の子以外は連れてこないでくださる?

〈ないでくださる?〉는 여성어적 성격을 띠면서 경의도가 낮고 가벼운 느낌을 준다. 그런데 (73)의 「泣かないでくださる?」와 같이 친한 사이에서 여성 화자가 경어적 동위자이거나 하위자인 청자에게 사용하면 이때의 〈ないでくださる?〉는 경의보다는 농담조나 혹은 상대방의 기분을 맞추기 위해 사용된 것으로 해석된다. 그리고 〈ないでくださる?〉는 경의도가 낮고 가볍다는 점에서 (74)의 「連れてこないでくださる?」와 같이 소원한 사이에서 여성 화자가 경어적 동위자이거나 하위자인 청자에게 사용하면 청자에 대한 화자의 [불쾌감]이 강하게 나타난다.

[2] 〈ないでくださるか〉 {청자(여)가 화자(여)와 경어적 동위자이거나 하위자인 경우}

　(75) *ねえ、みどりちゃん、お姉ちゃんがお菓子買ってきてあげるから、もう泣かないでくださるか。
　(76) *あなたの入会は歓迎するけど、ここは女性専用サークルだから、女の子以外は連れてこないでくださるか。

〈ないでくださるか〉는 〈ないでくださる〉 계열의 긍정 보통체인데 어조가 상당히 딱딱하고 정중도도 결여되어 있어 남성 전용 형식으로 규정된다. 친한 사이에서 (75)의 「泣かないでくださるか」와 같이 여성 화자가 경어적 동위자이거나 하위자인 여성 청자에게 사용하면 자연스러운 발화로서 허용도가 낮다. 그리고 〈ないでくださるか〉는 남성 전용 형식으로 정중도가 결여되어 있어 소원한 사이에서 (76)의 「連れてこないでくださるか」와 같이 여성 화자가 경어적 동위자이거나 하위자인 여성 청자에게 사용하면 자연스러운 발화로서 허용도가 낮다.

[3] 〈ないでくださらない?〉 {청자(여)가 화자(여)와 경어적 동위자이거나 하위자인 경우}

　(77) ねえ、みどりちゃん、お姉ちゃんがお菓子買ってきてあげるから、もう泣かないでくださらない?
　(78) あなたの入会は歓迎するけど、ここは女性専用サークルだから、女の子以外は連れてこないでくださらない?

〈ないでくださらない?〉는 여성어적 분위기를 수반하면서 경의도가 낮고 가벼운 느낌을 주기 때문에 친한 사이에서 (77)의 「泣かないでくださらない?」와 같이 여성 화자가 경어적 동위자이거나 하위자인 청자에게 사용하면 [정중도]가 약화되고 [친밀도][부드러움]도 다소 낮아진다. 그리고 〈ないでくださらない?〉는 소원한 사이에서 (78)의 「連れてこないでくださらない?」와 같이 여성 화자가 경어적 동위자이거나 하위자인 청자에게 사용하면 [정중도]가 약화되고 청자에 대한 화자의 불쾌감이 〈ないでくださる?〉보다 강하게 표출된다.

[4] 〈ないでくださらないか〉 {청자(여)가 화자(여)와 경어적 동위자이거나 하위자인 경우}

 (79) *ねえ、みどりちゃん、お姉ちゃんがお菓子買ってきてあげるから、もう<u>泣かないでくださらないか</u>。
 (80) *あなたの入会は歓迎するけど、ここは女性専用サークルだから、女の子以外は<u>連れてこないでくださらないか</u>。

 〈ないでくださらないか〉는 〈ないでくださるか〉와 마찬가지로 남성 전용 형식으로 규정된다. 이에 친한 사이에서 (79)의 「泣かないでくださらないか」와 같이 여성 화자가 경어적 동위자이거나 하위자인 여성 청자에게 사용하는 것은 자연스러운 발화로서 허용도가 낮다. 그리고 〈ないでくださらないか〉는 남성 전용 형식이기 때문에 소원한 사이에서 (80)의 「連れてこないでくださらないか」와 같이 여성 화자가 경어적 동위자이거나 하위자인 여성 청자에게 사용하는 것은 자연스러운 발화로서 허용도가 낮다.

[5] 〈ないでくださいますか〉 {청자(여)가 화자(여)와 경어적 동위자이거나 하위자인 경우}

 (81) ねえ、みどりちゃん、お姉ちゃんがお菓子買ってきてあげるから、もう<u>泣かないでくださいますか</u>。
 (82) あなたの入会は歓迎するけど、ここは女性専用サークルだから、女の子以外は<u>連れてこないでくださいますか</u>。

 〈ないでくださいますか〉는 경어가치가 높고 정중도도 구비하고 있는데 (81)의 「泣かないでくださいますか」와 같이 여성 화자가 가족과 같은 내적 관계의 경어적 동위자이거나 하위자인 여동생에게 발화하면 경의라고 하기 보다는 농담조나 혹은 상대방의 기분을 맞추기 위해 사용된 것으로 해석된다. 그리고 〈ないでくださいますか〉는 문말이 [ます+か]와 같이 긍정의 형태를 취하고 있기 때문에 부정 정중체인 〈ないでくださいませんか〉에 비해 상대적으로 어감이 다소 딱딱하다. 이에 소원한 사이에서는 (82)의 「連れてこないでくださいますか」와 같이 여성 화자가 경어적 동위자이거나 하위자인 청자에게 사용하면 [불쾌감][질책]의 표현가치를 나타낸다.

[6] 〈ないでくださいます?〉 {청자(여)가 화자(여)와 경어적 동위자이거나 하위자인 경우}

 (83) ねえ、みどりちゃん、お姉ちゃんがお菓子買ってきてあげるから、もう<u>泣かないでくださいます?</u>
 (84) あなたの入会は歓迎するけど、ここは女性専用サークルだから、女の子以外は<u>連れてこないで</u>

くださいます?

〈ないでくださいます?〉는 여성어적 성격을 띠기 때문에 어조는 부드럽지만 한편으로 가벼운 느낌을 준다. 친한 사이에서 (83)의 「泣かないでくださいます?」와 같이 여성 화자가 가족과 같은 내적 관계의 경어적 동위자이거나 하위자인 여동생에게 발화할 경우, 경의보다는 농담조나 혹은 상대방의 기분을 맞추기 위해 사용된 것으로 해석된다. 그리고 〈ないでくださいます?〉는 화자가 감정을 표현으로 옮기기 쉽다는 점에서 [차가움][냉담]의 뉘앙스를 띤다. 이에 소원한 사이에서 (84)의 「連れてこないでくださいます?」와 같이 여성 화자가 경어적 동위자이거나 하위자인 청자에게 사용하면 [불쾌감][질책]의 표현가치를 나타낸다.

[7] 〈ないでくださいませんか〉 {청자(여)가 화자(여)와 경어적 동위자이거나 하위자인 경우}

(85) ねえ、みどりちゃん、お姉ちゃんがお菓子買ってきてあげるから、もう泣かないでくださいませんか。
(86) あなたの入会は歓迎するけど、ここは女性専用サークルだから、女の子以外は連れてこないでくださいませんか。

〈ないでくださいませんか〉는 부정 정중체라는 점에서 경어가치가 높고 정중도도 구비하고 있기 때문에 친한 사이에서 (85)의 「泣かないでくださいませんか」와 같이 여성 화자가 경어적 동위자이거나 하위자인 청자에게 사용하면 [친밀][배려]의 표현가치를 실현한다. 그리고 〈ないでくださいませんか〉는 긍정 정중체인 〈ないでくださいますか〉에 비해 상대적으로 어감이 부드럽기 때문에 이에 소원한 사이에서는 (86)의 「連れてこないでくださいませんか」와 같이 여성 화자가 경어적 동위자이거나 하위자인 청자에게 사용하면 [불쾌감][질책]의 표현가치를 나타낸다.

[8] 〈ないでくださいません?〉 {청자(여)가 화자(여)와 경어적 동위자이거나 하위자인 경우}

(87) ねえ、みどりちゃん、お姉ちゃんがお菓子買ってきてあげるから、もう泣かないでくださいません?
(88) あなたの入会は歓迎するけど、ここは女性専用サークルだから、女の子以外は連れてこないでくださいません?

〈ないでくださいません?〉은 여성어적 성격을 띠기 때문에 어조는 부드럽지만 가벼운 뉘앙스를 수반한다. 그런데 친한 사이에서 (87)의 「泣かないでくださいません?」과 같이 여성 화자가 가족과 같은 내적 관계의 경어적 동위자이거나 하위자인 여동생에게 발화할 경우에는 경의보다 농담조나 혹은 상대방의 기분을 맞추기 위해 사용된 것으로 해석된다. 그리고 〈ないでくださいません?〉은 어조가 부드러워진 만큼 [차가움][냉담]의 뉘앙스도 수반한다. 소원한 사이에서 (88)의 「連れてこないでくださいません?」과 같이 여성 화자가 경어적 동위자이거나 하위자인

청자에게 사용하면 청자에 대한 [불쾌감][질책]이 표출되기 때문에 정중도는 그만큼 약화된다.

[9] 〈ないでくださるでしょうか〉 {청자(여)가 화자(여)와 경어적 동위자이거나 하위자인 경우}

　(89) ??ねえ、みどりちゃん、お姉ちゃんがお菓子買ってきてあげるから、もう<u>泣かないでくださるでしょうか</u>。
　(90) あなたの入会は歓迎するけど、ここは女性専用サークルだから、女の子以外は連れて<u>こないでくださるでしょうか</u>。

〈ないでくださるでしょうか〉는 〈でしょうか〉에 함의되어 있는 정중도에 의해 친소관계가 소원해지는 경향이 있다. 그래서 (89)의 「泣かないでくださるでしょうか」와 같이 여성 화자가 경어적 동위자이거나 하위자이며 스스럼없는 내적 관계의 여성 청자인 여동생에게 사용하면 부자연스럽다. 그리고 〈ないでくださるでしょうか〉는 소원한 사이에서는 (90)의 「連れてこないでくださるでしょうか」와 같이 여성 화자가 경어적 동위자인 청자에게 사용하면 [불쾌감][질책]의 표현가치를 나타낸다.

[10] 〈ないでくださらないでしょうか〉 {청자(여)가 화자(여)와 경어적 동위자이거나 하위자인 경우}

　(91) ??ねえ、みどりちゃん、お姉ちゃんがお菓子買ってきてあげるから、もう<u>泣かないでくださらないでしょうか</u>。
　(92) あなたの入会は歓迎するけど、ここは女性専用サークルだから、女の子以外は連れて<u>こないでくださらないでしょうか</u>。

〈ないでくださらないでしょうか〉는 화자와 청자 사이의 거리감이 커지고 딱딱한 뉘앙스를 수반한다. 그래서 (91)의 「泣かないでくださらないでしょうか」와 같이 여성 화자가 경어적 동위자이거나 하위자이며 스스럼없는 내적 관계의 여성 청자인 여동생에게 사용하는 것은 부자연스럽다. 그리고 〈ないでくださらないでしょうか〉는 화자의 불쾌감이 표출되기 때문에 소원한 사이에서 (92)의 「連れてこないでくださらないでしょうか」와 같이 여성 화자가 경어적 동위자이거나 하위자인 청자에게 사용하면 [불쾌감][분노]나 [불쾌감][질책]의 표현가치를 나타낸다.

[11] 〈ないでくださいますでしょうか〉 {청자(여)가 화자(여)와 경어적 동위자이거나 하위자인 경우}

　(93) ねえ、みどりちゃん、お姉ちゃんがお菓子買ってきてあげるから、もう<u>泣かないでくださいますでしょうか</u>。
　(94) あなたの入会は歓迎するけど、ここは女性専用サークルだから、女の子以外は連れて<u>こないでくださいますでしょうか</u>。

〈ないでくださいますでしょうか〉는 문말이 [ます+でしょうか]와 같은 이중 정중의 형태를 취하고 있기 때문에 친한 사이에서 (93)의 「泣かないでくださいますでしょうか」와 같이 여성 화자가 가족과 같은 내적 관계의 경어적 동위자이거나 하위자인 여동생에게 사용하면 [경의]라고 하기보다는 농담조로 사용된 것으로 해석되는데 이때는 [친밀][배려]의 표현가치를 실현한다. 그리고 〈ないでくださいますでしょうか〉는 소원한 사이에서 (94)의 「連れてこないでくださいますでしょうか」와 같이 여성 화자가 경어적 동위자이거나 하위자인 여성 청자에게 사용하면 [불쾌감][질책]의 표현가치를 나타내는데, 문말이 이중 경어로 맺고 있어 화자의 불쾌한 감정은 억제된다.

[12] 〈ないでくださいませんでしょうか〉 {청자(여)가 화자(여)와 경어적 동위자이거나 하위자인 경우}

(95) ねえ、みどりちゃん、お姉ちゃんがお菓子買ってきてあげるから、もう泣か<u>ないでくださいませんでしょうか</u>。
(96) あなたの入会は歓迎するけど、ここは女性専用サークルだから、女の子以外は連れてこ<u>ないでくださいませんでしょうか</u>。

〈ないでくださいませんでしょうか〉는 문말이 [ません+でしょうか]의 형태를 취하고 있다는 점에서 친한 사이에서 (95)의 「泣かないでくださいませんでしょうか」와 같이 여성 화자가 가족과 같은 내적 관계의 경어적 동위자이거나 하위자인 여동생에게 발화하면 [친근감][배려]의 표현가치를 실현한다. 그리고 〈ないでくださいませんでしょうか〉는 소원한 사이에서 (96)의 「連れてこないでくださいませんでしょうか」와 같이 여성 화자가 경어적 동위자이거나 하위자인 여성 청자에게 사용하면 [불쾌감][질책]의 표현가치를 나타내는데, 문말이 이중 정중으로 종지되고 있어 화자의 불쾌감은 완화된다.

4.5. 청자(여)가 화자(여)에 비해 경어적 하위자인 경우

[1] 〈ないでくださる?〉 {청자(여)가 화자(여)에 비해 경어적 하위자인 경우}

(97) みどりちゃん、ママがお菓子買ってきてあげますから、もう泣か<u>ないでくださる</u>?
(98) あなたもこの会社の一員になったのよ。会社では厚化粧はし<u>ないでくださる</u>?

〈ないでくださる?〉는 여성어적 성격을 띠면서 경의도가 낮고 가벼운 느낌을 준다. 그런데 (97)의 「泣かないでくださる?」와 같이 친한 사이에서 여성 화자가 경어적 하위자인 청자에게 사용하면 이때의 〈ないでくださる?〉는 경의보다는 농담조나 혹은 상대방의 기분을 맞추기 위해 사용된 것으로 해석된다. 그리고 〈ないでくださる?〉는 경의도가 낮고 가볍다는 점에서 (98)

의「しないでくださる?」와 같이 소원한 사이에서 여성 화자가 경어적 하위자인 청자에게 사용하면 청자에 대한 화자의 [불쾌감]이 강하게 나타난다.

[2] 〈ないでくださるか〉 {청자(여)가 화자(여)에 비해 경어적 하위자인 경우}

(99) * みどりちゃん、ママがお菓子買ってきてあげますから、もう泣かないでくださるか。
(100) * あなたもこの会社の一員になったのよ。会社では厚化粧はしないでくださるか。

〈ないでくださるか〉는 〈ないでくださる〉 계열의 긍정 보통체인데 어조가 상당히 딱딱하고 정중도도 결여되어 있어 남성 전용 형식으로 규정된다. 친한 사이에서 (99)의「泣かないでくださるか」와 같이 여성 화자가 경어적 하위자인 여성 청자에게 사용하면 자연스러운 발화로서 허용도가 낮다. 그리고 〈ないでくださるか〉는 남성 전용 형식으로 정중도가 결여되어 있어 소원한 사이에서 (100)의「しないでくださるか」와 같이 여성 화자가 경어적 하위자인 여성 청자에게 사용하면 자연스러운 발화로서 허용도가 낮다.

[3] 〈ないでくださらない?〉 {청자(여)가 화자(여)에 비해 경어적 하위자인 경우}

(101) みどりちゃん、ママがお菓子買ってきてあげますから、もう泣かないでくださらない?
(102) あなたもこの会社の一員になったのよ。会社では厚化粧はしないでくださらない?

〈ないでくださらない?〉는 여성어적 분위기를 수반하면서 경의도가 낮고 가벼운 느낌을 주기 때문에 친한 사이에서 (101)의「泣かないでくださらない?」와 같이 여성 화자가 경어적 하위자인 청자에게 사용하면 [정중도]가 약화되고 [친밀도][부드러움]도 다소 낮아진다. 그리고 〈ないでくださらない?〉는 소원한 사이에서 (102)의「しないでくださらない?」와 같이 여성 화자가 경어적 동위자이거나 하위자인 청자에게 사용하면 [정중도]가 약화되고 청자에 대한 화자의 불쾌감이 〈ないでくださる?〉보다 강하게 표출된다.

[4] 〈ないでくださらないか〉 {청자(여)가 화자(여)에 비해 경어적 하위자인 경우}

(103) * みどりちゃん、ママがお菓子買ってきてあげますから、もう泣かないでくださらないか。
(104) * あなたもこの会社の一員になったのよ。会社では厚化粧はしないでくださらないか。

〈ないでくださらないか〉는 〈ないでくださるか〉와 마찬가지로 남성 전용 형식으로 규정된다. 따라서 친한 사이에서 (103)의「泣かないでくださらないか」와 같이 여성 화자가 경어적 하위자인 여성 청자에게 사용하는 것은 자연스러운 발화로서 허용도가 낮다. 그리고 〈ないでくださらないか〉는 남성 전용 형식이기 때문에 소원한 사이에서 (104)의「しないでくださらないか」와

같이 여성 화자가 경어적 하위자인 여성 청자에게 사용하는 것은 자연스러운 발화로서 허용도가 낮다.

[5] 〈ないでくださいますか〉 {청자(여)가 화자(여)에 비해 경어적 하위자인 경우}

 (105) みどりちゃん、ママがお菓子買ってきてあげますから、もう泣かないでくださいますか。
 (106) あなたもこの会社の一員になったのよ。会社では厚化粧はしないでくださいますか。

〈ないでくださいますか〉는 경어가치가 높고 정중도도 구비하고 있는데 (105)의 「泣かないでくださいますか」와 같이 여성 화자가 가족과 같은 내적 관계의 경어적 하위자인 자식에게 발화하면 경의보다는 농담조나 혹은 상대방의 기분을 맞추기 위해 사용된 것으로 해석된다. 그리고 〈ないでくださいますか〉는 문말이 [ます+か]와 같이 긍정의 형태를 취하고 있기 때문에 부정 정중체인 〈ないでくださいませんか〉에 비해 상대적으로 어감이 다소 딱딱하다. 따라서 소원한 사이에서는 (106)의 「厚化粧はしないでくださいますか」와 같이 여성 화자가 경어적 하위자인 청자에게 사용하면 [질책][힐문]의 표현가치를 나타낸다.

[6] 〈ないでくださいます?〉 {청자(여)가 화자(여)에 비해 경어적 하위자인 경우}

 (107) みどりちゃん、ママがお菓子買ってきてあげますから、もう泣かないでください ます?
 (108) あなたもこの会社の一員になったのよ会社では厚化粧はしないでくださいます?

〈ないでくださいます?〉는 여성어적 성격을 띠기 때문에 어조는 부드럽지만 한편으로 가벼운 느낌을 준다. 친한 사이에서 (107)의 「泣かないでくださいます?」와 같이 여성 화자가 가족과 같은 내적 관계의 경어적 하위자인 자식에게 발화하면 경의보다는 농담조나 혹은 상대방의 기분을 맞추기 위해 사용된 것으로 해석된다. 그리고 〈ないでくださいます?〉는 화자가 감정을 표현으로 옮기기 쉽다는 점에서 [차가움][냉담]의 뉘앙스를 띤다. 이에 소원한 사이에서 (108)의 「厚化粧はしないでくださいます?」와 같이 여성 화자가 경어적 하위자인 청자에게 사용하면 [질책][책망]의 표현가치를 나타낸다.

[7] 〈ないでくださいませんか〉 {청자(여)가 화자(여)에 비해 경어적 하위자인 경우}

 (109) みどりちゃん、ママがお菓子買ってきてあげますから、もう泣かないでくださいませんか。
 (110) あなたもこの会社の一員になったのよ。会社では厚化粧はしないでくださいませんか。

〈ないでくださいませんか〉는 부정 정중체라는 점에서 경어가치가 높고 정중도도 구비하고 있기 때문에 친한 사이에서 (109)의 「泣かないでくださいませんか」와 같이 여성 화자가 경어적 하위자인 청자에게 사용하면 [친밀][배려]의 표현가치를 실현한다. 그리고 〈ないでくださいませ

んか〉는 긍정 정중체인 〈ないでくださいますか〉에 비해 상대적으로 어감이 부드럽다. 이에 소원한 사이에서는 (110)의 「厚化粧はしないでくださいませんか」와 같이 여성 화자가 경어적 하위자인 청자에게 사용하면 [질책][책망]의 표현가치를 나타낸다.

[8] 〈ないでくださいません?〉 {청자(여)가 화자(여)에 비해 경어적 하위자인 경우}

(111) みどりちゃん、ママがお菓子買ってきてあげますから、もう泣か<u>ないでくださいません?</u>
(112) あなたもこの会社の一員になったのよ会社では厚化粧はし<u>ないでくださいません?</u>

〈ないでくださいません?〉은 여성어적 성격을 띠기 때문에 어조는 부드럽지만 가벼운 뉘앙스를 수반한다. 그런데 친한 사이에서 (111)의 「泣かないでくださいません?」과 같이 여성 화자가 가족과 같은 내적 관계의 경어적 하위자인 자식에게 발화할 경우에는 경의보다 농담조나 혹은 상대방의 기분을 맞추기 위해 사용된 것으로 해석된다. 그리고 〈ないでくださいません?〉은 어조가 부드러워진 만큼 [차가움][냉담]의 뉘앙스도 수반한다. 소원한 사이에서 (112)의 「厚化粧はしないでくださいません?」과 같이 여성 화자가 경어적 하위자인 청자에게 사용하면 [질책][책망]이 표출되기 때문에 정중도는 그만큼 약화된다.

[9] 〈ないでくださるでしょうか〉 {청자(여)가 화자(여)에 비해 경어적 하위자인 경우}

(113) ??みどりちゃん、ママがお菓子買ってきてあげますから、もう泣か<u>ないでくださるでしょうか</u>。
(114) あなたもこの会社の一員になったのよ会社では厚化粧はし<u>ないでくださるでしょうか</u>。

〈ないでくださるでしょうか〉는 〈でしょうか〉에 함의되어 있는 정중도에 의해 친소관계가 소원해지는 경향이 있다. 이에 (113)의 「泣かないでくださるでしょうか」와 같이 여성 화자가 경어적 하위자이며 스스럼없는 내적 관계의 여성 청자인 자식에게 사용하면 부자연스럽다. 그리고 〈ないでくださるでしょうか〉는 소원한 사이에서는 (114)의 「厚化粧はしないでくださるでしょうか」와 같이 여성 화자가 경어적 하위자인 청자에게 사용하면 [질책][책망]의 표현가치를 나타낸다.

[10] 〈ないでくださらないでしょうか〉 {청자(여)가 화자(여)에 비해 경어적 하위자인 경우}

(115) ??みどりちゃん、ママがお菓子買ってきてあげますから、もう泣か<u>ないでくださらないでしょうか</u>。
(116) あなたもこの会社の一員になったのよ会社では厚化粧はし<u>ないでくださらないでしょうか</u>。

〈ないでくださらないでしょうか〉는 화자와 청자 사이의 거리감이 커지고 딱딱한 뉘앙스를 수반한다. 이 때문에 (115)의 「泣かないでくださらないでしょうか」와 같이 여성 화자가 경어적 하위자이며 스스럼없는 내적 관계의 여성 청자인 자식에게 사용하는 것은 부자연스럽다. 그리고 〈ないでくださらないでしょうか〉는 화자의 불쾌감이 표출되기 때문에 소원한 사이에서 (116)의 「厚化粧はしないでくださらないでしょうか」와 같이 여성 화자가 경어적 하위자인 청자에게 사용하면 [질책][책망]의 표현가치를 나타낸다.

[11] 〈ないでくださいますでしょうか〉 {청자(여)가 화자(여)에 비해 경어적 하위자인 경우}

   (117) みどりちゃん、ママがお菓子買ってきてあげますから、もう泣かないでくださいますでしょうか。
   (118) あなたもこの会社の一員になったのよ会社では厚化粧はしないでくださいますでしょうか。

〈ないでくださいますでしょうか〉는 문말이 [ます+でしょうか]와 같은 이중 정중의 형태를 취하고 있기 때문에 친한 사이에서 (117)의 「泣かないでくださいますでしょうか」와 같이 여성 화자가 가족과 같은 내적 관계의 경어적 하위자인 자식에게 사용하면 [연소자에 대한 배려]를 나타내면서 [친밀]의 표현가치를 실현한다. 그리고 〈ないでくださいますでしょうか〉는 소원한 사이에서 (118)의 「厚化粧はしないでくださいますでしょうか」와 같이 여성 화자가 경어적 하위자인 여성 청자에게 사용하면 [질책][책망]의 표현가치를 나타내는데, 문말이 이중 경어로 맺고 있어 화자의 불쾌한 감정은 억제된다.

[12] 〈ないでくださいませんでしょうか〉 {청자(여)가 화자(여)에 비해 경어적 하위자인 경우}

   (119) みどりちゃん、ママがお菓子買ってきてあげますから、もう泣かないでくださいませんでしょうか。
   (120) あなたもこの会社の一員になったのよ会社では厚化粧はしないでくださいませんでしょうか。

〈ないでくださいませんでしょうか〉는 문말이 [ません+でしょうか]의 형태를 취하고 있다는 점에서 친한 사이에서 (120)의 「泣かないでくださいませんでしょうか」와 같이 여성 화자가 가족과 같은 내적 관계의 경어적 하위자인 자식에게 발화하면 [연소자에 대한 배려]를 나타내면서 [친근감]의 표현가치를 실현한다. 그리고 〈ないでくださいませんでしょうか〉는 소원한 사이에서 (121)의 「厚化粧はしないでくださいませんでしょうか」와 같이 여성 화자가 경어적 하위자인 여성 청자에게 사용하면 [질책][책망]의 표현가치를 나타내는데, 문말이 이중 정중으로 종지되고 있어 화자의 불쾌감은 완화된다.

5. 〈ないでくださる〉 계열 의뢰표현의 사용가능성 및 표현가치

제Ⅲ부에서 검토했던 〈ないでくださる〉 계열 의뢰표현 형식의 성별에 따른 사용가능성과 그 표현가치를 간단하게 표로 정리한다.

[1] 〈ないでくださる?〉

친한 사이	{**男**}{**女**}[친밀감][부드러움]
소원한 사이	{**男**}{**女**}[불쾌감]

청자＼화자	남성 화자		여성 화자	
	친	소	친	소
남성(상)	○	○	○	○
남성(동/상)	○	○	○	○
남성(동)	○	○	○	○
남성(동/하)	○	??	○	○
남성(하)	○	??	○	○
여성(상)	○	○	○	－
여성(동/상)	○	○	○	○
여성(동)	○	○	○	○
여성(동/하)	○	??	○	○
여성(하)	○	??	○	○

[2] 〈ないでくださるか〉

친한 사이	{**男**}[강한 어조의 당부] / {**女**}0
소원한 사이	{**男**}[불쾌감][분노], [불쾌감][질책], [질책][힐문] / {**女**}0

청자＼화자	남성 화자		여성 화자	
	친	소	친	소
남성(상)	－	－	－	－
남성(동/상)	－	－	－	－
남성(동)	○	－	－	－
남성(동/하)	－	?	－	－
남성(하)	－	?	－	－
여성(상)	－	－	－	－
여성(동/상)	－	－	－	－
여성(동)	－	○	－	－
여성(동/하)	－	○	－	－
여성(하)	－	?	－	－

[3] 〈ないでくださらない?〉

친한 사이	{男}[정중도]가 약화되고 [친밀도]도 다소 낮아짐. {女}[정중도]가 약화되고 [친밀도][부드러움]도 다소 낮아짐.
소원한 사이	{男}{女}[정중도]가 약화되고 청자에 대한 화자의 불쾌감이 강하게 표출

청자 \ 화자	남성 화자		여성 화자	
	친	소	친	소
남성(상)	??	○	?	―
남성(동/상)	○	○	○	○
남성(동)	○	○	○	○
남성(동/하)	○	??	○	○
남성(하)	?	??	○	○
여성(상)	??	○	?	―
여성(동/상)	○	○	○	○
여성(동)	○	○	○	○
여성(동/하)	?	??	○	○
여성(하)	?	??	○	○

[4] 〈ないでくださらないか〉

친한 사이	{男}[부드러운 어조의 당부] / {女}0
소원한 사이	{男}[불쾌감][분노], 다소 부드러운 어조의 [불쾌감][질책], 다소 부드러운 어조의 [질책][힐문] / {女}0

청자 \ 화자	남성 화자		여성 화자	
	친	소	친	소
남성(상)	―	―	―	―
남성(동/상)	―	―	―	―
남성(동)	○	―	―	―
남성(동/하)	―	?	―	―
남성(하)	―	―	―	―
여성(상)	―	―	―	―
여성(동/상)	―	―	―	―
여성(동)	―	○	―	―
여성(동/하)	―	○	―	―
여성(하)	―	―	―	―

[5] 〈ないでくださいますか〉

친한 사이	{**男**}{**女**}[염려][원망], [간원][원망], [염려], [배려]
소원한 사이	{**男**}{**女**}[불쾌감][불만], [불쾌감][항의], [불쾌감][분노], [불쾌감][질책], [질책][힐문]

청자 \ 화자	남성 화자		여성 화자	
	친	소	친	소
남성(상)	○	○	○	○
남성(동/상)	○	○	○	○
남성(동)	○	○	○	○
남성(동/하)	○	○	○	○
남성(하)	○	○	○	○
여성(상)	○	○	○	○
여성(동/상)	○	○	○	○
여성(동)	○	○	○	○
여성(동/하)	○	○	○	○
여성(하)	○	○	○	○

[6] 〈ないでくださいます?〉

친한 사이	{**男**}{**女**}[청자에 대한 화자의 배려], [간원][친근감]
소원한 사이	{**男**}{**女**}[불쾌감][불만], [불쾌감][항의], [불쾌감][분노]를, [불쾌감][질책], [질책][책망]

청자 \ 화자	남성 화자		여성 화자	
	친	소	친	소
남성(상)	??	○	??	○
남성(동/상)	??	○	??	○
남성(동)	○	○	○	○
남성(동/하)	○	??	○	○
남성(하)	○	??	○	○
여성(상)	??	○	??	○
여성(동/상)	??	○	??	○
여성(동)	○	○	○	○
여성(동/하)	○	??	○	○
여성(하)	○	??○	○	○

[7] 〈ないでくださいませんか〉	
친한 사이	{男}{女}[간원][원망], [염려][배려], [친밀][배려]
소원한 사이	{男}{女}[불쾌감][불만], [불쾌감][항의], [불쾌감][분노] 혹은 [불쾌감][질책], [불쾌감][질책], [질책][책망], [불쾌감][분노]

청자 \ 화자	남성 화자		여성 화자	
	친	소	친	소
남성(상)	○	○	○	○
남성(동/상)	○	○	○	○
남성(동)	○	○	○	○
남성(동/하)	○	○	○	○
남성(하)	○	○	○	○
여성(상)	○	○	○	○
여성(동/상)	○	○	○	○
여성(동)	○	○	○	○
여성(동/하)	○	○	○	○
여성(하)	○	○	○	○

[8] 〈ないでくださいません?〉	
친한 사이	{男}{女}[청자에 대한 화자의 배려]([차가움][냉담] 뉘앙스 수반)
소원한 사이	{男}{女}청자에 대한 [불쾌감][불만], [불쾌감][항의], [불쾌감][분노], [불쾌감][질책], [질책][책망], [불쾌감]

청자 \ 화자	남성 화자		여성 화자	
	친	소	친	소
남성(상)	??	○	??	○
남성(동/상)	??	○	??	○
남성(동)	○	○	○	○
남성(동/하)	○	??	○	○
남성(하)	○	??	○	○
여성(상)	??	○	??	○
여성(동/상)	??	○	??	○
여성(동)	○	○	○	○
여성(동/하)	○	○	○	○
여성(하)	○	○	○	○

[9] 〈ないでくださるでしょうか〉

친한 사이	{**男**}{**女**}[염려][배려], [간원][원망]
소원한 사이	{**男**}{**女**}[불쾌감][불만], [불쾌감][항의], [불쾌감][분노], [불쾌감][질책], [질책][책망], [질책][힐문]

청자＼화자	남성 화자 친	남성 화자 소	여성 화자 친	여성 화자 소
남성(상)	○	○	○	○
남성(동/상)	○	○	○	○
남성(동)	?	○	?	○
남성(동/하)	?	○	??	○
남성(하)	?	○	??	○
여성(상)	○	○	?	○
여성(동/상)	??	○	??	○
여성(동)	○	○	○	○
여성(동/하)	??	○	??	○
여성(하)	??	○	??	○

[10] 〈ないでくださらないでしょうか〉

친한 사이	{**男**}[염려][배려], [간원][원망], [친밀][배려] {**女**}[염려][배려], [간원][원망]
소원한 사이	{**男**}{**女**}[불쾌감][불만]이나 [불쾌감][항의], [불쾌감][항의]나 [불만][분노], [불쾌감][분노], [불쾌감][분노]나 [불쾌감][질책], [질책][책망], [질책][힐문]

청자＼화자	남성 화자 친	남성 화자 소	여성 화자 친	여성 화자 소
남성(상)	○	○	○	○
남성(동/상)	○	○	○	○
남성(동)	○	○	?	○
남성(동/하)	○	○	??	○
남성(하)	○	○	??	○
여성(상)	○	○	○	○
여성(동/상)	?	○	??	○
여성(동)	○	○	○	○
여성(동/하)	○	○	??	○
여성(하)	○	○	??	○

[11] 〈ないでくださいますでしょうか〉

친한 사이	{**男**}{**女**}[염려][배려], [간원][원망], [친밀][배려]나 [연소자에 대한 배려]
소원한 사이	{**男**}{**女**}[불쾌감][불만], [불쾌감][항의], [불쾌감][분노], [질책][힐문] (화자의 불쾌한 감정은 억제됨)

청자 \ 화자	남성 화자		여성 화자	
	친	소	친	소
남성(상)	○	○	○	○
남성(동/상)	○	○	○	○
남성(동)	○	?	○	○
남성(동/하)	○	??	○	○
남성(하)	○	??	○	○
여성(상)	○	○	○	○
여성(동/상)	○	○	○	○
여성(동)	○	○	○	○
여성(동/하)	○	??	○	○
여성(하)	○	??	○	○

[12] 〈ないでくださいませんでしょうか〉

친한 사이	{**男**}[염려][배려], [간원][원망], [염려][정중], [친근감][배려]나 [연소자에 대한 배려] {**女**}[염려][배려], [간원][원망], [친근감][배려]나 [연소자에 대한 배려]
소원한 사이	{**男**}{**女**}[불쾌감][불만], [불쾌감][항의], [불쾌감][분노], [질책][힐문]

청자 \ 화자	남성 화자		여성 화자	
	친	소	친	소
남성(상)	○	○	○	○
남성(동/상)	○	○	○	○
남성(동)	○	?	○	○
남성(동/하)	○	??	○	○
남성(하)	○	??	○	○
여성(상)	○	○	○	○
여성(동/상)	○	○	○	○
여성(동)	○	○	○	○
여성(동/하)	○	??	○	○
여성(하)	○	??	○	○

제Ⅳ부

＜ないでいただける＞ 계열의 의뢰표현

1. 남성 화자가 남성 청자에게 사용하는 ＜ないでいただける＞ 계열 의뢰표현
2. 남성 화자가 여성 청자에게 사용하는 ＜ないでいただける＞ 계열 의뢰표현
3. 여성 화자가 남성 청자에게 사용하는 ＜ないでいただける＞ 계열 의뢰표현
4. 여성 화자가 여성 청자에게 사용하는 ＜ないでいただける＞ 계열 의뢰표현
5. ＜ないでいただける＞ 계열 의뢰표현의 사용가능성 및 표현가치

본 연구에서는 〈ないでいただける〉 계열의 의뢰표현을 ①보통체 〈ないでいただける?・ないでいただけるか・ないでいただけない?・ないでいただけないか〉, ②정중체 〈ないでいただけますか・ないでいただけます?・ないでいただけませんか・ないでいただけません?〉, ③완곡한 질문을 나타내는 〈でしょうか〉가 하접(下接)하는 〈ないでいただけるでしょうか・ないでいただけないでしょうか・ないでいただけますでしょうか・ないでいただけませんでしょうか〉와 같이 크게 3그룹으로 구분한다.

그런데 〈ないでいただける〉 계열의 ①②③유형의 각각의 형식을 언어자료에서 조사하면 실례가 등장하는 형식과 우연의 공백으로 판단되지만 실례가 결여되어 있는 형식이 있고, 설령 실례가 존재하더라도 연구 목적을 수행하기에 수적으로 불충분하는 등 형식간의 사용 실태는 반드시 균질적이지는 않다[1]. 이러한 사용실태를 반영하여 본 연구에서는 〈ないでいただける〉 계열의 각 유형의 각각의 형식에 관해 일본어 모어 화자의 직관과 내성에 기초한 작례(作例)를 작성하여 이를 검토대상으로 삼는다.

이하 각 형식의 사용 가능성(성립가능성, 허용도, 용인도) 및 표현가치에 관해 검토하는데, 화자와 청자의 성별 및 위상차에 초점을 맞추고, 구체적인 용례에 대한 고찰은 다음 순서로 진행한다. [1]〈ないでいただける?〉, [2]〈ないでいただけるか〉, [3]〈ないでいただけない?〉, [4]〈ないでいただけないか〉, [5]〈ないでいただけますか〉, [6]〈ないでいただけます?〉, [7]〈ないでいただけませんか〉[2], [8]〈ないでいただけません?〉, [9]〈ないでいただけるでしょうか〉, [10]〈ないでいただけないでしょうか〉, [11]〈ないでいただけますでしょうか〉, [12]〈ないでいただけませんでしょうか〉.

---

1) 예컨대 다음과 같은 실례를 언어자료에서 찾아낼 수 있었다.
   「ナツコ：仲いいわね。みせつけ<u>ないでいただける?</u>」❹
   「恐縮だが、言わ<u>ないでいただけるかな?</u>」❺
   「それはかまいませんが、封筒の上書きにはレイチェルの名前を書か<u>ないでいただけますか</u>」❷
   「わかってるなら注文し<u>ないでいただけますか?</u> ジェーン様。」❹
   「僕の虎徹さんに触ら<u>ないで頂けますか</u>」❺
   「だから、お願いです。僕から、日和を取り上げ<u>ないでいただけませんか</u>」❹
   「すみません、かおじゃしんはちょっとのせ<u>ないでいただけないでしょうか</u>」❺
   「お取引に問題が無いようでしたら評価し<u>ないで頂けないでしょうか?</u>」❷
   다만 〈ないでいただけるでしょうか〉와 〈ないでいただけますでしょうか〉 그리고 〈ないでいただけませんでしょうか〉의 경우에는 실례가 확인되지 않는다.

2) 남성 화자를 대상으로 한 논문으로는 [李成圭(2015)「〈ないでいただけませんか〉의 사용 가능성 및 표현가치 - 남성 화자를 중심으로 하여 -」『외국학연구』32, 중앙대학교 외국학연구소, pp.153-182.]가 있다. 본서에서는 李成圭(2015)의 예문(1)~(54) 및 기술내용을 상당 부분 반영하고 있지만 그 후 가필 수정한 부분도 있다는 점을 명기한다.

1. 남성 화자가 남성 청자에게 사용하는 〈ないでいただける〉 계열 의뢰표현

1.1. 청자(남)가 화자(남)에 비해 경어적 상위자인 경우

[1] 〈ないでいただける?〉 {청자(남)가 화자(남)에 비해 경어적 상위자인 경우}

(1) * お義父さん、婿の僕に、そんなに気を遣わないでいただける?
(2) ちょっと、そこのおじさん、僕たちの部室に勝手に入らないでいただける?

〈ないでいただける?〉의 〈いただく〉는 겸양어Ⅰ의 경어 형식이지만 문말이 보통체 말씨이기 때문에 정중도가 결여되어 있고, 여성어적 뉘앙스를 함의하고 있기 때문에 화자가 청자에 비해 우위를 점하고 있다는 느낌을 준다. 따라서 친한 사이에서 (1)의 「気を遣わないでいただける?」와 같이 남성 화자가 경어적 상위자인 「お義父さん」에게 사용하면 너무 허물이 없다는 인상을 준다는 점에서 자연스러운 발화로서 허용도가 낮다. 그리고 〈ないでいただける?〉는 보통체 말씨라는 점에서 정중도가 결여되어 있어 소원한 사이에서 (2)의 「入らないでいただける?」와 같이 남성 화자가 경어적 상위자인 남성 청자에게 사용하면 예의에서 벗어난 태도가 드러나고 [분노][항의]의 표현가치를 나타낸다.

[2] 〈ないでいただけるか〉 {청자(남)가 화자(남)에 비해 경어적 상위자인 경우}

(3) * お義父さん、婿の僕に、そんなに気を遣わないでいただけるか。
(4) ちょっと、そこのおじさん、僕たちの部室に勝手に入らないでいただけるか。

〈ないでいただけるか〉는 문말에 질문의 〈か〉가 현재화되어 있는 형식이기 때문에 남성 전용 형식으로 정중도가 결여되어 있어 친한 사이에서 (3)의 「気を遣わないでいただけるか」와 같이 남성 화자가 경어적 상위자인 「お義父さん」에게 사용하면 자연스러운 발화로서의 허용도가 낮다. 그리고 소원한 사이에서는 (4)의 「入らないでいただけるか」와 같이 남성 화자가 경어적 상위자인 남성 청자에게 발화하는 것이 허용되는데 이때는 [불만][항의]의 표현가치를 나타낸다.

[3] 〈ないでいただけない?〉 {청자(남)가 화자(남)에 비해 경어적 상위자인 경우}

(5) * お義父さん、婿の僕に、そんなに気を遣わないでいただけない?
(6) ちょっと、そこのおじさん、僕たちの部室に勝手に入らないでいただけない?

〈ないでいただけない?〉는 긍정의 〈ないでいただける?〉에 비해 상대적으로 어조가 부드럽지만 보통체 말씨이기 때문에 정중도는 결여되어 있다. 또한 여성어적 뉘앙스를 함의하고 있고 화자가 청자에 비해 우위를 점하고 있다는 느낌을 준다. 친한 사이에서 (5)의 「気を遣わないでいただけない?」와 같이 남성 화자가 경어적 상위자인 「お義父さん」에게 사용하면 너무 지나치게 허물이 없다는 인상을 준다는 점에서 허용도가 낮다. 그리고 〈ないでいただけない?〉는 일반적으로 경어적 상위자인 청자에게 사용하는 것은 용인도가 낮은데 소원한 사이에서 (6)의 「入らないでいただけない?」와 같이 남성 화자가 경어적 상위자인 남성 청자에게 발화하는 것이 허용되며 [불쾌감][항의]의 표현가치를 나타낸다.

[4] 〈ないでいただけないか〉 {청자(남)가 화자(남)에 비해 경어적 상위자인 경우}

  (7) *お義父さん、婿の僕に、そんなに気を遣わないでいただけないか。
  (8) ちょっと、そこのおじさん、僕たちの部室に勝手に入らないでいただけないか。

〈ないでいただけないか〉는 〈ないでいただける〉 계열의 부정 보통체로 남성 전용 말씨인데 화자와 청자가 친밀한 사이이거나 거리감이 없는 경우를 제외하고는 경어적 상위자에게 발화하는 것은 용인도(容認度)가 낮다. 친한 사이에서 (7)의 「気を遣わないでいただけないか」와 같이 남성 화자가 경어적 상위자인 「お義父さん」에게 사용하는 것은 자연스러운 발화로서 허용도가 낮다. 그리고 〈ないでいただけないか〉는 화자와 청자가 친밀한 사이이거나 거리감이 없는 경우를 제외하고는 경어적 상위자에게 발화하는 것은 허용도가 낮다. 그런데 소원한 사이에서 (8)의 「入らないでいただけないか」와 같이 남성 화자가 경어적 상위자인 남성 청자에게 사용하는 것이 허용되며 [혐오감][항의]의 표현가치를 나타낸다.

[5] 〈ないでいただけますか〉 {청자(남)가 화자(남)에 비해 경어적 상위자인 경우}

  (9) お義父さん、婿の僕に、そんなに気を遣わないでいただけますか。
  (10) ちょっと、そこのおじさん、僕たちの部室に勝手に入らないでいただけますか。

〈ないでいただける〉 계열의 긍정 정중체인 〈ないでいただけますか〉는 경어가치가 높고 정중도도 구비하고 있어 청자와의 일정한 거리를 확보하면서 화자의 품위를 유지하는 역할을 한다. 친한 사이에서 (9)의 「気を遣わないでいただけますか」와 같이 남성 화자가 경어적 상위자인 「お義父さん」에게 사용하면 [염례][원망]의 표현가치를 실현한다. 그리고 〈ないでいただけますか〉는 경어가치가 높고 정중도도 구비하고 있는데 긍정의 정중체라는 점에서 부정 정중체인 〈ないでいただけませんか〉에 비해 상대적으로 어감이 다소 딱딱하다. 그래서 소원한 사이에서 (10)의 「入らないでいただけますか」와 같이 남성 화자가 경어적 상위자인 청자에게 사용하면

[불쾌감][불만]의 표현가치를 나타낸다.

[6] 〈ないでいただけます?〉 {청자(남)가 화자(남)에 비해 경어적 상위자인 경우}

(11) お義父さん、婿の僕に、そんなに気を遣わ<u>ないでいただけます?</u>
(12) ちょっと、そこのおじさん、僕たちの部室に勝手に入ら<u>ないでいただけます?</u>

〈ないでいただけます?〉는 질문의 〈か〉가 현재화되지 않은 형식이어서 경의도는 〈ないでいただけますか〉보다 낮고 여성어적 성격을 띠기 때문에 어조는 부드럽지만 한편으로 가벼운 느낌을 준다. 친한 사이에서 (11)의 「気を遣わないでいただけます?」와 같이 남성 화자가 경어적 상위자인 「お義父さん」에게 사용하면 [염려][원망]의 표현가치를 실현한다. 그리고 〈ないでいただけます?〉는 어조가 부드러워진 분만큼 화자가 감정을 표현으로 옮기기 쉽다는 점에서 소원한 사이에서는 [차가움][냉담]의 뉘앙스를 띤다. (12)의 「入らないでいただけます?」와 같이 남성 화자가 경어적 상위자인 남성 청자에게 사용하면 [불쾌감][불만]의 표현가치를 나타낸다.

[7] 〈ないでいただけませんか〉 {청자(남)가 화자(남)에 비해 경어적 상위자인 경우}

(13) お義父さん、婿の僕に、そんなに気を遣わ<u>ないでいただけませんか</u>。
(14) ちょっと、そこのおじさん、僕たちの部室に勝手に入ら<u>ないでいただけませんか</u>。

〈ないでいただける〉 계열의 부정 정중체인 〈ないでいただけませんか〉는 경어가치가 높고 정중도도 구비하고 있기 때문에 청자와의 일정한 거리를 확보하면서 화자의 품위를 유지하는 역할을 한다. 친한 사이에서 (13)의 「気を遣わないでいただけませんか」와 같이 남성 화자가 경어적 상위자인 「お義父さん」에게 사용하면 [염려][원망]의 표현가치를 실현한다. 〈ないでいただけませんか〉는 문말이 부정 형태를 취하고 있어 긍정 정중체인 〈ないでいただけますか〉에 비해 상대적으로 어조가 부드럽다. 그래서 소원한 사이에서는 (14)의 「入らないでいただけませんか」와 같이 남성 화자가 경어적 상위자인 청자에게 사용하면 [불쾌감][불만]의 표현가치를 나타낸다.

[8] 〈ないでいただけません?〉 {청자(남)가 화자(남)에 비해 경어적 상위자인 경우}

(15) お義父さん、婿の僕に、そんなに気を遣わ<u>ないでいただけません?</u>
(16) ちょっと、そこのおじさん、僕たちの部室に勝手に入ら<u>ないでいただけません?</u>

〈ないでいただけません?〉은 어조가 부드럽고 가벼운 느낌을 수반하기 때문에 개인적인 발화라는 성격을 띠며 문말이 부정 형태를 취하고 있어 자기주장이 약하고 사양하는 것과 같은 인상을 준다. 친한 사이에서 (15)의 「気を遣わないでいただけません?」과 같이 남성 화자가 경어적 상위자인 「お義父さん」에게 사용하면 [염려][원망]의 표현가치를 실현한다. 그리고 〈ないでいただけません?〉은 어조가 부드러워진 분만큼 화자가 자기의 감정을 쉽게 표출하기에 냉담한 뉘앙스를 함의한다. 이에 소원한 사이에서 (16)의 「入らないでいただけません?」과 같이 남성 화자가 경어적 상위자인 남성 청자에게 사용하면 [불쾌감][불만]의 표현가치를 나타낸다.

[9] 〈ないでいただけるでしょうか〉 {청자(남)가 화자(남)에 비해 경어적 상위자인 경우}

  (17) ?? お義父さん、婿の僕に、そんなに気を遣わ<u>ないでいただけるでしょうか</u>。
  (18) ちょっと、そこのおじさん、僕たちの部室に勝手に入ら<u>ないでいただけるでしょうか</u>。

〈ないでいただけるでしょうか〉는 경어가치와 정중도가 높고 격식을 차린 말씨라는 점에서 단정한 느낌을 주지만 어감은 딱딱하다. 친한 사이에서 (17)의 「気を遣わないでいただけるでしょうか」와 같이 남성 화자가 경어적 상위자인 「お義父さん」에게 사용하는 것은 부자연스럽다. 그리고 〈ないでいただけるでしょうか〉는 의뢰 내용에 관한 최종적인 판단 여부를 청자에게 맡긴다고 하는 뉘앙스를 함의하면서, 화자의 딱딱하고 강경한 태도가 전면에 부각되기 때문에 청자와의 거리감을 느끼게 한다. 이에 소원한 사이에서 (18)의 「入らないでいただけるでしょうか」와 같이 남성 화자가 경어적 상위자인 남성 청자에게 사용하면 예의를 지키고 감정을 억제하고 있다는 인상을 주면서 청자에 대한 화자의 [혐오감][항의]의 표현가치를 나타낸다.

[10] 〈ないでいただけないでしょうか〉 {청자(남)가 화자(남)에 비해 경어적 상위자인 경우}

  (19) お義父さん、婿の僕に、そんなに気を遣わ<u>ないでいただけないでしょうか</u>。
  (20) ちょっと、そこのおじさん、僕たちの部室に勝手に入ら<u>ないでいただけないでしょうか</u>。

〈ないでいただけないでしょうか〉는 문말이 부정 형태를 취하고 있어 긍정의 〈ないでいただけるでしょうか〉에 비해 상대적으로 어조가 부드럽지만 경어가치와 정중도가 높고 격식도 인정된다. 친한 사이에서 (19)의 「気を遣わないでいただけないでしょうか」와 같이 남성 화자가 경어적 상위자인 「お義父さん」에게 사용하면 [간원][원망]의 표현가치를 실현한다. 그리고 〈ないでいただけないでしょうか〉는 당해 의뢰 내용의 결정 권한을 청자에게 부드럽게 위임한다는 뉘앙스를 함의하고 있어 소원한 사이에서 (20)의 「入らないでいただけないでしょうか」와 같이 남성 화자가 경어적 상위자인 남성 청자에게 사용하면 화자가 단정한 태도로 항의하고 있다는 인상을 주며 청자에 대한 화자의 [혐오감]의 표현가치를 나타낸다.

[11] 〈ないでいただけますでしょうか〉 {청자(남)가 화자(남)에 비해 경어적 상위자인 경우}

(21) お義父さん、婿の僕に、そんなに気を遣わないでいただけますでしょうか。
(22) ちょっと、そこのおじさん、僕たちの部室に勝手に入らないでいただけますでしょうか。

〈ないでいただけますでしょうか〉는 〈ないでいただける〉 계열의 긍정 표현 중에서 경어가치 및 정중도 그리고 격식도가 가장 높은 형식으로 화자가 격식 있는 태도를 취함으로써 자신의 품위를 유지하고 상대방의 입장을 존중하여 최종적인 판단을 청자에게 위임한다는 뉘앙스를 함의한다. 친한 사이에서 (21)의「気を遣わないでいただけますでしょうか」와 같이 남성 화자가 경어적 상위자인「お義父さん」에게 사용하면 [배려][간원]의 표현가치를 실현한다. 그리고 〈ないでいただけますでしょうか〉는 긍정형의 부정 의뢰표현이라는 점에서 화자의 원망이 전면에 부각되지만 문말이 이중 정중의 형태를 취하고 있어 〈ないでいただけるでしょうか〉에 비해서는 감정이 자제되어 있다. 이에 소원한 사이에서 (22)의「入らないでいただけますでしょうか」와 같이 남성 화자가 경어적 상위자인 남성 청자에게 사용하면 화자가 단정한 태도로 항의하고 있다는 인상을 주며 청자에 대한 화자의 [혐오감][항의]의 표현가치를 나타낸다.

[12] 〈ないでいただけませんでしょうか〉 {청자(남)가 화자(남)에 비해 경어적 상위자인 경우}

(23) お義父さん、婿の僕に、そんなに気を遣わないでいただけませんでしょうか。
(24) ちょっと、そこのおじさん、僕たちの部室に勝手に入らないでいただけませんでしょうか。

〈ないでいただけませんでしょうか〉는 〈ないでいただける〉 계열의 부정 표현 중에서 경어가치 및 정중도 그리고 격식도가 가장 높은 형식으로 화자가 격식 있는 태도를 취함으로써 자신의 품위를 유지하고, 아울러 청자와의 거리를 확보하면서 상대방의 입장을 존중하여 최종적인 판단을 청자의 의향에 맡긴다고 하는 뉘앙스를 함의한다. 친한 사이에서 (23)의「気を遣わないでいただけませんでしょうか」와 같이 남성 화자가 경어적 상위자인「お義父さん」에게 사용하면 [배려][간원]의 표현가치를 실현한다. 그리고 〈ないでいただけませんでしょうか〉는 문말이 [ません+でしょうか]와 같이 이중 정중의 부정의 형태를 취하고 있어 정중도가 높고 부드럽기 때문에 소원한 사이에서 (24)의「入らないでいただけませんでしょうか」와 같이 남성 화자가 경어적 상위자인 남성 청자에게 사용하면 화자가 단정한 태도로 취하며 청자에 대한 화자의 [불만][항의]의 표현가치를 나타낸다.

1.2. 청자(남)가 화자(남)와 경어적 동위자이거나 상위자인 경우

[1] 〈ないでいただける?〉 {청자(남)가 화자(남)와 경어적 동위자이거나 상위자인 경우}

(25) * 義兄さん、親父も年取って頑固になってきたけど、どうか見捨てないでいただける?
(26) ねえ、兄さん、何でもかんでも僕の持ち物をチェックしないでいただける?

문말이 보통체 말씨로 끝나는 〈ないでいただける?〉는 정중도가 결여되어 있기 때문에 친한 사이에서 (25)의「見捨てないでいただける?」와 같이 남성 화자가 경어적 동위자이거나 상위자인「義兄さん」에게 사용하면 너무 허물이 없다는 인상을 준다는 점에서 자연스러운 발화로서 허용도가 낮다. 그리고 〈ないでいただける?〉는 소원한 사이에서 (26)의「チェックしないでいただける?」와 같이 남성 화자가 경어적 동위자이거나 상위자인「兄さん」에게 사용하면 예의에서 벗어난 태도가 드러나고 [분노][항의]의 표현가치를 나타낸다.

[2] 〈ないでいただけるか〉 {청자(남)가 화자(남)와 경어적 동위자이거나 상위자인 경우}

(27) * 義兄さん、親父も年取って頑固になってきたけど、どうか見捨てないでいただけるか。
(28) ねえ、兄さん、何でもかんでも僕の持ち物をチェックしないでいただけるか。

문말이 〈か〉로 끝나는 〈ないでいただけるか〉는 남성 전용 형식으로 정중도가 결여되어 있기 때문에 친한 사이에서 (27)의「見捨てないでいただけるか」와 같이 남성 화자가 경어적 동위자이거나 상위자인「義兄さん」에게 사용하면 자연스러운 발화로서의 허용도가 낮다. 그리고 소원한 사이에서는 (28)의「チェックしないでいただけるか」와 같이 남성 화자가 경어적 동위자이거나 상위자인「兄さん」에게 발화하는 것이 허용되는데 [불만][항의]의 표현가치를 나타낸다.

[3] 〈ないでいただけない?〉 {청자(남)가 화자(남)와 경어적 동위자이거나 상위자인 경우}

(29) * 義兄さん、親父も年取って頑固になってきたけど、どうか見捨てないでいただけない?
(30) ねえ、兄さん、何でもかんでも僕の持ち物をチェックしないでいただけない?

긍정의 보통체 말씨인 〈ないでいただけない?〉는 여성어적 뉘앙스를 함의하고 있고 정중도가 결여되어 있다. 친한 사이에서 (29)의「見捨てないでいただけない?」와 같이 남성 화자가 경어적 동위자이거나 상위자인「義兄さん」에게 사용하면 너무 지나치게 허물이 없다는 인상을 준다는 점에서 허용도가 낮다. 그리고 〈ないでいただけない?〉는 일반적으로 경어적 상위자인 청자에게 사용하는 것은 용인도가 낮은데 소원한 사이에서는 (30)의「チェックしないでいただけない?」와 같이 남성 화자가 경어적 동위자이거나 상위자인「兄さん」에게 발화하는 것이 허용되며 [불쾌감][항의]의 표현가치를 나타낸다.

[4] 〈ないでいただけないか〉 {청자(남)가 화자(남)와 경어적 동위자이거나 상위자인 경우}

(31) *義兄さん、親父も年取って頑固になってきたけど、どうか見捨てないでいただけないか。
(32) ねえ、兄さん、何でもかんでも僕の持ち物をチェックしないでいただけないか。

〈ないでいただけないか〉는 남성 전용 말씨로 정중도가 결여되어 있어 경어적 동위자이거나 상위자에게 발화하는 것은 용인도가 낮다. 그래서 친한 사이에서 (31)의「見捨てないでいただけないか」와 같이 남성 화자가 경어적 동위자이거나 상위자인「義兄さん」에게 사용하는 것은 자연스러운 발화로서 허용도가 낮다. 그리고 〈ないでいただけないか〉는 소원한 사이에서 (32)의「チェックしないでいただけないか」와 같이 남성 화자가 경어적 동위자이거나 상위자인「兄さん」에게 사용하는 것이 허용되는데 [불만][항의]의 표현가치를 나타낸다.

[5] 〈ないでいただけますか〉 {청자(남)가 화자(남)와 경어적 동위자이거나 상위자인 경우}

(33) 義兄さん、親父も年取って頑固になってきたけど、どうか見捨てないでいただけますか。
(34) ねえ、兄さん、何でもかんでも僕の持ち物をチェックしないでいただけますか。

〈ないでいただけますか〉는 경어가치가 높고 정중도도 구비하고 있어 친한 사이에서 (33)의「見捨てないでいただけますか」와 같이 남성 화자가 경어적 동위자이거나 상위자인「義兄さん」에게 사용하면 [간원][원망]의 표현가치를 실현한다. 그리고 〈ないでいただけますか〉는 긍정의 정중체라는 점에서 부정 정중체인 〈ないでいただけませんか〉에 비해 상대적으로 어감이 다소 딱딱하다. 소원한 사이에서 (34)의「チェックしないでいただけますか」와 같이 남성 화자가 경어적 동위자이거나 상위자인「兄さん」에게 사용하면 [불쾌감][항의]의 표현가치를 나타낸다.

[6] 〈ないでいただけます?〉 {청자(남)가 화자(남)와 경어적 동위자이거나 상위자인 경우}

(35) ?義兄さん、親父も年取って頑固になってきたけど、どうか見捨てないでいただけます?
(36) ねえ、兄さん、何でもかんでも僕の持ち物をチェックしないでいただけます?

〈ないでいただけます?〉는 여성어적 성격을 띠기 때문에 어조는 부드럽지만 한편으로 가벼운 느낌을 주기 때문에, 친한 사이에서 (35)의「見捨てないでいただけます?」와 같이 남성 화자가 경어적 동위자이거나 상위자이며 친족인「義兄さん」에게 사용하는 것은 다소 부자연스럽다. 그리고 〈ないでいただけます?〉는 어조가 부드러워진 분만큼 화자가 감정을 표현으로 옮기기 쉽다는 점에서 소원한 사이에서는 [차가움][냉담]의 뉘앙스를 띤다. (36)의「チェックしないでいただけます?」와 같이 남성 화자가 경어적 동위자이거나 상위자인「兄さん」에게 사용하면 [불쾌감][항의]의 표현가치를 나타낸다.

[7] 〈ないでいただけませんか〉 {청자(남)가 화자(남)와 경어적 동위자이거나 상위자인 경우}

(37) 義兄さん、親父も年取って頑固になってきたけど、どうか見捨てないでいただけませんか。
(38) ねえ、兄さん、何でもかんでも僕の持ち物をチェックしないでいただけませんか。

부정 정중체인 〈ないでいただけませんか〉는 경어가치가 높고 정중도도 구비하고 있기 때문에 친한 사이에서 (37)의 「心配しないでいただけませんか」와 같이 남성 화자가 경어적 동위자이거나 상위자인 「義兄さん」에게 사용하면 [간원][원망]의 표현가치를 실현한다. 그리고 〈ないでいただけませんか〉는 긍정 정중체인 〈ないでいただけますか〉에 비해 상대적으로 어조가 부드럽다는 점에서 소원한 사이에서 (38)의 「入らないでいただけませんか」와 같이 남성 화자가 경어적 동위자이거나 상위자인 「兄さん」에게 사용하면 [불쾌감][항의]의 표현가치를 나타낸다.

[8] 〈ないでいただけません?〉 {청자(남)가 화자(남)와 경어적 동위자이거나 상위자인 경우}

(39) ?義兄さん、親父も年取って頑固になってきたけど、どうか見捨てないでいただけません?
(40) ねえ、兄さん、何でもかんでも僕の持ち物をチェックしないでいただけません?

〈ないでいただけません?〉은 가벼운 느낌을 수반하며 개인적인 발화라는 성격을 띠기 때문에 친한 사이에서 남성 화자가 경어적 동위자이거나 상위자인 「義兄さん」에게 (39)의 「見捨てないでいただけません?」과 같이 사용하면 간원의 의미는 약화되고 화자의 장난조와 어리광이라고 하는 표현가치가 부가되기 때문에 다소 부자연스럽다. 그리고 〈ないでいただけません?〉은 화자가 자기의 감정을 쉽게 표출한다는 점에서 냉담한 뉘앙스를 함의한다. 소원한 사이에서 (40)의 「入らないでいただけません?」과 같이 남성 화자가 경어적 동위자이거나 상위자인 「兄さん」에게 사용하면 [불쾌감][항의]의 표현가치를 나타낸다.

[9] 〈ないでいただけるでしょうか〉 {청자(남)가 화자(남)와 경어적 동위자이거나 상위자인 경우}

(41) ?義兄さん、親父も年取って頑固になってきたけど、どうか見捨てないでいただけるでしょうか。
(42) ねえ、兄さん、何でもかんでも僕の持ち物をチェックしないでいただけるでしょうか。

〈ないでいただけるでしょうか〉는 경어가치와 정중도가 높고 격식을 차린 말씨이지만 어감이 딱딱하기 때문에 친한 사이에서 (41)의 「見捨てないでいただけるでしょうか」와 같이 남성 화자가 경어적 동위자이거나 상위자인 「義兄さん」에게 다소 부자연스럽다. 그리고 〈ないでいただけるでしょうか〉는 화자의 딱딱하고 강경한 태도가 전면에 부각된다는 점에서 소원한 사이에서 (42)의 「チェックしないでいただけるでしょうか」와 같이 남성 화자가 경어적 동위자이거나 상위자인 남성 청자에게 사용하면 청자에 대한 화자의 [불만][항의]의 표현가치를 나타낸다.

[10] 〈ないでいただけないでしょうか〉 {청자(남)가 화자(남)와 경어적 동위자이거나 상위자인 경우}

(43) 義兄さん、親父も年取って頑固になってきたけど、どうか見捨てないでいただけないでしょうか。
(44) ねえ、兄さん、何でもかんでも僕の持ち物をチェックしないでいただけないでしょうか。

〈ないでいただけないでしょうか〉는 긍정의 〈ないでいただけるでしょうか〉에 비해 상대적으로 어조가 부드럽지만 경어가치와 정중도가 높고 격식도 인정되기 때문에 친한 사이에서 (43)의 「見捨てないでいただけないでしょうか」와 같이 남성 화자가 경어적 동위자이거나 상위자인 「義兄さん」에게 사용하면 [배려][원망]의 표현가치를 실현한다. 그리고 〈ないでいただけないでしょうか〉는 소원한 사이에서 (44)의 「チェックしないでいただけないでしょうか」와 같이 남성 화자가 경어적 동위자이거나 상위자인 「兄さん」에게 사용하면 [불쾌감][항의]의 표현가치를 나타낸다. 형제 사이에서 〈ないでいただけないでしょうか〉라는 형식을 사용하는 것은 지나치게 정중하다는 인상을 주지만, 화자가 의도적으로 이러한 표현을 선택함으로써 청자에 대한 반발과 항의를 표시하고 있는 것으로 해석된다.

[11] 〈ないでいただけますでしょうか〉 {청자(남)가 화자(남)와 경어적 동위자이거나 상위자인 경우}

(45) ?義兄さん、親父も年取って頑固になってきたけど、どうか見捨てないでいただけますでしょうか。
(46) ねえ、兄さん、何でもかんでも僕の持ち物をチェックしないでいただけますでしょうか。

〈ないでいただけますでしょうか〉는 화자가 격식 있는 태도를 취함으로써 자신의 품위를 유지하고 상대방의 입장을 존중하여 최종적인 판단을 청자에게 위임한다는 뉘앙스를 함의한다. 그런데 (45)의 「見捨てないでいただけますでしょうか」와 같이 스스럼없는 내적 관계의 형제 사이에서 사용하면 화자가 의도적으로 과도한 정중한 표현을 선택함으로써 청자에 대한 반발이나 항의를 표시하고 있다고 해석되기 때문에 다소 부자연스럽다. 그리고 〈ないでいただけますでしょうか〉는 화자의 원망이 전면에 부각되지만 문말이 이중 정중의 형태를 취하고 있다는 점에서 감정이 자제되어 있다. 소원한 사이에서 (46)의 「チェックしないでいただけますでしょうか」와 같이 남성 화자가 경어적 동위자이거나 상위자인 「兄さん」에게 사용하면, 화자가 단정한 태도로 항의하고 있다는 인상을 주며 청자에 대한 화자의 [불만][항의]의 표현가치를 나타낸다.

[12] 〈ないでいただけませんでしょうか〉 {청자(남)가 화자(남)와 경어적 동위자이거나 상위자인 경우}

(47) ?義兄さん、親父も年取って頑固になってきたけど、どうか見捨てないでいただけませんでしょうか。
(48) ねえ、兄さん、何でもかんでも僕の持ち物をチェックしないでいただけませんでしょうか。

〈ないでいただけませんでしょうか〉는 〈ないでいただける〉 계열의 부정 표현 중에서 경어가치 및 정중도 그리고 격식도가 가장 높은 형식으로 청자와의 거리를 확보하면서 상대방의 입장을 존중하여 최종적인 판단을 청자의 의향에 맡긴다고 하는 뉘앙스를 함의한다. 그런데 친한 사이에서 (47)의「見捨てないでいただけませんでしょうか」와 같이 스스럼없는 내적 관계의 형제 사이에서 남성 화자가 경어적 동위자이거나 상위자인「義兄さん」에게 사용하는 것은 자신을 지나치게 낮추고 있다는 점에서 다소 부자연스럽다. 그리고 〈ないでいただけませんでしょうか〉는 이중 정중의 부정의 형태를 취하고 있어 정중도가 높고 부드럽기 때문에 소원한 사이에서 (48)의「チェックしないでいただけませんでしょうか」와 같이 남성 화자가 경어적 동위자이거나 상위자인 남성 청자에게 사용하면 화자가 단정한 태도로 청자에 대한 화자의 [불만][항의]의 표현가치를 나타낸다. 특히 (48)에서 화자와 청자는 형제 사이라는 점에서 화자가 의도적으로 과도하게 정중한 표현을 선택함으로써 소원함을 드러내고 있다.

1.3. 청자(남)와 화자(남)가 경어적 동위자인 경우

[1] 〈ないでいただける?〉 {청자(남)와 화자(남)가 경어적 동위자인 경우}

(49) * 加藤君、新入社員同士そんなに僕に気を遣わ<u>ないでいただける</u>?
(50) おい、裕、食事中にさあ、ニタニタ笑わ<u>ないでいただける</u>?
(51) 大介、お前が学年トップだってことは認めるけど、上から目線で物を言わ<u>ないでいただける</u>?

문말이 보통체 말씨로 끝나는 〈ないでいただける?〉는 정중도가 결여되어 있기 때문에 친한 사이에서 (49)의「気を遣わないでいただける?」와 같이 남성 화자가 동위자인 남성 청자에게 사용하는 것은 자연스러운 발화로서 허용도가 낮다. 그런데 (50)의「ニタニタ笑わないでいただける?」와 같이 친구 사이의 장난조로 쓰인 경우에는 허용된다. 그리고 〈ないでいただける?〉는 소원한 사이에서 (51)의「物を言わないでいただける?」와 같이 남성 화자가 경어적 동위자인 남성 청자에게 사용하면 청자와의 거리를 일부러 두려고 하는 의도가 느껴지며 청자에 대한 화자의 [불쾌감][항의]를 나타낸다.

[2] 〈ないでいただけるか〉 {청자(남)와 화자(남)가 경어적 동위자인 경우}

(52) 加藤君、新入社員同士そんなに僕に気を遣わ<u>ないでいただけるか</u>。
(53) おい、裕、食事中にさあ、ニタニタ笑わ<u>ないでいただけるか</u>。
(54) 大介、お前が学年トップだってことは認めるけど、上から目線で物を言わ<u>ないでいただけるか</u>。

문말이 〈か〉로 끝나는 〈ないでいただけるか〉는 남성 전용 형식으로 정중도가 결여되어 있는데 친한 사이에서 (52)의「気を遣わないでいただけるか」와 같이 남성 화자가 경어적 동위자인 남성 청자에게 사용하는 것은 허용되며 [염려][친근감]의 표현가치를 실현한다. 그리고 (53)의 「ニタニタ笑わないでいただけるか」와 같이 남성 화자가 경어적 동위자인 남성 화자에게 장난조로 사용된 예도 있다. 그리고 소원한 사이에서는 (54)의 「物を言わないでいただけるか」와 같이 남성 화자가 경어적 동위자인 남성 청자에게 사용하면 청자에 대한 화자의 [불쾌감][항의]를 나타낸다.

[3] 〈ないでいただけない?〉 {청자(남)와 화자(남)가 경어적 동위자인 경우}

(55) * 加藤君、新入社員同士そんなに僕に気を遣わないでいただけない?
(56) * おい、裕、食事中にさあ、ニタニタ笑わないでいただけない?
(57) 大介、お前が学年トップだってことは認めるけど、上から目線で物を言わないでいただけない?

긍정의 보통체 말씨인 〈ないでいただけない?〉는 여성어적 뉘앙스를 함의하고 있고 정중도가 결여되어 있다. 그래서 친한 사이에서 (55)의 「気を遣わないでいただけない?」나 (56)의 「ニタニタ笑わないでいただけない?」와 같이 남성 화자가 경어적 동위자인 남성 청자에게 사용하는 것은 자연스러운 발화로서의 허용도가 낮다. 그리고 〈ないでいただけない?〉는 보통체 말씨이기 때문에 정중도가 결여되어 있어 소원한 사이에서 (57)의 「物を言わないでいただけない?」와 같이 남성 화자가 경어적 동위자인 남성 청자에게 사용하면 청자와의 거리를 일부러 두려고 하는 의도가 느껴지며 청자에 대한 화자의 [불쾌감][항의]를 나타낸다.

[4] 〈ないでいただけないか〉 {청자(남)와 화자(남)가 경어적 동위자인 경우}

(58) 加藤君、新入社員同士そんなに僕に気を遣わないでいただけないか。
(59) おい、裕、食事中にさあ、ニタニタ笑わないでいただけないか。
(60) 大介、お前が学年トップだってことは認めるけど、上から目線で物を言わないでいただけないか。

〈ないでいただけないか〉는 남성 전용 형식으로 어조는 딱딱하지만 한편으로 친근감을 수반하기 때문에 친한 사이에서 (58)의 「気を遣わないでいただけないか」와 같이 남성 화자가 경어적 동위자인 남성 청자에게 사용하는 것은 허용되며 [배려][원망]의 표현가치를 실현한다. 그리고 (59)의 「ニタニタ笑わないでいただけないか」와 같이 남성 화자가 경어적 동위자인 남성 청자에게 장난조로 사용한 예도 존재한다. 그리고 〈ないでいただけないか〉는 소원한 사이에서 (60)의 「物を言わないでいただけないか」와 같이 경어적 동위자인 남성 청자에게 사용하면 청자에 대한 화자의 [불쾌감][항의]를 나타낸다.

[5] 〈ないでいただけますか〉 {청자(남)와 화자(남)가 경어적 동위자인 경우}

(61) 加藤君、新入社員同士そんなに僕に気を遣わないでいただけますか。

(62) おい、裕、食事中にさあ、ニタニタ笑わないでいただけますか。
(63) 大介、お前が学年トップだってことは認めるけど、上から目線で物を言わないでいただけますか。

〈ないでいただけますか〉는 경어가치가 높고 정중도도 구비하고 있어 친한 사이에서 (61)의 「気を遣わないでいただけますか」와 같이 남성 화자가 경어적 동위자인 남성 청자에게 사용하면 [염려]의 표현가치를 실현한다. 한편 (62)의 「ニタニタ笑わないでいただけますか」와 같이 스스럼없는 친구 사이에서 사용되면 이때는 장난조로 쓰인 것으로 해석된다. 그리고 〈ないでいただけますか〉는 긍정의 정중체라는 점에서 부정 정중체인 〈ないでいただけませんか〉에 비해 상대적으로 어감이 다소 딱딱하다. 이에 소원한 사이에서 (63)의 「物を言わないでいただけますか」와 같이 남성 화자가 경어적 동위자인 남성 청자에게 사용하면 [불쾌감][분노]의 표현가치를 나타낸다.

[6] 〈ないでいただけます?〉 {청자(남)와 화자(남)가 경어적 동위자인 경우}

(64) 加藤君、新入社員同士そんなに僕に気を遣わないでいただけます?
(65) おい、裕、食事中にさあ、ニタニタ笑わないでいただけます?
(66) 大介、お前が学年トップだってことは認めるけど、上から目線で物を言わないでいただけます?

〈ないでいただけます?〉는 어조는 부드럽지만 한편으로 가벼운 느낌을 준다. 친한 사이에서 (64)의 「気を遣わないでいただけます?」와 같이 남성 화자가 경어적 동위자인 남성 청자에게 사용하면 [염려]의 표현가치를 실현한다. 한편 (65)의 「ニタニタ笑わないでいただけます?」는 친구 사이에서 장난조로 사용된 것이다. 그리고 〈ないでいただけます?〉는 가벼운 느낌을 수반한다는 점에서 소원한 사이에서는 [차가움][냉담]의 뉘앙스를 띠기 때문에 (66)의 「物を言わないでいただけます?」와 같이 남성 화자가 경어적 동위자인 남성 친구에게 사용하면 [불쾌감][분노]의 표현가치를 나타낸다.

[7] 〈ないでいただけませんか〉 {청자(남)와 화자(남)가 경어적 동위자인 경우}

(67) 加藤君、新入社員同士そんなに僕に気を遣わないでいただけませんか。
(68) おい、裕、食事中にさあ、ニタニタ笑わないでいただけませんか。
(69) 大介、お前が学年トップだってことは認めるけど、上から目線で物を言わないでいただけませんか。

부정 정중체인 〈ないでいただけませんか〉는 경어가치가 높고 정중도도 구비하고 있기 때문에 친한 사이에서 (67)의 「気を遣わないでいただけませんか」와 같이 남성 화자가 경어적 동위자인 남성 청자에게 사용하면 [염려]의 표현가치를 실현하는데 (68)의 「ニタニタ笑わないでいただけませんか」와 같이 남자 친구 사이에서 장난조로 사용된 예도 있다. 그리고 〈ないでいただ

けませんか〉는 긍정 정중체인〈ないでいただけますか〉에 비해 상대적으로 어조가 부드럽다는 점에서 소원한 사이에서 (69)의「物を言わないでいただけませんか」와 같이 남성 화자가 경어적 동위자인 남성 청자에게 사용하면 [불쾌감][분노]의 표현가치를 나타낸다.

[8] 〈ないでいただけません?〉 {청자(남)와 화자(남)가 경어적 동위자인 경우}

   (70) 加藤君、新入社員同士そんなに僕に気を遣わないでいただけません?
   (71) おい、裕、食事中にさあ、ニタニタ笑わないでいただけません?
   (72) 大介、お前が学年トップだってことは認めるけど、上から目線で物を言わないでいただけません?

〈ないでいただけません?〉은 가벼운 느낌을 수반하며 개인적인 발화라는 성격을 띠기 때문에 친한 사이에서 (70)의「気を遣わないでいただけません?」과 같이 남성 화자가 경어적 동위자인 남성 청자에게 사용하면 [염려]의 표현가치를 실현한다. 한편 (71)의「ニタニタ笑わないでいただけません?」는 친한 친구 사이에서 장난조로 사용된 것으로 여겨진다. 그리고 〈ないでいただけません?〉은 화자가 자기의 감정을 쉽게 표출한다는 점에서 냉담한 뉘앙스를 함의하기 때문에 소원한 사이에서 (72)의「物を言わないでいただけません?」과 같이 남성 화자가 경어적 동위자인 남성 청자에게 사용하면 [불쾌감][분노]의 표현가치를 나타낸다.

[9] 〈ないでいただけるでしょうか〉 {청자(남)와 화자(남)가 경어적 동위자인 경우}

   (73) ?加藤君、新入社員同士そんなに僕に気を遣わないでいただけるでしょうか。
   (74) おい、裕、食事中にさあ、ニタニタ笑わないでいただけるでしょうか。
   (75) 大介、お前が学年トップだってことは認めるけど、上から目線で物を言わないでいただけるでしょうか。

〈ないでいただけるでしょうか〉는 경어가치와 정중도가 높고 격식을 차린 말씨이지만 어감이 딱딱하다. 친한 사이에서 남성 화자가 경어적 동위자인 남성 청자에게 사용하는 것은 허용되는데 (73)의「気を遣わないでいただけるでしょうか」와 같이 젊은 남성 사이에서의 발화로서는 다소 부자연스럽다. 또한 (74)의「ニタニタ笑わないでいただけるでしょうか」는 경어적 동위자인 남자 친구 사이에 장난조로 쓰인 것으로 판단된다. 그리고 〈ないでいただけるでしょうか〉는 화자의 딱딱하고 강경한 태도가 전면에 부각된다는 점에서 소원한 사이에서 (75)의「物を言わないでいただけるでしょうか」와 같이 남성 화자가 경어적 동위자인 남성 청자에게 사용하면 청자에 대한 화자의 [불쾌감][항의]의 표현가치를 나타낸다.

[10] 〈ないでいただけないでしょうか〉 {청자(남)와 화자(남)가 경어적 동위자인 경우}

   (76) ?加藤君、新入社員同士そんなに僕に気を遣わないでいただけないでしょうか。

(77) おい、裕、食事中にさあ、ニタニタ笑わないでいただけないでしょうか。
(78) 大介、お前が学年トップだってことは認めるけど、上から目線で物を言わないでいただけないでしょうか。

〈ないでいただけないでしょうか〉는 긍정의 〈ないでいただけるでしょうか〉에 비해 상대적으로 어조가 부드럽지만 경어가치와 정중도가 높고 격식도 인정되기 때문에 친한 사이에서 (76)의 「気を遣わないでいただけないでしょうか」와 같이 남성 화자가 경어적 동위자인 남성 청자에게 사용하는 것은 청자와의 간극이 생기기 때문에 다소 부자연스럽다. 또한 (77)의 「ニタニタ笑わないでいただけないでしょうか」와 같이 친한 친구 사이에서 장난조로 쓰인 예도 있다. 그리고 〈ないでいただけないでしょうか〉는 소원한 사이에서 (78)의 「物を言わないでいただけないでしょうか」와 같이 남성 화자가 경어적 동위자인 남성 청자에게 사용하면, 정중한 표현을 의도적으로 사용함으로써 청자와의 거리를 두고 화자의 불쾌한 기분을 전달하며 [불쾌감][항의]의 표현가치를 나타낸다.

[11] 〈ないでいただけますでしょうか〉 {청자(남)와 화자(남)가 경어적 동위자인 경우}

(79) ?加藤君、新入社員同士そんなに僕に気を遣わないでいただけますでしょうか。
(80) おい、裕、食事中にさあ、ニタニタ笑わないでいただけますでしょうか。
(81) 大介、お前が学年トップだってことは認めるけど、上から目線で物を言わないでいただけますでしょうか。

〈ないでいただけますでしょうか〉는 화자가 격식 있는 태도를 취함으로써 자신의 품위를 유지하고 상대방의 입장을 존중하여 최종적인 판단을 청자에게 위임한다는 뉘앙스를 함의한다. 따라서 친한 사이에서 (79)의 「気を遣わないでいただけますでしょうか」와 같이 남성 화자가 경어적 동위자로 간주되는 남성 신입사원에게 사용하는 것은 청자에게 지나치게 자신을 낮춘다는 인상을 주기 때문에 다소 부자연스럽다. 한편 (80)의 「ニタニタ笑わないでいただけますでしょうか」는 친한 친구 사이에서 장난조로 쓰인 것으로 이해된다. 그리고 〈ないでいただけますでしょうか〉는 화자의 원망이 전면에 부각되지만 문말이 이중 정중의 형태를 취하고 있다는 점에서 감정이 자제되어 있다. 소원한 사이에서 (81)의 「物を言わないでいただけますでしょうか」와 같이 경어적 동위자인 남성 청자에게 사용하면, 화자가 단정한 태도로 항의하고 있다는 인상을 주며 청자에 대한 화자의 [불쾌감][항의]의 표현가치를 나타낸다.

[12] 〈ないでいただけませんでしょうか〉 {청자(남)와 화자(남)가 경어적 동위자인 경우}

(82) *加藤君、新入社員同士そんなに僕に気を遣わないでいただけませんでしょうか。
(83) おい、裕、食事中にさあ、ニタニタ笑わないでいただけませんでしょうか。

(84) 大介、お前が学年トップだってことは認めるけど、上から目線で物を言わ<u>ないでいただけませんでしょうか</u>。

〈ないでいただけませんでしょうか〉는 〈ないでいただける〉 계열의 부정 표현 중에서 경어가치 및 정중도 그리고 격식도가 가장 높은 형식으로 청자와의 거리를 확보하면서 상대방의 입장을 존중하여 최종적인 판단을 청자의 의향에 맡긴다고 하는 뉘앙스를 함의한다. 그런데 친한 사이에서 (82)의 「気を遣わないでいただけませんでしょうか」와 같이 남성 화자가 경어적 동위자로 간주되는 남성 청자인 신입사원에게 사용하는 것은 청자에게 자신을 과도하게 낮춘다는 인상을 주기 때문에 자연스러운 발화로서 허용도가 낮다. 또한 (83)의 「ニタニタ笑わないでいただけませんでしょうか」와 같이 남성 화자가 경어적 동위자인 친구 사이의 남성 청자에게 장난조로 사용한 것으로 판단된다. 그리고 〈ないでいただけませんでしょうか〉는 이중 정중의 부정의 형태를 취하고 있어 정중도가 높고 부드럽기 때문에 소원한 사이에서 (84)의 「物を言わないでいただけませんでしょうか」와 같이 남성 화자가 경어적 동위자인 남성 청자에게 사용하면 화자가 단정한 태도로 청자에 대한 화자의 [불쾌감][항의]의 표현가치를 나타낸다.

1.4 청자(남)가 화자(남)와 경어적 동위자이거나 하위자인 경우

[1] 〈ないでいただける?〉 {청자(남)가 화자(남)와 경어적 동위자이거나 하위자인 경우}

(85) ?? 大介、甲子園出場はお兄ちゃんの夢でもあるんだ。簡単にあきらめ<u>ないでいただける</u>?
(86) おい、大介、お兄ちゃんの携帯をこっそり覗き見し<u>ないでいただける</u>?

문말이 보통체 말씨로 끝나는 〈ないでいただける?〉는 정중도가 결여되어 있기 때문에 친한 사이에서 (85)의 「あきらめないでいただける?」와 같이 남성 화자가 동위자이거나 하위자인 남동생에게 사용하는 것은 자연스러운 발화로서 부자연스럽다. 그리고 〈ないでいただける?〉는 소원한 사이에서 (86)의 「覗き見しないでいただける?」와 같이 남성 화자가 경어적 동위자이거나 하위자인 남성 청자에게 사용하면 청자와의 거리를 일부러 두려고 하는 의도가 느껴지며 청자에 대한 화자의 [불쾌감][질책]을 나타낸다.

[2] 〈ないでいただけるか〉 {청자(남)가 화자(남)와 경어적 동위자이거나 하위자인 경우}

(87) ? 大介、甲子園出場はお兄ちゃんの夢でもあるんだ。簡単にあきらめ<u>ないでいただけるか</u>。
(88) おい、大介、お兄ちゃんの携帯をこっそり覗き見し<u>ないでいただけるか</u>。

〈ないでいただけるか〉는 남성 전용 형식으로 어조는 딱딱하지만 한편으로 친근감을 수반하기 때문에 친한 사이에서 (87)의 「あきらめないでいただけるか」와 같이 남성 화자가 경어적 동위자이거나 하위자인 남동생에게 사용하는 것은 다소 부자연스럽다. 그리고 소원한 사이에서는 (88)의 「覗き見しないでいただけるか」와 같이 남성 화자가 경어적 동위자이거나 하위자인 남동생에게 사용하면 청자에 대한 [불쾌감][질책]을 나타낸다.

[3] 〈ないでいただけない?〉 {청자(남)가 화자(남)와 경어적 동위자이거나 하위자인 경우}

(89) ?? 大介、甲子園出場はお兄ちゃんの夢でもあるんだ。簡単にあきらめ<u>ないでいただけない</u>?
(90) おい、大介、お兄ちゃんの携帯をこっそり覗き見し<u>ないでいただけない</u>?

긍정의 보통체 말씨인 〈ないでいただけない?〉는 여성어적 뉘앙스를 함의하고 있고 정중도가 결여되어 있다. 그래서 친한 사이에서 (89)의 「あきらめないでいただけない?」와 같이 남성 화자가 경어적 동위자이거나 하위자인 남동생에게 사용하는 것은 자연스러운 발화로서 부자연스럽다. 그리고 〈ないでいただけない?〉는 보통체 말씨이기 때문에 정중도가 결여되어 있어 소원한 사이에서 (90)의 「覗き見しないでいただけない?」와 같이 남성 화자가 경어적 동위자이거나 하위자인 남동생에게 사용하면 청자와의 거리를 일부러 두려고 하는 의도가 느껴지며 청자에 대한 화자의 [불쾌감][질책]을 나타낸다.

[4] 〈ないでいただけないか〉 {청자(남)가 화자(남)와 경어적 동위자이거나 하위자인 경우}

(91) ?? 大介、甲子園出場はお兄ちゃんの夢でもあるんだ。簡単にあきらめ<u>ないでいただけないか</u>。
(92) おい、大介、お兄ちゃんの携帯をこっそり覗き見し<u>ないでいただけないか</u>。

〈ないでいただけないか〉는 남성 전용 형식으로 어조는 딱딱하지만 한편으로 친근감을 수반하기 때문에 친한 사이에서 남성 화자가 경어적 동위자이거나 하위자에게 사용하는 것은 허용되는데 (91)의 「あきらめないでいただけないか」는 형제 사이에서의 발화라는 점에서 부자연스럽다. 그리고 〈ないでいただけないか〉는 소원한 사이에서 (92)의 「覗き見しないでいただけないか」와 같이 경어적 동위자이거나 하위자 남동생에게 사용하면 청자에 대한 화자의 [불쾌감][질책]을 나타낸다.

[5] 〈ないでいただけますか〉 {청자(남)가 화자(남)와 경어적 동위자이거나 하위자인 경우}

(93) 大介、甲子園出場はお兄ちゃんの夢でもあるんだ。簡単にあきらめ<u>ないでいただけますか</u>。
(94) おい、大介、お兄ちゃんの携帯をこっそり覗き見し<u>ないでいただけますか</u>。

〈ないでいただけますか〉는 경어가치가 높고 정중도도 구비하고 있어 친한 사이에서 (93)의 「あきらめないでいただけますか」와 같이 남성 화자가 경어적 동위자이거나 하위자인 남동생에게 사용하면 [배려]의 표현가치를 실현한다. 그런데 스스럼없는 형제 사이에서 〈ないでいただ

けますか〉와 같은 정중한 의뢰표현을 사용하는 것은 다소 부자연스럽지만 〈ないでいただけませんか〉보다는 비교적 허용도가 높아진다. 그리고 〈ないでいただけますか〉는 부정 정중체인 〈ないでいただけませんか〉에 비해 상대적으로 어감이 다소 딱딱하기 때문에 소원한 사이에서 (94)의 「覗き見しないでいただけますか」와 같이 남성 화자가 경어적 동위자이거나 하위자인 남동생에게 사용하면 [불쾌감][질책]의 표현가치를 나타낸다.

[6] 〈ないでいただけます?〉 {청자(남)가 화자(남)와 경어적 동위자이거나 하위자인 경우}

(95) ?? 大介、甲子園出場はお兄ちゃんの夢でもあるんだ。簡単にあきらめ<u>ないでいただけます?</u>
(96) おい、大介、お兄ちゃんの携帯をこっそり覗き見し<u>ないでいただけます?</u>

〈ないでいただけます?〉는 여성어적 성격을 띠기 때문에 어조는 부드럽지만 한편으로 가벼운 느낌을 주기 때문에 친한 사이에서 (95)의 「あきらめないでいただけます?」와 같이 남성 화자가 경어적 동위자이거나 하위자인 남동생에게 사용하는 것은 부자연스럽다. 그리고 〈ないでいただけます?〉는 가벼운 느낌을 수반한다는 점에서 소원한 사이에서는 [차가움][냉담]의 뉘앙스를 띤다. 따라서 (96)의 「覗き見しないでいただけます?」와 같이 남성 화자가 경어적 동위자이거나 하위자인 남동생에게 사용하면 [불쾌감][질책]의 표현가치를 나타낸다.

[7] 〈ないでいただけませんか〉 {청자(남)가 화자(남)와 경어적 동위자이거나 하위자인 경우}

(97) ?? 大介、甲子園出場はお兄ちゃんの夢でもあるんだ。簡単にあきらめ<u>ないでいただけませんか</u>。
(98) おい、大介、お兄ちゃんの携帯をこっそり覗き見し<u>ないでいただけませんか</u>。

부정 정중체인 〈ないでいただけませんか〉는 경어가치가 높고 정중도도 구비하고 있기 때문에 형제와 같은 내적 관계의 친근한 사이에서 (97)의 「あきらめないでいただけませんか」와 같이 정중한 의뢰표현을 사용하는 것은 농담조가 아니면 부자연스럽다. 그리고 〈ないでいただけませんか〉는 긍정 정중체인 〈ないでいただけますか〉에 비해 상대적으로 어조가 부드럽다는 점에서 소원한 사이에서 (98)의 「覗き見しないでいただけませんか」와 같이 남성 화자가 경어적 동위자이거나 하위자인 남동생에게 사용하면 [불쾌감][질책]의 표현가치를 나타낸다.

[8] 〈ないでいただけません?〉 {청자(남)가 화자(남)와 경어적 동위자이거나 하위자인 경우}

(99) ?? 大介、甲子園出場はお兄ちゃんの夢でもあるんだ簡単にあきらめ<u>ないでいただけません?</u>
(100) おい、大介、お兄ちゃんの携帯をこっそり覗き見し<u>ないでいただけません?</u>

〈ないでいただけません?〉은 가벼운 느낌을 수반하며 개인적인 발화라는 성격을 띠기 때문에 형제와 같이 내적 관계의 친근한 사이에서 (99)의 「あきらめないでいただけません?」과 같이 사용하면 간원의 의미는 옅어지고 화자 사정에 의한 [원망]으로서의 의미가 강조되기 때문에 부자연스럽다. 그리고 〈ないでいただけません?〉은 화자가 자기의 감정을 쉽게 표출한다는 점에서 냉담한 뉘앙스를 함의한다. 소원한 사이에서 (100)의 「覗き見しないでいただけません?」과 같이 남성 화자가 경어적 동위자이거나 하위자인 남동생에게 사용하면 [불쾌감][질책]의 표현가치를 나타낸다.

[9] 〈ないでいただけるでしょうか〉 {청자(남)가 화자(남)와 경어적 동위자이거나 하위자인 경우}

(101)＊大介、甲子園出場はお兄ちゃんの夢でもあるんだ。簡単にあきらめ<u>ないでいただけるでしょうか</u>。
(102) おい、大介、お兄ちゃんの携帯をこっそり覗き見し<u>ないでいただけるでしょうか</u>。

〈ないでいただけるでしょうか〉는 경어가치와 정중도가 높고 격식을 차린 말씨이지만 어감이 딱딱하기 때문에 친한 사이에서 (101)의 「あきらめないでいただけるでしょうか」와 같이 남성 화자가 스스럼없거나 격의 없는 내적 관계의 경어적 동위자이거나 하위자인 남동생에게 사용하는 것은 자연스러운 발화로서의 허용도가 낮다. 그리고 〈ないでいただけるでしょうか〉는 화자의 딱딱하고 강경한 태도가 전면에 부각된다는 점에서 소원한 사이에서 (102)의 「覗き見しないでいただけるでしょうか」와 같이 남성 화자가 경어적 동위자이거나 하위자인 남성 청자에게 사용할 경우에는 〈いただけるでしょうか〉라는 정중체 표현을 의도적으로 이용함으로써 확고한 태도로 청자를 위압하고 있다는 인상을 주며 청자에 대한 화자의 [불쾌감][질책]의 표현가치를 나타낸다.

[10] 〈ないでいただけないでしょうか〉 {청자(남)가 화자(남)와 경어적 동위자이거나 하위자인 경우}

(103)＊大介、甲子園出場はお兄ちゃんの夢でもあるんだ。簡単にあきらめ<u>ないでいただけないでしょうか</u>。
(104) おい、大介、お兄ちゃんの携帯をこっそり覗き見し<u>ないでいただけないでしょうか</u>。

〈ないでいただけないでしょうか〉는 긍정의 〈ないでいただけるでしょうか〉에 비해 상대적으로 어조가 부드럽지만 경어가치와 정중도가 높고 격식도 인정되기 때문에 친한 사이에서 (103)의 「あきらめないでいただけないでしょうか」와 같이 남성 화자가 경어적 동위자이거나 하위자인 남동생에게 사용하면 화자가 청자에게 거리를 두려는 의도가 간취되기 때문에 자연스러운 발화로서 허용도가 낮다. 그리고 〈ないでいただけないでしょうか〉는 소원한 사이에서 (104)의 「覗き見しないでいただけないでしょうか」와 같이 남성 화자가 경어적 동위자이거나 하위자인 남동생에게 사용하면 [불쾌감][질책]의 표현가치를 나타낸다. 형제 사이에서 〈ないでい

ただけないでしょうか〉라는 형식은 지나치게 정중하다는 인상을 주지만 화자가 의도적으로 이러한 과도한 표현을 선택함으로써 청자를 위압(威壓)하고 있다고 해석된다.

[11] 〈ないでいただけますでしょうか〉 {청자(남)가 화자(남)와 경어적 동위자이거나 하위자인 경우}

　　(105) * 大介、甲子園出場はお兄ちゃんの夢でもあるんだ。簡単にあきらめないでいただけますでしょうか。
　　(106) おい、大介、お兄ちゃんの携帯をこっそり覗き見しないでいただけますでしょうか。

〈ないでいただけますでしょうか〉는 화자가 격식 있는 태도를 취함으로써 자신의 품위를 유지하고 상대방의 입장을 존중하여 최종적인 판단을 청자에게 위임한다는 뉘앙스를 함의한다. 그런데 친한 사이에서 (105)의 「あきらめないでいただけますでしょうか」와 같이 남성 화자가 경어적 동위자이거나 하위자인 남동생에게 사용하는 것은 내적 관계의 형제 사이에서는 오히려 부적절하다는 점에서 자연스러운 발화로서 허용도가 낮다. 그리고 〈ないでいただけますでしょうか〉는 화자의 원망이 전면에 부각되지만 문말이 이중 정중의 형태를 취하고 있다는 점에서 감정이 자제되어 있다. 소원한 사이에서 (106)의 「覗き見しないでいただけますでしょうか」와 같이 남성 화자가 경어적 동위자이거나 하위자인 남성 청자에게 사용하면 [불쾌감][질책]의 표현가치를 나타낸다. 〈ないでいただけますでしょうか〉는 청자와의 좁히기 어려운 거리감을 느끼게 하며 형제 사이에서 지나치게 정중하다는 인상을 주지만 화자가 의도적으로 이러한 과도한 표현을 선택함으로써 청자를 위압하고 있다고 해석된다.

[12] 〈ないでいただけませんでしょうか〉 {청자(남)가 화자(남)와 경어적 동위자이거나 하위자인 경우}

　　(107) * 大介、甲子園出場はお兄ちゃんの夢でもあるんだ。簡単にあきらめないでいただけませんでしょうか。
　　(108) おい、大介、お兄ちゃんの携帯をこっそり覗き見しないでいただけませんでしょうか。

〈ないでいただけませんでしょうか〉는 〈ないでいただける〉 계열의 부정 표현 중에서 경어가치 및 정중도 그리고 격식도가 가장 높은 형식으로 청자와의 거리를 확보하면서 상대방의 입장을 존중하여 최종적인 판단을 청자의 의향에 맡긴다고 하는 뉘앙스를 함의한다. 그런데 친한 사이에서 (107)의 「あきらめないでいただけませんでしょうか」와 같이 남성 화자가 경어적 동위자이거나 하위자로 간주되는 남동생에게 사용하는 것은 스스럼없는 내적 관계의 형제 사이에서는 오히려 부적절하기 때문에 자연스러운 발화로서 허용도가 낮다. 그리고 〈ないでいただけませんでしょうか〉는 이중 정중의 부정의 형태를 취하고 있어 정중도가 높고 부드럽기 때문에 소원한 사이에서 (108)의 「覗き見しないでいただけませんでしょうか」와 같이 남성 화자가 경어적 동위자이거나 하위자인 남성 청자에게 사용하면 [불쾌감][질책]의 표현가치를 나타낸다. 또한 화자가 의도적으로 〈ないでいただけせんでしょうか〉와 같은 과도한 정중 표현을 이용함으로써 청자를 위압하는 표현효과를 거두고 있다.

1.5. 청자(남)가 화자(남)에 비해 경어적 하위자인 경우

[1] 〈ないでいただける?〉 {청자(남)가 화자(남)에 비해 경어적 하위자인 경우}

(109) ボク、いい子だから、おじちゃんちの庭にごみ捨てないでいただける?
(110) ??山田君だか川田君だか知らんがね、娘は嫌がっているんです。もう連絡しないでいただける?

문말이 보통체 말씨로 끝나는 〈ないでいただける?〉는 정중도가 결여되어 있는데 친한 사이에서 (109)의 「捨てないでいただける?」와 같이 연배의 남성 화자가 연소자인 남성 청자에게 사용하면 [타이름][달램]의 표현가치를 실현한다. 그리고 〈ないでいただける?〉는 (110)의 「連絡しないでいただける?」와 같이 남성 화자가 경어적 하위자인 남성 청자에게 사용하면 연소자인 남성 청자를 배려하고 타이르고 있다는 의미를 나타내기 때문에 〈친한 사이〉나 〈친소 불명〉으로 경사된다. 이런 이유에서 (110)은 〈소원한 사이〉의 발화로서는 부자연스럽다.

[2] 〈ないでいただけるか〉 {청자(남)가 화자(남)에 비해 경어적 하위자인 경우}

(111) ボク、いい子だから、おじちゃんちの庭にごみ捨てないでいただけるか。
(112) 山田君だか川田君だか知らんがね、娘は嫌がっているんです。もう連絡しないでいただけるか。

〈ないでいただけるか〉는 남성 전용 형식으로 어조는 딱딱하지만 한편으로 친근감을 수반하기 때문에 친한 사이에서 (111)의 「捨てないでいただけるか」와 같이 남성 화자가 경어적 하위자인 연소자에게 사용하는 것은 허용되며 [배려][친근감]의 표현가치를 실현한다. 그리고 소원한 사이에서는 (112)의 「連絡しないでいただけるか」와 같이 남성 화자가 경어적 하위자인 남성 청자에게 사용하면 청자에 대한 화자의 [질책]을 나타낸다.

[3] 〈ないでいただけない?〉 {청자(남)가 화자(남)에 비해 경어적 하위자인 경우}

(113) ??ボク、いい子だから、おじちゃんちの庭にごみ捨てないでいただけない?
(114) 山田君だか川田君だか知らんがね、娘は嫌がっているんです。もう連絡しないでいただけない?

긍정의 보통체 말씨인 〈ないでいただけない?〉는 여성어적 뉘앙스를 함의하고 있고 정중도가 결여되어 있다. 이에 친한 사이에서 (113)의 「捨てないでいただけない?」와 같이 남성 화자가 경어적 하위자인 연소자에게 사용하는 것은 부자연스럽다. 그리고 〈ないでいただけない?〉는 보통체 말씨이기 때문에 정중도가 결여되어 있어 소원한 사이에서 (114)의 「連絡しないでいただけない?」와 같이 남성 화자가 경어적 하위자인 남성 청자에게 사용하면 청자와의 거리를 일부러 두려고 하는 의도가 느껴지며 청자에 대한 화자의 [불쾌감][질책]을 나타낸다.

[4] 〈ないでいただけないか〉 {청자(남)가 화자(남)에 비해 경어적 하위자인 경우}

 (115) ボク、いい子だから、おじちゃんちの庭にごみ捨てないでいただけないか。
 (116) 山田君だか川田君だか知らんがね、娘は嫌がっているんです。もう連絡しないでいただけないか。

〈ないでいただけないか〉는 남성 전용 형식으로 어조는 딱딱하지만 한편으로 친근감을 수반하기 때문에 친한 사이에서 (115)의 「捨てないでいただけないか」와 같이 남성 화자가 경어적 하위자인 남성 청자에게 사용하는 것은 허용되며 [배려][친근감]의 표현가치를 실현한다. 그리고 〈ないでいただけないか〉는 소원한 사이에서 (116)의 「連絡しないでいただけないか」와 같이 경어적 하위자인 남성 청자에게 사용하면 청자에 대한 화자의 [질책]을 나타낸다.

[5] 〈ないでいただけますか〉 {청자(남)가 화자(남)에 비해 경어적 하위자인 경우}

 (117) ボク、いい子だから、おじちゃんちの庭にごみを捨てないでいただけますか。
 (118) 山田君だか川田君だか知らんがね、娘は嫌がっているんです。もう連絡しないでいただけますか。

〈ないでいただけますか〉는 경어가치가 높고 정중도도 구비하고 있어 친한 사이에서 (117)의 「捨てないでいただけますか」와 같이 남성 화자가 경어적 하위자인 남성 청자에게 사용하면 [연소자에 대한 배려]라는 표현가치를 실현한다. 그리고 〈ないでいただけますか〉는 부정 정중체인 〈ないでいただけませんか〉에 비해 상대적으로 어감이 다소 딱딱하다. 그래서 소원한 사이에서 (118)의 「連絡しないでいただけますか」와 같이 남성 화자가 경어적 하위자인 남성 청자에게 사용하면 [질책][힐문]의 표현가치를 나타낸다.

[6] 〈ないでいただけます?〉 {청자(남)가 화자(남)에 비해 경어적 하위자인 경우}

 (119) ボク、いい子だから、おじちゃんちの庭にごみを捨てないでいただけます?
 (120) 山田君だか川田君だか知らんがね、娘は嫌がっているんです。もう連絡しないでいただけます?

〈ないでいただけます?〉는 여성어적 성격을 띠기 때문에 어조는 부드럽지만 한편으로 가벼운 느낌을 준다. 그래서 친한 사이에서 (119)의 「捨てないでいただけます?」와 같이 남성 화자가 경어적 하위자인 연소자에게 사용하면 [연소자에 대한 배려]의 표현가치를 실현한다. 그리고 〈ないでいただけます?〉는 가벼운 느낌을 수반한다는 점에서 소원한 사이에서는 [차가움][냉담]의 뉘앙스를 띤다. (120)의 「連絡しないでいただけます?」와 같이 남성 화자가 경어적 하위자인 남성

청자에게 사용하면 [혐오감][불쾌감]의 표현가치를 나타낸다.

[7] 〈ないでいただけませんか〉 {청자(남)가 화자(남)에 비해 경어적 하위자인 경우}

   (121) ボク、いい子だから、おじちゃんちの庭にごみ捨てないでいただけませんか。
   (122) 山田君だか川田君だか知らんがね、娘は嫌がっているんです。もう連絡しないでいただけませんか。

   부정 정중체인 〈ないでいただけませんか〉는 경어가치가 높고 정중도도 구비하고 있기 때문에 친한 사이에서 (121)의「捨てないでいただけませんか」와 같이 남성 화자가 경어적 하위자인 남자 아이에게 사용하면 [연소자에 대한 배려]라는 표현가치를 실현한다. 그리고 〈ないでいただけませんか〉는 긍정 정중체인 〈ないでいただけますか〉에 비해 상대적으로 어조가 부드럽다는 점에서 소원한 사이에서 (122)의「連絡しないでいただけませんか」와 같이 남성 화자가 경어적 하위자인 남성 청자에게 사용하면 [혐오감][불쾌감]의 표현가치를 나타낸다.

[8] 〈ないでいただけません?〉 {청자(남)가 화자(남)에 비해 경어적 하위자인 경우}

   (123) ボク、いい子だから、おじちゃんちの庭にごみ捨てないでいただけません?
   (124) 山田君だか川田君だか知らんがね、娘は嫌がっているんですもう連絡しないでいただけません?

   〈ないでいただけません?〉은 가벼운 느낌을 수반하며 개인적인 발화라는 성격을 띠기 때문에 친한 사이에서 (123)의「捨てないでいただけません?」과 같이 남성 화자가 경어적 하위자인 남자 아이에게 사용하면 [연소자에 대한 배려]의 표현가치를 실현한다. 그리고 〈ないでいただけません?〉은 화자가 자기의 감정을 쉽게 표출한다는 점에서 냉담한 뉘앙스를 함의하기 때문에 소원한 사이에서 (124)의「連絡しないでいただけません?」과 같이 남성 화자가 경어적 하위자인 남성 청자에게 사용하면 [혐오감][불쾌감]의 표현가치를 나타낸다.

[9] 〈ないでいただけるでしょうか〉 {청자(남)가 화자(남)에 비해 경어적 하위자인 경우}

   (125) ??ボク、いい子だから、おじちゃんちの庭にごみ捨てないでいただけるでしょうか。
   (126) 山田君だか川田君だか知らんがね、娘は嫌がっているんです。もう連絡しないでいただけるでしょうか。

   〈ないでいただけるでしょうか〉는 경어가치와 정중도가 높고 격식을 차린 말씨이지만 어감이 딱딱하기 때문에 친한 사이에서 (125)의「捨てないでいただけるでしょうか」와 같이 남성 화자가 경어적 하위자인 남자 아이에게 사용하는 것은 사용하는 것은 부자연스럽다. 그리고 〈ないでいただけるでしょうか〉는 화자의 딱딱하고 강경한 태도가 전면에 부각된다는 점에서 소원한 사이에서 (126)의「連絡しないでいただけるでしょうか」와 같이 남성 화자가 경어적 하위자인 남성 청자에게 사용하면, 화자의 원망이 전면이 드러나고 청자에 대한 혐오감을 강하게 표출한다는 점에서 청자에 대한 화자의 [질책]의 표현가치를 나타낸다.

[10] 〈ないでいただけないでしょうか〉 {청자(남)가 화자(남)에 비해 경어적 하위자인 경우}

(127) ??ボク、いい子だから、おじちゃんちの庭にごみ捨てないでいただけないでしょうか。
(128) 山田君だか川田君だか知らんがね、娘は嫌がっているんです。もう連絡しないでいただけないでしょうか。

〈ないでいただけないでしょうか〉는 긍정의 〈ないでいただけるでしょうか〉에 비해 상대적으로 어조가 부드럽지만 경어가치와 정중도가 높고 격식도 인정되기 때문에 친한 사이에서 (127)의「捨てないでいただけないでしょうか」와 같이 남성 화자가 경어적 하위자인 남자 아이에게 사용하는 것은 지나치게 정중하다는 점에서 부자연스럽다. 그리고 〈ないでいただけないでしょうか〉는 소원한 사이에서 (128)의「連絡しないでいただけないでしょうか」와 같이 남성 화자가 경어적 하위자인 남성 청자에게 사용하면 [혐오감]의 표현가치를 나타내는데 화자가 〈ないでいただけないでしょうか〉이라는 형식을 사용함으로써 불쾌한 행동을 하는 청자와의 거리를 유지하며 청자와 일선을 그으려고 하는 의도가 엿보인다.

[11] 〈ないでいただけますでしょうか〉 {청자(남)가 화자(남)에 비해 경어적 하위자인 경우}

(129) ??ボク、いい子だから、おじちゃんちの庭にごみ捨てないでいただけますでしょうか。
(130) 山田君だか川田君だか知らんがね、娘は嫌がっているんです。もう連絡しないでいただけますでしょうか。

〈ないでいただけますでしょうか〉는 화자가 격식 있는 태도를 취함으로써 자신의 품위를 유지하고 상대방의 입장을 존중하여 최종적인 판단을 청자에게 위임한다는 뉘앙스를 함의한다. 친한 사이에서 (129)의「捨てないでいただけますでしょうか」와 같이 남성 화자가 남자 아이에게 사용하는 것은 지나치게 정중하다는 점에서 부자연스럽다. 그리고 〈ないでいただけますでしょうか〉는 화자의 원망이 전면에 부각되지만 문말이 이중 정중의 형태를 취하고 있다는 점에서 감정이 자제되어 있어 소원한 사이에서 (130)의「連絡しないでいただけますでしょうか」와 같이 남성 화자가 경어적 하위자인 남성 청자에게 사용하면 [혐오감]의 표현가치를 나타내는데 화자가 〈ないでいただけますでしょうか〉라는 형식을 의도적으로 선택하여 불쾌한 행동을 하는 청자와의 관계를 단절하고 청자와의 거리를 유지하려고 의도가 엿보인다.

[12] 〈ないでいただけませんでしょうか〉 {청자(남)가 화자(남)에 비해 경어적 하위자인 경우}

(131) ?? ボク、いい子だから、おじちゃんちの庭にごみ捨<u>ないでいただけませんでしょうか</u>。
(132) ?? 山田君だか川田君だか知らんがね、娘は嫌がっているんです。もう連絡<u>しないでいただけませんでしょうか</u>。

〈ないでいただけませんでしょうか〉는 〈ないでいただける〉 계열의 부정 표현 중에서 경어가치 및 정중도 그리고 격식도가 가장 높은 형식으로 청자와의 거리를 확보하면서 상대방의 입장을 존중하여 최종적인 판단을 청자의 의향에 맡긴다고 하는 뉘앙스를 함의한다. 그런데 친한 사이에서 (131)의 「捨てないでいただけませんでしょうか」와 같이 남성 화자 「おじちゃん」가 연소자인 남성 청자 「ボク」에게 사용하는 것은 지나치게 정중하다는 점에서 부자연스럽다. 그리고 〈ないでいただけませんでしょうか〉는 이중 정중의 부정의 형태를 취하고 있어 정중도가 높고 부드럽기 때문에 소원한 사이에서 (132)의 「連絡しないでいただけませんでしょうか」와 같이 남성 화자가 경어적 하위자인 남성 청자에게 사용하는 것은 질책하는 장면에서 과도하게 정중하다는 느낌을 주기 때문에 부자연스럽다.

2. 남성 화자가 여성 청자에게 사용하는 〈ないでいただける〉 계열 의뢰표현

2.1. 청자(여)가 화자(남)에 비해 경어적 상위자인 경우

[1] 〈ないでいただける?〉 {청자(여)가 화자(남)에 비해 경어적 상위자인 경우}

(1) * お義母さん、婿の僕にそんなに気を遣わ<u>ないでいただける</u>?
(2) * お義母さん、病院の送迎は僕がしますから、そんな長距離を歩いて通わ<u>ないでいただける</u>?
(3) 叔母さん、相手の女性は自分で見つけるから、いい加減見合い話は持ちかけ<u>ないでいただける</u>?

문말이 보통체 말씨로 끝나는 〈ないでいただける?〉는 정중도가 결여되어 있기 때문에 친한 사이에서 (1)의 「気を遣わないでいただける?」와 같이 남성 화자가 경어적 상위자인 「お義母さん」에게 사용하거나, (2)의 「歩いて通わないでいただける?」와 같이 남성 화자가 경어적 상위자인 「お義母さん」에게 사용하면 너무 허물이 없다는 인상을 준다는 점에서 자연스러운 발화로서 허용도가 낮다. 그리고 〈ないでいただける?〉는 소원한 사이에서 (3)의 「持ちかけないでいただける?」와 같이 남성 화자가 「叔母さん」에게 사용하면 예의에서 벗어난 태도가 드러나고 [분노][항의]의 표현가치를 나타낸다.

[2] 〈ないでいただけるか〉 {청자(여)가 화자(남)에 비해 경어적 상위자인 경우}

(4) * お義母さん、婿の僕にそんなに気を遣わ<u>ないでいただけるか</u>。
(5) * お義母さん、病院の送迎は僕がしますから、そんな長距離を歩いて通わ<u>ないでいただけるか</u>。
(6) 叔母さん、相手の女性は自分で見つけるから、いい加減見合い話は持ちかけ<u>ないでいただけるか</u>。

문말이 〈か〉로 끝나는 〈ないでいただけるか〉는 남성 전용 형식으로 정중도가 결여되어 있기 때문에 친한 사이에서 (4)의 「気を遣わないでいただけるか」나 (5)의 「歩いて通わないでいただけるか」와 같이 남성 화자가 경어적 상위자인 「お義母さん」에게 사용하면 자연스러운 발화로서의 허용도가 낮다. 그리고 소원한 사이에서는 (6)의 「持ちかけないでいただけるか」와 같이 남성 화자가 경어적 상위자인 「叔母さん」에게 발화하는 것이 허용되는데 [불만][항의]의 표현가치를 나타낸다.

[3] 〈ないでいただけない?〉 {청자(여)가 화자(남)에 비해 경어적 상위자인 경우}

(7) * お義母さん、婿の僕にそんなに気を遣わ<u>ないでいただけない</u>?

(8) * お義母さん、病院の送迎は僕がしますから、そんな長距離を歩いて通わないでいただけない?
(9) 叔母さん、相手の女性は自分で見つけるから、いい加減見合い話は持ちかけないでいただけない?

긍정의 보통체 말씨인〈ないでいただけない?〉는 여성어적 뉘앙스를 함의하고 있고 정중도가 결여되어 있다. 이에 친한 사이에서 (7)의「気を遣わないでいただけない?」나 (8)의「歩いて通わないでいただけない?」와 같이 남성 화자가 경어적 상위자인「お義母さん」에게 사용하면 친근함의 표시라고 하더라도 너무 지나치게 허물이 없다는 인상을 준다는 점에서 허용도가 낮다. 그리고〈ないでいただけない?〉는 일반적으로 경어적 상위자인 청자에게 사용하는 것은 용인도가 낮은데 소원한 사이에서 (9)의「持ちかけないでいただけない?」와 같이 남성 화자가 경어적 상위자인「叔母さん」에게 발화하는 것이 허용되며 이때는 [불쾌감][항의]의 표현가치를 나타낸다.

[4]〈ないでいただけないか〉{청자(여)가 화자(남)에 비해 경어적 상위자인 경우}

(10) * お義母さん、婿の僕にそんなに気を遣わないでいただけないか。
(11) * お義母さん、病院の送迎は僕がしますから、そんな長距離を歩いて通わないでいただけないか。
(12) 叔母さん、相手の女性は自分で見つけるから、いい加減見合い話は持ちかけないでいただけないか。

〈ないでいただけないか〉는 남성 전용 말씨로 정중도가 결여되어 있어 경어적 상위자에게 발화하는 것은 용인도가 낮기 때문에 친한 사이에서 (10)의「気を遣わないでいただけないか」나 (11)의「歩いて通わないでいただけないか」와 같이 남성 화자가 경어적 상위자인「お義母さん」에게 사용하는 것은 자연스러운 발화로서 허용도가 낮다. 그리고〈ないでいただけないか〉는 화자와 청자가 친밀한 사이이거나 거리감이 없는 경우를 제외하고는 경어적 상위자에게 발화하는 것은 허용도가 낮다. 그런데 소원한 사이에서는 (12)의「持ちかけないでいただけないか」와 같이 남성 화자가 경어적 상위자인「叔母さん」에게 사용하는 것이 허용되며 [혐오감][항의]의 표현가치를 나타낸다.

[5]〈ないでいただけますか〉{청자(여)가 화자(남)에 비해 경어적 상위자인 경우}

(13) お義母さん、婿の僕にそんなに気を遣わないでいただけますか。
(14) お義母さん、病院の送迎は僕がしますから、そんな長距離を歩いて通わないでいただけますか。
(15) 叔母さん、相手の女性は自分で見つけるから、いい加減見合い話は持ちかけないでいただけますか。

〈ないでいただけますか〉는 경어가치가 높고 정중도도 구비하고 있어 친한 사이에서 (13)의「気を遣わないでいただけますか」와 같이 남성 화자가 경어적 상위자인「お義母さん」에게 사용하면〈ないでいただけますか〉는 [염려][원망]의 표현가치를, (14)의「歩いて通わないでいただけ

ますか」와 같이 남성 화자가 경어적 상위자인「お義母さん」에게 사용하면 [염려]의 표현가치를 실현한다. 그리고〈ないでいただけますか〉는 부정 정중체인〈ないでいただけませんか〉에 비해 상대적으로 어감이 다소 딱딱하기 때문에 소원한 사이에서 (15)의「持ちかけないでいただけますか」와 같이 남성 화자가 경어적 상위자인「叔母さん」에게 사용하면 [불쾌감][불만]의 표현가치를 나타낸다.

[6]〈ないでいただけます?〉 {청자(여)가 화자(남)에 비해 경어적 상위자인 경우}

(16) お義母さん、婿の僕にそんなに気を遣わ<u>ないでいただけます?</u>
(17) お義母さん、病院の送迎は僕がしますから、そんな長距離を歩いて通わ<u>ないでいただけます?</u>
(18) 叔母さん、相手の女性は自分で見つけるから、いい加減見合い話は持ちかけ<u>ないでいただけます?</u>

〈ないでいただけます?〉는 여성어적 성격을 띠기 때문에 어조는 부드럽지만 한편으로 가벼운 느낌을 준다. 이에 친한 사이에서 (16)의「気を遣わないでいただけます?」와 같이 남성 화자가 경어적 상위자인「お義母さん」에게 사용하면 [염려][원망]의 표현가치를, 그리고 (17)의「歩いて通わないでいただけます?」는 [염려]의 표현가치를 실현한다. 그리고〈ないでいただけます?〉는 가벼운 느낌을 수반한다는 점에서 소원한 사이에서는 [차가움][냉담]의 뉘앙스를 띤다. 그래서 (18)의「持ちかけないでいただけます?」와 같이 남성 화자가 경어적 상위자인「叔母さん」에게 사용하면 [불쾌감][불만]의 표현가치를 나타낸다.

[7]〈ないでいただけませんか〉 {청자(여)가 화자(남)에 비해 경어적 상위자인 경우}

(19) お義母さん、婿の僕にそんなに気を遣わ<u>ないでいただけませんか</u>。
(20) お義母さん、病院の送迎は僕がしますから、そんな長距離を歩いて通わ<u>ないでいただけませんか</u>。
(21) 叔母さん、相手の女性は自分で見つけるから、いい加減見合い話は持ちかけ<u>ないでいただけませんか</u>。

부정 정중체인〈ないでいただけませんか〉는 경어가치가 높고 정중도도 구비하고 있기 때문에 친한 사이에서 (19)의「気を遣わないでいただけませんか」와 같이 남성 화자가 경어적 상위자인「お義母さん」에게 사용하면 [염려][원망]의 표현가치를, (20)의「歩いて通わないでいただけませんか」에서는 [염려]의 표현가치를 실현한다. 그리고〈ないでいただけませんか〉는 긍정 정중체인〈ないでいただけますか〉에 비해 상대적으로 어조가 부드럽다는 점에서 소원한 사이에서 (21)의「持ちかけないでいただけませんか」와 같이 남성 화자가 경어적 상위자인「叔母さん」에게 사용하면 [불쾌감][불만]의 표현가치를 나타낸다.

[8] 〈ないでいただけません?〉 {청자(여)가 화자(남)에 비해 경어적 상위자인 경우}

(22) お義母さん、婿の僕にそんなに気を遣わ<u>ないでいただけません?</u>
(23) お義母さん、病院の送迎は僕がしますから、そんな長距離を歩いて通わ<u>ないでいただけません?</u>
(24) 叔母さん、相手の女性は自分で見つけるから、いい加減見合い話は持ちかけ<u>ないでいただけません?</u>

〈ないでいただけません?〉은 가벼운 느낌을 수반하며 개인적인 발화라는 성격을 띠기 때문에 친한 사이에서 (22)의 「気を遣わないでいただけません?」과 같이 남성 화자가 경어적 상위자인 「お義母さん」에게 사용하면 [염려][원망]의 표현가치를, 그리고 (23)의 「歩いて通わないでいただけません?」에서는 [염려]의 표현가치를 실현한다. 그리고 〈ないでいただけません?〉은 화자가 자기의 감정을 쉽게 표출한다는 점에서 냉담한 뉘앙스를 함의하기 때문에 소원한 사이에서 (24)의 「持ちかけないでいただけません?」과 같이 남성 화자가 경어적 상위자인 「叔母さん」에게 사용하면 [불쾌감][불만]의 표현가치를 나타낸다.

[9] 〈ないでいただけるでしょうか〉 {청자(여)가 화자(남)에 비해 경어적 상위자인 경우}

(25) ?お義母さん、婿の僕にそんなに気を遣わ<u>ないでいただけるでしょうか</u>。
(26) ?お義母さん、病院の送迎は僕がしますから、そんな長距離を歩いて通わ<u>ないでいただけるでしょうか</u>。
(27) 叔母さん、相手の女性は自分で見つけるから、いい加減見合い話は持ちかけ<u>ないでいただけるでしょうか</u>。

〈ないでいただけるでしょうか〉는 경어가치와 정중도가 높고 격식을 차린 말씨이지만 어감이 딱딱하기 때문에 친한 사이에서 (25)의 「気を遣わないでいただけるでしょうか」와 (26)의 「歩いて通わないでいただけるでしょうか」와 같이 남성 화자가 경어적 상위자인 「義母さん」에게 사용하는 것은 다소 부자연스럽다. 그리고 〈ないでいただけるでしょうか〉는 화자의 딱딱하고 강경한 태도가 전면에 부각된다는 점에서 소원한 사이에서 (27)의 「持ちかけないでいただけるでしょうか」와 같이 남성 화자가 경어적 상위자인 「叔母さん」에게 사용하면 청자에 대한 화자의 [혐오감][항의]의 표현가치를 나타낸다.

[10] 〈ないでいただけないでしょうか〉 {청자(여)가 화자(남)에 비해 경어적 상위자인 경우}

(28) お義母さん、婿の僕にそんなに気を遣わ<u>ないでいただけないでしょうか</u>。
(29) お義母さん、病院の送迎は僕がしますから、そんな長距離を歩いて通わ<u>ないでいただけないでしょうか</u>。
(30) 叔母さん、相手の女性は自分で見つけるから、いい加減見合い話は持ちかけ<u>ないでいただけな</u>

いでしょうか。

〈ないでいただけないでしょうか〉는 긍정의 〈ないでいただけるでしょうか〉에 비해 상대적으로 어조가 부드럽지만 경어가치와 정중도가 높고 격식도 인정되기 때문에 친한 사이에서 (28)의 「気を遣わないでいただけないでしょうか」와 같이 남성 화자가 경어적 상위자인 「お義母さん」에게 사용하면 [간원][원망]의 표현가치를, (29)의 「歩いて通わないでいただけないでしょうか」와 같이 남성 화자가 경어적 상위자인 「お義母さん」에게 사용하면 [염려][원망]의 표현가치를 실현한다. 그리고 〈ないでいただけないでしょうか〉는 소원한 사이에서 (30)의 「持ちかけないでいただけないでしょうか」와 같이 남성 화자가 경어적 상위자인 「叔母さん」에게 사용하면 화자가 단정한 태도로 불만을 토로하고 있다는 인상을 주며 청자에 대한 화자의 [불쾌감][항의]의 표현가치를 나타낸다.

[11] 〈ないでいただけますでしょうか〉 {청자(여)가 화자(남)에 비해 경어적 상위자인 경우}

(31) お義母さん、婿の僕にそんなに気を遣わ<u>ないでいただけますでしょうか</u>。
(32) お義母さん、病院の送迎は僕がしますから、そんな長距離を歩いて通わ<u>ないでいただけますでしょうか</u>。
(33) 叔母さん、相手の女性は自分で見つけるから、いい加減見合い話は持ちかけ<u>ないでいただけますでしょうか</u>。

〈ないでいただけますでしょうか〉는 화자가 격식 있는 태도를 취함으로써 자신의 품위를 유지하고 상대방의 입장을 존중하여 최종적인 판단을 청자에게 위임한다는 뉘앙스를 함의하기 때문에 친한 사이에서 (31)의 「気を遣わないでいただけますでしょうか」와 같이 남성 화자가 경어적 상위자인 「お義母さん」에게 사용하면 [배려][간원]의 표현가치를, (32)의 「歩いて通わないでいただけますでしょうか」와 같이 남성 화자가 경어적 상위자인 「お義母さん」에게 사용하면 [배려][원망]의 표현가치를 실현한다. 그리고 〈ないでいただけますでしょうか〉는 화자의 원망이 전면에 부각되지만 문말이 이중 정중의 형태를 취하고 있다는 점에서 감정이 자제되어 있다. 소원한 사이에서 (33)의 「持ちかけないでいただけますでしょうか」와 같이 남성 화자가 경어적 상위자인 「叔母さん」에게 사용하면 화자가 단정한 태도로 항의하고 있다는 인상을 주며 청자에 대한 화자의 [혐오감][항의]의 표현가치를 나타낸다.

[12] 〈ないでいただけませんでしょうか〉 {청자(여)가 화자(남)에 비해 경어적 상위자인 경우}

(34) お義母さん、婿の僕にそんなに気を遣わ<u>ないでいただけませんでしょうか</u>。
(35) お義母さん、病院の送迎は僕がしますから、そんな長距離を歩いて通わ<u>ないでいただけませんでしょうか</u>。

(36) 叔母さん、相手の女性は自分で見つけるから、いい加減見合い話は持ちかけ<u>ないでいただけませんでしょうか</u>。

〈ないでいただけませんでしょうか〉는 〈ないでいただける〉 계열의 부정 표현 중에서 경어가치 및 정중도 그리고 격식도가 가장 높은 형식으로 청자와의 거리를 확보하면서 상대방의 입장을 존중하여 최종적인 판단을 청자의 의향에 맡긴다고 하는 뉘앙스를 함의한다. 따라서 친한 사이에서 (34)의 「気を遣わないでいただけませんでしょうか」와 같이 남성 화자가 경어적 상위자인 「お義母さん」에게 사용하면 [배려][간원]의 표현가치를, (35)의 「歩いて通わないでいただけませんでしょうか」와 같이 사용하면 [염려][원망]의 표현가치를 실현한다. 그리고 〈ないでいただけませんでしょうか〉는 이중 정중의 부정의 형태를 취하고 있어 정중도가 높고 부드럽기 때문에 소원한 사이에서 (36)의 「持ちかけないでいただけませんでしょうか」와 같이 남성 화자가 경어적 상위자인 「叔母さん」에게 사용하면 단정한 태도를 취하며 청자에 대한 화자의 [불만][항의]의 표현가치를 나타낸다.

2.2. 청자(여)가 화자(남)와 경어적 동위자이거나 상위자인 경우

[1] 〈ないでいただける?〉 {청자(여)가 화자(남)와 경어적 동위자이거나 상위자인 경우}

(37) * お義姉さん、僕が飲んでる薬は女性には刺激が強すぎますから、飲ま<u>ないでいただける?</u>
(38) * 洋子先輩、僕には彼女がいますから、これ以上こういった手紙を送ってこ<u>ないでいただける?</u>

문말이 보통체 말씨로 끝나는 〈ないでいただける?〉는 정중도가 결여되어 있기 때문에 친한 사이에서 (37)의 「飲まないでいただける?」와 같이 남성 화자가 경어적 동위자이거나 상위자인 「お義姉さん」에게 사용하면 너무 허물이 없다는 인상을 준다는 점에서 자연스러운 발화로서 허용도가 낮다. 그리고 〈ないでいただける?〉는 소원한 사이에서 (38)의 「送ってこないでいただける?」와 같이 남성 화자가 경어적 동위자이거나 상위자인 여성 선배에게 사용하는 것은 자연스러운 발화로서 허용도가 낮다.

[2] 〈ないでいただけるか〉 {청자(여)가 화자(남)와 경어적 동위자이거나 상위자인 경우}

(39) * お義姉さん、僕が飲んでる薬は女性には刺激が強すぎますから、飲ま<u>ないでいただけるか</u>。
(40) * 洋子先輩、僕には彼女がいますから、これ以上こういった手紙を送ってこ<u>ないでいただけるか</u>。

문말이 〈か〉로 끝나는 〈ないでいただけるか〉는 남성 전용 형식으로 정중도가 결여되어 있기 때문에 친한 사이에서 (39)의 「飲まないでいただけるか」와 같이 남성 화자가 경어적 동위자이거나 상위자인 「お義姉さん」에게 사용하면 자연스러운 발화로서의 허용도가 낮다. 그리고 소원한 사이에서는 (40)의 「送ってこないでいただけるか」와 같이 남성 화자가 경어적 동위자이거나 상위자인 「洋子先輩」에게 발화하면 [불만][항의]의 표현가치를 나타내는데 후배가 선배에 대한 발화로서는 허용도가 낮다.

[3] 〈ないでいただけない?〉 {청자(여)가 화자(남)와 경어적 동위자이거나 상위자인 경우}

(41) * お義姉さん、僕が飲んでる薬は女性には刺激が強すぎますから、飲まないでいただけない?
(42) ? 洋子先輩、僕には彼女がいますから、これ以上こういった手紙を送ってこないでいただけない?

긍정의 보통체 말씨인 〈ないでいただけない?〉는 여성어적 뉘앙스를 함의하고 있고 정중도가 결여되어 있어 친한 사이에서 (41)의 「飲まないでいただけない?」와 같이 남성 화자가 경어적 동위자이거나 상위자인 「お義姉さん」에게 사용하면 너무 지나치게 허물이 없다는 인상을 준다는 점에서 허용도가 낮다. 그리고 〈ないでいただけない?〉는 일반적으로 경어적 동위자이거나 상위자인 청자에게 사용하는 것은 용인도가 낮기 때문에 소원한 사이에서 (42)의 「送ってこないでいただけない?」와 같이 남성 화자가 경어적 동위자이거나 상위자인 「洋子先輩」에게 발화하는 것은 다소 부자연스럽다.

[4] 〈ないでいただけないか〉 {청자(여)가 화자(남)와 경어적 동위자이거나 상위자인 경우}

(43) * お義姉さん、僕が飲んでる薬は女性には刺激が強すぎますから、飲まないでいただけないか。
(44) * 洋子先輩、僕には彼女がいますから、これ以上こういった手紙を送ってこないでいただけないか。

〈ないでいただけないか〉는 남성 전용 말씨로 정중도가 결여되어 있어 친한 사이에서 (43)의 「飲まないでいただけないか」와 같이 남성 화자가 경어적 동위자이거나 상위자인 「お義姉さん」에게 사용하는 것은 자연스러운 발화로서 허용도가 낮다. 그리고 〈ないでいただけないか〉는 소원한 사이에서 (44)의 「送ってこないでいただけないか」와 같이 후배가 선배에게 발화하는 것은 허용도가 낮다.

[5] 〈ないでいただけますか〉 {청자(여)가 화자(남)와 경어적 동위자이거나 상위자인 경우}

(45) お義姉さん、僕が飲んでる薬は女性には刺激が強すぎますから、飲まないでいただけますか。
(46) 洋子先輩、僕には彼女がいますから、これ以上こういった手紙を送ってこないでいただけますか。

〈ないでいただけますか〉는 경어가치가 높고 정중도도 구비하고 있어 친한 사이에서 (45)의 「飲まないでいただけますか」와 같이 남성 화자가 경어적 동위자이거나 상위자인 「お義姉さん」에게 사용하면 [염려]의 표현가치를 실현한다. 그리고 〈ないでいただけますか〉는 부정 정중체인 〈ないでいただけませんか〉에 비해 상대적으로 어감이 다소 딱딱하다. 이에 소원한 사이에서 (46)의「送ってこないでいただけますか」와 같이 남성 화자가 경어적 동위자이거나 상위자인 여성 선배에게 사용하면 [불쾌감][항의]의 표현가치를 나타낸다.

[6] 〈ないでいただけます?〉 {청자(여)가 화자(남)와 경어적 동위자이거나 상위자인 경우}

 (47)?お義姉さん、僕が飲んでる薬は女性には刺激が強すぎますから、飲まないでいただけます?
 (48) 洋子先輩、僕には彼女がいますから、これ以上こういった手紙を送ってこないでいただけます?

 〈ないでいただけます?〉는 여성어적 성격을 띠기 때문에 어조는 부드럽지만 한편으로 가벼운 느낌을 준다. 이에 친한 사이에서 (47)의「飲まないでいただけます?」와 같이 남성 화자가 경어적 동위자이거나 상위자이며 친족인「お義姉さん」에게 사용하는 것은 다소 부자연스럽다. 그리고 〈ないでいただけます?〉는 가벼운 느낌을 수반한다는 점에서 소원한 사이에서는 [차가움][냉담]의 뉘앙스를 띤다. 따라서 (48)의「送ってこないでいただけます?」와 같이 남성 화자가 경어적 동위자이거나 상위자인 여성 선배에게 사용하면 [불쾌감][항의]의 표현가치를 나타낸다.

[7] 〈ないでいただけませんか〉 {청자(여)가 화자(남)와 경어적 동위자이거나 상위자인 경우}

 (49) お義姉さん、僕が飲んでる薬は女性には刺激が強すぎますから、飲まないでいただけませんか。
 (50) 洋子先輩、僕には彼女がいますから、これ以上こういった手紙を送ってこないでいただけませんか。

 부정 정중체인 〈ないでいただけませんか〉는 경어가치가 높고 정중도도 구비하고 있기 때문에 친한 사이에서 (49)의「飲まないでいただけませんか」와 같이 남성 화자가 경어적 동위자이거나 상위자인「お義姉さん」에게 사용하면 [염려]의 표현가치를 실현한다. 그리고 〈ないでいただけませんか〉는 긍정 정중체인 〈ないでいただけますか〉에 비해 상대적으로 어조가 부드럽다는 점에서 소원한 사이에서 (50)의「送ってこないでいただけませんか」와 같이 남성 화자가 경어적 동위자이거나 상위자인 여성 선배에게 사용하면 [불쾌감][항의]의 표현가치를 나타낸다.

[8] 〈ないでいただけません?〉 {청자(여)가 화자(남)와 경어적 동위자이거나 상위자인 경우}

 (51) お義姉さん、僕が飲んでる薬は女性には刺激が強すぎますから、飲まないでいただけません?
 (52) 洋子先輩、僕には彼女がいますから、これ以上こういった手紙を送ってこないでいただけません?

 〈ないでいただけません?〉은 가벼운 느낌을 수반하며 개인적인 발화라는 성격을 띠기 때문에 친한 사이에서 (51)의「飲まないでいただけません?」과 같이 남성 화자가 경어적 동위자이거나 상위자인「お義姉さん」에게 사용하면 [염려]의 표현가치를 실현한다. 그리고 〈ないでいただけません?〉은 화자가 자기의 감정을 쉽게 표출한다는 점에서 냉담한 뉘앙스를 함의한다. 이에 소원한 사이에서 (52)의 「送ってこないでいただけません?」과 같이 남성 화자가 경어적 동위자이거나 상위자인 여성 선배에게 사용하면 [불쾌감][항의]의 표현가치를 나타낸다.

[9] 〈ないでいただけるでしょうか〉 {청자(여)가 화자(남)와 경어적 동위자이거나 상위자인 경우}

(53) ?お義姉さん、僕が飲んでる薬は女性には刺激が強すぎますから、飲まないでいただけるでしょうか。
(54) 洋子先輩、僕には彼女がいますから、これ以上こういった手紙を送ってこないでいただけるでしょうか。

〈ないでいただけるでしょうか〉는 경어가치와 정중도가 높고 격식을 차린 말씨이지만 어감이 딱딱하기 때문에 친한 사이에서 (53)의 「飲まないでいただけるでしょうか」와 같이 남성 화자가 경어적 동위자이거나 상위자인 「お義姉さん」에게 사용하는 것은 다소 부자연스럽다. 그리고 〈ないでいただけるでしょうか〉는 화자의 딱딱하고 강경한 태도가 전면에 부각된다는 점에서 소원한 사이에서 (54)의 「送ってこないでいただけるでしょうか」와 같이 남성 화자가 경어적 동위자이거나 상위자인 여성 청자에게 사용하면 청자에 대한 화자의 [불만][항의]의 표현가치를 나타낸다.

[10] 〈ないでいただけないでしょうか〉 {청자(여)가 화자(남)와 경어적 동위자이거나 상위자인 경우}

(55) お義姉さん、僕が飲んでる薬は女性には刺激が強すぎますから、飲まないでいただけないでしょうか。
(56) 洋子先輩、僕には彼女がいますから、これ以上こういった手紙を送ってこないでいただけないでしょうか。

〈ないでいただけないでしょうか〉는 긍정의 〈ないでいただけるでしょうか〉에 비해 상대적으로 어조가 부드럽지만 경어가치와 정중도가 높고 격식도 인정되기 때문에 친한 사이에서 (55)의 「飲まないでいただけないでしょうか」와 같이 화자가 친한 사이의 경어적 동위자이거나 상위자인 「お義姉さん」에게 사용하면 [배려][원망]의 표현가치를 실현한다. 그리고 〈ないでいただけないでしょうか〉는 소원한 사이에서 (56)의 「送ってこないでいただけないでしょうか」와 같이 여성 화자가 경어적 동위자이거나 상위자인 여성 선배에게 사용하면 [불쾌감][항의]의 표현가치를 나타낸다. 선후배 사이에서 〈ないでいただけないでしょうか〉라는 형식은 지나치게 정중하다는 인상을 주지만, 화자가 의도적으로 이러한 표현을 선택함으로써 청자에 대한 불쾌감을 완화시키고 있다고 해석된다.

[11] 〈ないでいただけますでしょうか〉 {청자(여)가 화자(남)와 경어적 동위자이거나 상위자인 경우}

(57) お義姉さん、僕が飲んでる薬は女性には刺激が強すぎますから、飲ま<u>ないでいただけますでしょうか</u>。
(58) 洋子先輩、僕には彼女がいますから、これ以上こういった手紙を送ってこ<u>ないでいただけますでしょうか</u>。

〈ないでいただけますでしょうか〉는 화자가 격식 있는 태도를 취함으로써 자신의 품위를 유지하고 상대방의 입장을 존중하여 최종적인 판단을 청자에게 위임한다는 뉘앙스를 함의한다. 친한 사이에서 (57)의 「飲まないでいただけますでしょうか」와 같이 남성 화자가 경어적 동위자이거나 상위자인 「お義姉さん」에게 사용하면 [배려][간원]의 표현가치를 실현한다. 그리고 〈ないでいただけますでしょうか〉는 화자의 원망이 전면에 부각되지만 문말이 이중 정중의 형태를 취하고 있다는 점에서 감정이 자제되어 있다. 그래서 소원한 사이에서 (58)의 「送ってこないでいただけますでしょうか」와 같이 남성 화자가 경어적 동위자이거나 상위자인 여성 「先輩」에게 사용하면, 화자가 단정한 태도로 항의하고 있다는 인상을 주며 청자에 대한 화자의 [불만][항의]의 표현가치를 나타낸다.

[12] 〈ないでいただけませんでしょうか〉 {청자(여)가 화자(남)와 경어적 동위자이거나 상위자인 경우}

(59) ?お義姉さん、僕が飲んでる薬は女性には刺激が強すぎますから、飲ま<u>ないでいただけませんでしょうか</u>。
(60) 洋子先輩、僕には彼女がいますから、これ以上こういった手紙を送ってこ<u>ないでいただけませんでしょうか</u>。

〈ないでいただけませんでしょうか〉는 〈ないでいただける〉 계열의 부정 표현 중에서 경어가치 및 정중도 그리고 격식도가 가장 높은 형식으로 청자와의 거리를 확보하면서 상대방의 입장을 존중하여 최종적인 판단을 청자의 의향에 맡긴다고 하는 뉘앙스를 함의한다. 그런데 친한 사이에서 (59)의 「飲まないでいただけませんでしょうか」와 같이 스스럼없는 내적 관계의 형제 사이에서 남성 화자가 경어적 동위자이거나 상위자인 「お義姉さん」에게 사용하는 것은 자신을 지나치게 낮추고 있다는 점에서 다소 부자연스럽다. 그리고 〈ないでいただけませんでしょうか〉는 이중 정중의 부정의 형태를 취하고 있어 정중도가 높고 부드럽기 때문에 소원한 사이에서 (60)의 「送ってこないでいただけませんでしょうか」와 같이 남성 화자가 경어적 동위자이거나 상위자인 여성 선배에게 사용하면 단정한 태도를 취하며 청자에 대한 화자의 [불만][항의]의 표현가치를 나타낸다.

2.3. 청자(여)와 화자(남)가 경어적 동위자인 경우

[1] 〈ないでいただける?〉 {청자(여)와 화자(남)가 경어적 동위자인 경우}

　(61) * 同窓会の準備は僕がやるから、洋子ちゃんはゆっくり休んで、あんまり無理し<u>ないでいただける</u>?
　(62) 男子の問題に、興味本位で女子が首を突っ込ま<u>ないでいただける</u>?

　문말이 보통체 말씨로 끝나는 〈ないでいただける?〉는 정중도가 결여되어 있기 때문에 친한 사이에서 (61)의 「無理しないでいただける?」와 같이 남성 화자가 경어적 동위자인 여성 청자에게 사용하는 것은 자연스러운 발화로서 허용도가 낮다. 그리고 〈ないでいただける?〉는 소원한 사이에서 (62)의 「首を突っ込まないでいただける?」와 같이 남성 화자가 경어적 동위자인 여성 청자에게 사용하면 청자와의 거리를 일부러 두려고 하는 의도가 느껴지며 청자에 대한 화자의 [불쾌감][항의]를 나타낸다.

[2] 〈ないでいただけるか〉 {청자(여)와 화자(남)가 경어적 동위자인 경우}

　(63) 同窓会の準備は僕がやるから、洋子ちゃんはゆっくり休んで、あんまり無理し<u>ないでいただけるか</u>。
　(64) 男子の問題に、興味本位で女子が首を突っ込ま<u>ないでいただけるか</u>。

　〈ないでいただけるか〉는 남성 전용 형식으로 어조는 딱딱하지만 한편으로 친근감을 수반하기 때문에 친한 사이에서 (63)의 「無理しないでいただけるか」와 같이 남성 화자가 경어적 동위자인 여성 청자에게 사용하는 것은 허용되며 [염려][친근감]의 표현가치를 실현한다. 그리고 소원한 사이에서는 (64)의 「首を突っ込まないでいただけるか」와 같이 남성 화자가 경어적 동위자인 여성 청자에게 사용하면 청자에 대한 화자의 [불쾌감][항의]를 나타낸다.

[3] 〈ないでいただけない?〉 {청자(여)와 화자(남)가 경어적 동위자인 경우}

　(65) * 同窓会の準備は僕がやるから、洋子ちゃんはゆっくり休んで、あんまり無理し<u>ないでいただけない</u>?
　(66) 男子の問題に、興味本位で女子が首を突っ込ま<u>ないでいただけない</u>?

　긍정의 보통체 말씨인 〈ないでいただけない?〉는 여성어적 뉘앙스를 함의하고 있고 정중도가 결여되어 있다. 그래서 친한 사이에서 (65)의 「無理しないでいただけない?」와 같이 남성 화자가 경어적 동위자인 여성 청자에게 사용하는 것은 자연스러운 발화로서 허용도가 낮다. 그러나 화자를 연배의 남성으로 상정할 경우에는 부자연스럽지만 발화로서 성립은 가능하다. 그리고 〈ないでいただけない?〉는 보통체 말씨이기 때문에 정중도가 결여되어 있어 소원한 사이에서

(66)의 「首を突っ込まないでいただけない?」와 같이 남성 화자가 경어적 동위자인 여성 청자에게 사용하면 청자와의 거리를 일부러 두려고 하는 의도가 느껴지며 청자에 대한 화자의 [불쾌감][항의]를 나타낸다.

[4] 〈ないでいただけないか〉 {청자(여)와 화자(남)가 경어적 동위자인 경우}

   (67) 同窓会の準備は僕がやるから、洋子ちゃんはゆっくり休んで、あんまり無理しないでいただけないか。
   (68) 男子の問題に、興味本位で女子が首を突っ込まないでいただけないか。

〈ないでいただけないか〉는 남성 전용 말씨로 정중도가 결여되어 있는데 친한 사이에서 (67)의 「無理しないでいただけないか」와 같이 남성 화자가 경어적 동위자에게 사용하는 것은 허용되며 [배려][원망]의 표현가치를 실현한다. 그리고 〈ないでいただけないか〉는 소원한 사이에서 (68)의 「首を突っ込まないでいただけないか」와 같이 경어적 동위자인 여성 청자에게 사용하면 청자에 대한 화자의 [불쾌감][항의]를 나타낸다.

[5] 〈ないでいただけますか〉 {청자(여)와 화자(남)가 경어적 동위자인 경우}

   (69) 同窓会の準備は僕がやるから、洋子ちゃんはゆっくり休んで、あんまり無理しないでいただけますか。
   (70) 男子の問題に、興味本位で女子が首を突っ込まないでいただけますか。

〈ないでいただけますか〉는 경어가치가 높고 정중도도 구비하고 있어 친한 사이에서 (69)의 「無理しないでいただけますか」와 같이 남성 화자가 경어적 동위자인 여성 청자에게 사용하면 [염려]의 표현가치를 실현한다. 그리고 〈ないでいただけますか〉는 부정 정중체인 〈ないでいただけませんか〉에 비해 상대적으로 어감이 다소 딱딱하다. 그래서 소원한 사이에서 (70)의 「首を突っ込まないでいただけますか」와 같이 남성 화자가 경어적 동위자인 여성 청자에게 사용하면 [불쾌감][분노]의 표현가치를 나타낸다.

[6] 〈ないでいただけます?〉 {청자(여)와 화자(남)가 경어적 동위자인 경우}

   (71) 同窓会の準備は僕がやるから、洋子ちゃんはゆっくり休んで、あんまり無理しないでいただけます?
   (72) 男子の問題に、興味本位で女子が首を突っ込まないでいただけます?

〈ないでいただけます?〉는 여성어적 성격을 띠기 때문에 어조는 부드럽지만 한편으로 가벼운 느낌을 준다. 친한 사이에서 (71)의 「無理しないでいただけます?」와 같이 남성 화자가 경어적 동위자인 여성 청자에게 사용하면 [염려]의 표현가치를 실현한다. 그리고 〈ないでいただけま

す?〉는 가벼운 느낌을 수반한다는 점에서 소원한 사이에서는 [차가움][냉담]의 뉘앙스를 띤다. 그래서 (72)의 「首を突っ込まないでいただけます?」와 같이 남성 화자가 경어적 동위자인 여성 청자에게 사용하면 [불쾌감][분노]의 표현가치를 나타낸다.

[7] 〈ないでいただけませんか〉 {청자(여)와 화자(남)가 경어적 동위자인 경우}

(73) 同窓会の準備は僕がやるから、洋子ちゃんはゆっくり休んで、あんまり無理しないでいただけませんか。
(74) 男子の問題に、興味本位で女子が首を突っ込まないでいただけませんか。

부정 정중체인 〈ないでいただけませんか〉는 경어가치가 높고 정중도도 구비하고 있기 때문에 친한 사이에서 (73)의 「無理しないでいただけませんか」와 같이 남성 화자가 경어적 동위자인 여성 청자에게 사용하면 [염려]의 표현가치를 실현한다. 그리고 〈ないでいただけませんか〉는 긍정 정중체인 〈ないでいただけますか〉에 비해 상대적으로 어조가 부드럽다는 점에서 소원한 사이에서 (74)의 「首を突っ込まないでいただけませんか」와 같이 남성 화자가 경어적 동위자인 여성 청자에게 사용하면 [불쾌감][분노]의 표현가치를 나타낸다.

[8] 〈ないでいただけません?〉 {청자(여)와 화자(남)가 경어적 동위자인 경우}

(75) 同窓会の準備は僕がやるから、洋子ちゃんはゆっくり休んで、あんまり無理しないでいただけません?
(76) 男子の問題に、興味本位で女子が首を突っ込まないでいただけません?

〈ないでいただけません?〉은 가벼운 느낌을 수반하며 개인적인 발화라는 성격을 띠기 때문에 친한 사이에서 (75)의 「無理しないでいただけません?」과 같이 남성 화자가 경어적 동위자인 여성 청자에게 사용하면 [염려]의 표현가치를 실현한다. 그리고 〈ないでいただけません?〉은 화자가 자기의 감정을 쉽게 표출한다는 점에서 냉담한 뉘앙스를 함의한다. 이에 소원한 사이에서 (76)의 「首を突っ込まないでいただけません?」과 같이 남성 화자가 경어적 동위자인 여성 청자에게 사용하면 [불쾌감][분노]의 표현가치를 나타낸다.

[9] 〈ないでいただけるでしょうか〉 {청자(여)와 화자(남)가 경어적 동위자인 경우}

(77) 同窓会の準備は僕がやるから、洋子ちゃんはゆっくり休んで、あんまり無理しないでいただけるでしょうか。
(78) 男子の問題に、興味本位で女子が首を突っ込まないでいただけるでしょうか。

〈ないでいただけるでしょうか〉는 경어가치와 정중도가 높고 격식을 차린 말씨이지만 어감이 딱딱하다. 그런데 친한 사이에서 (77)의 「無理しないでいただけるでしょうか」와 같이 남성 화자가 경어적 동위자인 여성 청자에게 사용하는 것은 허용되며 [원망]의 표현가치를 실현한다. 그리고 〈ないでいただけるでしょうか〉는 화자의 딱딱하고 강경한 태도가 전면에 부각된다는 점에서 소원한 사이에서 (78)의「首を突っ込まないでいただけるでしょうか」와 같이 남성 화자가 경어적 동위자인 여성 청자에게 사용하면 청자에 대한 화자의 [불쾌감][항의]의 표현가치를 나타낸다.

[10] 〈ないでいただけないでしょうか〉 {청자(여)와 화자(남)가 경어적 동위자인 경우}

    (79) ?同窓会の準備は僕がやるから、洋子ちゃんはゆっくり休んで、あんまり無理しないでいただけないでしょうか。
    (80) 男子の問題に、興味本位で女子が首を突っ込まないでいただけないでしょうか。

〈ないでいただけないでしょうか〉는 긍정의 〈ないでいただけるでしょうか〉에 비해 상대적으로 어조가 부드럽지만 경어가치와 정중도가 높고 격식도 인정되기 때문에 친한 사이에서 (79)의「無理しないでいただけないでしょうか」와 같이 남성 화자가 경어적 동위자인 여성 청자에게 사용하는 것은 청자와의 간극이 생기기 때문에 동급생 사이의 발화로서는 다소 부자연스럽다. 그리고 〈ないでいただけないでしょうか〉는 소원한 사이에서 (80)의「首を突っ込まないでいただけないでしょうか」와 같이 남성 화자가 경어적 동위자인 여성 청자에게 사용하면 정중한 표현을 의도적으로 사용함으로써 청자와의 거리를 두고 화자의 불쾌한 기분을 전하고 [불쾌감][항의]의 표현가치를 나타낸다.

[11] 〈ないでいただけますでしょうか〉 {청자(여)와 화자(남)가 경어적 동위자인 경우}

    (81) ??同窓会の準備は僕がやるから、洋子ちゃんはゆっくり休んで、あんまり無理しないでいただけますでしょうか。
    (82) 男子の問題に、興味本位で女子が首を突っ込まないでいただけますでしょうか。

〈ないでいただけますでしょうか〉는 화자가 격식 있는 태도를 취함으로써 자신의 품위를 유지하고 상대방의 입장을 존중하여 최종적인 판단을 청자에게 위임한다는 뉘앙스를 함의한다. 친한 사이에서 (81)의「無理しないでいただけますでしょうか」와 같이 남성 화자가 경어적 동위자인 여성 청자에게 사용하는 것은 청자에게 지나치게 자신을 낮춘다는 인상을 주기 때문에 부자연스럽다. 그리고 〈ないでいただけますでしょうか〉는 화자의 원망이 전면에 부각되지만 문말이 이중 정중의 형태를 취하고 있다는 점에서 감정이 자제되어 있다. 따라서 소원한 사이에서 (82)의「首を突っ込まないでいただけますでしょうか」와 같이 남성 화자가 경어적 동위자인 여성 청자에게 사용하면 화자가 단정한 태도로 항의하고 있다는 인상을 주며 청자에 대한 화자의 [불쾌감][항의]의 표현가치를 나타낸다.

[12] 〈ないでいただけませんでしょうか〉{청자(여)와 화자(남)가 경어적 동위자인 경우}

(83) * 同窓会の準備は僕がやるから、洋子ちゃんはゆっくり休んで、あんまり無理しないでいただけませんでしょうか。
(84) 男子の問題に、興味本位で女子が首を突っ込まないでいただけませんでしょうか。

〈ないでいただけませんでしょうか〉는 〈ないでいただける〉 계열의 부정 표현 중에서 경어가치 및 정중도 그리고 격식도가 가장 높은 형식으로 청자와의 거리를 확보하면서 상대방의 입장을 존중하여 최종적인 판단을 청자의 의향에 맡긴다고 하는 뉘앙스를 함의한다. 그런데 친한 사이에서 (83)의 「無理しないでいただけませんでしょうか」와 같이 남성 화자가 경어적 동위자로 간주되는 여성 청자인 동급생에게 사용하는 것은 청자에게 과도하게 자신을 낮춘다는 인상을 주기 때문에 자연스러운 발화로서 허용도가 낮다. 그리고 〈ないでいただけませんでしょうか〉는 이중 정중의 부정의 형태를 취하고 있어 정중도가 높고 부드럽기 때문에 소원한 사이에서 (84)의 「首を突っ込まないでいただけませんでしょうか」와 같이 남성 화자가 경어적 동위자인 여성 청자에게 사용하면 단정한 태도를 취하며 청자에 대한 화자의 [불쾌감][항의]의 표현가치를 나타낸다.

2.4. 청자(여)가 화자(남)와 경어적 동위자이거나 하위자인 경우

[1] 〈ないでいただける?〉 {청자(여)가 화자(남)와 경어적 동위자이거나 하위자인 경우}

(85) ?? 洋子ちゃん、頼りにならない先輩かもしれないけど、僕から離れないでいただける?
(86) おい、洋子、お兄ちゃんの本を友だちに貸さないでいただける?

문말이 보통체 말씨로 끝나는 〈ないでいただける?〉는 정중도가 결여되어 있기 때문에 친한 사이에서 (85)의 「離れないでいただける?」와 같이 남성 화자가 경어적 동위자이거나 하위자인 여성 청자에게 사용하는 것은 자연스러운 발화로서 부자연스럽다. 그리고 〈ないでいただける?〉는 소원한 사이에서 (86)의 「貸さないでいただける?」와 같이 남성 화자가 경어적 동위자이거나 하위자인 여성 청자에게 사용하면 청자와의 거리를 일부러 두려고 하는 의도가 느껴지며 청자에 대한 화자의 [불쾌감][질책]을 나타낸다.

[2] 〈ないでいただけるか〉 {청자(여)가 화자(남)와 경어적 동위자이거나 하위자인 경우}

(87) 洋子ちゃん、頼りにならない先輩かもしれないけど、僕から離れないでいただけるか。
(88) おい、洋子、お兄ちゃんの本を友だちに貸さないでいただけるか。

〈ないでいただけるか〉는 남성 전용 형식으로 어조는 딱딱하지만 한편으로 친근감을 수반하기 때문에 친한 사이에서 (87)의「離れないでいただけるか」와 같이 남성 화자가 경어적 동위자이거나 하위자인 여성 청자에게 사용하는 것은 허용되며 [염례][친근감]의 표현가치를 실현한다. 그리고 소원한 사이에서는 (88)의「貸さないでいただけるか」와 같이 남성 화자가 경어적 동위자이거나 하위자인 여동생에게 사용하면 청자에 대한 화자의 [불쾌감][질책]을 나타낸다.

[3] 〈ないでいただけない?〉 {청자(여)가 화자(남)와 경어적 동위자이거나 하위자인 경우}

　(89) ??洋子ちゃん、頼りにならない先輩かもしれないけど、僕から離れないでいただけない?
　(90) おい、洋子、お兄ちゃんの本を友だちに貸さないでいただけない?

　긍정의 보통체 말씨인 〈ないでいただけない?〉는 여성어적 뉘앙스를 함의하고 있고 정중도가 결여되어 있다. 이에 친한 사이에서 (89)의「離れないでいただけない?」와 같이 남성 화자가 경어적 동위자이거나 하위자인 여성 청자에게 사용하는 것은 자연스러운 발화로서 부자연스럽다. 그리고 〈ないでいただけない?〉는 보통체 말씨이기 때문에 정중도가 결여되어 있어 소원한 사이에서 (90)의「貸さないでいただけない?」와 같이 경어적 동위자이거나 하위자인 여동생에게 사용하면 청자와의 거리를 일부러 두려고 하는 의도가 느껴지며 청자에 대한 화자의 [불쾌감][질책]을 나타낸다.

[4] 〈ないでいただけないか〉 {청자(여)가 화자(남)와 경어적 동위자이거나 하위자인 경우}

　(91) 洋子ちゃん、頼りにならない先輩かもしれないけど、僕から離れないでいただけないか。
　(92) おい、洋子、お兄ちゃんの本を友だちに貸さないでいただけないか。

　〈ないでいただけないか〉는 남성 전용 형식으로 어조는 딱딱하지만 한편으로 친근감을 수반하기 때문에 친한 사이에서 (91)의「離れないでいただけないか」와 같이 남성 화자가 경어적 동위자이거나 하위자인 여동생에게 사용하는 것은 허용되며 이때는 [배례][원망]의 표현가치를 실현한다. 그리고 〈ないでいただけないか〉는 소원한 사이에서 (92)의「貸さないでいただけないか」와 같이 경어적 동위자이거나 하위자인 여동생에게 사용하면 청자에 대한 화자의 [불쾌감][질책]을 나타낸다.

[5] 〈ないでいただけますか〉 {청자(여)가 화자(남)와 경어적 동위자이거나 하위자인 경우}

　(93) 洋子ちゃん、頼りにならない先輩かもしれないけど、僕から離れないでいただけますか。
　(94) おい、洋子、お兄ちゃんの本を友だちに貸さないでいただけますか。

　〈ないでいただけますか〉는 경어가치가 높고 정중도도 구비하고 있어 친한 사이에서 (93)의

「離れないでいただけますか」와 같이 남성 화자가 경어적 동위자이거나 하위자인 여성 청자에게 사용하면 [배려]의 표현가치를 실현한다. 그리고 〈ないでいただけますか〉는 부정 정중체인 〈ないでいただけませんか〉에 비해 상대적으로 어감이 다소 딱딱하다. 이에 소원한 사이에서 (94)의 「貸さないでいただけますか」와 같이 남성 화자가 경어적 동위자이거나 하위자인 여동생에게 사용하면 [불쾌감][질책]의 표현가치를 나타낸다.

[6] 〈ないでいただけます?〉 {청자(여)가 화자(남)와 경어적 동위자이거나 하위자인 경우}

(95) 洋子ちゃん、頼りにならない先輩かもしれないけど、僕から<u>離れないでいただけます</u>?
(96) おい、洋子、お兄ちゃんの本を友だちに<u>貸さないでいただけます</u>?

〈ないでいただけます?〉는 여성어적 성격을 띠기 때문에 어조는 부드럽지만 한편으로 가벼운 느낌을 준다. 그래서 친한 사이에서 (95)의 「離れないでいただけます?」와 같이 남성 화자가 경어적 동위자이거나 하위자인 여성 후배에게 사용하면 [간원][원망]의 표현가치를 실현하는데, 다소 화자의 입장을 청자에게 강요하고 있는 것과 같은 뉘앙스가 간취된다. 그리고 〈ないでいただけます?〉는 가벼운 느낌을 수반한다는 점에서 소원한 사이에서는 [차가움][냉담]의 뉘앙스를 띤다. (96)의 「貸さないでいただけます?」와 같이 남성화자가 경어적 동위자이거나 하위자인 여동생에게 사용하면 [불쾌감][질책]의 표현가치를 나타낸다.

[7] 〈ないでいただけませんか〉 {청자(여)가 화자(남)와 경어적 동위자이거나 하위자인 경우}

(97) 洋子ちゃん、頼りにならない先輩かもしれないけど、僕から<u>離れないでいただけませんか</u>。
(98) おい、洋子、お兄ちゃんの本を友だちに<u>貸さないでいただけませんか</u>。

부정 정중체인 〈ないでいただけませんか〉는 경어가치가 높고 정중도도 구비하고 있기 때문에 친한 사이에서 (97)의 「離れないでいただけませんか」와 같이 남성 화자가 경어적 동위자이거나 하위자인 여성 후배에게 사용하면 [배려]의 표현가치를 실현한다. 그리고 〈ないでいただけませんか〉는 긍정 정중체인 〈ないでいただけますか〉에 비해 상대적으로 어조가 부드럽다는 점에서 소원한 사이에서 (98)의 「貸さないでいただけませんか」와 같이 남성 화자가 경어적 동위자이거나 하위자인 여동생에게 사용하면 [불쾌감][질책]의 표현가치를 나타낸다.

[8] 〈ないでいただけません?〉 {청자(여)가 화자(남)와 경어적 동위자이거나 하위자인 경우}

(99) ?洋子ちゃん、頼りにならない先輩かもしれないけど、僕から<u>離れないでいただけません</u>?
(100) おい、洋子、お兄ちゃんの本を友だちに<u>貸さないでいただけません</u>?

〈ないでいただけません?〉은 가벼운 느낌을 수반하며 개인적인 발화라는 성격을 띠기 때문에 남성 화자가 경어적 동위자이거나 하위자인 여성 후배에게 (99)의 「離れないでいただけませ ん」과 같이 사용하면 간원의 의미는 엷어지고 화자 사정에 의한 [원망]으로서의 의미가 강조되 기 때문에 다소 부자연스럽다. 그리고 〈ないでいただけません?〉은 화자가 자기의 감정을 쉽게 표출한다는 점에서 냉담한 뉘앙스를 함의하기 때문이다. 소원한 사이에서 (100)의 「貸さないで いただけません?」과 같이 남성 화자가 경어적 동위자이거나 하위자인 여동생에게 사용하면 [불 쾌감][질책]의 표현가치를 나타낸다.

[9] 〈ないでいただけるでしょうか〉 {청자(여)가 화자(남)와 경어적 동위자이거나 하위자인 경우}

(101) ?洋子ちゃん、頼りにならない先輩かもしれないけど、僕から離れないでいただけるでしょうか。
(102) おい、洋子、お兄ちゃんの本を友だちに貸さないでいただけるでしょうか。

〈ないでいただけるでしょうか〉는 경어가치와 정중도가 높고 격식을 차린 말씨이지만 어감이 딱딱하기 때문에 친한 사이에서 (101)의 「離れないでいただけるでしょうか」와 같이 남성 화자 가 경어적 동위자이거나 하위자 여성 선배에게 사용하는 것은 다소 부자연스럽다. 그리고 〈な いでいただけるでしょうか〉는 화자의 딱딱하고 강경한 태도가 전면에 부각된다는 점에서 소원 한 사이에서 (102)의 「貸さないでいただけるでしょうか」와 같이 남성 화자가 경어적 동위자이 거나 하위자인 여성 청자에게 사용하면 〈いただけるでしょうか〉라는 정중체 표현을 의도적으 로 이용함으로써 확고한 태도로 청자를 위압하고 있다는 인상을 주며 청자에 대한 화자의 [불 쾌감][질책]의 표현가치를 나타낸다.

[10] 〈ないでいただけないでしょうか〉 {청자(여)가 화자(남)와 경어적 동위자이거나 하위자인 경우}

(103) *洋子ちゃん、頼りにならない先輩かもしれないけど、僕から離れないでいただけないでしょ うか。
(104) おい、洋子、お兄ちゃんの本を友だちに貸さないでいただけないでしょうか。

〈ないでいただけないでしょうか〉는 긍정의 〈ないでいただけるでしょうか〉에 비해 상대적으 로 어조가 부드럽지만 경어가치와 정중도가 높고 격식도 인정되기 때문에 친한 사이에서 (103)의 「離れないでいただけないでしょうか」와 같이 남성 화자가 화자와 경어적 동위자이거나 하위자인 여동생에게 사용하면 화자가 청자에게 거리를 두려는 의도가 간취되기 때문에 자연 스러운 발화로서 허용도가 낮다. 그리고 〈ないでいただけないでしょうか〉는 소원한 사이에서 (104)의 「貸さないでいただけないでしょうか」와 같이 남성 화자가 경어적 동위자이거나 하위자 인 여동생에게 사용하면 [불쾌감][질책]의 표현가치를 나타낸다. 〈ないでいただけないでしょう か〉라는 형식은 형제 사이에서 지나치게 정중하다는 인상을 주지만 화자가 의도적으로 이러한

과도한 표현을 선택함으로써 청자를 위압하고 있다고 해석된다.

[11] 〈ないでいただけますでしょうか〉 {청자(여)가 화자(남)와 경어적 동위자이거나 하위자인 경우}

(105) *洋子ちゃん、頼りにならない先輩かもしれないけど、僕から離れないでいただけますでしょうか。
(106) おい、洋子、お兄ちゃんの本を友だちに貸さないでいただけますでしょうか。

〈ないでいただけますでしょうか〉는 화자가 격식 있는 태도를 취함으로써 자신의 품위를 유지하고 상대방의 입장을 존중하여 최종적인 판단을 청자에게 위임한다는 뉘앙스를 함의한다. 친한 사이에서 (105)의 「離れないでいただけますでしょうか」와 같이 남성 화자가 경어적 동위자이거나 하위자인 여성 후배에게 사용하는 스스럼없는 내적 관계의 선후배 사이에서 오히려 부적절하다는 점에서 자연스러운 발화로서 허용도가 낮다. 그리고 〈ないでいただけますでしょうか〉는 화자의 원망이 전면에 부각되지만 문말이 이중 정중의 형태를 취하고 있다는 점에서 감정이 자제되어 있다. 따라서 소원한 사이에서 (106)의 「貸さないでいただけますでしょうか」와 같이 남성 화자가 경어적 동위자이거나 하위자인 여동생에게 사용하면 [불쾌감][질책]의 표현가치를 나타낸다. 그리고 〈ないでいただけますでしょうか〉는 청자와의 좁히기 어려운 거리감을 느끼게 하며 형제 사이에서 지나치게 정중하다는 인상을 주지만 화자가 의도적으로 이러한 과도한 표현을 선택함으로써 청자를 위압하고 있다고 해석된다.

[12] 〈ないでいただけませんでしょうか〉 {청자(여)가 화자(남)와 경어적 동위자이거나 하위자인 경우}

(107) *洋子ちゃん、頼りにならない先輩かもしれないけど、僕から離れないでいただけませんでしょうか。
(108) おい、洋子、お兄ちゃんの本を友だちに貸さないでいただけませんでしょうか。

〈ないでいただけませんでしょうか〉는 〈ないでいただける〉 계열의 부정 표현 중에서 경어가치 및 정중도 그리고 격식도가 가장 높은 형식으로 청자와의 거리를 확보하면서 상대방의 입장을 존중하여 최종적인 판단을 청자의 의향에 맡긴다고 하는 뉘앙스를 함의한다. 그런데 친한 사이에서 (107)의 「離れないでいただけませんでしょうか」와 같이 남성 화자가 경어적 동위자이거나 하위자인 여성 후배에게 사용하는 것은 스스럼없는 내적 관계의 선후배 사이에서는 오히려 부적절하기 때문에 자연스러운 발화로서 허용도가 낮다. 그리고 〈ないでいただけませんでしょうか〉는 이중 정중의 부정의 형태를 취하고 있어 정중도가 높고 부드럽기 때문에 소원한 사이에서 (108)의 「貸さないでいただけませんでしょうか」와 같이 남성 화자가 경어적 동위자이거나 하위자인 여성 청자에게 사용하면 [불쾌감][질책]의 표현가치를 나타낸다. 또한 화자가 의도적으로 〈ないでいただけせんでしょうか〉와 같은 과도한 정중 표현을 이용함으로써 청자를 위압하는 표현효과를 거두고 있다.

2.5. 청자(여)가 화자(남)에 비해 경어적 하위자인 경우

[1] 〈ないでいただける?〉 {청자(여)가 화자(남)에 비해 경어적 하위자인 경우}

(109) お嬢ちゃん、おじちゃんがママを探してあげるから、もう泣かないでいただける?
(110) ??おい、洋子、父さんの娘なら、母さんを泣かせるようなことしないでいただける?

문말이 보통체 말씨로 끝나는 〈ないでいただける?〉는 정중도가 결여되어 있는데 친한 사이에서 (109)의 「泣かないでいただける?」와 같이 연배의 남성 화자가 연소자인 여성 청자에게 사용하면 [타이름][달램]의 표현가치를 실현한다. 그리고 〈ないでいただける?〉는 (110)의 「泣かせるようなことしないでいただける?」와 같이 남성 화자가 경어적 하위자인 자식에게 사용하면 청자를 배려하고 타이르고 있다는 의미를 나타내기 때문에 〈친한 사이〉나 〈친소 불명〉으로 경사되어 〈소원한 사이〉의 발화로서는 부자연스럽다.

[2] 〈ないでいただけるか〉 {청자(여)가 화자(남)에 비해 경어적 하위자인 경우}

(111) お嬢ちゃん、おじちゃんがママを探してあげるから、もう泣かないでいただけるか。
(112) おい、洋子、父さんの娘なら、母さんを泣かせるようなことしないでいただけるか。

〈ないでいただけるか〉는 남성 전용 형식으로 어조는 딱딱하지만 한편으로 친근감을 수반하기 때문에 친한 사이에서 (111)의 「泣かないでいただけるか」와 같이 남성 화자가 경어적 하위자인 여성 청자에게 사용하는 것은 허용되며 [배려][친근감]의 표현가치를 실현한다. 그리고 소원한 사이에서는 (112)의 「泣かせるようなことしないでいただけるか」와 같이 남성 화자가 경어적 하위자인 자식에게 사용하면 청자에 대한 화자의 [질책]을 나타낸다.

[3] 〈ないでいただけない?〉 {청자(여)가 화자(남)에 비해 경어적 하위자인 경우}

(113) ??お嬢ちゃん、おじちゃんがママを探してあげるから、もう泣かないでいただけない?
(114) おい、洋子、父さんの娘なら、母さんを泣かせるようなことしないでいただけない?

긍정의 보통체 말씨인 〈ないでいただけない?〉는 여성어적 뉘앙스를 함의하고 있고 정중도가 결여되어 있기 때문에 친한 사이에서 (113)의 「泣かないでいただけない?」와 같이 남성 화자가 경어적 하위자인 여성 청자에게 사용하는 것은 부자연스럽다. 그리고 〈ないでいただけない?〉는 보통체 말씨이기 때문에 정중도가 결여되어 있어 소원한 사이에서 (114)의 「泣かせるようなこ

としないでいただけない?」와 같이 남성 화자가 경어적 하위자인 여성 청자에게 사용하면 청자와의 거리를 일부러 두려고 하는 의도가 느껴지며 청자에 대한 화자의 [불쾌감][질책]을 나타낸다.

[4] 〈ないでいただけないか〉 {청자(여)가 화자(남)에 비해 경어적 하위자인 경우}

 (115) お嬢ちゃん、おじちゃんがママを探してあげるから、もう泣か<u>ないでいただけないか</u>。
 (116) おい、洋子、父さんの娘なら、母さんを泣かせるようなことし<u>ないでいただけないか</u>。

〈ないでいただけないか〉는 남성 전용 형식으로 어조는 딱딱하지만 한편으로 친근감을 수반하기 때문에 친한 사이에서 (115)의 「泣かないでいただけないか」와 같이 남성 화자가 경어적 하위자인 자식에게 사용하는 것은 허용되며 이때는 [배려][친근감]의 표현가치를 실현한다. 그리고 〈ないでいただけないか〉는 소원한 사이에서 (116)의 「泣かせるようなことしないでいただけないか」와 같이 경어적 하위자인 자식에게 사용하면 청자에 대한 화자의 [질책]을 나타낸다.

[5] 〈ないでいただけますか〉 {청자(여)가 화자(남)에 비해 경어적 하위자인 경우}

 (117) お嬢ちゃん、おじちゃんがママを探してあげるから、もう泣か<u>ないでいただけますか</u>。
 (118) おい、洋子、父さんの娘なら、母さんを泣かせるようなことし<u>ないでいただけますか</u>。

〈ないでいただけますか〉는 경어가치가 높고 정중도도 구비하고 있어 친한 사이에서 (117)의 「泣かないでいただけますか」와 같이 남성 화자가 경어적 하위자인 여성 청자에게 사용하면 [연소자에 대한 배려]라는 표현가치를 실현한다. 그리고 〈ないでいただけますか〉는 부정 정중체인 〈ないでいただけませんか〉에 비해 상대적으로 어감이 다소 딱딱하기 때문에 소원한 사이에서 (118)의 「泣かせるようなことしないでいただけますか」와 같이 남성 화자가 경어적 하위자인 자식에게 사용하면 [질책][힐문]의 표현가치를 나타낸다.

[6] 〈ないでいただけます?〉 {청자(여)가 화자(남)에 비해 경어적 하위자인 경우}

 (119) お嬢ちゃん、おじちゃんがママを探してあげるから、もう泣か<u>ないでいただけます?</u>
 (120) おい、洋子、父さんの娘なら、母さんを泣かせるようなことし<u>ないでいただけます?</u>

〈ないでいただけます?〉는 여성어적 성격을 띠기 때문에 어조는 부드럽지만 한편으로 가벼운 느낌을 준다. 이에 친한 사이에서 (119)의 「泣かないでいただけます?」와 같이 남성 화자가 경어적 하위자인 연소자에게 사용하면 [연소자에 대한 배려]의 표현가치를 실현한다. 그리고 〈ないでいただけます?〉는 가벼운 느낌을 수반한다는 점에서 소원한 사이에서는 [차가움][냉담]의 뉘앙스를 띤다. (120)의 「泣かせるようなことしないでいただけます?」와 같이 남성 화자가 소원한 사이의 경어적 하위자인 자식에게 사용하면 [질책][힐문]의 표현가치를 나타낸다.

[7] 〈ないでいただけませんか〉 {청자(여)가 화자(남)에 비해 경어적 하위자인 경우}

(121) お嬢ちゃん、おじちゃんがママを探してあげるから、もう泣かないでいただけませんか。
(122) おい、洋子、父さんの娘なら、母さんを泣かせるようなことしないでいただけませんか。

부정 정중체인 〈ないでいただけませんか〉는 경어가치가 높고 정중도도 구비하고 있기 때문에 친한 사이에서 (121)의 「泣かないでいただけませんか」와 같이 남성 화자가 경어적 하위자인 여자 아이에게 사용하면 [연소자에 대한 배려]라는 표현가치를 실현한다. 그리고 〈ないでいただけませんか〉는 긍정 정중체인 〈ないでいただけますか〉에 비해 상대적으로 어조가 부드럽다는 점에서 소원한 사이에서 (122)의 「泣かせるようなことしないでいただけませんか」와 같이 남성 화자가 경어적 하위자인 자식에게 사용하면 [질책][힐문]의 표현가치를 나타낸다.

[8] 〈ないでいただけません?〉 {청자(여)가 화자(남)에 비해 경어적 하위자인 경우}

(123) お嬢ちゃん、おじちゃんがママを探してあげるから、もう泣かないでいただけません?
(124) おい、洋子、父さんの娘なら、母さんを泣かせるようなことしないでいただけません?

〈ないでいただけません?〉은 가벼운 느낌을 수반하며 개인적인 발화라는 성격을 띠기 때문에 친한 사이에서 (123)의 「泣かないでいただけません?」과 같이 남성 화자가 경어적 하위자인 여자 아이에게 사용하면 [연소자에 대한 배려]의 표현가치를 실현한다. 그리고 〈ないでいただけません?〉은 화자가 자기의 감정을 쉽게 표출한다는 점에서 냉담한 뉘앙스를 함의한다. 이에 소원한 사이에서 (124)의 「泣かせるようなことしないでいただけません?」과 같이 남성 화자가 경어적 하위자인 딸에게 사용하면 [질책][힐문]의 표현가치를 나타낸다.

[9] 〈ないでいただけるでしょうか〉 {청자(여)가 화자(남)에 비해 경어적 하위자인 경우}

(125) ??お嬢ちゃん、おじちゃんがママを探してあげるから、もう泣かないでいただけるでしょうか。
(126) *おい、洋子、父さんの娘なら、母さんを泣かせるようなことしないでいただけるでしょうか。

〈ないでいただけるでしょうか〉는 경어가치와 정중도가 높고 격식을 차린 말씨이지만 어감이 딱딱하기 때문에 친한 사이에서 (125)의 「泣かないでいただけるでしょうか」와 같이 남성 화자가 경어적 하위자인 여자 아이에게 사용하는 것은 사용하는 것은 부자연스럽다. 그리고 〈ないでいただけるでしょうか〉는 화자의 딱딱하고 강경한 태도가 전면에 부각된다는 점에서 소원한 사이에서 (126)의 「泣かせるようなことしないでいただけるでしょうか」와 같이 남성 화자가 경어적 하위자인 자식에게 사용하는 것은 자연스러운 발화로서 허용도가 낮다.

[10] 〈ないでいただけないでしょうか〉 {청자(여)가 화자(남)에 비해 경어적 하위자인 경우}

(127) ??お嬢ちゃん、おじちゃんがママを探してあげるから、もう泣かないでいただけないでしょうか。
(128) *おい、洋子、父さんの娘なら、母さんを泣かせるようなことしないでいただけないでしょうか。

〈ないでいただけないでしょうか〉는 긍정의 〈ないでいただけるでしょうか〉에 비해 상대적으로 어조가 부드럽지만 경어가치와 정중도가 높고 격식도 인정되기 때문에 친한 사이에서 (127)의「泣かないでいただけないでしょうか」와 같이 남성 화자가 경어적 하위자인 여자 아이에게 사용하는 것은 지나치게 정중하다는 점에서 부자연스럽다. 그리고 (128)의「泣かせるようなことしないでいただけないでしょうか」와 같이 〈ないでいただけないでしょうか〉를 남성 화자가 경어적 하위자인 자식에게 사용하는 것은 소원한 사이라고 하더라도 발화로서는 허용도가 낮다.

[11] 〈ないでいただけますでしょうか〉 {청자(여)가 화자(남)에 비해 경어적 하위자인 경우}

(129) ??お嬢ちゃん、おじちゃんがママを探してあげるから、もう泣かないでいただけますでしょうか。
(130) *おい、洋子、父さんの娘なら、母さんを泣かせるようなことしないでいただけますでしょうか。

〈ないでいただけますでしょうか〉는 화자가 격식 있는 태도를 취함으로써 자신의 품위를 유지하고 상대방의 입장을 존중하여 최종적인 판단을 청자에게 위임한다는 뉘앙스를 함의한다. 이에 친한 사이에서 (129)의「泣かないでいただけますでしょうか」와 같이 남성 화자가 경어적 하위자인 여자 아이에게 사용하는 것은 지나치게 정중하다는 점에서 부자연스럽다. 그리고 〈ないでいただけますでしょうか〉는 화자의 원망이 전면에 부각되지만 문말이 이중 정중의 형태를 취하고 있다는 점에서 감정이 자제되어 있다. 그런데 소원한 사이에서 (130)의「泣かせるようなことしないでいただけないでしょうか」와 같이 남성 화자가 경어적 하위자인 딸자식에게 사용하면 화자와 청자 사이의 간극이 크게 벌어진다는 점에서 자연스러운 발화로서 허용도가 낮다.

[12] 〈ないでいただけませんでしょうか〉 {청자(여)가 화자(남)에 비해 경어적 하위자인 경우}

(131) ??お嬢ちゃん、おじちゃんがママを探してあげるから、もう泣かないでいただけませんでしょうか。
(132) *おい、洋子、父さんの娘なら、母さんを泣かせるようなことしないでいただけませんでしょうか。

〈ないでいただけませんでしょうか〉는 〈ないでいただける〉 계열의 부정 표현 중에서 경어가치 및 정중도 그리고 격식도가 가장 높은 형식으로 청자와의 거리를 확보하면서 상대방의 입장을 존중하여 최종적인 판단을 청자의 의향에 맡긴다고 하는 뉘앙스를 함의한다. 그런데 친한 사이에서 (131)의 「泣かないでいただけませんでしょうか」와 같이 남성 화자 「おじちゃん」이 연소자인 「お嬢ちゃん」에게 사용하는 것은 지나치게 정중하다는 점에서 부자연스럽다. 그리고 〈ないでいただけませんでしょうか〉는 이중 정중의 부정의 형태를 취하고 있어 정중도가 높고 부드럽기 때문에 소원한 사이에서 (132)의 「しないでいただけませんでしょうか」와 같이 남성 화자가 경어적 하위자인 딸자식에게 정중한 표현을 사용하는 것은 넘기 어려운 간극을 느끼게 하기 때문에 자연스러운 발화로서 허용도가 낮다.

3. 여성 화자가 남성 청자에게 사용하는 〈ないでいただける〉 계열 의뢰표현

3.1. 청자(남)가 화자(여)에 비해 경어적 상위자인 경우

[1] 〈ないでいただける?〉 {청자(남)가 화자(여)에 비해 경어적 상위자인 경우}

 (1) * お義父さん、嫁の私に、そんなに気を遣わ<u>ないでいただける?</u>
 (2) ちょっと、そこのおじさん、あたしたちの部室に勝手に入ら<u>ないでいただける?</u>

문말이 보통체 말씨로 끝나는 〈ないでいただける?〉는 정중도가 결여되어 있기 때문에 친한 사이에서 (1)의 「気を遣わないでいただける?」와 같이 여성 화자가 경어적 상위자인 「お義父さん」에게 사용하면 너무 허물이 없다는 인상을 준다는 점에서 자연스러운 발화로서 허용도가 낮다. 그리고 〈ないでいただける?〉는 소원한 사이에서 (2)의 「入らないでいただける?」와 같이 여성 화자가 경어적 상위자인 남성 청자에게 사용하면 예의에서 벗어난 태도가 드러나고 [불쾌감][항의]의 표현가치를 나타낸다.

[2] 〈ないでいただけるか〉 {청자(남)가 화자(여)에 비해 경어적 상위자인 경우}

 (3) * お義父さん、嫁の私に、そんなに気を遣わ<u>ないでいただけるか</u>。
 (4) * ちょっと、そこのおじさん、あたしたちの部室に勝手に入ら<u>ないでいただけるか</u>。

문말이 〈か〉로 끝나는 〈ないでいただけるか〉는 남성 전용 형식으로 정중도가 결여되어 있기 때문에 친한 사이에서 (3)의 「気を遣わないでいただけるか」와 같이 화자가 여성인 경우에는 성립하지 않는다. 그리고 〈ないでいただけるか〉는 남성 전용 형식이라는 점에서 소원한 사이에서도 (4)의 「入らないでいただけるか」와 같이 화자가 여성인 경우에는 자연스러운 발화로서 허용도가 낮다.

[3] 〈ないでいただけない?〉 {청자(남)가 화자(여)에 비해 경어적 상위자인 경우}

 (5) * お義父さん、嫁の私に、そんなに気を遣わ<u>ないでいただけない?</u>
 (6) ちょっと、そこのおじさん、あたしたちの部室に勝手に入ら<u>ないでいただけない?</u>

긍정의 보통체 말씨인 〈ないでいただけない?〉는 여성어적 뉘앙스를 함의하고 있고 정중도가 결여되어 있다. 그래서 친한 사이에서 (5)의 「気を遣わないでいただけない?」와 같이 여성 화자가 경어적 상위자인 「お義父さん」에게 사용하면 너무 지나치게 허물이 없다는 인상을 준다는 점에서 허용도가 낮다. 그리고 〈ないでいただけない?〉는 일반적으로 경어적 상위자인 청자에게 사용하는 것은 용인도가 낮은데 소원한 사이에서는 (6)의 「入らないでいただけない?」와 같이 여성 화자가 경어적 상위자인 남성 청자에게 발화하는 것이 허용되며 이때는 [불쾌감][항의]의 표현가치를 나타낸다.

[4] 〈ないでいただけないか〉 {청자(남)가 화자(여)에 비해 경어적 상위자인 경우}

(7) * お義父さん、嫁の私に、そんなに気を遣わないでいただけないか。
(8) * ちょっと、そこのおじさん、あたしたちの部室に勝手に入らないでいただけないか。

〈ないでいただけないか〉는 남성 전용 말씨로 정중도가 결여되어 있어 친한 사이에서 (7)의 「を遣わないでいただけないか」와 같이 여성 화자가 경어적 상위자인 「お義父さん」에게 사용하는 것은 자연스러운 발화로서 허용도가 낮다. 그리고 〈ないでいただけないか〉는 남성 전용 형식이기 때문에 소원한 사이에서 (8)의 「入らないでいただけないか」와 같이 화자가 여성인 경우에는 성립하지 않는다.

[5] 〈ないでいただけますか〉 {청자(남)가 화자(여)에 비해 경어적 상위자인 경우}

(9) お義父さん、嫁の私に、そんなに気を遣わないでいただけますか。
(10) ちょっと、そこのおじさん、あたしたちの部室に勝手に入らないでいただけますか。

〈ないでいただけますか〉는 경어가치가 높고 정중도도 구비하고 있어 친한 사이에서 (9)의 「気を遣わないでいただけますか」와 같이 여성 화자가 경어적 상위자인 「お義父さん」에게 사용하면 [염려][원망]의 표현가치를 실현한다. 그리고 〈ないでいただけますか〉는 부정 정중체인 〈ないでいただけませんか〉에 비해 상대적으로 어감이 다소 딱딱하다. 그래서 소원한 사이에서 (10)의 「入らないでいただけますか」와 같이 여성 화자가 경어적 상위자인 「お義父様」에게 사용하면 [불쾌감][불만]의 표현가치를 나타낸다.

[6] 〈ないでいただけます?〉 {청자(남)가 화자(여)에 비해 경어적 상위자인 경우}

(11) お義父さん、嫁の私に、そんなに気を遣わないでいただけます?
(12) ちょっと、そこのおじさん、あたしたちの部室に勝手に入らないでいただけます?

〈ないでいただけます?〉는 여성어적 성격을 띠기 때문에 어조는 부드럽지만 한편으로 가벼운 느낌을 준다. 친한 사이에서 (11)의 「気を遣わないでいただけます?」와 같이 여성 화자가 경어적 상위자인 「お義父さん」에게 사용하면 [염려][원망]의 표현가치를 실현한다. 그리고 〈ないでいただけます?〉는 가벼운 느낌을 수반한다는 점에서 소원한 사이에서는 [차가움][냉담]의 뉘앙스를 띤다. (12)의 「入らないでいただけます?」와 같이 여성 화자가 경어적 상위자인 남성 청자에게 사용하면 [불쾌감][불만]의 표현가치를 나타낸다.

[7] 〈ないでいただけませんか〉 {청자(남)가 화자(여)에 비해 경어적 상위자인 경우}

(13) お義父さん、嫁の私に、そんなに気を遣わ<u>ないでいただけませんか</u>。
(14) ちょっと、そこのおじさん、あたしたちの部室に勝手に入ら<u>ないでいただけませんか</u>。

부정 정중체인 〈ないでいただけませんか〉는 경어가치가 높고 정중도도 구비하고 있기 때문에 친한 사이에서 (13)의 「気を遣わないでいただけませんか」와 같이 여성 화자가 경어적 상위자인 「お義父さん」에게 사용하면 [염려][원망]의 표현가치를 실현한다. 그리고 〈ないでいただけませんか〉는 긍정 정중체인 〈ないでいただけますか〉에 비해 상대적으로 어조가 부드럽다는 점에서 소원한 사이에서 (14)의 「入らないでいただけませんか」와 같이 여성 화자가 경어적 상위자인 남성 청자에게 사용하면 [불쾌감][불만]의 표현가치를 나타낸다.

[8] 〈ないでいただけません?〉 {청자(남)가 화자(여)에 비해 경어적 상위자인 경우}

(15) お義父さん、嫁の私に、そんなに気を遣わ<u>ないでいただけません</u>?
(16) ちょっと、そこのおじさん、あたしたちの部室に勝手に入ら<u>ないでいただけません</u>?

〈ないでいただけません?〉은 가벼운 느낌을 수반하며 개인적인 발화라는 성격을 띠기 때문에 친한 사이에서 (15)의 「気を遣わないでいただけません?」과 같이 여성 화자가 경어적 상위자인 「お義父さん」에게 사용하면 [염려][원망]의 표현가치를 실현한다. 그리고 〈ないでいただけません?〉은 화자가 자기의 감정을 쉽게 표출한다는 점에서 냉담한 뉘앙스를 함의한다. 그래서 소원한 사이에서 (16)의 「入らないでいただけません?」과 같이 여성 화자가 경어적 상위자인 남성 청자에게 사용하면 [불쾌감][불만]의 표현가치를 나타낸다.

[9] 〈ないでいただけるでしょうか〉 {청자(남)가 화자(여)에 비해 경어적 상위자인 경우}

(17) ??お義父さん、嫁の私に、そんなに気を遣わ<u>ないでいただけるでしょうか</u>。
(18) ちょっと、そこのおじさん、あたしたちの部室に勝手に入ら<u>ないでいただけるでしょうか</u>。

〈ないでいただけるでしょうか〉는 경어가치와 정중도가 높고 격식을 차린 말씨이지만 어감이 딱딱하기 때문에 친한 사이에서 (17)의 「気を遣わないでいただけるでしょうか」와 같이 여성 화자가 경어적 상위자인 「お義父さん」에게 사용하는 것은 부자연스럽다. 그리고 〈ないでいただけるでしょうか〉는 화자의 딱딱하고 강경한 태도가 전면에 부각된다는 점에서 소원한 사이에서 (18)의 「入らないでいただけるでしょうか」와 같이 여성 화자가 경어적 상위자인 「お義父さ

ん」에게 사용하면 청자에 대한 화자의 [혐오감][항의]의 표현가치를 나타낸다.

[10] 〈ないでいただけないでしょうか〉 {청자(남)가 화자(여)에 비해 경어적 상위자인 경우}

(19) お義父さん、嫁の私に、そんなに気を遣わないでいただけないでしょうか。
(20) ちょっと、そこのおじさん、あたしたちの部室に勝手に入らないでいただけないでしょうか。

〈ないでいただけないでしょうか〉는 긍정의 〈ないでいただけるでしょうか〉에 비해 상대적으로 어조가 부드럽지만 경어가치와 정중도가 높고 격식도 인정되기 때문에 친한 사이에서 (19)의 「気を遣わないでいただけないでしょうか」와 같이 여성 화자가 경어적 상위자인 「お義父さん」에게 사용하면 [간원][원망]의 표현가치를 실현한다. 그리고 〈ないでいただけないでしょうか〉는 소원한 사이에서 (20)의 「入らないでいただけないでしょうか」와 같이 여성 화자가 경어적 상위자인 남성 청자에게 사용하면 화자가 단정한 태도로 항의하고 있다는 인상을 주며 청자에 대한 화자의 [혐오감]의 표현가치를 나타낸다.

[11] 〈ないでいただけますでしょうか〉 {청자(남)가 화자(여)에 비해 경어적 상위자인 경우}

(21) お義父さん、嫁の私に、そんなに気を遣わないでいただけますでしょうか。
(22) ちょっと、そこのおじさん、あたしたちの部室に勝手に入らないでいただけますでしょうか。

〈ないでいただけますでしょうか〉는 화자가 격식 있는 태도를 취함으로써 자신의 품위를 유지하고 상대방의 입장을 존중하여 최종적인 판단을 청자에게 위임한다는 뉘앙스를 함의한다. 친한 사이에서 (21)의 「気を遣わないでいただけますでしょうか」와 같이 여성 화자가 경어적 상위자인 「お義父さん」에게 사용하면 [배려][간원]의 표현가치를 실현한다. 그리고 〈ないでいただけますでしょうか〉는 화자의 원망이 전면에 부각되지만 문말이 이중 정중의 형태를 취하고 있다는 점에서 감정이 자제되어 있다. 소원한 사이에서 (22)의 「入らないでいただけますでしょうか」와 같이 여성 화자가 경어적 상위자인 남성 청자에게 사용하면, 화자가 단정한 태도로 항의하고 있다는 인상을 주며 청자에 대한 화자의 [혐오감][항의]의 표현가치를 나타낸다.

[12] 〈ないでいただけませんでしょうか〉 {청자(남)가 화자(여)에 비해 경어적 상위자인 경우}

(23) お義父さん、嫁の私に、そんなに気を遣わないでいただけませんでしょうか。
(24) ちょっと、そこのおじさん、あたしたちの部室に勝手に入らないでいただけませんでしょうか。

〈ないでいただけませんでしょうか〉는 〈ないでいただける〉 계열의 부정 표현 중에서 경어가치 및 정중도 그리고 격식도가 가장 높은 형식으로 청자와의 거리를 확보하면서 상대방의 입장을 존중하여 최종적인 판단을 청자의 의향에 맡긴다고 하는 뉘앙스를 함의한다. 친한 사이에서 (23)의「気を遣わないでいただけませんでしょうか」와 같이 여성 화자가 경어적 상위자인「お義父さん」에게 사용하면 [배려][간원]의 표현가치를 실현한다. 그리고 〈ないでいただけませんでしょうか〉는 이중 정중의 부정의 형태를 취하고 있어 정중도가 높고 부드럽기 때문에 소원한 사이에서 (24)의「入らないでいただけませんでしょうか」와 같이 여성 화자가 경어적 상위자인 남성 청자에게 사용하면 화자가 단정한 태도로 취하며 청자에 대한 화자의 [불만][항의]의 표현가치를 나타낸다.

3.2. 청자(남)가 화자(여)와 경어적 동위자이거나 상위자인 경우

[1] 〈ないでいただける?〉 {청자(남)가 화자(여)와 경어적 동위자이거나 상위자인 경우}

(25) * 母のプレゼントは女の私に任せて、お義兄さんはわざわざ仕事を休まないでいただける?
(26) * ちょっ、ちょっと、先輩、今は女湯の時間ですから、入って来ないでいただける?

문말이 보통체 말씨로 끝나는 〈ないでいただける?〉는 정중도가 결여되어 있기 때문에 친한 사이에서 (25)의「休まないでいただける?」와 같이 여성 화자가 경어적 동위자이거나 상위자인「義兄さん」에게 사용하면 너무 허물이 없다는 인상을 준다는 점에서 자연스러운 발화로서 허용도가 낮다. 그리고 〈ないでいただける?〉는 소원한 사이에서 (26)의「入って来ないでいただける?」와 같이 여성 화자가 경어적 동위자이거나 상위자인 남성 선배에게 사용하는 것은 자연스러운 발화로서 허용도가 낮다.

[2] 〈ないでいただけるか〉 {청자(남)가 화자(여)와 경어적 동위자이거나 상위자인 경우}

(27) * 母のプレゼントは女の私に任せて、お義兄さんはわざわざ仕事を休まないでいただけるか。
(28) * ちょっ、ちょっと、先輩、今は女湯の時間ですから、入って来ないでいただけるか。

문말이 〈か〉로 끝나는 〈ないでいただけるか〉는 남성 전용 형식으로 정중도가 결여되어 있는데 친한 사이에서 (27)의「休まないでいただけるか」와 같이 화자가 여성인 경우에는 성립하지 않는다. 그리고 〈ないでいただけるか〉는 남성 전용 형식이라는 점에서 소원한 사이에서도 (28)의「入って来ないでいただけるか」와 같이 화자가 여성인 경우에는 자연스러운 발화로서 허용도가 낮다.

[3] 〈ないでいただけない?〉 {청자(남)가 화자(여)와 경어적 동위자이거나 상위자인 경우}

(29) * 母のプレゼントは女の私に任せて、お義兄さんはわざわざ仕事を休まないでいただけない?
(30) ? ちょっ、ちょっと、先輩、今は女湯の時間ですから、入って来ないでいただけない?

긍정의 보통체 말씨인 〈ないでいただけない?〉는 여성어적 뉘앙스를 함의하고 있고 정중도가 결여되어 있다. 이에 친한 사이에서 (29)의 「休まないでいただけない?」와 같이 여성 화자가 경어적 동위자이거나 상위자인 「お義兄さん」에게 사용하면 너무 지나치게 허물이 없다는 인상을 준다는 점에서 허용도가 낮다. 그리고 〈ないでいただけない?〉는 일반적으로 경어적 상위자인 청자에게 사용하는 것은 용인도가 낮기 때문에 소원한 사이에서 (30)의 「入って来ないでいただけない?」와 같이 여성 화자가 경어적 동위자이거나 상위자인 남성 선배에게 발화하는 것이 다소 부자연스럽다.

[4] 〈ないでいただけないか〉 {청자(남)가 화자(여)와 경어적 동위자이거나 상위자인 경우}

　(31)＊母のプレゼントは女の私に任せて、お義兄さんはわざわざ仕事を休まないでいただけないか。
　(32)＊ちょっ、ちょっと、先輩、今は女湯の時間ですから、入って来ないでいただけないか。

　〈ないでいただけないか〉는 남성 전용 말씨로 정중도가 결여되어 있어 화자가 여성인 경우에는 성립하지 않는다. 따라서 친한 사이에서 (31)의 「休まないでいただけないか」와 같이 여성 화자가 경어적 동위자이거나 상위자인 「お義兄さん」에게 사용하는 것은 자연스러운 발화로서 허용도가 낮다. 그리고 〈ないでいただけないか〉는 남성 전용 형식이기 때문에 소원한 사이에서 (32)의 「入って来ないでいただけないか」와 같이 화자가 여성인 경우에는 성립하지 않는다.

[5] 〈ないでいただけますか〉 {청자(남)가 화자(여)와 경어적 동위자이거나 상위자인 경우}

　(33) 母のプレゼントは女の私に任せて、お義兄さんは仕事を休まないでいただけますか。
　(34) ちょっ、ちょっと、先輩、今は女湯の時間ですから、入って来ないでいただけますか。

　〈ないでいただけますか〉는 경어가치가 높고 정중도도 구비하고 있어 친한 사이에서 (33)의 「休まないでいただけますか」와 같이 여성 화자가 경어적 동위자이거나 상위자인 「お義兄さん」에게 사용하면 [염려][원망]의 표현가치를 실현한다. 그리고 〈ないでいただけますか〉는 부정 정중체인 〈ないでいただけませんか〉에 비해 상대적으로 어감이 다소 딱딱하다. 이에 소원한 사이에서 (34)의 「入って来ないでいただけますか」와 같이 여성 화자가 경어적 동위자이거나 상위자인 남성 선배에게 사용하면 [불쾌감][항의]의 표현가치를 나타낸다.

[6] 〈ないでいただけます?〉 {청자(남)가 화자(여)와 경어적 동위자이거나 상위자인 경우}

　(35) 母のプレゼントは女の私に任せて、お義兄さんは仕事を休まないでいただけます?
　(36) ちょっ、ちょっと、先輩、今は女湯の時間ですから、入って来ないでいただけます?

〈ないでいただけます?〉는 여성어적 성격을 띠기 때문에 어조는 부드럽지만 한편으로 가벼운 느낌을 준다. 그래서 친한 사이에서 (35)의「休まないでいただけます?」와 같이 여성 화자가 경어적 동위자이거나 상위자인「お義兄さん」에게 사용하면 [염례][배려]의 표현가치를 실현한다. 그리고 〈ないでいただけます?〉는 가벼운 느낌을 수반한다는 점에서 소원한 사이에서는 [차가움][냉담]의 뉘앙스를 띤다. (36)의「入って来ないでいただけます?」와 같이 여성 화자가 경어적 동위자이거나 상위자인 남성「先輩」에게 사용하면 [불쾌감][항의]의 표현가치를 나타낸다.

[7] 〈ないでいただけませんか〉 {청자(남)가 화자(여)와 경어적 동위자이거나 상위자인 경우}

(37) 母のプレゼントは女の私に任せて、お義兄さんはわざわざ仕事を休まないでいただけませんか。
(38) ちょっ、ちょっと、先輩、今は女湯の時間ですから、入って来ないでいただけませんか。

부정 정중체인 〈ないでいただけませんか〉는 경어가치가 높고 정중도도 구비하고 있기 때문에 친한 사이에서 (37)의「仕事を休まないでいただけませんか」와 같이 여성 화자가 경어적 동위자이거나 상위자인「お義兄さん」에게 사용하면 [염례][원망]의 표현가치를 실현한다. 그리고 〈ないでいただけませんか〉는 긍정 정중체인 〈ないでいただけますか〉에 비해 상대적으로 어조가 부드럽다는 점에서 소원한 사이에서 (38)의「入って来ないでいただけませんか」와 같이 여성 화자가 경어적 동위자이거나 상위자인 남성 선배에게 사용하면 [불쾌감][항의]의 표현가치를 나타낸다.

[8] 〈ないでいただけません?〉 {청자(남)가 화자(여)와 경어적 동위자이거나 상위자인 경우}

(39) 母のプレゼントは女の私に任せて、お義兄さんは仕事を休まないでいただけません?
(40) ちょっ、ちょっと、先輩、今は女湯の時間ですから、入って来ないでいただけません?

〈ないでいただけません?〉은 가벼운 느낌을 수반하며 개인적인 발화라는 성격을 띠기 때문에 친한 사이에서 (39)의「休まないでいただけません?」과 같이 여성 화자가 경어적 동위자이거나 상위자인「お義兄さん」에게 사용하면 [염례]의 표현가치를 실현한다. 그리고 〈ないでいただけません?〉은 화자가 자기의 감정을 쉽게 표출한다는 점에서 냉담한 뉘앙스를 함의한다. 소원한 사이에서 (40)의「入って来ないでいただけません?」과 같이 여성 화자가 경어적 동위자이거나 상위자인 남성 선배에게 사용하면 [불쾌감][항의]의 표현가치를 나타낸다.

[9] 〈ないでいただけるでしょうか〉 {청자(남)가 화자(여)와 경어적 동위자이거나 상위자인 경우}

(41) ?母のプレゼントは女の私に任せて、お義兄さんはわざわざ仕事を休まないでいただけるでしょうか。

(42) ちょっ、ちょっと、先輩、今は女湯の時間ですから、入って来ないでいただけるでしょうか。

〈ないでいただけるでしょうか〉는 경어가치와 정중도가 높고 격식을 차린 말씨이지만 어감이 딱딱하기 때문에 친한 사이에서 (41)의 「休まないでいただけるでしょうか」와 같이 여성 화자가 경어적 동위자이거나 상위자인 「お義兄さん」에게 사용하는 것은 다소 부자연스럽다. 그리고 〈ないでいただけるでしょうか〉는 화자의 딱딱하고 강경한 태도가 전면에 부각된다는 점에서 소원한 사이에서 (42)의 「入って来ないでいただけるでしょうか」와 같이 여성 화자가 경어적 동위자이거나 상위자인 남성 청자에게 사용하면 청자에 대한 화자의 [불만][항의]의 표현가치를 나타낸다.

[10] 〈ないでいただけないでしょうか〉 {청자(남)가 화자(여)와 경어적 동위자이거나 상위자인 경우}

(43) 母のプレゼントは女の私に任せて、お義兄さんはわざわざ仕事を休まないでいただけないでしょうか。
(44) ちょっ、ちょっと、先輩、今は女湯の時間ですから、入って来ないでいただけないでしょうか。

〈ないでいただけないでしょうか〉는 긍정의 〈ないでいただけるでしょうか〉에 비해 상대적으로 어조가 부드럽지만 경어가치와 정중도가 높고 격식도 인정되기 때문에 친한 사이에서 (43)의 「休まないでいただけないでしょうか」와 같이 여성 화자가 경어적 동위자이거나 상위자인 「お義兄さん」에게 사용하면 [배려][원망]의 표현가치를 실현한다. 그리고 〈ないでいただけないでしょうか〉는 소원한 사이에서 (44)의 「入って来ないでいただけないでしょうか」와 같이 여성 화자가 경어적 동위자이거나 상위자인 남성 선배에게 사용하면 [불쾌감][항의]의 표현가치를 나타낸다. 선후배 사이에서 〈ないでいただけないでしょうか〉라는 형식은 과도하게 정중하다는 인상을 주지만 화자가 의도적으로 이러한 표현을 선택함으로써 청자에 대한 불쾌감을 표시하고 있는 것으로 해석된다.

[11] 〈ないでいただけますでしょうか〉 {청자(남)가 화자(여)와 경어적 동위자이거나 상위자인 경우}

(45) 母のプレゼントは女の私に任せて、お義兄さんはわざわざ仕事を休まないでいただけますでしょうか。
(46) ちょっ、ちょっと、先輩、今は女湯の時間ですから、入って来ないでいただけますでしょうか。

〈ないでいただけますでしょうか〉는 화자가 격식 있는 태도를 취함으로써 자신의 품위를 유지하고 상대방의 입장을 존중하여 최종적인 판단을 청자에게 위임한다는 뉘앙스를 함의한다. 친한 사이에서 (45)의 「休まないでいただけますでしょうか」와 같이 여성 화자가 경어적 동위자이거나 상위자인 「お義兄さん」에게 사용하면 [배려][간원]의 표현가치를 실현한다. 그리고 〈な

いでいただけますでしょうか〉는 화자의 원망이 전면에 부각되지만 문말이 이중 정중의 형태를 취하고 있다는 점에서 감정이 자제되어 있다. 이에 소원한 사이에서 (46)의 「入って来ないでいただけますでしょうか」와 같이 여성 화자가 경어적 동위자이거나 상위자인 남성「先輩」에게 사용하면, 화자가 단정한 태도로 항의하고 있다는 인상을 주며 청자에 대한 화자의 [불만][항의]의 표현가치를 나타낸다.

[12] 〈ないでいただけませんでしょうか〉 {청자(남)가 화자(여)와 경어적 동위자이거나 상위자인 경우}

(47) 母のプレゼントは女の私に任せて、お義兄さんはわざわざ仕事を休まないでいただけませんでしょうか。
(48) ちょっ、ちょっと、先輩、今は女湯の時間ですから、入って来ないでいただけませんでしょうか。

〈ないでいただけませんでしょうか〉는 〈ないでいただける〉 계열의 부정 표현 중에서 경어가치 및 정중도 그리고 격식도가 가장 높은 형식으로 청자와의 거리를 확보하면서 상대방의 입장을 존중하여 최종적인 판단을 청자의 의향에 맡긴다고 하는 뉘앙스를 함의한다. 친한 사이에서 (47)의「休まないでいただけませんでしょうか」와 같이 여성 화자가 경어적 동위자이거나 상위자인「お義兄さん」에게 사용하면 [염려][원망]의 표현가치를 실현한다. 화자와 청자는 스스럼없는 내적 관계의 형제 사이이지만 〈ないでいただけませんでしょうか〉가 여성적인 어감을 함의하고 있다는 점에서 남성 화자와 달리 (47)은 자연스러운 발화로서 허용된다. 그리고 〈ないでいただけませんでしょうか〉는 이중 정중의 부정의 형태를 취하고 있어 정중도가 높고 부드럽기 때문에 소원한 사이에서 (48)의「入って来ないでいただけませんでしょうか」와 같이 여성 화자가 경어적 동위자이거나 상위자인 남성 선배에게 사용하면 화자가 단정한 태도로 취하며 청자에 대한 화자의 [불만][항의]의 표현가치를 나타낸다.

3.3. 청자(남)와 화자(여)가 경어적 동위자인 경우

[1] 〈ないでいただける?〉 {청자(남)와 화자(여)가 경어적 동위자인 경우}

(49) あなた、体を壊すほど、働きづめないでいただける?
(50) もう、あなた、日曜日だからって、あまりテレビと戯れないでいただける?

문말이 보통체 말씨로 끝나는 〈ないでいただける?〉는 정중도가 결여되어 있는데 친한 사이에서 (49)의「働きづめないでいただける?」와 같이 여성 화자가 경어적 동위자인 남편에게 사용하면 [염려][원망]의 표현가치를 실현하는데 이때는 여성다운 장난기가 간취된다. 그리고 〈ないでいただける?〉는 소원한 사이에서 (50)의「戯れないでいただける?」와 같이 여성 화자가 경어

적 동위자인 남편에게 사용하면 청자와의 거리를 일부러 두려고 하는 의도가 느껴지며 청자에 대한 화자의 [불만][항의]를 나타낸다.

[2] 〈ないでいただけるか〉 {청자(남)와 화자(여)가 경어적 동위자인 경우}

(51) * あなた、体を壊すほど、働きづめないでいただけるか。
(52) * もう、あなた、日曜日だからって、あまりテレビと戯れないでいただけるか。

문말이 〈か〉로 끝나는 〈ないでいただけるか〉는 남성 전용 형식으로 정중도가 결여되어 있기 때문에 친한 사이에서 (51)의 「働きづめないでいただけるか」와 같이 화자가 여성으로 상정되는 경우에는 자연스러운 발화로서 허용도가 낮다. 그리고 〈ないでいただけるか〉는 남성 전용 형식이라는 점에서 소원한 사이에서도 (52)의 「戯れないでいただけるか」와 같이 화자가 여성인 경우에는 자연스러운 발화로서 허용도가 낮다.

[3] 〈ないでいただけない?〉 {청자(남)와 화자(여)가 경어적 동위자인 경우}

(53) あなた、体を壊すほど、働きづめないでいただけない?
(54) もう、あなた、日曜日だからって、あまりテレビと戯れないでいただけない?

긍정의 보통체 말씨인 〈ないでいただけない?〉는 여성어적 뉘앙스를 함의하고 있고 정중도가 결여되어 있다. 친한 사이에서 (53)의 「働きづめないでいただけない?」와 같이 여성 화자가 경어적 동위자인 남편에게 사용하는 것은 허용된다. 그리고 〈ないでいただけない?〉는 보통체 말씨이기 때문에 정중도가 결여되어 있어 소원한 사이에서 (54)의 「戯れないでいただけない?」와 같이 여성 화자가 경어적 동위자인 남편에게 사용하면 청자와의 거리를 일부러 두려고 하는 의도가 느껴지며 청자에 대한 화자의 [불쾌감][항의]를 나타낸다.

[4] 〈ないでいただけないか〉 {청자(남)와 화자(여)가 경어적 동위자인 경우}

(55) * あなた、体を壊すほど、働きづめないでいただけないか。
(56) * もう、あなた、日曜日だからって、あまりテレビと戯れないでいただけないか。

〈ないでいただけないか〉는 남성 전용 말씨로 정중도가 결여되어 있어 친한 사이에서 (55)의 「働きづめないでいただけないか」와 같이 여성이 화자인 경우에는 일반적으로 성립되지 않는다. 그리고 〈ないでいただけないか〉는 남성 전용 형식이기에 소원한 사이에서 (56)의 「戯れないでいただけないか」와 같이 여성이 화자인 경우에는 허용도가 낮다.

[5] 〈ないでいただけますか〉 {청자(남)와 화자(여)가 경어적 동위자인 경우}

(57) あなた、体を壊すほど、働きづめ<u>ないでいただけますか</u>。
(58) もう、あなた、日曜日だからって、あまりテレビと戯れ<u>ないでいただけますか</u>。

〈ないでいただけますか〉는 경어가치가 높고 정중도도 구비하고 있어 친한 사이에서 (57)의 「働きづめないでいただけますか」와 같이 여성 화자가 경어적 동위자인 남편에게 사용하면 [염려]의 표현가치를 실현하는데 〈ないでいただけませんか〉보다 어감이 강하기 때문에 약간 차가운 인상을 준다. 그리고 〈ないでいただけますか〉는 부정 정중체인 〈ないでいただけませんか〉에 비해 상대적으로 어감이 다소 딱딱하다. 소원한 사이에서 (58)의 「戯れないでいただけますか」와 같이 여성 화자가 경어적 동위자인 남편에게 사용하면 [불쾌감][분노]의 표현가치를 나타낸다.

[6] 〈ないでいただけます?〉 {청자(남)와 화자(여)가 경어적 동위자인 경우}

(59) あなた、体を壊すほど、働きづめ<u>ないでいただけます?</u>
(60) もう、あなた、日曜日だからって、あまりテレビと戯れ<u>ないでいただけます?</u>

〈ないでいただけます?〉는 여성어적 성격을 띠기 때문에 어조는 부드럽지만 한편으로 가벼운 느낌을 준다. 이에 친한 사이에서 (59)의 「働きづめないでいただけます?」와 같이 여성 화자가 경어적 동위자인 남편에게 사용하면 [염려]의 표현가치를 실현한다. 그리고 〈ないでいただけます?〉는 가벼운 느낌을 수반한다는 점에서 소원한 사이에서는 [차가움][냉담]의 뉘앙스를 띤다. 이에 (60)의 「戯れないでいただけます?」와 같이 여성 화자가 소원한 사이의 경어적 동위자인 남편에게 사용하면 [불쾌감][불만]의 표현가치를 나타낸다.

[7] 〈ないでいただけませんか〉 {청자(남)와 화자(여)가 경어적 동위자인 경우}

(61) あなた、体を壊すほど、働きづめ<u>ないでいただけませんか</u>。
(62) もう、あなた、日曜日だからって、あまりテレビと戯れ<u>ないでいただけませんか</u>。

부정 정중체인 〈ないでいただけませんか〉는 경어가치가 높고 정중도도 구비하고 있기 때문에 친한 사이에서 (61)의 「働きづめないでいただけませんか」와 같이 여성 화자가 경어적 동위자인 남편에게 사용하면 [염려]의 표현가치를 실현한다. 그리고 〈ないでいただけませんか〉는 긍정 정중체인 〈ないでいただけますか〉에 비해 상대적으로 어조가 부드럽다는 점에서 소원한 사이에서 (62)의 「戯れないでいただけませんか」와 같이 여성 화자가 경어적 동위자인 남편에게 사용하면 [불쾌감][불만]의 표현가치를 나타낸다.

[8] 〈ないでいただけません?〉 {청자(남)와 화자(여)가 경어적 동위자인 경우}

(63) あなた、体を壊すほど、働きづめないでいただけません?
(64) もう、あなた、日曜日だからって、あまりテレビと戯れないでいただけません?

〈ないでいただけません?〉은 가벼운 느낌을 수반하며 개인적인 발화라는 성격을 띠기 때문에 친한 사이에서 (63)의 「働きづめないでいただけません?」과 같이 여성 화자가 경어적 동위자인 남편에게 사용하면 [염려]의 표현가치를 실현한다. 그리고 〈ないでいただけません?〉은 화자가 자기의 감정을 쉽게 표출한다는 점에서 냉담한 뉘앙스를 함의한다. 소원한 사이에서 (64)의 「戯れないでいただけません?」과 같이 여성 화자가 경어적 동위자인 남편에게 사용하면 [불쾌감][불만]의 표현가치를 나타낸다.

[9] 〈ないでいただけるでしょうか〉 {청자(남)와 화자(여)가 경어적 동위자인 경우}

(65) あなた、体を壊すほど、働きづめないでいただけるでしょうか。
(66) もう、あなた、日曜日だからって、あまりテレビと戯れないでいただけるでしょうか。

〈ないでいただけるでしょうか〉는 경어가치와 정중도가 높고 격식을 차린 말씨이지만 어감이 딱딱하기 때문에 친한 사이에서 (65)의 「働きづめないでいただけるでしょうか」와 같이 여성 화자가 경어적 동위자인 남편에게 사용하는 것은 허용되며 [원망]의 표현가치를 실현한다. 그리고 〈ないでいただけるでしょうか〉는 화자의 딱딱하고 강경한 태도가 전면에 부각된다는 점에서 소원한 사이에서 (66)의 「戯れないでいただけるでしょうか」와 같이 여성 화자가 경어적 동위자인 남편에게 사용하면 청자에 대한 화자의 [불쾌감][항의]의 표현가치를 나타낸다.

[10] 〈ないでいただけないでしょうか〉 {청자(남)와 화자(여)가 경어적 동위자인 경우}

(67) ?あなた、体を壊すほど、働きづめないでいただけないでしょうか。
(68) もう、あなた、日曜日だからって、あまりテレビと戯れないでいただけないでしょうか。

〈ないでいただけないでしょうか〉는 긍정의 〈ないでいただけるでしょうか〉에 비해 상대적으로 어조가 부드럽지만 경어가치와 정중도가 높고 격식도 인정되기 때문에 친한 사이에서 (67)의 「働きづめないでいただけないでしょうか」와 같이 여성 화자가 경어적 동위자인 남편에게 사용하는 것은 청자와의 간극이 생기기 때문에 다소 부자연스럽다. 그리고 〈ないでいただけないでしょうか〉는 소원한 사이에서 (68)의 「戯れないでいただけないでしょうか」와 같이 여성 화자가 경어적 동위자인 남편에게 사용하면 정중한 표현을 의도적으로 선택함으로써 청자와의 거리를 두고 화자의 불쾌한 기분을 전달하며 [불쾌감][항의]의 표현가치를 나타낸다.

[11] 〈ないでいただけますでしょうか〉 {청자(남)와 화자(여)가 경어적 동위자인 경우}

　(69) あなた、体を壊すほど、働きづめないでいただけますでしょうか。
　(70) もう、あなた、日曜日だからって、あまりテレビと戯れないでいただけますでしょうか。

〈ないでいただけますでしょうか〉는 화자가 격식 있는 태도를 취함으로써 자신의 품위를 유지하고 상대방의 입장을 존중하여 최종적인 판단을 청자에게 위임한다는 뉘앙스를 함의한다. 그런데 친한 사이에서 (69)의 「働きづめないでいただけますでしょうか」와 같이 여성 화자가 경어적 동위자로 간주되는 남편에게 사용하는 것은 허용되며 [배려][간원]의 표현가치를 실현한다. 그리고 〈ないでいただけますでしょうか〉는 화자의 원망이 전면에 부각되지만 문말이 이중 정중의 형태를 취하고 있다는 점에서 감정이 자제되어 있어 소원한 사이에서 (70)의 「戯れないでいただけますでしょうか」와 같이 여성 화자가 경어적 동위자인 남편에게 사용하면 화자가 단정한 태도로 항의하고 있다는 인상을 주며 청자에 대한 화자의 [불쾌감][항의]의 표현가치를 나타낸다.

[12] 〈ないでいただけませんでしょうか〉 {청자(남)와 화자(여)가 경어적 동위자인 경우}

　(71) あなた、体を壊すほど、働きづめないでいただけませんでしょうか。
　(72) もう、あなた、日曜日だからって、あまりテレビと戯れないでいただけませんでしょうか。

〈ないでいただけませんでしょうか〉는 〈ないでいただける〉 계열의 부정 표현 중에서 경어가치 및 정중도 그리고 격식도가 가장 높은 형식으로 청자와의 거리를 확보하면서 상대방의 입장을 존중하여 최종적인 판단을 청자의 의향에 맡긴다고 하는 뉘앙스를 함의한다. 친한 사이에서 (71)의 「働きづめないでいただけますでしょうか」와 같이 여성 화자가 경어적 동위자인 남편에게 사용하면 [염려][원망]의 표현가치를 실현한다. 화자와 청자는 스스럼없는 내적 관계의 부부 사이이지만 〈ないでいただけませんでしょうか〉가 여성적인 어감을 함의하고 있다는 점에서 남성 화자와 달리 (71)은 자연스러운 발화로서 허용된다. 그리고 〈ないでいただけませんでしょうか〉는 이중 정중은 부정의 형태를 취하고 있어 정중도가 높고 부드럽기 때문에 소원한 사이에서 (72)의 「戯れないでいただけませんでしょうか」와 같이 여성 화자가 경어적 동위자인 남편에게 사용하면 화자가 단정한 태도로 취하며 청자에 대한 화자의 [불쾌감][항의]의 표현가치를 나타낸다.

3.4. 청자(남)가 화자(여)와 경어적 동위자이거나 하위자인 경우

[1] 〈ないでいただける?〉 {청자(남)가 화자(여)와 경어적 동위자이거나 하위자인 경우}

(73) 大介君、甲子園出場はお姉ちゃんの夢でもあるの。簡単にあきらめ<u>ないでいただける</u>?
(74) ちょっと、大介、お姉ちゃんの携帯をこっそり覗き見し<u>ないでいただける</u>?

문말이 보통체 말씨로 끝나는 〈ないでいただける?〉는 정중도가 결여되어 있는데 친한 사이에서 (73)의 「あきらめないでいただける?」와 같이 여성 화자가 경어적 동위자이거나 하위자인 남동생에게 사용하면 [염려][원망]의 표현가치를 실현하는데 이때는 여성으로서의 품위를 유지하려고 하는 의도가 느껴진다. 그리고 〈ないでいただける?〉는 소원한 사이에서 (74)의 「覗き見しないでいただける?」와 같이 여성 화자가 경어적 동위자이거나 하위자인 남성 청자에게 청자와의 거리를 일부러 두려고 하는 의도가 느껴지며 청자에 대한 화자의 [불쾌감][질책]을 나타낸다.

[2] 〈ないでいただけるか〉 {청자(남)가 화자(여)와 경어적 동위자이거나 하위자인 경우}

(75) * 大介君、甲子園出場はお姉ちゃんの夢でもあるの。簡単にあきらめ<u>ないでいただけるか</u>。
(76) * ちょっと、大介、お姉ちゃんの携帯をこっそり覗き見し<u>ないでいただけるか</u>。

문말이 〈か〉로 끝나는 〈ないでいただけるか〉는 남성 전용 형식으로 정중도가 결여되어 있기 때문에 친한 사이에서 (75)의 「あきらめないでいただけるか」와 같이 화자가 여성으로 상정되는 경우에는 자연스러운 발화로서 허용도가 낮다. 그리고 〈ないでいただけるか〉는 남성 전용 형식이라는 점에서 소원한 사이에서도 (76)의 「覗き見しないでいただけるか」와 같이 화자가 여성인 경우에는 자연스러운 발화로서 허용도가 낮다.

[3] 〈ないでいただけない?〉 {청자(남)가 화자(여)와 경어적 동위자이거나 하위자인 경우}

(77) 大介君、甲子園出場はお姉ちゃんの夢でもあるの。簡単にあきらめ<u>ないでいただけない</u>?
(78) ちょっと、大介、お姉ちゃんの携帯をこっそり覗き見し<u>ないでいただけない</u>?

긍정의 보통체 말씨인 〈ないでいただけない?〉는 여성어적 뉘앙스를 함의하고 있고 정중도가 결여되어 있다. 그래서 친한 사이에서 (77)의 「あきらめないでいただけない?」와 같이 여성 화자가 경어적 동위자이거나 하위자인 남동생에게 사용하는 것은 허용되며 [염려][배려]의 표현가치를 실현한다. 그리고 〈ないでいただけない?〉는 보통체 말씨이기 때문에 정중도가 결여되어 있어 소원한 사이에서 (78)의 「覗き見しないでいただけない?」와 같이 여성 화자가 경어적 동위자이거나 하위자인 남동생에게 사용하면 청자와의 거리를 일부러 두려고 하는 의도가 느껴지며 청자에 대한 화자의 [불쾌감][질책]을 나타낸다.

[4] 〈ないでいただけないか〉 {청자(남)가 화자(여)와 경어적 동위자이거나 하위자인 경우}

(79) * 大介君、甲子園出場はお姉ちゃんの夢でもあるの。簡単にあきらめないでいただけないか。
(80) * ちょっと、大介、お姉ちゃんの携帯をこっそり覗き見しないでいただけないか。

〈ないでいただけないか〉는 남성 전용 말씨로 정중도가 결여되어 있어 친한 사이에서 (79)의 「あきらめないでいただけないか」와 같이 여성이 화자인 경우에는 일반적으로 성립되지 않는다. 그리고 〈ないでいただけないか〉는 남성 전용 형식이기에 소원한 사이에서 (80)의 「覗き見しないでいただけないか」와 같이 여성이 화자인 경우에는 허용도가 낮다.

[5] 〈ないでいただけますか〉 {청자(남)가 화자(여)와 경어적 동위자이거나 하위자인 경우}

(81) 大介君、甲子園出場はお姉ちゃんの夢でもあるの。簡単にあきらめないでいただけますか。
(82) ちょっと、大介、お姉ちゃんの携帯をこっそり覗き見しないでいただけますか。

〈ないでいただけますか〉는 경어가치가 높고 정중도도 구비하고 있어 친한 사이에서 (81)의 「あきらめないでいただけますか」와 같이 여성 화자가 경어적 동위자이거나 하위자인 남동생에게 사용하면 [배려]의 표현가치를 실현한다. 그리고 〈ないでいただけますか〉는 부정 정중체인 〈ないでいただけませんか〉에 비해 상대적으로 어감이 다소 딱딱하다. 그래서 소원한 사이에서 (82)의 「覗き見しないでいただけますか」와 같이 여성 화자가 경어적 동위자이거나 하위자인 남동생에게 사용하면 [불쾌감][질책]의 표현가치를 나타낸다.

[6] 〈ないでいただけます?〉 {청자(남)가 화자(여)와 경어적 동위자이거나 하위자인 경우}

(83) 大介君、甲子園出場はお姉ちゃんの夢でもあるの。簡単にあきらめないでいただけます?
(84) ちょっと、大介、お姉ちゃんの携帯をこっそり覗き見しないでいただけます?

〈ないでいただけます?〉는 여성어적 성격을 띠기 때문에 어조는 부드럽지만 한편으로 가벼운 느낌을 주기 때문에 친한 사이에서 (83)의 「あきらめないでいただけます?」와 같이 여성 화자가 경어적 동위자이거나 하위자인 남동생에게 사용하면 [간원][원망]의 표현가치를 실현한다. 그리고 〈ないでいただけます?〉는 가벼운 느낌을 수반한다는 점에서 소원한 사이에서는 [차가움][냉담]의 뉘앙스를 띤다. (84)의 「覗き見しないでいただけます?」와 같이 여성 화자가 경어적 동위자이거나 하위자인 남동생에게 사용하면 [불쾌감][질책]의 표현가치를 나타낸다.

[7] 〈ないでいただけませんか〉 {청자(남)가 화자(여)와 경어적 동위자이거나 하위자인 경우}

(85) ? 大介君、甲子園出場はお姉ちゃんの夢でもあるの。簡単にあきらめないでいただけませんか。
(86) ちょっと、大介、お姉ちゃんの携帯をこっそり覗き見しないでいただけませんか。

부정 정중체인 〈ないでいただけませんか〉는 경어가치가 높고 정중도도 구비하고 있기 때문에 형제와 같은 내적 관계의 친근한 사이에서 (85)의 「あきらめないでいただけませんか」와 같이 정중도가 높은 표현을 사용하는 것은 다소 부자연스럽다. 그리고 〈ないでいただけませんか〉는 긍정 정중체인 〈ないでいただけますか〉에 비해 상대적으로 어조가 부드럽다는 점에서 소원한 사이에서 (86)의 「覗き見しないでいただけませんか」와 같이 여성 화자가 경어적 동위자이거나 하위자인 남동생에게 사용하면 [불쾌감][질책]의 표현가치를 나타낸다.

[8] 〈ないでいただけません?〉 {청자(남)가 화자(여)와 경어적 동위자이거나 하위자인 경우}

(87) 大介君、甲子園出場はお姉ちゃんの夢でもあるの簡単にあきらめ<u>ないでいただけません</u>?
(88) ちょっと、大介、お姉ちゃんの携帯をこっそり覗き見し<u>ないでいただけません</u>?

〈ないでいただけません?〉은 가벼운 느낌을 수반하며 개인적인 발화라는 성격을 띠기 때문에 친한 사이에서 (87)의 「あきらめないでいただけません?」과 같이 여성 화자가 경어적 동위자이거나 하위자인 남동생에게 사용하면 [간원][원망]의 표현가치를 실현한다. 그리고 〈ないでいただけません?〉은 화자가 자기의 감정을 쉽게 표출한다는 점에서 냉담한 뉘앙스를 함의한다. 이에 소원한 사이에서 (88)의 「覗き見しないでいただけません?」과 같이 여성 화자가 경어적 동위자이거나 하위자인 남동생에게 사용하면 [불쾌감][질책]의 표현가치를 나타낸다.

[9] 〈ないでいただけるでしょうか〉 {청자(남)가 화자(여)와 경어적 동위자이거나 하위자인 경우}

(89) * 大介君、甲子園出場はお姉ちゃんの夢でもあるの。簡単に
あきらめ<u>ないでいただけるでしょうか</u>。
(90) ちょっと、大介、お姉ちゃんの携帯をこっそり覗き見し<u>ないでいただけるでしょうか</u>。

〈ないでいただけるでしょうか〉는 경어가치와 정중도가 높고 격식을 차린 말씨이지만 어감이 딱딱하기 때문에 친한 사이에서 (89)의 「あきらめないでいただけるでしょうか」와 같이 여성 화자가 스스럼없거나 격의 없는 내적 관계의 경어적 동위자이거나 하위자인 남동생에게 사용하는 것은 자연스러운 발화로서 허용도가 낮다. 그리고 〈ないでいただけるでしょうか〉는 화자의 딱딱하고 강경한 태도가 전면에 부각된다는 점에서 소원한 사이에서 (90)의 「覗き見しないでいただけるでしょうか」와 같이 여성 화자가 경어적 동위자이거나 하위자인 남동생에게 사용하면 〈いただけるでしょうか〉라는 정중체 표현을 의도적으로 이용함으로써 확고한 태도로 청자를 위압하고 있다는 인상을 주며 청자에 대한 화자의 [불쾌감][질책]의 표현가치를 나타낸다.

[10] 〈ないでいただけないでしょうか〉 {청자(남)가 화자(여)와 경어적 동위자이거나 하위자인 경우}

(91) * 大介君、甲子園出場はお姉ちゃんの夢でもあるの。簡単にあきらめ<u>ないでいただけないでしょ</u>

うか。
(92) ちょっと、大介、お姉ちゃんの携帯をこっそり覗き見しないでいただけないでしょうか。

〈ないでいただけないでしょうか〉는 긍정의 〈ないでいただけるでしょうか〉에 비해 상대적으로 어조가 부드럽지만 경어가치와 정중도가 높고 격식도 인정되기 때문에 친한 사이에서 (91)의 「あきらめないでいただけないでしょうか」와 같이 여성 화자가 경어적 동위자이거나 하위자인 남동생에게 사용하면 청자와 거리를 두려는 의도가 간취되기 때문에 자연스러운 발화로서 허용도가 낮다. 그리고 〈ないでいただけないでしょうか〉는 소원한 사이에서 (92)의 「覗き見しないでいただけないでしょうか」와 같이 여성 화자가 경어적 동위자이거나 하위자인 남동생에게 사용하면, [불쾌감][질책]의 표현가치를 나타낸다. 〈ないでいただけないでしょうか〉라는 형식은 형제 사이에서는 지나치게 정중하다는 인상을 주지만 화자가 의도적으로 이러한 과도한 표현을 선택함으로써 청자를 위압하고 있다고 해석된다.

[11] 〈ないでいただけますでしょうか〉 {청자(남)가 화자(여)와 경어적 동위자이거나 하위자인 경우}

(93) *大介君、甲子園出場はお姉ちゃんの夢でもあるの。簡単にあきらめないでいただけますでしょうか。
(94) ちょっと、大介、お姉ちゃんの携帯をこっそり覗き見しないでいただけますでしょうか。

〈ないでいただけますでしょうか〉는 화자가 격식 있는 태도를 취함으로써 자신의 품위를 유지하고 상대방의 입장을 존중하여 최종적인 판단을 청자에게 위임한다는 뉘앙스를 함의한다. 그래서 친한 사이에서 (93)의 「あきらめないでいただけますでしょうか」와 같이 여성 화자가 경어적 동위자이거나 하위자인 남동생에게 과도하게 정중한 표현을 쓰는 것은 스스럼없는 내적 관계의 형제 사이에서는 오히려 부적절하다는 점에서 자연스러운 발화로서 허용도가 낮다. 그리고 〈ないでいただけますでしょうか〉는 화자의 원망이 전면에 부각되지만 문말이 이중 정중의 형태를 취하고 있다는 점에서 감정이 자제되어 있다. 소원한 사이에서 (94)의 「覗き見しないでいただけますでしょうか」와 같이 여성 화자가 경어적 동위자이거나 하위자인 남동생에게 사용하면 [불쾌감][질책]의 표현가치를 나타낸다. 〈ないでいただけますでしょうか〉는 청자와의 좁히기 어려운 거리감을 느끼게 하며 형제 사이에서 지나치게 정중하다는 인상을 주지만 화자가 의도적으로 이러한 과도한 표현을 선택함으로써 청자를 위압하고 있다고 해석된다.

[12] 〈ないでいただけませんでしょうか〉 {청자(남)가 화자(여)와 경어적 동위자이거나 하위자인 경우}

(95) *大介君、甲子園出場はお姉ちゃんの夢でもあるの。簡単にあきらめないでいただけませんでしょうか。
(96) ちょっと、大介、お姉ちゃんの携帯をこっそり覗き見しないでいただけませんでしょうか。

〈ないでいただけませんでしょうか〉는 〈ないでいただける〉 계열의 부정 표현 중에서 경어가치 및 정중도 그리고 격식도가 가장 높은 형식으로 청자와의 거리를 확보하면서 상대방의 입장을 존중하여 최종적인 판단을 청자의 의향에 맡긴다고 하는 뉘앙스를 함의한다. 그런데 친한 사이에서 (95)의 「あきらめないでいただけませんでしょうか」와 같이 여성 화자가 경어적 동위자이거나 하위자인 남동생에게 사용하는 것은 스스럼없는 내적 관계의 형제 사이에서 자신을 지나치게 낮추는 표현이 되기 때문에 자연스러운 발화로서 허용도가 낮다. 그리고 〈ないでいただけませんでしょうか〉는 이중 정중의 부정의 형태를 취하고 있어 정중도가 높고 부드럽기 때문에 소원한 사이에서 (96)의 「覗き見しないでいただけませんでしょうか」와 같이 여성 화자가 경어적 동위자이거나 하위자인 남동생에게 사용하면 [불쾌감][질책]의 표현가치를 나타낸다. 또한 화자가 의도적으로 〈ないでいただけませんでしょうか〉와 같은 과도한 정중 표현을 이용함으로써 청자를 위압하는 표현효과를 거두고 있다.

3.5. 청자(남)가 화자(여)에 비해 경어적 하위자인 경우

[1] 〈ないでいただける?〉 {청자(남)가 화자(여)에 비해 경어적 하위자인 경우}

(97) ボク、いい子だから、おばちゃんちの庭にごみを捨て<u>ないでいただける</u>?
(98) 山田君だか川田君だか知りませんけど、娘は嫌がってますの。
　　 もう連絡し<u>ないでいただける</u>?

문말이 보통체 말씨로 끝나는 〈ないでいただける?〉는 정중도가 결여되어 있는데 친한 사이에서 (97)의 「捨てないでいただける?」와 같이 연배의 여성 화자가 연소자인 청자에게 사용하면 [타이름][달램]의 표현가치를 실현한다. 그리고 〈ないでいただける?〉는 소원한 사이에서 (98)의 「連絡しないでいただける?」와 같이 여성 화자가 경어적 하위자인 남성 청자에게 사용하면 청자와의 거리를 일부러 두려고 하는 의도가 느껴지며 청자에 대한 화자의 [혐오감]을 나타낸다.

[2] 〈ないでいただけるか〉 {청자(남)가 화자(여)에 비해 경어적 하위자인 경우}

(99) * ボク、いい子だから、おばちゃんちの庭にごみを捨て<u>ないでいただけるか</u>。
(100) * 山田君だか川田君だか知りませんけど、娘は嫌がってますの。
　　　 もう連絡し<u>ないでいただけるか</u>。

문말이 〈か〉로 끝나는 〈ないでいただけるか〉는 남성 전용 형식으로 정중도가 결여되어 있기 때문에 친한 사이에서 (99)의 「捨てないでいただけるか」와 같이 화자가 여성으로 상정되는 경우에는 자연스러운 발화로서 허용도가 낮다. 그리고 〈ないでいただけるか〉는 남성 전용 형식이라는 점에서 소원한 사이에서도 (100)의 「連絡しないでいただけるか」와 같이 화자가 여성인 경우에는 자연스러운 발화로서 허용도가 낮다.

[3] 〈ないでいただけない?〉 {청자(남)가 화자(여)에 비해 경어적 하위자인 경우}

(101) ボク、いい子だから、おばちゃんちの庭にごみを捨てないでいただけない?
(102) 山田君だか川田君だか知りませんけど、娘は嫌がってますの。
　　　もう連絡しないでいただけない?

긍정의 보통체 말씨인 〈ないでいただけない?〉는 여성어적 뉘앙스를 함의하고 있고 정중도가 결여되어 있다. 이에 친한 사이에서 (101)의 「捨てないでいただけない?」와 같이 여성 화자가 경어적 하위자인 남성 청자에게 사용하는 것은 허용되며 연소자에 대한 [배려]라는 표현가치를 나타낸다. 그리고 〈ないでいただけない?〉는 보통체 말씨이기 때문에 정중도가 결여되어 있어 소원한 사이에서 (102)의 「連絡しないでいただけない?」와 같이 여성 화자가 경어적 하위자인 남성 청자에게 사용하면 청자와의 거리를 일부러 두려고 하는 의도가 느껴지며 청자에 대한 화자의 [불쾌감][질책]을 나타낸다.

[4] 〈ないでいただけないか〉 {청자(남)가 화자(여)에 비해 경어적 하위자인 경우}

(103) *ボク、いい子だから、おばちゃんちの庭にごみを捨てないでいただけないか。
(104) *山田君だか川田君だか知りませんけど、娘は嫌がってますの。
　　　もう連絡しないでいただけないか。

〈ないでいただけないか〉는 남성 전용 말씨로 정중도가 결여되어 있어 친한 사이에서 (103)의 「捨てないでいただけないか」와 같이 여성이 화자인 경우에는 일반적으로 성립되지 않는다. 그리고 〈ないでいただけないか〉는 남성 전용 형식이기에 소원한 사이에서 (104)의 「連絡しないでいただけないか」와 같이 여성이 화자인 경우에는 허용도가 낮다.

[5] 〈ないでいただけますか〉 {청자(남)가 화자(여)에 비해 경어적 하위자인 경우}

(105) ボク、いい子だから、おばちゃんちの庭にごみを捨てないでいただけますか。
(106) 山田君だか川田君だか知りませんけど、娘は嫌がってますの。
　　　もう連絡しないでいただけますか。

〈ないでいただけますか〉는 경어가치가 높고 정중도도 구비하고 있어 친한 사이에서 (105)의 「捨てないでいただけますか」와 같이 여성 화자가 경어적 하위자인 남성 청자에게 사용하면 [연소자에 대한 배려]라는 표현가치를 실현한다. 그리고 〈ないでいただけますか〉는 부정 정중체인 〈ないでいただけませんか〉에 비해 상대적으로 어감이 다소 딱딱하다. 이에 소원한 사이에서

(106)의 「連絡しないでいただけますか」와 같이 여성 화자가 경어적 하위자인 남성 청자에게 사용하면 [질책][힐문]의 표현가치를 나타낸다.

[6] 〈ないでいただけます?〉 {청자(남)가 화자(여)에 비해 경어적 하위자인 경우}

(107) ボク、いい子だから、おばちゃんちの庭にごみを捨てないでいただけます?
(108) 山田君だか川田君だか知りませんけど、娘は嫌がってますの。
　　　もう連絡しないでいただけます?

〈ないでいただけます?〉는 여성어적 성격을 띠기 때문에 어조는 부드럽지만 한편으로 가벼운 느낌을 준다. 그래서 친한 사이에서 (107)의 「捨てないでいただけます?」와 같이 여성 화자가 경어적 하위자인 연소자에게 사용하면 [연소자에 대한 배려]의 표현가치를 실현한다. 그리고 〈ないでいただけます?〉는 가벼운 느낌을 수반한다는 점에서 소원한 사이에서는 [차가움][냉담]의 뉘앙스를 띤다. (108)의 「連絡しないでいただけます?」와 같이 여성 화자가 경어적 하위자인 남성 청자에게 사용하면 [혐오감][불쾌감]의 표현가치를 나타낸다.

[7] 〈ないでいただけませんか〉 {청자(남)가 화자(여)에 비해 경어적 하위자인 경우}

(109) ボク、いい子だから、おばちゃんちの庭にごみを捨てないでいただけませんか。
(110) 山田君だか川田君だか知りませんけど、娘は嫌がってますの。
　　　もう連絡しないでいただけませんか。

부정 정중체인 〈ないでいただけませんか〉는 경어가치가 높고 정중도도 구비하고 있기 때문에 친한 사이에서 (109)의 「捨てないでいただけませんか」와 같이 여성 화자가 경어적 하위자인 남자 아이에게 사용하면 [연소자에 대한 배려]라는 표현가치를 실현한다. 그리고 〈ないでいただけませんか〉는 긍정 정중체인 〈ないでいただけますか〉에 비해 상대적으로 어조가 부드럽다는 점에서 소원한 사이에서 (110)의 「連絡しないでいただけませんか」와 같이 여성 화자가 경어적 하위자인 남성 청자에게 사용하면 [혐오감][불쾌감]의 표현가치를 나타낸다.

[8] 〈ないでいただけません?〉 {청자(남)가 화자(여)에 비해 경어적 하위자인 경우}

(111) ボク、いい子だから、おばちゃんちの庭にごみを捨てないでいただけません?
(112) 山田君だか川田君だか知りませんけど、娘は嫌がってますのもう連絡しないでいただけません?

〈ないでいただけません?〉은 가벼운 느낌을 수반하며 개인적인 발화라는 성격을 띠기 때문에 친한 사이에서 (111)의 「捨てないでいただけません?」과 같이 여성 화자가 경어적 하위자인 남자 아이에게 사용하면 [연소자에 대한 배려]의 표현가치를 실현한다. 그리고 〈ないでいただけま

センᆷ?〉은 화자가 자기의 감정을 쉽게 표출한다는 점에서 냉담한 뉘앙스를 함의한다. 소원한 사이에서 (112)의 「連絡しないでいただけません?」과 같이 여성 화자가 경어적 하위자인 남성 청자에게 사용하면 [혐오감][불쾌감]의 표현가치를 나타낸다.

[9] 〈ないでいただけるでしょうか〉 {청자(남)가 화자(여)에 비해 경어적 하위자인 경우}

(113) ??ボク、いい子だから、おばちゃんちの庭にごみを捨て<u>ないでいただけるでしょうか</u>。
(114) 山田君だか川田君だか知りませんけど、娘は嫌がってますの。
　　もう連絡し<u>ないでいただけるでしょうか</u>。

〈ないでいただけるでしょうか〉는 경어가치와 정중도가 높고 격식을 차린 말씨이지만 어감이 딱딱하기 때문에 친한 사이에서 (113)의 「捨てないでいただけるでしょうか」와 같이 여성 화자가 경어적 하위자인 남자 아이에게 사용하는 것은 부자연스럽다. 그리고 〈ないでいただけるでしょうか〉는 화자의 딱딱하고 강경한 태도가 전면에 부각된다는 점에서 소원한 사이에서 (114)의 「連絡しないでいただけるでしょうか」와 같이 여성 화자가 경어적 하위자인 남성 청자에게 사용하면 화자의 원망이 전면이 드러나고 청자에 대한 혐오감을 강하게 표출한다는 점에서 청자에 대한 화자의 [질책]의 표현가치를 나타낸다.

[10] 〈ないでいただけないでしょうか〉 {청자(남)가 화자(여)에 비해 경어적 하위자인 경우}

(115) ?ボク、いい子だから、おばちゃんちの庭にごみを捨て<u>ないでいただけないでしょうか</u>。
(116) 山田君だか川田君だか知りませんけど、娘は嫌がってますの。
　　もう連絡し<u>ないでいただけないでしょうか</u>。

〈ないでいただけないでしょうか〉는 긍정의 〈ないでいただけるでしょうか〉에 비해 상대적으로 어조가 부드럽지만 경어가치와 정중도가 높고 격식도 인정되기 때문에 친한 사이에서 (115)의 「捨てないでいただけないでしょうか」와 같이 여성 화자가 경어적 하위자인 남자 아이에게 사용하는 것은 지나치게 정중하다는 점에서 다소 부자연스럽다. 그리고 〈ないでいただけないでしょうか〉는 소원한 사이에서 (116)의 「連絡しないでいただけないでしょうか」와 같이 여성 화자가 경어적 하위자인 남성 청자에게 사용하면 [혐오감]의 표현가치를 나타내는데 화자가 〈ないでいただけないでしょうか〉이라는 형식을 사용함으로써 불쾌한 행동을 하는 청자와의 거리를 유지하려고 하는 의도가 엿보인다.

[11] 〈ないでいただけますでしょうか〉 {청자(남)가 화자(여)에 비해 경어적 하위자인 경우}

(117) ?ボク、いい子だから、おばちゃんちの庭にごみを捨て<u>ないでいただけますでしょうか</u>。

(118) 山田君だか川田君だか知りませんけど、娘は嫌がってますの。
　　　もう連絡しないでいただけますでしょうか。

〈ないでいただけますでしょうか〉는 화자가 격식 있는 태도를 취함으로써 자신의 품위를 유지하고 상대방의 입장을 존중하여 최종적인 판단을 청자에게 위임한다는 뉘앙스를 함의한다. 이에 친한 사이에서 (117)의 「捨てないでいただけますでしょうか」와 같이 여성 화자가 경어적 하위자인 남자 아이에게 사용하는 것은 지나치게 정중하다는 점에서 다소 부자연스러운 느낌을 준다. 그리고 〈ないでいただけますでしょうか〉는 화자의 원망이 전면에 부각되지만 문말이 이중 정중의 형태를 취하고 있다는 점에서 감정이 자제되어 있다. 소원한 사이에서 (118)의 「連絡しないでいただけますでしょうか」와 같이 여성 화자가 경어적 하위자인 남성 청자에게 사용하면 [불쾌감][질책]의 표현가치를 나타내는데, 화자가 〈ないでいただけますでしょうか〉라는 형식을 의도적으로 선택하여 불쾌한 행동을 하는 청자와의 관계를 단절하고 청자와 일정한 거리를 유지하려고 의도가 엿보인다.

[12] 〈ないでいただけませんでしょうか〉 {청자(남)가 화자(여)에 비해 경어적 하위자인 경우}

(119) ?ボク、いい子だから、おばちゃんちの庭にごみを捨てないでいただけませんでしょうか。
(120) 山田君だか川田君だか知りませんけど、娘は嫌がってますの。
　　　もう連絡しないでいただけませんでしょうか。

〈ないでいただけませんでしょうか〉는 〈ないでいただける〉 계열의 부정 표현 중에서 경어가치 및 정중도 그리고 격식도가 가장 높은 형식으로 청자와의 거리를 확보하면서 상대방의 입장을 존중하여 최종적인 판단을 청자의 의향에 맡긴다고 하는 뉘앙스를 함의한다. 그런데 친한 사이에서 (119)의 여성 화자 「おばちゃん」이 연소자인 남성 청자 「ボク」에게 「捨てないでいただけませんでしょうか」와 같이 사용하는 것은 지나치게 정중하다는 느낌을 주기 때문에 다소 부자연스럽다. 그리고 〈ないでいただけませんでしょうか〉는 이중 정중의 부정의 형태를 취하고 있어 정중도가 높고 부드럽다. 그래서 소원한 사이에서 (120)의 「連絡しないでいただけませんでしょうか」와 같이 여성 화자가 경어적 하위자인 남성 청자에게 사용하는 것은 남성 화자의 경우와 달리 자연스러운 발화로서 성립하며 [혐오감]의 표현가치를 나타낸다.

4. 여성 화자가 여성 청자에게 사용하는 〈ないでいただける〉 계열

4.1. 청자(여)가 화자(여)에 비해 경어적 상위자인 경우

[1] 〈ないでいただける?〉 {청자(여)가 화자(여)에 비해 경어적 상위자인 경우}

(1) * 私たちにとって先生は女性の鑑ですから、おやめにならないでいただける?
(2) 叔母さん、結婚相手はあたしが自分で見つけるから、いい加減お見合い話は持ちかけないでいただける?

문말이 보통체 말씨로 끝나는 〈ないでいただける?〉는 정중도가 결여되어 있기 때문에 친한 사이에서 (1)의 「おやめにならないでいただける?」와 같이 여성 화자가 경어적 상위자인 「先生」에게 사용하면 너무 허물이 없다는 인상을 준다는 점에서 자연스러운 발화로서 허용도가 낮다. 그리고 〈ないでいただける?〉는 소원한 사이에서 (2)의 「持ちかけないでいただける?」와 같이 여성 화자가 경어적 상위자인 「叔母さん」에게 사용하면 예의에서 벗어난 태도가 드러나고 [불만][항의]의 표현가치를 나타낸다.

[2] 〈ないでいただけるか〉 {청자(여)가 화자(여)에 비해 경어적 상위자인 경우}

(3) * 私たちにとって先生は女性の鑑ですから、おやめにならないでいただけるか。
(4) * 叔母さん、結婚相手はあたしが自分で見つけるから、いい加減お見合い話は持ちかけないでいただけるか。

문말이 〈か〉로 끝나는 〈ないでいただけるか〉는 남성 전용 형식으로 정중도가 결여되어 있기 때문에 친한 사이에서 (3)의 「おやめにならないでいただけるか」와 같이 화자가 여성인 경우에는 성립하지 않는다. 그리고 〈ないでいただけるか〉는 남성 전용 형식이라는 점에서 소원한 사이에서도 (4)의 「持ちかけないでいただけるか」와 같이 화자가 여성인 경우에는 자연스러운 발화로서 허용도가 낮다.

[3] 〈ないでいただけない?〉 {청자(여)가 화자(여)에 비해 경어적 상위자인 경우}

(5) * 私たちにとって先生は女性の鑑ですから、おやめにならないでいただけない?
(6) 叔母さん、結婚相手はあたしが自分で見つけるから、いい加減お見合い話は持ちかけないでいただけない?

긍정의 보통체 말씨인 〈ないでいただけない?〉는 여성어적 뉘앙스를 함의하고 있고 정중도가 결여되어 있어 친한 사이에서 (5)의「おやめにならないでいただけない?」와 같이 여성 화자가 경어적 상위자인「先生」에게 사용하면 너무 지나치게 허물이 없다는 인상을 준다는 점에서 허용도가 낮다. 그리고 〈ないでいただけない?〉는 일반적으로 경어적 상위자인 청자에게 사용하는 것은 용인도가 낮은데 소원한 사이에서는 (6)의「持ちかけないでいただけない?」와 같이 여성 화자가 경어적 상위자인「叔母さん」에게 발화하는 것이 허용되며 [불쾌감][항의]의 표현가치를 나타낸다.

[4] 〈ないでいただけないか〉 {청자(여)가 화자(여)에 비해 경어적 상위자인 경우}

(7) * 私たちにとって先生は女性の鑑ですから、おやめにならないでいただけないか。
(8) * 叔母さん、結婚相手はあたしが自分で見つけるから、いい加減お見合い話は持ちかけないでいただけないか。

〈ないでいただけないか〉는 남성 전용 말씨로 정중도가 결여되어 있어 화자가 여성인 경우에는 성립하지 않는다. 따라서 친한 사이에서 (7)의「おやめにならないでいただけないか」와 같이 여성 화자가 경어적 상위자인 여성 청자「女性」에게 사용하는 것은 자연스러운 발화로서 허용도가 낮다. 그리고 〈ないでいただけないか〉는 남성 전용 형식이기 때문에 소원한 사이에서 (8)의「持ちかけないでいただけないか」와 같이 화자가 여성인 경우에는 성립하지 않는다.

[5] 〈ないでいただけますか〉 {청자(여)가 화자(여)에 비해 경어적 상위자인 경우}

(9) 私たちにとって先生は女性の鑑ですから、おやめにならないでいただけますか。
(10) 叔母さん、結婚相手はあたしが自分で見つけるから、いい加減お見合い話は持ちかけないでいただけますか。

〈ないでいただけますか〉는 경어가치가 높고 정중도도 구비하고 있어 친한 사이에서 (9)의「おやめにならないでいただけますか」와 같이 여성 화자가 경어적 상위자인「先生」에게 사용하면 [간원][원망]의 표현가치를 실현한다. 그런데 〈ないでいただけますか〉는 부정 정중체인 〈ないでいただけませんか〉에 비해 상대적으로 어조가 다소 딱딱하다는 점에서 간원을 강요하는 것과 같은 인상을 준다. 그리고 〈ないでいただけますか〉는 부정 정중체인 〈ないでいただけませんか〉에 비해 상대적으로 어감이 다소 딱딱하다. 이에 소원한 사이에서 (10)의「持ちかけないでいただけますか」와 같이 여성 화자가 경어적 상위자인「叔母さん」에게 사용하면 [불쾌감][불만]의 표현가치를 나타낸다.

[6] 〈ないでいただけます?〉 {청자(여)가 화자(여)에 비해 경어적 상위자인 경우}

(11) ?私たちにとって先生は女性の鑑ですから、おやめにならないでいただけます?
(12) 叔母さん、結婚相手はあたしが自分で見つけるから、いい加減お見合い話は持ちかけないでいただけます?

〈ないでいただけます?〉는 여성어적 성격을 띠기 때문에 어조는 부드럽지만 한편으로 가벼운 느낌을 준다. 이에 친한 사이에서 (11)의 「おやめにならないでいただけます?」와 같이 여성 화자가 경어적 상위자인 「先生」에게 사용하면 화자가 상위자인 청자에게 간원을 강요하는 듯한 인상을 준다는 점에서 다소 부자연스럽다. 그리고 〈ないでいただけます?〉는 가벼운 느낌을 수반한다는 점에서 소원한 사이에서는 [차가움][냉담]의 뉘앙스를 띠기 때문에 (12)의 「持ちかけないでいただけます?」와 같이 여성 화자가 경어적 상위자인 「叔母さん」에게 사용하면 [불쾌감][불만]의 표현가치를 나타낸다.

[7] 〈ないでいただけませんか〉 {청자(여)가 화자(여)에 비해 경어적 상위자인 경우}

(13) 私たちにとって先生は女性の鑑ですから、おやめにならないでいただけませんか。
(14) 叔母さん、結婚相手はあたしが自分で見つけるから、いい加減お見合い話は持ちかけないでいただけませんか。

부정 정중체인 〈ないでいただけませんか〉는 경어가치가 높고 정중도도 구비하고 있기 때문에 친한 사이에서 (13)의 「おやめにならないでいただけませんか」와 같이 여성 화자가 경어적 상위자인 「先生」에게 사용하면 [간원][원망]의 표현가치를 실현한다. 그리고 〈ないでいただけませんか〉는 긍정 정중체인 〈ないでいただけますか〉에 비해 상대적으로 어조가 부드럽다는 점에서 소원한 사이에서 (14)의 「持ちかけないでいただけませんか」와 같이 여성 화자가 경어적 상위자인 「叔母さん」에게 사용하면 [불쾌감][불만]의 표현가치를 나타낸다.

[8] 〈ないでいただけません?〉 {청자(여)가 화자(여)에 비해 경어적 상위자인 경우}

(15) ?私たちにとって先生は女性の鑑ですから、おやめにならないでいただけません?
(16) 叔母さん、結婚相手はあたしが自分で見つけるから、いい加減お見合い話は持ちかけないでいただけません?

〈ないでいただけません?〉은 가벼운 느낌을 수반하며 개인적인 발화라는 성격을 띠기 때문에 (15)의 「おやめにならないでいただけません?」과 같이 여성 화자가 경어적 상위자인 「先生」에게 사용하면 간원을 강요하는 것과 같은 뉘앙스를 함의한다는 점에서 다소 부자연스럽다. 그리고 〈ないでいただけません?〉은 화자가 자기의 감정을 쉽게 표출한다는 점에서 냉담한 뉘앙스를 함의한다. 이에 소원한 사이에서 (16)의 「持ちかけないでいただけません?」과 같이 여성 화자가 경어적 상위자인 「叔母さん」에게 사용하면 [불쾌감][불만]의 표현가치를 나타낸다.

[9] 〈ないでいただけるでしょうか〉 {청자(여)가 화자(여)에 비해 경어적 상위자인 경우}

(17) * 私たちにとって先生は女性の鑑ですから、おやめにならないでいただけるでしょうか。
(18) 叔母さん、結婚相手はあたしが自分で見つけるから、いい加減お見合い話は持ちかけないでいただけるでしょうか。

〈ないでいただけるでしょうか〉는 경어가치와 정중도가 높고 격식을 차린 말씨이지만 어감이 딱딱하기 때문에 친한 사이에서 (17)의 「おやめにならないでいただけるでしょうか」와 같이 여성 화자가 경어적 상위자인 「先生」에게 사용하는 것은 자연스러운 발화로서 허용도가 낮다. 그리고 〈ないでいただけるでしょうか〉는 화자의 딱딱하고 강경한 태도가 전면에 부각된다는 점에서 소원한 사이에서 (18)의 「持ちかけないでいただけるでしょうか」와 같이 여성 화자가 경어적 상위자인 「叔母さん」에게 사용하면 청자에 대한 화자의 [혐오감][항의]의 표현가치를 나타낸다.

[10] 〈ないでいただけないでしょうか〉 {청자(여)가 화자(여)에 비해 경어적 상위자인 경우}

(19) 私たちにとって先生は女性の鑑ですから、おやめにならないでいただけないでしょうか。
(20) 叔母さん、結婚相手はあたしが自分で見つけるから、いい加減お見合い話は持ちかけないでいただけないでしょうか。

〈ないでいただけないでしょうか〉는 긍정의 〈ないでいただけるでしょうか〉에 비해 상대적으로 어조가 부드럽지만 경어가치와 정중도가 높고 격식도 인정되기 때문에 친한 사이에서 (19)의 「おやめにならないでいただけないでしょうか」와 같이 여성 화자가 경어적 상위자인 「先生」에게 사용하면 [간원][원망]의 표현가치를 실현한다. 그리고 〈ないでいただけないでしょうか〉는 소원한 사이에서 (20)의 「持ちかけないでいただけないでしょうか」와 같이 여성 화자가 경어적 상위자인 「叔母さん」에게 사용하면 화자가 단정한 태도로 불만을 토로하고 있다는 인상을 주며 청자에 대한 화자의 [불쾌감][항의]의 표현가치를 나타낸다.

[11] 〈ないでいただけますでしょうか〉 {청자(여)가 화자(여)에 비해 경어적 상위자인 경우}

(21) 私たちにとって先生は女性の鑑ですから、おやめにならないでいただけますでしょうか。
(22) 叔母さん、結婚相手はあたしが自分で見つけるから、いい加減お見合い話は持ちかけないでいただけますでしょうか。

〈ないでいただけますでしょうか〉는 화자가 격식 있는 태도를 취함으로써 자신의 품위를 유지하고 상대방의 입장을 존중하여 최종적인 판단을 청자에게 위임한다는 뉘앙스를 함의한다. 친한 사이에서 (21)의「おやめにならないでいただけますでしょうか」와 같이 여성 화자가 경어적 상위자인「女性」에게 사용하면 [배려][간원]의 표현가치를 실현한다. 그리고 〈ないでいただけますでしょうか〉는 화자의 원망이 전면에 부각되지만 문말이 이중 정중의 형태를 취하고 있다는 점에서 감정이 자제되어 있다. 그래서 소원한 사이에서 (22)의「持ちかけないでいただけますでしょうか」와 같이 여성 화자가 경어적 상위자인「叔母さん」에게 사용하면 화자가 단정한 태도로 항의하고 있다는 인상을 주며 청자에 대한 화자의 [혐오감][항의]의 표현가치를 나타낸다.

[12] 〈ないでいただけませんでしょうか〉{청자(여)가 화자(여)에 비해 경어적 상위자인 경우}

(23) 私たちにとって先生は女性の鑑ですから、おやめにならないでいただけませんでしょうか。
(24) 叔母さん、結婚相手はあたしが自分で見つけるから、いい加減お見合い話は持ちかけないでいただけませんでしょうか。

〈ないでいただけませんでしょうか〉는 〈ないでいただける〉 계열의 부정 표현 중에서 경어가치 및 정중도 그리고 격식도가 가장 높은 형식으로 청자와의 거리를 확보하면서 상대방의 입장을 존중하여 최종적인 판단을 청자의 의향에 맡긴다고 하는 뉘앙스를 함의한다. 친한 사이에서 (23)의「おやめにならないでいただけませんでしょうか」와 같이 여성 화자가 경어적 상위자인 여성 청자인「先生」에게 사용하면 [간원]의 표현가치를 실현한다. 그리고 〈ないでいただけませんでしょうか〉는 이중 정중의 부정 형태를 취하고 있어 정중도가 높고 부드럽기 때문에 소원한 사이에서 (24)의「持ちかけないでいただけませんでしょうか」와 같이 여성 화자가 경어적 상위자인「叔母さん」에게 사용하면 화자가 단정한 태도를 취하며 청자에 대한 화자의 [불만][항의]의 표현가치를 나타낸다.

4.2. 청자(여)가 화자(여)와 경어적 동위자이거나 상위자인 경우

[1] 〈ないでいただける?〉{청자(여)가 화자(여)와 경어적 동위자이거나 상위자인 경우}

(25) *お義姉さん、娘である私の分まで、母に寄り添ってくれてありがとうございました。だからもう悲しまないでいただける?
(26) ちょっと、お姉ちゃん、このハイヒール、まだ買ったばっかりなんだから、勝手に履かないでいただける?

문말이 보통체 말씨로 끝나는 〈ないでいただける?〉는 정중도가 결여되어 있기 때문에 친한 사이에서 (25)의「悲しまないでいただける?」와 같이 여성 화자가 경어적 동위자이거나 상위자인「お義姉さん」에게 사용하면 너무 허물이 없다는 인상을 준다는 점에서 자연스러운 발화로서 허용도가 낮다. 그리고〈ないでいただける?〉는 소원한 사이에서 (26)의「履かないでいただける?」와 같이 여성 화자가 경어적 동위자이거나 상위자인「お姉ちゃん」에게 사용하면 예의에서 벗어난 태도가 드러나고 [불만][항의]의 표현가치를 나타낸다.

[2] 〈ないでいただけるか〉 {청자(여)가 화자(여)와 경어적 동위자이거나 상위자인 경우}

(27) * お義姉さん、娘である私の分まで、母に寄り添ってくれてありがとうございました。だからもう悲しま<u>ないでいただけるか</u>。
(28) * ちょっと、お姉ちゃん、このハイヒール、まだ買ったばっかりなんだから、勝手に履か<u>ないでいただけるか</u>。

문말이〈か〉로 끝나는〈ないでいただけるか〉는 남성 전용 형식으로 정중도가 결여되어 있기 때문에 친한 사이에서 (27)의「悲しまないでいただけるか」와 같이 화자가 여성인 경우에는 성립하지 않는다. 그리고〈ないでいただけるか〉는 남성 전용 형식이라는 점에서 소원한 사이에서도 (28)의「履かないでいただけるか」와 같이 화자가 여성인 경우에는 자연스러운 발화로서 허용도가 낮다.

[3] 〈ないでいただけない?〉 {청자(여)가 화자(여)와 경어적 동위자이거나 상위자인 경우}

(29) * お義姉さん、娘である私の分まで、母に寄り添ってくれてありがとうございました。だからもう悲しま<u>ないでいただけない?</u>
(30) ちょっと、お姉ちゃん、このハイヒール、まだ買ったばっかりなんだから、勝手に履か<u>ないでいただけない?</u>

긍정의 보통체 말씨인〈ないでいただけない?〉는 여성어적 뉘앙스를 함의하고 있고 정중도가 결여되어 있다. 그래서 친한 사이에서 (29)의「悲しまないでいただけない?」와 같이 남성 화자가 경어적 동위자이거나 상위자인「お義姉さん」에게 사용하면 너무 지나치게 허물이 없다는 인상을 준다는 점에서 허용도가 낮다. 그리고〈ないでいただけない?〉는 일반적으로 경어적 상위자인 청자에게 사용하는 것은 용인도가 낮은데 소원한 사이에서 (30)의「履かないでいただけない?」와 같이 여성 화자가 경어적 동위자이거나 상위자인「お姉ちゃん」에게 발화하는 것이 허용되며 [불쾌감][항의]의 표현가치를 나타낸다.

[4] 〈ないでいただけないか〉 {청자(여)가 화자(여)와 경어적 동위자이거나 상위자인 경우}

(31) * お義姉さん、娘である私の分まで、母に寄り添ってくれてありがとうございました。だからもう悲しま<u>ないでいただけないか</u>。

(32) * ちょっと、お姉ちゃん、このハイヒール、まだ買ったばっかりなんだから、勝手に履か<u>ないでいただけないか</u>。

〈ないでいただけないか〉는 남성 전용 말씨로 정중도가 결여되어 있어 화자가 여성인 경우에는 성립하지 않는다. 그래서 친한 사이에서 (31)의「悲しまないでいただけないか」와 같이 여성 화자가 경어적 동위자이거나 상위자인「お義姉さん」에게 사용하는 것은 자연스러운 발화로서 허용도가 낮다. 그리고〈ないでいただけないか〉는 남성 전용 형식이기 때문에 소원한 사이에서 (32)의「履かないでいただけないか」와 같이 화자가 여성인 경우에는 성립하지 않는다.

[5] 〈ないでいただけますか〉 {청자(여)가 화자(여)와 경어적 동위자이거나 상위자인 경우}

(33) お義姉さん、娘である私の分まで、母に寄り添ってくれてありがとうございました。だからもう悲しま<u>ないでいただけますか</u>。
(34) ちょっと、お姉ちゃん、このハイヒール、まだ買ったばっかりなんだから、勝手に履か<u>ないでいただけますか</u>。

〈ないでいただけますか〉는 경어가치가 높고 정중도도 구비하고 있어 친한 사이에서 (33)의「悲しまないでいただけますか」와 같이 여성 화자가 경어적 동위자이거나 상위자인「お義姉さん」에게 사용하면 [염려]의 표현가치를 실현한다. 그리고〈ないでいただけますか〉는 부정 정중체인〈ないでいただけませんか〉에 비해 상대적으로 어감이 다소 딱딱하다. 그래서 소원한 사이에서 (34)의「履かないでいただけますか」와 같이 여성 화자가 경어적 동위자이거나 상위자인「お姉ちゃん」에게 사용하면 [불쾌감][항의]의 표현가치를 나타낸다.

[6] 〈ないでいただけます?〉 {청자(여)가 화자(여)와 경어적 동위자이거나 상위자인 경우}

(35) ? お義姉さん、娘である私の分まで、母に寄り添ってくれてありがとうございました。だからもう悲しま<u>ないでいただけます?</u>
(36) ちょっと、お姉ちゃん、このハイヒール、まだ買ったばっかりなんだから、勝手に履か<u>ないでいただけます?</u>

〈ないでいただけます?〉는 여성어적 성격을 띠기 때문에 어조는 부드럽지만 한편으로 가벼운 느낌을 준다. 그래서 친한 사이에서 (35)의「悲しまないでいただけます?」와 같이 여성 화자가 경어적 동위자이거나 상위자이며 친족인「お義姉さん」에게 사용하는 것은 다소 부자연스럽다. 그리고〈ないでいただけます?〉는 가벼운 느낌을 수반한다는 점에서 소원한 사이에서는 [차가움][냉담]의 뉘앙스를 띤다. 이에 (36)의「履かないでいただけます?」와 같이 여성 화자가 경어적 동위자이거나 상위자인「お姉ちゃん」에게 사용하면 [불쾌감][항의]의 표현가치를 나타낸다.

[7] 〈ないでいただけませんか〉 {청자(여)가 화자(여)와 경어적 동위자이거나 상위자인 경우}

(37) お義姉さん、娘である私の分まで、母に寄り添ってくれてありがとうございました。だからもう悲し<u>まないでいただけませんか</u>。
(38) ちょっと、お姉ちゃん、このハイヒール、まだ買ったばっかりなんだから、勝手に履か<u>ないでいただけませんか</u>。

부정 정중체인 〈ないでいただけませんか〉는 경어가치가 높고 정중도도 구비하고 있기 때문에 친한 사이에서 (37)의 「悲しまないでいただけませんか」와 같이 여성 화자가 경어적 동위자이거나 상위자인 「お義姉さん」에게 사용하면 [염려]의 표현가치를 실현한다. 그리고 〈ないでいただけませんか〉는 긍정 정중체인 〈ないでいただけますか〉에 비해 상대적으로 어조가 부드럽다는 점에서 소원한 사이에서 (38)의 「履かないでいただけませんか」와 같이 여성 화자가 경어적 동위자이거나 상위자인 「お姉ちゃん」에게 사용하면 [불쾌감][항의]의 표현가치를 나타낸다.

[8] 〈ないでいただけません?〉 {청자(여)가 화자(여)와 경어적 동위자이거나 상위자인 경우}

(39) ?お義姉さん、娘である私の分まで、母に寄り添ってくれてありがとうございましただからもう悲し<u>まないでいただけません?</u>
(40) ちょっと、お姉ちゃん、このハイヒール、まだ買ったばっかりなんだから、勝手に履か<u>ないでいただけません?</u>

〈ないでいただけません?〉은 가벼운 느낌을 수반하며 개인적인 발화라는 성격을 띠기 때문에 (39)의 「悲しまないでいただけません?」과 같이 여성 화자가 경어적 동위자이거나 상위자인 「お義姉さん」에게 사용하면 간원의 의미는 약화되고 화자의 장난조나 어리광이라고 하는 표현가치가 부가된다는 점에서 다소 부자연스럽다. 그리고 〈ないでいただけません?〉은 화자가 자기의 감정을 쉽게 표출한다는 점에서 냉담한 뉘앙스를 함의한다. 이에 소원한 사이에서 (40)의 「履かないでいただけません?」과 같이 여성 화자가 경어적 동위자이거나 상위자인 「お姉ちゃん」에게 사용하면 [불쾌감][항의]의 표현가치를 나타낸다.

[9] 〈ないでいただけるでしょうか〉 {청자(여)가 화자(여)와 경어적 동위자이거나 상위자인 경우}

(41) ?お義姉さん、娘である私の分まで、母に寄り添ってくれてありがとうございました。だからもう悲し<u>まないでいただけるでしょうか</u>。
(42) ちょっと、お姉ちゃん、このハイヒール、まだ買ったばっかりなんだから、勝手に履か<u>ないでいただけるでしょうか</u>。

〈ないでいただけるでしょうか〉는 경어가치와 정중도가 높고 격식을 차린 말씨이지만 어감이 딱딱하기 때문에 친한 사이에서 (41)의 「悲しまないでいただけるでしょうか」와 같이 여성 화자가 경어적 동위자이거나 상위자인「お義姉さん」에게 사용하는 것은 다소 부자연스럽다. 그리고〈ないでいただけるでしょうか〉는 화자의 딱딱하고 강경한 태도가 전면에 부각된다는 점에서 소원한 사이에서 (42)의「履かないでいただけるでしょうか」와 같이 여성 화자가 경어적 동위자이거나 상위자인「お姉ちゃん」에게 사용하면 청자에 대한 화자의 [불만][항의]의 표현가치를 나타낸다.

[10]〈ないでいただけないでしょうか〉{청자(여)가 화자(여)와 경어적 동위자이거나 상위자인 경우}

   (43) お義姉さん、娘である私の分まで、母に寄り添ってくれてありがとうございました。
       だからもう悲しま<u>ないでいただけないでしょうか</u>。
   (44) ちょっと、お姉ちゃん、このハイヒール、まだ買ったばっかりなんだから、勝手に履か<u>ないでいただけないでしょうか</u>。

〈ないでいただけないでしょうか〉는 긍정의〈ないでいただけるでしょうか〉에 비해 상대적으로 어조가 부드럽지만 경어가치와 정중도가 높고 격식도 인정되기 때문에 친한 사이에서 (43)의「悲しまないでいただけないでしょうか」와 같이 여성 화자가 경어적 동위자이거나 상위자인「お義姉さん」에게 사용하면 [배려][원망]의 표현가치를 실현한다. 그리고〈ないでいただけないでしょうか〉는 소원한 사이에서 (44)의「履かないでいただけないでしょうか」와 같이 여성 화자가 경어적 동위자이거나 상위자인「お姉ちゃん」에게 사용하면, [불쾌감][항의]의 표현가치를 나타낸다. 자매 사이에서〈ないでいただけないでしょうか〉라는 형식은 지나치게 정중하다는 인상을 주지만, 화자가 의도적으로 이러한 표현을 선택함으로써 청자에 대한 반발과 항의를 표시하고 있는 것으로 해석된다.

[11]〈ないでいただけますでしょうか〉{청자(여)가 화자(여)와 경어적 동위자이거나 상위자인 경우}

   (45) お義姉さん、娘である私の分まで、母に寄り添ってくれてありがとうございました。
       だからもう悲しま<u>ないでいただけますでしょうか</u>。
   (46) ちょっと、お姉ちゃん、このハイヒール、まだ買ったばっかりなんだから、勝手に履か<u>ないでいただけますでしょうか</u>。

〈ないでいただけますでしょうか〉는 화자가 격식 있는 태도를 취함으로써 자신의 품위를 유지하고 상대방의 입장을 존중하여 최종적인 판단을 청자에게 위임한다는 뉘앙스를 함의한다. 친한 사이에서 (45)의「悲しまないでいただけますでしょうか」와 같이 여성 화자가 경어적 동위자이거나 상위자인「お義姉さん」에게 사용하면 [배려][간원]의 표현가치를 실현한다. 그리고〈ないでいただけますでしょうか〉는 화자의 원망이 전면에 부각되지만 문말이 이중 정중의 형태를 취하고 있다는 점에서 감정이 자제되어 있다. 그래서 소원한 사이에서 (46)의「履かない

でいただけますでしょうか」와 같이 여성 화자가 경어적 동위자이거나 상위자인「お姉ちゃん」에게 사용하면 화자가 단정한 태도로 항의하고 있다는 인상을 주며 청자에 대한 화자의 [불만] [항의]의 표현가치를 나타낸다.

[12] 〈ないでいただけませんでしょうか〉 {청자(여)가 화자(여)와 경어적 동위자이거나 상위자인 경우}

(47) お義姉さん、娘である私の分まで、母に寄り添ってくれてありがとうございました。だからもう悲し<u>ないでいただけませんでしょうか</u>。
(48) ちょっと、お姉ちゃん、このハイヒール、まだ買ったばっかりなんだから、勝手に履か<u>ないでいただけませんでしょうか</u>。

〈ないでいただけませんでしょうか〉는 〈ないでいただける〉 계열의 부정 표현 중에서 경어가치 및 정중도 그리고 격식도가 가장 높은 형식으로 청자와의 거리를 확보하면서 상대방의 입장을 존중하여 최종적인 판단을 청자의 의향에 맡긴다고 하는 뉘앙스를 함의한다. 이에 친한 사이에서 (47)의「悲しまないでいただけませんでしょうか」와 같이 여성 화자가 경어적 동위자이거나 상위자인「お義姉さん」에게 사용하면 [염려][원망]의 표현가치를 실현한다. 화자와 청자는 스스럼없는 내적 관계의 형제 사이이지만 〈ないでいただけませんでしょうか〉가 여성적인 어감을 함의하고 있다는 점에서 남성 화자와 달리 (47)은 자연스러운 발화로서 허용된다. 그리고 〈ないでいただけませんでしょうか〉는 이중 정중의 부정의 형태를 취하고 있어 정중도가 높고 부드럽기 때문에 소원한 사이에서 (48)의「履かないでいただけませんでしょうか」와 같이 여성 화자가 경어적 동위자이거나 상위자인「お姉ちゃん」에게 사용하면 화자가 단정한 태도로 취하며 청자에 대한 화자의 [불만][항의]의 표현가치를 나타낸다. 또한 자매 사이에서 화자가 의도적으로 과도하게 정중한 표현을 선택함으로써 소원함을 드러내고 있다.

4.3. 청자(여)가 화자(여)가 경어적 동위자인 경우

[1] 〈ないでいただける?〉 {청자(여)와 화자(여)가 경어적 동위자인 경우}

(49) 洋子ったら、あたしとあんたの間でそんなに気を遣わ<u>ないでいただける</u>?
(50) ちょっと洋子ってば、授業中に笑わせ<u>ないでいただける</u>?
(51) 洋子、あなたが学年トップだってことは認めるけど、上から目線で物を言わ<u>ないでいただける</u>?

문말이 보통체 말씨로 끝나는 〈ないでいただける?〉는 정중도가 결여되어 있는데 친한 사이에서 (49)의「気を遣わないでいただける?」와 같이 여성 화자가 경어적 동위자인 여성 청자에게 사용하면 [염려][원망]의 표현가치를 실현한다. 또한 (50)의「笑わせないでいただける?」와 같이 여성 화자가 경어적 동위자인 여성 청자에게 장난조로 사용한 예도 있다. 그리고 〈ないでいた

だける?〉는 소원한 사이에서 (51)의 「物を言わないでいただける?」와 같이 여성 화자가 경어적 동위자인 여성 청자에게 사용하면 청자와의 거리를 일부러 두려고 하는 의도가 느껴지며 청자에 대한 화자의 [불쾌감][항의]를 나타낸다.

[2] 〈ないでいただけるか〉 {청자(여)와 화자(여)가 경어적 동위자인 경우}

(52) *洋子ったら、あたしとあんたの間でそんなに気を遣わないでいただけるか。
(53) *ちょっと洋子ってば、授業中に笑わせないでいただけるか。
(54) *洋子、あなたが学年トップだってことは認めるけど、上から目線で物を言わないでいただけるか。

문말이 〈か〉로 끝나는 〈ないでいただけるか〉는 남성 전용 형식으로 정중도가 결여되어 있기 때문에 친한 사이에서 (52)의 「気を遣わないでいただけるか」와 같이 화자가 여성으로 상정되는 경우에는 자연스러운 발화로서 허용도가 낮다. 그러나 (53)의 「笑わせないでいただけるか」와 같이 화자가 여성으로 등장하는 경우에도 자연스러운 발화로서 허용도가 낮은데 장난조로 사용할 경우에는 허용도가 다소 높아진다. 그리고 〈ないでいただけるか〉는 남성 전용 형식이라는 점에서 소원한 사이에서도 (54)의 「物を言わないでいただけるか」와 같이 화자가 여성인 경우에는 자연스러운 발화로서 허용도가 낮다.

[3] 〈ないでいただけない?〉 {청자(여)와 화자(여)가 경어적 동위자인 경우}

(55) 洋子ったら、あたしとあんたの間でそんなに気を遣わないでいただけない?
(56) ちょっと洋子ってば、授業中に笑わせないでいただけない?
(57) 洋子、あなたが学年トップだってことは認めるけど、上から目線で物を言わないでいただけない?

긍정의 보통체 말씨인 〈ないでいただけない?〉는 여성어적 뉘앙스를 함의하고 있고 정중도가 결여되어 있다. 이에 친한 사이에서 (55)의 「気を遣わないでいただけない?」나 (56)의 「笑わせないでいただけない?」와 같이 여성 화자가 경어적 동위자인 여성 청자에게 사용하는 것은 허용된다. 그리고 〈ないでいただけない?〉는 보통체 말씨이기 때문에 정중도가 결여되어 있어 소원한 사이에서 (57)의 「物を言わないでいただけない?」와 같이 여성 화자가 경어적 동위자인 여성 청자에게 사용하면 청자와의 거리를 일부러 두려고 하는 의도가 느껴지며 청자에 대한 화자의 [불쾌감][항의]를 나타낸다.

[4] 〈ないでいただけないか〉 {청자(여)와 화자(여)가 경어적 동위자인 경우}

(58) *洋子ったら、あたしとあんたの間でそんなに気を遣わないでいただけないか。
(59) *ちょっと洋子ってば、授業中に笑わせないでいただけないか。
(60) *洋子、あなたが学年トップだってことは認めるけど、上から目線で物を言わないでいただけないか。

〈ないでいただけないか〉는 남성 전용 말씨로 정중도가 결여되어 있어 (58)의 「気を遣わないでいただけないか」나 (59)의 「笑わせないでいただけないか」와 같이 여성이 화자인 경우에는 일반적으로 성립되지 않지만, (59)와 같이 만일 장난조로 사용한다면 허용도가 다소 높아진다. 그리고 〈ないでいただけないか〉는 남성 전용 형식이기에 소원한 사이에서 (60)의 「物を言わないでいただけないか」와 같이 여성이 화자인 경우에는 허용도가 낮다.

[5] 〈ないでいただけますか〉 {청자(여)와 화자(여)가 경어적 동위자인 경우}

(61) 洋子ったら、あたしとあんたの間でそんなに気を遣わないでいただけますか。
(62) ちょっと洋子ってば、授業中に笑わせないでいただけますか。
(63) 洋子、あなたが学年トップだってことは認めるけど、上から目線で物を言わないでいただけますか。

〈ないでいただけますか〉는 경어가치가 높고 정중도도 구비하고 있어 친한 사이에서 (61)의 「気を遣わないでいただけますか」와 같이 여성 화자가 경어적 동위자인 여성 청자에게 사용하면 [염려]의 표현가치를 실현한다. 그리고 (62)의 「笑わせないでいただけますか」는 친한 친구 사이에서 장난조로 사용된 것으로 해석된다. 그리고 〈ないでいただけますか〉는 부정 정중체인 〈ないでいただけませんか〉에 비해 상대적으로 어감이 다소 딱딱하다. 이에 소원한 사이에서 (63)의 「物を言わないでいただけますか」와 같이 여성 화자가 경어적 동위자인 여성 청자에게 사용하면 [불쾌감][분노]의 표현가치를 나타낸다.

[6] 〈ないでいただけます?〉 {청자(여)와 화자(여)가 경어적 동위자인 경우}

(64) 洋子ったら、あたしとあんたの間でそんなに気を遣わないでいただけます?
(65) ちょっと洋子ってば、授業中に笑わせないでいただけます?
(66) 洋子、あなたが学年トップだってことは認めるけど、上から目線で物を言わないでいただけます?

〈ないでいただけます?〉는 여성어적 성격을 띠기 때문에 어조는 부드럽지만 한편으로 가벼운 느낌을 준다. 그래서 친한 사이에서 (64)의 「気を遣わないでいただけます?」와 같이 여성 화자가 경어적 동위자인 여성 청자에게 사용하면 [염려]의 표현가치를 실현한다. (65)의 「笑わせないでいただけます?」는 친한 사이에서 장난조로 사용된 것으로 해석된다. 그리고 〈ないでいただけます?〉는 가벼운 느낌을 수반한다는 점에서 소원한 사이에서는 [차가움][냉담]의 뉘앙스를 띠기 때문에 (66)의 「物を言わないでいただけます?」와 같이 여성 화자가 경어적 동위자인 여성 친구에게 사용하면 〈ないでいただけます?〉는 [불쾌감][분노]의 표현가치를 나타낸다.

[7] 〈ないでいただけませんか〉 {청자(여)와 화자(여)가 경어적 동위자인 경우}

(67) 洋子ったら、あたしとあんたの間でそんなに気を遣わないでいただけませんか。
(68) ちょっと洋子ってば、授業中に笑わせないでいただけませんか。
(69) 洋子、あなたが学年トップだってことは認めるけど、上から目線で物を言わないでいただけませんか。

부정 정중체인 〈ないでいただけませんか〉는 경어가치가 높고 정중도도 구비하고 있기 때문에 친한 사이에서 (67)의 「気を遣わないでいただけませんか」와 같이 여성 화자가 경어적 동위자인 여성 청자에게 사용하면 [염려]의 표현가치를 실현한다. 그리고 (68)의 「笑わせないでいただけませんか」는 여자 친구 사이에서 장난조로 사용된 것으로 해석된다. 그리고 〈ないでいただけませんか〉는 긍정 정중체인 〈ないでいただけますか〉에 비해 상대적으로 어조가 부드럽다는 점에서 소원한 사이에서 (69)의 「物を言わないでいただけませんか」와 같이 여성 화자가 경어적 동위자인 여성 청자에게 사용하면 [불쾌감][분노]의 표현가치를 나타낸다.

[8] 〈ないでいただけません?〉 {청자(여)와 화자(여)가 경어적 동위자인 경우}

(70) 洋子ったら、あたしとあんたの間でそんなに気を遣わないでいただけません?
(71) ちょっと洋子ってば、授業中に笑わせないでいただけません?
(72) 洋子、あなたが学年トップだってことは認めるけど、上から目線で物を言わないでいただけません?

〈ないでいただけません?〉은 가벼운 느낌을 수반하며 개인적인 발화라는 성격을 띠기 때문에 친한 사이에서 (70)의 「気を遣わないでいただけません?」과 같이 여성 화자가 경어적 동위자인 여성 청자에게 사용하면 [염려]의 표현가치를 실현한다. 그리고 (71)의 「笑わせないでいただけません?」은 친한 친구 사이에서 장난조로 사용된 것으로 해석된다. 그리고 〈ないでいただけません?〉은 화자가 자기의 감정을 쉽게 표출한다는 점에서 냉담한 뉘앙스를 함의하고 있어 소원한 사이에서 (72)의 「物を言わないでいただけません?」과 같이 여성 화자가 경어적 동위자인 여성 청자에게 사용하면 [불쾌감][분노]의 표현가치를 나타낸다.

[9] 〈ないでいただけるでしょうか〉 {청자(여)와 화자(여)가 경어적 동위자인 경우}

(73) ?洋子ったら、あたしとあんたの間でそんなに気を遣わないでいただけるでしょうか。
(74) ちょっと洋子ってば、授業中に笑わせないでいただけるでしょうか。
(75) 洋子、あなたが学年トップだってことは認めるけど、上から目線で物を言わないでいただけるでしょうか。

〈ないでいただけるでしょうか〉는 경어가치와 정중도가 높고 격식을 차린 말씨이지만 어감이 딱딱하기 때문에 친한 사이에서 (73)의「気を遣わないでいただけるでしょうか」와 같이 사용하는 것은 젊은 여성 사이의 발화라는 점에서 다소 부자연스럽다. 또한 (74)의「笑わせないでいただけるでしょうか」는 친한 친구 사이에서 장난조로 쓰인 것으로 해석된다. 그리고 〈ないでいただけるでしょうか〉는 화자의 딱딱하고 강경한 태도가 전면에 부각된다는 점에서 소원한 사이에서 (75)의「物を言わないでいただけるでしょうか」와 같이 여성 화자가 경어적 동위자인 여성 청자에게 사용하면 청자에 대한 화자의 [불쾌감][항의]의 표현가치를 나타낸다.

[10] 〈ないでいただけないでしょうか〉 {청자(여)와 화자(여)가 경어적 동위자인 경우}

(76) ?洋子ったら、あたしとあんたの間でそんなに気を遣わないでいただけないでしょうか。
(77) ちょっと洋子ってば、授業中に笑わせないでいただけないでしょうか。
(78) 洋子、あなたが学年トップだってことは認めるけど、上から目線で物を言わないでいただけないでしょうか。

〈ないでいただけないでしょうか〉는 긍정의 〈ないでいただけるでしょうか〉에 비해 상대적으로 어조가 부드럽지만 경어가치와 정중도가 높고 격식도 인정되기 때문에 친한 사이에서 (76)의「気を遣わないでいただけないでしょうか」와 같이 여성 화자가 경어적 동위자인 여성 청자에게 사용하는 것은 청자와의 간극이 생기기 때문에 다소 부자연스럽다. 또한 (77)의 경어적 동위자인 여성 친구 사이에서「笑わせないでいただけないでしょうか」와 같이 사용하는 것은 허용되는데 이때는 장난조로 쓰인 것으로 해석된다. 그리고 〈ないでいただけないでしょうか〉는 소원한 사이에서 (78)의「物を言わないでいただけないでしょうか」와 같이 여성 화자가 경어적 동위자인 여성 청자에게 사용하면 정중한 표현을 의도적으로 사용함으로써 청자와의 거리를 두며 화자의 불쾌한 기분을 표출하고 [불쾌감][항의]의 표현가치를 나타낸다.

[11] 〈ないでいただけますでしょうか〉 {청자(여)와 화자(여)가 경어적 동위자인 경우}

(79) 洋子ったら、あたしとあんたの間でそんなに気を遣わないでいただけますでしょうか。
(80) ちょっと洋子ってば、授業中に笑わせないでいただけますでしょうか。
(81) 洋子、あなたが学年トップだってことは認めるけど、上から目線で物を言わないでいただけますでしょうか。

〈ないでいただけますでしょうか〉는 화자가 격식 있는 태도를 취함으로써 자신의 품위를 유지하고 상대방의 입장을 존중하여 최종적인 판단을 청자에게 위임한다는 뉘앙스를 함의한다. 그런데 친한 사이에서 (79)의「気を遣わないでいただけますでしょうか」와 같이 여성 화자가 경어적 동위자인 여성 청자에게 사용하는 것은 허용되는데 이때는 일부러 청자와의 거리를 두는 것과 같은 농담조로 쓰인 것으로 판단된다. 또한 (80)의「笑わせないでいただけますでしょう

か」는 여성 친구 사이에서 장난조로 쓰인 것으로 해석된다. 그리고 〈ないでいただけますでしょうか〉는 화자의 원망이 전면에 부각되지만 문말이 이중 정중의 형태를 취하고 있다는 점에서 감정이 자제되어 있다. 소원한 사이에서 (81)의「物を言わないでいただけますでしょうか」와 같이 여성 화자가 경어적 동위자이거나 상위자인 여성 청자에게 사용하면 화자가 단정한 태도로 항의하고 있다는 인상을 주며 청자에 대한 화자의 [불쾌감][항의]의 표현가치를 나타낸다.

[12] 〈ないでいただけませんでしょうか〉 {청자(여)와 화자(여)가 경어적 동위자인 경우}

  (82) 洋子ったら、あたしとあんたの間でそんなに気を遣わないでいただけませんでしょうか。
  (83) ちょっと洋子ってば、授業中に笑わせないでいただけませんでしょうか。
  (84) 洋子、あなたが学年トップだってことは認めるけど、上から目線で物を言わないでいただけませんでしょうか。

〈ないでいただけませんでしょうか〉는 〈ないでいただける〉 계열의 부정 표현 중에서 경어가치 및 정중도 그리고 격식도가 가장 높은 형식으로 청자와의 거리를 확보하면서 상대방의 입장을 존중하여 최종적인 판단을 청자의 의향에 맡긴다고 하는 뉘앙스를 함의한다. 친한 사이에서 (82)의「気を遣わないでいただけませんでしょうか」와 같이 여성 화자가 경어적 동위자인 여성 청자에게 사용하면 일부러 거리를 두는 것과 같은 농담조로 쓰인 것으로 이해된다. 또한 (83)의「笑わせないでいただけませんでしょうか」는 친한 여자 친구 사이에서 장난조로 쓰인 것으로 해석된다. 그리고 〈ないでいただけませんでしょうか〉는 이중 정중의 부정의 형태를 취하고 있어 정중도가 높고 부드럽기 때문에 소원한 사이에서 (84)의「物を言わないでいただけませんでしょうか」와 같이 여성 화자가 경어적 동위자인 여성 청자에게 사용하면 화자가 단정한 태도로 취하며 청자에 대한 화자의 [불쾌감][항의]의 표현가치를 나타낸다.

4.4. 청자(여)가 화자(여)와 경어적 동위자이거나 하위자인 경우

[1] 〈ないでいただける?〉 {청자(여)가 화자(여)와 경어적 동위자이거나 하위자인 경우}

  (85) 洋子、バレリーナはお姉ちゃんの夢でもあるの。怪我なんかに負けないでいただける?
  (86) 洋子ちゃん、あなたの参加は歓迎するけど、女子会に彼氏は連れてこないでいただける?

문말이 보통체 말씨로 끝나는 〈ないでいただける?〉는 정중도가 결여되어 있는데 친한 사이에서 (85)의「負けないでいただける?」와 같이 여성 화자가 경어적 동위자이거나 하위자인 여동생에게 사용하면 [염려][원망]의 표현가치를 실현한다. 그리고 〈ないでいただける?〉는 소원한 사이에서 (86)의「連れてこないでいただける?」와 같이 여성 화자가 경어적 동위자이거나 하위자

인 여성 청자에게 사용하면 청자와의 거리를 일부러 두려고 하는 의도가 느껴지며 청자에 대한 화자의 [불쾌감][질책]을 나타낸다.

[2] 〈ないでいただけるか〉 {청자(여)가 화자(여)와 경어적 동위자이거나 하위자인 경우}

　(87) *洋子、バレリーナはお姉ちゃんの夢でもあるの。怪我なんかに負け<u>ないでいただけるか</u>。
　(88) *洋子ちゃん、あなたの参加は歓迎するけど、女子会に彼氏は連れてこ<u>ないでいただけるか</u>。

문말이 〈か〉로 끝나는 〈ないでいただけるか〉는 남성 전용 형식으로 정중도가 결여되어 있기 때문에 친한 사이에서 (87)의 「負けないでいただけるか」와 같이 화자가 여성으로 상정되는 경우에는 자연스러운 발화로서 허용도가 낮다. 그리고 〈ないでいただけるか〉는 남성 전용 형식이라는 점에서 소원한 사이에서도 (88)의 「連れてこないでいただけるか」와 같이 화자가 여성인 경우에는 자연스러운 발화로서 허용도가 낮다.

[3] 〈ないでいただけない?〉 {청자(여)가 화자(여)와 경어적 동위자이거나 하위자인 경우}

　(89) 洋子、バレリーナはお姉ちゃんの夢でもあるの。怪我なんかに負け<u>ないでいただけない?</u>
　(90) 洋子ちゃん、あなたの参加は歓迎するけど、女子会に彼氏は連れてこ<u>ないでいただけない?</u>

긍정의 보통체 말씨인 〈ないでいただけない?〉는 여성어적 뉘앙스를 함의하고 있고 정중도가 결여되어 있다. 그래서 친한 사이에서 (89)의 「負けないでいただけない?」와 같이 여성 화자가 경어적 동위자이거나 하위자인 여성 청자에게 사용하는 것은 허용되며 [염려][배려]의 표현가치를 실현한다. 그리고 〈ないでいただけない?〉는 보통체 말씨이기 때문에 정중도가 결여되어 있어 소원한 사이에서 (90)의 「連れてこないでいただけない?」와 같이 여성 화자가 경어적 동위자이거나 하위자인 여성 청자에게 사용하면 청자와의 거리를 일부러 두려고 하는 의도가 느껴지며 청자에 대한 화자의 [불쾌감][질책]을 나타낸다.

[4] 〈ないでいただけないか〉 {청자(여)가 화자(여)와 경어적 동위자이거나 하위자인 경우}

　(91) *洋子、バレリーナはお姉ちゃんの夢でもあるの。怪我なんかに負け<u>ないでいただけないか</u>。
　(92) *洋子ちゃん、あなたの参加は歓迎するけど、女子会に彼氏は連れてこ<u>ないでいただけないか</u>。

〈ないでいただけないか〉는 남성 전용 말씨로 정중도가 결여되어 있어 친한 사이에서 (91)의 「負けないでいただけないか」와 같이 여성이 화자인 경우에는 일반적으로 성립되지 않는다. 그리고 〈ないでいただけないか〉는 남성 전용 형식이기에 소원한 사이에서 (92)의 「連れてこないでいただけないか」와 같이 여성이 화자인 경우에는 허용도가 낮다.

[5] 〈ないでいただけますか〉 {청자(여)가 화자(여)와 경어적 동위자이거나 하위자인 경우}

(93) 洋子、バレリーナはお姉ちゃんの夢でもあるの。怪我なんかに負けないでいただけますか。
(94) 洋子ちゃん、あなたの参加は歓迎するけど、女子会に彼氏は連れてこないでいただけますか。

〈ないでいただけますか〉는 경어가치가 높고 정중도도 구비하고 있어 친한 사이에서 (93)의 「負けないでいただけますか」와 같이 여성 화자가 경어적 동위자이거나 하위자인 여성 청자에게 사용하면 [배려]의 표현가치를 실현한다. 그리고 〈ないでいただけますか〉는 부정 정중체인 〈ないでいただけませんか〉에 비해 상대적으로 어감이 다소 딱딱하다. 소원한 사이에서 (94)의 「連れてこないでいただけますか」와 같이 여성 화자가 경어적 동위자이거나 하위자인 여성 청자에게 사용하면 [불쾌감][질책]의 표현가치를 나타낸다.

[6] 〈ないでいただけます?〉 {청자(여)가 화자(여)와 경어적 동위자이거나 하위자인 경우}

(95) 洋子、バレリーナはお姉ちゃんの夢でもあるの。怪我なんかに負けないでいただけます?
(96) 洋子ちゃん、あなたの参加は歓迎するけど、女子会に彼氏は連れてこないでいただけます?

〈ないでいただけます?〉는 여성어적 성격을 띠기 때문에 어조는 부드럽지만 한편으로 가벼운 느낌을 준다. 이에 친한 사이에서 (95)의 「負けないでいただけます?」와 같이 여성 화자가 경어적 동위자이거나 하위자인 여동생에게 사용하면 [간원][원망]의 표현가치를 실현한다. 그리고 〈ないでいただけます?〉는 가벼운 느낌을 수반한다는 점에서 소원한 사이에서는 [차가움][냉담]의 뉘앙스를 띤다. 따라서 (96)의 「連れてこないでいただけます?」와 같이 여성 화자가 경어적 동위자이거나 하위자인 여성 청자에게 사용하면 [불쾌감][질책]의 표현가치를 나타낸다.

[7] 〈ないでいただけませんか〉 {청자(여)가 화자(여)와 경어적 동위자이거나 하위자인 경우}

(97) ?洋子、バレリーナはお姉ちゃんの夢でもあるの。怪我なんかに負けないでいただけませんか。
(98) 洋子ちゃん、あなたの参加は歓迎するけど、女子会に彼氏は連れてこないでいただけませんか。

부정 정중체인 〈ないでいただけませんか〉는 경어가치가 높고 정중도도 구비하고 있기 때문에 자매와 같이 내적 관계의 친근한 사이에서 (97)의 「負けないでいただけませんか」와 같이 정중도가 높은 표현을 사용하는 것은 다소 부자연스럽다. 그리고 〈ないでいただけませんか〉는 긍정 정중체인 〈ないでいただけますか〉에 비해 상대적으로 어조가 부드럽다는 점에서 소원한 사이에서 (98)의 「連れてこないでいただけませんか」와 같이 여성 화자가 경어적 동위자이거나 하위자인 여성 청자에게 사용하면 [불쾌감][질책]의 표현가치를 나타낸다.

[8] 〈ないでいただけません?〉 {청자(여)가 화자(여)와 경어적 동위자이거나 하위자인 경우}

　(99) 洋子、バレリーナはお姉ちゃんの夢でもあるの怪我なんかに負けないでいただけません?
　(100) 洋子ちゃん、あなたの参加は歓迎するけど、女子会に彼氏は連れてこないでいただけません?

　〈ないでいただけません?〉은 가벼운 느낌을 수반하며 개인적인 발화라는 성격을 띠기 때문에 친한 사이에서 (99)의 「負けないでいただけません?」과 같이 여성 화자가 경어적 동위자이거나 하위자인 여동생에게 사용하면 [간원][원망]의 표현가치를 실현한다. 그리고 〈ないでいただけません?〉은 화자가 자기의 감정을 쉽게 표출한다는 점에서 냉담한 뉘앙스를 함의하고 있어 소원한 사이에서 (100)의 「連れてこないでいただけません?」과 같이 여성 화자가 경어적 동위자이거나 하위자인 여성 청자에게 사용하면 [불쾌감][질책]의 표현가치를 나타낸다.

[9] 〈ないでいただけるでしょうか〉 {청자(여)가 화자(여)와 경어적 동위자이거나 하위자인 경우}

　(101) *洋子、バレリーナはお姉ちゃんの夢でもあるの。怪我なんかに負けないでいただけるでしょうか。
　(102) 洋子ちゃん、あなたの参加は歓迎するけど、女子会に彼氏は連れてこないでいただけるでしょうか。

　〈ないでいただけるでしょうか〉는 경어가치와 정중도가 높고 격식을 차린 말씨이지만 어감이 딱딱하기 때문에 친한 사이에서 (101)의 「負けないでいただけるでしょうか」와 같이 여성 화자가 스스럼없거나 격의 없는 내적 관계의 경어적 동위자이거나 하위자인 여동생에게 사용하는 것은 자연스러운 발화로서 허용도가 낮다. 그리고 〈ないでいただけるでしょうか〉는 화자의 딱딱하고 강경한 태도가 전면에 부각된다는 점에서 소원한 사이에서 (102)의 「連れてこないでいただけるでしょうか」와 같이 여성 화자가 경어적 동위자이거나 하위자인 여성 청자에게 사용하면 〈いただけるでしょうか〉라는 정중체 표현을 의도적으로 이용함으로써 확고한 태도로 청자를 위압하고 있다는 인상을 주며 청자에 대한 화자의 [불쾌감][질책]의 표현가치를 나타낸다.

[10] 〈ないでいただけないでしょうか〉 {청자(여)가 화자(여)와 경어적 동위자이거나 하위자인 경우}

　(103) *洋子、バレリーナはお姉ちゃんの夢でもあるの。怪我なんかに負けないでいただけないでしょうか。
　(104) 洋子ちゃん、あなたの参加は歓迎するけど、女子会に彼氏は連れてこないでいただけないでしょうか。

　〈ないでいただけないでしょうか〉는 긍정의 〈ないでいただけるでしょうか〉에 비해 상대적으로 어조가 부드럽지만 경어가치와 정중도가 높고 격식도도 인정되기 때문에 친한 사이에서 (103)의 「負けないでいただけないでしょうか」와 같이 여성 화자가 경어적 동위자이거나 하위자인 여동생에게 사용하면 화자가 청자에게 거리를 두려는 의도가 간취되기 때문에 자연스러운 발화로서 허용도가 낮다. 그리고 〈ないでいただけないでしょうか〉는 소원한 사이에서 (104)의 「連れてこないでいただけないでしょうか」와 같이 여성 화자가 경어적 동위자이거나 하위자인 여성 청자에게 사용하면 [불쾌감][질책]의 표현가치를 나타내는데 화자가 의도적으로 〈ないでいただけないでしょうか〉를 선택함으로써 불쾌감을 주는 청자와의 거리를 유지하며 정색한 태도로 청자를 질책하고 있다고 해석된다.

[11] 〈ないでいただけますでしょうか〉 {청자(여)가 화자(여)와 경어적 동위자이거나 하위자인 경우}

(105) *洋子、バレリーナはお姉ちゃんの夢でもあるの。怪我なんかに負け<u>ないでいただけますでしょうか</u>。
(106) 洋子ちゃん、あなたの参加は歓迎するけど、女子会に彼氏は連れてこ<u>ないでいただけますでしょうか</u>。

〈ないでいただけますでしょうか〉는 화자가 격식 있는 태도를 취함으로써 자신의 품위를 유지하고 상대방의 입장을 존중하여 최종적인 판단을 청자에게 위임한다는 뉘앙스를 함의한다. 친한 사이에서 (105)의 「負けないでいただけますでしょうか」와 같이 여성 화자가 경어적 동위자이거나 하위자인 여동생에게 사용하는 것은 스스럼없는 내적 관계의 자매 사이에서는 오히려 부적절하다는 점에서 자연스러운 발화로서 허용도가 낮다. 그리고 〈ないでいただけますでしょうか〉는 화자의 원망이 전면에 부각되지만 문말이 이중 정중의 형태를 취하고 있다는 점에서 감정이 자제되어 있다. 소원한 사이에서 (106)의 「連れてこないでいただけますでしょうか」와 같이 여성 화자가 경어적 동위자이거나 하위자인 여성 청자에게 사용하면 [불쾌감][질책]의 표현가치를 나타낸다. 화자가 〈ないでいただけますでしょうか〉이라는 형식을 선택하여 불쾌한 행동을 하는 청자와의 거리를 유지하며 청자와 선을 그으려고 하는 의도가 엿보인다.

[12] 〈ないでいただけませんでしょうか〉 {청자(여)가 화자(여)와 경어적 동위자이거나 하위자인 경우}

(107) *洋子、バレリーナはお姉ちゃんの夢でもあるの。怪我なんかに負け<u>ないでいただけませんでしょうか</u>。
(108) 洋子ちゃん、あなたの参加は歓迎するけど、女子会に彼氏は連れてこ<u>ないでいただけませんでしょうか</u>。

〈ないでいただけませんでしょうか〉는 〈ないでいただける〉 계열의 부정 표현 중에서 경어가치 및 정중도 그리고 격식도가 가장 높은 형식으로 청자와의 거리를 확보하면서 상대방의 입장을 존중하여 최종적인 판단을 청자의 의향에 맡긴다고 하는 뉘앙스를 함의한다. 그런데 친한 사이에서 (107)의 「負けないでいただけませんでしょうか」와 같이 여성 화자가 경어적 동위자이거나 하위자인 여동생에게 사용하는 것은 스스럼없는 내적 관계의 자매 사이에서 자신을 지나치게 낮추는 표현이 되기 때문에 자연스러운 발화로서의 허용도가 낮다. 그리고 〈ないでいただけませんでしょうか〉는 이중 정중의 부정의 형태를 취하고 있어 정중도가 높고 부드럽기 때문에 소원한 사이에서 (108)의 「連れてこないでいただけませんでしょうか」와 같이 여성 화자가 경어적 동위자이거나 하위자인 여성 청자에게 사용하면 [불쾌감][질책]의 표현가치를 나타낸다. 또한 화자가 의도적으로 〈ないでいただけませんでしょうか〉와 같은 과도한 정중 표현을 이용함으로써 청자와 선을 그으려고 하는 의도가 엿보인다.

4.5. 청자(여)가 화자(여)에 비해 경어적 하위자인 경우

[1] 〈ないでいただける?〉 {청자(여)가 화자(여)에 비해 경어적 하위자인 경우}

(109) お嬢ちゃん、おばちゃんがママを探してあげるから、もう泣かないでいただける?
(110) 息子には将来を約束した方がおりますのよ。色目を使って息子に近づかないでいただける?

문말이 보통체 말씨로 끝나는 〈ないでいただける?〉는 정중도가 결여되어 있는데 친한 사이에서 (109)의 「泣かないでいただける?」와 같이 연배의 여성 화자가 연소자인 여성 청자에게 사용하면 [타이름][달램]의 표현가치를 실현한다. 그리고 〈ないでいただける?〉는 소원한 사이에서 (110)의 「近づかないでいただける?」와 같이 여성 화자가 경어적 하위자인 여성 청자에게 사용하면 청자와의 거리를 일부러 두려고 하는 의도가 느껴지며 청자에 대한 화자의 [혐오감]을 나타낸다.

[2] 〈ないでいただけるか〉 {청자(여)가 화자(여)에 비해 경어적 하위자인 경우}

(111) *お嬢ちゃん、おばちゃんがママを探してあげるから、もう泣かないでいただけるか。
(112) *息子には将来を約束した方がおりますのよ。色目を使って息子に近づかないでいただけるか。

문말이 〈か〉로 끝나는 〈ないでいただけるか〉는 남성 전용 형식으로 정중도가 결여되어 있기 때문에 친한 사이에서 (111)의 「泣かないでいただけるか」와 같이 화자가 여성으로 상정되는 경우에는 자연스러운 발화로서 허용도가 낮다. 그리고 〈ないでいただけるか〉는 남성 전용 형식이라는 점에서 소원한 사이에서도 (112)의 「近づかないでいただけるか」와 같이 화자가 여성인 경우에는 자연스러운 발화로서 허용도가 낮다.

[3] 〈ないでいただけない?〉 {청자(여)가 화자(여)에 비해 경어적 하위자인 경우}

(113) お嬢ちゃん、おばちゃんがママを探してあげるから、もう泣かないでいただけない?

(114) 息子には将来を約束した方がおりますのよ。色目を使って息子に近づかないでいただけない?

　문말이 보통체 말씨로 끝나는〈ないでいただける?〉는 정중도가 결여되어 있는데 친한 사이에서 (113)의「泣かないでいただけない?」와 같이 여성 화자가 경어적 하위자인 여성 청자에게 사용하는 것은 허용되며 [연소자에 대한 배려]라는 표현가치를 실현한다. 그리고〈ないでいただけない?〉는 보통체 말씨이기 때문에 정중도가 결여되어 있어 화자가 청자에 비해 우위를 점하고 있다는 느낌을 준다. 소원한 사이에서 (114)의「近づかないでいただけない?」와 같이 여성 화자가 경어적 하위자인 여성 청자에게 사용하면 청자와의 거리를 일부러 두려고 하는 의도가 느껴지며 청자에 대한 화자의 [불쾌감][질책]을 나타낸다.

[4]〈ないでいただけないか〉{청자(여)가 화자(여)에 비해 경어적 하위자인 경우}

(115) * お嬢ちゃん、おばちゃんがママを探してあげるから、もう泣かないでいただけないか。
(116) * 息子には将来を約束した方がおりますのよ。色目を使って息子に近づかないでいただけないか。

　〈ないでいただけないか〉는 남성 전용 말씨로 정중도가 결여되어 있어 친한 사이에서 (115)의「泣かないでいただけないか」와 같이 여성이 화자인 경우에는 일반적으로 성립되지 않는다. 그리고〈ないでいただけないか〉는 남성 전용 형식이기에 소원한 사이에서 (116)의「近づかないでいただけないか」와 같이 여성이 화자인 경우에는 허용도가 낮다.

[5]〈ないでいただけますか〉{청자(여)가 화자(여)에 비해 경어적 하위자인 경우}

(117) お嬢ちゃん、おばちゃんがママを探してあげるから、もう泣かないでいただけますか。
(118) 息子には将来を約束した方がおりますのよ。色目を使って息子に近づかないでいただけますか。

　〈ないでいただけますか〉는 경어가치가 높고 정중도도 구비하고 있어 친한 사이에서 (117)의「泣かないでいただけますか」와 같이 여성 화자가 경어적 하위자인 여성 청자에게 사용하면 [연소자에 대한 배려]라는 표현가치를 실현한다. 그리고〈ないでいただけますか〉는 부정 정중체인〈ないでいただけませんか〉에 비해 상대적으로 어감이 다소 딱딱하다. 그래서 소원한 사이에서 (118)의「近づかないでいただけますか」와 같이 여성 화자가 경어적 하위자인 여성 청자에게 사용하면 [질책][힐문]의 표현가치를 나타낸다.

[6]〈ないでいただけます?〉{청자(여)가 화자(여)에 비해 경어적 하위자인 경우}

(119) お嬢ちゃん、おばちゃんがママを探してあげるから、もう泣かないでいただけます?
(120) 息子には将来を約束した方がおりますのよ。色目を使って息子に近づかないでいただけます?

　〈ないでいただけます?〉는 여성어적 성격을 띠기 때문에 어조는 부드럽지만 한편으로 가벼운 느낌을 준다. 친한 사이에서 (119)의 「泣かないでいただけます?」와 같이 여성 화자가 경어적 하위자인 연소자에게 사용하면 [연소자에 대한 배려]의 표현가치를 실현한다. 그리고 〈ないでいただけます?〉는 가벼운 느낌을 수반한다는 점에서 소원한 사이에서는 [차가움][냉담]의 뉘앙스를 띠기 때문에 (120)의 「近づかないでいただけます?」와 같이 여성 화자가 경어적 하위자인 여성 청자에게 사용하면 [혐오감][불쾌감]의 표현가치를 나타낸다.

[7] 〈ないでいただけませんか〉 {청자(여)가 화자(여)에 비해 경어적 하위자인 경우}

(121) お嬢ちゃん、おばちゃんがママを探してあげるから、もう泣かないでいただけませんか。
(122) 息子には将来を約束した方がおりますのよ。色目を使って息子に近づかないでいただけませんか。

부정 정중체인 〈ないでいただけませんか〉는 경어가치가 높고 정중도도 구비하고 있기 때문에 친한 사이에서 (121)의 「泣かないでいただけませんか」와 같이 여성 화자가 경어적 하위자인 여자 아이에게 사용하면 [연소자에 대한 배려]라는 표현가치를 실현한다. 그리고 〈ないでいただけませんか〉는 긍정 정중체인 〈ないでいただけますか〉에 비해 상대적으로 어조가 부드럽다는 점에서 소원한 사이에서 (122)의 「近づかないでいただけませんか」와 같이 여성 화자가 경어적 하위자인 여성 청자에게 사용하면 [질책][힐문]의 표현가치를 나타낸다.

[8] 〈ないでいただけません?〉 {청자(여)가 화자(여)에 비해 경어적 하위자인 경우}

(123) お嬢ちゃん、おばちゃんがママを探してあげるから、もう泣かないでいただけません?
(124) 息子には将来を約束した方がおりますのよ色目を使って息子に近づかないでいただけません?

〈ないでいただけません?〉은 가벼운 느낌을 수반하며 개인적인 발화라는 성격을 띠기 때문에 친한 사이에서 (123)의 「泣かないでいただけません?」과 같이 여성 화자가 경어적 하위자인 여자 아이에게 사용하면 [연소자에 대한 배려]의 표현가치를 실현한다. 그리고 〈ないでいただけません?〉은 화자가 자기의 감정을 쉽게 표출한다는 점에서 냉담한 뉘앙스를 함의한다. 따라서 소원한 사이에서 (124)의 「近づかないでいただけません?」과 같이 여성 화자가 경어적 하위자인 여성 청자에게 사용하면 [질책][힐문]의 표현가치를 나타낸다.

[9] 〈ないでいただけるでしょうか〉 {청자(여)가 화자(여)에 비해 경어적 하위자인 경우}

(125) ??お嬢ちゃん、おばちゃんがママを探してあげるから、もう泣かないでいただけるでしょうか。
(126) 息子には将来を約束した方がおりますのよ。色目を使って息子に近づかないでいただけるでしょうか。

〈ないでいただけるでしょうか〉는 경어가치와 정중도가 높고 격식을 차린 말씨이지만 어감이 딱딱하기 때문에 친한 사이에서 (125)의 「泣かないでいただけるでしょうか」와 같이 여성 화자가 경어적 하위자인 여자 아이에게 사용하는 것은 부자연스럽다. 그리고 〈ないでいただけるでしょうか〉는 화자의 딱딱하고 강경한 태도가 전면에 부각된다는 점에서 소원한 사이에서 (126)의 「近づかないでいただけるでしょうか」와 같이 여성 화자가 경어적 하위자인 여성 청자에게 사용하면, 화자의 원망이 전면이 드러나고 청자에 대한 혐오감을 강하게 표출한다는 점에서 청자에 대한 화자의 [질책]의 표현가치를 나타낸다.

[10] 〈ないでいただけないでしょうか〉 {청자(여)가 화자(여)에 비해 경어적 하위자인 경우}

(127) ?お嬢ちゃん、おばちゃんがママを探してあげるから、もう泣かないでいただけないでしょうか。
(128) 息子には将来を約束した方がおりますのよ。色目を使って息子に近づかないでいただけないでしょうか。

〈ないでいただけないでしょうか〉는 긍정의 〈ないでいただけるでしょうか〉에 비해 상대적으로 어조가 부드럽지만 경어가치와 정중도가 높고 격식도 인정되기 때문에 친한 사이에서 (127)의 「泣かないでいただけないでしょうか」와 같이 여성 화자가 경어적 하위자인 여자 아이에게 사용하는 것은 지나치게 정중하다는 점에서 다소 부자연스럽다. 그리고 〈ないでいただけないでしょうか〉는 소원한 사이에서 (128)의 「近づかないでいただけないでしょうか」와 같이 여성 화자가 경어적 하위자인 여성 청자에게 사용하면 [혐오감]의 표현가치를 나타내는데 화자가 〈ないでいただけないでしょうか〉이라는 형식을 선택함으로써 불쾌한 행동을 하는 청자와의 거리를 유지하려고 하는 의도가 엿보인다.

[11] 〈ないでいただけますでしょうか〉 {청자(여)가 화자(여)에 비해 경어적 하위자인 경우}

(129) ?お嬢ちゃん、おばちゃんがママを探してあげるから、もう泣かないでいただけますでしょうか。
(130) 息子には将来を約束した方がおりますのよ。色目を使って息子に近づかないでいただけますでしょうか。

〈ないでいただけますでしょうか〉는 화자가 격식 있는 태도를 취함으로써 자신의 품위를 유지하고 상대방의 입장을 존중하여 최종적인 판단을 청자에게 위임한다는 뉘앙스를 함의한다. 그래서 친한 사이에서 (129)의 「泣かないでいただけますでしょうか」와 같이 여성 화자가 경어적 하위자인 여자 아이에게 사용하는 것은 지나치게 정중하다는 점에서 다소 부자연스러운 느낌을 준다. 그리고 〈ないでいただけますでしょうか〉는 화자의 원망이 전면에 부각되지만 문말이 이중 정중의 형태를 취하고 있다는 점에서 감정이 자제되어 있다. 이에 소원한 사이에서 (130)의 「近づかないでいただけますでしょうか」와 같이 여성 화자가 경어적 하위자인 여성 청자에게 사용하면 [불쾌감][질책]의 표현가치를 나타낸다. 화자가 〈ないでいただけますでしょうか〉라는 형식을 의도적으로 선택하여 불쾌한 행동을 하는 청자와의 관계를 단절하고 청자와 일정한 거리를 유지하려고 하는 의도가 엿보인다.

[12] 〈ないでいただけませんでしょうか〉 {청자(여)가 화자(여)에 비해 경어적 하위자인 경우}

- (131) ?お嬢ちゃん、おばちゃんがママを探してあげるから、もう泣か<u>ないでいただけませんでしょうか</u>。
- (132) 息子には将来を約束した方がおりますのよ。色目を使って息子に近づか<u>ないでいただけませんでしょうか</u>。

〈ないでいただけませんでしょうか〉는 〈ないでいただける〉 계열의 부정 표현 중에서 경어가치 및 정중도 그리고 격식도가 가장 높은 형식으로 청자와의 거리를 확보하면서 상대방의 입장을 존중하여 최종적인 판단을 청자의 의향에 맡긴다고 하는 뉘앙스를 함의한다. 그런데 친한 사이에서 (131)의 「泣かないでいただけませんでしょうか」와 같이 연배의 여성 화자 「おばちゃん」이 연소자인 여성 청자 「お嬢ちゃん」에게 사용하는 것은 지나치게 정중하다는 느낌을 주기 때문에 다소 부자연스럽다. 그러나 〈ないでいただけませんでしょうか〉가 여성어적 뉘앙스를 수반하고 있다는 점에서 화자가 연배의 남성인 경우와 비교하면 사용 가능성이 높아진다. 그리고 〈ないでいただけませんでしょうか〉는 이중 정중의 부정의 형태를 취하고 있어 정중도가 높고 부드럽기 때문에 소원한 사이에서 (132)의 「近づかないでいただけませんでしょうか」와 같이 여성 화자가 경어적 하위자인 여성 청자에게 사용하는 것은 남성 화자의 경우와 달리 자연스러운 발화로서 성립하며 [혐오감]의 표현가치를 나타낸다.

5. 〈ないでいただける〉 계열 의뢰표현의 사용가능성 및 표현가치

제Ⅳ부에서 검토했던 〈ないでいただける〉 계열 의뢰표현 형식의 성별에 따른 사용가능성과 그 표현가치를 간단하게 표로 정리한다.

[1] 〈ないでいただける?〉

친한 사이	{**男**}{**女**}[타이름][달램], [염려][배려]
소원한 사이	{**男**}[분노][항의], [불쾌감][항의], [불쾌감][질책], [불쾌감] {**女**}[불쾌감][항의], [불만][항의], [분노][항의], [불쾌감][질책], [혐오감], [불쾌감]

청자＼화자	남성 화자 친	남성 화자 소	여성 화자 친	여성 화자 소
남성(상)	−	○	−	○
남성(동/상)	−	○	−	○
남성(동)	−	?	○	○
남성(동/하)	??	○	○	○
남성(하)	○	??	○	○
여성(상)	−	○	−	○
여성(동/상)	−	−	−	○
여성(동)	−	○	○	○
여성(동/하)	??	○	○	○
여성(하)	○	??	○	○

[2] 〈ないでいただけるか〉

친한 사이	{**男**}[염려][친근감], [배려][친근감] / {**女**}0
소원한 사이	{**男**}[불만][항의], [불쾌감][항의], [불쾌감][질책], [질책] / {**女**}0

청자＼화자	남성 화자 친	남성 화자 소	여성 화자 친	여성 화자 소
남성(상)	−	○	−	−
남성(동/상)	−	○	−	−
남성(동)	○	○	−	−
남성(동/하)	?	○	−	−
남성(하)	○	○	−	−
여성(상)	−	○	−	−
여성(동/상)	−	−	−	−
여성(동)	○	○	−	−
여성(동/하)	○	○	−	−
여성(하)	○	○	−	−

[3] 〈ないでいただけない?〉

친한 사이	{**男**}0 / {**女**}[염려][배려]
소원한 사이	{**男**}{**女**}[불쾌감][항의], [불쾌감][질책], [불쾌감]

청자＼화자	남성 화자		여성 화자	
	친	소	친	소
남성(상)	−	○	−	○
남성(동/상)	−	○	−	?
남성(동)	−	○	○	○
남성(동/하)	??	○	○	○
남성(하)	??	○	○	○
여성(상)	−	○	−	○
여성(동/상)	−	−	−	○
여성(동)	−	○	○	○
여성(동/하)	??	○	○	○
여성(하)	??	○	○	○

[4] 〈ないでいただけないか〉

친한 사이	{**男**}[배려][원망], [배려][친근감] / {**女**}0
소원한 사이	{**男**}[혐오감][항의], [불만][항의], [불쾌감][항의], [불쾌감][질책], [질책], [불쾌감][질책] / {**女**}0

청자＼화자	남성 화자		여성 화자	
	친	소	친	소
남성(상)	−	○	−	−
남성(동/상)	−	○	−	−
남성(동)	○	○	−	−
남성(동/하)	??	○	−	−
남성(하)	○	○	−	−
여성(상)	−	○	−	−
여성(동/상)	−	−	−	−
여성(동)	○	○	−	−
여성(동/하)	○	○	−	−
여성(하)	○	○	−	−

[5] 〈ないでいただけますか〉

친한 사이	{**男**}{**女**}[염려][원망], [염려], [간원][원망], [배려], [연소자에 대한 배려]
소원한 사이	{**男**}{**女**}[불쾌감][불만], [불쾌감][항의], [불쾌감][분노], [불쾌감][질책], [질책][힐문], [불쾌감][항의]

청자＼화자	남성 화자		여성 화자	
	친	소	친	소
남성(상)	○	○	○	○
남성(동/상)	○	○	○	○
남성(동)	○	○	○	○
남성(동/하)	○	○	○	○
남성(하)	○	○	○	○
여성(상)	○	○	○	○
여성(동/상)	○	○	○	○
여성(동)	○	○	○	○
여성(동/하)	○	○	○	○
여성(하)	○	○	○	○

[6] 〈ないでいただけます?〉

친한 사이	{**男**}[염려][원망], [염려], [간원][원망], [연소자에 대한 배려], [배려] {**女**}[염려][원망], [간원][원망], [염려][배려], [염려], [배려], [연소자에 대한 배려]
소원한 사이	{**男**}{**女**}[불쾌감][불만], [불쾌감][항의], [불쾌감][분노], [불쾌감][질책], [혐오감][불쾌감], [질책][힐문]

청자＼화자	남성 화자		여성 화자	
	친	소	친	소
남성(상)	○	○	○	○
남성(동/상)	?	○	○	○
남성(동)	○	○	○	○
남성(동/하)	??	○	○	○
남성(하)	○	○	○	○
여성(상)	○	○	?	○
여성(동/상)	?	○	?	○
여성(동)	○	○	○	○
여성(동/하)	○	○	○	○
여성(하)	○	○	○	○

[7] 〈ないでいただけませんか〉

친한 사이	{**男**}{**女**}[염려][원망], [염려], [배려], [연소자에 대한 배려], [간원][원망]
소원한 사이	{**男**}{**女**}[불쾌감][불만], [불쾌감][항의], [불쾌감][분노], [불쾌감][질책], [혐오감][불쾌감], [질책][힐문]

청자＼화자	남성 화자		여성 화자	
	친	소	친	소
남성(상)	○	○	○	○
남성(동/상)	○	○	○	○
남성(동)	○	○	○	○
남성(동/하)	??	○	?	○
남성(하)	○	○	○	○
여성(상)	○	○	○	○
여성(동/상)	○	○	○	○
여성(동)	○	○	○	○
여성(동/하)	○	○	?	○
여성(하)	○	○	○	○

[8] 〈ないでいただけません?〉

친한 사이	{**男**}[염려][원망], [염려], [배려], [연소자에 대한 배려], [원망], [간원][원망] {**女**}[염려][원망], [염려], [배려], [연소자에 대한 배려], [간원][원망]
소원한 사이	{**男**}{**女**}[불쾌감][불만], [불쾌감][항의], [불쾌감][분노], [불쾌감][질책], [혐오감][불쾌감], [질책][힐문], [질책][힐문], [불쾌감][항의] 혹은 [질책][힐문]

청자＼화자	남성 화자		여성 화자	
	친	소	친	소
남성(상)	○	○	○	○
남성(동/상)	?	○	○	○
남성(동)	○	○	○	○
남성(동/하)	??	○	○	○
남성(하)	○	○	○	○
여성(상)	○	○	?	○
여성(동/상)	○	○	?	○
여성(동)	○	○	○	○
여성(동/하)	?	○	○	○
여성(하)	○	○	○	○

[9] 〈ないでいただけるでしょうか〉

친한 사이	{男}{女}[원망], [배려][원망]
소원한 사이	{男}{女}[혐오감][항의], [불만][항의], [불쾌감][항의], [불쾌감][질책], [질책]

청자 \ 화자	남성 화자 친	남성 화자 소	여성 화자 친	여성 화자 소
남성(상)	??	○	??	○
남성(동/상)	?	○	?	○
남성(동)	?	○	○	○
남성(동/하)	−	○	−	○
남성(하)	−	○	−	??
여성(상)	?	○	?	−
여성(동/상)	?	○	?	○
여성(동)	○	○	?	○
여성(동/하)	?	○	−	○
여성(하)	??	−	??	○

[10] 〈ないでいただけないでしょうか〉

친한 사이	{男}[간원][원망], [염려][원망], [배려][원망], [배려][간원] {女}[간원][원망], [배려][원망], [배려][간원]
소원한 사이	{男}{女}[혐오감], [불쾌감][항의], [불쾌감][질책]

청자 \ 화자	남성 화자 친	남성 화자 소	여성 화자 친	여성 화자 소
남성(상)	○	○	○	○
남성(동/상)	○	○	○	○
남성(동)	?	○	?	○
남성(동/하)	−	○	−	○
남성(하)	??	○	?	○
여성(상)	○	○	○	○
여성(동/상)	○	○	○	○
여성(동)	?	○	?	○
여성(동/하)	−	○	−	○
여성(하)	○	○	?	○

[11] 〈ないでいただけますでしょうか〉

친한 사이	{男}{女}[배려][간원], [배려][원망]
소원한 사이	{男}[혐오감][항의], [불만][항의], [불쾌감][항의], [불쾌감][질책], [혐오감] {女}[혐오감][항의], [불만][항의], [불쾌감][항의], [불쾌감][질책]

청자＼화자	남성 화자		여성 화자	
	친	소	친	소
남성(상)	○	○	○	○
남성(동/상)	?	○	○	○
남성(동)	?	○	○	○
남성(동/하)	−	○	−	○
남성(하)	??	○	?	○
여성(상)	○	○	○	○
여성(동/상)	○	○	○	○
여성(동)	??	○	○	○
여성(동/하)	−	○	−	○
여성(하)	??	○	○?	○

[12] 〈ないでいただけませんでしょうか〉

친한 사이	{男}{女}[배려][간원], 간원], [염려][원망]
소원한 사이	{男}[불만][항의], [불쾌감][항의], [불쾌감][질책] {女}[불만][항의], [불쾌감][항의], [불쾌감][질책], [혐오감]

청자＼화자	남성 화자		여성 화자	
	친	소	친	소
남성(상)	○	○	○	○
남성(동/상)	?	○	○	○
남성(동)	−	○	○	○
남성(동/하)	−	○	−	○
남성(하)	??	??	?	○
여성(상)	○	○	○	○
여성(동/상)	?	○	○	○
여성(동)	−	○	○	○
여성(동/하)	−	○	−	○
여성(하)	??	−	?	○

終 章

　지금까지 현대일본어의 부정의 의뢰표현에 관해 제Ⅰ부 〈ないでくれる〉 계열의 의뢰표현, 제Ⅱ부 〈ないでもらえる〉 계열의 의뢰표현, 제Ⅲ부 〈ないでくださる〉 계열의 의뢰표현, 제Ⅳ부 〈ないでいただける〉 계열의 의뢰표현과 같이 대별하고 각 유형의 각각의 형식의 사용 실태(사용 가능성 ; 성립 가능성, 허용도, 용인도) 및 표현가치를 검토했다.

　의뢰표현에 직간접으로 관여하는 요인으로는 [화자와 청자의 성별], 화자와 청자의 대우표현상의 인간관계인 [경어적 상하관계], 화자와 청자의 심리적인 인간관계인 [친소관계]가 상정되는데, 본 연구에서는 화자와 청자를 〈남성 / 여성〉으로 구분하고, 대우표현상의 인간관계라는 관점에서 양자의 경어적 상하관계를 〈상위자(上位者) / 동위자(同位者)이거나 상위자 / 동위자 / 동위자이거나 하위자(下位者) / 하위자〉와 같이 5그룹으로 차등화하고 화자의 청자에 대한 친소관계에 관해서는 〈친한 사이〉〈소원한 사이〉와 같이 두 가지로 유형화하는 연구방법을 채택했다.

　각 계열의 검토 결과는 각 부의 제5장에 표로 제시되어 있어 재론하지 않고, 검토 과정의 개요에 관해서만 간단히 정리하면 다음과 같다.

　제Ⅰ부 〈ないでくれる〉 계열의 의뢰표현에서는 ①명령형〈ないでくれ・ないでくれよ・ないでおくれ・ないでおくれよ・ないでくれたまえ・ないでくれたまえよ〉, ②보통체〈ないでくれる?・ないでくれるか・ないでくれない?・ないでくれないか〉, ③정중체〈ないでくれますか・ないでくれます?・ないでくれませんか・ないでくれません?〉과 같이 3그룹으로 나누고, 이를 다시 화자와 청자의 성별 및 위상차에 기초하여 [1]〈ないでくれ〉, [2]〈ないでくれよ〉, [3]〈ないでおくれ〉, [4]〈ないでおくれよ〉, [5]〈ないでくれたまえ〉, [6]〈ないでくれたまえよ〉, [7]〈ないでくれる?〉, [8]〈ないでくれるか〉, [9]〈ないでくれない?〉, [10]〈ないでくれないか〉, [11]〈ないでくれますか〉, [12]〈ないでくれます?〉, [13]〈ないでくれませんか〉, [14]〈ないでくれません?〉으로 구분하여 용례를 구체적으로 살펴보았다.

　〈ないでくれる〉 계열의 ①②③유형의 각각의 형식을 언어자료에서 조사하면 연구 목적을 수행하기에 충분한 실례가 존재하는 형식과 다소 적게 나타나는 형식이 혼재되어 있다. 그래서 ①②유형에 속하는 형식의 사용 실태(사용 가능성) 및 표현가치에 관해서는 실례를 중심으로 논의를 진행했고, ③유형에 속하는 형식에 관해서는 실례를 중심으로 각 형식의 사용 가능성 및 표현가치를 논의하되 실례가 발견되지 않는 경우에는 일본어 모어 화자의 내성 및 직관에 기초한 작례로 그 공백을 보완했다.

제Ⅱ부 〈ないでもらえる〉 계열의 의뢰표현에서는 ①보통체〈ないでもらえる?・ないでもらえるか・ないでもらえない?・ないでもらえないか〉, ②정중체〈ないでもらえますか・ないでもらえます?・ないでもらえませんか・ないでもらえません?〉과 같이 2그룹으로 나누고, 이를 다시 화자와 청자의 성별 및 위상차에 기초하여 [1]〈ないでもらえる?〉, [2]〈ないでもらえるか〉, [3]〈ないでもらえない?〉, [4]〈ないでもらえないか〉, [5]〈ないでもらえますか〉, [6]〈ないでもらえます?〉, [7]〈ないでもらえませんか〉, [8]〈ないでもらえません?〉으로 구분하여 용례를 구체적으로 음미했다.

〈ないでもらえる〉 계열의 ①②유형의 각 형식을 언어자료에서 조사하면 〈ないでくれる〉 계열에 비해 상대적으로 상당히 적은 수의 예만 등장한다. 따라서 ①②유형에 속하는 형식에 관해서는 실례를 중심으로 각 형식의 사용 가능성 및 표현가치를 논의하되 실례가 발견되지 않는 경우에는 일본어 모어 화자의 내성 및 직관에 기초하여 지적인 의미에서 동가 관계에 있는 〈ないでくれる〉 계열의 예를 치환한 예로 그 공백을 보완하는 방법을 취했다.

제Ⅲ부 〈ないでくださる〉 계열의 의뢰표현에서는 ①명령형 〈ないでください〉, ②보통체 〈ないでくださる?・ないでくださるか・ないでくださらない?・ないでくださらないか〉, ③정중체 〈ないでくださいますか・ないでくださいます?・ないでくださいませんか・ないでくださいません?〉, ④ 완곡한 질문을 나타내는 〈でしょうか〉가 하접하는 〈ないでくださるでしょうか・ないでくださらないでしょうか・ないでくださいますでしょうか・ないでくださいませんでしょうか〉와 같이 4그룹으로 구분했다. ①의 〈ないでください〉의 사용 실태를 규범적 경어의식에서 관찰할 경우, 화자와 청자의 상하관계 여하나 친소관계 여부에 상관없이 성립한다는 점에서 〈ないでくださる〉 계열의 의뢰표현 중에서 [의뢰]를 나타내는 가장 중립적이며 투명한 형식으로 자리매김된다. 이에 금번 연구에서는 이러한 점을 감안하고 또한 지면상의 제약을 고려하여 〈ないでください〉의 사용 실태 및 표현가치에 관해서는 향후 과제로 삼고자 한다. 〈ないでくださる〉의 계열의 ②③④에 관해서는 이를 다시 화자와 청자의 성별 및 위상차에 기초하여 [1]〈ないでくださる?〉, [2]〈ないでくださるか〉, [3]〈ないでくださらない?〉, [4]〈ないでくださらないか〉, [5]〈ないでくださいますか〉, [6]〈ないでくださいます?〉, [7]〈ないでくださいませんか〉, [8]〈ないでくださいません?〉, [9]〈ないでくださるでしょうか〉, [10]〈ないでくださらないでしょうか〉, [11]〈ないでくださいますでしょうか〉, [12]〈ないでくださいませんでしょうか〉 순으로 용례를 구체적으로 검토했다.

그리고 〈ないでくださる〉 계열의 ②③④유형의 각각의 형식을 언어자료에서 조사하면 실례가 등장하는 형식과 우연의 공백으로 판단되지만 실례가 결여되어 있는 형식이 있고, 설령 실례가 존재하더라도 연구 목적을 수행하기에 수적으로 불충분하는 등 형식간의 사용 실태는 반드시 동질적이지 않다. 이에 본 연구에서는 〈ないでくださる〉 계열의 각 유형의 각각의 형식에 관해 일본어 모어 화자의 직관과 내성에 기초한 작례를 작성하여 이를 고찰대상으로 삼았다.

제Ⅳ부 〈ないでいただける〉 계열의 의뢰표현에서는 ①보통체 〈ないでいただける?・ないでいただけるか・ないでいただけない?・ないでいただけないか〉, ②정중체 〈ないでいただけますか・ないでいただけます?・ないでいただけませんか・ないでいただけません?〉, ③완곡한 질문을 나타내는 〈でしょうか〉가 하접하는 〈ないでいただけるでしょうか・ないでいただけないでしょうか・ないでいただけますでしょうか・ないでいただけませんでしょうか〉와 같이 3그룹으로 구분하고, 이를 다시 화자와 청자의 성별 및 위상차에 기초하여 [1]〈ないでいただける?〉, [2]〈ないでいただけるか〉, [3]〈ないでいただけない?〉, [4]〈ないでいただけないか〉, [5]〈ないでいただけますか〉, [6]〈ないでいただけます?〉, [7]〈ないでいただけませんか〉, [8]〈ないでいただけません?〉, [9]〈ないでいただけるでしょうか〉, [10]〈ないでいただけないでしょうか〉, [11]〈ないでいただけますでしょうか〉, [12]〈ないでいただけませんでしょうか〉 순으로 용례를 구체적으로 살펴보았다.

그리고 〈ないでいただける〉 계열의 ①②③유형의 각각의 형식을 언어자료에서 조사하면, 〈ないでくださる〉 계열과 마찬가지로 실례가 등장하는 형식과 우연의 공백으로 판단되지만 실례가 결여되어 있는 형식이 있어, 설사 실례가 존재하더라도 연구 목적을 수행하기에 수적으로 불충분하다. 이에 본 연구에서는 〈ないでいただける〉 계열의 각 유형의 각각의 형식에 관해서도 일본어 모어 화자의 직관과 내성에 기초한 작례를 작성하여 이를 검토대상으로 삼았다.

실례가 수적으로 적게 나타나는 〈ないでもらえる〉 계열의 일부와 〈ないでくださる〉 계열 및 〈ないでいただける〉 계열의 각 유형의 각각의 형식의 사용 가능성 및 표현가치를 검토하는 데에 있어서는 40개로 되어 있는 언어적・장면적・상황적 조건에서의 예문의 모델화를 시도했다. 이러한 기술 방식을 선택함으로써 문말 형태의 차이에 따라 해당 형식의 사용 가능성의 유무가 결정되고 그에 상응하는 표현가치가 정해진다는 일단의 목적은 달성할 수 있었지만, 다른 한편으로 예문 설명에 있어 동어(同語)와 동일 표현의 반복이 계속되고 사용 가능성과 표현가치에 관해서도 유사한 표현이 되풀이된다고 하는 문제점은 여전히 남는다.

본 연구에서는 부정의 의뢰표현을 담당하는 형식 중에는 동일 형식임에도 불구하고 화자와 청자의 친소 여부에 따라 그 성립 가능성에 차이를 보이고 있다는 것을 고려하여 〈친소관계〉라는 개념을 도입했다. 화자와 청자의 〈성별〉과 화자와 청자의 대우표현상의 인간관계인 〈경어적 상하관계〉 여하, 그리고 화자와 청자의 심리적 인간관계인 〈친소관계〉 여부와 상관없이 모두 성립하는 형식도 존재한다. 그러나 한편으로 화자의 청자의 〈성별〉〈경어적 상하관계〉〈친소관계〉에 따라 성립하는 예도 있지만 성립하지 않거나 혹은 성립하더라도 다소 부자연스럽거나 또는 허용도가 낮은 예도 있다.

그리고 긍정이나 부정의 의뢰를 담당하는 형식이 실현하는 의미를 [의뢰]로 한정할 경우, 형식과 의미에 관한 더 이상의 논의는 무의미하다는 점, 형식은 의뢰이지만 실질적인 문법적 의미는 지시나 명령을 나타내는 경우도 있다는 점, 그리고 친소관계 여부에 따라 특정 형식의 성부가 달라진다는 점 등을 고려하여 〈표현가치〉라는 용어를 채택했다. 일본어 모어 화자에 의한 표현가치는 다기에 걸쳐 있어 이를 일반화하여 객관적 근거로서 제시하는 것은 용이하지 않다. 해당 형식에 관한 원어민 화자의 다양한 이미지를 〈표현가치〉라는 개념으로 정리하고자 시도한 것인데 현재로서는 미완이라고 판단되며, 향후 지속적인 검토 과정을 통해 객관성과 일반성을 확보해 나갈 예정이다.

참고문헌

荒木博之(1983)『敬語日本人論』PHP研究所.
天野みどり(2011)『日本語構文の意味と類推拡張』笠間書院.
上野田鶴子(1983)「命令と依頼」『話しことばの表現』(水谷修編) 筑摩書房.
大石初太郎(1975)『敬語』筑摩書房.
＿＿＿＿(1983)『現代敬語研究』筑摩書房.
奥山益朗(1973)『現代敬語辞典』東京堂出版.
＿＿＿＿(1976)『敬語用法辞典』東京堂出版.
尾上圭介(1979)「そこにすわる！」『言語』8-5, 大修館書店.
柏崎雅世(1991a)「〈(て)下さい〉について-行動要求表現における機能分析」『日本語学科年報』13 東京外国語大学.
＿＿＿＿(1991b)「日本語における行為指示型表現の機能 -『お~/~て下さい』『~てくれ』を中心として-」(東京外国語大学大学院日本語学専攻課程修士論文).
菊地康人(1996)『敬語再入門』丸善ライブラリー 丸善株式会社.
＿＿＿＿(1997)『敬語』講談社学術文庫 講談社.
北原保雄(1981a)『日本語助動詞の研究』大修館書店.
＿＿＿＿(1981b)『日本語の世界6 日本語の文法』中央公論社.
＿＿＿＿(2009)『言葉の化粧』集英社.
北原保雄編(1978)『論集日本語研究9 敬語』有精堂.
北原保雄他4人(1981)『日本文法辞典』有精堂.
北原保雄監修 菊地康人編(2003)『朝倉日本語講座8 敬語』有精堂.
小泉保・船城道雄・本田皛治・仁田義雄・塚本秀樹編(1989)『日本語基本動詞用法辞典』大修館書店.
工藤真由美(1979)「依頼表現の発達」『国語と国文学』56-1, pp.46-63.
久野暲(1983)『新日本文法研究』大修館書店.
窪田富男(1990)『日本語教育指導参考書17 敬語教育の基本問題(上)』国立国語研究所.
＿＿＿＿(1992)『日本語教育指導参考書18 敬語教育の基本問題(下)』国立国語研究所.
グループ・ジャンマイ編(1998)『教師と学習者のための日本語文型辞典』くろしお出版.
国語学会編(1955)『国語学辞典』東京堂出版.
＿＿＿＿編(1980)『国語学大辞典』東京堂出版.
国立国語研究所(1957)『敬語と敬語意識』秀英出版.
＿＿＿＿(1981)『大都市の言語生活 -分析編- 』三省堂.
＿＿＿＿(1982)『企業の中の敬語』三省堂.
小松英雄(1999)『日本語はなぜ変化するか-母語としての日本語の歴史-』笠間書院.
＿＿＿＿(2001)『日本語の歴史 -青信号はなぜアオなのか-』笠間書院.
小松光三(2001)「勧誘表現」(山口明穂・秋本守雄編『日本語文法大辞典』) 明治書院.

_____ (2001)「命令表現」(山口明穂・秋本守雄編『日本語文法大辞典』) 明治書院.
坂田幸子・倉持保男(1980)『教師用日本語教育ハンドブック④ 文法Ⅱ』国際交流基金 凡人社.
佐藤里美(1992)「依頼文 - してくれ、してください - 」『ことばの科学5』むぎ書房.
杉戸清樹(1985)『日本語教師用参考書1 言語行動と日本語教育 待遇表現』凡人社.
辻村敏樹(1968)『敬語の史的研究』東京堂出版.
_____ (1984)「待遇表現」『研究資料日本文法⑨ 敬語法編』明治書院.
辻村敏樹編(1989)『敬語の用法』角川書店.
仁田喜雄(1991)『日本語のモダリティと人称』ひつじ書房.
日本語教育学会編(1982)『日本語教育辞典』大修館書店.
_____ 編(2005)『新版 日本語教育辞典』大修館書店.
庭三郎(2004)『現代日本語文法概説』(net版).
野元菊雄(1987)『敬語を使いこなす』講談社.
文化庁(1974)『ことばシリーズ1 敬語』
_____ (1986)『ことばシリーズ24 続敬語』
_____ (2007)『敬語の指針』http://www.bunka.go.jp/1kokugo/pdf/keigo_tousin.pdf
前田広幸(1990a)「『～て下さい』と『お～下さい』」『日本語学』9-5 明治書院.
_____ (1990b)「あいさつ言葉〈お＋動詞連用形〉の働き - 命令系統のものを中心に - 」『大阪女子大学紀要』国文編 41号.
益岡隆志(2000)『日本語文法の諸相』くろしお出版.
松岡弘監修 庵功雄他3人(2000)『初級を教えるための日本語文法 ハンドブック』株式会社スリーエーネットワーク.
松村明編(1971)『日本文法大辞典』明治書院.
三尾砂(1958)『改訂版 話しことばの文法』法政大学出版局.
三上章(1970)『文法小論集』くろしお出版.
水谷修(1979)『日本語の生態 - 内の文化を支える話しことば - 』創拓社.
水谷修・水谷信子(1988~1991)『外国人の疑問に答える日本語ノート 1~4』ジャパン・タイムズ.
南不二男(1987)『敬語』岩波書店.
宮地裕(1976)「待遇表現」『国語シリーズ別冊4 日本語と日本語教育 - 文字・表現編 - 』大蔵省印刷局.
_____ (1995)「依頼表現の位置」『日本語学』10-14 明治書院. pp.4-11.
三原健一(2008)『構造から見た日本語文法』開拓社.
村上三寿(1993)「命令文 - しろ、しなさい - 」『ことばの科学6』むぎ書房.
山口明穂・秋本守雄(2001)『日本語文法大辞典』明治書院.
山崎久之(1963)『国語待遇表現体系の研究 近世編』武蔵野書院.
_____ (1990)『続国語待遇表現体系の研究』武蔵野書院.
由井紀久子(1995)「シテクダサイとシテモライタイとシテホシイ」(宮島他編)『類義表現の文法 上』くしお出版.
吉川武時(1978)「『していて下さい』の意味 -『待って下さい』と『待っていて下さい』の使い分け - 」『日本語学校論集』6 東京外国語大学.
_____ (1989)『日本語文法入門』株式会社アルク.
渡辺実(1991)「『わがこと・ひとごと』の観点と文法論」『国語学』165 国語学会.
李成圭(2000)『일본어표현문법연구1』不二文化社.
_____ (2003)『日本語 語彙Ⅰ - 日本語 実用文法의 展開 Ⅱ - 』不二文化.

_____(2005)『日本語 文法研究 序説』不二文化.
_____(2006a)「使役受動의 語形에 대한 일고찰」『日本学報』68輯 韓国日本学会 pp.69-80.
_____(2006b)「使役受動 語形의 移行에 대하여」『日本学報』69輯 韓国日本学会 pp.67-82.
_____(2007a)「日本語 依頼表現 研究의 課題」『日本学報』70輯 韓国日本学会 pp.111-124.
_____(2007b)「〈お/ご~くださる〉계열의 서열화 및 사용가능성에 대해」『日本学報』71輯 韓国日本学会 pp.93-110.
_____(2007c)『일본어 의뢰표현Ⅰ- 肯定의 依頼表現의 諸相 -』시간의물레 pp.16-117.
_____(2008a)「일본어 의뢰표현의 유형화 및 서열화에 대해 -〈てくれる〉계열·〈てもらえる〉계열을 대상으로 하여 -」『日本学報』74輯 韓国日本学会 pp.17-34.
_____(2008b)「의뢰표현〈てくださるか〉에 관한 재론」『日本学報』76輯 韓国日本学会 pp.97-115.
_____(2008c)「의뢰표현〈てくださらないか〉에 관한 재론 - 시대물을 대상으로 하여 -」『日本学報』77輯 韓国日本学会 pp.45-56.
_____(2009)「의뢰표현〈てくださらないか〉에 관한 재론 - 현대물을 대상으로 하여 -」『日本学報』79輯 韓国日本学会 pp.87-100.
_____(2010a)「『おっしゃる』와『言われる』의 사용상의 기준 - 신약성서(신공동역)의 4복음서를 대상으로 하여 -」『日本学報』82輯 韓国日本学会 pp.99-110.
_____(2010b)「잉여적 선택성에 기초한「なさる」와「される」의 사용상의 기준 - 신약성서(신공동역)의 4복음서를 대상으로 하여 -」『日本学報』84輯 韓国日本学会 pp.209-225.
_____(2011a)「ナル형 경어와 レル형 경어의 사용상의 기준 - 복수의 존경어 형식이 혼용되고 있는 예를 중심으로 -」『日本学報』86輯 韓国日本学会 pp.121-141.
_____(2011b)「ナル형 경어와 レル형 경어의 사용실태 - 화체적 요인을 중심으로 하여 -」『日本学報』87輯 韓国日本学会 pp.39-52.
_____(2011c)「사용상의 기준과 복음서 간의 이동 - ナル형 경어와 レル형 경어의 사용실태를 대상으로 하여 -」『日本語教育』56輯 韓国日本語教育学会 pp.175-203.
_____(2012)「〈ないでもらえる〉계열의 의뢰표현 - 각 형식의 사용실태 및 표현가치(정중도)를 중심으로 하여 -」『日本学報』92輯 韓国日本学会 pp.63-83.
李成圭·任鎭永(2013a)「의뢰표현〈ないでくださいますか〉의 표현가치」『외국학연구』23 중앙대학교 외국학연구소 pp.121-138.
李成圭·和田康二(2013b)「〈ないでくださる?〉〈ないでくださらない?〉の依頼表現 - 使用実態および使用可能性 -」『日本学報』95輯 韓国日本学会 pp.47-61.
李成圭(2014a)「〈ないでくださるでしょうか〉의 의뢰표현 - 사용 가능성 및 표현가치 -」『日本学報』99輯 韓国日本学会 pp.137-150.
_____(2014b)「〈ないでくださいます?〉의 사용 가능성 및 표현가치 - 여성 화자를 중심으로 하여 -」『日本語教育』68 韓国日本語教育学会 pp.17-38.
_____(2014c)「의뢰표현〈ないでくださいませんか〉의 운용 실태와 표현가치」『외국학연구』27 中央大学校 外国学研究所 pp.237-257.
_____(2014d)「〈ないでくださいません?〉의 사용 가능성 및 표현가치 - 화자 불명을 중심으로 -」『비교일본학』30 漢陽大学校 日本学国際比較研究所 pp.263-290.
_____(2014e)「〈ないでくださらないでしょうか〉의 사용 가능성 및 표현가치 - 남성 화자를 중심으로 하여 -」『일본연구』60 韓国外国語大学校 日本研究所, pp.459-484.

_____(2014f)「〈ないでくださいませんでしょうか〉의 사용 가능성 및 표현가치 - 남성 화자를 중심으로 하여 - 」『일본연구』 22 高麗大学校 일본연구센터 pp.227-262.

_____(2014g)「〈ないでくださいますでしょうか〉의 표현가치 - 여성 화자를 중심으로 하여 - 」『외국학 연구』 29 중앙대학교 외국학연구소 pp.277-302.

_____(2015)「〈ないでいただけませんか〉의 사용 가능성 및 표현가치 - 남성 화자를 중심으로 하여 - 」『외국학 연구』 32 중앙대학교 외국학연구소 pp.153-182.

_____(2016)「〈ないでおくれ〉의 사용 실태 및 표현가치」『日本言語文化』 제34집 한국일본언어문화학회 pp.227-254.

李成圭・閔丙燦(1999)『現代日本語敬語の研究』不二文化社.

_____(2006)『일본어 경어의 제문제』不二文化.

林八竜편저(2014)「日本語 否定의 依頼表現(이성규 집필)」『분야별 현대 일본어학 연구』 5장 표현에 수록, 도서출판 박이정, pp.281-299.

韓美卿편저(2013)「〈ないでくれる〉계열의 의뢰표현(이성규 집필)」『일본어학 / 일본어교육』1(문법)에 수록, 제이앤시, pp.241-261.

예문 출전일람

제Ⅰ부

【1】
(1) 大石静(原作) 津島澪『ハンドク！！！』角川書店 2002
(2) 大槻はぢめ『昔昔、ある男に…。』白泉社 2004
(3) 早水しほり『背徳へ誘うくちづけ』リーフ 星雲社(発売) 2005
(4) 岩井恭平『消閑の挑戦者 パーフェクト・キング』角川書店 2002
(5) 倉和希『愛しい標的』成美堂出版 2005
(6) グリム(著) 池田香代子(訳)『グリム童話 完訳クラシック 3』講談社 2000
(7) 辻真先『進駐軍の命により』徳間書店 2001
(8) 片山奈保子『シャドー・イーグル 6』集英社 2004
(10) 題名：Count 3 and throw! ／ 劇団：本舗へのへの堂 ／ 作者：幅広子宮
(17) ヴァージニア・ハミルトン(語り・編) ／ 金関寿夫(訳)『人間だって空を飛べる アメリカ黒人民話集』福音館書店 2002
(18) 題名：コンビニバイト、休憩中。 ／ 劇団：AMPユニット"インスタントリンク" ／ 作者：松本隆志
(19) Aozora-txt 太宰治(211)『如是我聞』
(20) 六本木曜『スーツの玩具』桜桃書房 2003
(21) 福永令三『クレヨン王国なみだ物語』講談社 1989
(30) 齊藤洋『ジーク 2』偕成社 2001
(31) 秋山協一郎・いしかわじゅん・鏡明・呉智英・関三喜夫・南伸坊『シンボーズ・オフィスへようこそ！ 完全版』フリースタイル 2003
(32) シャロン・サラ(作) 藤峰みちか(訳)『愛は時空を越えて』ハーレクイン 2003
(33) 谷川流『涼宮ハルヒの暴走』角川書店 2004
(34) Aozora-txt 香俱土三鳥(18)『電信柱と黒雲』
(35) 那須正幹『どろぼうトラ吉とどろぼう犬クロ』佼成出版社 2003
(36) 北森鴻『闇色のソプラノ』文藝春秋 2002
(37) 佐藤賢一『二人のガスコン下』講談社 2001
(38) 島田荘司『暗闇坂の人喰いの木』講談社 1994
(39) 義月粧子『こんな男でよかったら』ビブロス 2003
(40) 題名：忘れられない君の声 ／ 劇団：ＰＲＯＪＥＣＴ．Ｇ ／ 作者：岩永昭人
(41) 宮部みゆき『理由』新潮社 2004
(42) 歌野晶午『動く家の殺人』講談社 1989
(43) C:￥Users￥winha￥Desktop￥Aozora-txt-130416￥Aozora-txt￥だざ・太宰治(211)￥『パンドラの匣』.txt(116,567)[SJIS]:
(44) エニード・ブライトン(著) 眞方忠道(訳) 眞方陽子(訳)『フェイマス・ファイブ 島にいるのはだれだ！』実業之日本社 2004
(45) Yahoo!ブログ ／ 芸術と人文 ／ 文学 Yahoo!ブログ Yahoo! 2008
(46) http://www.jpopasia.com/group/does/lyrics/modern-age/nami-ni-notte::26352.html
(47) Aozora-txt 水野葉舟(8)『帰途』
(48) Aozora-txt 楠山正雄(70)『家なき子 02（下）』
(49) Aozora-txt 島崎藤村(37)『夜明け前 01 第一部 上』
(50) ロースステファニー・メイヤー(著) 小原亜美(訳)『闇の吸血鬼一族』ソニー・マガジンズ 2005

(51) http://www.hh.iij4u.or.jp/~azf/yuinatyoko.html
(52) http://ja.uncyclopedia.info/wiki/%E3%82%B7%E3%83%A5%E3%83%9F%E3%83%AC%E3%83%BC%E3%82%B7%E3%83%A7%E3%83%B3
(53) (渡邊順生・訳)〈メルヴィル・前掲論文〉(http://www.cembalo.com/instruments/fortepiano_03.htm)
(54) http://ex14.vip2ch.com/test/read.cgi/news4ssnip/1387174294/
(55) 楠未莉『ミニモニ。におまかせっ! 1』竹書房 2002
(56) http://ex14.vip2ch.com/test/read.cgi/news4ssnip/1387174294/
(57) http://bakademo.web.fc2.com/title-ituki-41.html
(58) 題名:試験≠実験 / 作者:叙四
(59) 題名:『味方の味方はきっと敵-マイルド戦隊カフェオレンジャー(有)-』/ 作者:ＺＥＮ
(60) 題名:YATENKO-夜天光- / 作者:Ｃ.Ｂ.Ｂ
(62) 題名:俺たちの見た虹 / 作者:ノゾエセーイチ
(62) 題名:桜色の雪 / 作者:望月秋良
(63) http://novel.syosetu.org/2545/35.html
(64) 真堂樹『サディスティックアクア』集英社 1998
(65) 川西桂司『薄曇りの肖像』鳥影社 2002
(66) 題名:チイサナソラ(2007) / 劇団:劇団遊優部活劇 / 作者:椙田佳生
(68) 題名:STORY TRAVELER / 作者:KANACS
(72) 題名:KeSA-PaSA / 作者:ノゾエセーイチ
(75) 鴨シ連『グリーンボール』文芸社 2005
(76) 佐藤亜紀『1809』文藝春秋 1997
(77) 高陽(著) 鈴木隆康・永沢道雄(l訳)『西太后 第10巻』朝日ソノラマ 1995
(78) Yahoo! ブログ／エンターテインメント／映画 Yahoo! ブログ Yahoo! 2008
(79) 林史典・靍岡昭夫(編)『15万例文・成句 現代国語用例辞典』教育社 1992
(80) 齊藤洋『ジーク 2』偕成社 2001
(81) ロナルド・ビッグズ(著) 藤井留美(訳)『大列車強盗の痛快一代記』扶桑社 2002
(82) http://www2.odn.ne.jp/mikawa/pre/taka1.htm
(83) Aozora-txt 三上於菟吉(9)『入院患者』
(84) 題名:Heart to Heart / 作者:叙四
(85) 題名:Re:BIRTH / 劇団:Creative Configuration / 作者:脚本:岩本憲嗣 脚色:やすを(改)
(86) 題名:奏彩 / 劇団:Crators Unit LaPlace / 作者:脚本:岩本憲嗣 / 脚色:矢崎咲良
(87) 題名:このリンゴの味はなにか / 作者:須堂大輔
(96) 氷室冴子『ヤマトタケル 歴史ファンタジー』集英社 1986
(97) 清水一行『兜町物語』角川書店 1991
(98) 内田康夫『日本ベストミステリー選集 22』日本推理作家協会|編 光文社 1996
(99) 村上春樹『海辺のカフカ 下』新潮社 2002
(100) 辻真先『犯人さん、復讐です! キャピキャピ探偵事件メニュー3』徳間書店 1988
(101) 南英男『裏社員凌虐 長編悪党サラリーマン小説』祥伝社 1999
(102) 馳星周『マンゴー・レイン』角川書店 2005
(103) 柳原秀基『システム管理者の眠れない夜 本当に価値のあるシステムを求めて』アイ・ディ・ジー・ジャパン 2000
(104) アンドレ・ジッド(著) 神西清(訳)『田園交響楽』新潮社 2005
(105) Aozora-txt アンデルセン(12)『旅なかま』
(106) Aozora-txt アーサー・コナン・ドイル(10)『グロリア・スコット号』.
(107) http://www.nagabuchi.or.jp/post_lyrics/596/
(108) http://haru786.blog.fc2.com/blog-entry-315.html
(109) 落合信彦『崩壊 3』集英社 1992
(110) Aozora-txt 岡本綺堂(171)『世界怪談名作集 09 北極星号の船長 医学生ジョン・マリスターレーの奇異なる日記よりの抜萃』
(111) ジョン・トレンヘイル(著) 関口幸男(訳)『香港大脱出 下』扶桑社 1992

(112) Aozora-txt 島崎藤村(37)『夜明け前 01 第一部上』
(113) http:// ssblog614.blog.fc2.com/blog-entry-3992.html
(114) http://h1g.jp/fe_kakusei/index.php?%E3%82%B3%E3%83%A1%E3%83%B3%E3%83%88%2F%
E3%81%BF%E3%82%93%E3%81%AA%E3%81%AE%E9%83%A8%E5%B1%8B%E5%8F%B0%E8%A9%9E(%E8%A6%AA%E5%AD%9
0%E4%BC%9A%E8%A9%B1
(115) 題名：夜間非行 / 劇団：劇団 Vcolor's / 作者：KKKKK
(116) 平井和正『ボヘミアンガラス・ストリート 第9部』アスペクト 1995
(117) 題名：母神 / 劇団：西武学園文理高校演劇部 / 作者：尾形遥
(118) 題名：火の末裔 / 作者：今江しん

【2】

(1) 莫言(著) 吉田富夫(訳)『白檀の刑 上』中央公論新社 2003
(2) 題名：扉 / 劇団：岡山県立玉野光南高校演劇部 / 作者：日向あこ
(3) 題名：おにひと / 劇団：演劇プロジェクト・ダブルクラブ / 作者：なつみ (ダブルクラブ)
(4) 題名：セプテンバー・ブルー / 作者：いわのあわた
(5) 題名：マサルの1日 / 作者：中島清志
(6) 吉野道男『熱球児 高校球児物語』文芸社 2002
(7) 題名：教室の壁は回し蹴りで / 作者：浅田洋
(8) 題名：ひまわり〈Halftime Ver〉 / 劇団：脚本作成支援サイト Gumba Vision!! / 作者：岩本憲嗣
(9) 題名：たゆたいの時間のアゲハ / 劇団：劇団 After 6 / 作者：岩本憲嗣
(10) 題名：e☆f / 劇団：fuzzy m. Arts / 作者：石田まさかづ
(23) 題名：ふゆるり / 劇団：NO BRAND / 作者：岩本憲嗣
(24) 林史典・靏岡昭夫(編)『15万例文・成句 現代国語用例辞典』教育社 1992
(25) 題名：隻眼の鳥 / 作者：ばりさ
(26) 題名：親友と誇り / 作者：柏木藍李
(32) 劇団：演劇集団snow*rabbits / 作者：ことばたらず
(35) 題名：たとえばこんなかぐや姫 / 作者：海部守
(36) ヘレン・ビアンチン(作) 鈴木けい(訳)『甘い屈辱』ハーレクイン 2005
(37) Aozora-txt 佐左木俊郎(34)『恐怖城』
(38) 高木彬光『連合艦隊ついに勝つ ミッドウェーからレイテ海戦まで』光文社 1992
(39) ネルソン・デミル(著) 白石朗(訳)『ニューヨーク大聖堂 下』講談社 2005
(40) 関根俊夫『フレンズ』双葉社 2000
(41) 秋津京子『保健室は立ち入り禁止！』大洋図書 2003
(42) メリッサ・マクローン(作) 山田沙羅(訳)『一晩だけの花嫁 聖夜はあなたと』ハーレクイン 2001
(43) 保科昌彦『ゲスト』角川書店 2005
(44) リチャード・カーティス(脚本) 石川順子(編訳)『ラブ・アクチュアリー』竹書房 2004
(45) ロブ・ルーランド(著) 北澤和彦(訳)『哀しみの街の検事補』扶桑社 2004
(46) マギー・シェイン(作) 村上あずさ(訳)『冷たい億万長者 富豪一族の伝説1』ハーレクイン 2004
(47) 題名：夢喰い / 作者：熊田翔吾
(48) アンジー・セイジ(著) 唐沢則幸(訳)『七番目の子』竹書房 2005
(49) Aozora-txt ナサニエル・ホーソーン(2)『ワンダ・ブック――少年・少女のために――』
(50) http://koebu.com/topic/%E6%82%B2%E7%97%9B%E5%8F%B0%E8%A9%9E%E3%80%8C%E6%AD%BB%E3%81%AA%E
3%81%AA%E3%81%84%E3%81%A7%E3%81%8A%E3%81%8F%E3%82%8C%E3%82%88%E3%80%8D
(51) http://www.ssnote.net/archives/6931
(52) http://j-lyric.net/artist/a04a728/l001a9e.html
(53) http://homepage3.nifty.com/eatalotus/lyrics.htm
(54) http://www.666ccc.com/lrc/18224/361087.htm
(55) Aozora-txt 横光利一(39)『旅愁』
(56) Aozora-txt 徳田秋声(18)『縮図』

(57) http://lab.vis.ne.jp/lunar/novel/sion/omoi.html
(58) http://www.kirafura.com/dq/7/tou.htm
(59) 題名：ライティング・バックヤード / 劇団：A voice actor planet!!（イベント名） / 作者：村田ゆいか
(60) 題名：マジカルポップ☆ / 作者：瀧本郁
(61) 題名：これからは、そういう『設定』で！ / 劇団：演劇プロジェクト - ダブルクラブ / 作者：なつみ（ダブルクラブ）
(62) 題名：若葉煌めく季節の中で / 作者：湖社 シンジ
(63) 題名：『鬼ごっこ、人ごっこ』 / 劇団：劇団para-dogs / 作者：なつみ（ダブルクラブ）
(67) 題名：真夜中のドライヴ / 作者：義也
(72) 大藪春彦『狼の追跡』光文社 1994
(73) 髙橋克彦『広重殺人事件』講談社 1992
(74) Aozora-txt 宮本百合子(1027)『渋谷家の始祖』
(75) 清涼院流水『トップラン 第1話』幻冬舎 2000
(76) エリザベス・ヘイドン(著) 岩原明子(訳)『デスティニイ 大空の子 上』早川書房 2003
(77) アンナ・デイヴィス(著) 山田蘭(訳)『チート』新潮社 2003
(78) 題名：かぎりなくやわらかに / 劇団：劇団CHANT / 作者：佐藤武
(79) H・G・ウェルズ(著) 石川年(訳)『タイムマシン』角川書店 2002
(80) Aozora-txt 泉鏡花(116)『黒百合』
(81) Aozora-txt 太宰治(211)『新ハムレット』
(82) 蒲松齢(著) 立間祥介(訳)『聊斎志異 上』岩波書店 1997
(83) 高橋康雄『ギリシアの女神の物語』王国社 1994
(84) http://upopvocal.music.coocan.jp/fsdbtway.html
(85) http://ykjweb.com/words/kimitoireba/
(86) http://www.worldfolksong.com/foster/song/osuzanna.htm
(87) http://rosaliadecastro.org/planeta-rosalia/adios-rios-ao-xapones/
(88) http://ousama.moo.jp/get.dr8.htm
(89) http://syokuryo.jp/kids/buy/select-3.html
(90) ローベルト・ムージル(著) 加藤二郎(訳)『ムージル著作集 第3巻』松籟社 1993
(91) 山中恒『トラブルさんこんにちは』理論社 1998
(92) http://www.akihisasawada.com/short_story013.html
(93) http://www.akihisasawada.com/short_story013.html
(94) http://kantei.am/main/list.php?word=%83%81%83C%83h&tag=1
(95) Yahoo! 知恵袋 / 健康、美容とファッション / 恋愛相談、人間関係の悩み Yahoo! 知恵袋 Yahoo! 2005
(96) 題名：ムッサンノ / 劇団：金沢大学演劇部らくだ☆カゲキ団と脳内劇団ジョキャニーニャ / 作者：GSI
(97) 題名：戦渦の中で / 劇団：劇団カレーライス / 作者：藤ヶ谷レイ
(98) 題名：みなユメ / 作者：Euso Rok
(99) Spindler, Erica.(著) 平江まゆみ(訳)『沈黙』ハーレクイン 2004
(100) 内山安雄『霧の中の頼子』角川春樹事務所 2003
(101) バーバラ・ハネイ(著) 木内重子(訳)『南十字星に抱かれて』ハーレクイン 2005
(102) Aozora-txt 堀辰雄(28)『菜穂子』
(111) 題名：ライオントリック / 劇団：演劇集団ふりぃらんさぁ / 作者：岩本憲嗣
(112) 藤原緋沙子『紅椿 隅田川御用帳』廣済堂出版 2005
(113) ケイト・ウォーカー(作) 秋元由紀子(訳)『閉ざされた過去』ハーレクイン 2004
(114) Aozora-txt 織田作之助(40)『青春の逆説』
(115) 赤川次郎『恋占い』岩崎書店 2005
(116) 題名：(仮)窓際の事件簿 / 劇団：募集中 / 作者：高倉優樹
(117) ジョナサン・レセム(著) 浅倉久志(訳)『銃、ときどき音楽』早川書房 1996
(118) 和田賢一『ヴァロフェス 2』富士見書房 2003
(119) http://ojimakoga.exblog.jp/19765303
(120) http://mami1203.blog10.fc2.com/blog-entry-543.html

(121) http://xn—28jzb7cn6c0079e.com/%E3%83%8D%E3%82%BF%E3%83%BB%E7%94%BB%E5%83%8F/n-3534.html
(122) 題名：ダンシングピーポー殺人事件 / 劇団：棚からぱんつ / 作者：田辺パンダ
(123) Aozora-txt 大阪圭吉(9)『灯台鬼』
(124) 題名：楽しい樹海 / 作者：野上小夜子
(125) http://jb-comic.janbari.tv/mains/novel_item/23
(126) 川上弘美『神様』中央公論新社 2001
(127) 題名：戦え！アースマン ~南国激闘編~ / 作者：中島清志
(128) 題名：ばっきんがむ / 作者：今野洋二朗
(129) 題名：茨城防衛本部地域対策課 / 劇団：映像集団Playground films / 作者：今野浩明
(130) 題名：こころがたり / 作者：中村亭
(131) Aozora-txt 横光利一(39)『旅愁』
(136) 題名：雨がやんだら / 作者：中島清志

【3】

(1) Aozora-txt 清水紫琴(13)『小むすめ』
(2) 題名：(仮)歴史ボランティア / 作者：久船充
(3) 題名：カゴメのトリは / 劇団：洛水高校演劇部 / 作者：太田翔伍・川村武郎
(11) Aozora-txt 楠山正雄(70)『家なき子 01(上)』
(12) Aozora-txt 豊島与志雄(197)『レ・ミゼラブル 07 第四部 叙情詩と叙事詩 プリューメ街の恋歌とサン・ドゥニ街の戦歌』
(13) 題名：天国へのパスポート / 劇団：劇団夢波 / 作者：前川雅実
(14) 題名：どぶ板を踏み抜いた天使 / 劇団：月虹舎 / 作者：森島永年
(15) 題名：竹取もどき / 作者：KKKKK
(16) 題名：死ぬほど A LOVE!! / 作者：たいらみな
(18) 題名：洗濯周辺三十路娘 ~Around thirty~ / 劇団：兵庫県立武庫荘総合高校演劇部 / 作者：武庫次元
(20) 向井京子『とっさに使える英会話 学校で絶対教えない 言いたい表現がすぐ見つかる』日本文芸社 2000
(23) 題名：それでも俺は彼女が欲しい / 劇団：演劇プロジェクト・ダブルクラブ / 作者：なつみ(ダブルクラブ)
(24) 題名：『鬼ごっこ、人ごっこ』 / 劇団：劇団para-dogs / 作者：なつみ(ダブルクラブ)
(25) Aozora-txt 坂口安吾(198)『人生案内』
(26) Yahoo! 知恵袋 / 健康、美容とファッション / メンタルヘルス Yahoo! 知恵袋 Yahoo! 2005
(27) http://blog.i-osmosis.jp/?p=784)
(28) 天樹征丸『金田一少年の事件簿 2』講談社 1995
(29) 題名：Re:BIRTH / 劇団：Creative Configuration / 作者：脚本：岩本憲嗣 脚色：やすを(改)
(30) 清水義範『学問ノススメ 長編小説 挫折編』光文社 1989
(31) 題名：円卓会議 お食事編 / 作者：わたぼう
(32) 題名：Eternity~永遠の場所~ / 作者：月姫
(33) 題名：HEAVENS GATE / 作者：白石謙悟
(34) 題名：１０年目の交霊会 / 劇団：劇団東京たっちゃぶるS / 作者：竹村直久
(35) 題名：香ばしいコーヒーの法則 / 劇団：t3heater / 作者：田辺剛
(36) 題名：銀のお皿にたくあんを / 作者：松田悠太
(37) 題名：色は匂へど散りぬるを / 劇団：ぼくの会 / 作者：fuji
(38) 題名：春の予感 / 劇団：佐野女子高校 / 作者：中島清志
(39) 題名：暇を潰す故、暇に溺れる。 / 作者：華織
(40) http://matome.naver.jp/odai/2138328253083235801/2138328589785755103
(41) http://www.gizmodo.jp/2008/09/ca_1.html
(46) Aozora-txt 坂口安吾(198)『街はふるさと』
(47) 題名：ムッサンノ / 劇団：金沢大学演劇部らくだ☆カゲキ団と脳内劇団 ジョキャニーニャ / 作者：GSI
(48) 題名：ＴＰＯ / 劇団：演笑 / 作者：柚子
(49) 題名：Anniversary / 劇団：PH<ペーハー> / 作者：早瀬円
(50) 題名：Pick Me Out / 劇団：劇団円想者 / 作者：草野智之

(51) 題名：空が泣くからー。 / 作者：RsB
(52) 安井健太郎『ラグナロク 3』角川書店 1999
(61) 題名：食卓 / 作者：三業会
(62) 題名：つきのひかり / 劇団：脚本作成支援サイト Gumba Vision !! / 作者：岩本憲嗣
(63) Aozora-txt 鈴木三重吉(25)『星の女』
(64) Aozora-txt 鈴木三重吉(25)『湖水の鐘』
(65) Aozora-txt 国枝史郎(47)『十二神貝十郎手柄話』
(66) 藤水名子『暗色群生』双葉社 1996
(67) Aozora-txt 有島武郎(33)『或る女 2 (後編)』
(68) Aozora-txt 島崎藤村(37)『夜明け前 03 第二部上』
(69) 題名：遙かなるフル ~ チェ / 作者：今野洋二朗
(70) 題名：こたつウォーズ / 作者：白石謙悟
(71) 題名：私の頭の中の住人 / 作者：polizei
(72) Yahoo! ブログ / Yahoo! サービス / Yahoo! ブログ Yahoo! ブログ Yahoo! 2008
(73) 題名：Treasure / 劇団：劇団洗濯氣 / 作者：世叛

【4】

(1) 神谷恵『家郷』新風舎 2002
(2) 題名：ムッサンノ / 劇団：金沢大学演劇部らくだ☆カゲキ団と脳内劇団 ジョキャニーニャ / 作者：GSI
(3) 題名：メゾフォルテ ~ 或るピアノの物語 ~ / 作者：瀧澤豚琴
(12) 題名：闇からの仮面 / 作者：海神
(13) 題名：ダブルレンティング / 劇団：劇団ぼるぼっくす / 作者：野上小夜子
(17) 題名：世界図鑑 / 作者：堀言葉
(22) 題名：虐められっ子の親友はギャル / 作者：時雨
(23) 題名：ふたつのかいのあるところ / 劇団：メロンブレッド(個人) / 作者：滝村雪
(24) グレイス・グリーン(著) 久坂翠(訳)『二人の天使』ハーレクイン 2002
(25) 題名：ホラーズへようこそ！ / 作者：瀧澤豚琴
(26) Yahoo! 知恵袋 / 健康、美容とファッション / メンタルヘルス Yahoo! 知恵袋 Yahoo! 2005
(27) 題名：演劇娘、走りさる。 / 劇団：お茶の水女子大附属中学校 / 作者：大沢ケイト
(28) 題名：『味方の味方はきっと敵-マイルド戦隊カフェオレンジャー(有)-』 / 作者：ＺＥＮ
(29) 題名：Too Yong / 作者：MIYU
(30) 題名：秘密の教室 / 劇団：月虹舎 / 作者：森島永年
(31) 題名：無差別 / 劇団：演劇ユニットFavorite Banana Indians / 作者：息吹肇
(32) 題名：CROSS BRAVE / 劇団：Creative Configuration / 作者：脚本：岩本憲嗣 脚色：やすを (改)
(33) 題名：夏の夜と笑う金魚と水死体 / 作者：霧間秀
(34) 題名：花のお江戸へいらっしゃ ~ い！ / 作者：瀧澤 豚琴
(35) 題名：目覚まし戦隊オクレンジャー！ / 劇団：劇団くるめるシアター / 作者：斎藤炯
(36) 題名：素直じゃない狂詩曲 / 作者：時雨
(40) 題名：アクマで天使とダヴァダヴァダ / 作者：中島 奈美
(41) 題名：Hidden thing / 劇団：九州工業大学 - 西南女学院大学合同演劇部 / 作者：九国光Hidden thing
(46) 題名：刺客的日常於些未出来事 / 作者：楠海
(47) 題名：ホワイトメリィライオット / 劇団：プロフェッショナルファウル / 作者： 渡辺キョウスケ
(48) Yahoo! 知恵袋 / 健康、美容とファッション / メンタルヘルス Yahoo! 知恵袋 Yahoo! 2005
(49) 題名：帰宅部(女子バージョン) / 劇団：埼玉県立不動岡高校演劇部 / 作者：長谷川琥珀
(50) 題名：突然の来訪者 / 劇団：ピンクシチュウ / 作者：早瀬円
(51) http://s2-log.com/archives/24553940.html
(52) 題名：おにひと / 劇団：演劇プロジェクト・ダブルクラブ / 作者： なつみ (ダブルクラブ)
(53) 題名：うたかた / 劇団：Creative Configuration / 作者：岩本憲嗣
(61) 題名：蒼華 / 劇団：Crators Unit LaPlace / 作者：脚本：岩本憲嗣 脚色：矢崎咲良

(62) 題名：ディスタンス / 作者：ヨシズミ シゲノリ
(63) 沢村貞子『私の台所』暮しの手帖社 1981
(64) http://chinchiko.blog.so-net.ne.jp/2006-07-13
(65) 鬼塚りつ子『おばあさんとあかいいす』小峰書店 1986
(66) 鬼塚りつ子『おばあさんとあかいいす』小峰書店 1986
(67) 鬼塚りつ子『おばあさんとあかいいす』小峰書店 1986
(68) 鬼塚りつ子『おばあさんとあかいいす』小峰書店 1986
(69) 神谷恵『家郷』新風舎 2002
(70) 題名：グッバイガール / 劇団：月虹舎 / 作者：森島永年
(71) 題名：3×6≠サーフィン / 劇団：演劇集団ROUGH / 作者：金森大輔
(72) 題名：羅超門 / 劇団：劇団『ねくすとまん』 / 作者：とっぴぃ
(73) 題名：ママと呼ばないで (ver.07) / 劇団：演笑 / 作者：柚子
(74) 題名：BE LOOKING FOR / 劇団：目黒区立東山中学校演劇部 / 作者：楠海

제Ⅱ부

【1】

(2) 題名：頑固すぎる君へ / 作者：鈴見仁
(10) 題名：スペクトルの花束持って / 作者：碧水
(12) 題名：黄昏キューピッド / 劇団：演笑 / 作者：柚子
(17) 題名：試験≠実験 / 作者：叙四
(18) 題名：『味方の味方はきっと敵-マイルド戦隊カフェオレンジャー(有)-』 / 作者：ＺＥＮ
(19) 題名：YATENKO-夜天光 - / 作者：Ｃ.Ｂ.Ｂ
(20) 題名：俺たちの見た虹 / 作者：ノゾエセーイチ
(21) 題名：桜色の雪 / 作者：望月秋良
(22) http://novel.syosetu.org/2545/35.html
(23) 真堂樹『サディスティックアクア』集英社 1998
(24) ステファニー・メイヤー(著) 小原亜美(訳)『闇の吸血鬼一族』ソニー・マガジンズ 2005
(25) 川西桂司『薄曇りの肖像』鳥影社 2002
(26) 題名：チイサナソラ (2007) / 劇団：劇団遊優部活劇 / 作者：相田佳生
(27) 題名：チイサナソラ (2007) / 劇団：劇団遊優部活劇 / 作者：相田佳生
(29) Yahoo! ブログ / エンターテインメント / 芸能人、タレント Yahoo! ブログ Yahoo! 2008
(36) 題名：英雄未満 / 劇団：ひとかた達の憂鬱 / 作者：尾道太郎
(37) 題名：Heart to Heart / 作者：叙四
(38) 題名：Re:BIRTH / 劇団：Creative Configuration / 作者：脚本：岩本憲嗣 脚色：やすを (改)
(39) 題名：奏彩 / 劇団：Crators Unit LaPlace / 作者：脚本：岩本憲嗣 / 脚色：矢崎咲良
(40) 題名：このリンゴの味はなにか / 作者：須堂大輔
(49) 題名：夜間非行 / 劇団：劇団 Vcolor's / 作者：KKKKK
(50) 題名：デンシンバシラ / 劇団：大沢ケイトの「わたし王国」(個人ブログ) / 作者：大沢ケイト
(51) 平井和正『ボヘミアンガラス・ストリート 第9部』アスペクト 1995
(52) 題名：母神 / 劇団：西武学園文理高校演劇部 / 作者：尾形遥
(53) 題名：火の末裔 / 作者：今江しん

【2】

(1) 題名：e☆f / 劇団：fuzzy m. Arts / 作者：石田まさかづ
(14) 題名：親友と誇り / 作者：柏木藍李

(23) 中澤裕子 - 綾小路翔『改心』ニッポン放送プロジェクト 扶桑社(発売) 2002
(24) 題名：ライティング - バックヤード ／ 劇団：A voice actor planet!! (イベント名) ／ 作者：村田ゆいか
(25) 題名：恋愛論 ／ 作者：柳の下のキノコ
(26) 題名：幽霊退治、承ります。／ 作者：柳の下のキノコ
(27) 題名：テレショップタカーダ！／ 劇団：劇団アプリコット ／ 作者：タカハシヒロユキ
(28) 題名：夢裁判 ／ 作者：八重樫路孝
(29) 題名：マジカルポップ☆ ／ 作者：瀧本郁
(30) 題名：これからは、そういう『設定』で！／ 劇団：演劇プロジェクト - ダブルクラブ ／ 作者：なつみ (ダブルクラブ)
(31) 題名：若葉煌めく季節の中で ／ 作者：湖社シンジ
(32) 題名：マジカルポップ☆ ／ 作者：瀧本郁
(33) 題名：『鬼ごっこ、人ごっこ』／ 劇団：劇団para-dogs ／ 作者：なつみ (ダブルクラブ)
(42) 題名：雨虹模様 ／ 作者：尾道太郎
(43) 題名：雨虹模様 ／ 作者：尾道太郎
(44) 題名：英雄未満 ／ 劇団：ひとかた達の憂鬱 ／ 作者：尾道太郎
(45) Yahoo! 知恵袋 ／ 健康、美容とファッション ／ 恋愛相談、人間関係の悩み Yahoo! 知恵袋 Yahoo! 2005
(46) 題名：ムッサンノ ／ 劇団：金沢大学演劇部らくだ☆カゲキ団と脳内劇団ジョキャニーニャ ／ 作者：GSI
(47) 題名：戦渦の中で ／ 劇団：劇団カレーライス ／ 作者：藤ヶ谷レイ
(48) 題名：みなユメ ／ 作者：Euso Rok
(49) Spindler, Erica.(著) 平江まゆみ(訳)『沈黙』ハーレクイン 2004
(50) 内山安雄『霧の中の頼子』角川春樹事務所 2003
(51) バーバラ・ハネイ(著) 木内重子(訳)『南十字星に抱かれて』ハーレクイン 2005
(52) Aozora-txt 堀辰雄(28)『菜穂子』
(61) 題名：戦え！アースマン ~ 南国激闘編 ~ ／ 作者：中島清志
(62) 題名：ばっきんがむ ／ 作者：今野洋二朗
(63) 題名：茨城防衛本部地域対策課 ／ 劇団：映像集団Playground films ／ 作者：今野浩明
(64) 題名：こころがたり ／ 作者：中村亭
(65) Aozora-txt 横光利一(39)『旅愁』
(66) 題名：青い果実 ／ 作者：ヒマラヤ

【3】

(1) 題名：(仮) 歴史ボランティア ／ 作者：久船充
(5) 題名：ばっきんがむ ／ 作者：今野洋二朗
(10) 題名：天国へのパスポート ／ 劇団：劇団夢波 ／ 作者：前川雅実
(11) 題名：どぶ板を踏み抜いた天使 ／ 劇団：月虹舎 ／ 作者：森島永年
(12) http://seiga.nicovideo.jp/seiga/im3375088
(13) http://punpunpun.blog107.fc2.com/blog-entry-1312.htm
(15) 題名：Thank You! ／ 劇団：PH<ペーハー> ／ 作者：早瀬円
(16) 題名：ひょうたんから駒 ／ 作者：有川水紀
(21) 天樹征丸(著)『金田一少年の事件簿 2』講談社 1995
(22) 題名：Re:BIRTH ／ 劇団： Creative Configuration ／ 作者：脚本：岩本憲嗣 脚色：やすを (改)
(23) 清水義範(著)『学問ノススメ 長編小説 挫折編』光文社 1989
(24) 題名：円卓会議 お食事編 ／ 作者：わたぼう
(25) 題名：HEAVENS GATE ／ 作者：白石謙悟
(26) 題名：色は匂へど散りぬるを ／ 劇団：ばくの会 ／ 作者：fuji
(27) http://www.paramedic119.com/shocking/case018.htm
(35) 題名：ムッサンノ ／ 劇団：金沢大学演劇部らくだ☆カゲキ団と脳内劇団 ジョキャニーニャ ／ 作者：GSI
(36) 題名：Anniversary ／ 劇団：PH<ペーハー> ／ 作者：早瀬円
(37) http://sssakich.blog.jp/archives/35317167.html
(38) 安井健太郎(著)『ラグナロク 3』角川書店 1999

(47) 題名：遙かなるフル~チェ / 作者：今野洋二朗
(48) 題名：こたつウォーズ / 作者：白石謙悟
(49) 題名：私の頭の中の住人 / 作者：polizei
(50) Yahoo! ブログ / Yahoo! サービス / Yahoo! ブログ Yahoo! ブログ Yahoo! 2008

【4】

(1) 題名：ムッサンノ / 劇団：金沢大学演劇部らくだ☆カゲキ団と脳内劇団ジョキャニーニャ / 作者：GSI
(2) 題名：メゾフォルテ~或るピアノの物語~ / 作者：瀧澤豚琴
(11) 題名：闇からの仮面 / 作者：海神
(12) 題名：ダブルレンティング / 劇団：劇団ぼるぼっくす / 作者：野上小夜子
(21) グレイス・グリーン(著) 久坂翠(訳)『二人の天使』ハーレクイン 2002
(22) 題名：ホラーズへようこそ！ / 作者：瀧澤豚琴
(23) 題名：あなたの瞳に海がある / 作者：須堂大輔
(24) 題名：あなたの瞳に海がある / 作者：須堂大輔
(25) Yahoo! 知恵袋 / 健康、美容とファッション / メンタルヘルス Yahoo! 知恵袋 Yahoo! 2005
(26) 題名：演劇娘、走りさる。 / 劇団：お茶の水女子大附属中学校 / 作者：大沢ケイト
(27) 題名：『味方の味方はきっと敵-マイルド戦隊カフェオレンジャー(有)-』/ 作者：ＺＥＮ
(28) 題名：Too Yong / 作者：MIYU
(29) 題名：秘密の教室 / 劇団：月虹舎 / 作者：森島永年
(30) 題名：無差別 / 劇団：演劇ユニットFavorite Banana Indians / 作者：息吹肇
(31) 題名：雑貨店うずら花嫁日記 / 劇団：劇団HOTTYうずら / 作者：スラッシャー松井
(32) 題名：CROSS BRAVE / 劇団：Creative configuration / 作者：脚本：岩本憲嗣脚色：やすを(改)
(33) 題名：目覚まし戦隊オクレンジャー！ / 劇団：劇団くるめるシアター / 作者：斎藤炯
(34) 題名：素直じゃない狂詩曲 / 作者：時雨
(35) 題名：夏の夜と笑う金魚と水死体 / 作者：霧間秀
(36) 題名：花のお江戸へいらっしゃ~い！ / 作者：瀧澤豚琴
(38) 題名：取調べ / 作者：まっつー
(45) 題名：ホワイトメリィライオット / 劇団：プロフェッショナルファウル / 作者： 渡辺キョウスケ
(46) Yahoo! 知恵袋 / 健康、美容とファッション / メンタルヘルス Yahoo! 知恵袋 Yahoo! 2005
(47) 題名：帰宅部(女子バージョン) / 劇団：埼玉県立不動岡高校演劇部 / 作者：長谷川琥珀
(48) 題名：突然の来訪者 / 劇団：ピンクシチュウ / 作者：早瀬円
(49) http://s2-log.com/archives/24553940.html
(50) 題名：おにひと / 劇団：演劇プロジェクト・ダブルクラブ / 作者： なつみ(ダブルクラブ)
(59) 題名：グッバイガール / 劇団：月虹舎 / 作者：森島永年
(60) 題名：ダブルレンティング / 劇団：劇団ぼるぼっくす / 作者：野上小夜子
(61) 題名：羅超門 / 劇団：劇団『ねくすとまん』 / 作者：とっぴぃ
(62) 題名：ママと呼ばないで(ver.07) / 劇団：演笑 / 作者：柚子
(63) 題名：BE LOOKING FOR / 劇団：目黒区立東山中学校演劇部 / 作者：楠海
(64) 題名：3×6≠サーフィン / 劇団：演劇集団ROUGH / 作者：金森大輔

용어색인

アタシ 306
あたし 94, 107, 109, 116, 118, 144, 145, 146, 150, 151, 152, 154, 165, 177, 180, 182, 183, 184, 191, 193, 250, 256, 275, 276, 277, 279, 281, 282, 289, 298, 299, 300, 301, 306, 309, 311, 312
あたしら 185
あなた 30, 98, 126, 135, 161, 207, 208, 209, 265, 286, 287, 316, 317, 318, 322, 323
貴方 159
あなた様 119
あら 124, 262
改まり度 20
あんた 38, 47, 57, 157, 172, 191, 231, 258, 293
い 79, 80, 109, 110, 165, 198, 242, 258, 316
いただく 431
うじゃないか 36
江戸語 21
お/ご~いただける〉계열 14
お/ご~くださる〉계열 14
お/ご~になってくださる〉계열 14
お/ご~願う・お/ご~願える〉계열 14
お~になる 179, 298, 299, 300
オイ 50
おい 67, 68, 69, 81, 82, 83, 127, 128, 129, 131, 139, 140, 141, 238, 240, 243, 244, 245, 266, 267, 271, 272
おいおい 67, 71, 115, 232
おいら 103
おう 42, 63
おお 50
おたく 47
おっと 135
おまえ 30, 31, 70, 74, 118, 119, 120
お前 44, 46, 55, 56, 57, 74, 75, 81, 82, 83, 85, 114, 126, 157, 158, 169, 172, 225, 226, 228, 243, 244, 245, 256, 257, 265, 278, 294, 316
おまえさん 147
お前さん 117, 147
おまえたち 37

オレ 30, 37, 87, 113, 116, 123, 153, 157, 176, 262
おれ 31, 36, 42, 43, 72, 126, 131, 155, 265
俺 30, 38, 44, 46, 47, 61, 62, 64, 67, 68, 69, 94, 100, 110, 115, 119, 120, 124, 125, 128, 129, 132, 148, 159, 225, 240, 250, 257, 266, 267, 269, 277, 279, 280, 293, 346
俺たち 43, 85, 125
か 34, 35, 41, 59, 68, 80, 82, 90, 96, 109, 110, 111, 112, 127, 139, 144, 145, 160, 166, 178, 179, 182, 208, 239, 240, 241, 242, 244, 256, 258, 289, 316
が 39
かしら 98, 99, 189, 288, 308
かな 108, 256
かね 54, 65
彼ら 54
彼女 264
貴様 66, 237
君 32, 38, 43, 47, 48, 53, 54, 60, 65, 71, 73, 75, 77, 105, 118, 122, 258, 264, 316
キミ 67
きみ 70, 72, 102, 121, 122, 132
キミたち 43
ごめんなさい 103
さ 49, 106, 121, 137, 165, 268, 289
じゃないか 37, 56, 229
じゃないんだ 37
すべからずさ 62
すまん 157
ぜ 54, 57, 58, 230, 232
ぞ 30, 31, 55, 147
そうじゃないか 121
そうよ 190
だ 32, 76, 158, 284, 289
だぞ 93
だって 135
だな 47, 53, 135, 143
たまえ 130
だもーん 309
だもの 157

だよ 64, 71, 121, 154, 254, 282
だよな 171, 292
だろ 58, 86
だろ? 55, 228
だろう 38, 52, 105, 126, 132, 143, 264, 274
だろうか 37, 45
だろうな 233
だわね 147
ちゃん 67, 68, 69, 110, 111, 112, 127, 128, 139, 141, 165, 166, 167, 173, 174, 191, 192, 193, 194, 199, 200, 204, 208, 238, 239, 240, 258, 259, 260, 265, 266, 267, 269, 271, 272, 289, 290, 291, 294, 295, 311, 312, 313, 316, 317, 318, 321, 322, 323
て 계열 14
てあげてください 126, 265
ていただきたい 계열 14, 21
ていただける 계열 14
ておこう 122
てくださる 계열 14
てくださるな 21
てくれたまえ 62
てくれないかね 107
てくれる 계열 14
てくれるな(くださるな) 21
てくれるな 21
でしょうか 336, 344, 348, 353, 358, 363, 367, 371, 375, 380, 384, 388, 393, 397, 403, 407, 411, 420
てちょうだい 14, 98
てほしい 계열 14
てみようか 122
てめえ 147
テメー 172, 294
てめぇ 64
てもらいたい 계열 14
てもらえる 계열 14
てやろうではないか 52
てらっしゃる 263
な 42, 44, 45, 56, 57, 63, 66, 80, 108, 124, 158, 173, 197, 230, 231, 237, 256, 258, 263, 284, 285, 316
なあ 255
ないで 계열 14
ないで 21
ないでいただきたい 계열 14
ないでいただきたい 21
ないでいただけない? 430, 431

ないでいただけないか 430, 432
ないでいただけないでしょうか 430, 434
ないでいただけます? 430, 433
ないでいただけますか 18, 430, 432
ないでいただけますでしょうか 430, 435
ないでいただけません? 430, 433
ないでいただけませんか 430, 433
ないでいただけませんでしょうか 430, 435
ないでいただける? 17, 430, 431
ないでいただける 계열 14, 17, 430
ないでいただけるか 430, 431
ないでいただけるでしょうか 430, 434
ないでおくれ 28, 33
ないでおくれよ 〈ないでおくれよ〉 28
ないでください 330
ないでくださいます? 330, 331, 334
ないでくださいますか 18, 330, 331, 334
ないでくださいますでしょうか 331, 336
ないでくださいません? 330, 331
ないでくださいませんか 16, 18, 330, 331, 334, 335
ないでくださいませんでしょうか 331, 336
ないでくださらない? 330, 331, 333
ないでくださらないか 330, 331
ないでくださらないでしょうか 331
ないでくださる? 17, 330, 331, 332
ないでくださる 계열 14, 17
ないでくださるか 330, 331, 332
ないでくださるでしょうか 331, 335
ないでくれ(ください) 21
ないでくれ 21, 28, 29
ないでくれたまえ 28, 33
ないでくれたまえよ 28, 33
ないでくれない? 28, 33
ないでくれないか 28, 33
ないでくれます? 28, 34
ないでくれますか 28, 33
ないでくれません? 35, 96
ないでくれませんか 34, 96
ないでくれよ 28, 30
ないでくれる? 28, 33
ないでくれる 계열 14, 220
ないでくれるか 28, 33
ないでちょうだい〉〈ないで〉〈ないでもらいたい〉〈ないでいただきたい 21
ないでほしい 14, 21
ないでもらいたい 계열 14, 21
ないでもらえない? 221, 222
ないでもらえないか 221, 222

ないでもらえないだろうか 51
ないでもらえます? 221, 223
ないでもらえますか 221, 222
ないでもらえません? 221, 224
ないでもらえませんか 221, 223
ないでもらえる? 17, 220, 221, 222
ないでもらえる 계열 14, 17, 220
ないでもらえるか 220, 221, 222
ないでもらえるかい? 257
なさい 196, 314
なさいよ 106
なの 190
なよ 55, 103, 229
なんだ 100, 110, 257, 258
なんだね 72
なんだよ 117
ね? 105
ねえ 67, 68, 69, 127, 128, 134, 147, 165, 166, 167, 173, 174, 175, 191, 192, 193, 194, 199, 238, 239, 240, 265, 266, 267, 289, 290, 291, 294, 295, 311, 312, 313, 316, 317, 318
ねえだろ 57
ねえんだよ 160
の 66, 115, 314
のか 42, 63, 130
のかい? 123
のかね 62, 77
のさ 49
のだ 44, 107, 121
のだえ 44
のだが 74
のだわ 98
のね 255
のよ 110, 115, 154, 164, 208, 209, 258, 282, 322, 323
はずよ 264
僕 33, 34, 35, 39, 40, 41, 45, 48, 52, 53, 60, 63, 70, 79, 86, 88, 89, 90, 94, 95, 97, 104, 105, 109, 110, 111, 112, 117, 118, 119, 130, 222, 223, 224, 225, 226, 227, 228, 233, 234, 242, 247, 248, 249, 251, 252, 253, 258, 259, 260
ボク 107
僕ら 47, 49
ぼく 50, 77, 87, 98, 100, 102, 107, 121
ぼくたち 49
ぼくら 106
ま 163
まあ 135, 154, 282

ます+か 343, 351, 357, 361, 365, 370, 374, 378, 382, 387, 391, 396, 414, 419
ます+でしょうか 363
ます+でしょうか 341, 345, 349, 353, 359, 367, 372, 376, 380, 385, 389, 393, 398, 403, 408, 412, 417, 421
ますのよ 165, 166, 167, 290, 291, 292
ません+でしょうか 341, 345, 349, 354, 359, 364, 368, 372, 376, 381, 385, 389, 394, 398, 404, 408, 417, 421, 435
もの 196, 202, 314
もんだな 102
もんねえ 190, 310
やがる 64
よな 233
わ 99, 114, 115, 116, 118, 125, 132, 186, 202, 264, 304
わし 66, 77, 84, 237
わね 155, 157, 190, 310
わよ 171, 185, 205, 292, 319
んだ 32, 36, 44, 45, 49, 51, 52, 53, 72, 78, 87, 101, 104, 106, 108, 113, 125, 131, 132, 135, 158, 186, 231, 256, 264, 305
んだから 76
んだぞ 100, 135
んだな 164
んだね 152
んだよ 29
んだよ 32, 38, 53, 56, 59, 62, 85, 88, 106, 108, 118, 138, 155, 226, 230, 234, 235, 246, 254, 270, 283
んだろ 47
んだろう 45

【가】
가족 관계 33, 34, 35, 39, 42, 89, 90, 91, 92, 94, 95, 145, 180, 207, 208, 209, 224, 226, 247, 249, 253, 323
가족관계 146, 151, 182, 184, 222, 243, 244, 245, 249, 251, 252, 271, 272, 275, 277
간원(懇願) 19, 29, 30, 31, 36, 38, 39, 84, 85, 86, 92, 143, 147, 176, 231, 269, 505
[간원][원망] 89, 90, 91, 92, 140, 144, 149, 159, 278, 285, 335, 339, 345, 357, 358, 359, 361, 362, 363, 364, 367, 368, 379, 380, 381, 383, 402, 406, 408, 434, 437, 438, 459, 471, 482, 493, 494, 502, 503, 504, 517, 518

감동사 42, 50, 58, 68, 105, 115, 124, 127, 128, 135, 163, 165, 173, 174, 175, 191, 192, 193, 194, 199, 200, 232, 238, 239, 240, 243, 244, 245, 255, 262, 265, 266, 267, 271, 272, 290, 291, 294, 295, 311, 312, 313, 316, 317, 318
강한 어조의 당부 342
개별언어학 15
개인어 18
개인적인 발화 438, 443, 447, 458, 462, 467, 471, 476, 481, 485, 494, 498, 503, 508, 513, 518, 522
개인차 18
거리감 34, 36, 40, 42, 89, 90, 95, 97, 144, 145, 146, 152, 178, 179, 180, 182, 223, 225, 228, 247, 250, 251, 252, 253, 277, 281, 282, 298, 299
격식도 15, 20, 335, 336, 434, 435, 439, 445, 448, 449, 453, 454, 464, 468, 472, 473, 477, 482, 487, 510
격식도(改まり度) 336, 337
격식도가 낮다 20
격식도가 높다 20
격식도가 인정된다 20
격식을 차리는 표현 20
격식을 차린 말씨 438, 443, 452, 458, 467, 472, 476, 481, 486
격의 없는 보통체 말씨 283
격의 없는 표현 84
격한 말씨 64
겸양어 431
경도(軽度) 35
경도(軽度)의 정중도 41, 69, 180, 225, 244, 245, 290
경멸조의 표현 256
경어 15
경어가치 207, 208, 209, 322, 323, 334, 335, 336, 337, 338, 339, 347, 348, 351, 352, 357, 361, 365, 366, 370, 374, 375, 378, 379, 383, 387, 391, 392, 396, 401, 432, 433, 434, 435, 437, 438, 439, 442, 443, 444, 445, 446, 447, 448, 449, 451, 452, 453, 454, 458, 459, 464, 466, 467, 468, 472, 473, 476, 477, 481, 482, 486, 487, 510
경어도 20
경어적 가치 19, 20
경어적 규범의식 33, 39, 89, 144, 149, 150, 178, 182
경어적 동위자 108, 182, 289

경어적 상위자 19, 33, 144, 145, 178, 182, 223
경어적 상하관계 16
경어적 하위자 19, 145, 178, 182, 223
[경의] 19, 337, 341, 345, 349, 354, 359, 364, 367, 368, 380, 381, 385, 389, 393, 408, 412
경의도(敬意度) 15, 59, 178, 183, 193, 223, 239, 335, 337, 338, 342, 345, 350, 351, 355, 361, 365, 368, 369, 381, 386
경의도가 낮다 20
경의도가 높다 20
경제성 15
경칭 114
경합 19
계열 14
공백 16
공존 19
귀찮음[성가심] 77, 297, 305
규범의식 15
금지 22
긍정 보통체 342, 346, 350, 355, 360, 364, 368, 386
긍정 형태 14
긍정의 보통체 말씨 436
긍정의 의뢰표현 14
긍정의 정중체 432, 437
긍정의 형태 351
긍정형의 부정 의뢰표현 435
기본문 17

【나】
남성 16
남성 전용 말씨 226, 432, 437, 456, 461, 466, 480, 484, 488, 493, 497, 502, 507, 512, 516, 521
남성 전용 형식 337, 342, 346, 350, 355, 360, 364, 368, 382, 431, 440, 445, 446, 450, 451, 455, 460, 465, 470, 474, 475, 479, 480, 483, 484, 488, 492, 496, 501, 506, 511, 516, 520
남성 전용의 감동사 50
남성 전용의 금지 표현 80
남성 전용의 말씨 52
남성 전용의 문말 표현 42, 49, 56, 58, 59, 76, 100, 108, 110, 125, 126, 138, 152, 154, 155, 186, 197, 230, 232, 233, 234, 235, 256, 257, 258, 264, 270, 282, 283, 305, 316
남성 전용의 문말 형식 32, 37, 38, 44, 47, 52, 53, 72, 74, 76, 86, 87, 93, 101, 106, 107, 121, 131, 132, 135, 143, 274

남성 전용의 인칭대명사 158, 197, 316
남성 전용의 종조사 30, 31, 45, 51, 54, 58, 63, 77, 108, 147, 158, 231, 232, 233, 256, 284
남성 전용의 표현 55, 65, 88, 122, 123, 171, 228, 246, 292
남성 청자 225
남성 화자 225
남성어 201
남성어적 감동사 154, 282
남성어적 명령 표현 137, 269
남성어적 문말 표현 254, 284
남성어적 접속사 39, 80
남성어적 종조사 54, 105, 106, 165, 173, 289
남성어적 표현 30, 42, 54, 56, 60, 160, 229, 233
남성전용의 명령표현 231
내성 16
내적 관계 19, 337, 340, 344, 345, 346, 347, 348, 349, 350, 351, 352, 353, 354, 355, 356, 359, 360, 363, 367, 368, 370, 371, 372, 373, 375, 376, 377, 380, 384, 388, 389, 392, 393, 394, 396, 397, 398, 412, 414, 416, 419, 420, 421, 439, 440, 447, 448, 449, 473, 491, 494, 496, 510, 517, 518, 519, 520

【다】
단선적 구조 14
단정 14
달램 19
담화 17
당부 19
대우표현 15
대우표현상 58
독백조 56, 57, 66, 108, 124, 158, 230, 237, 256, 263, 285
독백조 형식 153
동가 관계 221
동사의 명령형 29, 55, 57, 155, 229, 230, 254, 283
동위자 16
동위자이거나 상위자 16
동위자이거나 하위자 16, 19
동일 형식 18
동일한 의미 분야 18
등가(等価) 220

【마】
마이너스 방면의 표현가치 19
말씨 43

명령 19
명령 표현 55, 130, 196, 314
명령체 15
명령형 14, 28
문말 431
문말 종조사 62
문말 표현 37, 49, 62, 107, 117, 165, 166, 255, 290, 291, 292
문말 형식 72, 121, 289
문말표현 255
문맥 17
문법범주 5
문법적 의미 19
문법적 특징 14

【바】
발화내용 182
발화자 18
배려 19, 343, 344, 366, 387, 388, 410, 411, 446, 471, 493, 497, 517
배려[간원] 435, 459, 460, 464, 482, 486, 491, 505, 509
배려[원망] 439, 441, 459, 463, 466, 509
배려[친근감] 450, 451, 474, 475
변이형(変異形) 14
변형생성문법 17
보통체 14, 15, 28, 220
보통체 말씨 39, 44, 46, 123, 235, 237, 257, 274, 284, 288, 289, 304, 308, 320, 431
보통체 표현 19, 150, 238, 278
복선적 구조 14
부드러움 19
부정 보통체 338, 342, 346, 351, 356, 361, 365, 432
부정 정중체 35, 183, 193, 335, 339, 343, 348, 352, 357, 362, 366, 370, 375, 379, 392, 432, 437
부정 형태 14
부정명령 22, 197, 316
부정의 의뢰표현 14
부정의 조동사 14
부탁 19
[부탁][당부] 42, 43, 45, 46, 48, 49, 50, 51, 52, 53, 54, 57, 58, 61, 62, 63, 64, 65, 66, 70, 71, 72, 74, 75, 76, 77, 78, 79, 80, 98, 99, 100, 102, 103, 104, 105, 106, 107, 108, 110, 113, 114, 115, 116, 117, 118, 119, 120, 121, 122, 123, 124, 125, 126, 129, 130, 131, 132, 133, 134,

136, 137, 138, 152, 153, 154, 158, 168, 169, 170, 185, 186, 187, 195, 201, 202, 204, 205, 206, 230, 232, 236, 237, 241, 242, 253, 254, 255, 257, 258, 261, 263, 264, 265, 268, 270, 282, 285, 304, 305, 319

분노 19
[분노][항의] 431, 436, 455
불만 19
[불만][분노] 340, 363, 384, 408
[불만][불쾌감] 188
[불만][항의] 431, 435, 436, 437, 438, 439, 440, 455, 460, 461, 463, 464, 486, 487, 488, 491, 501, 505, 506, 509, 510
[불쾌감] 19, 32, 33, 43, 44, 47, 53, 63, 67, 71, 73, 79, 80, 94, 100, 101, 103, 107, 109, 110, 116, 122, 124, 132, 135, 153, 154, 155, 156, 162, 163, 165, 168, 171, 177, 185, 189, 190, 195, 201, 203, 206, 230, 238, 241, 243, 255, 257, 258, 263, 265, 271, 282, 283, 284, 288, 289, 306, 307, 320, 337, 341, 346, 350, 355, 360, 364, 368, 377, 381, 385, 390, 394, 400, 404, 409, 413, 418
[불쾌감][분노][질책] 67, 68, 69, 81, 82, 83, 127, 128, 129, 139, 140, 141, 166, 167, 168, 173, 174, 175, 198, 199, 200, 207, 208, 209, 239, 240, 243, 244, 245, 266, 271, 272, 290, 291, 292, 294, 295, 317, 318, 322, 323
[불쾌감][분노][항의] 35, 89, 91, 145, 179, 223, 234, 235, 247, 251, 259, 260, 275
[불쾌감][불만] 334, 335, 336, 337, 357, 358, 359, 360, 378, 379, 380, 381, 387, 388, 389, 402, 403, 404, 432, 433, 434, 457, 480, 481, 489, 502, 503, 504
[불쾌감][질책] 343, 346, 347, 348, 349, 366, 369, 370, 371, 372, 391, 392, 393, 394, 411, 414, 415, 416, 417, 445, 446, 447, 448, 449, 450, 451, 469, 470, 471, 472, 473, 475, 492, 493, 494, 495, 496, 497, 500, 516, 517, 518, 519, 521, 524
[불쾌감][항의] 32, 34, 36, 37, 40, 41, 42, 55, 56, 59, 60, 61, 85, 87, 88, 90, 92, 93, 95, 96, 97, 111, 112, 113, 123, 137, 143, 144, 145, 146, 149, 150, 151, 152, 156, 157, 158, 159, 160, 161, 163, 178, 180, 181, 182, 183, 184, 192, 193, 194, 195, 206, 226, 227, 228, 229, 233, 246, 250, 254, 255, 259, 260, 261, 262, 267, 268, 269, 274, 276, 279, 280, 285, 286, 287, 288, 294, 297, 298, 301, 311, 312, 313, 314,

315, 320, 321, 336, 339, 340, 341, 361, 362, 363, 364, 380, 383, 384, 385, 401, 403, 406, 407, 408, 432, 436, 437, 438, 439, 440, 441, 443, 444, 445, 456, 459, 462, 463, 465, 466, 468, 469, 479, 480, 484, 485, 488, 490, 491, 502, 504, 506, 507, 508, 509, 511, 514, 515
[불쾌감][항의][질책] 267
비경어(非敬語) 231
비경제성 15

【사】
사용 가능성 14, 18, 33, 34, 35, 36, 89, 90, 91, 92, 144, 145, 146, 178, 179, 180, 221, 222, 223, 224, 225, 247, 248, 250, 252, 275, 276, 277, 298, 299, 300, 430
사용 실태 14, 15, 28, 221
사용 언어 156
사용 제한 29, 30, 37, 92, 93
사용 주체 18
상냥함 19
상위자 16
상황 17
서열화 14
선택성 18
성 전용의 문말 표현 190
성가심 19
성립 가능성 14, 18
성립가능성, 허용도, 용인도 15
성립가능성 221, 430
성별 221
성별 불명 16
성차(性差) 15, 18
소원한 사이 16, 17, 33, 225, 431
소원함 91, 96, 145, 151
수수동사 14
수수표현 14
순기능 18
스스럼없는 말씨 42, 56, 86, 99, 188, 194, 255, 310
스스럼없는 보통체 43
스스럼없는 보통체 말씨 191, 229, 282, 284
스스럼없는 표현 20, 57, 144, 231
심리적 인간관계 35

【아】
양자 33, 289
어휘적 의미 19

언어 주체 19
언어자료 15
언어적·문맥적·상황적 조건 17
언어집단 19
여성 16
여성 전용의 문말 표현 125, 190, 207, 208, 209, 264, 283, 309, 310, 322, 323
여성 전용의 문말 형식 115, 147, 158
여성 전용의 종조사 98, 99, 114, 116, 119, 132, 156, 157, 185, 186, 189, 196, 202, 288, 304, 308, 314
여성 전용의 형식 189, 288, 308
여성어적 경어 114
여성어적 뉘앙스 431, 432, 436, 441, 446, 450, 456, 461, 465, 470, 474, 479, 484, 488, 492, 497, 502, 506, 511, 516, 524
여성어적 문말 표현 126, 164, 265
여성어적 분위기 333, 338, 342, 346, 351, 356, 361, 365, 369, 382, 386, 390, 395, 401, 405, 418
여성어적 성격 332, 334, 335, 337, 339, 341, 343, 344, 345, 347, 348, 350, 352, 355, 357, 358, 360, 362, 364, 366, 368, 370, 371, 373, 374, 375, 377, 379, 381, 383, 385, 387, 388, 390, 391, 392, 394, 396, 397, 400, 402, 404, 406, 407, 409, 410, 411, 412, 413, 415, 417, 419, 433, 437, 447, 451, 457, 462, 466, 471, 475, 480, 493, 498, 503, 507, 512, 521
여성어적 수수 표현 265
여성어적 종조사 115, 314
여성어적 표현 103, 110, 190, 258, 283, 292
여잉성(余剰性) 15
연극 대본 276, 278, 279, 280
연극 대사 33, 96, 144, 149, 150, 183, 223, 226, 227
연령차 15, 18
연소자에 대한 배려 354, 376, 398, 421, 451, 452, 475, 476, 497, 498, 521, 522
연속성 17
[염려] 19, 343, 357, 365, 387, 410, 442, 443, 457, 458, 461, 462, 466, 467, 489, 507, 508, 512, 513
[염려][배려] 33, 34, 35, 39, 40, 41, 42, 59, 60, 61, 90, 91, 92, 95, 96, 97, 111, 112, 144, 145, 146, 151, 160, 161, 178, 179, 182, 184, 191, 192, 193, 194, 198, 222, 225, 233, 234, 235, 247, 251, 258, 259, 260, 275, 286, 287, 298, 311, 312, 313, 335, 336, 337, 340, 341, 343, 344, 345, 357, 358, 359, 360, 366, 367, 380, 384, 385, 387, 389, 403, 404, 411, 412, 485, 492, 516
[염려][원망] 334, 338, 378, 382, 401, 432, 433, 434, 456, 457, 458, 459, 460, 480, 481, 484, 485, 487, 491, 492, 510, 515
[염려][친근감] 441, 465, 470
예문의 모델화 17
완곡한 질문 14, 15
외적 관계 20, 401
용인도(容認度, acceptability) 18, 33, 34, 35, 36, 39, 40, 41, 89, 90, 91, 94, 95, 96, 97, 144, 145, 146, 149, 150, 151, 178, 182, 183, 184, 221, 222, 223, 225, 226, 227, 228, 247, 248, 249, 250, 251, 252, 253, 275, 276, 277, 280, 281, 298, 299, 300, 430, 432, 437, 461, 480, 484
우연의 결락 16
우위성 347
원망(願望) 19, 468, 472, 490
원칙(허용) 15
위상차 221
유형 14
응답사 127, 128, 129, 266, 267
의뢰 19, 255
의뢰표현 14, 21
이동(異同) 19
이미지(인상) 19
이중 경어 359, 363, 380, 385, 389, 394, 404, 408, 421
이중 정중 336, 337, 341, 345, 349, 353, 359, 360, 363, 364, 367, 368, 372, 376, 380, 381, 385, 389, 393, 398, 403, 404, 412, 417, 421, 440, 444, 445, 449, 453, 459, 460, 464, 473, 477, 478, 482, 491, 500, 505, 510, 515, 519, 523, 524
이중 정중의 부정의 형태 435
이중 정형 509
이중적인 의미 17
인간 언어의 역동성 17
인용문 형식 232
인칭대명사 29, 30, 35, 46, 65, 72, 116, 122, 176, 177, 223, 228, 243, 244, 245, 257, 265, 298, 311, 312, 316
인터넷상의 게시글 15
일반 원칙 37
일반언어학적 관점 15
일본어 경어 19

일본어 동태(動態) 16
일본어 모어 화자 16, 19
일본어교육 14
일본어학 14, 19

【자】

자연스러운 발화 33, 34, 35, 36, 39, 40, 41, 89, 90, 91, 94, 95, 96, 97, 144, 145, 146, 149, 150, 151, 179, 182, 183, 184, 222, 223, 225, 226, 227, 228, 247, 248, 249, 250, 251, 252, 253, 275, 276, 277, 278, 279, 280, 281, 298, 299, 300, 333, 337, 338, 342, 346, 347, 351, 355, 356, 360, 361, 364, 365, 368, 369, 373, 382, 386, 390, 391, 395, 400, 401, 405, 409, 410, 431, 436, 437, 440, 441, 445, 448, 449, 455, 456, 460, 461, 465, 469, 472, 473, 479, 480, 483, 484, 488, 492, 496, 501, 507, 516, 518, 519, 520
자연스러운 발화로서의 용인 224
작례(作例) 16, 430
장음화 79, 80, 109, 110, 165, 198, 241, 242, 257, 258, 289, 316
전용 형식 14
접속형 14
정중 표현 151, 281
정중도 15, 33, 35, 333, 334, 335, 336, 338, 339, 340, 342, 343, 344, 346, 347, 348, 350, 351, 352, 353, 356, 357, 358, 360, 361, 363, 364, 365, 366, 367, 370, 371, 374, 375, 378, 379, 380, 382, 383, 384, 387, 388, 391, 392, 393, 396, 401, 403, 405, 409, 411, 418, 420, 431, 432, 433, 434, 435, 436, 437, 438, 439, 440, 442, 443, 445, 446, 447, 448, 449, 451, 452, 453, 454, 455, 458, 459, 464, 466, 467, 468, 472, 473, 476, 477, 481, 482, 486, 487, 507, 510
정중체 말씨 39, 196, 235, 236, 243, 261, 265, 288, 314, 320
정중체 표현 278, 311, 448
정중체 14, 15, 28, 220
정중한 표현 19
존경어 65, 124, 178, 179, 263, 298, 299
종조사 49, 80, 109, 110, 121, 165, 198, 205, 242, 255, 258, 316, 319
종지형 14
주의 19
중립적인 표현가치 19

지시 19
지역차 15
지적인 의미 220, 221
직관 16
질문 14
질책 19, 450, 451, 453, 474, 475, 499, 523
[질책][책망] 350, 352, 353, 375, 376, 396, 397, 398, 399, 419, 420, 421
[질책][힐문] 351, 374, 396, 419, 451, 475, 476, 498, 521, 522

【차】

[차가움][냉담] 332, 334, 335, 339, 340, 343, 344, 347, 348, 352, 357, 362, 366, 370, 374, 388, 411, 433, 451, 462, 467, 489, 507, 517
책망 19
청자 29
청자 불명 17
최저한도(最低限度) 33
최저한도의 정중도 34, 35, 39, 67, 139, 165, 182
친근감 33, 34, 41, 89, 91, 95, 96, 146, 151, 222, 224, 225, 228, 247, 248, 249, 251, 252, 253, 275, 276, 277, 278, 279, 281, 354, 376, 398, 421
[친근감][배려] 349, 372, 394, 417
친근한 표현 104, 107, 186
[친밀] 19, 376, 398, 421
[친밀][배려] 348, 349, 352, 370, 371, 372, 375, 376, 392, 394, 397, 415, 417, 419
친밀감 19, 205, 319, 337, 341, 355, 360, 364
[친밀감][부드러움] 377, 381, 385, 400, 404, 409
[친밀도][부드러움] 382, 386, 390, 395, 405, 409, 413, 418
친밀도 39, 145, 178, 179, 180, 182, 184, 338, 342, 346, 351, 361, 365
친소 여부 18
친소관계 불명 17
친소관계 16, 33, 185, 223, 244, 249, 289, 335
친족 90, 91, 92, 178, 180
친족관계 298, 299
친한 사이 16, 17, 225

【타】

타이름[달램] 450, 474, 496, 520
타이름 19
특정 형식의 성부 19

【파】
표현 의도 34, 35, 36, 39, 40, 41, 42, 89, 90, 91, 92, 94, 95, 97, 145, 146, 150, 151, 152, 178, 179, 180, 182, 184, 222, 223, 224, 225, 227, 228, 247, 248, 250, 251, 252, 275, 276, 277, 279, 281, 299
표현가치 14, 15, 18, 19, 28, 221, 430
표현가치의 일반화 17
품위 유지 19
플러스 방면의 표현가치 19

【하】
하위자 16
항의 19, 32, 44
해당 형식의 성립 가능성 17
허용도 18, 40, 41, 42, 95, 96, 97, 150, 151, 152, 182, 184, 221, 225, 227, 228, 251, 279, 281, 282, 333, 337, 343, 346, 347, 351, 355, 356, 360, 361, 364, 365, 369, 373, 382, 386, 390, 391, 395, 400, 401, 405, 409, 410, 430, 431, 436, 437, 440, 441, 445, 448, 449, 455, 456, 460, 461, 465, 469, 473, 479, 480, 483, 484, 488, 492, 496, 501, 504, 507, 516, 518, 519, 520
현실세계 17
현재화 34, 35, 41, 59, 68, 82, 90, 96, 111, 112, 127, 139, 144, 145, 160, 166, 178, 179, 183, 199, 208, 239, 240, 244

[혐오감] 19, 434, 453, 482, 496, 499, 500, 520, 523, 524
[혐오감][불쾌감] 452, 498, 499, 522
[혐오감][항의] 432, 434, 435, 456, 459, 482, 504, 505
형식 14
형식논리 17
호칭 검사 173
호칭 접사 50, 68, 110, 111, 127, 128, 174, 175, 191, 192, 193, 194, 199, 200, 204, 207, 208, 239, 240, 243, 244, 245, 258, 259, 260, 265, 266, 267, 269, 271, 272, 289, 290, 291, 294, 295, 311, 312, 313, 316, 317, 318, 321, 322, 323
호칭 29, 65, 263
화자 29
화자 불명 17
화자와 청자의 대우표현상의 인간관계 16
화자와 청자의 성별 16
화자와 청자의 심리적인 인간관계 16
화자의 성별 15
희망·간원 255
희망표현 14, 21
힐문 19

일본어 의뢰표현 - 부정의 의뢰표현의 제상 -

초판 인쇄	2016년 8월 22일
초판발행	2016년 8월 30일
저　　자	이 성 규
발 행 인	권 호 순
발 행 처	시간의물레
등　　록	2004년 6월 5일(제1-3148호)
주　　소	서울시 마포구 마포대로 4다길 3(1층)
전　　화	02-3273-3867
팩　　스	02-3273-3868
전자우편	timeofr@naver.com
블 로 그	http://blog.naver.com/mulretime
홈페이지	http://www.mulretime.com
I S B N	978-89-6511-158-0 (93730)
정　　가	30,000원

* 이 책의 저작권은 저자에게 출판권은 시간의물레에 있습니다.
* 잘못된 책은 바꿔드립니다.

* 이 도서의 국립중앙도서관 출판예정도서목록(CIP)은 서지정보유통지원시스템 홈페이지 (http://seoji.nl.go.kr)와 국가자료공동목록시스템(http://www.nl.go.kr/kolisnet)에서 이용하실 수 있습니다. (CIP제어번호 : CIP2016020173)